L'intégralité de votre livre accessible en ligne

avec une simple connexion Internet !

OFFERT LIVRE EN LIGNE

Smartphone Tablette PC/Mac

W0356963

+ Des outils utiles et intuitifs :

- sommaire interactif
- surlignage en couleurs
- notes personnelles et marque-page.

Pour ACTIVER votre livre en ligne

- Rendez-vous sur www.nathan.fr/livre-en-ligne .
- Créez un compte **Nathan** en suivant les indications en ligne
- Cliquez sur « Activer un livre », saisissez votre clé d'activation personnelle puis le mot du livre qui vous sera demandé.

Votre clé d'activation personnelle :

8FLF7F-CT7-B24G

Pour toute CONNEXION ULTÉRIEURE

Connectez-vous sur www.nathan.fr/livre-en-ligne avec vos identifiants **Nathan**.

IMPORTANT

Votre clé d'activation est unique et personnelle : une fois utilisée, elle ne sera plus valide. Elle offre un accès de 24 mois à compter de la date d'activation. Elle est réservée à un seul utilisateur et ne peut être partagée.

Configuration minimale requise : Internet Explorer 8, Mozilla Firefox 3.4, Chrome, Safari, Opera toutes versions.

Retrouvez les conditions générales d'utilisation sur www.nathan.fr/livre-en-ligne.

Nathan

BTS Banque 978-2-09-165135-4

Réflexe

BTS BANQUE

CONSEILLER DE CLIENTÈLE (particuliers)

Toutes les matières

Ouvrage dirigé par Madeleine DOUSSY

GESTION DE LA RELATION CLIENT
Dominique ALBERTINO
Véronique CALANDIN

DÉVELOPPEMENT ET SUIVI DE L'ACTIVITÉ COMMERCIALE
Cécile TRIQUET
Véronique CALANDIN

ENVIRONNEMENT ÉCONOMIQUE, JURIDIQUE ET ORGANISATIONNEL DE L'ACTIVITÉ BANCAIRE
Pascal BESSON
Vincent CATILLON
Odile LHÉRITIER
Lucienne LEPRI
Laurence HUGOUNENQ

CULTURE GÉNÉRALE ET EXPRESSION
Yannick ARTIGNAN

ANGLAIS
Charlotte BERHEIM
Peter PRINCE

Nathan

Matières enseignées donnant lieu à une épreuve obligatoire du BTS BANQUE Conseiller de clientèle (particuliers)

Matières	Nom et coefficient de l'épreuve	Voie scolaire dans un établissement public ou privé sous contrat, CFA ou section d'apprentissage habilité	Formation professionnelle continue dans les établissements publics habilités	Voie scolaire dans un établissement privé, CFA ou section d'apprentissage non habilitée. Formation professionnelle continue dans les établissements publics et privés non habilités, enseignement à distance et candidats justifiant de 3 ans d'expérience professionnelle
Gestion de la relation client	E3 Gestion de la relation client **5**	CCF 2 situations d'évaluation	CCF 2 situations d'évaluation	Ponctuelle Orale **45 minutes**
Développement et suivi de l'activité commerciale	E41 Etude de cas **4**	Ponctuelle Écrite **4 heures**	Ponctuelle Écrite **4 heures**	Ponctuelle Écrite **4 heures**
	E42 Analyse de situation commerciale **2**	Ponctuelle orale **30 minutes**	Ponctuelle orale **30 minutes**	Ponctuelle orale **30 minutes**
Environnement économique, juridique et organisationnel de l'activité bancaire	E5 Environnement économique, juridique et organisationnel de l'activité bancaire **4**	Ponctuelle Écrite **4 heures**	CCF 1 situations d'évaluation –	Ponctuelle Écrite **4 heures**
Culture générale et expression	E1 Culture générale et expression **3**	Ponctuelle Écrite **4 heures**	CCF 1 situations d'évaluation –	Ponctuelle Écrite **4 heures**
Langue vivante étrangère 1	E2 Langue vivante étrangère **2**	Ponctuelle Écrite **2 heures** Ponctuelle orale **20 minutes*** **+ 20 minutes**	CCF 4 situations d'évaluation	Ponctuelle Écrite **2 heures** Ponctuelle orale **20 minutes*** **+ 20 minutes**
Epreuve facultative 1	EF1 Épreuve facultative Langue vivante étrangère 2** **1**	Ponctuelle orale **20 minutes**	Ponctuelle orale **20 minutes**	Ponctuelle orale **20 minutes**
Epreuve facultative 2	EF2 Certification professionnelle	Ponctuelle Écrite **2 heures**	Ponctuelle Écrite **2 heures**	Ponctuelle Écrite **2 heures**

** Temps de préparation.*
*** La langue vivante étrangère choisie au titre de l'épreuve facultative est obligatoirement différente de celle choisie au titre de l'épreuve obligatoire. .*

Édition : Sébastien Le Jean, Bonnie Évezard
Coordination artistique : Vincent Rioult
Fabrication : Isabelle Guerrier
Conception intérieure : Thierry Méléard
Conception couverture : E. Audureau/D. Mourain
Mise en pages : JPM

ISBN : 978-2-09-165135-4

SOMMAIRE

Matières technologiques

GESTION DE LA RELATION CLIENT

GESTION DE LA RELATION CLIENT

DEVELOPPEMENT ET SUIVI DE L'ACTIVITÉ COMMERCIALE

DEVELOPPEMENT ET SUIVI DE L'ACTIVITÉ COMMERCIALE

ENVIRONNEMENT ÉCONOMIQUE, JURIDIQUE ET ORGANISATIONNEL DE L'ACTIVITÉ BANCAIRE

ENVIRONNEMENT ÉCONOMIQUE, JURIDIQUE ET ORGANISATIONNEL DE L'ACTIVITÉ BANCAIRE

Matières générales

CULTURE GÉNÉRALE ET EXPRESSION

ANGLAIS

CULTURE GÉNÉRALE ET EXPRESSION

ANGLAIS

GESTION DE LA RELATION CLIENT

1 L'ORGANISATION ET L'ANIMATION DES ESPACES D'ACCUEIL

L'aménagement de l'agence bancaire contribue à l'efficacité de l'accueil du client. Aussi, lors de la création de leurs nouvelles agences, les réseaux bancaires utilisent les services de « *designers* d'espaces », spécialistes de l'agencement. Par ailleurs, ces dernières années, ils ont entrepris un rafraîchissement important de leur patrimoine immobilier existant.

1 Contexte

Dans un environnement fortement concurrentiel, à travers ce qu'il est convenu d'appeler une nouvelle génération d'agences bancaires, les réseaux bancaires visent plusieurs objectifs :
- améliorer l'accueil et la qualité du service rendu aux particuliers ;
- sécuriser les échanges, assurer leur confidentialité ;
- créer des espaces fonctionnels où la clientèle des particuliers se sente bien ;
- restituer au public une image de modernisme, de dynamisme, de proximité.

2 La zone située à l'entrée

1. La zone en libre-service

Désormais, dès l'entrée, le client doit ressentir une expérience de facilité, de rapidité dans la consommation des services bancaires courants. À cette fin, l'entrée de l'agence comporte généralement un espace dédié aux :
- distributeurs automatiques de billets (DAB) ;
- boîtes à lettres de dépôt d'espèces et de chèques ;
- bornes de services (virements, consultation du compte) ;
- présentoirs de dépliants publicitaires en libre-service.

Une signalétique adaptée facilite la lisibilité des services rendus par chacun des automates et leur utilisation.
L'entrée peut être agencée en sas sécurisé, ouvert 24 h/24 pour garantir les services en dehors des heures d'ouverture.
Les différents aménagements doivent être conformes aux normes d'accessibilité aux personnes à mobilité réduite (PMR).

EXEMPLE
Rampe d'accès, portes à ouverture automatique.

2. Le guichet

Le guichet est souvent le lieu de contact le plus visible quand on entre dans une agence. Avec le développement des automates bancaires, sa taille a diminué. Même s'il a pu complètement disparaître dans certaines agences, il sert encore à maintenir un contact physique avec le client pour des opérations rapides et simples :
- dépôt d'espèces et de chèques ;
- retrait d'un chéquier ou d'une carte bancaire ;
- prise de rendez-vous avec le conseiller clientèle.

3. L'animation de la zone en libre-service

Dans les agences où le trafic est important, un salarié « agent d'accueil » peut être spécialement affecté à l'animation de ce point de premier contact avec la clientèle. Il lui revient de s'enquérir des besoins du client, d'aider à l'utilisation des automates, d'orienter directement vers un conseiller clientèle ou de mettre en attente.
En fonction de sa surface, cette zone pourra accueillir ponctuellement des événements promotionnels.

EXEMPLE
Anniversaire de l'agence, offre d'un nouveau produit bancaire présenté par des hôte(sse)s d'accueil.

3 La zone de mise en attente

L'accès au conseiller clientèle qui assure un accueil personnalisé peut être précédé d'une attente. Pour en diminuer l'impression désagréable, voire stressante, l'espace d'attente est aménagé de façon confortable et chaleureuse pour donner au client l'impression d'un temps d'attente réduit.

EXEMPLE
Plancher en bois, fauteuils confortables aux couleurs vives, fontaine à eau, table basse avec revues, éclairages reposants, vidéos présentant le groupe bancaire...

4 La zone d'entretien avec le conseiller clientèle

Suivant la taille de l'agence bancaire, la zone consacrée aux rendez-vous avec les chargés de clientèle peut comporter plusieurs bureaux. Organisée sur un plateau d'accueil en *open space*, la zone est alors divisée en plusieurs bureaux, chacun étant protégé par une cloison de verre partiellement occultée pour le respect de la confidentialité des échanges. L'équipement des bureaux, souvent d'une surface limitée, est extrêmement fonctionnel. Il contribue à la productivité des conseillers.

EXEMPLE
Bureau *high-tech* de couleur claire aux angles arrondis, quasi-absence de papier, pas d'armoire à archives, écran d'ordinateur extralarge orientable par un bras articulé (qui permet au client de lire les informations sur l'écran aussi bien que le conseiller), imprimante.

2 LA COMMUNICATION INTERPERSONNELLE EN MILIEU PROFESSIONNEL

D'une façon générale, il y a communication interpersonnelle dès lors qu'il y a échange d'informations entre deux personnes dans une situation donnée. Ce type de communication se traduit par des interactions entre les locuteurs, caractérisées par plusieurs composantes.

1 Les acteurs : statut et rôle

Dans la communication interpersonnelle qui s'établit entre le chargé de clientèle et le client, chacun des deux acteurs possède une identité propre, caractérisée par son statut, sa personnalité, son système de valeurs. Les acteurs exercent une influence réciproque l'un sur l'autre au fur et mesure du déroulement du processus de communication.

1. Le statut des acteurs

Le statut positionne l'individu dans une échelle sociale, par rapport aux autres. En milieu professionnel, il le situe dans une hiérarchie.

EXEMPLE

Chef de service, directeur d'agence, client (particulier, grand compte).

2. Le rôle des acteurs

Il définit le comportement attendu d'une personne en fonction de son statut. L'individu est en effet amené à développer un certain nombre de rôles sociaux attendus, visibles à travers ses comportements.

EXEMPLE

Le directeur d'agence attend de ses collaborateurs de l'efficacité, de l'organisation, de l'initiative, de la discrétion...

Deux types de manifestation peuvent perturber le rôle des acteurs :

- le conflit de rôle, qui survient lorsqu'un individu adopte un comportement différent de celui attendu par son entourage compte tenu de son statut ;

EXEMPLE

Manque évident de discrétion, de réserve pour un conseiller clientèle.

- la rigidité des rôles, lorsqu'un individu est dans l'incapacité d'adapter son comportement à une nouvelle situation.

EXEMPLE

Le stagiaire qui s'adresse aux clients avec familiarité.

2 Le rapport de place entre les acteurs

Toute relation interpersonnelle se structure à partir de la position, c'est-à-dire de la place occupée par les acteurs. Le rapport de place indique la façon dont les individus se positionnent les uns par rapport aux autres. Les interlocuteurs peuvent accepter la place qui leur est assignée, ou la contester afin d'établir un autre rapport de place, ce qui peut être source de conflit.

Ainsi, tout échange dans un processus de communication interpersonnelle est symétrique ou complémentaire, selon qu'il se fonde sur un rapport d'égalité ou de différence. On distingue trois grands types de rapports.

1. Le rapport symétrique

Une relation symétrique basée sur un rapport d'égalité minimise la différence entre les locuteurs, car ils n'entretiennent pas de relation de pouvoir ni de soumission.

EXEMPLE

Deux collègues se saluent amicalement et se parlent librement.

Si cette relation peut être très enrichissante lorsqu'elle repose sur le respect mutuel, elle peut, au contraire, être conflictuelle si l'un des protagonistes veut sortir de la symétrie afin de prendre l'ascendant sur l'autre.

EXEMPLE

Comportement de surenchère ou de rivalité pour se faire apprécier d'un supérieur hiérarchique.

2. Le rapport asymétrique complémentaire

Une relation asymétrique complémentaire caractérise la communication entre deux personnes qui sont différentes et sans relation de pouvoir (d'où la complémentarité). Ce type de relation peut avoir diverses origines.

EXEMPLE

Différence de statut entre chargé de clientèle et client ; différence de personnalité : autoritaire/soumis.

Deux types de positions peuvent caractériser ce type de relation : l'une est dite haute, l'autre basse. La position haute est celle du pouvoir, des ordres, de l'exigence... La position basse est celle de l'obéissance, de l'acceptation, voire de la soumission.

Une relation complémentaire peut être harmonieuse si chacun accepte sa position et confirme ou reconnaît la position de l'autre, ou à l'inverse, conflictuelle. En milieu professionnel, deux collaborateurs aux compétences différentes peuvent échanger sur un projet commun et alterner ainsi les positions. Dans une relation complémentaire trop rigide, cette alternance ne fonctionne pas.

EXEMPLE

Un directeur d'agence qui est dans l'incapacité de déléguer va s'épuiser rapidement et risque de démotiver son équipe.

3. Le rapport hiérarchique

Le rapport hiérarchique au sein de l'entreprise induit des attitudes, des comportements codifiés et partagés par la plupart des acteurs dès lors qu'il est exercé avec discernement.

EXEMPLE

Le subordonné contrôle son langage, utilise le vouvoiement quand il s'adresse à son supérieur hiérarchique.

Le rapport hiérarchique crée de fait l'existence d'une position « haute » et d'une position « basse » qui influence la nature des relations entre deux personnes : sentiment de supériorité/infériorité, dévouement, respect. Il peut se dégrader en cas de comportement déviant.

EXEMPLE

Harcèlement moral exercé par un supérieur sur son subordonné ou incapacité d'un subordonné à supporter les ordres.

3 LES ENJEUX DES ACTEURS EN SITUATION DE COMMUNICATION INTERPERSONNELLE

Dans tout processus de communication interpersonnelle, les locuteurs en présence poursuivent, consciemment ou non, des objectifs.

1 La notion d'enjeu

Un enjeu est ce qu'un individu a à gagner ou à perdre, ce qu'il risque lorsqu'il s'engage dans une situation de communication.

EXEMPLE

Un responsable qui fixe des objectifs commerciaux trop ambitieux risque de décourager la motivation au travail de ses collaborateurs.

2 Les types d'enjeux

1. L'enjeu identitaire

L'objectif est de défendre une certaine image de soi, afin de donner une impression avantageuse de sa propre personne, parfois au prix d'une certaine « mise en scène de soi ». Le statut et le rôle, qui définissent la position de l'individu dans sa relation aux autres, influencent cet enjeu identitaire.

EXEMPLE

Lors des réunions, le dirigeant s'exprime longuement en premier. Il affirme ainsi sa position de supérieur hiérarchique par ce temps de prise de parole important.

2. L'enjeu d'influence

Chaque acteur cherche à influencer l'autre afin de le faire adhérer à son propre point de vue.

EXEMPLE

Le manageur exerce son influence en établissant un rapport d'autorité avec ses collaborateurs.

3. L'enjeu relationnel

La communication est le passage obligé pour entrer en relation avec autrui. L'enjeu est donc de « réussir » la communication, notamment en respectant un cadre de référence. Il s'agit de maintenir un climat relationnel propice au travail quotidien.

EXEMPLE

Le directeur d'agence utilise les nombreux rituels qui codifient la relation avec les clients importants (grands comptes) : règles de politesse, de savoir-vivre, présentation, remerciements.

4. L'enjeu de territoire

La plupart des individus cherchent à protéger leur espace, encore appelé « territoire ». Ils adoptent alors une attitude de défense de leur espace personnel.

a) Le territoire physique

Il s'agit de l'espace invisible qui nous entoure et dont la pénétration peut être ressentie comme une agression. Bien communiquer, c'est trouver la bonne distance avec son interlocuteur. Cette distance varie avec les cultures, la nature des relations... L'anthropologue américain E.T. Hall (1971) distingue quatre distances de communication.

	Distance	Contexte
Distance intime	⩽ 45 cm	Amoureux, lutte, ascenseur
Distance personnelle	45 cm – 1,20 m	Amis, personnes proches
Distance sociale	1,20 m – 3,60 m	Relations professionnelles, entretien, personnes qui ne se connaissent pas
Distance publique	⩾ 3,60 m	Relations publiques, conférences

Le territoire physique, c'est aussi l'espace alloué aux différents collaborateurs de l'entreprise. Ses dimensions et son emplacement peuvent correspondre à la situation dans le niveau hiérarchique.

EXEMPLE

Bureaux spacieux de la direction, plateaux en *open space* pour la plateforme téléphonique, places de parking nominatives réservées à l'encadrement.

La défense de ce territoire peut générer des conflits, surtout en cas de contraintes liées au manque d'espace.

EXEMPLE

Exiguïté des bureaux, manque de places de parking.

b) Le territoire symbolique

Il est constitué de ce que l'on ne veut pas rendre public, comme sa vie privée. L'indiscrétion peut être ressentie comme une forme agressive de la violation de cet espace symbolique. Le respect de ce territoire est donc particulièrement important lorsque le chargé de clientèle s'entretient avec un client.

EXEMPLE

Un responsable d'agence qui révélerait des informations confidentielles sur certains collaborateurs perdrait la confiance de son entourage professionnel.

4 LES SOLUTIONS AUX DYSFONCTIONNEMENTS MATÉRIELS

Le chargé d'accueil clientèle doit tout particulièrement être attentif aux dysfonctionnements des automates du libre-service bancaire. En effet, ceux-ci peuvent constituer une source de mécontentement chez les clients, à ne pas négliger.

1 La gestion des dysfonctionnements

En fonction de la politique de sécurité et de l'environnement de chacune de ses agences, chaque réseau bancaire arrête des procédures précises à respecter pour gérer les dysfonctionnements matériels. Selon leur nature et les procédures établies, un salarié de l'agence sera amené à y apporter une solution ou, la plupart du temps, à effectuer un signalement descriptif du dysfonctionnement. Celui-ci déclenche l'intervention rapide :
- soit d'un service interne au réseau bancaire (équipe de maintenance mobile) ;
- soit d'un prestataire externe qui gère une équipe d'agents de maintenance des automates bancaires ayant chacun la responsabilité d'un parc d'appareils sur une zone géographique donnée.

2 Les dysfonctionnements matériels

1. Au niveau des DAB

La gestion prévisionnelle des encaisses permet normalement une utilisation optimale des distributeurs automatiques de billets (DAB). Cette gestion vise, au moyen d'un approvisionnement régulier, à :
- éviter que le client ne se trouve face à des automates vides ;
- assurer la disponibilité des billets avec les bonnes coupures.

Des dégradations malveillantes (graffitis, blocage des touches des claviers, bris des écrans) peuvent également occasionner des gênes ponctuelles dans l'utilisation des automates par les clients.

2. Au niveau des bornes de services

Une bonne gestion des consommables permet d'éviter les ruptures d'impression diverses demandées par le client.

EXEMPLE

Relevé d'identité bancaire, relevé du solde du compte ou des dernières opérations.

De même, la vérification de l'approvisionnement en enveloppes et relevés de dépôts de chèques ou d'espèces, la présence d'un stylo permettent de supprimer des sources de mécontentements prévisibles, surtout durant les périodes de fermeture de l'agence (week-ends, jours fériés).

3. Au niveau des autres équipements

La maintenance fait souvent l'objet de contrats avec des sociétés spécialisées qui garantissent la réactivité des interventions de techniciens, la maîtrise des coûts et l'entretien continu de nombreux autres équipements.

EXEMPLE

Détecteurs d'intrusion, contrôle d'accès, systèmes de vidéosurveillance avec caméra, systèmes de serrures.

3 Les opérations de prévention des dysfonctionnements

1. La maintenance matérielle

a) La maintenance matérielle de base

À titre préventif, un service spécialisé interne ou un prestataire externe effectue régulièrement le nettoyage complet du local de maintenance et des automates, contrôle les indicateurs de fonctionnement et assure les mises à jour des logiciels, vérifie les réglages et change les éléments usagés ou défectueux.

Le nettoyage régulier de l'habitacle, du clavier, de l'écran, du lecteur de carte des automates, l'application de produits anti-tags, des tests, à distance ou sur site, permettent également de prévenir la plupart des dysfonctionnements.

b) Les réparations plus importantes

Le constat de dégradations mineures, vandalisme ou sinistre conduit, après signalement immédiat, à un échange standard des pièces défectueuses par un professionnel.

2. Les procédures définissant le niveau de responsabilité et le rôle des acteurs

Chaque réseau bancaire définit le rôle que chacun des acteurs doit assurer au niveau local dans la gestion des dysfonctionnements.

Celui-ci varie en fonction de la taille de l'agence et du volume de fonds concerné.

Directeur d'agence, responsables commerciaux, chargés de clientèle peuvent ainsi être responsables de différents types d'opérations :
- suivi des encaisses ;
- évaluation des besoins en alimentation des DAB ;
- rythme de passage des livraisons et/ou des retours de fonds ;
- réception et contrôle des fonds livrés à l'agence ;
- chargement et déchargement des DAB à partir des fonds livrés ;
- récupération, gestion et transmission des cartes bancaires avalées, parfois confisquées ;
- gestion des consommables (papier, encrage, enveloppes) ;
- propreté du local automate ;
- prise en charge et signalement des incidents concernant la zone en libre-service.

EXEMPLE

Incident relatif à la livraison des fonds nécessaires à un fonctionnement normal des automates 24 h/24, incident sécuritaire, incident comptable.

5 LE TRAITEMENT DES APPELS TÉLÉPHONIQUES EN AGENCE BANCAIRE

➔ Dès son premier contact avec le personnel de l'agence bancaire, que ce soit en face à face ou au téléphone, le client se fait en quelques instants une opinion de la qualité du personnel.

1 Les spécificités de la communication téléphonique

1. L'absence physique

Lors d'un appel téléphonique, l'interlocuteur n'est pas présent visuellement. Toute la relation repose alors sur les paroles (le contenu), la voix, la respiration et les silences. La communication n'est pas nuancée par le langage non verbal (gestes, mimiques) qui tient une grande place dans la communication en face à face.

2. L'adaptation du message à la voix

Lorsqu'on entre en contact téléphonique avec un inconnu, instinctivement, on se construit une image de son interlocuteur à partir de sa voix et de ses paroles. On cherche à déterminer son âge, son sexe et sa catégorie socioprofessionnelle de manière à adapter son propre message. Une fois l'identité de l'interlocuteur connue, des renseignements complémentaires utiles à la relation commerciale peuvent être rapidement consultés tout en poursuivant le dialogue, à partir de la banque de données clients.

3. Les techniques de la communication professionnelle téléphonique

La communication professionnelle au téléphone exige :
- de maîtriser l'intensité de sa voix : il faut veiller à parler distinctement et pas trop fort, comme si l'interlocuteur était proche ;
- de ralentir son débit : le débit naturel en conversation est d'environ 180 mots à la minute. Au téléphone, il faut le limiter à 140 mots environ ;
- de sourire : l'état d'esprit, les mimiques ne se voient pas mais se perçoivent très bien au téléphone ;
- d'être synthétique : il convient de s'exprimer avec des phrases courtes, au style direct et avec des formules positives.

4. Les aspects technologiques du téléphone

La plupart des téléphones offrent aujourd'hui des fonctions variées : le renvoi sur un autre poste, le rappel automatique des numéros occupés, le renvoi permanent et les messages en attente, la conférence à plusieurs, la consultation des appels en attente, la numérotation abrégée...

2 Le traitement des appels entrants

1. Assurer une réponse rapide

Lorsque le téléphone sonne, il faut décrocher immédiatement. Après cinq sonneries sans réponse, le client pensera que l'agence est fermée, ou que la personne est absente. Cela peut être ressenti comme une négligence. Si la communication est mauvaise, il faut proposer de rappeler son interlocuteur immédiatement.

2. Personnaliser l'accueil téléphonique

Le correspondant doit sentir qu'il a été bien dirigé et qu'il n'est pas anonyme. Pour cela, le chargé de clientèle se présente (prénom et nom), puis détermine rapidement l'objet de l'appel et son importance avant de donner suite. Se présenter, c'est rassurer son correspondant.

3. Identifier rapidement le correspondant

La personne qui prend l'appel demande son nom à son correspondant, éventuellement ses références (numéro de client...), et les note immédiatement. Pendant toute la conversation, le correspondant doit être appelé par son nom afin qu'il se sente identifié et privilégié.

4. Prendre un message

L'interlocuteur peut demander à être mis en relation avec une autre personne, qui n'est pas disponible. Dans ce cas, on peut lui proposer de laisser ses coordonnées en vue de le rappeler.
Il faut avoir de quoi noter (blocs, Post-it...). Il est important d'être précis, pour pouvoir rendre compte de cet appel. Il ne faut pas compter sur sa mémoire mais poser des questions à l'interlocuteur, et reformuler ce qui a été dit pour le faire valider.
Dans tous les cas, il faut noter très précisément :
- le nom de l'interlocuteur et ses coordonnées ;
- le motif de l'appel ;
- la date et l'heure de l'appel ainsi que son caractère d'urgence.

5. Transférer un appel

Lorsqu'on transfère un appel, on précise le nom de l'interlocuteur et l'objet de l'appel. On s'assure également que l'appel est bien transféré.

6. Clore la conversation

On ne raccroche jamais au nez de son interlocuteur.
La conversation se termine lorsque le correspondant a l'information qu'il souhaite. Il faut conclure de manière que le correspondant n'hésite pas à rappeler, en le remerciant pour son appel et en lui indiquant que l'on reste à son service.

3 Le filtrage des appels téléphoniques

Il faut réfléchir en amont aux barrages à mettre en place pour bien filtrer les appels.

1. Établir les règles de filtrage

Comme pour les visites en face à face, le chargé d'accueil doit clarifier avec le chargé de clientèle, voire avec la direction de l'agence, les règles pour le filtrage des appels. Il doit s'y tenir sans en abuser, et chercher à savoir si l'appel peut avoir un intérêt.

2. Abréger un appel

Pour abréger un appel, il ne faut pas se montrer trop cordial. Si l'interlocuteur ne se rend pas compte qu'il dérange, on peut laisser des blancs dans la conversation, puis, après 3 ou 4 minutes, trouver une excuse (réunion, dossier urgent...) et prendre congé poliment.

6 LA PROSPECTION TÉLÉPHONIQUE

Qu'il soit utilisé pour vendre ou pour prendre un rendez-vous, en agence bancaire ou sur une plateforme téléphonique, le téléphone est un outil privilégié du développement du portefeuille clientèle des particuliers.

1 La préparation de la prospection téléphonique

La prospection téléphonique peut être employée pour :
- vendre par téléphone (télévente) des services bancaires peu impliquants et pour lesquels la prise de décision peut être rapide (approche produit) ;
- prendre des rendez-vous : c'est dans cette intention que sont pratiquées les campagnes de prospection orientées vers le client.

1. Le guide d'entretien téléphonique

Un entretien téléphonique ne s'improvise pas. Un guide d'entretien téléphonique guidera le conseiller, face aux difficultés qu'il ne manquera pas de rencontrer, et lui permettra d'optimiser sa relation avec le client. Parmi les nombreuses techniques de préparation d'un script téléphonique, la méthode CROC a le mérite de l'universalité. Elle propose de concevoir un entretien téléphonique en 4 étapes :
- le contact avec le foyer, puis avec le décideur ;
- la raison de l'appel ;
- l'objet de l'appel ;
- la conclusion de l'entretien.

a) Le script positif

Lorsqu'il est élaboré pour être utilisé à titre personnel, le script téléphonique gagnera en clarté en distinguant la version positive, qui envisage que toutes les réponses de l'interlocuteur iront dans le sens souhaité par le conseiller, et la liste des barrages et objections qui risquent de lui être opposés.

EXEMPLE

Guide d'entretien pour la télévente des services mobiles

Contact (script positif)	
Avec le foyer : Bonjour, je suis bien chez M. X ? Prénom, nom, de la banque X, puis-je lui parler s'il vous plaît ?	**Avec le décideur :** Bonjour, M. X. Prénom, nom, de la banque X.
Raison de l'appel Je vous appelle pour vous proposer un nouveau service dont je pense qu'il peut vous être très utile. Avez-vous quelques instants à me consacrer ? *Réponse.*	
Vous avez reçu il y a quelque temps un courrier vous présentant notre nouvelle offre de banque à distance à partir d'un mobile ; vous en souvenez-vous ? *Réponse.*	
Voici de quoi il s'agit en quelques mots. Avec ce service, vous pouvez consulter vos comptes à partir de votre mobile, à tout moment, où que vous soyez. Il s'agit là d'un service sans abonnement qui vous facilitera la vie en vous faisant gagner du temps, c'est précieux n'est-ce pas ? *Réponse.*	
Je vous explique le fonctionnement : pour 0,50 € par jour de connexion (jusqu'à 6 € par mois) à « mobile-banque.net », à l'aide d'un code secret, vous pourrez consulter vos comptes, réaliser des virements, agir sur votre portefeuille titres. Ainsi, à partir de la douzième connexion dans le mois, toutes les autres sont gratuites... Qu'en pensez-vous ? *Réponse.*	
Objet de l'appel Pour en bénéficier, il suffit de vous connecter à partir de votre mobile à « mobilebanque.net », de taper votre code secret, et vous voilà en contact avec votre banque, à votre rythme, où que vous soyez. Souhaitez-vous que je vous communique maintenant votre code secret ou préférez-vous le demander sur notre site Internet ? Réponse.	
Conclusion de l'appel Eh bien, M. X, je suis ravi(e) d'avoir pu vous rendre service et je serai heureux(se) de vous rencontrer à l'occasion de votre prochaine visite.	

b) Le traitement des objections

Il est tout à fait logique que le conseiller reçoive, en retour de son appel, des barrages et objections : l'interlocuteur peut être dérangé par l'appel, ou irrité par de nombreuses sollicitations.

Préparer la réponse à formuler optimisera la productivité de la démarche et, surtout, permettra de ménager la qualité de la relation avec le client. Le conseiller clientèle adaptera son travail préparatoire au traitement des objections à la prospection téléphonique.

2. Le tableau de suivi des appels téléphoniques

Cet outil doit prévoir de recenser les résultats des appels, mais également les renseignements qui viendront enrichir la connaissance que le conseiller a de ses clients : commentaires, arguments ayant convaincu, objections les plus marquantes.

3. Le comportement en prospection téléphonique

Le conseiller doit s'isoler pour se consacrer à sa prospection téléphonique, et rassembler tous les outils dont il a besoin : le fichier clients, le guide d'entretien téléphonique, le tableau de suivi des appels, l'agenda. Il doit faire preuve de conviction, d'enthousiasme et garder à l'esprit que la prospection ne doit pas entacher la relation avec le client, mais au contraire être à son service.

2 L'analyse des résultats

Comme pour toute opération de prospection, il est possible de mesurer les résultats par un entonnoir de prospection.

Ratios de prospection		
Grandeurs	**Ratios**	**Interprétation**
Nombre de clients ciblés = N	N	
Nombre de clients qualifiés = Q	Q/N	Qualité du fichier
Nombre de clients contactés = C	C/Q	Efficacité du plan de prospection
Nombre de rendez-vous = R	R/C	Efficacité de la prospection

7 LA PRISE DE CONTACT ET L'ORIENTATION DU CLIENT

La phase la plus importante dans la relation client est la prise de contact. C'est par elle que le client commencera ou non à se sentir en confiance. La première impression donnée est déterminante. Soigner l'accueil, c'est soigner l'image de marque du réseau bancaire, fidéliser ses clients, attirer des prospects et favoriser un dialogue constructif avec le visiteur.

1 L'accueil au guichet

1. Les conditions physiques de l'accueil

Premier lieu d'échange entre la banque et son client, l'espace d'accueil est la vitrine de l'entreprise : il doit s'en dégager une sensation de professionnalisme.

Placé hors de son cadre familier, le client doit s'y sentir en confiance pour que se développe ultérieurement le reste du processus de vente.

2. Les conditions relationnelles

a) La prise en charge rapide du client

La phrase de bienvenue du chargé d'accueil avec le sourire (le plus naturel possible) et le salut renvoient un signe de reconnaissance au client. Communicatif, le sourire est une marque de sympathie.

EXEMPLE

« Bonjour monsieur » ou « Bonjour madame », puis laisser un temps d'arrêt de quelques secondes pour donner l'initiative au client d'établir un contact visuel. « Que puis-je faire pour vous ? » ou « En quoi puis-je vous aider ? »

Si le chargé d'accueil connaît le client, des salutations plus personnalisées permettront au visiteur de se sentir reconnu et accueilli.

EXEMPLE

« Bonjour, M. Duprat ! Comment allez-vous depuis le mois dernier ? M. Dubois vous attend dans son bureau. »

Au guichet se traitent normalement les opérations bancaires simples. Le chargé d'accueil doit encourager le client à formuler l'objet de sa visite, l'aider à la préciser si elle manque de clarté et s'efforcer d'apporter rapidement une solution adaptée à sa demande. Aucun refus ne doit *a priori* lui être opposé. Si le visiteur annonce un rendez-vous avec son chargé de clientèle, il s'agit de l'orienter.

b) L'orientation du visiteur vers le chargé de clientèle

Si le chargé de clientèle n'est pas disponible, le chargé d'accueil au guichet le prévient de l'arrivée de son visiteur et lui demande de préciser la durée de l'attente. Il est souhaitable d'avertir honnêtement le visiteur de cette durée. L'attente est l'occasion de l'orienter vers la zone d'attente, de lui offrir une boisson ou de lui proposer des journaux.

En cas d'attente prolongée, il est important de penser à informer le client du motif de cette attente, donner si possible un délai approximatif, présenter des excuses au nom du chargé de clientèle. Celles-ci valoriseront le client qui se sentira alors respecté. En effet, plus un visiteur attendra, plus il risquera de devenir irritable et peu réceptif.

3. L'adaptation à des situations d'accueil plus complexes

a) Filtrer les visites

Plus rarement, le chargé d'accueil au guichet peut être amené à assurer un barrage avant l'accès au chargé de clientèle. Ce type de situation exceptionnelle doit être bien concerté pour que la mise en place du barrage soit efficace et ne crée pas d'incident. Il doit y avoir une entente préalable sur certains points essentiels avec le chargé de clientèle :

- Souhaite-t-il un barrage ? De quel type (refus complet et définitif, prise de rendez-vous ultérieur, prise du nom et de l'adresse pour rappel...) ?
- Quels sont les individus indésirables ?
- Quels sont ceux que le chargé de clientèle recevra toujours, quelles que soient les circonstances ?
- Quelles sont les plages horaires éventuellement réservées/interdites aux visites ?

Le filtrage des visites nécessite également un comportement adapté : un ton affirmé mais aimable (assertivité), pas d'agressivité, pas de mensonge mais une fin de conversation ferme.

EXEMPLE

« J'ai bien noté vos coordonnées et votre demande d'entretien, M. Dubois vous rappellera lui-même cet après-midi s'il souhaite donner suite. »

« Il est déconseillé de revenir sans rendez-vous. »

b) Accueillir un visiteur étranger

Le chargé d'accueil peut avoir affaire à un client étranger. L'idéal est bien sûr de l'accueillir dans sa langue s'il ne parle pas le français. Si le visiteur fait l'effort d'essayer de parler français, il faut adopter un débit légèrement plus lent et bien articuler, et se montrer patient.

c) Le cas du visiteur mécontent

Si un visiteur mécontent se présente, le chargé d'accueil essaie de l'écouter attentivement sans lui couper la parole. Il doit garder son sang-froid, son interlocuteur se calmera quand il verra qu'il n'y a pas d'opposant en face de lui. Il peut l'appeler par son nom, lui montrer qu'il a compris son problème et qu'il va être éventuellement reçu en priorité.

2 La prise de contact par le chargé de clientèle

1. La préparation de l'accueil du client

a) Gérer les rendez-vous

Le client est toujours mieux accueilli lorsque sa visite est prévue. Il est dans de meilleures dispositions s'il se sent attendu. Si l'agence dispose d'un chargé d'accueil au guichet, il doit connaître le planning des visites attendues pour la journée.

b) Préparer les locaux et les documents

Le chargé de clientèle vérifie que son bureau est prêt pour recevoir les visiteurs (propreté et disposition, accessoires...). Le matin, il doit disposer des dossiers correspondant à ses rendez-vous, vérifier qu'il peut accéder à l'ensemble des informations nécessaires pour mener à bien son entretien.

2. La création d'un climat de confiance

L'objectif est de créer un climat de confiance favorable pour retenir l'attention du client et commencer l'entretien de vente dans de bonnes conditions. Il s'agit d'être en phase avec son client, de construire un climat propice pour trouver des points d'accord. Pour cela, mieux vaut chercher à instaurer une relation franche et chaleureuse, s'adapter à l'univers du client, en synchronisant son ton, son débit de parole et son registre de langage, ainsi que sa gestuelle.

Ce premier contact est régi par des rites et des codes de communication, comme toute relation interpersonnelle.

EXEMPLE

Il est fréquent d'adopter la poignée de main pour un rituel de salutation professionnel.

3. La clarification des intentions en début d'entretien

S'accorder sur les règles du jeu de l'entretien est fondamental pour le développement d'une relation commerciale durable et de qualité. Il convient de :

- saluer son interlocuteur ;
- se présenter : prénom, nom, fonction ;
- contrôler l'identité de son interlocuteur ;
- rappeler l'objet de l'entretien pour attirer, capter l'attention de son interlocuteur ;
- expliquer et faire valider par le client le déroulé de l'entretien ;
- expliciter les suites données à l'entretien.

EXEMPLE

Entretien à l'initiative de la banque :

« M. X, je vous remercie d'avoir accepté ce rendez-vous. Je vous ai contacté pour... Dans ce cadre... C'est important pour moi de mieux vous connaître.

« Dans un premier temps, nous allons voir vos entrées et vos sorties d'argent, puis ce dont vous avez besoin pour fonctionner en toute sérénité avec nous et protéger votre famille.

« Vous me parlerez ensuite de vos projets et de la gestion de vos comptes. Je serai alors en mesure de vous proposer les meilleures solutions adaptées à votre situation. En fonction des décisions prises aujourd'hui, nous fixerons les dates de nos prochaines rencontres. Notre entretien va durer environ 20 minutes. Cela vous convient-il, M. X ? »

4. La règle des « 4 × 20 »

Il est courant de dire que tout se joue selon la règle des 4 × 20.

a) Les 20 premières secondes ou la perception visuelle

La présentation du chargé de clientèle doit être soignée, car elle conditionne la suite de l'entretien. Avant que le moindre mot ne soit prononcé, la tenue véhicule une image, produit une première impression. Ces 20 premières secondes doivent mettre le client en confiance.

b) Les 20 cm du visage : sourire, regard

Ils doivent révéler un esprit ouvert, clair et constructif. Le chargé de clientèle doit se concentrer sur le visage de son interlocuteur, plus particulièrement au niveau de ses yeux. Il est important de bien le regarder en face, avec un sourire franc et direct, en se montrant attentif.

c) Les 20 premiers gestes : attitudes, mouvements, postures

Les 20 premiers gestes sont déterminants. Le chargé de clientèle doit saluer son interlocuteur en lui tendant la main, s'efforcer d'avoir des gestes d'ouverture, se montrer disponible dans son attitude, en évitant notamment de croiser les bras. La poignée de main doit inspirer confiance : ferme sans broyer la main de son interlocuteur. Tonique ou molle, la démarche du conseiller clientèle donnera une idée de la dynamique, de la conviction avec lesquelles il est susceptible de s'occuper de ses clients.

d) Les 20 premiers mots : intonation, vocabulaire, ton de voix

La voix claire et douce, le vocabulaire utilisé positif et accessible, préparent le terrain pour obtenir le premier accord.

Les quatre critères de cette règle permettent au visiteur de se faire rapidement une idée sur le chargé de clientèle et de répondre à ses questions plus ou moins conscientes :

- Est-il crédible ?
- Puis-je lui faire confiance ?
- Est-il compétent ?
- Est-il efficace ?

5. La poursuite de l'entretien

À l'issue de la prise de contact, la réaction du client favorable indique au conseiller de clientèle que le climat de confiance a été créé.

Il peut alors passer à l'étape suivante.

8 LE TRAITEMENT DES APPELS SUR PLATEFORME TÉLÉPHONIQUE

➔ Une plateforme téléphonique est constituée d'un ensemble de postes de travail téléphoniques et d'agents (téléconseillers, téléopérateurs), chargés de gérer la relation à distance entre le réseau bancaire et ses clients ou prospects. Le principe d'un centre d'appels repose sur une interface éprouvée : l'interdépendance du téléphone et de l'informatique.

1 Le contexte

1. L'évolution de l'organisation des réseaux bancaires

a) Historique

Le développement des plateformes téléphoniques connaît un essor important depuis les années 1990, à la fois dans le domaine bancaire et dans le domaine des assurances, avec la naissance du concept de la banque sans agences, dédiée à la commercialisation de produits d'épargne et de services boursiers.

EXEMPLE

1990 : AXA.
1994 : lancement de la Banque directe de BNP Paribas la « Banque Cortal ».

b) Un changement de nature

Initialement dédiés aux renseignements des clients, les téléconseillers ont vu leur champ d'action s'élargir considérablement par la sophistication croissante des moyens technologiques (numérisation et gestion électronique des documents, banques de données, progiciels de gestion intégrés). Aujourd'hui, tous les réseaux bancaires s'appuient sur des plateformes téléphoniques destinées à entretenir des relations de proximité personnalisées avec la clientèle des particuliers.

c) L'apparition des *Web call centers*

Un *Web call center* est un centre de relations clients gérant les contacts en provenance d'autres canaux que le téléphone (Internet, mail, courrier, tchat, voix sur IP). Il permet à l'entreprise bancaire de proposer à ses clients internautes visitant son site Web une mise en relation avec un Web-conseiller.

Plusieurs outils sont utilisés :
- le bouton de rappel : « *call back* » ;
- la conversation en mode texte : « tchat » ;
- la gestion des mails entrants ;
- l'envoi de pages Web directement sur l'ordinateur de l'internaute ;
- la voix sur IP : dialogue oral *via* l'ordinateur, etc.

d) Les facteurs du développement

Plusieurs facteurs expliquent la forte expansion des plateformes téléphoniques :

Du côté du particulier	Du côté du réseau bancaire
Les services rendus par la « banque en ligne » ont familiarisé le consommateur aux relations virtuelles avec son agence bancaire. Le client apprécie aussi l'offre d'une économie de déplacement et parfois d'une file d'attente. L'équipement et l'usage croissant des mobiles et tablettes par les particuliers rendent cette offre accessible, surtout auprès d'un public jeune.	L'introduction de technologies orientées client, dans le développement des prestations bancaires, repose sur de nouveaux supports électroniques aux capacités de stockage importantes (nouveaux protocoles augmentant les capacités des réseaux de transport des données, nouvelles architectures informatiques proposant un accès autonome et une interconnexion des différents sites bancaires). La préoccupation majeure des réseaux bancaires est de rationaliser les procédures de gestion des demandes du consommateur en vue d'améliorer la productivité et la qualité de leurs services.

En termes de productivité, cette nouvelle forme organisationnelle apporte une plus-value au rayonnement géographique à moindre coût. En effet, l'implantation des centres d'appels s'effectue à la périphérie des villes où les loyers de bureaux sont moins élevés. Ces entités ont une structure hiérarchique souple et flexible, reposant sur un effectif optimisé en temps et en heures de téléopérateurs.

2. Les principaux modèles d'organisation

Un centre d'appels est souvent constitué de plusieurs plateformes disséminées sur le territoire national.

EXEMPLE

Un centre d'appel LCL créé à Marseille en 2002 gère les appels au niveau national : 60 % des appels sont dérivés vers six plateformes (Bordeaux, Lyon, Marseille, Paris, Roubaix, Pleyel).

Les choix d'organisation diffèrent en fonction de l'attachement des dirigeants à la réputation de leur réseau :
- le traitement des appels sortants peut être partiellement ou totalement externalisé (voire délocalisé), c'est-à-dire sous-traité à des entreprises spécialisées, tout en restant sous haute surveillance pour éviter le risque d'une dégradation de l'image de la banque ;
- les appels entrants restent traités en interne, sur le territoire national, pour garantir la qualité et la fiabilité du service.

L'organisation peut être orientée vers une activité :
- de type généraliste : renseignements, conseil, orientation ;
- de type « métiers » : gestion des crédits, du patrimoine, des successions, opérations de recouvrement, opérations boursières, etc.

Le développement de ces entités, physiquement éloignées des agences bancaires, soulève plusieurs questions relatives au statut des salariés qui y travaillent, à leur formation, à la gestion de leur parcours professionnel et notamment à leur intégration dans des agences physiques.

La plupart des établissements bancaires ont développé deux unités distinctes dans leur centre d'appels. La première unité (accueil téléphonique) est constituée d'opérateurs effectuant la plupart des tâches courantes et simples pour la clientèle. Ces opérateurs transfèrent, si nécessaire, les appels à l'échelon supérieur qui regroupe des services spécialisés. Cette seconde unité intervient donc dans les fonctions de conseil et/ou de vente de produits et services bancaires.

2 Les services rendus aux particuliers

1. Le traitement de situations d'urgence par la *hot-line*

Lorque l'agence est fermée, avoir un opérateur au bout du fil immédiatement permet de régler rapidement des problèmes urgents.

EXEMPLE

Vol ou perte de carte bancaire ou de chéquier doivent faire l'objet d'une opposition rapide. De même, le rapatriement de l'étranger lors d'un séjour professionnel ou de vacances, l'assistance médicale ou l'annulation voyage, peuvent nécessiter une intervention rapide pour déclencher les diverses assurances et garanties souscrites.

Le téléphone est donc un moyen de communication qui complète les autres services de banque à distance (compte consultable *via* Internet, etc.).

2. Le traitement des situations courantes

Il est possible de demander une prise de rendez-vous avec le conseiller clientèle ou de demander d'être rappelé.
Les conseillers spécialisés renseignent sur les différents services de la banque et peuvent également effectuer des opérations courantes.

EXEMPLE

Virements internes et externes, commande de chéquier, envoi d'un RIB (par courrier, fax ou mail).

3. La tarification des services rendus aux particuliers

Les associations de consommateurs sont particulièrement attentives à la facturation des services bancaires. Si toutes les banques proposent des services par téléphone, les associations dénoncent souvent l'usage de numéros d'appel surtaxés, notamment en fonction de la durée.

EXEMPLE

Une commission allant jusqu'à 0,56 € par appel est facturée par le Crédit Agricole Corse.
Au premier semestre 2014, la minute de contact avec la Société Générale, la BRED, le Crédit du Nord, mais aussi avec certaines caisses régionales du Crédit Agricole et de la Banque Populaire était facturée 0,34 €.

En revanche, les banques en ligne font généralement beaucoup d'efforts sur les coûts d'appel, leur activité reposant essentiellement sur le téléphone.

EXEMPLE

La communication est gratuite depuis un poste fixe et sans aucune commission vers Fortuneo, Monabanq, Boursorama ou encore ING Direct.

3 Les conditions matérielles de travail

1. La configuration de la plateforme téléphonique

La forme la plus répandue est celle d'un *open space* qui peut être divisé en cabines insonorisées isolant les téléopérateurs les uns des autres. Les choix ergonomiques conditionnent la qualité du travail des téléconseillers : réduction des nuisances sonores, lumière, salle de repos pour pallier les difficultés liées à la durée de la position statique assise.
L'agencement de la plateforme est conçu pour optimiser le traitement téléphonique des différentes demandes des clients, allant du simple renseignement à la vente de prestations financières. Ces appels sont qualifiés d'« entrants », lorsqu'ils sont reçus par les téléopérateurs (renseignements et conseil en patrimoine, gestion des réclamations...), ou à l'inverse de « sortants » lorsqu'ils sont émis par eux (vente à distance, enquête de satisfaction, sondages, prospection...).

2. L'aménagement du poste de travail du téléconseiller

L'efficacité des outils mis à disposition conditionne l'accès rapide aux informations recherchées par le téléconseiller. À réception de l'appel, le dossier du client, automatiquement identifié, s'affiche à l'écran et le traitement de l'information est immédiat, sans intermédiaire et en temps réel. L'équipement informatique doit faciliter le traitement quotidien d'au moins 70 à 85 appels.
L'essentiel de l'équipement du poste de travail est constitué d'un ordinateur avec casque et micro. Un logiciel de gestion intégré effectue :
- le décompte du nombre d'appels sortants et entrants ;
- le temps consacré à leur traitement ;
- la durée des pauses du téléconseiller.

Il l'informe et l'alerte sur le nombre d'appels en attente.

EXEMPLE

- De 20 secondes, clignotant vert.
- De 20 à 45 secondes, clignotant orange.
- Plus de 45 secondes, clignotant rouge.

Un panneau lumineux permet au superviseur de contrôler l'activité des différents téléconseillers, et affiche le nombre de téléconseillers présents sur la plateforme.

3. Les horaires de fonctionnement de la plateforme

L'amplitude horaire de travail, sur une base de 35 heures hebdomadaires par téléconseiller, couvre habituellement les appels :
- du lundi au vendredi de 7 heures à 22 heures ;
- le samedi de 9 heures à 17 heures.

Des équipes tournantes sont donc organisées pour assurer un service durant 113 heures hebdomadaires ! Le service bancaire est ainsi disponible sur une plage horaire plus étendue que celui des agences, en dehors des heures légales d'ouverture.

8 LE TRAITEMENT DES APPELS SUR PLATEFORME TÉLÉPHONIQUE (Suite)

4 Le rôle des acteurs

1. Les missions du téléconseiller

Définies dans des fiches de profil de poste classiques, les missions du téléconseiller consistent à :
- assurer l'accueil téléphonique des clients et prospects ;
- répondre aux demandes d'information sur les offres bancaires ;
- proposer des produits et services bancaires adaptés aux besoins des clients ;
- prendre des rendez-vous pour les conseillers en agences du réseau ;
- réaliser de la prospection téléphonique dans le cadre de campagnes ciblées ;
- répondre par mail aux clients.

Quand l'essentiel des missions consiste à faire du démarchage commercial (vente de produits), on parle de « télévendeurs ». Ceux-ci ont une excellente maîtrise des argumentaires commerciaux.

2. Les missions du superviseur

Le téléconseiller travaille sous le contrôle d'un superviseur de plateforme qui assure :
- l'accompagnement de l'équipe de téléconseillers, sa formation de proximité et son animation ;
- l'organisation du temps de travail, du planning d'occupation et de la rotation des équipes, ainsi que la répartition des tâches entre les téléopérateurs (plan de charge) ;
- le coaching et le debriefing des appels ;
- l'analyse des résultats individuels et collectifs.

3. Les compétences du téléconseiller

a) Les compétences techniques et commerciales

Elles s'acquièrent grâce :
- à l'expérience sur le terrain, auprès des collègues et du superviseur de la plateforme ;
- à la formation continue.

Le téléconseiller doit faire preuve d'une bonne aisance relationnelle dans le contact commercial, de patience et d'efficacité, car le temps imparti au traitement de chaque appel est limité.

b) Les comportements

Le téléconseiller doit démontrer beaucoup de réactivité, une concentration et une attention permanentes, un sens de l'écoute active averti. Il doit non seulement disposer d'une bonne condition physique, mais également de solidité mentale pour résister au stress et à la pression des objectifs fixés. Son sens de la diplomatie et sa prise de distance doivent lui permettre de désamorcer des situations conflictuelles face à des clients agressifs lorsque leur problème ou leur requête ne trouve pas une solution immédiate. Il doit ainsi faire preuve d'engagement et de vivacité d'esprit afin de construire une relation de confiance avec le client dans un laps de temps très court, celui d'une communication téléphonique.

4. Les règles à respecter

En fonction des situations professionnelles (téléphonie, vente, prise de rendez-vous), le téléconseiller dispose de scripts, sorte de procédures ou modes opératoires dont le déroulement est à respecter dans la conduite du dialogue établi avec le client. S'en écarter fait courir le risque de propositions non applicables, inadaptées par rapport aux directives données. Cependant, des études menées par des sociologues du travail ont démontré qu'il ne s'agit pas d'un travail de simple exécution, mais d'un ensemble de tâches assez complexe du fait de situations professionnelles comportant des variables auxquelles il faut s'ajuster. Dans son travail de saisie informatisée, le téléconseiller ne se limite pas uniquement à introduire des données et à suivre un mode opératoire prescrit. Des compétences plus complexes sont sollicitées : mettre en relation diverses informations éparses, repérer et corriger les erreurs détectées dans l'application du script.

EXEMPLE

Autonomie au niveau de l'interprétation tenant compte à la fois des multiples variables à suivre et de la diversité des événements pouvant survenir.

5. La mesure des résultats

a) La performance de la plateforme

La performance de la plateforme téléphonique s'apprécie à partir de la qualité du service. Elle se mesure à partir des indicateurs suivants :
- l'accessibilité pour la clientèle ;
- le temps de réponse : les délais d'attente doivent être réduits ;
- la fiabilité des réponses et des solutions proposées aux clients ;
- l'étendue des services présentés aux clients en fonction de leurs exigences ;
- l'efficacité de l'assistance fournie par le système d'information notamment pour partager et localiser l'information ;
- la qualité du personnel du centre d'appels (courtoisie, professionnalisme et personnalisation des services).

b) La productivité des téléconseillers

Le téléconseiller doit répondre à un nombre maximal d'appels en un minimum de temps. Les logiciels mesurent cette performance individuelle à l'aide de plusieurs indicateurs : temps moyen des conversations, temps « occupé » moyen (lorsque le téléopérateur saisit les informations relatives à l'appel dans les bases de données informatisées ou les transmet au *back-office*), temps de traitement moyen (somme des deux derniers indicateurs), taux d'abandon des clients en cours d'appel, délai moyen d'abandon (clients qui raccrochent, mettent fin au dialogue...)...

9 LES OPÉRATIONS COURANTES SUR LE COMPTE

➔ **Encaissements, décaissements et consultation des comptes sont l'essentiel des opérations courantes sur le compte d'un particulier.**

1 Les encaissements

Pour un particulier salarié, les encaissements sont peu nombreux et se limitent à des virements de salaire, d'éventuelles allocations d'organismes sociaux ainsi qu'à divers remboursements.

L'encaissement de chèques et d'espèces doit éveiller la curiosité du conseiller clientèle dans sa responsabilité de surveiller un éventuel blanchiment d'argent.

2 Les décaissements

Les banques proposent différents moyens de mobiliser les fonds déposés par le client sur leur compte.

Les retraits d'argent peuvent se réaliser soit au guichet soit auprès d'un automate. Les retraits d'un montant élevé ne peuvent pas toujours être satisfaits immédiatement : la banque a besoin d'un délai pour pouvoir mobiliser la somme demandée.

Lorsqu'ils sont «déplacés», c'est-à-dire effectué à un guichet d'une autre banque que celle titulaire du compte, les décaissements peuvent donner lieu à facturation au-delà d'une certaine fréquence mensuelle.

La plupart des décaissements d'un client particulier se réalisent en monnaie scripturale (par chèque) ou en monnaie électronique (carte bancaire, virements et prélèvements, Titre interbancaire de paiement – TIP).

3 Les dates de valeur

Il s'agit de la date d'enregistrement des opérations en compte et de la date de réalisation de l'opération, qui tient compte du délai nécessaire à son traitement. En France, ces délais sont réglementés et sont précisés dans la convention de compte.

Seules les opérations par chèque peuvent donner lieu à un décalage d'au maximum un jour ouvré par rapport à la date J de l'opération, car un chèque est scanné dès sa remise en agence et son image est envoyée le jour même au système interbancaire de compensation :

- paiement d'un chèque : J + 1 ;
- encaissement d'un chèque : J-1.

Toutes les autres opérations de paiement doivent être enregistrées sur le compte le jour de leur réalisation, au débit comme au crédit.

Une bonne connaissance de ce décalage est indispensable car il peut conduire le client à mettre son compte en position débitrice de manière mécanique et à devoir acquitter des frais alors qu'il estime avoir provisionné son compte.

EXEMPLES

Soit un compte dont le solde est à 0 le 20 janvier.

- Un chèque de 500 € déposé à l'encaissement le 20 janvier sera crédité en valeur le 21 janvier.
- Un chèque de même montant, tiré le même jour, le 20 janvier, sera débité le 19.

Le compte sera donc débiteur de 500 € pendant 2 jours, et des agios seront facturés au client.

4 La consultation des comptes

Traditionnellement, les banques communiquent à leurs clients un relevé de compte mensuel reprenant, en plus des opérations réalisées sur le compte, le détail des frais bancaires du mois. Pour la quasi-totalité des banques, les relevés de compte sont aussi proposés sous format électronique téléchargeable.

La consultation des comptes peut se faire également sur automate, en dehors des horaires de l'agence, mais surtout en ligne sur poste fixe ou sur mobile et tablette, permettant aux clients de gérer au plus près leurs comptes, aux horaires qui leur conviennent.

Des alertes SMS complètent l'offre de consultation des mouvements sur le compte.

5 La procuration

La procuration est un mandat par lequel une personne (le mandant), donne à une autre personne (le mandataire), le pouvoir d'agir en son nom.

Tous les actes effectués par le mandataire, dans la limite de ce pouvoir, n'engagent que le mandant.

La procuration peut être accordée à toute personne, y compris à un incapable, à plusieurs personnes, ou être accordée conjointement, les mandataires devant alors effectuer et signer ensemble les opérations.

La procuration peut être :

- générale, sans limitation d'opérations, de montants, ou de durée ;
- spéciale, c'est-à-dire limitée sur l'un ou plusieurs de ces critères.

La procuration ne peut pas être tacite. Un texte doit être élaboré et les signatures sont précédées des mentions «Bon pour pouvoir» pour le mandant, et «Accepte le présent pouvoir» pour le mandataire.

La procuration prend fin à la révocation du mandat (notifiée par écrit au banquier), à la renonciation au mandat (notifiée par écrit au banquier), au décès du mandant (qui met un terme automatique), ou à l'échéance prévue par l'acte.

10 LES OBLIGATIONS PROFESSIONNELLES DU BANQUIER

Le banquier doit respecter certaines obligations qui engagent sa responsabilité civile ou pénale. Le secret professionnel favorise le sentiment de confiance du client qui confie au banquier les renseignements indispensables.

1 Le respect du secret bancaire

1. Le principe

Tout gestionnaire employé par un établissement bancaire ne peut divulguer à des tiers des renseignements précis sur la situation du compte d'un de ses clients ou sur toute opération effectuée sur ce compte (CMF, art. L. 511-33). La violation de cette obligation engage sa responsabilité pénale et civile.
Le secret bancaire désigne également les procédés qui permettent à des personnes morales ou physiques de disposer d'avoirs bancaires de façon anonyme.

2. La levée du secret bancaire

En France, le banquier ne peut refuser la communication des informations aux cotitulaires d'un compte joint, aux héritiers pour les besoins de la succession, au mandataire dans les limites de son mandat ou au créancier qui forme une saisie-arrêt sur un compte bancaire. *A contrario*, les données du compte personnel d'un époux ne peuvent être révélées à l'autre conjoint.
Pour l'exécution de leurs missions, certaines administrations peuvent exiger la levée du secret bancaire : services fiscaux, douanes, procureur de la République, tribunal de commerce, l'AMF, l'ACP.
Enfin, les banques ont l'obligation de déclarer certaines informations relatives à leurs clients sur les fichiers de la Banque de France.

EXEMPLE
Ouverture de compte, incidents de remboursement.

2 La lutte contre le blanchiment

Par exception au principe du secret bancaire, la loi commande aux établissements de crédit de dénoncer au service de la cellule Tracfin les opérations portant sur des sommes qui proviendraient du trafic de stupéfiants. Cette obligation a été étendue aux capitaux paraissant provenir d'activités criminelles organisées, finançant le terrorisme, ou de certains types de fraude fiscale (CMF, art. L. 561-1).

3 La prévention des conflits d'intérêts

Lorsque les intérêts professionnels du banquier s'opposent à ceux d'un de ses clients, il doit agir systématiquement dans l'intérêt de ce dernier. Par ailleurs, lorsqu'il a à choisir entre les intérêts contradictoires de deux clients, il doit informer chacun de sa position et transmettre un des dossiers à un service avec lequel il n'aura aucune relation.

4 L'exigence de non-immixtion

Ce principe impose aux banques de ne pas s'ingérer dans les affaires de leurs clients et de n'agir qu'à l'initiative de ces derniers. Placées dans une position de neutralité, elles ne peuvent « intervenir pour empêcher leur client d'accomplir un acte estimé irrégulier ou tout simplement inopportun ».

EXEMPLE
Pour un crédit, le prêteur n'a pas à vérifier la licéité de l'opération envisagée par l'emprunteur (sauf dispositions Tracfin).

5 Le devoir de vigilance

Face à des risques non négligeables, l'établissement de crédit se doit de surveiller et vérifier les opérations qu'il exécute pour le compte de ses clients. Compte tenu de l'interaction entre le devoir de non-ingérence et l'obligation de surveillance du banquier, la jurisprudence amoindrit les exigences de cette dernière : le banquier doit s'en tenir uniquement aux apparences.

EXEMPLE
Le contrôle d'un chèque se limite à la détection des anomalies apparentes.

6 L'obligation de mise en garde

Le développement du droit de la consommation a imposé aux professionnels quels qu'ils soient de renseigner ou de conseiller certains de leurs clients (C. conso., art. L. 111-1-I).

1. L'obligation d'information et le devoir de conseil

Comme tout professionnel, le banquier doit éclairer le consentement de son contractant en délivrant une information objective sur la prestation effectuée.
Il doit également fournir un avis circonstancié de nature à orienter la décision du client, quitte à lui déconseiller la réalisation de l'opération si celle-ci lui est défavorable. Si la Cour de cassation considérait initialement que l'obligation du banquier relevait d'un devoir de conseil, sa position a évolué pour ne retenir qu'une obligation médiane le devoir de mise en garde.

2. Le devoir de mise en garde

Compte tenu de l'exigence de non-immixtion imposée aux établissements de crédit, la jurisprudence considère que les banques doivent uniquement attirer l'attention de leur client sur un point du contrat qui pourrait lui être préjudiciable, sans avoir à refuser d'accomplir l'opération. Toutefois, cette obligation ne vaut que pour les clients non avertis (profanes), à savoir les personnes dont le degré de connaissance dans l'opération projetée est insuffisant. Pour les autres, la banque n'est pas tenue au devoir de mise en garde.

11 LES RÈGLES DE SÉCURITÉ EN AGENCE BANCAIRE

→ Pour renforcer les mesures de sécurité vis-à-vis du personnel qui assure le traitement des espèces, la profession a conclu le 4 avril 2011 un accord relatif à la sécurité des agences bancaires. Cet accord définit notamment les règles de sécurité relatives aux agressions pour vol commises à main armée ou avec violence.

1 Le contexte

1. État de l'insécurité

D'après l'Observatoire national de la délinquance et des réponses pénales (ONDRP), en 2013, le nombre recensé de vols à main armée contre les établissements financiers s'élevait à 138. Il a diminué de 22,5 % entre 2012 et 2013 (soit une diminution de 40 vols à main armée en 1 an). Cette diminution s'inscrit dans une tendance : baisse de 64,3 % sur l'ensemble de la période 2008-2013, soit 249 faits en moins. En 2008, 387 faits avaient été enregistrés. La sophistication croissante des moyens de protection utilisés dans le secteur bancaire démontre donc son efficacité. Aujourd'hui, l'enjeu est de maintenir chez le personnel un état permanent de vigilance qu'un sentiment de surprotection technique pourrait diminuer.

2. Les évolutions

Les besoins de sécurité sont en revanche croissants en ce qui concerne la délinquance financière, liée aux transactions de plus en plus dématérialisées, par nature parfois plus difficilement contrôlables.

EXEMPLE

Vol et fraude à la carte bancaire.

2 Les composantes de la politique de sécurité

La politique de sécurité définie par l'accord professionnel intégré à la convention collective de la banque engage les réseaux bancaires dans plusieurs actions.

1. Recourir le plus possible aux automates

Les équipements automatiques comme les DAB et GAB permettent de ne pas avoir de liquidités en caisse. Les dispositifs permettant d'identifier les malfaiteurs comme des systèmes de vidéosurveillance dissuadent une partie des agresseurs potentiels.

2. Désigner un responsable de la sécurité

Il sera chargé d'élaborer et au besoin de coordonner un plan de crise en vue de minimiser l'impact d'un vol sur les employés, et de former une équipe d'intervention d'urgence.

3. Établir des procédures formalisées

L'ensemble du personnel doit être sensibilisé à leur respect et leur application. Elles concernent et fixent le rythme des opérations de contrôle à effectuer (quotidien, périodique ou ponctuel) et les comportements de vigilance à adopter au quotidien.

EXEMPLE

L'alimentation des automates en monnaie est toujours opérée en dehors de la vue et de la présence du public. La présence d'un agent de sécurité est prévue aux moments ou périodes critiques.
Les impressions papier de documents confidentiels ne sont pas simplement jetées à la poubelle mais font l'objet d'une destruction dans le respect d'une procédure particulière.

4. Former et assister le personnel

L'ensemble du personnel (employés, gestionnaires, nouveaux venus, membres de l'équipe d'intervention d'urgence) doit être formé à l'utilisation des matériels de sécurité, à l'appropriation des procédures relevant de la politique de sécurité.
Il s'agit également d'assister le personnel victime d'agression pour vol, commise à main armée ou avec violence.

5. Évaluer l'efficacité des mesures mises en place

Cette évaluation, menée au moins une fois par an, permettra de corriger des défaillances ou maillons faibles du dispositif de sécurité, si besoin est.

3 Les équipements contribuant à la sécurité

Depuis 2011, l'accord professionnel répertorie les équipements incontournables en matière de sécurité et leur adaptation en fonction du type d'agence.

1. Dans les agences sans espèces et sans automates

Dans ce type d'agence, où l'activité essentielle du personnel est centrée sur le conseil à la clientèle, une signalétique professionnelle normalisée et appropriée est considérée comme dissuasive. Placée de façon très visible, elle doit, par association d'un pictogramme à du texte, informer les visiteurs sur les mesures de protection existantes.

EXEMPLE

- Notre agence conseil ne dispose pas de fonds ;
- Le personnel n'est pas habilité à manipuler des espèces ;
- Le personnel ne détient aucune clé.

Cette signalétique est censée dissuader des attaques à main armée de malfaiteurs agissant individuellement ou en bande organisée.

11 LES RÈGLES DE SÉCURITÉ EN AGENCE BANCAIRE (Suite)

2. Dans les agences sans caisse et avec automates

Dès lors que l'environnement, la configuration des lieux et l'effectif le justifient, que la gestion des espèces soit assurée par le personnel ou un prestataire extérieur, à une signalétique appropriée s'ajoutent plusieurs équipements :

- un système de vidéosurveillance numérique constitué d'un ensemble de caméras et écrans, adapté à la configuration des lieux. Cette solution logicielle permet le visionnage et l'enregistrement des images. Elle est capable de les interpréter et de transmettre des alertes à un centre de télésurveillance distant ou de déclencher des alarmes. Les caméras couvrent l'intégralité du parcours emprunté par le convoyeur de fonds pour accéder au local technique du DAB/GAB ;
- un accès contrôlé au moyen d'équipements de plus en plus sophistiqués ;

EXEMPLE
Gâche électrique ou sas de sécurité avec détecteur de masse métallique filtrant les visiteurs, détecteurs anti-agression pour le personnel, interphone d'appel d'urgence pour les clients, lecteurs de badges, clavier obligeant à saisir un code pour accéder à un espace sécurisé dans l'agence…

- une gestion des accès adaptée en fonction du mode d'alimentation des automates et de la configuration des locaux ;

EXEMPLE
En dehors des heures d'ouverture de l'agence, l'intérieur de l'agence depuis la zone en libre-service des guichets automatiques est isolé par un rideau métallique baissé.

- la télésurveillance.

3. Dans les agences avec caisses manuelles

Les opérations d'approvisionnement d'une caisse manuelle d'une agence ne peuvent être réalisées que si au moins deux collaborateurs sont présents, sauf si ces opérations s'effectuent lorsque l'agence est fermée au public. Tous les mouvements de fonds importants sont accomplis en dehors de la vue et de la présence du public, à des moments irréguliers pour éviter d'éventuels repérages par des malfaiteurs.

EXEMPLE
Un client ayant demandé un retrait important sera conduit dans un bureau protégé et sécurisé. Les coupures seront comptées, vérifiées et remises sous enveloppes contre reçu à l'abri des regards, dans la confidentialité.

La caisse peut être protégée par un vitrage pare-balles avec rideau occulteur et/ou par un rideau mobile blindé.

4 Les procédures de sécurité

Ce sont les règles écrites dont le non-respect peut entraîner des sanctions. Les procédures informent le personnel et l'impliquent dans l'appropriation et l'application de ces règles propres à la politique de sécurité de chaque réseau bancaire. Elles portent sur :

- l'utilisation et le contrôle du fonctionnement du matériel de sécurité et les règles à observer en cas de dysfonctionnement ;
- les modalités d'accès aux locaux du personnel de l'agence ;
- la gestion des accès au public au sein de l'agence bancaire ;

EXEMPLE
Le passage des clients de la zone en libre-service des automates à celle du *back-office*.
L'accompagnement des clients à la salle de location des coffres-forts.

- la gestion des clés, codes et combinaisons ;
- les précautions à respecter lors de la manipulation des encaisses, de leur transport en interne, de l'alimentation et de la maintenance des automates bancaires et des transferts de fonds ;

EXEMPLE
Fermeture des issues de l'agence à contrôler.

- les obligations de confidentialité et l'attitude de vigilance à respecter quotidiennement ;

EXEMPLE
Observer ce qui se passe aux abords de l'agence et signaler tout événement suspect à la direction, au personnel de sécurité. Vérifier l'identité de toute personne qui désire entrer dans l'agence succursale en dehors des heures d'ouverture.

- les comportements à privilégier lors d'une agression pour vol.

Pour l'employeur et les organisations représentatives des personnels, il s'agit prioritairement de protéger la vie et d'assurer la sécurité des employés et des clients, de ne rien entreprendre qui puisse compromettre la sécurité des personnes en respectant les consignes prévues dans le plan de crise.

Lors de l'agression en présence du ou des malfaiteurs, la procédure précise au personnel de :

- ne pas résister et surtout ne pas essayer d'arrêter ou poursuivre le malfaiteur ;
- suivre ses instructions, garder son calme et coopérer sans discuter pour ne pas contrarier le malfaiteur et provoquer l'irréparable ;

- éviter les mouvements rapides, gestes ou déplacements, pouvant provoquer une panique chez le malfaiteur, car il faut présumer que ses armes à feu sont toutes chargées. Il ne faut donc déclencher l'alarme que si cela peut se faire sans danger ;
- ne jamais prendre à la légère la menace d'explosif, de colis ou valise piégés.

Au départ du ou des voleurs, si un danger immédiat persiste (bombe ou colis suspect), il est demandé de garder son calme et de suivre les consignes de l'employeur.

Après l'agression, la direction doit assumer le rôle prescrit :

- réunir l'équipe d'intervention d'urgence, veiller à l'application des mesures prévues dans le plan de crise et en contrôler le déroulement ;
- pour éviter la diffusion de fausses informations, gérer les relations avec les médias, rencontrer brièvement tous les employés, ensemble ou en petits groupes, pour expliquer la nature des événements, leur donner des directives précises quant au déroulement des actions à venir (intervention de la police, enquêtes) et les informer de l'aide psychologique dont ils pourront bénéficier (séance de désamorçage) ;
- prêter attention aux personnes émotionnellement choquées ;

EXEMPLE

Proposer de rassurer immédiatement l'entourage proche de tous les employés qui en éprouvent le besoin, confier les employés directement touchés aux services d'aide disponibles : programme d'aide aux employés (PAE), psychologue, médecin, CSST, etc.

- donner des consignes particulières vis-à-vis, d'une part, des personnels extérieurs et, d'autre part, du personnel de la banque travaillant dans les agences bancaires en dehors des heures d'ouverture à la clientèle ;
- prendre des dispositions particulières en cas de travaux dans l'agence, pour les salons, foires et autres manifestations externes ;
- déterminer les modalités des relations à entretenir avec les intervenants extérieurs.

EXEMPLE

Le personnel des services de télésurveillance, les convoyeurs de fonds, le personnel d'entretien et de nettoyage des entreprises sous-traitantes.

Des groupes bancaires incluent dans les contrats passés avec les entreprises prestataires des clauses de confidentialité et contrôlent strictement l'accès aux locaux. Dans ce type d'entreprises, le *turnover* peut être important. Parfois, des difficultés à lire des consignes en français augmentent le risque de non-respect des procédures. Ce paramètre est intégré dans la conception des centrales d'alarmes et de gestion des accès.

EXEMPLE

Tablette à l'interface tactile conviviale donnant des consignes très simples sous forme de pictogrammes avec accompagnement sonore. Lorsque le prestataire se présente, il signale sa présence grâce à la tablette. Si les procédures d'accès ne sont pas respectées, un bip sonore se fait entendre, un contrôle vidéo s'enclenche, permettant de s'assurer à distance qu'il s'agit d'une erreur de manipulation et non d'une intrusion.

5 La sécurité des locaux abritant des DAB/GAB

Par décret n° 2000-1234 du 18 décembre 2000, des dispositions particulières précise aux banques donneurs d'ordre l'aménagement des locaux des DAB/GAB desservis par les convoyeurs de fonds, qu'ils soient installés hors agences bancaires ou non. Ces dispositions concernent :

- l'espace réservé dans l'agence aux automates ;
- l'immeuble à l'intérieur duquel se trouve cet espace.

Ainsi, les DAB/GAB desservis directement par les convoyeurs de fonds sont équipés d'un local technique d'une surface minimale de 6 m^2. Ce local est accessible par un sas sécurisé avec système d'authentification qui vérifie la légitimité d'une personne à accéder au local. La porte est dotée d'un œilleton. Dans les galeries marchandes et les centres commerciaux, où le local technique n'est pas desservi par un accès extérieur, une porte d'entrée blindée avec œilleton garantit la sécurité. Les parois du bâtiment renfermant l'automate doivent présenter un niveau élevé de résistance pour parer aux attaques des voitures « béliers ». Le local technique est doté de moyens de communication avec l'extérieur ou d'un système de surveillance à distance dont la caméra permet de conserver les images pendant au moins 3 jours.

6 La sécurité liée à la consultation en ligne

Pour faire face à l'intensification du piratage sur Internet, les réseaux bancaires développent des solutions techniques pour sécuriser la consultation en ligne de la clientèle des particuliers.

EXEMPLE

Le Crédit Coopératif propose un lecteur d'authentification « Sésame », boîtier qui génère, à chaque transaction ou consultation par carte bancaire, un code secret à usage unique. Ce code empêche en principe toute utilisation frauduleuse du compte.

De nombreux conseils sont édités en ligne, en direction de la clientèle des particuliers, pour sécuriser les consultations de compte et opérations en ligne.

12 LE SYSTÈME D'INFORMATION CLIENT

➔ Les réseaux bancaires créent de la valeur en traitant de l'information, notamment l'information concernant leurs clients. L'essentiel de l'activité du chargé de clientèle particuliers repose sur le système d'information clients, qui doit lui permettre de disposer d'une information sécurisée et fiable pour réaliser ses missions.

1 La notion de système d'information

1. Définition

Le système d'information (SI) recueille de l'information, la traite, la stocke et la diffuse en vue d'aider la prise de décision, la coordination et le contrôle des activités. Il transforme des données brutes (entrées) en informations utiles (sorties) au moyen d'un traitement adapté. Ces opérations s'effectuent grâce aux ressources humaines, matérielles et informatiques qui sont reliées.

2. Rôle du SI

Le SI aide à analyser les problèmes de gestion et à visualiser des sujets complexes, au niveau stratégique comme au niveau opérationnel.

EXEMPLE

L'équipe commerciale d'un grand réseau bancaire tient un stand au Salon de l'étudiant pour proposer des prêts étudiants, des stages, des recrutements, etc. Cela lui permet :

Collecter	– de collecter des informations sur les clients potentiels ;
Transformer	– de définir des cibles intéressantes ;
Conserver	– de constituer une base de données marketing (BDDM) ;
Diffuser	– de communiquer l'information à ses différentes agences bancaires qui assurent le suivi.

Le traitement de l'information effectué par le SI est indispensable pour accroître la compétitivité et la réactivité de l'entreprise au sein d'un environnement toujours plus mouvant et concurrentiel.

EXEMPLE

Un organisme bancaire fait de la publicité sur ses offres de prêts et, en même temps, améliore son SI sur le risque de crédit en vue d'augmenter la performance de l'activité de prêt à la clientèle. Il recourt aux TIC pour optimiser la production et l'utilisation optimale de l'information : mise en place d'un dispositif de *workflow* dans le processus de décision en matière de crédit aux entreprises, automate de gestion des débiteurs privés.

2 Les composantes du SI

1. Les moyens humains

Tout SI repose sur l'intervention de personnes qui participent à sa conception et à sa gestion.

EXEMPLE

Analyste, concepteur, programmeur de systèmes, programmeur d'application, administrateur de bases de données, mais aussi les simples utilisateurs qui contribuent à l'entrée d'informations dans le SI, à son traitement, à son exploitation.

2. Les moyens matériels

a) Le réseau

Le réseau informatique est l'ensemble des équipements (ordinateurs, imprimante, scanners) connectées entre eux par des lignes physiques. L'infrastructure réseau comprend tous les éléments matériels qui assurent la fonction de mise en réseau de différents ordinateurs (câbles, faisceaux hertziens ou infrarouges, carte réseau, commutateur, concentrateur, routeur, répéteur, modem).

b) Les logiciels

Le *workflow* (littéralement, flux de travail) est à la fois une technique et un procédé permettant de faire circuler des documents et/ou des informations sous forme électronique, d'attribuer et de suivre les tâches de chaque collaborateur.

Un SI équipé d'un logiciel de *workflow* permet de :
- connaître en permanence le stade d'avancement d'un dossier, effectuer des relances, renforcer une équipe pour accélérer un projet en cours ;
- contrôler le respect des délais de bouclage d'un dossier à chaque étape intermédiaire pour s'assurer de la réalisation dans les temps de l'ensemble des activités liées à la conclusion d'un contrat.

EXEMPLE

En cas d'urgence, réattribuer automatiquement un dossier si l'un des collaborateurs est absent ou empêché.

Produire automatiquement des tableaux de bord contenant des indicateurs de suivi (délais et volume) et permettant au conseiller clientèle de contrôler la qualité du traitement d'un dossier client.

c) Les progiciels de gestion intégrés (PGI) ou *Entreprise Resource Planning* (ERP)

Un progiciel de gestion intégré permet de gérer l'ensemble du SI de la banque, en intégrant l'ensemble de ses fonctions : la gestion des ressources humaines, la gestion comptable et financière, la gestion commerciale (vente, opérations électroniques, SAV), la gestion de la relation client (GRC).

EXEMPLE

Les progiciels de gestion intégrés dédiés aux activités du domaine bancaire gèrent les contacts, les relations clients, l'avancement des projets, les budgets, les ressources humaines, la facturation, les bons de commande.

OUTILS	DÉFINITIONS	EXEMPLES
Les progiciels métier	Logiciels « maison » dont la maîtrise demande une formation souvent assurée en interne. L'expertise s'acquiert par une pratique quotidienne. Ce type de progiciel, outre la partie logiciel (CD-Rom), s'accompagne au niveau de l'agence d'une documentation en ligne, de stages de formation. Le pilotage de l'assistance à l'installation, au paramétrage et à la mise en œuvre s'effectue au niveau régional ou national.	
Les bases de données (BDD) de l'organisation (en anglais : *data base* SQL – *Structured Query Language*)	C'est un ensemble structuré d'informations, stockées dans des champs d'un type déterminé (date, numérique, texte...), reliées entre elles et accessibles grâce à un logiciel spécifique (SGBDR).	Les requêtes écrites en SQL, langage standardisé, au sein d'un système de gestion de base de données relationnelle (SGBDR) permettent d'obtenir l'information recherchée, par exemple l'historique des relations commerciales établies avec un client.
Les outils de gestion de la relation client (GRC) – en anglais : *Customer Relationship Management* (CRM)	Ce sont des systèmes axant la stratégie de l'entreprise autour des besoins et des désirs du client, en vue de sa fidélisation. Ils supposent l'existence préalable d'une base de données marketing.	

3 Les fonctions du SI

À l'évidence, les banques ne peuvent plus se passer de SI performant et extrêmement fiable. Elles consacrent donc des moyens importants à leur fonctionnement.

1. La collecte d'informations à la source

On distingue différentes sources :
- les sources internes à l'entreprise ;
- les sources externes spécifiques au secteur bancaire (essentiellement, les études de conjoncture économiques, financières) ;
- les informations primaires à constituer ;
- les informations secondaires à rechercher.

2. Le traitement

Traiter des informations, c'est savoir les classer et les hiérarchiser selon leur degré d'importance pour ne conserver que les éléments utiles à la prise de décision. Cette exploitation de l'information permet à l'entreprise :
- de faciliter les prises de décisions nécessaires à l'amélioration du management des services et des matériels ;
- d'établir la planification, l'exécution, la surveillance et l'évaluation des contrats clients, notamment en utilisant des logiciels adaptés ;
- de s'adapter au plus près aux besoins et aux comportements de ses différentes cibles de communication.

3. La conservation

Une fois collectées et traitées, les informations doivent être conservées. Deux principaux systèmes d'archivage coexistent : un archivage manuel (armoires, classeurs) et un archivage informatique, de plus en plus répandu en raison de sa modernité et de sa praticité.
La conservation informatique a pris le pas sur l'archivage manuel. Cependant, légalement, certains documents doivent être conservés sous forme papier : factures des prestataires, contrats de travail, etc.
Afin de faciliter le stockage, il convient de tenir compte de la durée de conservation pour pouvoir maintenir un système d'information épuré et périodiquement mis à jour. C'est pourquoi des sauvegardes périodiques et/ou automatiques sont instaurées et programmées.
Enfin, le responsable du SI pourra recourir à l'usage d'une plateforme d'archivage électronique afin d'y stocker les archives définitives, ce qui renforcera la sécurité des données en cas de sinistre dans les locaux.

EXEMPLE
Vol, incendie, piratage.

4. La gestion de la diffusion et de l'accès aux informations

La sécurité d'un SI passe prioritairement par la gestion et le contrôle des identités et des accès. C'est pourquoi le responsable d'un SI doit avoir les moyens d'apporter une réponse aux questions suivantes :

Questions	Moyens
Qui est la personne ?	Identification (*login*)
Comment s'en assurer ?	Authentification (mot de passe)
Quelles données ou transactions du système d'information a-t-elle le droit de consulter ou modifier ? Qui a fait quoi, quand et comment ?	Attribution de droits d'accès (administrateur, auteur ou simple consultant)
Ces contenus sont-ils bien protégés ?	Cryptage des informations stratégiques, confidentielles et personnelles

13 L'ÉCOUTE ACTIVE DU CLIENT

L'écoute active est un élément fondamental qui conditionne la qualité de la communication entre deux individus. Écouter activement consiste à se centrer sur l'échange et à faciliter l'expression de l'autre.

1 Attitude et comportement d'écoute

L'écoute active est une attitude qui se manifeste par des comportements facilitateurs, ouverts, dont l'objectif est d'établir une relation de confiance sans jugement ni interprétation, de faciliter et encourager la parole de l'interlocuteur, en créant un climat favorable.
Il est donc nécessaire d'adopter des attitudes qui aident l'interlocuteur à s'exprimer librement.

1. L'empathie

C'est la capacité à comprendre une autre personne, à se mettre à sa place.

EXEMPLE
Le client : « Je n'aurais pas dû cumuler ces crédits... Je pensais pouvoir faire face aux échéances de remboursement... Et puis, je me suis retrouvé au chômage... »

Retour empathique : « Vous regrettez ce que vous avez fait et vous vous sentez pris en défaut... »

2. Les signes émis

Il est important de donner des signes d'encouragement à l'interlocuteur :
- des signes verbaux d'interprétation ;

EXEMPLE
« Oui... en effet, je vous comprends ; d'accord... »

- des signes visuels d'intérêt.

EXEMPLE
Regarder son interlocuteur, se pencher en avant, prendre des notes...

3. Les silences

Il faut savoir se taire pour écouter l'autre, ne pas lui couper la parole. Les silences ponctuent la communication. Ils ne doivent pas être ressentis comme gênants, car ils mettent en valeur la présence de l'autre, facilitent l'assimilation de ce qui est dit, permettent à l'interlocuteur d'approfondir sa réflexion et favorisent la mise en commun de l'information. Ils seront d'autant plus faciles à vivre que l'écoute aura été de qualité.

4. L'attention aux signes non verbaux

Lorsque deux individus communiquent, l'observation de leur comportement permet d'apprécier la qualité de leur écoute.
Savoir repérer, décoder et interpréter ces signes joue un rôle majeur dans l'écoute active, car ce retour d'informations permet au chargé de clientèle de mieux comprendre son client, de repérer des signes, des gestes ou des postures qui traduisent ses réactions. Il pourra alors s'adapter en conséquence.

a) Ennui ou indifférence, manque d'intérêt
Le client est assis sur sa chaise en arrière, le regard perdu, il hoche de la tête de façon inappropriée.

b) Résistance, opposition, méfiance
Le client garde les bras croisés, assis au bord de sa chaise, il adopte un maintien très raide, fronce les sourcils, rajuste un vêtement, une mèche de cheveux...

c) Sensibilité/anxiété
Le client a des gestes « compulsifs », il ne peut s'empêcher de regarder sa montre ou de consulter son téléphone.

d) Intérêt, ouverture, maîtrise de soi
Le client regarde attentivement son interlocuteur pendant la discussion, penché légèrement en avant, il hoche la tête de façon appropriée. Il adopte une poignée de main ferme pour saluer.

e) Fermeture
La posture du client indique une attitude de recul : assis au fond de son fauteuil, bras et jambes croisés, il se tient droit en position très raide.

f) Soumission/sentiment d'infériorité
Le client garde la tête baissée, en position assise instable, mal assurée, le regard fuyant.

g) Séduction
Le client affiche un large sourire, penche la tête sur le côté quand il écoute, acquiesce de la tête.

2 Les obstacles/freins à l'écoute active

Plusieurs facteurs peuvent nuire à l'écoute active des acteurs, du client comme du chargé de clientèle, lorsqu'ils sont dans une situation de communication interpersonnelle, en face à face.

1. Les obstacles psychologiques

Si l'un des acteurs fait preuve de mépris, dureté, ironie déplacée, jugement, manque d'objectivité, ne respecte pas les codes (mauvaise identification du statut, du rôle, du rapport de place), il provoquera des inhibitions qui freineront l'expression de l'autre.

2. Les obstacles techniques

Les imprécisions, un vocabulaire inapproprié, complexe, hermétique, un sujet mal maîtrisé, une mauvaise interprétation ou une méconnaissance des signes non verbaux de la part du chargé de clientèle risquent de compromettre la qualité de l'écoute chez son interlocuteur.

3. Les obstacles organisationnels

Des lieux d'entretien bruyants, trop sombres ou trop éclairés, exigus ne facilitent pas l'écoute réciproque. De même, le manque de disponibilité visible nuit à la qualité de l'entretien.

EXEMPLE
Le chargé de clientèle fait autre chose en écoutant son client : il cherche des documents dans un dossier, s'interrompt pour prendre une communication téléphonique ou se laisse déranger par d'autres personnes.

3 La pratique de l'écoute active

La grille d'analyse suivante permet d'évaluer la qualité de l'écoute active du chargé de clientèle. Elle permet à l'occasion d'un entraînement à la simulation de vente, d'effectuer une auto analyse de ses qualités d'écoute.

Le chargé de clientèle fait-il preuve d'ouverture ?	L'ouverture consiste à accepter ce que dit l'autre, sans *a priori*, en évitant tout jugement et toute évaluation sur ce que l'autre exprime. On parle d'une écoute compréhensive et non interprétative ou non évaluative.
Le chargé de clientèle fait-il preuve de neutralité ?	La neutralité suppose que le locuteur ne porte pas de jugement négatif ni positif sur ce que l'autre dit ou fait pour éviter de créer ou de renforcer une relation de dépendance. En effet, tout jugement négatif risque de bloquer l'expression de l'autre, voire de le rendre agressif. *A contrario*, celui qui reçoit un jugement positif va, souvent de façon inconsciente, agir dans le seul but de continuer à recevoir des évaluations positives. Une attitude neutre instaure un climat de confiance.
Le chargé de clientèle porte-t-il un intérêt réel aux propos du client ?	Cet intérêt se manifeste notamment à travers la capacité à reformuler les propos de son interlocuteur. La reformulation consiste à redire en d'autres termes et d'une manière plus concise et plus explicite ce que la personne vient d'exprimer, afin d'obtenir son accord sur ce qui vient d'être dit.
Quelles techniques de reformulation utilise-t-il ?	• Reformulation résumée : le locuteur traduit l'essentiel de ce que l'autre a voulu dire. • Reformulation reflet : le locuteur utilise d'autres termes équivalents qui paraphrasent ou reflètent les propos de son interlocuteur. • Reformulation élucidation ou clarification : le locuteur renvoie au sujet le sens de ses propos pour s'assurer qu'il a bien compris. Il est certes facile de poser des questions, mais c'est tout un art de poser des questions pertinentes pour obtenir des informations précises et non ambiguës. • Reformulation écho : consiste à reprendre les derniers mots prononcés pour encourager l'autre à continuer à parler.
Le chargé de clientèle fait-il preuve d'empathie ?	L'empathie repose sur le contrôle de ses propres réactions, parfois affectives, afin de se rendre disponible. C'est une manière de ressentir ce que l'autre ressent. L'empathie doit être active et transmise.

14 LA DÉCOUVERTE DU CLIENT

➔ La découverte est la phase la plus importante et la plus délicate de l'acte de vente. L'objectif est de connaître les motivations, les besoins et les freins du client pour lui proposer une solution adaptée.

1 Objectif : connaître le client

C'est une étape d'écoute, il faut comprendre le client pour en obtenir une vision globale : ce qu'il n'a pas et qu'il doit avoir, ses besoins et ses projets. Elle permet d'envisager tous les produits à proposer en fonction de la situation du client.

1. Faire parler

La découverte du client doit être menée en favorisant l'instauration d'une véritable communication interpersonnelle. La difficulté principale de cette étape provient de la réticence du client à se découvrir ou de son incapacité à exprimer clairement ce qu'il veut. Dès lors, le vendeur doit établir une relation de communication pour faire parler et écouter le client.

2. Écouter et contrôler

a) L'écoute active

Elle se définit comme l'écoute attentive de la totalité du message adressé par l'émetteur et le renvoi de ce que l'on pense avoir reçu (exprimé ou sous-entendu, verbal ou non verbal).

b) L'empathie

Il s'agit de chercher à comprendre le point de vue de l'autre en essayant de se mettre à sa place. Il faut pour cela accepter les réponses ou énoncés du client sans les juger ni les remettre en cause, et en évitant tout effet disqualifiant – ironie, attaque personnelle, provocation (ex. : «De quoi vous plaignez-vous, il y en a beaucoup qui vivent avec beaucoup moins que cela...»).

c) Les attitudes à suivre

- Prendre des notes pour mémoriser l'ensemble des informations recueillies.
- Manifester son intérêt par un comportement non verbal compréhensif (acquiescement).
- Utiliser le silence pour laisser son interlocuteur réfléchir, mais aussi parler.
- Laisser le client terminer ses phrases sans l'interrompre.
- Observer son interlocuteur : le discours ne contribue qu'à hauteur de 7 % à la compréhension d'un message, contre 55 % pour l'activité faciale et 38 % pour l'activité vocale.

2 Le plan de découverte

Il reprend la liste des informations à obtenir du client pour proposer une solution adaptée à sa situation, et vise généralement à découvrir :
- qui est le client ? comment fait-il actuellement ? que cherche-t-il ? pourquoi ? quand ? à quel prix ? etc. ;
- l'équipement optimal du client et l'évolution prévisible.

1. Les renseignements généraux

La découverte commence la plupart du temps par une vérification de la situation familiale et professionnelle du client, telle qu'elle est connue au moment de l'entretien, puis par une exploration de ce qui est inconnu (situation familiale, professionnelle, adresse, téléphone, moyens privilégiés de contact) et, enfin, de ce qui est plus intime.

EXEMPLE

Salaires de la famille, situation fiscale, dettes du ménage, statut immobilier...

La découverte ne doit pas être ressentie comme un interrogatoire.

2. Les flux d'entrée et de sortie

L'objectif est d'identifier les entrées et les sorties d'argent afin de :
- faire domicilier les revenus ;
- déterminer les revenus et les dépenses ;
- mettre en évidence la capacité d'épargne disponible (CED).

Pour commencer, il convient de déterminer :
- les entrées d'argent du client, avec les salaires, pensions, rentes, bénéfices (industriels et commerciaux, non commerciaux, agricoles), prestations familiales, revenus fonciers ;
- les sorties d'argent comme les dépenses courantes, les échéances de crédit, le loyer, les impôts sur le revenu, les impôts locaux (fonciers et taxe d'habitation).

La CED est l'excédent de revenus dont le client dispose pour couvrir ses besoins et financer ses projets. Il est capital pour un conseiller de la calculer avec le client et de la faire valider.

Si les revenus sont insuffisants pour couvrir les dépenses, cela induira à terme des problèmes d'équilibre budgétaire. Le chargé de clientèle devra veiller à aider le client à diminuer les dépenses non indispensables à la vie quotidienne du ménage. Sinon, le ménage devra puiser dans son éventuelle épargne disponible.

3. Les situations bancaire, financière, patrimoniale

L'objectif est de qualifier les avoirs du client détenus dans les comptes et/ou dans d'autres établissements financiers et de vérifier l'adéquation et la cohérence des avoirs avec les projets du client : Quoi ? Combien ? Où ? Pourquoi ? Date ? Échéance ?
- Patrimoine immobilier (résidence principale, résidence secondaire, SCPI, terres et forêts).
- Patrimoine mobilier (œuvres d'art, collections, or, liquidités).
- Patrimoine bancaire et financier (comptes de dépôt, services bancaires, autorisation de découvert, livrets, épargne logement, épargne financière, assurance-vie, assurance-décès, GAV).

Pour déterminer le patrimoine net, il convient de retrancher du montant total des avoirs le montant des dettes (crédit immobilier, crédit à la consommation, autres).

4. Les projets, attentes et besoins du client

a) Le cycle de vie des besoins du client

L'objectif est de faire prendre conscience au client du manque ou d'un déficit d'usage par rapport à un besoin. Il existe quatre besoins à couvrir :

- besoin de transaction : identifier les moyens de paiement détenus par le client afin de rebondir sur une offre groupée, une montée en gamme de carte ;
- besoin d'installation : déterminer les besoins pour le financement du logement principal et/ou secondaire, de travaux ;
- besoin de prévoyance et d'épargne : sensibiliser le client sur l'importance de la prévoyance pour le protéger, lui et ses proches ; sur sa perte de revenu quand il prendra sa retraite ;
- besoin d'investissement : identifier les objectifs patrimoniaux du client.

EXEMPLE

« Nous venons de déterminer ensemble votre capacité d'épargne disponible, nous allons maintenant aborder ce dont vous avez besoin pour fonctionner en toute sérénité avec nous, vous protéger et protéger votre famille. »

b) Les projets du client

L'objectif est de découvrir les projets du client par une écoute active orientée : laisser parler le client sur ses projets et leur priorité et le relancer pour recueillir le plus possible d'informations : Quand ? Combien ? Comment ?

EXEMPLE

« Nous venons de déterminer ce dont vous avez besoin, parlez-moi maintenant de vos projets à court, moyen et long termes. »

3 Le questionnement

En matière de questionnement, le chargé de clientèle doit veiller à instaurer un véritable dialogue avec le client afin que celui-ci ne se sente pas agressé. Dans ce but, le chargé de clientèle commencera par poser des questions ouvertes, puis centrera petit à petit ses questions sur les objectifs de son plan de découverte.

Type de question	Objectif	Exemple
Ouverte	Ouvrir le dialogue et découvrir les motivations. Elle appelle une réponse longue et explicative.	« Qu'est-ce que ? » « Quel est votre avis sur ? » « Pourquoi ? » « Comment ? »
Fermée	Évaluer les besoins précis. Elle est surtout utilisée pour canaliser le débat et guider le prospect.	« Êtes-vous ? » « Qui ? » « Où ? Quand ? Combien ? Quoi ? Lequel ? » « Est-ce que ? »

Ensuite, il est souvent nécessaire de vérifier que l'on a compris, de faire préciser, d'obtenir plus de détails, de faire réfléchir le client à ce qu'il affirme. Plusieurs techniques peuvent être utilisées :

Miroir	Faire préciser	« La convention packagée n'est pas pratique. – Pas pratique ? »
Ricochet	Faire préciser	« C'est-à-dire ? » « Et alors ? »
Suggestion ou ballon d'essai	Faire réfléchir le client	« Ne pensez-vous pas que..., et si... »
Contre-question	Obtenir plus de détails	« Comment fonctionne cet appareil ? Avez-vous déjà entendu parler de... »
Polémique ou appel à la raison	Vérifier	« Croyez-vous vraiment cela ? »
Relais	Impliquer	« Et vous, qu'en pensez-vous, M. Y ? »
Diversion	Gagner du temps	Poser une question sur un autre point pour gagner du temps ou détourner l'attention
Reformulation résumé	Demander une confirmation	« Si je vous ai bien compris, vous pensez donc que..., en fait pour vous... »
Alternative	Orienter le choix	« Préférez-vous le lundi ou le mardi de la semaine prochaine ? »
Recentrage	Ramener le client au sujet	« Pour en revenir à... Que pensez-vous de... ? »

4 La synthèse

1. Trois types de reformulation

Reformuler, c'est accuser réception du message émis par le client et vérifier que l'on a compris ce message. Il en existe trois types :

- reformulation écho, pour montrer au client qu'on l'écoute ;
- reformulation déduction, pour progresser dans la découverte du client ;
- reformulation résumé, pour progresser dans l'entretien.

2. La reformulation générale des besoins

Une reformulation générale de vérifier la compréhension et la hiérarchisation de l'ensemble de ses besoins, de les affiner, de faire préciser les éléments manquants, et enfin d'obtenir un accord complet pour passer à l'étape suivante de proposition des offres.

EXEMPLE

« Je vous propose maintenant, M. X, de vérifier si j'ai bien compris votre situation à ce jour. Votre besoin le plus important aujourd'hui, c'est de..., c'est bien cela ?
« Une fois cette première étape réglée, il sera utile de consacrer un peu de temps à... Est-ce que vous êtes d'accord avec cette proposition ? Enfin, j'ai bien entendu que vous commenciez à vous soucier de..., ce qui est tout à fait légitime et, s'il nous reste du temps, je pourrai vous en parler si vous en êtes d'accord. »

15 LES OUTILS DE GESTION DU TEMPS

➔ Que ce soit par les appels de courtoisie, les rebonds commerciaux sur les prises de contact du client par Internet, ou la prise de contact sur les événements clés de la vie des clients, le développement de la relation client génère de nombreuses prises de rendez-vous ; la mise à jour d'agendas partagés permet à tous les collaborateurs de la banque d'accéder en ligne à l'agenda de chacun.

1 L'agenda électronique du conseiller clientèle

1. Définition

L'agenda électronique est une application logicielle, accessible depuis un poste connecté sur Internet et sécurisée par un mot de passe, qui présente toutes les fonctionnalités d'un agenda.

L'agenda électronique dit «partagé» est un agenda qui peut être consulté et mis à jour par une ou plusieurs personnes. C'est un outil particulièrement adapté au travail collaboratif.

2. L'intérêt du partage de l'agenda

L'agenda partagé permet de programmer des travaux qui impliquent une équipe de plusieurs collaborateurs en tenant compte des emplois du temps de chacun, notamment de ses obligations professionnelles. Il permet ainsi de piloter un projet et d'accroître l'efficacité et l'organisation de l'équipe grâce à de bons outils de gestion et de coordination du temps.

L'agenda est mis à jour en temps réel. Chaque collaborateur peut y accéder soit en simple consultation, soit avec la possibilité de saisir date, heure et motif des événements et rendez-vous, même si le conseiller clientèle est absent ou indisponible, le client ayant besoin que sa demande soit prise en charge de façon rapide.

Il peut être synchronisé avec un assistant personnel, le smartphone du conseiller clientèle.

2 L'optimisation du temps de travail

1. L'utilisation au quotidien

L'agenda partagé permet à un conseiller, en agence ou à distance sur les plateformes multiservices :

- de prendre un rendez-vous pour un client en l'absence de son conseiller ou en cas d'indisponibilité de celui-ci (conseiller en rendez-vous, par exemple) sans risque de doublon ;
- de trouver, lorsque le client souhaite contacter son conseiller clientèle, la plage horaire pendant laquelle il peut être contacté : dans ce cas, un message peut être rédigé et envoyé au conseiller ;
- de mettre à disposition des collaborateurs les informations relatives au rendez-vous quand ils sont amenés à prendre le relais en cas d'absence du conseiller clientèle (maladie, par exemple) ;
- d'avoir, en tant que directeur d'agence ou de responsable de groupe, une vision globale de l'activité de l'équipe commerciale.

2. L'organisation des tâches prescrites

Le conseiller clientèle reçoit des consignes très précises pour le remplissage hebdomadaire de son agenda, afin d'optimiser son efficacité commerciale.

L'agenda du conseiller comprend :

- des plages de gestion client multicanal pour traiter les demandes et les réclamations client par téléphone et par mail, et les demandes de rappels clients ;
- des plages pour traiter les rappels des rendez-vous programmés (pour limiter les annulations de rendez-vous ou requalifier le rendez-vous), les appels sortants, les appels de courtoisie et les relances de propositions commerciales ;
- des plages pour traiter les mouvements, créditeurs ou débiteurs, exceptionnels.

Les agendas partagés contribuent donc à l'amélioration de la satisfaction client et à l'optimisation des ventes. Le client se sent considéré et rassuré par une prise en charge rapide et professionnelle.

3 Les différentes fonctionnalités

- L'agenda électronique permet au conseiller clientèle d'avoir un agenda personnel, mais aussi des droits de consultation, voire de modification, de l'agenda d'autres collègues.
- Il lui permet de structurer le temps en créant et/ou modifiant différentes tâches : événements, réunions, prise de rendez-vous, congés, etc.
- Il lui permet de gérer et d'accéder à plusieurs agendas à la fois : un agenda personnel pour compléter l'agenda professionnel, mais aussi les agendas d'autres collaborateurs.
- Il lui donne la possibilité de programmer des rappels (alertes) pour les événements enregistrés.

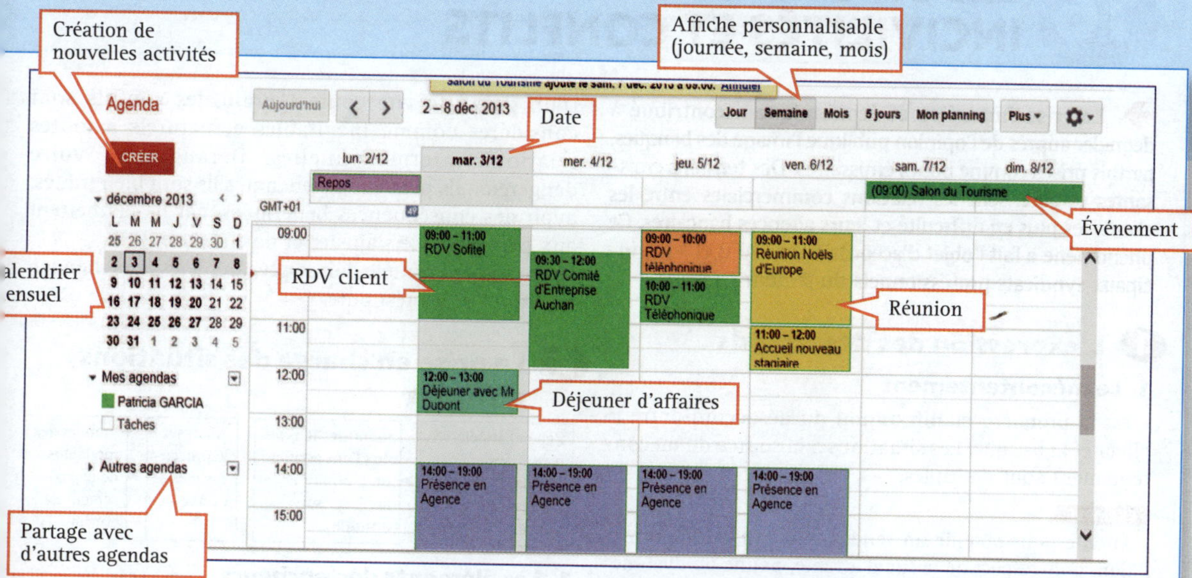

4 La gestion des différents types de tâches

1. Les tâches individuelles

Chaque personne disposant d'un agenda peut créer des tâches et les caractériser : titre, lieu de réalisation, date et horaires, récurrence ou non, invitation ou non d'autres personnes à rejoindre la tâche, alerte (par mail ou *pop-up*, récurrence du rappel), disponibilité de la personne... Il est également possible de préciser le degré d'importance et d'urgence de la tâche.

2. Les tâches collectives

Elles ont la particularité d'être partagées et organisées entre plusieurs membres. Le gestionnaire de tâches, en général le manageur de l'équipe, est le seul à détenir les droits nécessaires pour répartir les tâches entre les participants. Ces derniers reçoivent des mails informatifs sur leur implication personnelle dans une activité et sur l'activité elle-même : avancement...

EXEMPLE

Participation et tenue d'un stand au Salon de l'étudiant.

3. La coordination des tâches collectives

Le responsable hiérarchique affecte des tâches à chaque membre. Chaque collaborateur peut prendre connaissance du travail à faire, avec quels moyens, sous quels délais... Il peut demander une modification ou un complément d'information, un report ou, éventuellement, sa délégation.

Dans le cadre de l'organisation d'une réunion, grâce à l'agenda partagé, on peut :
- réserver des ressources matérielles *via* l'agenda électronique partagé (salle de réunion) ;
- inviter les participants, voire envoyer des relances en cas de non-réponse.

4. Le suivi des activités

L'agenda partagé offre la possibilité au directeur d'agence de suivre l'état d'avancement des activités de chacun des participants pour chaque tâche. Il est possible de modifier les tâches, mais aussi de lancer un avertissement (alerte) en cas de non-respect des délais ou des conditions. Lorsqu'une tâche est achevée, il suffit de la cocher.

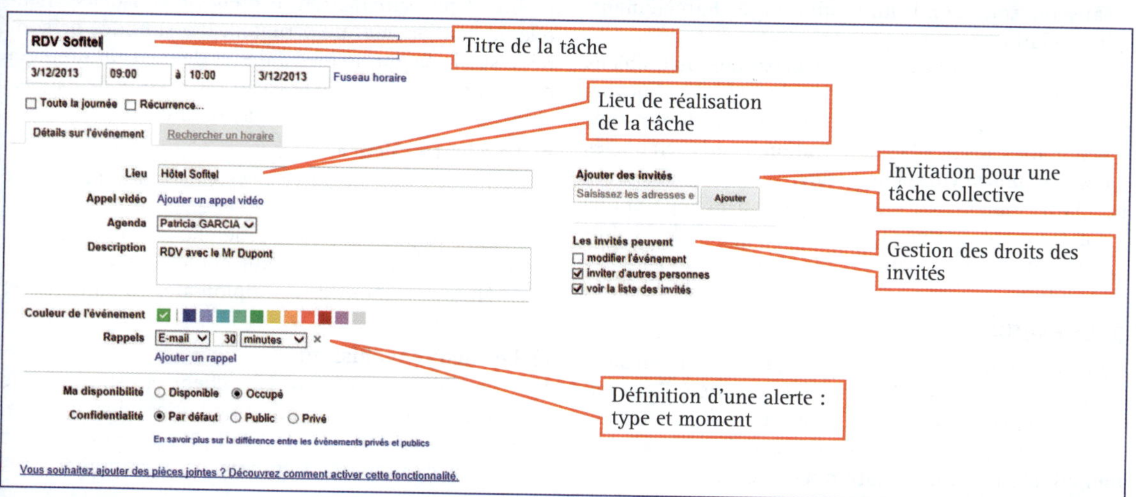

16 LES SITUATIONS DE MÉCONTENTEMENTS, INCIVILITÉS ET CONFLITS

La crise financière et économique a contribué à dégrader auprès de l'opinion publique l'image des banques, parfois prises comme boucs émissaires. Des tensions croissantes caractérisent les relations commerciales entre les clients les plus en difficulté et leurs agences bancaires. Ce phénomène a fait l'objet d'accords entre l'AFB et les principaux syndicats professionnels du secteur bancaire.

1 L'expression des désaccords

1. Le mécontentement

C'est la première manifestation du désaccord entre le client et la banque. Les situations à la source du mécontentement sont multiples.

EXEMPLE

Attente pour obtenir un rendez-vous ou une information, non-respect de la file d'attente, panne ou dysfonctionnement des automates, erreur de manipulation d'un automate, carte bancaire retenue par un distributeur automatique, refus de donner des espèces, de renouveler un chéquier, suppression d'une autorisation de découvert, frais et prélèvements comme une saisie-arrêt sur le compte jugés abusifs, erreur de la banque…

Quelle que soit son origine, le mécontentement exprimé par un client doit être pris au sérieux :
- d'une part parce qu'il peut dégénérer ;
- d'autre part parce qu'il nuit à l'image de la banque et risque de lui faire perdre des clients.

2. L'incivilité

L'incivilité est le passage à l'acte du client mécontent. Elle se traduit par une agression à l'encontre du chargé de clientèle, en face à face, par voie téléphonique ou par courrier.
Définie par le Code pénal, l'incivilité se manifeste sous différentes formes, plus ou moins graves :
- les agressions verbales constituent les trois quarts des cas d'agressions : grossièretés, injures, insultes, d'ordre raciste ou discriminatoire ;
- les agressions comportementales : menaces de mort sans ou sous conditions, chantage, harcèlement, intimidations ;
- les agressions physiques sur les personnes ou les biens sont plus rarement signalées : bruits et tapages, dégradations ou obstruction des locaux, coups et blessures volontaires, jusqu'à la séquestration, la prise en otages des personnes, voire l'homicide.

Le salarié, soutenu par son employeur, peut déposer une main courante, porter plainte. En fonction de la gravité de l'incivilité, le compte du client agressif pourra être clôturé.

3. Le conflit

L'apparition de conflits est traditionnellement considérée comme mauvaise. Associés à la colère, à l'agressivité, à la violence verbale, les conflits sont à éviter, car ils traduisent un mauvais climat social dans l'organisation ou une mauvaise relation avec le client.

D'un point de vue contemporain, les conflits sont considérés comme inévitables et naturels à toutes relations interpersonnelles. Dérangeants, voire dangereux, ils peuvent cependant, s'ils sont bien traités, avoir des conséquences bénéfiques, car ils permettent aux personnes de s'ajuster et de changer.
Le conseiller clientèle doit se préparer à les appréhender, les traiter et les résoudre.

2 La prise en charge des situations difficiles

Repérer les éléments déclencheurs à l'origine du désaccord, du mécontentement → Identifier le type de client auquel on a affaire et analyser son attitude → Analyser le processus d'escalade → Trouver des modalités de dépassement du conflit

1. Les éléments déclencheurs

Facteurs organisationnels	Facteurs individuels
L'absence ou la mauvaise communication est la cause la plus fréquente de conflit. Les informations mal interprétées, le non respect du cadre réglementaire, les opérations mal expliquées sont sources d'incompréhension entre le client et sa banque.	La personnalité et l'attitude des individus peuvent être à l'origine des conflits les plus difficiles : individus trop autoritaires, colériques, extrêmement critiques, provocateurs, tyranniques, très sûrs d'eux, manipulateurs, très suspicieux, en permanence sur la défensive, de mauvaise foi (information considérée comme insuffisante, peu claire, erronée ou trompeuse).

2. La typologie de clients « difficiles »

Le conseiller clientèle peut se trouver face à des clients sachant combien la banque tient à eux. Ces clients « rois » jouent alors de leur position, se placent en position dominante et se révèlent difficiles.

a) Le client très exigeant

Au prétexte qu'il peut s'adresser à la concurrence s'il n'obtient pas satisfaction, il prend le conseiller clientèle de haut, se montre arrogant. Il a son idée personnelle sur la façon de bien faire et devient un donneur de leçons. Il éprouve de la frustration, voire de l'agressivité, parce qu'il ne se sent pas écouté.

b) Le client « râleur »

Ses critiques sont négatives, systématiques, parfois de mauvaise foi.
Il n'apprécie pas l'attente et cherche à s'engager dans des débats qui peuvent devenir houleux si le conseiller clientèle ne se montre pas diplomate, empathique et apaisant.

c) Le client envahissant

Il se considère comme un bon client et estime que le conseiller lui doit, en retour, une entière disponibilité. Il n'hésite pas à poser de multiples questions, à se répéter, à commenter longuement, à déranger sans véritable raison. Reporter les réponses à ses questions en prétextant le besoin d'y réfléchir en profondeur peut affaiblir l'insistance de ce client qui fait perdre du temps et limiter les risques de conflits.

d) Le client pointilleux, procédurier

Ce type de client a besoin de tout comprendre pour réduire son anxiété, d'où une avalanche de questions de détail pour se rassurer. Il se révèle parfois menaçant.

3. Le processus d'escalade

L'escalade dans le conflit se produit quand le malaise naissant n'est pas traité. Le désaccord devient alors visible et éclate. Les protagonistes manifestent leur mécontentement à des degrés divers.

L'escalade se développe si le conseiller clientèle ne parvient pas, grâce à une communication efficace, à obtenir le dépassement du conflit.

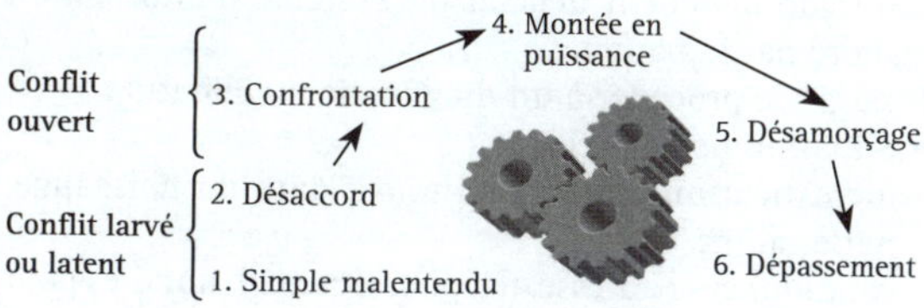

4. Les modalités de dépassement

a) La prévention

Face à de simples malentendus avec le client, le conseiller peut apaiser de légères tensions naissantes en relativisant, en faisant de l'humour pour détendre l'atmosphère, en invitant le client à s'expliquer calmement. Il s'agit alors de privilégier les faits objectifs, d'éviter les réactions trop émotives. D'une façon générale, le conseiller peut contribuer à l'entretien d'un bon climat relationnel grâce à son écoute et à la mise en place d'une attitude d'empathie.

b) La médiation

Avec l'accord du client impliqué dans le conflit, l'intervention d'une personne neutre peut être sollicitée. Ce médiateur a pour rôle de faciliter la concertation pour aboutir à une solution commune. Il est garant des conditions favorables à l'installation d'un dialogue. Cette conciliation a pour objectif de trouver un accord à l'amiable.

c) L'arbitrage

Quand le client n'accepte aucun compromis pour trouver une issue au différend, c'est le supérieur hiérarchique qui arbitre, généralement en s'appuyant sur un argument d'autorité comme la référence à une réglementation.

d) La négociation

La négociation consiste à rechercher par la discussion une solution acceptable pour la banque et pour le client. Elle ne peut s'engager que si les intéressés sont prêts à établir un compromis en faisant des concessions mutuelles.

3 Les attitudes individuelles dans les situations difficiles

1. Les attitudes non coopératives

a) L'évitement

Certains individus ayant horreur des confrontations peuvent adopter plusieurs types de réactions :

- le retrait : ils se retirent des situations qu'ils jugent menaçantes pour eux-mêmes et évitent les discussions ;
- le déni : ils ignorent l'existence du problème avec l'espoir que le conflit va disparaître.

Ce type d'attitude peut parfois réduire l'intensité du conflit, mais ne le résout pas. On parle alors de « conflit larvé », qui finit par réapparaître sous d'autres formes, en d'autres occasions de rencontres avec le client.

b) L'affrontement

Ce type de conflit se développe quand les enjeux sont importants.

EXEMPLE

Un client met en cause le professionnalisme du chargé de clientèle.

Plusieurs types de stratégies sont mis en œuvre :

- gagnant-gagnant : un affrontement positif vise alors à rapprocher des points de vue opposés et à trouver des solutions satisfaisantes pour les personnes impliquées ;
- gagnant-perdant : un affrontement de ce type met au cœur du conflit un individu qui veut dominer l'autre et sortir vainqueur. Il devient alors difficile de trouver une solution au conflit. L'utilisation de l'autorité est une manière de résoudre ce type de conflit.

EXEMPLE

Le recours au supérieur hiérarchique.

2. Les attitudes coopératives

Quand les enjeux sont peu importants, les individus s'efforcent de préserver leur relation dans le long terme. Pour le conseiller clientèle, il s'agit de conserver la confiance du client et de pérenniser la relation commerciale. Chacun fait alors des concessions, des efforts pour trouver une solution. Il n'y a ni gagnant, ni perdant.

Le désamorçage consiste à essayer de retrouver son calme, à prendre du recul pour réfléchir aux accords possibles, au moins sur les causes mineures du conflit.

17 LA PRÉPARATION DE L'ENTRETIEN

Avant l'arrivée de son client, le conseiller doit préparer l'entretien, en assimilant toutes les informations à sa disposition. Cela rendra l'entretien plus efficace et mieux adapté.

1 Les stratégies de la banque

À l'extrémité de la chaîne d'information, le conseiller clientèle doit mettre en pratique les directives élaborées par sa direction. Entre pression commerciale et essor des nouvelles technologies, le métier n'a cessé de s'adapter.

1. L'animation commerciale

L'animation commerciale est l'ensemble des moyens mis en œuvre par les différents acteurs (directions marketing, commerciale, régionale, d'agences, conseillers...) pour développer les ventes. Les stratégies de vente sont conçues au sein des directions, puis déployées dans le réseau, orientant le travail du conseiller clientèle. Au centre du dispositif d'animation commerciale, se trouvent :

• **Les politiques de rémunération variable** (ou commissionnement) permettant de motiver les conseillers pour atteindre leurs objectifs. Elles reposent sur les résultats individuels définis par la direction commerciale (pourcentage de clients avec vente, par exemple) et sur les résultats collectifs de l'agence (taux de ventes réalisées par l'agence, chiffre d'affaires de l'agence...).

• **Les plans d'actions commerciales (PAC)** définissent les priorités commerciales durant l'année. Souvent déclinés sous forme de *challenges* qui mènent à des récompenses (primes, voyages...), ils orientent les efforts des conseillers : lancement de nouveaux produits, produits du mois...

• **Les politiques de formation** permettent de transmettre les expertises nécessaires aux conseillers :
- expertise bancaire : prévention des risques de pertes en anticipant les difficultés financières du client ;
- expertise commerciale : proposer des produits et services au bon moment, favoriser les ventes croisées... ;
- expertise technique : maîtrise des outils et indicateurs mis en place par le dispositif CRM ou utilisation des réseaux sociaux à destination des clients.

À l'épreuve du temps, ce type d'animation commerciale a trouvé ses limites : pression commerciale, rendez-vous mal qualifiés par la plateforme téléphonique sont contre-productifs pour l'établissement bancaire.

2. Le développement du « cross-canal »

Les nouveaux usages bancaires conduisent les clients à mixer les nouvelles technologies (banque en ligne, plateforme téléphonique) avec le conseil physique de leur conseiller clientèle. Ce dernier doit s'adapter à ce que l'on appelle désormais le « cross-canal », où le client peut passer indifféremment par plusieurs canaux pour une même transaction. Le plus souvent, les conseillers doivent s'adapter à une « virtualisation » du conseil avant-vente en développant une capacité à gérer des opérations clients initiées sur Internet, par téléphone ou sur mobile.

Cette évolution demande d'instaurer une relation croisant le face-à-face et l'interface digitale pour :
- intégrer l'ensemble des informations en provenance de l'ensemble des canaux bancaires utilisés par le client ;
- aider à valider ou non les informations collectées par le client à travers les différents canaux ;
- guider le client en lui proposant le service et le conseil désiré et personnalisé, quitte à l'orienter vers un autre canal.

2 Le travail de préparation

1. La connaissance de l'interlocuteur

a) Avec un client

Le conseiller dispose des outils mis à sa disposition : dossiers papier, fiches clients informatisées ou véritables « applications d'aide à la vente », le contenu des informations client dépend du système d'information élaboré par la banque.

Il s'agit de procéder à un diagnostic du client :

• Situation personnelle :
- identification : nom, prénoms, date de naissance, nationalité ;
- coordonnées : adresse, téléphone et mail, horaires pour être joint ;
- situation familiale : si marié, nature du régime matrimonial, contrat de PACS éventuellement, nombre, âge, nom et prénoms des personnes à charge.

• Situation professionnelle et financière :
- profession, nature du contrat de travail, ancienneté sur le poste et nom de l'employeur ;
- revenus professionnels (montant et établissement de domiciliation), revenus immobiliers, revenus mobiliers, prestations familiales, pensions alimentaires, entrées exceptionnelles (vente d'un bien, héritage...) ;
- sorties mensuelles : loyer, crédits, impôts, pensions alimentaires, virement d'épargne connus... ;
- logement : locataire ou propriétaire ;
- patrimoine : résidences secondaires ou locatives...

• Équipement bancaire (dans toutes les banques connues) : équipement en compte, moyens de paiement, forfait de services, épargne, crédit, assurance historique des comptes, statistiques... permettant d'évaluer une éventuelle capacité d'épargne.

• Enfin, l'historique de la relation, les projets connus, les préférences du client, par exemple en matière de risque.

b) Avec un prospect

Le conseiller dispose des informations enregistrées lors de la prise de rendez-vous. Outre l'identité du prospect, il exploitera judicieusement la raison de l'entretien : première bancarisation avec un jeune client ou un étranger résidant sur le territoire, mécontentement dans la relation bancaire, recherche de la meilleure offre de crédit.

2. La définition des objectifs à atteindre

a) Les enjeux de l'entretien

La mission du conseiller est de proposer le service qui correspond le mieux aux attentes de son client tout en respectant les objectifs commerciaux de son établissement. Dans le même temps, le conseiller doit savoir soigner la relation avec son interlocuteur afin d'instaurer des satisfactions de nature plus qualitative, mais concourant néanmoins à la pérennité de la relation.

b) La définition des objectifs

Ce double enjeu se décline en deux types d'objectifs :

- des objectifs qualitatifs, qui mesurent aussi bien la qualité de la relation que des résultats commerciaux : conquérir un client, instaurer une relation de confiance, le fidéliser, obtenir la domiciliation des revenus, rapatrier des fonds confiés à un concurrent ;
- des objectifs quantitatifs, qui s'expriment en termes de services vendus ou de flux collectés ou accordés : souscription d'un plan épargne logement avec versements programmés, par exemple.

La plupart des banques ont élaboré des applications d'aide à la vente orientant le conseiller dans les propositions en fonction du risque représenté par le client ou du produit net bancaire qu'il rapporte. Un système de notation (scoring) octroie des conditions spécifiques à chaque note de client.

Réfléchir à des objectifs de repli en cas d'erreur sur les objectifs principaux peut être d'une grande aide : prendre un nouveau rendez-vous, communiquer un devis, une plaquette, permettent de garder la porte ouverte à la poursuite de la relation.

3. La connaissance des produits

Le conseiller dispose de nombreux outils pour présenter au mieux l'offre de services correspondant aux besoins de l'interlocuteur : fiches produits, argumentaires, traitement des objections, textes réglementaires, promotions en cours... Tous ces outils doivent être collectés et vérifiés pendant cette phase de préparation.

4. La stratégie à mettre en œuvre

Dans la vente aux particuliers, on retrouve deux approches de vente : l'approche produit et l'approche client.

a) L'approche produit

L'approche produit est un ensemble de techniques qui met l'accent sur les produits et la façon de les présenter à partir d'une séquence définie. Ici, on se préoccupe peu du client. L'objectif est qu'il achète ce qui est proposé. Les commerciaux doivent bien connaître leurs produits et être bien équipés pour faire face aux objections. Cette approche de vente était la plus répandue il y a quelques années.

b) L'approche client : l'approche globale

Les établissements bancaires privilégient désormais une approche centrée sur les besoins du client, qui passe par :

- une attitude : l'écoute active du client : il s'agit là d'une véritable pratique de communication, très éloignée de l'écoute automatique à laquelle on se livre plus ou moins consciemment ;
- un outil : le plan de découverte, support qui recevra outre le diagnostic initial émanant des informations détenues par la banque, les informations que le conseiller découvrira pendant l'entretien. Il s'agit en effet de préparer un diagnostic approfondi du client dans son milieu, ainsi que de l'évolution probable de sa situation actuelle (ses flux financiers, ses biens, sa famille, ses projets, le besoin de protection de ses biens et de ses proches, la fiscalité, la sphère professionnelle). Chaque établissement a développé ses propres instruments de diagnostic client.

De façon plus universelle, le conseiller aura avantage à utiliser le principe du plan de découverte en croix (Fiche 18), développant dans chaque cadran une thématique à explorer. Il devra pour cela :

- maîtriser les techniques de questionnement, en alternant les questions visant à mettre au jour les besoins explicites du client (dont il est conscient), mais également ses besoins implicites (non encore ressentis) ;

EXEMPLE

« Qu'attendez-vous de notre banque ? ».

- maîtriser les techniques de reformulation : elles assurent au client qu'il est écouté, lui permettent de revenir sur sa réflexion ;
- faire des propositions véritablement adaptées aux besoins du client ;
- accepter que la relation prenne du temps : plusieurs entretiens peuvent être nécessaires ;
- optimiser la satisfaction client : outre la fidélisation du client, le conseiller peut élargir son portefeuille clients à moindre coût.

Les avantages d'une approche globale, seule à même de procurer un sentiment « gagnant-gagnant » au client, sont nombreux : fidélisation, parrainage plus spontané, meilleure gestion des coûts de développement, etc. L'approche globale est toutefois coûteuse en temps et le conseiller devra la réserver aux entretiens à forte valeur ajoutée. Pour les autres, l'approche produit pourra être préférable dès lors que le conseiller aura su consacrer du temps au client à un moment de la relation.

3 La conformité du dossier client

La préparation de l'entretien consiste aussi à vérifier que le dossier du client est conforme, comportant bien :

- la copie d'une pièce d'identité en cours de validité ;
- un justificatif de domicile (de moins de 3 mois) ;
- un justificatif d'activité professionnelle (fiche de paye, avis d'imposition) et tout document concernant le patrimoine.

18 LA CONNAISSANCE DU CLIENT

La découverte du client est approfondie durant la deuxième étape de l'entretien. L'accueil aura permis d'instaurer un climat de confiance et peut-être de dévoiler déjà certaines informations précieuses pour le conseiller (Fiche 7). Les outils et techniques de la découverte lui permettront de réaliser un diagnostic de la situation du client et de ses besoins.

1 Le plan de découverte

Il est le support de saisie du diagnostic client et peut être utilisé comme guide de questionnement. Souvent spécifique à chaque établissement, il peut prendre la forme d'un plan de découverte en croix, déclinant dans chaque cadran un thème particulier :

Situation personnelle, familiale, professionnelle et financière du client et de sa famille	Avoirs chez les concurrents
Situation bancaire et patrimoniale du foyer	Projets du client

Chaque cadran détaille le plus précisément possible la situation du client. Deux indicateurs tactiques sont indispensables à l'équilibre des propositions :
- la capacité d'épargne : elle détermine la somme que le client entend consacrer à son épargne, quel qu'en soit le terme ;
- la capacité d'endettement : indispensable pour tout besoin de financement, elle mesure la capacité du client à faire face à ses engagements.

2 La prise de notes

Elle peut être perçue par certains comme un élément de preuve gênant. Pour éviter ce réflexe de crainte, il est utile de solliciter au préalable l'autorisation de prendre des notes. Incontournable outil de l'écoute active, elle témoigne au client de l'intérêt que le conseiller lui accorde, et soutient par ailleurs la concentration du conseiller sur son interlocuteur.
Que noter ? Les informations indispensables au diagnostic et à la proposition bien sûr. Cela peut se faire en complétant les items prévus par le support du diagnostic client, mais également « in extenso », c'est-à-dire :
- en temps réel, au fur et à mesure des propos afin d'éviter tout risque d'oubli, quitte à faire répéter le client ;
- tel que les propos sont exprimés, afin d'éviter tout risque d'interprétation ;
- de manière chronologique : c'est dans la première idée exprimée par le client que se trouve la plus forte charge émotionnelle ;
- au temps et au mode utilisés, car leur emploi spontané traduit l'importance des propos tenus.

3 Le questionnement

L'art du questionnement est un des fondements de l'écoute active. Par son questionnement, le conseiller :
- construit une stratégie de découverte de la situation et des besoins du client ;
- définit les points d'appui sur lesquels la proposition sera bâtie : besoins, mais aussi motivations, processus de décision... ;
- met au jour le mode d'expression privilégié de son interlocuteur ;
- maîtrise l'entretien en conduisant son interlocuteur.

1. Quelle forme de questions ?

a) Les questions ouvertes

Ce sont les questions à privilégier lorsqu'on souhaite instaurer un dialogue visant à libérer la parole. En s'exprimant ouvertement, le client va bien au-delà de la communication d'une simple information, il dévoile ses besoins, ses motivations et sa façon de se comporter. Elles sont à privilégier en début d'entretien, pour installer la relation, et chaque fois que l'on a besoin d'approfondir un sujet.
Elles commencent la plupart du temps par « comment » ou « que ».

EXEMPLE
« Qu'attendez-vous en matière d'épargne ? »
« Comment envisagez-vous le financement de ce projet ? »

b) Les questions fermées

Elles exigent une réponse précise, sans possibilité de fuite, ce qui leur confère un caractère quelque peu péremptoire. Elles permettent d'évaluer des besoins précis, mais aussi de canaliser le discours du client en le recentrant sur une parole concise.
Très utiles pour avancer dans l'entretien, elles doivent être employées avec parcimonie pour éviter de donner au client le sentiment de subir un interrogatoire, qui serait contre-productif.

EXEMPLE
« Quelle somme pensez-vous pouvoir épargner par mois ? »

2. Pour quelle intention ?

a) Pour approfondir

Lorsqu'il s'agit de faire préciser, de mieux comprendre, de faire réfléchir le client sur son besoin ou encore de vérifier que l'on a bien compris, plusieurs options sont possibles :

Types de questions	Exemples
Ouverte	« Qu'entendez-vous par une rémunération plus dynamique ? »
Miroir	Consiste à renvoyer la question au client en la reformulant et sur un ton interrogatif. « C'est quand même cher ! – Qu'aviez-vous prévu ? »
Ricochet	Utile pour faire parler un client peu loquace. Il s'agit de s'appuyer sur sa réponse, parfois textuellement, pour approfondir ; « Qu'entendez-vous par disponible ? »

b) Pour orienter l'entretien

Lorsqu'il devient utile d'orienter le client pour avancer dans l'entretien, le conseiller a le choix entre :

Questions	Exemples
Fermée	Permet de vérifier, de verrouiller, lors d'une synthèse intermédiaire, de clôturer un dialogue ou encore d'engager le client. «Disposez-vous de fonds dans une autre banque ?»
Alternative	Utile quand le client est hésitant, elle lui présente deux choix, qui vont tous les deux dans un même sens. Elle le pousse à se positionner en termes de préférence. «Préférez-vous une carte à débit immédiat ou à débit différé ?»
Suggestion ou ballon d'essai	Invite le client à réfléchir sur une option choisie par le conseiller pour connaître son opinion et l'orienter plus habilement. «Que pensez-vous du crédit renouvelable ?»
Relais	En impliquant le client, le conseiller l'incite à prendre position «Et vous, qu'en pensez-vous, M. Y ?»
Recentrage	Pour ramener le client au sujet de l'entretien. «Vous me disiez que vous souhaitiez préparer votre retraite. Avez-vous une idée précise en tête ?»
Contre question	Pour différer la réponse à une question, ou l'éluder. «Quels sont vos taux de crédit à la consommation ?» «Pour quel type de crédit à la consommation précisément ?»

c) Verrouiller un accord : la reformulation

Pour enregistrer un point d'accord avec le client, mais aussi pour contrôler qu'il n'y a pas incompréhension, la question de reformulation est incontournable et débute généralement par : «Si j'ai bien compris... Vous êtes donc d'accord sur... En fait, vous considérez donc...»

EXEMPLE

«Vous préférez donc affecter votre effort d'épargne actuel à votre projet immobilier ?»

4 La reformulation

Reformuler, c'est accuser réception du message émis par le client et vérifier que l'on a compris ce message. À ce titre, la reformulation présente de nombreux avantages :
- pour le client, elle est la preuve de l'écoute du conseiller. Cela peut contribuer à apaiser la relation lorsque la communication est difficile, car on montre à l'interlocuteur que sa demande est comprise et prise en compte ;
- elle permet au conseiller d'intérioriser ce qui a été dit en l'exprimant avec ses propres mots ;
- elle permet à chacun de mieux comprendre et mémoriser ce qui vient d'être dit, par le mécanisme de la répétition ;
- elle permet au débat d'avancer quand elle est utilisée à titre de synthèse partielle ;
- elle permet au client de repréciser sa pensée si elle a été mal comprise ;
- elle conduit le client à prendre du recul par rapport à ce qu'il dit.

Types de reformulation	Objectif	Exemple
Écho	Montrer au client qu'on l'écoute	«J'ai l'intention de faire racheter tous mes prêts. – Tous vos prêts ?»
Déduction	Progresser dans la découverte du client	«La fiscalité est de plus en plus lourde. – Et vous souhaitez un placement défiscalisé ?»
Résumé	Progresser dans l'entretien	«Nous venons de faire un bilan de votre épargne chez nous. Voulez-vous que nous parlions de vos projets ?»

5 La stratégie de la découverte

L'art de la découverte consiste en la capacité à alterner questions et reformulations jusqu'à ce que la compréhension du message ait été validée par l'interlocuteur.

1. La séquence de découverte

Quel que soit l'enchaînement de questions utilisé par le conseiller, celles-ci viseront à parcourir la séquence en quatre temps :

1. **L'écoute** : lors de l'écoute, le conseiller peut afficher un «silence positif», tout en intervenant brièvement par des «oui, je comprends», pour montrer à son interlocuteur qu'il est à l'écoute à la fois de ses arguments (le problème) et de ses sentiments (la personne).
2. **La clarification** : si le conseiller a des doutes sur le sens de certains mots, il doit y revenir pour clarifier la situation. Il s'agit de poser des questions telles que : «Qu'entendez-vous par... ?», «Que représente pour vous... ?»
3. **L'investigation** : le conseiller cherche à approfondir pour mieux comprendre le point de vue de son interlocuteur, par des questions ouvertes («Comment cette situation s'est-elle produite ?»), des questions de fait («Avez-vous l'intention d'emprunter seul ?») et des questions de sondage («À votre avis, que faut-il faire pour résoudre ce problème ?»).
4. **La reformulation** : elle validera la juste compréhension par le conseiller de la situation présentée par le client.

2. Un outil d'analyse : le QQOQCCP

Certains projets complexes nécessitent une approche analytique permettant d'en définir tous les contours. L'approche analytique QQOQCCP peut s'avérer particulièrement pertinente.

Q	Qui ?	De qui, Avec qui, Pour le compte de qui...
Q	Quoi ?	Quoi, Avec quoi, En relation avec quoi...
O	Où ?	Où, Par où, Vers où...
Q	Quand ?	À partir de quand, Jusqu'à quand...
C	Comment ?	Dans quelles conditions, Par quel procédé...
C	Combien ?	Dans quelle mesure...
P	Pour quoi ?	Motif, finalité, objectif

19 LES INFORMATIONS OBLIGATOIRES CONCERNANT LE CLIENT

La relation d'affaires que la banque entretient avec un client particulier la conduit à agir en tant que mandataire de ce dernier. Elle est ainsi amenée à réaliser des opérations pour le compte de son client. Des obligations réglementaires encadrent cette relation.

1 Les informations réglementaires

Les banques sont tenues par les pouvoirs publics d'exercer une vigilance constante à l'égard de leur clientèle.

1. Les objectifs de la réglementation

De multiples sources réglementaires organisent les obligations réglementaires des banques. Elles ont pour objectifs :

- la protection des clients contre des opérations frauduleuses réalisées à leur insu ;
- la protection de la société contre le blanchiment des capitaux et le financement du terrorisme ;
- la réponse aux obligations de conseil des banques posées par la directive européenne relative aux marchés d'instruments financiers (MIF).

2. Les informations obligatoires

a) À l'ouverture d'un compte

Sont obligatoires :

- les documents attestant l'identité et le domicile du client ;
- ses coordonnées pour pouvoir le joindre rapidement si nécessaire ;
- toute information attestant sa situation financière : profession, revenus, patrimoine.

Ces informations devront être régulièrement mises à jour pour être conformes à la réalité du client : pièce d'identité valide, attestation de domicile et de situation financière récente.

b) À l'occasion d'opérations inhabituelles

Dès lors que le conseiller clientèle repère un mouvement inhabituel (virement, prélèvement ou chèque), il doit s'enquérir de l'origine des fonds, de leur destination ainsi que de leur justification économique.

c) Pour l'octroi d'un prêt ou d'un découvert

La banque a pour obligation de s'assurer que le niveau de charges et de revenus de son client est compatible avec sa capacité de remboursement.

d) Pour le placement de produits financiers

La directive MIF impose au conseiller clientèle :

- de conserver la trace des attentes des clients : un questionnaire reprend le contexte personnel (familial, fiscal, etc.) ainsi que les attentes concernant le produit de placement en matière de risque, de rendement, etc. ;
- de classer les clients en deux catégories : les non-professionnels, qui bénéficient de la protection la plus large, et les professionnels.

Ce classement s'opère au travers d'un questionnaire évaluant l'expérience, les connaissances et compétence des clients pour évaluer les risques encourus dans une décision d'investissement.

2 La protection des données personnelles

Les banques ont le devoir d'être vigilantes, mais elles doivent aussi respecter le cadre réglementaire fixé par la Commission nationale de l'informatique et des libertés (CNIL).

1. Les droits des clients

a) Nature des informations collectées

La CNIL liste toutes les informations que les banques sont autorisées à collecter auprès de leurs clients et leur interdit de le faire de manière systématique et indifférenciée :

- les mesures de surveillance doivent être adaptées au profil de risque de chaque client ;
- les banques ne doivent collecter que les données nécessaires pour évaluer ce risque en lien avec les produits souscrits ou les opérations réalisées par le client.

EXEMPLE

Les opérations réalisées par Internet sans que le client soit connu physiquement dans son agence présentent, par nature, un risque supérieur.

b) Droit d'accès des clients aux informations collectées

Il est indispensable d'informer les clients de la finalité de cette collecte d'informations (lutte contre le blanchiment et contre le financement du terrorisme), d'autant plus que ces données, intégrées dans des traitements informatisés, peuvent être exploitées à des fins marketing ou commerciales. Dès lors, ce traitement doit être autorisé et les clients doivent être en mesure de s'y opposer. Les questionnaires doivent donc préciser les modalités des droits d'accès et de rectification des clients.

c) Utilisation des données collectées

Avant d'user des données collectées à des fins marketing ou commerciales, la banque doit obtenir une autorisation de la CNIL. Cette autorisation liste les informations visées par l'opération et autorise la banque à les conserver pendant 5 ans à compter de l'année d'exécution de l'opération, y compris en cas de clôture de compte ou de cessation des relations.

d) Confidentialité des données

La banque s'engage à prendre toutes les précautions pour préserver la sécurité et la confidentialité des données traitées et notamment pour empêcher qu'elles soient endommagées ou déformées et que des tiers non autorisés puissent en prendre connaissance. Des accès individuels doivent être prévus. Ils se réalisent par un identifiant et un mot de passe individuels, régulièrement renouvelés, ou par tout autre moyen d'identification.

e) Le refus de répondre

Un client a le droit de refuser de répondre à sa banque, mais celle-ci peut alors « fermer des produits financiers ou refuser d'enregistrer des sommes sur un compte si le client refuse de répondre à ses investigations ». Le risque d'être dénoncé à la cellule dédiée à la lutte contre le blanchiment (Tracfin) reste assez marginal car lié à l'appréciation des banques. Le seuil déclenchant cette demande est variable d'un établissement à l'autre, la limite de 150 000 €, fixée par le Code monétaire et financier, ayant été supprimée.

20 LES RÈGLES LIÉES À L'OBLIGATION DE RENSEIGNER LE CLIENT

Le banquier est soumis à des obligations contractuelles et extracontractuelles découlant du droit commun des contrats. Cependant, il s'est vu imposer un certain nombre d'autres devoirs, plus spécifiques, parmi lesquels le devoir d'information et de conseil.

1 L'obligation de renseigner

Les obligations d'information du banquier vis-à-vis de son client non professionnel sont définies par l'article L. 312-1-1 du Code monétaire et financier, modifié par la loi du 30 décembre 2014, article 21.

1. Tarifs et CGV

« Les établissements de crédit sont tenus d'informer leur clientèle et le public sur les conditions générales et tarifaires applicables aux opérations relatives à la gestion d'un compte de dépôt. » Article L. 312-1.

À ce titre, les établissements de crédit doivent :
- soit afficher leurs tarifs à la vue du public dans toutes leurs agences ;
- soit mettre à la disposition de leurs clients des dépliants récapitulatifs de leurs conditions générales de banque.

Si les tarifs changent, ils doivent avertir leurs clients par voie postale de toute décision de modification des tarifs au moins 2 mois avant la date d'application et actualiser en conséquence les conventions de compte, chaque fois que nécessaire.

2. Démarchage

a) Le démarchage bancaire et financier

Il y a démarchage bancaire ou financier dès lors qu'une personne est contactée sans qu'elle l'ait sollicité, par quelque moyen que ce soit, à son domicile, sur son lieu de travail ou dans tout autre endroit non destiné à la commercialisation de produits financiers, pour se voir proposer des produits financiers, limitativement définis par la loi.

b) Les obligations du démarcheur

L'article L. 341-11 du Code monétaire et financier confère au démarcheur une double obligation :

- **Une obligation de transparence** : tout démarcheur doit communiquer à la personne démarchée son nom et son adresse personnelle, ainsi que les nom et adresse de la personne morale pour le compte de laquelle il agit.
- **Une obligation d'information** déclinée sous deux angles :
  - l'obligation pour le démarcheur de s'informer sur la situation financière de la personne démarchée, son expérience et ses objectifs en matière de placement ou de financement ;
  - l'obligation d'informer de manière claire et compréhensible la personne démarchée sur les produits ou services proposés ainsi que sur l'existence d'un délai de rétractation.

c) Les sanctions applicables aux démarcheurs

Tout démarcheur ne respectant pas ses obligations vis-à-vis de son client ou de son activité peut faire l'objet de sanctions pénales et disciplinaires pouvant être prononcées pour tout manquement aux lois, règlements et obligations professionnelles par l'autorité dont il relève (AMF ou ACPR).

2 L'obligation d'informer sur les produits et services

Le Code monétaire et financier liste les obligations de renseigner le client sur les caractéristiques essentielles des produits et services vendus.

1. Information sur la relation bancaire

- À l'ouverture du compte : une convention de compte précise les conditions d'exercice du compte, la tarification des produits et services, la possibilité de saisir un médiateur en cas de difficulté. L'acceptation de la convention de dépôt est formalisée par la signature du ou des titulaires du compte.
- À chaque relevé mensuel : depuis janvier 2016, la liste des frais pour incident de paiement constatés dans le mois apparaît sur les relevés de compte pour information (ou par tout autre moyen choisi par la banque) mais ils ne peuvent être débités que 14 jours plus tard. Tous les autres frais liés au compte reste débités « au fil de l'eau » : coût mensuel de la carte bancaire ou du package, frais en cas de retrait dans un DAB extérieur au réseau, assurances...

Une fois par an, les banques adressent à leurs clients un document récapitulatif des frais bancaires perçus au cours de chaque année sur un même compte.

- À l'occasion de chaque modification de service ou nouvelle prestation de services, la banque doit présenter par écrit une modification de la convention de dépôt ou un contrat de service de paiement au moins 2 mois avant le changement. Si le client ne les conteste pas dans ce délai, il accepte les changements. L'usager qui les refuse a le droit de demander la clôture ou le transfert de son compte sans frais.
- Documents relatifs à la mobilité bancaire : les établissements de crédit doivent mettre à la disposition de leurs clients une documentation relative à la mobilité bancaire décrivant les modalités d'accompagnement du client dans le cadre d'un changement d'établissement de crédit.

2. Information sur les produits

Le Code monétaire et financier définit comme produits financiers, les actions, obligations, parts ou actions d'organismes de placement collectif ou encore les contrats d'assurance-vie. La directive MIF (marchés d'instruments financiers) a précisé les obligations du banquier en la matière.

a) L'obligation d'information

Elle se décline selon deux angles : l'obligation de s'informer sur le client et l'obligation de renseigner le client. Ainsi, lorsqu'il propose un nouveau produit, ou une orientation de portefeuille, le banquier doit délivrer une information :

20 LES RÈGLES LIÉES À L'OBLIGATION DE RENSEIGNER LE CLIENT (Suite)

- claire, exacte et non trompeuse ;
- qui soit adaptée aux objectifs et à la compétence du client, évaluée par un questionnaire approprié (questionnaire MIF) ;
- qui soit en adéquation avec les produits proposés (obligation de cohérence).

Il s'agit là d'une obligation précontractuelle, qui s'applique également dans le cadre des offres promotionnelles.

b) L'obligation de conseil

L'obligation de conseil n'est pas aisée à distinguer de l'obligation d'information. Ces deux obligations sont en effet interdépendantes : le banquier doit informer le client et lui proposer des services en adéquation avec sa situation et ses intentions. Le devoir de conseil porte donc sur l'opportunité de la proposition faite par le conseiller.

c) L'obligation de mise en garde

Quelles que soient les relations contractuelles entre un client et sa banque, celle-ci a le devoir de l'informer des risques encourus dans les opérations spéculatives, hors le cas où il en a connaissance.

3. Les sanctions applicables

En cas de non-respect de ces obligations, l'intermédiaire s'expose à des sanctions de différentes natures. Elles peuvent être disciplinaires, pénales et civiles.

EXEMPLE

Les sanctions pénales au titre de pratiques commerciales trompeuses peuvent aller jusqu'à 2 ans de prison et/ou 37 500 € (jusqu'à 50 % des dépenses de la publicité ou de la pratique délictueuse).

Dans le domaine civil, il peut s'agir de dommages-intérêts en réparation du préjudice subi par le souscripteur qui s'estimerait lésé.

3 L'information liée au crédit

La loi protège le consommateur contre le risque de souscrire un crédit sans mesurer toute la portée de son acte.

1. Le dispositif de protection de l'emprunteur

Le système de protection de l'emprunteur est régi par un ensemble de lois intégrées dans le Code monétaire et financier :

- la loi Scrivener 1, du nom du secrétaire d'État à la Consommation qui en est à l'origine, pour les crédits à la consommation ;
- la loi Scrivener 2 du 13 juillet 1979 pour les crédits immobiliers ;
- les lois Lagarde (2010) et Hamon (2014), qui ont renforcé l'obligation d'information des établissements prêteurs auprès de leurs clients.

Le dispositif de protection de l'emprunteur repose sur deux droits du consommateur :

a) Un droit à une information loyale

Très strictement encadrée, la publicité sur les crédits repose sur quelques principes essentiels :

- à l'exception des publicités radiodiffusées, toute publicité pour un crédit doit contenir la mention obligatoire suivante : «Un crédit vous engage et doit être remboursé. Vérifiez vos capacités de remboursement avant de vous engager.» ;
- toute publicité chiffrée doit mentionner de façon claire, précise et visible toutes les informations nécessaires à une juste appréciation de l'offre proposée, illustrées à l'aide d'un exemple représentatif ;
- sont interdites les mentions mensongères ou illégales.

EXEMPLES

- Les mentions suggérant qu'un crédit peut être consenti quelle que soit la situation financière de l'emprunteur.
- Les mentions qui laissent entendre que le prêt améliore la situation financière ou le budget de l'emprunteur.

b) Un droit à une information personnalisée

Avant de faire signer un acte de prêt, un établissement financier doit permettre au client d'être suffisamment informé pour mesurer les conséquences de son engagement futur, mais aussi pour pouvoir comparer plusieurs offres.

Cette obligation d'information prend la forme :

- d'un entretien au cours duquel le conseiller évalue les besoins, la solvabilité et les conséquences du prêt sur l'endettement du client ;
- d'une fiche d'information standardisée précontractuelle reprenant les caractéristiques du prêt proposé. Ce document doit permettre au client de mieux comparer les offres de financement ;
- d'une obligation de fournir des explications personnalisées relatives au fonctionnement du crédit proposé ;
- d'une obligation de mise en garde quant aux incidences sur la situation financière de l'emprunteur, d'une part, et quant aux conséquences en cas de défaut de remboursement, d'autre part ;
- de la remise d'une offre préalable. Il s'agit d'un document écrit reprenant les caractéristiques du prêt qui est proposé au client. Ce dernier a alors en main tous les éléments lui permettant de prendre sa décision.

c) Un droit à la réflexion

La banque est tenue de laisser au client un délai de réflexion incompressible de 10 jours et un délai de rétractation de 7 jours en matière de crédit à la consommation.

2. Les sanctions applicables

Le prêteur qui accorde un crédit sans proposer à l'emprunteur une offre préalable satisfaisant aux conditions fixées est déchu du droit aux intérêts, et l'emprunteur n'est tenu qu'au seul remboursement du capital suivant l'échéancier prévu.

4 La preuve de l'information

En matière d'information, le banquier a une obligation de moyens : s'il doit faire tout son possible pour informer son client, c'est à ce dernier d'apporter la preuve que l'établissement bancaire n'a pas exécuté son obligation. L'archivage de la preuve de l'information communiquée au client devient alors l'arme juridique indispensable pour contrer cette mise en cause.

21 LES INCIDENTS LIÉS AU FONCTIONNEMENT DU COMPTE

➔ Différentes situations peuvent affecter le fonctionnement du compte : incidents de paiement, saisies, désolidarisation du compte joint, décès.

1 La position débitrice du compte

Les conséquences d'une position débitrice dépendent autant de la situation du client et de la convention passée que de l'appréciation du chargé de clientèle. Dans tous les cas, la position débitrice donnera lieu à des calculs d'agios et autres frais.

1. Le traitement des débiteurs non autorisés

Chaque matin, le premier travail du conseiller clientèle est le traitement des débiteurs non autorisés et l'arbitrage entre des intérêts parfois contradictoires :
- la prise en compte des clients en situation difficile, l'autorisation du paiement et la prise de rendez-vous avec le client pour trouver une solution appropriée ;
- le risque d'impayé qui conduira au rejet du paiement, dans certains cas à l'interdiction bancaire du client, voire à son éviction du portefeuille.

La loi Murcef impose à tout établissement de crédit de prévenir son client avant d'effectuer un rejet de paiement sur son compte courant.

2. La diversité des situations débitrices

- Le découvert peut être occasionnel et non autorisé. Il répond à une tolérance de la banque en fonction de la qualité du client et donne lieu à une simple facilité de caisse. Il est coûteux pour le client avec des taux souvent proches du taux d'usure, sans compter les frais de forçage.
- Le découvert peut être autorisé par la banque et donne alors lieu à la rédaction d'un écrit précisant le montant autorisé, le taux d'intérêt, les modalités de remboursement. Il s'agit d'un crédit de trésorerie accordé que le Code de la consommation désigne encore comme une autorisation de découvert ou une facilité de découvert. Les conventions packagées prévoient un montant d'agios, en principe légèrement inférieur au taux proposé hors package.

3. La durée d'utilisation du découvert

Selon la durée du découvert, plusieurs situations de dépassement doivent être distinguées :
- si le découvert est inférieur à 1 mois, les modalités de fonctionnement et la tarification de l'autorisation de découvert sont décrites dans la convention de compte ;
- les découverts d'une durée supérieure à 1 mois donnent lieu impérativement à la consultation du Fichier national des incidents de remboursement des crédits aux particuliers (FICP) et à la conservation de la preuve de cette interrogation. Le prêteur doit informer l'emprunteur, sans délai et par écrit, du montant du dépassement, du taux débiteur et de tous les frais ou intérêts sur arriérés applicables ;
- pour les dépassements remboursables d'un délai supérieur à 3 mois, la banque devra proposer au client une offre de crédit, au risque de devoir renoncer aux intérêts débiteurs dus par le client.

2 Les agios et commissions d'intervention

Les agios bancaires correspondent aux intérêts débiteurs perçus par la banque lorsqu'un compte courant est à découvert.

1. Dates de valeur et dates d'opération

Pour le calcul des agios, c'est la date de valeur qui est retenue pour l'enregistrement des opérations en compte, et non la date de réalisation de l'opération, afin de tenir compte du délai nécessaire à son traitement.
La date d'opération ou date comptable correspond à date à laquelle est enregistrée en comptabilité l'opération de retrait, de paiement ou de dépôt. Elle peut être reportée au lendemain lorsqu'une opération est parvenue trop tardivement à la banque.
Aujourd'hui, dates d'opération et dates de valeur diffèrent uniquement pour les chèques, qui donnent lieu à un décalage d'au maximum 1 jour ouvré par rapport à la date J de l'opération :
- paiement d'un chèque : J+1 ;
- encaissement d'un chèque : J-1.

Par le simple jeu des dates de valeur, une opération effectuée par chèque d'un même montant réalisée le même jour, tantôt au débit et tantôt au crédit, peut conduire à une situation débitrice.

EXEMPLE
Un chèque de 700 € déposé à l'encaissement le 25 octobre sera crédité en valeur le 26 octobre ; un chèque du même montant, tiré le même jour, sera débité le 25.

2. Deux méthodes de calcul des agios

Les agios dépendent :
- du montant du découvert (C) ;
- du taux d'intérêt (t) ;
- de la durée du découvert (n), évaluée en jours à la date de valeur.

$$\frac{Ctn}{360}$$

Ils sont calculés soit en année commerciale sur 360 jours, soit en année civile sur 365 jours. Ils sont facturés trimestriellement.

a) Calcul à partir d'une échelle de nombres débiteurs

C'est la méthode la plus couramment utilisée pour calculer les agios.
Un nombre est le résultat de la multiplication du solde d'un compte par le nombre de jours où ce solde en valeur est constant. Le cumul de ces soldes donne le montant des nombres débiteurs, résultat qui multiplié par le taux annuel, et divisé par le nombre de jours d'une année. On obtient ainsi le montant des agios.

EXEMPLE
Extrait BTS Banque 2014
Mme Farrugia vous présente son relevé de compte du mois d'avril 2014. Elle sait qu'elle a été à découvert pendant le mois car elle a dû faire remplir sa citerne de fioul. [...]

21 LES INCIDENTS LIÉS AU FONCTIONNEMENT DU COMPTE (Suite)

Elle se demande si elle va devoir payer des agios au titre du mois d'avril 2014.
Calculez le montant des agios qu'elle aura à payer pour le mois d'avril 2014 à partir du relevé de compte ci-après.
Relevé de compte de Mme Farrugia

Banque DUPONT – DURAND			
Relevé de compte n° 725 - DAV : Mme FARRUGIA			
Date	Libellé des opérations	Débit	Crédit
Solde au 31/03/2014 : + 1 200,00 €			
04/04/n	Prélèvement EDF	200,00	
05/04/n	Prélèvement Trésor public	352,00	
07/04/n	Prélèvement Orange	123,00	
12/04/n	Carte Fnac	278,00	
12/04/n	Carte Auchan	127,00	
15/04/n	Prélèvement Mutuelle du Sud	112,00	
17/04/n	Carte Total	62,00	
20/04/n	Carte Fuel Plus	400,00	
22/04/n	Remboursement Mutuelle du Sud		33,00
28/04/n	Virement SOGECOP		1 722,00
30/04/n	Convention de services	6,00	
Totaux		1 660,00	2 955,00
Solde au 30/04/2014 : + 1 295,00 €			

Les dates de valeur sont les mêmes que les dates d'opérations.
Taux du découvert autorisé : 10,00 %
Taux du découvert non autorisé : 16,50 %
Les agios sont calculés du premier au dernier jour du mois sur une base de 360 jours et imputés sur le compte le 1er du mois suivant.
Méthode par les nombres débiteurs :
Formule de calcul : montant du solde × nombre jours

Date de valeur	Solde	Nombre de jours	Nombres débiteurs dans découvert autorisé	Nombres débiteurs hors découvert autorisé
01/04/n	1 200,00			
04/04/n	1 000,00			
05/04/n	648,00			
07/04/n	525,00			
12/04/n	120,00			
15/04/n	8,00			
17/04/n	– 54,00	3	162,00	
20/04/n	– 454,00	2	908,00	
22/04/n	– 421,00	6	2 526,00	
28/04/n	1 301,00			
30/04/n	1 295,00			
		TOTAL	3 596,00	0,00

Agios : 3 596,00 × 0,10 × 1/360 = 1 €

b) Calcul à partir d'un relevé de compte

Le montant des agios trimestriels résulte dans ce cas de l'addition les intérêts ou agios des soldes débiteurs au jour le jour des quotidiens.

EXEMPLE

Extrait BTS Banque 2014
Formule de calcul :
montant du solde × nombre jours × taux d'intérêt/360

Date de valeur	Solde	Nombre de jours	Intérêts débiteurs
01/04/n	1 200,00		
04/04/n	1 000,00		
05/04/n	648,00		
07/04/n	525,00		
12/04/n	120,00		
15/04/n	8,00		
17/04/n	– 54,00	3	0,045 €
20/04/n	– 454,00	2	0,252 €
22/04/n	– 421,00	6	0,702 €
28/04/n	1 301,00		
30/04/2012	1 295,00		
		TOTAL	1,00 €

Au 17 avril : 54 × 0,10 × 3/360 = 0,045 €
Soit un paiement d'agios de
1,00 – 200 × 15 × 0,10/360 = 1,00 €

3. Des frais souvent dénoncés mais plus contrôlés

Aux agios non soumis à TVA peuvent s'ajouter d'autres frais :

- commission de découvert portant sur la somme des trois découverts mensuels les plus élevés dans le trimestre, non soumise à TVA ;
- « frais de tenue de compte », soumis à TVA ;
- commissions d'intervention ;
- frais de refus de chèque ou de virement en cas de découvert hors autorisation.

Depuis le 1er janvier 2014, les frais d'intervention sont plafonnés à 8 € par opération et 80 € par mois, et pour les clients les plus fragiles, à 4 € par opération et 20 € par mois. Les frais de rejet de prélèvement ne peuvent pas dépasser le montant de l'opération rejetée et ils sont au maximum de 20 €, tandis que les frais de rejet de chèque sans provision sont limités à 30 € par chèque d'un montant inférieur ou égal à 50 €, et à 50 € par chèque d'un montant supérieur à 50 €.

3 Les saisies sur le compte

Si un client ne paye pas une dette à la date prévue, son créancier peut obtenir la saisie de ses avoirs.

1. Les différentes formes de saisies sur compte

a) La saisie-attribution

Une saisie sur compte bancaire permet à un créancier de récupérer les sommes dues par son débiteur en s'adressant directement à la banque de ce dernier. Le créancier, généralement à partir d'un acte notarié ou d'un jugement du tribunal, peut obtenir la saisie des avoirs à la banque. Le plus souvent, il passe par un huissier qui adresse à la banque un acte de « saisie-attribution » à son profit.

b) L'avis à tiers détenteur (ATD)

Lorsque le créancier est le Trésor public, la procédure s'appelle «avis à tiers détenteur». Mandatée par tout autre créancier, la saisie est une saisie-attribution.

2. Les comptes et sommes insaisissables

a) Les comptes insaisissables

Tous les comptes sont saisissables, à l'exception des comptes-titres, des valeurs déposées dans les coffres loués et des bons de caisse au porteur.

b) Les sommes insaisissables

Toutes les sommes sont saisissables, sauf les allocations familiales et de logement, le RSA, les allocations spécifiques de solidarité, les prestations en nature de l'assurance-maladie, les indemnités de chômage, les pensions alimentaires, les rentes accident du travail, une fraction du salaire (barème défini par décret).

Le client peut bénéficier, à sa demande expresse, du solde bancaire insaisissable, égal au RSA pour une personne seule (soit 513,88 € en 2015). Cette somme immédiatement débloquée par la banque ne se cumule pas avec les autres sommes insaisissables.

c) Les sommes saisissables partiellement

Certaines sommes comme le salaire, les primes et avantages en nature, les pensions de retraite, ne sont saisissables que partiellement, suivant un barème des saisies sur rémunérations :

Rémunération mensuelle	Part saisissable	Montant maximum saisissable (cumulé)
Jusqu'à 310,83 €	1/20	15,54 €
De 310,83 € à 606,67 €	1/10	45,13 €
De 606,67 € à 904,17 €	1/5	104,63 €
De 904,17 € à 1200,83 €	1/4	178,79 €
De 1200,83 € à 1497,50 €	1/3	277,68 €
De 1497,50 € à 1799,17 €	2/3	478,79 €
Supérieure à 1799,17 €	100 %	478,79 € + la totalité des sommes au-delà de 1799,17 €

Ces seuils sont augmentés de 117,50 € par mois et par personne à charge (conjoint ou concubin, enfants...).

EXEMPLE

Le 27 janvier 2015, vous recevez un ATD concernant votre client, M. Lami. Le Trésor public lui réclame 3735 € au titre de l'impôt sur le revenu. Il perçoit un salaire annuel de 17225 € (soit 1435,42 € mensuels). Il a un enfant à charge et vit seul. Le solde de son compte le 27 janvier est de 384,28 €.
Le compte est saisissable, car il est créditeur, sous réserve des opérations en instance déjà réalisées mais pas encore imputées sur le compte. La banque devra transmettre au Trésor public le solde créditeur de M. Lami à la date du 27 janvier, soit 384,28 € :
La somme prélevée s'élèvera à :
1/20 entre 0 et (310 + 117,50) = 21,37 € ;
1/10 entre (310,01 + 117,50) et (605,83 + 117,50) = 29,58 € ;
1/5 entre (605,84 + 117,50) et (903,33 + 117,50) = 59,50 € ;
1/4 entre (903,34 + 117,50) et (1 199,17 + 117,50) = 73,96 € ;
1/3 entre (1 199,18 + 117,50) et 1435,42 = 39,58 €.
Montant total saisissable sur le salaire mensuel : 224 €.
Le solde, soit 3 735 – (224 × 12) = 848,70 €, sera prélevé l'année prochaine sur 4 mois.

d) Les frais bancaires sur saisie

Les frais et commissions facturés au titre d'une procédure de saisie ne peuvent être retranchés du solde du débiteur saisi.

3. La procédure de saisie sur compte

a) La saisie

La saisie-attribution se fait par acte d'huissier sur présentation d'un titre exécutoire (jugement ou autre) ; pour l'ATD, le Trésor public adresse à la banque un courrier recommandé avec accusé de réception. La procédure est valable pour l'ensemble des agences du réseau.

À réception de la saisie, le banquier doit informer le créancier de la nature et du solde du ou des comptes du débiteur et avertir le saisi par courrier. La saisie est inopérante si le ou les comptes sont débiteurs ou nuls.

b) Le blocage des comptes pendant 15 jours

Après la signification et afin de calculer le montant saisissable, la saisie-attribution rend la totalité des sommes inscrites sur les comptes du saisi indisponibles. Pour l'ATD, seule la somme saisie est bloquée.

Le banquier devra communiquer le relevé des opérations par lettre recommandée avec accusé de réception à l'huissier, sous 8 jours si l'imputation des opérations antérieures à la signification diminue la saisie. Le solde saisissable sera définitivement connu à la fin de la période de 15 jours nécessaire à la passation des écritures antérieures à la saisie.

c) La cessation du blocage

Les fonds saisis sont consignés entre les mains du banquier pendant un délai d'un mois (2 mois pour l'ATD). Ce délai permet de contester la saisie.

4. Saisie et recouvrement

a) Le recouvrement

Le recours à la justice n'est pas toujours nécessaire. Un créancier peut s'adresser à un tiers (que ce soit un particulier ou une société chargée du recouvrement amiable des créances) pour réclamer à son débiteur le paiement de la somme due.

b) La saisie conservatoire

Elle a pour but de placer les sommes saisies sous main de justice afin de les rendre indisponibles. Elle ne tend pas à l'attribution en faveur du créancier. Si le débiteur ne paie pas, la saisie conservatoire peut être transformée par jugement en saisie-attribution.

c) L'opposition administrative

Assez proche de l'ATD, elle constitue le mode spécifique de recouvrement du Trésor pour les amendes pénales et condamnations pécuniaires. Les frais perçus par la banque ne peuvent pas dépasser 10 % du montant de l'opposition.

d) La saisie pour non-paiement des pensions alimentaires

Dans ce cas, la saisie portera sur l'intégralité de la rémunération en laissant au débiteur le minimum vital, égal au montant du RSA.

22 LES SANCTIONS APPLICABLES AUX INCIDENTS BANCAIRES

Dans le cadre des informations obligatoires à donner au client qui souscrit un produit ou un service bancaire, le conseiller clientèle dispose de l'archivage de la preuve de l'information. En cas d'incident, le client censé être informé de ses obligations contractuelles s'expose donc à des sanctions.

1 Le rôle du conseiller clientèle

D'une façon générale, les incidents fréquents traduisant des risques trop élevés pour la banque pourront entraîner, à l'initiative du banquier, la clôture du compte bancaire. Cependant, le conseiller clientèle joue un rôle important :

- dans un premier temps, au niveau du repérage de l'incident ;
- dans un deuxième temps, au niveau de la qualification de l'incident : importance, gravité (tentative frauduleuse, simple erreur ou oubli de la part du client), répétition de l'incident, historique des relations de la banque avec le client ;
- dans un troisième temps, au niveau de la décision à prendre. Parfois, un simple entretien avec un client de bonne foi permettra de convaincre ce dernier de contribuer à la résolution de l'incident, par exemple par le réapprovisionnement du compte. D'autres cas plus graves nécessiteront d'alerter la hiérarchie qui fera appliquer les procédures adaptées.

EXEMPLE
Soupçon de blanchiment d'argent.

2 Les sanctions liées au fonctionnement du compte

1. La nature des incidents

Les incidents de fonctionnement du compte sont le plus souvent liés à un découvert, le solde du compte du client étant alors débiteur. Les sanctions applicables distinguent les découverts non autorisés des découverts autorisés qualifiés par le Code de la consommation d'« autorisation de découvert ou facilité de découvert ». D'autres types d'alerte, comme le dépôt d'un montant très important, en chèque ou en espèces, doivent également attirer l'attention du conseiller clientèle.

2. Les sanctions et la présentation des solutions au client

a) En cas de découvert non autorisé

Dès la constatation d'un solde débiteur alors qu'aucun découvert n'est autorisé, le conseiller clientèle doit informer le client de l'absence de provision. Il peut lui demander de se rendre à l'agence pour un entretien. En face à face avec le client, en fonction de l'importance du montant débiteur et de sa relation avec le client, le conseiller clientèle doit insister sur le fait que ce découvert est non négocié. Il lui précise que si le compte n'est pas approvisionné dans le délai fixé, la banque peut interdire tout paiement par chèque et prélèvement. Il lui signifie la suspension de l'utilisation de sa carte de crédit. Il lui présente les agios à payer dont le taux est plus élevé que ceux de tous les crédits octroyés par la banque.

b) En cas de dépassement d'un découvert autorisé

Le découvert bancaire autorisé est une tolérance dont le montant et la durée sont précisés à la signature dans la convention de compte. Au moment où le découvert arrive à échéance de la durée consentie, le conseiller clientèle doit réagir rapidement en informant le client du solde négatif. Il peut éventuellement demander au client de se présenter à l'agence pour un entretien, au cours duquel il devra :

- rappeler avec fermeté au client que le dépassement de découvert autorisé l'expose aux mêmes sanctions que dans le cas des clients auxquels la banque n'a accordé aucune tolérance ;
- lui demander de réapprovisionner son compte dans les meilleurs délais. Avec délicatesse, le conseiller peut évoquer les dépenses engagées/prévues. Si le client n'a pas la possibilité d'alimenter son compte, le conseiller peut l'informer qu'il met fin au découvert autorisé et que la procédure prévue par la convention sera appliquée. Si le client régularise sa situation, il peut maintenir l'autorisation de découvert. Il présentera comme un geste commercial le fait qu'aucuns frais ou agios ne sont dus pendant la période du découvert bancaire autorisé.

Cependant :

- si le client ne régularise pas sa situation au-delà d'un mois de dépassement, le conseiller clientèle doit l'informer sans plus de délai, par écrit, du montant du dépassement, du taux des agios et des frais bancaires applicables ;
- si le client ne régularise pas son découvert au-delà de 3 mois, une offre de crédit peut lui être proposée, en vue de faciliter le recouvrement du montant du débit.

c) En cas de soupçon de blanchiment d'argent

Par rapport au fonctionnement habituel d'un compte, un dépôt ou un virement de fonds élevé pourra faire l'objet d'une question au client sur l'origine des fonds ou la nature du mouvement. D'autres opérations inhabituelles peuvent éveiller des soupçons. Dans le cadre de la vigilance à exercer à l'égard du blanchiment d'argent, le conseiller clientèle agira avec précaution. Il ne doit intervenir que si des éléments tangibles ne laissent aucun doute. Ceux-ci devront alors être communiqués à la hiérarchie pour transmission au service Tracfin de l'établissement.

3 Les sanctions liées à l'usage illégal d'un chéquier

1. La nature des incidents

a) Les oppositions sur chèque émis

Lorsque le client s'oppose au paiement d'un chèque émis, le conseiller clientèle ne peut retenir que les oppositions écrites justifiées par une raison légale : perte, vol,

utilisation frauduleuse. L'opposition est alors enregistrée par le banquier et déclarée à la Banque de France ; le chèque est rejeté lors de sa présentation.
Dans tous les autres cas, l'impossibilité de l'opposition est signifiée par écrit au client (loi du 30 décembre 1991).

b) L'absence ou l'insuffisance de provision

Seuls les chèques d'un montant inférieur à 15 € et présentés dans les 30 jours suivant la date d'émission sont garantis en l'absence de provision suffisante. Sinon, ils sont rejetés.

2. La présentation d'une solution de régularisation au client

Le conseiller clientèle peut être conduit à rappeler la possibilité d'une régularisation et à expliquer au client les trois solutions possibles pour éviter l'interdiction bancaire :
- soit assumer le règlement auprès du bénéficiaire par un autre moyen de paiement (espèces, carte bancaire, virement ou chèque de banque...), en échange de la restitution du chèque impayé. Ce chèque devra alors être remis à la banque avec la lettre d'injonction notifiant sa mise en interdiction bancaire ;
- soit réapprovisionner suffisamment le compte et demander au bénéficiaire de représenter le chèque impayé ;
- soit déposer à la banque les fonds correspondants au chèque en demandant par écrit de les affecter directement à son paiement.

En l'absence de solution de régularisation, le rejet du chèque donne lieu à une lettre d'injonction qui informe le client :
- de la raison du rejet ;
- des conséquences ;
- des sanctions applicables.

3. Les sanctions liées au chèque sans provision

Le client ayant émis un ou plusieurs chèques sans provision s'expose à des sanctions : interdiction d'émettre des chèques pendant 5 ans, agios, frais de commission variables suivant les banques. Depuis le 1er janvier 2014 :
- pour la plupart des clients, le plafond des commissions est fixé à 8 € par incident bancaire et à 80 € par mois ;
- pour les clients les plus vulnérables économiquement (chômage, surendettement), il est fixé à 4 € par incident bancaire et à 20 € par mois.

Devant la recrudescence des chèques sans provision, la loi Murcef du 11 décembre 2011 précise que lors du rejet de tout paiement par la banque, celle-ci adresse une injonction au client précisant les risques qu'il encourt, à savoir : interdiction d'émettre des chèques bancaires pendant 5 ans, inscription au Fichier central des chèques (FCC), interdiction bancaire et donc impossibilité de se voir accorder un prêt immobilier ou un crédit à la consommation, quel que soit l'organisme financier sollicité.

4 Les sanctions liées à l'usage illégal d'une carte bancaire

1. La nature des incidents

La généralisation de l'usage des cartes bancaires a également provoqué le développement de leur utilisation abusive.

2. Les sanctions

Comme pour le paiement par chèque, tout retrait d'argent à un distributeur ou paiement par carte bancaire suppose l'existence d'une provision suffisante. En cas d'utilisation abusive, le banquier peut mettre lui-même la carte en opposition. Cette opposition figurera dans le FCC.

5 Les incidents liés à un remboursement de crédit

Le conseiller clientèle peut repérer les difficultés financières rencontrées par un client dans le cadre d'un entretien, mais également par l'analyse d'informations issues du fonctionnement du compte.

1. La prévention des manquements au remboursement d'un crédit

Lors du suivi de ses clients, le conseiller clientèle sera particulièrement attentif à la répétition des signes suivants :
- épuisement de l'épargne ;
- retards de paiement des charges courantes, des échéances de prêt ;
- rejets de prélèvement et de chèque ;
- dépassement du solde débiteur autorisé du compte ;
- recours au crédit pour rembourser des dettes ;
- inscription au Fichier national des incidents de remboursement des crédits aux particuliers (FICP) ;
- procédures judiciaires émanant de créanciers.

Il peut d'autre part avoir connaissance de situations personnelles difficiles.

EXEMPLE

Perte d'emploi, divorce.

2. Le conseil

En agissant à temps, pour éviter que sa situation ne se dégrade, il peut être conseillé au client :
- de se rapprocher des organismes sociaux ;
- de négocier des délais de paiement avec ses créanciers ;
- ou encore d'envisager un rééchelonnement des échéances de remboursement de ses emprunts.

Si le client est en véritable état de surendettement, c'est-à-dire dans l'impossibilité de faire face avec ses revenus et son patrimoine à l'ensemble de ses dettes non professionnelles exigibles et à échoir, on pourra lui conseiller de saisir lui-même la commission de surendettement la plus proche de son domicile. La loi Neiertz du 31 décembre 1989 a créé une commission de surendettement par département, rattachée à la Banque de France.

23 L'APPROCHE GLOBALE DU CLIENT

Les informations que le client communique pendant la phase de découverte des besoins sont précieuses à la fois pour faire le point sur l'ensemble des besoins, mais également pour repérer sa typologie en termes de motivations d'achat et de dominante comportementale.

1 Le diagnostic client

Initié pendant la phase de préparation de l'entretien à partir de l'ensemble des informations dont dispose le réseau bancaire, le diagnostic est approfondi pendant la phase de découverte.

L'objectif à atteindre est de vérifier la cohérence des intentions du client avec sa situation ainsi que celle de son réseau familial sur un plan personnel, professionnel, financier, fiscal et patrimonial, à l'instant « T » mais aussi dans ses perspectives d'évolution.

Vont découler de ce diagnostic les besoins et attentes du client sur lesquels le conseiller clientèle fondera sa proposition de services.

2 Les besoins bancaires du particulier

Disposant d'un revenu qu'il souhaite mettre en sécurité tout en pouvant en disposer aisément, d'une éventuelle capacité d'épargne et éprouvant parfois des besoins de crédit, le particulier a d'abord attendu de sa banque qu'elle satisfasse ses besoins de base :

- déposer ses fonds pour les mettre en sécurité ;
- en disposer grâce à divers moyens de paiement (commodité) ;
- faire fructifier ses fonds selon des motivations diverses ;
- obtenir des fonds quand cela était nécessaire.

Mais de nombreuses évolutions ont conduit le particulier à de nouvelles exigences :

- liées à l'évolution des modes de vie : horaires de travail incompatibles avec ceux d'ouverture des guichets, déplacements géographiques fréquents, etc. La multiplication d'agences ouvertes le samedi, ou en horaires décalés, la mise en place d'espaces en libre-service, les plateformes téléphoniques, les agences en ligne répondent à ce souci de gain de temps et d'efficacité ;
- liées à l'évolution des mœurs : par exemple, l'enfant occupe dans la cellule familiale une place importante et les progrès de l'éducation le conduisent à accéder à une maturité financière source de futurs revenus pour la banque ;
- liées à l'évolution des mentalités : le particulier n'attend plus d'avoir épargné pour dépenser, les produits d'épargne classiques n'apportent plus une réponse suffisante et le client attend des offres apportant à la fois sécurité, liquidité et rentabilité ;
- liées à l'évolution des technologies : la révolution numérique a permis au consommateur de disposer d'un contact immédiat et permanent avec l'information. Le particulier a intégré dans ses nouveaux comportements de consommation les possibilités nouvelles offertes par la technologie numérique. Plus informé, plus exigeant, il attend de sa banque plus de conseil, plus de performance, plus de transparence et plus d'éthique. Professionnalisme, confort et ubiquité sont les nouveaux besoins du particulier nés de la révolution numérique.

3 Le cycle de vie des besoins bancaires du client

Si les désirs de services bancaires évoluent avec la société, il semble que la nature des besoins bancaires évolue peu. Ainsi, l'approche linéaire des besoins bancaires du client particulier distingue cinq niveaux de besoins regroupés en deux ensembles constituant un cycle de vie des besoins bancaires et financiers du client particulier :

- la banque du quotidien rassemble les besoins de transaction, d'installation, de prévoyance et d'épargne ;
- la banque du patrimoine concerne les besoins d'investissement et de transmission.

Besoins	Services bancaires
Transaction : consommer, s'équiper (gérer son budget)	Avoir un compte en banque Avoir des instruments de paiement : chéquiers, cartes bancaires Pouvoir initier une épargne liquide : livrets bancaires Financer ses achats par des crédits personnels...
Installation : accéder à la propriété (résidence principale)	Disposer d'un apport personnel : épargne à projet contractuelle (CEL, PEL) Faire une demande de crédit immobilier
Prévoyance et épargne : se protéger et protéger son patrimoine	Assurer les personnes Assurer les biens Capitaliser en vue de la retraite Compléter les garanties des biens et des personnes
Investissement : développer et protéger son patrimoine mobilier ou immobilier	Défiscaliser, placer, obtenir des plus-values, gagner de l'argent en diminuant les charges Investir sur les marchés financiers Investir dans l'immobilier locatif
Transmission : protéger ses ayants droit	Préparer la succession dans les meilleures conditions pour les ayants droit : placements spécifiques, assurance-vie, mais aussi épargne traditionnelle ou à régime spécial Biens immobiliers et conseils patrimoniaux personnalisés

L'offre de produits bancaires est très uniformisée et la préférence d'un particulier pour le service d'une banque plutôt que d'une autre tiendra davantage à la capacité de la banque à s'adapter aux motivations d'achat de ses clients.

4 Les motivations d'achat universelles

On entend par motivation la pulsion qui guide le client vers la décision d'achat, lorsqu'elle est positive, ou de non-achat, lorsqu'elle est négative.

Motivations positives		
Nature	**Description**	**Exemples**
Motivations hédonistes	Elles procurent un plaisir lié au confort ou au bien-être.	Le paiement sans contact procure du confort à son utilisateur.
Motivations oblatives	Il s'agit de faire plaisir à autrui.	La cession de droits à prêt de l'épargne logement à un proche.
Motivations d'auto-expression	Elles correspondent au désir de se distinguer des autres ou d'exprimer sa personnalité à travers son achat.	Les cartes bancaires haut de gamme sont basées sur ce ressort de distinction du commun.
Motivations négatives		
Nature	**Description**	**Exemples**
Peurs	Craintes liées aux risques inhérents soit à l'usage du service, soit à sa nature.	La peur de piratage de sa CB sur Internet. La crainte de perte en capital d'un placement à risque.
Inhibitions	Inquiétudes au sujet d'achats jugés honteux ou inappropriés.	La mauvaise image du crédit renouvelable qui conduit trop souvent au surendettement.

5 La grille des mobiles SONCAS

Parmi les plus connues, la grille des mobiles SONCAS liste six traits dominants de la personnalité : sécurité, orgueil, nouveauté, confort, argent et sympathie.
Un individu est rarement exclusif en termes de mobiles et le conseiller identifiera aisément ses préoccupations dominantes par l'observation attentive des réponses et remarques de son client. Ainsi, un individu centré sur l'argent cherchera les placements les plus rémunérateurs ou les services les moins chers. Un client centré sur le confort sera sensible à tout ce qui peut lui faciliter la vie. Une fois les traits dominants identifiés, le conseiller présentera son offre en employant les arguments les mieux à même de convaincre son client.

EXEMPLE

Pour une carte bancaire haut de gamme.

Sécurité	Ses multiples assurances vous procurent une sécurité accrue.
Orgueil	Cette carte est dédiée aux clients privilégiés.
Nouveauté	Cette carte est associée à de nombreux services régulièrement renouvelés pour coller aux exigences de la vie moderne.
Confort	Les plafonds de paiement et de retrait, plus élevés qu'avec une carte classique, réduisent la nécessité de se déplacer.
Argent	L'abonnement à cette carte vous permet de réaliser des économies, surtout si vous êtes voyageur.
Sympathie	Avec des plafonds de paiement personnalisables, vous pourrez faire plaisir à vos proches.

6 Les motivations d'achat bancaires

La pratique bancaire a identifié des mobiles d'achat spécifiques aux services bancaires, tels que :
- la liquidité : pouvoir disposer librement de ses fonds ;
- la sécurité : souhait de mettre ses fonds à l'abri du vol, mais aussi perte de valeur liée à l'inflation ;
- la rentabilité : importance accordée à la valorisation de ses avoirs et à l'enrichissement ;
- la fiscalité (défiscalisation) : les Français sont très sensibles à tous les moyens d'éviter l'amputation de leurs revenus ;
- la plus-value : réalisée au moment de la cession d'un bien, la maximisation de la plus-value semble être une compensation légitime à l'amputation d'une partie de son patrimoine ;
- une transmission facilitée du patrimoine : de son vivant mais également après son décès.

EXEMPLE

Le livret de développement durable (LDD) et les motivations d'achat bancaires.

Liquidité	Disponibilité totale des fonds.
Sécurité	Fonds et rémunération garantis par l'État.
Rentabilité	Définie par l'État et supérieure à l'inflation.
Fiscalité	Revenus totalement exonérés d'impôt.

Le LDD ne présente aucun intérêt en matière de réalisation de plus-value et de transmission de patrimoine. Il ne peut donc pas être proposé au client mû par l'un ou l'autre de ces mobiles.

7 Un préalable à la proposition : la synthèse des besoins

Quand le chargé de clientèle pense qu'il dispose de suffisamment d'informations sur le client et ses besoins pour formuler une offre pertinente, il doit faire une reformulation générale des différents besoins découverts. Cette étape est cruciale, car elle permet :
- de vérifier que l'on a bien compris l'ensemble des besoins du client et de l'impliquer dans la suite de la discussion ;
- de hiérarchiser les besoins découverts, de les affiner, de faire préciser des éléments que le client n'a pas encore donnés ;
- d'obtenir un accord complet pour passer à l'étape suivante de proposition des offres.

EXEMPLE

« Je vous propose maintenant, M. X, de vérifier si j'ai bien compris votre situation à ce jour. Votre besoin le plus important aujourd'hui, c'est de résoudre..., c'est bien cela ?
« Une fois cette première étape réglée, il sera utile de consacrer un peu de temps à... Êtes-vous d'accord avec cette proposition ? Enfin, j'ai bien entendu que vous commenciez à vous soucier de..., ce qui est tout à fait légitime, et s'il nous reste du temps, je pourrai vous en parler si vous êtes d'accord. »

24 LA PROPOSITION DE PRODUITS ET SERVICES ADAPTÉS

Une fois les besoins identifiés en accord avec son interlocuteur, le conseiller passe en phase de proposition de l'offre. Il lui faut déterminer dans la vaste gamme de services proposés par son établissement ceux qui vont correspondre aux besoins mis au jour.

1 Proposition de services de base associés au compte courant

L'ensemble des services bancaires qui accompagnent le compte répond aux besoins de transaction du client particulier : disposer de ses fonds grâce à divers moyens de paiement, les faire fructifier selon des motivations diverses, obtenir des fonds quand cela est nécessaire.

1. Disposer de ses fonds : les moyens de paiement

Traditionnels		Espèces, chèques, virements, prélèvements, télépaiements, CESU.
Carte bancaire	Carte de retrait	Destinée aux jeunes et aux clients en difficulté, ou carte de retrait de complément.
	Carte prépayée	Permet de payer des achats pour un montant défini à l'avance, y compris sur Internet. Particulièrement adaptée aux moins de 12 ans et aux particuliers interdits bancaires. Peut être offerte en cadeau.
	Carte de paiement à autorisation préalable	Permet les retraits et paiements pour des montants plafonnés après que le débit a été autorisé par la consultation automatique du compte, ce qui n'interdit pas une autorisation de découvert. Dédiée aux personnes qui ont besoin de contrôler leur budget : jeunes clients, mais aussi clients en difficulté.
	Carte de paiement à débit immédiat	Chaque utilisation est immédiatement répercutée sur le solde du compte, permettant un suivi précis de la position du compte.
	Carte de paiement à débit différé	Les paiements sont débités une fois par mois, à une date choisie par le client, si possible après le virement du salaire de façon à garantir la provision sur le compte au moment du débit. Une utilisation sans contrôle de cette forme de crédit de trésorerie peut mettre en danger le budget du client. Des plafonds de paiement limitent ce risque.
	Carte haut de gamme	Les plafonds de retrait et de paiement sont plus importants, les services d'assistance et d'assurance plus riches, particulièrement la garantie annulation des vols, ce qui fait d'elle la carte des grands voyageurs.

Avec les clients en difficulté, le conseiller est contraint dans sa démarche commerciale de distinguer :
- les clients éligibles au service bancaire de base (droit au compte) qui ne peuvent disposer que d'une carte bancaire à autorisation systématique du compte ;
- les clients en difficulté financière qui bénéficient d'une offre bancaire alternative que les banques se sont engagées à proposer pour un tarif inférieur à 3 € par mois.

En dehors de ces situations, le conseiller est libre de proposer à son client les moyens de paiement qui lui conviennent.

Lorsqu'elle est porteuse de l'option paiement à crédit, la carte bancaire devient une carte de crédit et offre la possibilité au client d'opter pour le crédit renouvelable à chaque opération de paiement. Le risque de surendettement pour le porteur de carte est élevé et cette dernière doit être distribuée en tenant compte de cette éventualité. Elle est de ce fait particulièrement réglementée.

2. Les services liés au compte

a) La banque à distance

Elle apporte au client confort et liberté en lui permettant d'accéder à l'ensemble des informations relatives à son compte ainsi qu'aux produits et services qui y sont rattachés à partir d'un ordinateur, de l'application d'un téléphone mobile ou du centre de relation clientèle (CRC). Le client peut ainsi réaliser la plupart des opérations bancaires courantes : virements, édition de RIB, gestion de compte-titres, historique des comptes, simulation de crédit, demande de renseignements, alertes, paiements sécurisés.

b) Les assurances sur les moyens de paiement

Elles garantissent au client au minimum la franchise de 150 € en cas d'utilisation de la carte bancaire ainsi que des éventuels coûts de reproduction des clés perdues et des papiers d'identité. De plus en plus souvent, elles couvrent également le vol et la perte des produits nomades.

c) Les services extrabancaires

Assurance sur le compte, téléphonie mobile, assistance à la personne... : autant de nouveaux métiers qui permettent à la banque de conquérir de nouvelles sources de revenus.

3. Les forfaits de services

Ce sont des offres globalisées de produits et services permettant de couvrir l'ensemble de besoins liés au compte, à tarif réduit : frais de tenue de compte, cotisation de carte bancaire, découvert autorisé et assurance perte et vol des moyens de paiement, auxquels peuvent être ajoutés des services optionnels en fonction des besoins du client.

2 Proposition et conseil en matière de placement

Épargne de précaution, épargne à projet et placements répondent à des motivations distinctes.

1. L'épargne de précaution

Elle est déposée sur des comptes sur livret afin d'être mise en sécurité. Sa disponibilité en est la caractéristique essentielle :
- les livrets réglementés permettent d'épargner pour une rémunération couvrant l'inflation et sans supporter l'impôt : livret A (jusqu'à 22 950 €), livret de développement durable (jusqu'à 12 000 €), livret d'épargne populaire mieux rémunéré (jusqu'à 7 700 €) pour les ménages plus modestes, livret Jeune pour les 12-25 ans à un taux encore plus attractif mais pour un montant d'épargne limité à 1 600 € ;
- les comptes sur livret hébergent l'épargne supplémentaire que le client souhaite garder liquide ; elle est fiscalisée. Des promotions peuvent en booster la rémunération sur une période courte.

2. L'épargne support d'un projet

L'épargne logement constitue pour le client particulier le support privilégié de son projet immobilier : l'effort d'épargne consenti constitue un droit à prêt à taux privilégié déterminé à la signature du placement. Rémunération garantie, non fiscalisée mais supportant les prélèvements sociaux, facilitant l'accès à l'acquisition immobilière, autant d'atouts qui font de l'épargne logement un réel succès. Le plan épargne logement et le compte épargne logement constituent les deux supports concourant à cette intention, l'un avec un optimum de rémunération et de droits à prêt, en échange d'un renoncement à la liquidité des fonds, l'autre, moins rémunéré mais disponible.
Autre formule possible pour l'épargne à projet : les placements à terme dont l'intérêt varie avec l'état de santé des marchés monétaires, car leur rémunération y est étroitement corrélée.

3. L'épargne de long terme

Pour une rémunération plus dynamique que celle de l'épargne réglementée, il faut orienter son épargne vers les marchés financiers : en contrepartie d'une perspective de rémunération plus élevée, l'épargnant doit accepter un risque de perte en capital que seule une détention sur le long terme peut espérer limiter.
Plusieurs supports peuvent héberger actions, obligations et OPCVM selon les motivations de l'épargnant :
- les plans d'épargne en actions (PEA) hébergent les actions et titres assimilés de sociétés européennes ainsi que les OPCVM éligibles, conférant à son titulaire des avantages fiscaux considérables aussi bien pendant la phase épargne qu'au retrait des capitaux ;
- les comptes d'investissement financiers ordinaires (ex. : comptes-titres) sont les comptes supports de tous les titres ne pouvant être hébergés par un PEA. Ils ne bénéficient d'aucun avantage fiscal ;
- l'assurance-vie répond à des motivations variées : les fonds sont accessibles à tout moment à condition de renoncer aux avantages fiscaux liés à la durée de détention, elle peut héberger toute forme de support selon le profil épargnant du client, dans une intention de capitalisation ou de distribution, et est précieuse en matière de transmission de patrimoine ;
- enfin, le PERP dédié à la préparation de la retraite garantit à l'épargnant une rente viagère en bloquant l'accès à ses fonds pendant la phase d'épargne ; pour augmenter l'attractivité de ce support, les cotisations sont déductibles du revenu imposable.

Au-delà de la présentation du support le plus approprié aux intentions du client, la mission du conseiller financier est très encadrée par la directive MIF : il a l'obligation de connaître son client (KYC), de le classifier selon ses connaissances en matière de produits financiers (questionnaire MIF), et doit le mettre en garde contre le risque de perte en capital, sans s'immiscer dans sa décision (devoir de non-ingérence).

EXEMPLE

1. « Vous avez tout à fait raison de vouloir une rémunération plus dynamique de votre placement, d'autres en profitent, pourquoi pas vous ?
2. « Je me dois cependant de vous mettre en garde contre le risque qu'il y aurait à placer des fonds à court terme, car les fluctuations du marché financier peuvent être très rapides et provoquer des pertes ponctuelles en capital.
« Seul un placement sur le long terme est promesse de plus-value, car sur la durée, la Bourse gagne toujours.
« Ainsi, il vaut mieux placer des fonds dont vous n'avez pas besoin et que vous pourrez laisser prospérer longtemps, à hauteur de la rémunération attendue.
3. « Que pensez-vous d'une échéance de long terme pour votre placement ? »

2 Proposition et conseil en matière de crédit

1. La diversité des demandes de crédit

Crédits de trésorerie, crédits à la consommation, crédit personnel ou crédit immobilier : en matière de financement, le client est quasi systématiquement demandeur et cette posture modifie la relation avec le conseiller clientèle qui est parfois contraint de refuser la demande de son client.

2. Les spécificités d'une demande de crédit

Les lois Scrivener, Lagarde, Hamon ont strictement encadré les obligations du banquier en ce domaine et ce dernier a entre autres l'obligation d'évaluer la solvabilité de son client, avec en corollaire, l'obligation de refuser un financement à un client insolvable, au risque d'être déchu de ses droits à intérêts.
Chaque fois qu'il reçoit un client demandeur d'un crédit, le conseiller clientèle prend un risque de non-remboursement. Pour réduire ce risque, il doit donc étudier le dossier de demande de crédit en évaluant la situation financière de l'emprunteur, actuelle mais également à venir.

24 LA PROPOSITION DE PRODUITS ET SERVICES ADAPTÉS (Suite)

3. Conseils à l'emprunteur à partir de sa situation financière

a) Les revenus et le patrimoine engagés

Le conseiller se doit de rappeler à l'emprunteur qu'il engage dans le crédit ses revenus et biens propres.

Face à une personne se portant éventuellement caution, il doit lui rappeler qu'elle engage ses propres biens et revenus, au même titre que l'emprunteur. Il précise qu'en cas de défaillance de l'emprunteur, elle sera redevable de la totalité de la dette.

Face à un couple, les coemprunteurs étant liés par un Pacs, un mariage ou en simple concubinage, le conseiller rappellera qu'ils engagent en plus de leurs biens propres, les biens communs ou *indivis* du couple.

b) La présentation de la durée du crédit

Elle est fonction de la nature et de la durée de vie du bien financé :

Court terme	De quelques jours à 2 ans	Équipement informatique
Moyen terme	De 2 à 5 ans	Voiture
Long terme	De 7 à 30 ans	Bien immobilier

c) La présentation de l'endettement possible

Les explications portent sur les indicateurs qui permettent d'évaluer l'endettement possible :

• **Le taux d'endettement**

Il mesure, en pourcentage, le rapport des charges récurrentes (le loyer et tous les crédits en cours) sur les ressources stables. Il est habituellement calculé au mois.

$$\text{Taux d'endettement} = \frac{\text{Emprunts et charges permanentes}}{\text{Revenus permanents}}$$

Le conseiller doit vérifier que le client ne s'endette pas au-delà d'un taux moyen de 30 % pouvant aller en pratique jusqu'à 33 % ou 35 %, voire 40 % pour les ménages aisés. L'usage retient donc 33 % comme taux d'endettement théorique.

• **La capacité d'endettement**

Elle se déduit du taux d'endettement théorique du client :

Capacité d'endettement = Capacité d'endettement théorique (33 %) – (Loyers + Emprunts en cours)

• **Le reste à vivre**

Appelé aussi résiduel ou revenu disponible, le reste à vivre exprime la part du revenu non consommée par les charges et que le client doit en principe affecter à des dépenses incontournables : son alimentation, son habillement, ses loisirs, l'éducation de ses enfants.

Reste à vivre = Revenus permanents de l'emprunteur – (Loyer + Échéances de prêts + Charges mensuelles de l'impôt sur le revenu)

On peut également l'approcher par un taux.

Le reste à vivre standard varie selon le nombre de personnes dans le foyer.

EXEMPLES

Environ 700 € pour 1 personne, 900 € pour 2 personnes, 1 100 € pour 3 personnes.

La somme ainsi calculée permet au conseiller clientèle d'apprécier l'éventuel surendettement du client par une insuffisance de reste à vivre, auquel cas il pourra moduler le montant de l'emprunt.

EXEMPLES

Un couple avec 2 enfants dispose de 4000 € de revenus par mois. Il verse des mensualités de 270 € pour un crédit à la consommation, de 100 € pour un crédit renouvelable, de 800 € pour un crédit immobilier et de 250 € pour l'impôt sur le revenu.

Taux d'endettement : (800 + 100 + 270)/4000 = 29,25 %.

Reste à vivre : 4000 – (270 + 100 + 800 + 250) = 2580 €, soit 645 € par personne.

Capacité de remboursement mensuelle :
(33 % – 29,25 %) × 4000 = 150 €.

Les taux d'endettement et reste à vivre sont convenables comparés aux standards définis par la profession. Le conseiller constate une capacité d'endettement inemployée de 150 € et précise qu'elle reste disponible pour un éventuel autre crédit.

• **Le saut de charge**

Le saut de charge évalue l'incidence de la mise en place d'un prêt dans le budget d'un client. Un saut de charge important révélera une forte augmentation des nouvelles charges du client. Son calcul permet au banquier de mesurer le risque supplémentaire généré par le nouveau crédit sollicité.

• **L'endettement en nombre d'années de revenus**

En rapprochant le montant de l'endettement des revenus annuels de l'emprunteur, le conseiller peut suggérer un étalement en nombre d'années.

$$\text{Endettement en nombre d'années de revenus} = \frac{\text{Total des capitaux dus par l'emprunteur}}{\text{Revenu annuel de l'emprunteur}}$$

Standards habituellement retenus	
< 2 ans : très bon	de 3,5 à 5 ans : moyen
de 2 à 3,5 ans : bon	> 5 ans : risqué

• **Les autres éléments d'appréciation du risque**

Parallèlement à l'étude des revenus et de l'endettement, le conseiller peut poursuivre son examen à l'aide de critères qualitatifs :

- niveau de l'apport personnel (trop risqué à moins de 10 % ; moins rentable pour la banque au-dessus de 30 %) ;
- durée du prêt (moins rentable à moins de 15 ans, mais plus risqué au-delà de 20 ans) ;
- stabilité de l'emploi : CDD/CDI, employeur public ou privé ;

- ancienneté dans l'emploi ;
- situation familiale stable pendant la durée de l'emprunt ;
- âge des souscripteurs : idéalement, entre 25 et 50 ans ;
- ancienneté dans la banque et comportement bancaire du client.

Chaque banque étalonne les critères selon ses stratégies.

EXEMPLES

Paramètres	Client : X	
Apport personnel	0	0
Durée du prêt	20 ans	50
Âge de l'emprunteur	51 ans	50
Situation maritale	Concubinage	20
Statut résidentiel	Propriétaire	54
Ancienneté à l'adresse actuelle	16 ans	25
Nature du contrat de travail	CDI	56
Ancienneté du contrat de travail	25 ans	62
CSP de l'emprunteur	Technicien	31
Nature du contrat de travail du conjoint	CDD	0
Ancienneté du contrat de travail	2 mois	0
CSP du conjoint	Agent de sécurité	11
Revenus du ménage	2 800 €	67
Nombre de personnes au foyer	2 personnes	20
% actuels des remboursements	0 %	89
Score final		535

Ainsi, ne pas disposer d'apport personnel ou être en situation de travail précaire ne constitue pas une barrière infranchissable pour obtenir un prêt. La décision résulte d'une évaluation globale multicritères. Si le score est trop faible, le dossier sera rejeté ; pour des dossiers plus moyens, il sera demandé à l'emprunteur des garanties supplémentaires.

À l'inverse, si le score est élevé, le prêteur accordera à l'emprunteur des conditions plus avantageuses pour attirer le demandeur.

4. Le moment délicat de la constitution du dossier de crédit

Le conseiller doit rassembler les principaux éléments pour permettre l'étude de financement. Toutes ces précautions ne sont pas forcément comprises du client.

• **La situation familiale et professionnelle des demandeurs**

Sont demandés la pièce d'identité des emprunteurs, la copie du livret de famille, du contrat de mariage ou du jugement de divorce ainsi que des éléments d'appréciation de la pérennité des revenus (employeur public/privé, CDD/CDI).

• **Le fonctionnement bancaire**

Le conseiller le déduit de l'analyse de 3 mois de relevés de compte. Pour les emprunteurs déjà clients, il prendra en considération la globalité de la relation. En cas de client multibancarisé, l'analyse doit être menée également sur les comptes des banques consœurs.

• **La solvabilité des demandeurs**

Le conseiller l'évalue à partir :
- des trois derniers bulletins de salaire ou de pension, du dernier avis d'imposition, de la dernière déclaration de revenus, ainsi que des éventuels justificatifs de revenus mobiliers et fonciers ;
- de l'interrogation des fichiers de la Banque de France : FCC, FICP ;
- des tableaux d'amortissement des prêts en cours.

• **L'inventaire** de l'épargne et des biens immobiliers détenus par l'emprunteur et les coemprunteurs, ainsi que des emprunts en cours et des engagements de caution, de la déclaration ISF éventuelle.

• **Les pièces complémentaires**

En fonction de la nature du crédit, le conseiller demandera des pièces attestant la réalité du projet.

Nature du crédit	Pièces justificatives du projet
Crédit à la consommation	Bon de commande / Facture
Crédit immobilier	Compromis de vente / Contrat éventuels / Mandat de mise en vente (dans le cadre d'un crédit relais)
Investissement locatif	Annonces locatives / Attestations d'agences

Le cas échéant, devront être joints les éléments décrivant les financements complémentaires.

5. La présentation d'un refus de crédit

Si l'examen du dossier ne répond pas aux critères exigés, le conseiller devra justifier l'éventualité d'un refus d'octroi de crédit.

EXEMPLES

1. « Votre projet d'acquisition immobilière est tout à fait enthousiasmant, c'est rassurant de nos jours de devenir propriétaire.
2. « Mais notre devoir en tant que banquiers est d'évaluer avec vous votre capacité à financer ce projet.
« Or il se trouve qu'avec votre niveau de revenu actuel, le montant dont vous avez besoin pour acheter ce bien vous conduirait à un taux d'endettement de près de 40 % avec un "reste à vivre" bien en dessous des normes habituellement admises.
3. « Vous financer dans ces conditions vous conduirait à un défaut de paiement et une situation que personne n'a envie de vivre.
4. « La prudence impose une réévaluation de votre projet : un report dans le temps, voire un autre bien, moins onéreux, vous permettrait peut-être de combler votre souhait ? »

25 LES TECHNIQUES DE PROPOSITION COMMERCIALE

Conseiller une offre à un client requiert une présentation équilibrée des avantages et inconvénients engendrés par l'offre. Cette compétence repose sur une maîtrise des produits, et l'utilisation d'outils d'aide à la vente appropriés.

1 La fiche produit

Elle développe les caractéristiques techniques et commerciales des services bancaires proposés :
- techniques : taux de rémunération, montant minimum du versement, durée du placement... ;
- commerciales : prix, frais de tenue de compte...

EXEMPLE

La carte bancaire classique :
- retrait dans les distributeurs automatiques (DAB) ;
- paiement chez les commerçants adhérant au groupement ;
- plafonds de retraits et de paiement personnalisables ;
- nationale ou internationale ;
- débit immédiat ou différé (en fin de mois) ;
- services associés : assistance à l'étranger, assistance juridique...
- prix compris entre 25 et 125 €.

2 L'analyse commerciale des caractéristiques du service : la méthode CAP

Elle permet de faire correspondre chaque caractéristique produit avec un avantage en dressant un tableau CAP (Caractéristiques-Avantages-Preuves).

EXEMPLE

Pour une carte bancaire :

Caractéristiques	Avantages / Preuves (convention)
Fonctionne avec un code confidentiel	Le porteur de carte est sûr que sa carte ne sera pas détournée.
Retrait d'espèces et paiements interbancaire et universel	Accorde la liberté de paiement partout dans le monde dès lors que le commerçant est habilité à accepter ce moyen de paiement.
Garantit au commerçant le règlement de la dépense	Bien acceptée par les commerçants, elle apporte considération au porteur de la carte.
Plafonds de retrait et de paiement personnalisables	Modulables, ces plafonds apportent contrôle ou souplesse budgétaire, selon les besoins du client.
Débit immédiat ou différé	Le mode différé permet d'augmenter sur le mois la trésorerie disponible.
Service de garanties et d'assurances complémentaires	Une sécurité accrue pour le porteur de carte ainsi que pour ses proches.
Prix de 25 à 125 €	Tarif adapté au niveau de confort procuré par la carte.

3 L'argumentaire

Une fois toutes les caractéristiques listées dans le tableau CAP, il est possible d'élaborer la liste des arguments correspondant aux différentes caractéristiques de l'offre. Cette liste, ordonnée selon différentes classifications, constitue l'argumentaire : elle peut être hiérarchisée par importance décroissante d'arguments, par exemple, ou par mobiles d'achat. Cette dernière version est connue sous l'appellation de « tableau CAP/SONCAS ».

EXEMPLE

La carte bancaire classique apporte :

1) La commodité :
- retraits en espèces 24 h/24 ;
- règlement rapide aux caisses ;
- grande souplesse d'utilisation à l'étranger ;
- interbancarité totale ;
- capacités de paiement confortables et personnalisables.

2) La sécurité :
- disposer de ses avoirs sans manipuler d'espèces ;
- si les précautions élémentaires sont respectées (protection du code confidentiel, opposition immédiate en cas de perte ou de vol, etc.), seul le titulaire peut utiliser la carte ;
- des garanties d'assurance et d'assistance protègent le porteur de carte ainsi que sa famille.

3) La considération :
- bon accueil de la carte auprès des commerçants ;
- moyen de paiement discret.

4) Le crédit : le débit différé est une forme de crédit, puisqu'il reporte en fin de mois le décaissement effectif des factures.

Mais cette approche générale risque de paraître impersonnelle. Elle nécessite le savoir-faire professionnel du chargé de clientèle qui l'adaptera au profil particulier de son client.

4 L'adaptation de l'argumentaire

1. Le savoir-faire

À ce niveau de l'entretien, le conseiller cerne mieux son client. Il est alors capable de mettre en correspondance les motivations du client avec les caractéristiques des offres qu'il connaît bien. À ce stade, tout son savoir-faire consiste à mettre en avant les avantages susceptibles de convaincre son client et exclusivement ceux-là. Énumérer l'intégralité des caractéristiques serait contre-productif : au mieux, le client posera des questions et des objections ; au pire, il sera perdu.

L'argumentation ne doit concerner que ce qui intéresse le client et, comme tous les clients ne se ressemblent pas, elle doit être différenciée. Une fois sélectionnés, les arguments doivent ensuite être présentés de façon persuasive.

1re **étape : valoriser le besoin** à traiter pour rassurer le client quant à l'importance de la décision qu'il va prendre.

2e **étape : argumenter**

Il s'agit de faire la démonstration du caractère adéquat de l'offre proposée par un énoncé des arguments sélectionnés.

Pas plus de trois ou quatre arguments seront avancés, sinon l'offre ne correspond pas au client ou il n'est pas prêt à se décider.
Dans tous les cas, une présentation « crescendo » des arguments accroîtra le caractère persuasif de la démonstration, et ce, pour plusieurs raisons : l'impact des arguments sera croissant, l'écoute du client sera donc de plus en plus attentive, le dernier argument sera bien mémorisé.
Comment énoncer un argument ?

1. Présenter l'avantage adapté aux motivations d'achat du client : *« Vous constituez pour vos enfants un capital sans y penser grâce au prélèvement mensuel d'un montant que vous décidez vous-même. »* (Motivations oblative, sécurité, confort et liberté.)
2. Prouver l'avantage énoncé pour conforter l'opinion du client sur ce qu'il vient d'entendre : *« Avec une épargne mensuelle de 100 € pendant 10 ans à un taux d'intérêt minimum de 3 %, vos enfants disposeront d'un capital de près de 14 000 €. »*
3. Valoriser la conséquence pour le client : reprendre l'avantage énoncé au point 2. pour que le client se sente acteur du bénéfice apporté : *« Ainsi, vous assurez l'avenir de vos enfants en toute sécurité et surtout, sans y penser. »*

3e étape : demander une validation de la proposition. Le conseiller implique le client en lui demandant de se positionner par rapport à l'argument avancé.
4e étape : c'est alors le moment du silence, indispensable à la réflexion du client ; il est important que ce soit le client qui reprenne la parole et le conseiller doit savoir se montrer patient, à l'écoute, disponible et sûr de lui et de la proposition qu'il vient de faire.
Si la réponse à la dernière question est affirmative, le conseiller passera au besoin suivant selon la même séquence, tout en tenant compte de la globalité de la situation du client. Dans le cas contraire, il lui faudra répondre à l'objection exprimée par ce dernier avant de poursuivre l'exposé des solutions.
Le principe de proposition de l'offre consiste donc à présenter la solution répondant à chacun des besoins identifiés, les uns après les autres, en tenant compte des inévitables interactions entre les besoins correspondant à une approche globale de la situation du client.

2. Le savoir-être

C'est à ce moment de l'entretien que le conseiller confirme son statut auprès de son client : expertise, conseil, maîtrise de sa démonstration et autorité sont attendus par le client ; le chargé de clientèle doit en effet faire preuve d'autorité pour ne pas être interrompu dans sa démonstration.
Quelques conseils simples et concrets optimiseront le savoir-être du conseiller :
- personnaliser l'argumentation en utilisant le « vous » pour impliquer le client, mais aussi le « je » pour s'engager en tant que conseiller ;
- utiliser un vocabulaire simple mais fort en bannissant les mots inutiles, les phrases longues ou standardisées : dire court et dire juste ;
- utiliser quelques termes techniques à condition qu'ils aient été expliqués, cela prouvera le professionnalisme du conseiller et convaincra le client sensible aux détails techniques ;
- privilégier le futur et le présent, temps de l'action, jamais le conditionnel qui induit une échappatoire ;
- illustrer les propos par des schémas, des mots, des chiffres clés facilitant la compréhension et la mémorisation du client ;
- donner au client le temps de la réflexion et de la parole.

En résumé, le conseiller devra tout mettre en œuvre pour aider le client à vaincre sa résistance au changement.

5 Des tactiques de proposition pour l'offre complémentaire

Les tactiques de vente n'ont plus bonne presse ; elles relèvent d'une époque où l'on recherchait la vente à tout prix, quels qu'étaient les besoins du client. Les excès en la matière ont conduit les établissements bancaires à prôner le respect de l'intérêt du client dans leur politique commerciale. Le conseiller clientèle peut néanmoins s'inspirer de certaines de ces tactiques pour convaincre un client dès lors qu'il est persuadé d'agir dans son intérêt. Cela lui permet ainsi de satisfaire aux attentes de la politique commerciale de son établissement.

1. Le questionnement pour vendre

Il s'agit de faire émerger dans l'esprit du client un besoin dont il n'a pas conscience en s'appuyant sur le ressort de la raison ou, beaucoup plus efficace, de l'émotion pour que la prise de conscience soit suffisamment forte et conduise le client à l'action.

EXEMPLE

« En matière d'assurance, êtes-vous sûre de payer le juste prix ? Un simple devis nous permettra de le vérifier. Vous serait-il possible de m'apporter vos relevés d'information d'ici à la fin de la semaine ? »

2. Des techniques d'argumentation

- L'offre alternative : elle consiste à ne proposer que deux offres, la seconde étant la plus susceptible de satisfaire le client.

EXEMPLE

« En matière de préparation de la retraite, nous avons deux solutions à vous proposer : le PERP, dont les sommes versées sont indisponibles jusqu'à la retraite, et l'assurance-vie, dont la souplesse me donne à penser qu'elle vous correspondra davantage. »

- L'énoncé systématique de tous les services susceptibles d'intéresser le client à ce stade de l'entretien : cette technique est certainement fastidieuse pour le conseiller, dérangeante pour le client qui peut se sentir victime d'acharnement commercial, mais elle peut aussi être considérée comme un relais de l'information commerciale, qui fera son chemin dans l'esprit du client.

26 LA SOLUTION NÉGOCIÉE

➔ À ce stade de l'entretien, le client est suffisamment intéressé par l'offre pour en négocier les conditions. La stratégie de négociation adoptée aura une forte incidence sur la pérennité de la relation commerciale.

1 Enjeux et objectifs commerciaux

Parce que la banque est aussi une entreprise comme une autre, ses objectifs et ceux de ses clients peuvent être contradictoires : alors qu'elle cherche à maximiser sa rentabilité afin de satisfaire ses actionnaires, les clients recherchent le meilleur service à moindre coût.
Depuis la crise financière, l'équilibre des pouvoirs a été modifié dans la relation bancaire : les clients sont mieux informés des différentes offres bancaires et plus méfiants vis-à-vis des banques ; ils n'hésitent pas à répartir leurs services bancaires sur différents établissements. Les coûts d'acquisition d'un client, puis de sa fidélisation, sont désormais considérables. La banque doit donc faire en sorte de rapprocher deux objectifs *a priori* antinomiques : réaliser le maximum de produit net bancaire en vendant ses services, tout en satisfaisant ce client si prompt à négocier, voire à la quitter.
Par une fine préparation de l'entretien, le conseiller peut optimiser ce moment délicat qu'est la négociation en prévoyant les différents curseurs sur lesquels pourra porter la négociation.
Certains services procurent très peu de produit net bancaire alors que d'autres sont des « vaches à lait » indispensables à la rentabilité de la banque. Les marges de manœuvre porteront donc davantage sur ces services producteurs de commission ou de marge.

2 Les stratégies de négociation

Les partenaires en présence ayant des intérêts opposés, ils vont devoir se rapprocher l'un de l'autre afin d'établir un accord d'intérêts. Deux stratégies de négociation sont possibles :

- la négociation distributive (principe gagnant-perdant) : elle se déroule dans un climat de confrontation avec l'instauration d'un rapport de force visant à dominer et déstabiliser l'autre. Les accords ainsi conclus sont insatisfaisants pour le perdant et ne présagent pas d'une relation pérenne ;
- la négociation intégrative (principe gagnant-gagnant) : les négociateurs recherchent l'intérêt commun et sont disposés à faire des concessions dans un esprit constructif, avec un principe simple : toute concession exige une contrepartie. Cette stratégie implique que les interlocuteurs maîtrisent leurs marges de manœuvre respectives.

3 Les marges de manœuvre

Elles dépendent de la délégation de décision accordée par sa hiérarchie au conseiller clientèle : certains établissements accordent à leurs commerciaux une vraie autonomie, alors que d'autres sont extrêmement hiérarchisés.

Au-delà de ces considérations organisationnelles, les domaines porteurs de négociation sont essentiellement liés aux coûts visibles pour le client. En préparation de l'entretien, le conseiller aura identifié les curseurs sur lesquels il dispose de marge de manœuvre et réfléchi aux différentes contreparties qu'il peut demander en échange d'une concession.

Service	Point à négocier	Contreparties
Compte bancaire	Frais de gestion du compte	Domiciliation du salaire
Découvert autorisé Dépassement de solde autorisé	Taux d'agios, frais d'intervention	Rapatriement du compte du conjoint
Services associés au compte : carte bancaire, assurance des moyens de paiement	Montant de la commission	Concentration de tous les fonds épargnés
Épargne réglementée	Aucune marge de manœuvre	Équipement des enfants Assurance liée
Épargne à terme	Taux de rémunération, montants investis	Dépôts de fonds importants
Crédits	Taux, frais de dossier, cotisations d'assurance	Niveau de revenu intéressant
Assurance-vie	Frais d'entrée, de gestion, d'arbitrage	Recommandation de pairs
Comptes-titres et PEA	Frais de tenue de compte, coût de passation des ordres	Souscription de services supplémentaires

EXEMPLE

« Notre établissement est tout à fait disposé, M. X, à offrir la gratuité d'une seconde carte bancaire aux clients de votre catégorie qui domicilient tous leurs revenus chez nous. »

4 La négociation du prix

L'exacerbation de la compétition bancaire a conduit de nombreux clients à avoir des exigences tarifaires. L'objection prix mérite donc une attention particulière. Généralement, il est recommandé de privilégier la présentation du prix en fin de phase d'argumentation, lorsque le client est déjà convaincu de l'intérêt du service. Mais il peut être aussi très pertinent de désamorcer l'objection prix en la devançant.

1. Anticipation de l'objection prix

Il s'agit de débuter la proposition de l'offre par le prix afin d'en diminuer la force par une longue liste des avantages procurés par l'offre.

EXEMPLE

Traitement de l'objection prix par anticipation :
« Pour une cotisation de 2,50 € par mois, vous bénéficiez :
- d'une garantie de vos moyens de paiement ainsi que de vos papiers, clés et articles de maroquinerie volés ou perdus, en France comme à l'étranger ;

- d'une protection en cas d'agression au distributeur automatique de billets ;
- d'une garantie Usurpation d'identité ;
- d'une garantie Bris et vol de votre téléphone mobile.

L'ensemble de ces garanties est étendu à la totalité de vos comptes détenus dans notre établissement bancaire ainsi que dans les établissements français affiliés à notre groupe bancaire.
Il s'agit là d'une protection assez complète, n'est-ce pas ? »

2. Traitement « réactif » de l'objection prix

Si l'objection prix n'a pas été traitée par anticipation et survient durant la phase de proposition, il est possible :
- d'isoler le prix : « Mis à part le prix, cette proposition vous convient-elle ? » ;
- ou d'utiliser les classiques « techniques de calcul » :

Techniques de calcul	Exemples
L'addition	« Vous bénéficiez en plus d'une seconde carte bancaire gratuite. »
La soustraction	« Le futur "contrat" sera moins intéressant que l'actuel. Il faut en profiter maintenant. »
La multiplication	« Avec ce placement, vous multipliez votre investissement par 2 en 10 ans. »
La division	« Avec une cotisation de 24 € par an, vous bénéficiez de ce service pour 2 € par mois. »

5 Les pratiques déloyales

Le Code de la consommation définit comme pratique déloyale toute pratique commerciale qui altère ou est de nature à altérer de manière substantielle le comportement économique du consommateur. Pour mieux protéger les consommateurs face à de tels agissements, l'Union européenne a adopté un texte de loi listant les 22 pratiques commerciales réputées trompeuses, transposées en droit français.
La loi distingue deux sortes de pratiques commerciales trompeuses : les actions trompeuses et les omissions trompeuses. Dans les deux cas, le consommateur est incité à prendre une décision d'achat qu'il n'aurait pas prise en d'autres circonstances.

1. Les actions trompeuses

Il s'agit des pratiques commerciales qui contiennent ou véhiculent :
- des éléments faux susceptibles d'induire en erreur le consommateur moyen ;
- ou des éléments vrais mais présentés de telle façon qu'ils conduisent au même résultat.

EXEMPLE

Produits présentés dans un prospectus à un prix attractif pendant une courte période et rapidement indisponibles à la vente.
Proposition d'un crédit gratuit alors que le consommateur se trouve engagé dans un crédit permanent.
Mention de diplômes ou de références professionnelles non possédés.

2. Les omissions trompeuses

Le Code de la consommation définit comme trompeuse la pratique commerciale qui omet, dissimule ou fournit de façon inintelligible, ambiguë ou à contretemps une information substantielle, ou lorsqu'elle n'indique pas sa véritable intention commerciale dès lors que celle-ci ne ressort pas du contexte.
Dans toute communication commerciale constituant une invitation à l'achat et destinée au consommateur, mentionnant le prix et les caractéristiques du bien ou du service proposé, sont considérés comme substantiels :
- les caractéristiques principales du bien ou du service ;
- l'adresse et l'identité du professionnel ;
- le prix toutes taxes comprises et les frais de livraison à la charge du consommateur, ou leur mode de calcul, s'ils ne peuvent être établis à l'avance ;
- les modalités de paiement, de livraison, d'exécution et de traitement des réclamations des consommateurs, dès lors qu'elles sont différentes de celles habituellement pratiquées dans le domaine d'activité professionnelle concerné ;
- l'existence d'un droit de rétractation, si ce dernier est prévu par la loi.

Si l'une ou l'autre de ces indications manque dans l'information commerciale destinée au consommateur, on se trouve en présence d'une omission qui peut induire en erreur le consommateur.

3. Sanctions

Les pratiques commerciales déloyales sont sanctionnées par un emprisonnement de 2 ans et une amende de 300 000 €, pouvant être portée à 10 % du chiffre d'affaires moyen annuel, ou à 50 % des dépenses de la pratique constituant le délit. Les personnes physiques encourent également le risque d'interdiction d'exercer la profession liée à l'exercice de la pratique déloyale.

27 LE TRAITEMENT DES OBJECTIONS

Les objections témoignent le plus souvent de l'intérêt du client pour la proposition qui lui est faite. Elles doivent donc être considérées comme un atout pour progresser dans l'entretien.

1 Définitions

Une objection est une affirmation pouvant être perçue comme une opposition aux propos du conseiller. On distingue :
- les objections fondées, qui expriment une inadéquation du service au besoin du client ;
- les objections non fondées, souvent des prétextes pour fuir la proposition ou affronter le chargé de clientèle.

À l'exception des objections de fuite, une objection est avant tout la preuve d'un intérêt à l'égard de l'offre, le moyen de mieux connaître les résistances du client. Il convient donc d'y répondre avec calme et retenue afin de transformer cette manifestation d'intérêt du client en atout pour progresser dans l'entretien.

2 La démarche

Le comportement du conseiller est déterminant en matière de traitement des objections. Il importe de retenir toute réaction trop spontanée pour fournir une réponse « utile » à la progression. Il ne s'agit donc pas de répondre à l'objection, mais de la traiter de manière réfléchie, c'est-à-dire de :
- 1er temps : redonner la parole au client pour gagner du temps afin de réfléchir à la réponse adéquate ;

Accepter	chaque fois que cela s'avère rassurant pour le client, sans en abuser car cela s'avère parfois coûteux.
Approfondir	l'objection pour mieux la comprendre, mais aussi pour déjouer le faux du vrai, pour faire réfléchir le client... Parfois, il peut être maladroit d'approfondir : répondre à « Je ne comprends rien à la Bourse » par « Qu'est-ce que vous ne comprenez pas ? » peut être mal perçu par le client.

- 2e temps : ne répondre qu'à partir du moment où l'objection a été clairement circonscrite, et de façon appropriée.

Traiter l'objection	par une bonne maîtrise de ses produits.
Valider	pour obtenir une acceptation de la part de l'interlocuteur et une autorisation à poursuivre l'entretien.

EXEMPLE

« L'assurance, ce n'est pas votre métier !
– C'est vrai, c'est un domaine nouveau pour nous.
Pensez-vous que nous serons forcément moins satisfaisants que votre assureur actuel ?
Vous avez tout à gagner à une comparaison de nos offres.
Je vous prépare un devis ? »

La technique ci-dessus doit être adaptée avec finesse à chaque situation. L'habileté du conseiller clientèle doit lui permettre de s'en écarter afin de développer son propre art de la vente.

3 Quelques tactiques de réfutation classiques des objections

Il est utile de s'enrichir de certaines méthodes éprouvées.

Objection : faiblesse de la rémunération	
Techniques	**Exemples**
L'anticipation : devancer le client afin d'atténuer les effets de l'objection.	« Je sais, le taux d'intérêt est décevant ; et pourtant, en programmant des virements réguliers sur le compte de dépôt, on l'utilise comme un compte rémunéré, et là, il n'y a pas mieux sur le marché. Qu'en dites-vous ? »
Le boomerang : transformer l'objection en argument.	« Vous avez raison pour de l'épargne à long terme. Pour rémunérer des liquidités, en revanche, c'est ce qui se fait de mieux. C'est bien de l'épargne disponible que vous souhaitez ? »
L'affaiblissement : reprendre l'objection en l'affaiblissant.	« C'est effectivement peu, et pourtant cela compense l'inflation et ça c'est intéressant, n'est-ce pas ? »
La diversion : reformuler et orienter le dialogue dans un autre sens.	« Il faut s'intéresser à la garantie du capital et à la totale liquidité des dépôts pour mesurer toute la valeur de cette offre. Qu'en pensez-vous maintenant ? »
Le report	« La suite de l'entretien va vous permettre de mieux comprendre. Êtes-vous d'accord pour continuer ? »
La référence	« Le Dr Reboul en est enchanté. Parlez-en avec lui à l'occasion. »
L'implication : amener le client à répondre lui-même.	« Mon conjoint ne va pas être d'accord. – Connaissant votre conjoint, quels arguments pourraient le convaincre ? »

Répondre à une succession d'objections, même avec succès, ne présage pas d'une issue positive de l'entretien : le conseiller saura le cas échéant proposer une autre solution mieux adaptée.

4 La reformulation

Dans le cas où les objections l'emportent sur la décision du client, il est indispensable que le conseiller termine l'échange de traitement des objections par un accord afin de conclure sur une note positive.
La tactique, très connue en négociation, consiste alors à obtenir un accord sur les points de désaccords et les points de rapprochement.
Sur cette base, la relation n'est pas rompue et peut être reprise ultérieurement.

EXEMPLE

« Je vous propose, M. X, de faire le point sur l'avancée de nos échanges. Pour l'instant, j'ai bien enregistré que vous n'êtes pas d'accord avec l'idée de risquer une perte en capital, pas plus qu'avec l'idée de placer vos fonds sur une longue période ; par contre, vous êtes désireux d'obtenir une meilleure rémunération pour vos placements, sans risque de perte en capital. Nous sommes bien d'accord ? »

28 LA CONCLUSION

Les commerciaux abordent souvent la conclusion avec réticence, car c'est une étape cruciale de l'entretien : c'est le moment où se concrétise la réussite ou l'échec de la relation. Savoir conclure, c'est d'abord être capable de percevoir les signaux d'achat pour ensuite mettre en œuvre une technique de conclusion.

1 Percevoir les signaux d'achat

S'il a bien conduit son argumentation, le conseiller peut aborder la conclusion en toute sérénité, car le consentement est implicite. Le conseiller attentif en aura perçu les manifestations en relevant les différents signaux d'achat que le client aura pu exprimer.

1. Les signaux d'achat verbaux

Ils attestent l'intérêt du client pour le service proposé et sont très variés :
- l'acheteur pose des questions sur des points de détail ;
- il adopte un comportement d'utilisateur ;

EXEMPLE

« Si je réalise des versements mensuels de 100 € par mois, quel sera mon capital au bout de 4 ans ? »

- il demande confirmation par écrit de ce qui a été dit ;
- il exprime des objections sans conviction ou des accords partiels ;

EXEMPLE

« Vous ne faites pas beaucoup d'effort en matière de rémunération ! »

- il demande un avantage supplémentaire ;
- il demande l'avis d'un tiers ;
- plusieurs accords se sont succédé pendant l'entretien.

2. Les signaux d'achat non verbaux

Plus subtils, ils réclament toute l'attention du conseiller :
- l'acheteur prend le contrat au prétexte d'en examiner une clause ;
- il se rapproche du conseiller pour examiner des documents avec lui ;
- il change subitement d'attitude : détente, gestes d'ouverture, expression du visage plus aimable...

2 Quand conclure ?

L'initiative de la conclusion revient au conseiller. Son rôle est d'aider son client à prendre une décision :
- quand le client émet des signaux d'achat : devant ces feux verts, le conseiller prendra l'initiative de la conclusion. Si le client proteste, il simulera un repli, attendant un nouveau signal d'achat. Si le client laisse faire, il conclura sa vente ;
- en l'absence de signal d'achat : le client n'est pas convaincu. Soit il a encore des doutes et la reprise du questionnement permettra au conseiller de les éclaircir, soit il n'est pas intéressé et le conseiller a intérêt à s'en rendre compte au plus tôt afin de ne pas faire perdre du temps au client et de préserver sa crédibilité professionnelle.

3 Comment conclure ?

L'achat de service financier est un acte impliquant. La recherche d'une relation pérenne suppose que le client soit convaincu du bien-fondé de la décision qu'il prend. Le conseiller sera donc attentif à ne pas forcer la décision de son client en usant de techniques trop commerciales.

1. Les « préconclusions » successives

Idéalement, il faut que le client franchisse pas à pas toutes les étapes de l'entretien. Ce serait une erreur de vouloir conclure en une seule fois en fin d'entretien. Le conseiller risquerait de ne pas s'assurer que le client est d'accord pour passer à l'étape suivante, mais aussi de le pousser dans ses retranchements et de le voir se bloquer dans un refus. L'emploi systématique d'une préconclusion à chaque étape de l'entretien (le *closing*) construit pas à pas la conclusion finale : à l'issue de chaque séquence, il est judicieux de valider l'acceptation par le client de ce qui vient de se passer, puis de présenter l'étape suivante. La conclusion finale n'est plus alors qu'une reformulation globale de chacun des accords déjà validés.

2. La conclusion-reformulation

Si l'argumentation s'est bien passée, dès la perception de signaux d'achat, le conseiller procédera à une conclusion implicite : « Je vous propose que nous concrétisions notre accord... »
Les caractéristiques de l'accord seront reprises en rappelant au client les différentes démarches techniques qui doivent être mises en œuvre pour sa concrétisation.

EXEMPLE

L'ouverture d'un compte avec, outre les documents indispensables, un dépôt d'argent (chèque ou liquide).

3. Les tactiques de conclusion

Certains procédés peuvent aider le client hésitant :
- l'engagement direct, où la décision est présentée comme acquise :

EXEMPLE

« Puisque vous prenez un vol long-courrier, je vous commande tout de suite une carte bancaire haut de gamme » ;

- l'alternative entre deux décisions favorables :

EXEMPLE

« Vous préférez alimenter votre plan épargne logement par un versement annuel unique ou des versements plus fréquents ? »

4 Formaliser l'accord

À quel moment le conseiller doit-il faire signer le contrat à son client ?

1. L'approche « pas à pas »

Elle entend faire signer les contrats chaque fois qu'un accord est validé, sans attendre la suite de l'entretien, afin de verrouiller la vente. C'est une approche avant tout commerciale, au sens quantitatif du terme.

28 LA CONCLUSION (Suite)

L'avantage de cette approche est qu'elle garantit la vente puisque la signature est acquise, quoi qu'il arrive. Cette tactique présente cependant plusieurs limites :

- l'accord conclu peut impacter les décisions à venir dans la suite de l'entretien et une signature sur laquelle il faut revenir peut donner le sentiment d'un professionnalisme défaillant ;

EXEMPLE

Des versements programmés sur un livret d'épargne ont été formalisés et, dans la suite de l'entretien, il apparaît que ces versements sont trop importants pour dégager une capacité d'épargne suffisante pour alimenter un plan épargne logement.

- elle peut « user » la capacité du client à s'engager dans des décisions qu'il perçoit lourdes de conséquences, et le conduire à renoncer à d'autres accords.

2. L'approche « finale »

Dans cette approche, le conseiller aborde les besoins du client par rapport à sa situation globale : il ne lui vend pas des services mais une solution composée d'autant de services que nécessaire pour le satisfaire, interagissant tous sur sa capacité à en assurer le financement. C'est uniquement lorsque toutes les dimensions de la solution auront été précisées que le client formalisera son accord. Cette approche privilégie la dimension conseil du chargé de clientèle par rapport à une approche plus « vendeuse ». Elle présente également des limites :

- elle suppose un moment de signature conséquent puisque le client aura plusieurs documents à formaliser et pourra se sentir noyé sous les papiers ;
- face à l'ampleur de l'engagement, le client peut repousser sa décision. Si la solution proposée n'est pas la plus performante, il aura alors tout le loisir de comparer les offres et de choisir un autre établissement. Par contre, la solution une fois mûrement réfléchie aura plus de chances de le satisfaire et donc d'accroître sa fidélité auprès de la banque.

3. La réglementation

a) Le contrat

La réglementation est soumise aux règles classiques du droit de la formation des contrats : le contrat se forme au moment de l'échange des consentements à condition :

- qu'il n'y ait ni erreur, ni violence, ni dol ;

EXEMPLE

Imposer à un client en difficulté financière et dans une mauvaise posture pour défendre ses intérêts un crédit renouvelable plutôt qu'un crédit à la consommation moins onéreux pour lui.

- que les parties au contrat disposent de la capacité juridique ;

EXEMPLE

La majorité n'est pas accordée au même âge dans tous les pays et le contrat risque d'être invalidé si ce point n'a pas été contrôlé.

- que l'objet du contrat soit licite, certain et possible.

EXEMPLE

Les ventes avec primes sont interdites par le Code de la consommation.

Les contrats bancaires relèvent, outre du Code civil, du Code monétaire et financier ainsi que du Code des assurances. Des spécificités s'y rattachent :

- le contrat de mandat : nécessaire à la procuration ;
- le contrat de dépôt : qui conclut l'ouverture d'un compte de dépôt ;
- le contrat de vente : des différents services bancaires ;
- le contrat de location : LOA ou location de coffre-fort ;
- le contrat d'assurance : IARD, assurances de personne...

Concrètement, le conseiller doit :

- veiller à la réglementation spécifique à chaque situation : pièces exigées au préalable, signature du contrat par les contractants, remise du double du contrat au client lors d'ouverture de compte de dépôt, d'octroi de crédit, de vente de produits financiers ainsi que le démarchage à domicile ;
- être particulièrement vigilant lorsque le client souhaite contracter conjointement avec une personne absente : s'assurer de l'identité de la personne signataire, et seule sa présence peut en attester. Résister à la pression du client pressé pour se protéger de ce risque d'usurpation d'identité.

b) La signature et la remise des documents

Le consentement des parties est matérialisé par la signature et chaque contractant doit disposer d'un exemplaire signé. Le conseiller veille à rassembler l'ensemble des documents exigés par son établissement, en lien avec la loi mais aussi avec les pratiques déontologiques.

Depuis peu, les banques généralisent le procédé de signature électronique, rendu légal depuis la loi du 13 mars 2000, sur Internet mais également en agence. Ce procédé apporte de nombreux avantages :

- pour les clients : évite les impressions papier, les photocopies : la signature électronique fluidifie l'entretien et libère du temps pour le conseil en face à face avec le client. Celui-ci peut demander un duplicata papier du contrat, ou télécharger le document électronique, disponible sur le service de banque en ligne ;
- pour la banque : économies de papier et diminution du risque de perte de documents, fluidité des informations entre tous les canaux bancaires.

5 L'optimisation de l'entretien

Chaque fois que cela sera possible, le conseiller essaiera d'augmenter la productivité de son entretien :

- en initiant un futur rendez-vous : pour un bilan de satisfaction quant à l'utilisation d'un nouveau service, pour exploiter un besoin découvert pendant l'entretien (rebond commercial), si la situation est amenée à évoluer... ;
- en posant les jalons pour une évolution de l'équipement du client.

EXEMPLE

« Il serait bon de nous revoir rapidement pour que je puisse vous présenter les différentes solutions pour préparer au mieux votre retraite. »

29 LA PRISE DE CONGÉ

➔ La prise de congé clôt l'entretien. C'est l'impression laissée dans cette dernière étape qui ponctuera définitivement l'image que le client emportera avec lui. Qu'il y ait eu accord ou non, la déontologie du métier et l'éthique professionnelle obligent les chargés de clientèle à se conformer à des règles et usages.

1 Le moment adéquat de la prise de congé

L'aspect professionnel de toute relation de vente place les interlocuteurs sur le même plan. Le conseiller initiera donc le congé très naturellement, lorsque tous les sujets requis par l'entretien auront été épuisés.

1. À l'issue d'un entretien concluant

Chaque conseiller adoptera à sa personnalité la façon de procéder, l'essentiel étant de retrouver quatre temps forts :
- **changer d'attitude** : lorsqu'il estimera le moment venu, le conseiller devra changer de comportement pour montrer à son interlocuteur qu'il est temps de passer à autre chose ; un ton sobre, un sourire un peu plus retenu, des paroles plus distanciées permettront de « poser » cette ultime étape de l'entretien ;
- **verrouiller la conclusion** : il est judicieux de reformuler une dernière fois les engagements pris – rappel de la teneur de l'entretien, des actions respectives et de la date d'échéance. Finir par une demande de validation permet d'obtenir un dernier « oui » du client ;

EXEMPLE

« Faisons une dernière fois le point sur ce que nous avons mis en place... Nous avons bien fait le tour de la situation ? »

- rassurer le client : le client vient de s'engager sur des décisions parfois lourdes de conséquences, il a souvent besoin d'être rassuré.

EXEMPLE

« Je suis convaincu, M. X, que cet entretien a été constructif. Comme convenu, je vous rappellerai dans quelque temps pour faire un point avec vous sur ce nouveau mode de fonctionnement. »

Là, plus que jamais, il sera utile de veiller à communiquer avec le client sur le mode propre à le rassurer : certaines personnes seront rassurées par l'adoption d'attitudes proches des leurs (sentiment d'appartenance à un même groupe) ; d'autres au contraire par un langage de spécialiste, seul à même de les rassurer sur le fait que leur argent est entre les mains de personnes compétentes ;
- **maintenir la relation** : si cela n'a pas été fait en début d'entretien, le conseiller prendra soin de confier au client une carte de visite afin de matérialiser l'importance de l'engagement qu'il souhaite donner à cette relation. À l'issue de l'entretien, la disponibilité du téléacteur est toujours appréciée.

EXEMPLE

« Je suis convaincu, M. X, que cet entretien a été constructif... Je vous communique le numéro de ligne directe sur lequel vous pourrez me joindre quand vous en éprouverez le besoin. À bientôt, M. X. »

2. À l'issue d'un entretien non concluant

Le conseiller adopte les mêmes postures clés :
- changement d'attitude ;
- verrouillage de l'entretien : en dressant le bilan des points positifs (accords) et négatifs de l'entretien, avant de proposer un nouveau rendez-vous ou une proposition de devis envoyée par mail, ou encore en remettant au client une documentation... ;
- rassurer le client, même en l'absence d'accord ;
- maintenir la relation.

2 La recommandation

Chaque fois qu'un entretien se conclut de façon favorable, il est précieux de solliciter le client conquis pour être mis en relation avec des personnes de son entourage : distribution de plusieurs cartes de visite, proposition de parrainage.

EXEMPLE

« Si vous connaissez des personnes intéressées par des conseils, vous pourrez leur remettre ces cartes de visite pour qu'elles puissent me contacter. »

La recommandation laisse le conseiller en posture passive puisqu'il attend d'être contacté. Les futurs clients sont acteurs de la relation à venir ; ainsi, le futur contact sera de qualité, car motivé.
Pour une démarche plus proactive, le conseiller privilégiera le parrainage, par lequel le client confie les noms et coordonnées des personnes qu'il souhaite parrainer auprès de la banque, donnant ainsi la possibilité à cette dernière de les contacter. Cette démarche s'avère délicate, d'une part car les clients rechignent à dévoiler l'identité de tiers, d'autre part parce qu'elle conduit à des prospects dont les motivations ne sont pas très fermes.
La qualité du contact semble donc être meilleure avec la recommandation qu'avec le parrainage.

3 Consolider la suite de l'entretien

À la suite de l'entretien, il convient de consolider la relation. L'enjeu est de fidéliser le client :
- d'abord en veillant à ce que les engagements pris soient respectés : étape essentiellement administrative mais capitale pour la satisfaction du client ;
- ensuite en entretenant la qualité de la relation dans le temps : contacter le client à un moment repéré pendant l'entretien comme étant porteur d'opportunité, lui demander de parrainer des relations...

En matière de fidélisation de la relation, le conseiller est aidé par la mise en place de la gestion de la relation client (GRC) dans son établissement.

30 LA MISE EN ŒUVRE DES CONTRATS

L'environnement dans lequel évoluent les banques les contraint à maîtriser un nombre croissant de techniques et de réglementations et à mettre en œuvre une politique de maîtrise des risques toujours plus rigoureuse. Cette tendance implique une grande vigilance sur la conformité de leurs opérations contractuelles.

1 Le contexte réglementaire

1. La notion de conformité

La conformité, c'est :

- le respect de toutes les réglementations bancaires et financières : dispositions législatives et réglementaires, normes professionnelles et déontologiques que le groupe bancaire a choisies ;
- la protection de l'intérêt des clients et de la réputation du groupe.

2. Le respect de la conformité des contrats

a) Qui est en charge de la conformité ?

L'obligation de conformité des contrats passés avec les clients concerne tous les collaborateurs de l'agence, dans leur activité quotidienne. Les directeurs d'agence (ou les directeurs adjoints), en charge de la conformité, assurent le contrôle de premier niveau des équipes qu'ils animent.

b) Quelles sont les opérations contractuelles concernées ?

Dès qu'un conseiller clientèle réalise une opération bancaire – ouverture de compte, dépôt à vue (DAV), crédit consommation, crédit immobilier, assurance-vie, compte-titres ordinaire (CTO), plan d'épargne en actions (PEA), mandat... –, une série de points de contrôle doit être réalisée.

c) Comment mettre en œuvre la conformité ?

Le conseiller clientèle complète des grilles de contrôle à destination des directeurs d'agence. Celles-ci consignent les points réglementaires à vérifier, mais aussi des points qualitatifs comme la synthèse bancaire du client ou la convention de communication.

EXEMPLE

GRILLE DE CONTRÔLE ENTRÉE EN RELATION
NOM Prénom Client : ....
Date de naissance : ....

1er point de contrôle : état civil
Carte d'identité de moins de 10 ans ❒
Passeport en cours de validité ❒

2e point de contrôle : domicile
Facture de moins de 3 mois ❒
Autre justificatif fourni :
certificat d'hébergement ❒

3e point de contrôle : nationalité
Carte nationale d'identité ❒
Titre de séjour ❒

4e point de contrôle : vérification de la capacité civile
Livret de famille ❒
pour les personnes mineures
Acte de naissance ❒
(en cas de doute sérieux, uniquement)

5e point de contrôle : justificatif de revenus
Bulletin de salaire ❒
Justificatifs pension/retraite ❒
Avis d'imposition ou de non-imposition ❒
Carte d'étudiant ❒
Prestations sociales ❒

6e point de contrôle : consultation des fichiers
FCC ❒
FICP ❒

SYNTHÈSE BANCAIRE DU CLIENT
Préférence de contact ....
Téléphone ....
Mail ....

7e point de contrôle : convention de compte
Paraphe pages ❒
Signature ❒
Vérification conformité le : .... N
Par : .... (nom + qualité)

3. Le respect de la directive MIF

Depuis 2007, la directive sur les marchés d'instruments financiers (MIF) exige que les banques recueillent des informations auprès de leurs clients pour leur préconiser des conseils adaptés et leur proposer des produits en adéquation avec leurs besoins.

EXEMPLE

Pour la vente d'un produit financier, le conseiller clientèle cherche à évaluer le niveau de connaissance du client sur les produits financiers et son expérience en tant qu'investisseur. Il le questionne sur sa situation financière (patrimoine, source et régularité des revenus, endettement, besoins financiers) et ses objectifs d'investissement (durée minimale, but et montant du placement, sensibilité aux risques et aux pertes). Ces éléments sont, en général, recueillis au moyen d'un questionnaire, à remplir par écrit, lors de la souscription d'un produit financier par contrat.

Les points réglementaires varient selon la nature de l'opération.

EXEMPLE

Contrôle de la vente personnalisée : une vente supérieure à 5 000 € peut donner lieu, dans certaines banques, à la signature d'une fiche « Connaissance client » décrivant la demande du client par rapport au(x) besoin(s) qu'il a exprimé(s) et sa connaissance du risque pris.

2 La procédure

Tous les documents fournis sont numérisés afin d'être archivés. La durée d'archivage est spécifique selon la typologie des opérations. Elle est de 10 ans en moyenne. Les points de contrôle sont ensuite vérifiés par le directeur d'agence. Afin d'identifier et de corriger un certain nombre d'anomalies, il vérifie notamment :

- si l'ensemble des questions des grilles de contrôle est bien renseigné ;
- si l'ensemble des pièces est présent.

Il rend compte de ce contrôle, sous un mode déclaratif, dans une application informatique performante et adaptée, permettant :

- de vérifier la bonne application des obligations et d'évaluer les risques de non-conformité ;
- de réaliser des reportings statistiques : les pourcentages des contrats conformes et des contrats en anomalies sont édités périodiquement et favorisent le suivi du taux de conformité. Le taux de conformité attendu est de 100 %.

La fiabilité de ce contrôle de premier niveau dépend :

- de l'implication des collaborateurs dans sa mise en œuvre ;
- de l'encadrement et du contrôle des équipes commerciales par les directeurs d'agence ;
- de l'existence et du respect de manuels de procédures.

3 Les acteurs du contrôle interne et de l'audit interne

Les contrôles jouent un rôle essentiel dans le respect de la conformité des opérations contractuelles réalisées par la banque. Complémentaires, ils permettent de mesurer les risques et la rentabilité des activités bancaires :

- le contrôle permanent est assuré par les chargés de conformité ou les contrôleurs internes rattachés à une direction opérationnelle ;
- le contrôle périodique, assuré par l'audit interne sur toutes les activités de l'établissement bancaire, évalue la qualité, l'efficacité et la cohérence du dispositif de contrôle permanent.

4 Exemple de mise en œuvre d'un contrat de crédit immobilier

Au cours d'un premier rendez-vous, le client présente son projet immobilier. Le plus souvent, il a déjà signé un compromis ou une promesse de vente. Le conseiller lui demande des informations personnelles ou relatives à ses revenus, le détail de son projet ; puis il saisit ces éléments à l'aide d'un outil informatique dédié, vérifie le taux d'endettement et procède à une première simulation selon le montant, l'apport personnel, la durée, le taux.

Le conseiller examine ensuite les documents apportés par le client, vérifie que les copies sont conformes aux originaux et demande éventuellement des pièces complémentaires. Une fois le dossier constitué, il est analysé pour accord ou refus.

Lorsque la demande de prêt est acceptée par la banque, l'agence envoie le dossier papier à un prestataire qui est chargé de la numérisation. Le dossier alors transformé en image est accessible *via* la boîte mail de la direction des crédits, qui en vérifie la conformité.

Lorsque le dossier n'est pas conforme (en cas de pièce manquante ou mal renseignée), la direction des crédits envoie un mail à l'agence pour l'informer ; dans ce cas, l'agence numérise le document qui est transmis dans un premier temps au prestataire avant d'être mis à disposition *via* la boîte mail de la direction des crédits.

Une fois le dossier complet et validé, l'offre de prêt est éditée, avec un tableau d'amortissement théorique, et est adressée par courrier au client. Le client dispose d'un délai de réflexion minimal de 10 jours francs pour accepter l'offre et la renvoyer par courrier. L'offre acceptée, adressée au prestataire, est numérisée puis mise à disposition *via* la boîte mail de la direction des crédits, pour vérification de conformité. En cas de non-conformité, un mail est envoyé à l'agence et suit le même traitement qu'une pièce manquante.

Le client remet à son agence la convocation du notaire pour la signature de l'acte de vente. Le document est numérisé en agence, traité par le prestataire puis mis à disposition *via* la boîte mail de la direction des crédits. Si tout est conforme, les fonds sont débloqués au profit du notaire et le tableau d'amortissement avec les dates réelles est édité puis remis au client.

Le dossier est archivé pendant toute la durée du prêt, à laquelle s'ajoutent 5 à 10 années supplémentaires selon la typologie du dossier.

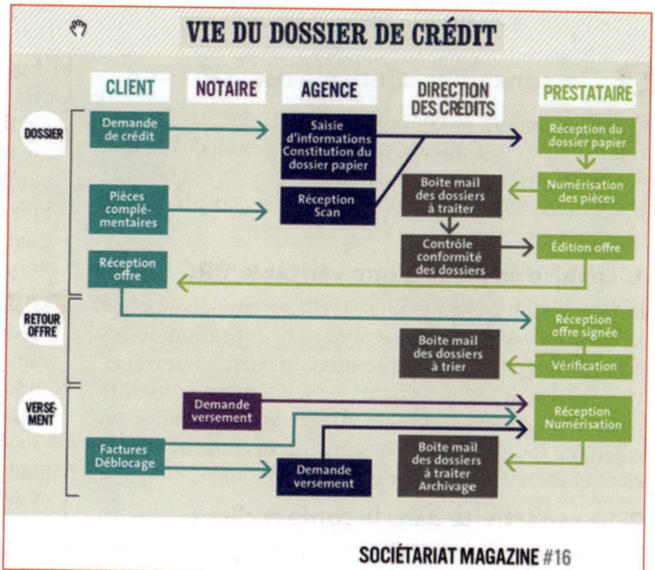

SOCIÉTARIAT MAGAZINE #16

31 LA SATISFACTION DU CLIENT

La satisfaction du client doit être l'un des objectifs principaux de la banque. Cette dernière doit disposer d'outils permettant d'identifier les besoins des clients pour développer l'activité bancaire, d'évaluer leur satisfaction et de suivre les progrès réalisés dans la relation client.

1 Les enjeux

La satisfaction est la perception du client sur le niveau de satisfaction de ses besoins et exigences.

La première et la plus importante des conséquences de la satisfaction est la fidélité de la clientèle. Satisfaire et fidéliser la clientèle passe donc par la construction d'une relation de confiance durable avec le conseiller afin que le client consomme régulièrement les produits et services proposés par la banque.

Une clientèle satisfaite et fidèle permet de faire progresser le produit net bancaire grâce à :

- l'augmentation des ventes et des parts de marché, dû au rachat, l'inélasticité au prix des clients (qui sont prêts à consentir un supplément de prix raisonnable pour conserver les bénéfices de la banque), au bouche-à-oreille (le consommateur satisfait en informera son entourage) ;
- la baisse des coûts. La baisse des réclamations produit un double effet : en diminuant les coûts, elle augmente les profits, et en augmentant le nombre de rachats, elle augmente la fidélité.

Aujourd'hui, les banques recherchent la prise en charge globale du client, dans la totalité de ses besoins de services bancaires. Une relation globale satisfait tous les univers de besoins du client qui ne perçoit plus alors d'intérêt à se tourner vers la concurrence.

La satisfaction que le client ressent dépend de la capacité du conseiller clientèle à être réactif et communicant.

2 Un conseiller clientèle réactif

Pour bien vendre, le conseiller clientèle doit être réactif et proactif, c'est-à-dire capable d'anticiper ou de prendre des décisions avant que la situation n'évolue défavorablement. La satisfaction du client passe par un certain nombre de pratiques.

1. La mise en place d'une véritable GRC

La satisfaction passe par une excellente connaissance de la clientèle basée notamment sur l'historisation de ses échanges avec la banque. Le suivi du client et une analyse précise des fiches clients permettent au conseiller clientèle la prise en charge efficace de la demande du client, en fonction de ses besoins, de sa capacité financière et de ses habitudes de consommation.

2. La proactivité dans le contact client

Des procédures normalisées incitent le conseiller clientèle à utiliser des pratiques commerciales « réflexes » et un discours commercial formaté pour développer une relation client de qualité : appels de courtoisie pour les clients non vus, rebonds sur les prises de contact du client sur Internet, prise de contact en mode multicanal sur les événements clés de la vie du client.

Des plages horaires d'appels clients et de traitement des mails sont planifiées afin que 100 % des clients soient contactés.

EXEMPLE

L'envoi de mails (entre 10 et 20 par semaine, en moyenne) pour signaler aux clients du portefeuille que le conseiller clientèle se tient à leur disposition. Le rappel du client peut alors devenir générateur d'affaires.

3. Les relances qualifiées

Pour être qualifiée, une relance doit être précédée d'un travail qui permette d'identifier les intentions d'achat, à court ou moyen terme, du client. Le conseiller clientèle reprend contact avec le client en présentant une opportunité commerciale de placement d'un produit bancaire.

EXEMPLE

Relance qualifiée et motif d'entrée en relation pour un client titulaire d'un plan épargne logement et non titulaire d'un compte épargne logement.

Relance qualifiée et motif d'entrée en relation pour un client titulaire d'une assurance multirisques habitation et non titulaire d'une assurance multirisques automobile ou d'assurances de personnes (prévoyance) dans la banque.

a) Objectifs

Les principaux objectifs sont :

- d'anticiper l'activité de prise de rendez-vous téléphonique et d'alimenter les agendas des conseillers clientèle ;
- de s'appuyer sur des événements clients ou des opportunités pour personnaliser l'approche client ;
- de se différencier de la concurrence par la qualité de la relation client.

b) Enjeux

La relance qualifiée assure :

- l'efficacité du conseiller clientèle, car la qualité du rendez-vous provoqué entraîne une relation de confiance avec le client et sa satisfaction ;
- l'amplification de la productivité commerciale ;
- l'amélioration du produit net bancaire et des parts de marché.

EXEMPLE

Lorsque le client a un rendez-vous programmé, la confirmation à J-1 permet de requalifier le rendez-vous.

« Bonjour madame, je suis M. X, votre conseiller à l'agence Z. Avez-vous quelques instants à m'accorder ?

« Je vous contacte afin de confirmer notre rendez-vous de (jour et heure) concernant votre bilan multirisques automobile. Afin que notre rencontre soit efficace, n'oubliez pas de vous munir de la carte grise du véhicule, de votre permis de conduire et du relevé d'informations remis par votre ancien assureur.

« Au plaisir de vous rencontrer.

« Bonne journée, madame. »

Pour une prise de rendez-vous qualifiée efficace, le conseiller clientèle doit énumérer les documents nécessaires pour acter la vente.

4. Le traitement rapide de toute demande du client

a) La réception d'une demande

Lorsque le client appelle son agence ou se présente à l'agence, l'accueil et la prise en charge par son interlocuteur doivent être professionnels. Ainsi, le client se sent reconnu et rassuré par une prise en charge rapide de sa demande (24 heures au maximum). Il est prêt à attendre sa réponse dans un délai supérieur si celui-ci lui est annoncé lors de la prise en charge de sa demande. En cas de dépassement du délai annoncé, le conseiller clientèle doit l'en informer et s'engager sur un nouveau délai.

EXEMPLE

« Agence Z, conseiller X. Bonjour monsieur. En quoi puis-je vous aider ?

« Si je comprends bien... (Reformulation de la demande) »

Si le conseiller clientèle connaît la réponse : « Je vous propose... »

Si le conseiller clientèle ne connaît pas la réponse : « Je prends en charge votre demande et m'engage à vous recontacter avant (jour). Votre numéro de téléphone est bien le... ? »

« Je vous remercie pour votre appel et vous souhaite une bonne journée. Au revoir, monsieur. »

b) Le traitement d'une réclamation

Le conseiller clientèle doit apporter une réponse rapide à l'insatisfaction des clients et en informer la direction commerciale afin qu'elle puisse permettre le suivi du service après-vente et apporter des actions correctrices. Le conseiller clientèle doit pouvoir proposer une compensation aux clients mécontents.

5. Les délais de rétractation

Ils permettent de s'assurer du consentement du client en lui donnant, lors de la signature du contrat, la possibilité de revenir sur son engagement.

EXEMPLE

– Extrait des 10 Engagements du Crédit Agricole : « Vous avez le droit de changer d'avis »

> LE DROIT DE SE TROMPER EXISTE, C'EST IMPORTANT DE POUVOIR REVENIR SUR UNE DÉCISION (1).
> Après la souscription de certains de nos produits, vous bénéficiez de 30 jours pour changer d'avis, en l'indiquant à votre conseiller.
> (1) Délai pour changer d'avis de 30 jours à compter de la date de signature du contrat. Offre limitée à une fois par produit et par an. Renseignez-vous dans votre agence pour connaître les limites, les conditions et les produits bénéficiant de ce délai.

Les délais sont déterminants.

EXEMPLE

– Un client mécontent d'avoir souscrit une assurance-vie « sous la pression » revient à l'agence pour y renoncer.

Une fois le contrat signé, le client dispose de 30 jours pour revenir sur sa décision, par lettre recommandée avec avis de réception. La banque restituera au client l'intégralité des sommes versées sur le contrat dans les 30 jours qui suivent la réception de la renonciation.

– Un client a souscrit, il y a 10 jours, un crédit à la consommation pour acheter une voiture. Le concessionnaire sur lequel son choix s'est porté lui fait aujourd'hui une offre de prêt dont le taux d'intérêt est de 0 %.

Le conseiller clientèle rappelle au client qu'il bénéficie d'un délai de rétractation de 14 jours. Pour exercer son droit de rétractation, le client doit adresser à sa banque, par lettre recommandée avec avis de réception, le formulaire de rétractation détachable, préalablement complété et signé.

– Un client qui a souscrit un crédit à la consommation il y a une semaine fait « le forcing » pour que les fonds soient débloqués plus tôt.

Le client peut demander un déblocage au bout de 7 jours tout en continuant à bénéficier du délai de rétractation pour les 7 jours restants.

3 Un conseiller clientèle communicant

Le conseiller clientèle doit communiquer de manière personnalisée et efficace.

1. Une relation personnalisée et omnicanal

Un contact permanent avec les clients, aussi bien par des moyens de communication classiques (téléphone, mail, site Internet où les clients peuvent trouver des informations spécifiques à leurs besoins) que par des moyens plus modernes (forums de discussion, messageries instantanées, visioconférences, réseaux sociaux) et la mise en place de nouveaux services de banque en ligne, permet de communiquer régulièrement avec les clients.

EXEMPLE

Monbanquierenligne.fr de la Caisse d'Épargne ou mabanque.fr du Crédit Agricole.

Aujourd'hui, un client peut commencer, ou finaliser, une action commerciale, sur son espace Internet ou sur son smartphone.

EXEMPLE

Le conseiller clientèle peut déposer, sur l'espace Internet de son client, un contrat plan épargne logement, un devis d'assurance ou une documentation...

Le conseiller peut rappeler un client quand des « capteurs » lui indiquent qu'il a fait une simulation de prêt à la consommation.

Le Big Data offre aux banques une meilleure compréhension des clients et l'opportunité de devenir indispensables au quotidien en prodiguant des conseils pertinents. Elles augmentent ainsi la confiance des clients et leur fidélité.

31 LA SATISFACTION DU CLIENT (Suite)

2. Une relation efficace s'appuyant sur les privilèges clients

a) La mise en place de programmes de fidélisation

Il s'agit :
- d'offres promotionnelles de bienvenue ;

EXEMPLE

« Jusqu'à 150 € offerts sur un service au choix du client » au CIC.

- de remises ou de cadeaux ;

EXEMPLE

Dans le cadre de l'opération « Bons plans étudiants », la BNP Paribas a négocié, pour ses clients étudiants, des offres exclusives : « Bénéficiez de 8 % de réduction sur votre MacBook Pro ! »

- de l'accumulation de points en récompense d'opérations bancaires effectuées (retrait d'argent, paiement par carte, placement ou versement d'une somme sur un compte d'épargne...).

Ces points permettent de faire bénéficier les clients de cadeaux, de plus en plus personnalisés, ou de réductions ;

EXEMPLE

Les « Points Filigrane » de la Société Générale.

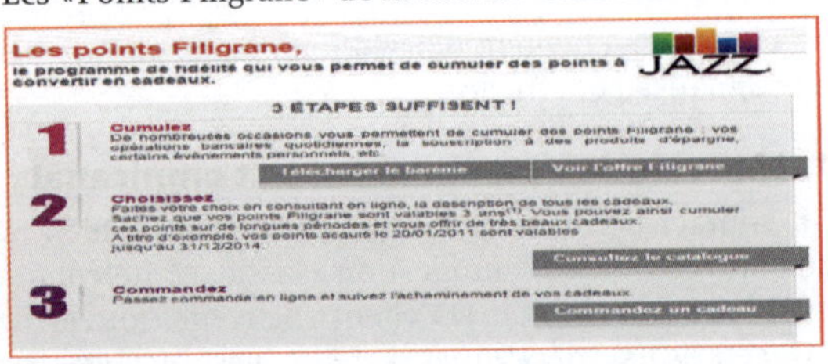

- de l'inscription à une *newsletter*.

EXEMPLE

« Développer son patrimoine, optimiser sa fiscalité, anticiper les imprévus et protéger ses proches, aider et transmettre... Retrouvez, chaque mois, dans la *newsletter* Banque Populaire Gestion Privée, l'actualité patrimoniale, économique, financière et fiscale, à travers des décryptages et des réponses d'experts. »

b) La souscription de parts sociales

Le client sociétaire devient acteur de la banque et bénéficie de privilèges, comme des réductions ou un numéro vert de traitement privilégié.

c) Recommandation et parrainage

La recommandation consiste, pour un conseiller clientèle, à demander à son client les coordonnées de personnes intéressées par ses services. Le client devient alors partenaire de la banque.

Le parrainage consiste à inciter les clients à parler des produits et services de la banque à leur entourage en échange d'une incitation (cadeau).

EXEMPLE

Programme fidélité Avantage® du LCL.

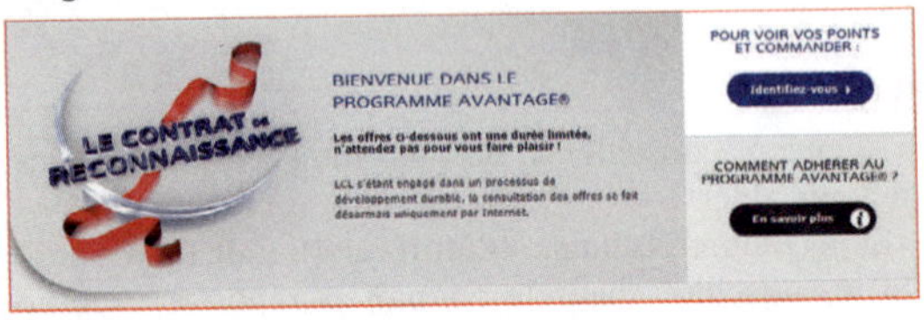

4 Les outils de contrôle de la satisfaction

Périodiquement, les clients ayant eu une relation avec leur conseiller clientèle en agence, notamment les nouveaux clients et ceux dont le motif du rendez-vous est la souscription d'un crédit immobilier, sont contactés par mail, par le service clientèle, pour répondre à une enquête de satisfaction.

Cet échantillonnage permet d'évaluer :
- la part de « promoteurs », c'est-à-dire la part de clients qui feront de la recommandation ;
- la part de « détracteurs », c'est-à-dire la part de clients auxquels il faudra apporter une solution.

Ils seront contactés par téléphone afin de trouver une réponse adaptée à leur insatisfaction ou leur demande. Un compte rendu sera saisi, permettant de définir l'indice de relation client par agence.

La satisfaction passe aujourd'hui davantage par la qualité du service que par l'offre commerciale que le client peut retrouver dans n'importe quel réseau bancaire.

32 LE SERVICE APRÈS-VENTE

➔ La notion de qualité de service s'applique également au service après-vente (SAV). Dans l'exercice de leur activité, les chargés de clientèle doivent conseiller les clients, commercialiser les produits et services financiers, mais aussi gérer le SAV.

1 La notion de SAV en agence bancaire

Le service après-vente désigne l'ensemble des services fournis aux clients après la vente. Il s'inscrit dans une démarche globale d'accompagnement durable des clients de la banque. Le rôle du conseiller clientèle ne se limite pas à la vente de contrats : une fois le produit souscrit, le client doit être entièrement satisfait. Le conseiller clientèle s'engage à traiter toute demande ou tout motif d'insatisfaction dans les meilleurs délais.
Le client qui veut faire part d'une demande ou d'une insatisfaction peut :
- se rendre en agence ;
- bénéficier d'une assistance par téléphone ;
- accéder au SAV en ligne.

2 Le traitement en agence

Un conseiller clientèle prend en charge la demande ou l'insatisfaction du client :
- soit en répondant immédiatement à sa demande ;
- soit en la prenant en charge de manière formalisée et avec annonce du délai de traitement.

1. Le circuit de traitement

EXEMPLES

Un client a fait un chèque d'un montant de 87,10 €. À la réception de son relevé de compte, il constate que son compte a été débité de la somme de 97,10 €. Il se rend à l'agence pour demander une photocopie du chèque.

Pour répondre à la demande du client, le conseiller clientèle peut consulter un répertoire informatisé des problématiques types rencontrées.
Pour chaque problématique, l'outil consulté propose la procédure de traitement et le service d'assistance interne à contacter. Il dispose d'un document papier sur lequel il peut retrouver l'arborescence des différents services et leur numéro d'assistance dédié.
Le conseiller clientèle qui ne peut répondre immédiatement à la demande du client lui remet alors un récépissé indiquant sa demande et le délai de traitement.

EXEMPLE

« Nous avons bien pris en compte votre demande (énoncé de la demande), nous vous répondrons dans un délai de (nombre de jours). »

Le conseiller clientèle envoie la demande du client au service d'assistance interne concerné afin qu'elle soit traitée et qu'une réponse lui soit apportée.
Toutes les demandes de SAV sont enregistrées de façon que chaque conseiller clientèle qui consulterait la fiche client puisse prendre connaissance de la demande et du nom de la personne qui a été amenée à la traiter.
Un taux de traitement du SAV est publié périodiquement en interne. C'est un véritable indicateur de la satisfaction client.

2. Les services d'assistance interne

Le conseiller clientèle peut être amené à contacter le centre de contact ou de relations clients, ou des centres spécialisés en charge du traitement des opérations suivantes :
- gestion courante des comptes et flux : comptes à vue, comptes d'épargne ; prélèvements ;
- moyens de paiement : chèques, virements, monétique, espèces, règlements interbancaires ;
- crédits : prêts et garanties ;
- recouvrement, contentieux ;
- titres ;
- successions ;
- assurances : assurances des biens, assurance-vie, assurances des personnes ;
- gestion de documents : numérisation, indexation, archivage, personnalisation des chèques...

Des opérateurs de traitement d'après-vente ou des attachés commerciaux de SAV y assurent le support « post-trade » des opérations traitées par les conseillers clientèle en agence et garantissent la qualité du SAV auprès des clients.

3 L'assistance par téléphone

1. Numéros d'urgence

En cas de perte, vol ou utilisation frauduleuse des moyens de paiement (carte, chèque ou chéquier), des numéros d'urgence peuvent être composés par le client pour une mise en opposition immédiate, 7 jours/7 et 24 h/24 :
- celui du serveur interbancaire de mise en opposition des cartes :
  0 892 705 705 (depuis l'étranger, le +33 442 605 303) ;
- celui du centre national d'appels pour les chèques perdus ou volés : 0 892 683 208.

2. Assurance

Le client peut obtenir, par téléphone, toute information concernant la déclaration d'un sinistre d'assurance, la mise en jeu d'une garantie d'assurance ou une demande d'attestation.

32 LE SERVICE APRÈS-VENTE (Suite)

4 Le SAV en ligne

L'accès au SAV est facilité, les clients devenant de plus en plus autonomes.

1. Les formulaires d'assistance en ligne

EXEMPLES

Assistance technique
Banque en ligne de la Banque Postale

Situation personnelle
Civilité * ○ M. ○ Mme ○ Mlle
Nom *
Prénom *

Vos informations
Type de compte * [Choisissez votre type de compte ▾]
Numéro de compte *
(Merci de renseigner vos coordonnées telles qu'elles apparaissent dans votre relevé de compte)
Identifiant Banque en ligne *
E-mail *
Confirmation de l'e-mail *

Saisissez votre ou vos numéros de téléphone (sans espace ni point)
Numéro à privilégier *
Deuxieme numéro
Ajouter un autre numéro

Informations sur l'incident
Service en ligne concerné *
○ Internet ○ Internet Mobile ○ Téléphone 3639 ○ Alerte
Merci de décrire précisément le problème rencontré (Nature, service concerné, parcours, message d'erreur ...)*

Préciser la date et l'heure de l'incident
Jour: [- ▾] [- ▾] [2011 ▾]
Heure: [- ▾] [- ▾]

VALIDER

2. Les FAQ (foires aux questions)

Le client peut y rechercher une réponse ou y poser une question à laquelle un expert apportera une réponse.

EXEMPLES

? Pour entrer dans mon espace Internet, mon mot de passe n'a pas été reconnu et a été bloqué. Comment faire ?
1 réponse – **Code** – *il y a 2 jours*

Répon Bonjour D... Apparemment, un nouveau mot de passe vous a été transmis par SMS le jour même de votre message. Cordialement, *L'équipe*

? Comment utiliser la Mastercard avec PayPal... par défaut, ça ne fonctionne pas !
1 réponse – **Accès** – *il y a 6 jours*

Répon Bonjour L... Nous constatons que lors de vos deux tentatives de paiement *via* le site PayPal, la date de fin de validité de votre carte a été mal renseignée. Cordialement, *L'équipe*

? Versement d'espèces le samedi matin directement au guichet. Dans combien d'heures le solde de mon compte sera positif ?
1 réponse – **Gestion** – *il y a 3 semaines*

Répon Bonjour A... Un versement d'espèces effectué au guichet, un samedi matin, peut prendre jusqu'au mardi pour apparaître sur votre compte.
Si ce n'est pas le cas, n'hésitez pas à contacter votre conseiller. *L'équipe*

3. Les fiches pratiques

Le client peut consulter en ligne des documents mis à sa disposition, reprenant, de façon simple, les principales caractéristiques des services proposés et une liste de questions-réponses.

4. Les réseaux sociaux

Certaines banques développent de nouveaux dispositifs de SAV, sous la forme d'une application gratuite de Twitter qui enrichit les *tweets* de petites vidéos pour répondre aux interrogations des clients.

EXEMPLES

La Banque Postale est le premier établissement bancaire à utiliser cette fonctionnalité. «Le Service après Vine» répond de manière pédagogique et créative à ses clients *via* Twitter. Ainsi, l'équipe du «Service après Vine» de la Banque postale propose à ses clients de «tweeter» leurs questions et réclamations pour pouvoir leur répondre avec un court montage vidéo explicatif.

Toute vente doit être impérativement accompagnée d'un service au client. Un SAV efficace et de qualité contribue à l'image de marque de la banque, réduit l'insatisfaction client et l'attrition du fonds de commerce.

33 LA MISE À JOUR DU SYSTÈME D'INFORMATION

➔ Le système d'information (SI) représente l'ensemble des éléments participant à la gestion, au traitement, au transport et à la diffusion de l'information jusqu'à son stockage. Il est de fait un élément central pour les banques qui reposent entièrement sur leur SI.

1 Le système d'information orienté GRC

1. Les orientations stratégiques du SI

Le SI de la banque contribue à sa productivité. Il permet notamment :
- de fidéliser les clients rentables, à travers la gestion de la relation client (GRC) ou *Customer Relationship Management* (CRM), de manière à maximiser le service rendu à la clientèle ;
- d'équiper les clients actuellement non rentables pour activer la relation ;
- de développer l'activité banque omnicanal pour faciliter l'exécution des opérations courantes et entretenir, de ce fait, des relations à distance avec la clientèle ;
- de prendre en compte les risques encourus par la banque ;
- de lutter contre la fraude ;
- d'intégrer les nouvelles réglementations ;
- de disposer de fiches produits ou de procédures formatées.

2. La gestion de la relation client (GRC)

La GRC se définit comme un outil permettant de coordonner un ensemble de fonctionnalités pour construire une proposition commerciale et améliorer la qualité et la satisfaction du client.

a) Fonctionnalités

La GRC facilite le travail du conseiller en lui donnant un accès immédiat à de nombreuses informations concernant :
- la gestion des comptes clients ou prospects ;
- l'accès au dossier du client, avant un entretien, pour analyser les informations collectées et revoir la gamme de produits détenus, afin d'étudier les besoins du client et répondre précisément à sa demande ;
- la gestion des contacts, des rendez-vous et des relances par tous moyens de communication ;
- la gestion des opportunités et des événements et l'aide apportée à l'élaboration de propositions commerciales ;
- la gestion de l'activité et la réalisation de campagnes marketing en classant les clients par typologie permettant de mieux définir les cibles, en réalisant phonings ou envois de mails et en pilotant les résultats des campagnes commerciales ;
- la centralisation des réclamations et des réponses apportées aux clients ;
- l'assistance fournie au client, après la vente.

La GRC favorise le suivi permanent du client.

b) Données clients

Plusieurs lois et règlements visent à renforcer l'information de la clientèle et à adapter l'offre de services aux objectifs ou attentes de celle-ci. L'obligation de conseil du conseiller clientèle l'amène à connaître :
- les coordonnées précises du client : nom, prénom, adresse, téléphone(s), mail ;
- son activité professionnelle ;
- ses ressources et l'origine des fonds que le client serait amené à placer ;
- son patrimoine financier et sa familiarisation aux produits boursiers ;
- les objectifs de placement du client et ses attentes en matière de services.

D'autres données sont contenues dans le SI :
- les données historiques, c'est-à-dire toutes les opérations effectuées sur les comptes du client (ex. : relevé de compte) ;
- les données d'ordre commercial (ex. : résumé des entretiens) ;
- les données utilisées pour évaluer le risque pris par la banque (ex. : notation crédit) ;
- l'inscription au Fichier central des chèques (FCC), en cas d'interdiction bancaire.

3. Le Big Data

Si une banque connaît bien ses clients car de nombreuses données structurées sont disponibles, *via* les canaux traditionnels comme l'agence, elle manque d'informations sur leur parcours Internet et leurs comportements multimédias alors que le volume des données non structurées, sur Internet et les réseaux sociaux, est très important (mails, réseaux sociaux, blogs...).

Le Big Data permet aujourd'hui de gérer ces volumes de données gigantesques et pousse la banque à revoir son mode de communication avec les clients, pour anticiper et répondre à leurs besoins de manière personnalisée et collaborative. Le Big Data transforme ainsi la relation bancaire et encourage la création de nouveaux services répondant aux attentes des clients : des produits et services personnalisés, au bon moment, *via* le bon canal de distribution.

EXEMPLES

Le *tracking* consiste à identifier un client sur Internet ou un réseau social et à lui envoyer une proposition liée à cette visite. Pour des produits simples, notamment des livrets d'épargne, des crédits consommation ou des produits d'assurance dommages, il ne s'agit plus simplement d'envoyer au client une proposition commerciale, mais de «pousser» l'envoi d'un contrat que le client n'aura plus qu'à parapher *via* la signature électronique.

Le recoupement des données issues de données historiques, des réseaux sociaux et d'une segmentation peut permettre la proposition d'offres commerciales ciblées comme un pack «location automobile + assurance forfait ski + garantie accident», au moment opportun.

2 La mise à jour du système d'information

À chaque contact, après avoir traité la demande, le conseiller se doit de mettre à jour les données du client.

33 LA MISE À JOUR DU SYSTÈME D'INFORMATION (Suite)

1. Vérifier les coordonnées du client

La mise à jour des coordonnées du client :
- permet d'être efficace dans les futures prises de contact et facilite la proactivité ;
- favorise les préférences de contact des clients et l'adaptation du conseiller clientèle à ces préférences (« convention communication ») ;
- fiabilise le numéro de téléphone pour authentifier le client et sécuriser ses achats sur Internet (3D Secure) ou pour effectuer des virements externes ;
- permet l'envoi d'un SMS de rendez-vous afin de limiter les annulations de rendez-vous.

2. Noter tout changement de situation

L'enregistrement de modifications concernant l'état civil (ex. : mariage, divorce, naissance...), l'adresse, l'activité professionnelle du client favorise la saisie d'opportunités de rebonds commerciaux et la proposition d'offres ciblées qui ancreront le professionnalisme du conseiller clientèle et augmenteront les ventes.

3. Rédiger les comptes rendus d'entretien

Ils permettront :
- de stocker de nombreuses informations d'ordre commercial ;
- de garder la mémoire de la relation à laquelle le conseiller clientèle pourra se référer lors d'un prochain contact :
- d'éviter au client d'avoir à décrire l'historique de sa relation (ce qui peut lui laisser l'impression de ne pas être considéré).

Les coordonnées clients sont mises à jour aussi bien en fin d'entretien en face à face qu'au téléphone.
La mise à jour favorise l'écoute active du conseiller clientèle et la fidélisation des clients, reconnus et satisfaits.

3 La protection des données

EXEMPLES

Une fois communiquées, les données permettant la connaissance client telle qu'elle résulte du devoir de conseil du banquier, sont protégées par le secret bancaire et la loi « Informatique et Libertés » du 6 janvier 1978 modifiée par la loi du 6 août 2004.
Les obligations qui en résultent sont clairement énoncées par les banques, notamment sur leur site Internet.

Protection des Données Personnelles

Les informations recueillies font l'objet d'un traitement informatique destiné à l'envoi de communications par **Monte Paschi Banque**. Le destinataire des données est la Banque même.

Conformément à la loi « **informatique et libertés** » du 6 janvier 1978 modifiée en 2004, vous bénéficiez d'un droit d'accès et de rectification aux informations qui vous concernent, que vous pouvez exercer en vous adressant à

Monte Paschi Banque
11, bd de la Madeleine
75001 Paris

Vous pouvez également, pour des motifs légitimes, vous opposer au traitement des données vous concernant.

Ces informations ne seront utilisées et ne feront l'objet de communications extérieures, sous réserve du respect de la confidentialité, que pour les nécessités de la gestion interne et des actions commerciales, pour satisfaire aux obligations légales ou réglementaires ou pour l'exécution de travaux confiés à des partenaires de services.

1. Le secret bancaire

La banque n'a pas le droit de divulguer les informations personnelles qu'elle détient sur ses clients puisqu'elle est soumise au secret professionnel en vertu de la loi n° 84-46 du 24 janvier 1984.

2. La loi Informatique et Libertés

a) Déclaration à la CNIL

Conformément à cette loi, le site Internet des banques est déclaré à la Commission nationale de l'informatique et des libertés (CNIL).

b) Droit d'accès et de rectification

La loi Informatique et Libertés pose le principe de l'accès par toute personne physique aux données à caractère personnel la concernant, lorsqu'elles sont enregistrées dans un fichier.
Le client a donc le droit de demander une copie des données détenues par la banque et de demander la rectification de données inexactes ou la suppression de données périmées.

c) Utilisation des données personnelles

Les données à caractère personnel recueillies sont destinées à la banque, responsable du traitement, afin d'être utilisées pour la gestion de la relation client, l'octroi de crédit, la prospection et l'animation commerciale, les études statistiques, l'évaluation du risque, la sécurité et la prévention des impayés et de la fraude, le recouvrement et la lutte contre le blanchiment des capitaux et contre le financement du terrorisme.
La banque doit contractualiser l'autorisation de mise à jour des données. Le client est alors informé que les informations qu'il lui a fournies ne seront utilisées que dans le cadre de la gestion de son dossier et ne feront pas l'objet d'un traitement à des fins commerciales sans son accord préalable.

EXEMPLE

La prospection directe au moyen de courriels destinés à promouvoir l'offre de produits et services de la banque et utilisant les coordonnées personnelles du client est interdite si le client n'a pas préalablement exprimé son consentement.

d) Données sensibles

Les données sensibles sont celles qui font apparaître, directement ou indirectement, les origines raciales ou ethniques, les opinions politiques, philosophiques ou religieuses ou l'appartenance syndicale des personnes, ou qui sont relatives à leur santé ou à leur vie sexuelle. Par principe, la collecte et le traitement de ces données sont interdits.

3. Les *cookies*

Lorsque le client navigue sur le site Internet de la banque, des informations sont susceptibles d'être enregistrées ou lues dans le terminal du client : les pages consultées par le client, la date et l'heure de la consultation...

Ces informations peuvent être stockées sous la forme d'un ou plusieurs fichiers appelés «*cookies*» :

- pour faciliter l'utilisation, par le client, du site Internet en conservant les saisies précédentes, dans certains formulaires, ainsi que ses préférences ou ses sélections ;
- pour recueillir des informations sur l'utilisation du site Internet, de façon anonyme, en vue de l'établissement de statistiques.

Le client autorise la banque à déposer des *cookies* afin que sa navigation soit analysée et la relation client personnalisée. La banque recueille alors des informations lui permettant de finaliser, en agence, une simulation initiée en ligne.

Le client doit avoir, à tout moment, la possibilité de désactiver les *cookies*.

4 Le piratage informatique

Le piratage informatique s'infiltre au cœur des systèmes d'information, notamment depuis le développement de la banque en ligne.

1. Le *phishing* bancaire

Le *phishing* bancaire (ou hameçonnage) est une forme de détournement de fonds grâce à des accès à des comptes bancaires en ligne, obtenus de façon frauduleuse.

Il s'agit d'une technique dans laquelle des criminels se font passer pour des organismes financiers officiels auprès des internautes, pour récupérer des couples *login*/mot de passe ou numéros de cartes de crédit et soutirer frauduleusement des fonds.

EXEMPLE

Courrier de hameçonnage.

De : Credit Agricole France (mailto:derostandverbeprivee.com)

Envoyé : jeudi 9 décembre 2010 07:19

À : xxxxxxxxx

Objet : Veuillez Mettre a jour votre profil Credit Agricole

Bonjour Cher client,

En étudiant votre compte, nous nous somme rendu compte que nous avions besoin d'informations supplémentaire pour vous fournir un service sécurisé.

A fin de confirmer votre compte en banque credit agricole vous devez remplir un nouveau formulaire

Connectez-vous

En cas de non réponse a ce message sous 24 h votre compte abonné sera suspendu. Merci de votre confiance.

Merci.

Si vous êtes parvenu sur cette page a pertir d'un autre site, veuillez retourner sur ce site et reprendre votre Opération.

Merci d'utiliser Banque Agricole

CA LORRAINE BANQUE ET ASSURANCES

Les messages comportent souvent des fautes d'orthographe et des expressions maladroites qui doivent alerter le destinataire.

Soucieuses d'apporter une sécurité optimale lors des opérations bancaires de leurs clients, face aux tentatives de fraudes, les banques rappellent, sur leur site Internet, les mesures de sécurité à respecter.

Certaines banques vont même jusqu'à mettre gratuitement à la disposition de leurs clients un logiciel qu'ils peuvent télécharger pour effectuer des opérations en toute sécurité.

2. Cyberattaques

Des *hackers* peuvent voler les données confidentielles appartenant à une banque, portant atteinte à sa réputation et à son image.

EXEMPLES

Des internautes ont constaté qu'un pirate s'était introduit dans leur compte de La Banque Postale alors qu'ils étaient utilisateurs de CERTICODE, un système de sécurité de type double authentification où le téléphone mobile du client est utilisé comme clé de sécurité, permettant une protection renforcée de ses données bancaires.

La montée en puissance du SI pour collecter toujours plus de données relatives au client augmente la performance, mais pose le problème de la sécurité bancaire.

34 LES BASES DE DONNÉES DES SUPERVISEURS

Afin de rassembler les informations nécessaires relatives à leurs clients, les banques consultent un certain nombre de fichiers mis à leur disposition par la Banque de France ainsi que certaines administrations comme la Direction générale des impôts. Ces fichiers sont en général accessibles à quiconque en ferait la demande au titre du droit d'accès individuel.

1 Le FICOBA

1. Définition

Géré par la Direction générale des impôts, le Fichier national des comptes bancaires et assimilés (FICOBA) recense les déclarations d'ouverture et de clôture de tous les comptes bancaires ainsi que des comptes assimilés (compte-épargne, compte-titres...).

2. Déclaration

La déclaration au FICOBA est faite par la banque, dans le mois qui suit l'ouverture ou la clôture d'un compte. Nul ne peut s'opposer à l'inscription de ses comptes dans le FICOBA.

3. Informations recensées

Les informations recensées sont relatives :
- à l'établissement teneur du compte ;
- à l'opération déclarée : ouverture ou clôture, date ;
- à l'identité du ou des titulaires : nom, prénoms, date et lieu de naissance, adresse ;
- aux caractéristiques essentielles du compte : numéro, nature, type...

Elles sont conservées pendant toute la durée de vie du compte et pendant 10 ans après sa clôture.
Le fichier ne fournit aucune information sur les opérations de crédit ou débit effectuées sur les comptes, ni sur le montant de leur solde.

4. Consultation

Le conseiller clientèle n'est pas habilité à consulter le FICOBA.

EXEMPLE

Le contrôle anti-doublon préalable à l'ouverture d'un livret A a été mis en place à compter du 1er janvier 2013.

Si un client veut ouvrir un livret A, au moment de la signature de sa demande d'ouverture, le conseiller clientèle l'informe de l'interdiction de posséder plusieurs livrets A, des risques encourus et de l'existence d'une procédure de contrôle.
En effet, pour vérifier que son client ne possède pas un livret A dans un autre établissement, le conseiller clientèle demande une vérification auprès de l'administration fiscale, qui dispose de 48 heures ouvrées pour répondre. En l'absence de doublon, l'ouverture est validée.

5. Droit d'accès et de rectification

Le client doit contacter le centre des finances publiques de rattachement pour accéder aux données d'identification personnelle contenues dans le FICOBA, et la Commission nationale de l'informatique et des libertés (CNIL) pour accéder aux données relatives à ses comptes bancaires.
Si les données transmises sont fausses, le droit de rectification s'exerce auprès de l'établissement bancaire teneur des comptes, qui corrigera le FICOBA.

2 Le FCC

1. Clients inscrits

Le client est inscrit au Fichier central des chèques (FCC) :
- parce qu'il a émis un ou plusieurs chèques sans provision ;
- parce qu'une peine d'interdiction d'émettre des chèques a été prononcée à son encontre ;
- ou encore parce que la banque a déclaré un retrait de carte bancaire pour usage abusif.

Ce fichier permet donc à la profession bancaire de disposer d'informations sur les titulaires de comptes ayant connu des incidents de paiement.
Le FCC est alimenté par les banques.

EXEMPLE

Un conseiller clientèle contacte un client par téléphone à la suite d'une « alerte » signalée par le logiciel de GRC. Un chèque de 225 € va être rejeté pour défaut de provision. L'application de la loi MURCEF oblige le conseiller clientèle à informer préalablement le client des conséquences du rejet de chèque : si le client n'approvisionne pas immédiatement son compte, la banque va l'inscrire au FCC.

En cas de non-régularisation, la banque adresse une lettre d'injonction au client. Cette lettre l'informe qu'il est interdit de chéquier et invite le client à régulariser sa situation. À partir de ce moment, le client ne peut plus établir de chèque sur aucun de ses comptes.
Être interdit de chéquier signifie que le client ne peut plus émettre de chèques (pendant 5 ans au maximum) et qu'il doit restituer tous ses chéquiers aux banques.
Il est inscrit au FCC et les comptes sont enregistrés au Fichier national des chèques irréguliers (FNCI), qui sera consulté par les commerçants.

2. Informations recensées

Elles concernent :
- le numéro du compte ;
- les nom et prénoms du titulaire ;
- ses date et lieu de naissance ;
- le numéro et le montant du chèque ;
- la date et la cause du refus de paiement, le montant de l'insuffisance de provision...

3. Consultation

Le FCC peut être consulté par les banques ou par une commission de surendettement.
Le conseiller clientèle est dans l'obligation de le consulter avant de délivrer un chéquier à un client ou dans le cas d'une entrée en relation avec un nouveau client. Il peut aussi le consulter librement avant de délivrer un autre moyen de paiement ou avant d'accorder un crédit.

En effet, équiper un client d'une carte de crédit ou lui accorder un prêt représente un risque trop important si le client a rencontré des difficultés de paiement au point d'être interdit bancaire.

EXEMPLE

Un conseiller clientèle équipera un client fiché au FCC d'une carte de crédit prépayée ou d'une carte de paiement à autorisation systématique (carte Électron, par exemple) qui lui permettra d'effectuer des retraits d'argent dans les DAB ou d'effectuer des paiements en magasin.

Il lui donnera la possibilité de payer avec des chèques de banque.

4. Droit d'accès

Le FCC peut être consulté par toute personne qui veut savoir si elle y est enregistrée. Ce droit d'accès individuel s'exerce exclusivement auprès de la Banque de France.

LES FICHIERS LIÉS AUX CHÈQUES ET AUX CARTES BANCAIRES GÉRÉS PAR LA BANQUE DE FRANCE

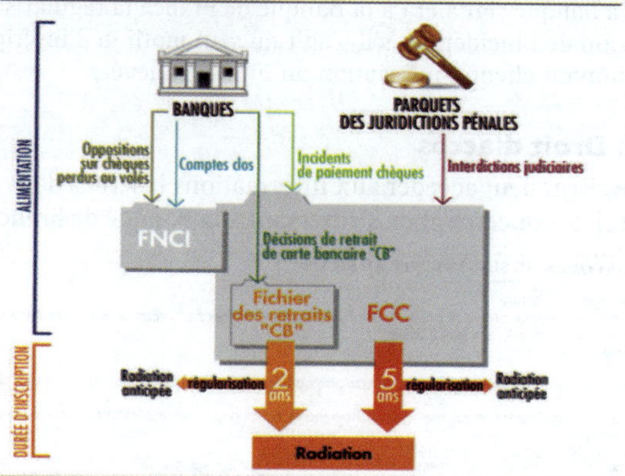

Source : lafinancepourtous.com d'après Banque de France

3 Les autres fichiers liés aux incidents de paiement

1. Le fichier de centralisation des retraits de cartes bancaires

C'est un fichier privé du Groupement des cartes bancaires dont la gestion a été confiée, par accord contractuel, à la Banque de France. Il recense :

- les incidents liés à la carte : date et motif (utilisation abusive de la carte, comme l'absence de provision disponible sur le compte, ou utilisation frauduleuse) ;
- l'identité du titulaire : nom, prénoms, adresse ;
- les références du compte bancaire sur lequel fonctionne la carte concernée.

Avant de déclarer l'incident à la Banque de France, le conseiller clientèle informe le client des caractéristiques de l'incident et des modalités de régularisation.

Les informations sont conservées pendant 2 ans, sauf si le client régularise la situation. La banque doit alors, dans les 2 jours ouvrés, demander à la Banque de France de lever l'inscription du client au fichier de centralisation des retraits de cartes bancaires.

Le conseiller clientèle consulte ce fichier avant de délivrer une carte bancaire, afin de savoir si le titulaire du compte fait ou non l'objet d'une décision de retrait par une autre banque.

2. Le FNCI

Géré par la Banque de France, le Fichier national des chèques irréguliers (FNCI) permet à toute personne payée par chèque, pour la vente d'un bien ou d'un service (essentiellement les commerçants), de vérifier :

- si le chèque n'a pas fait l'objet d'une déclaration de vol ou de perte ;
- s'il n'a pas été émis sur un compte clos ;
- si son titulaire n'a pas été frappé d'interdiction bancaire ou judiciaire...

Les informations recensées sont relatives :

- au compte : coordonnées des comptes clôturés et des comptes dont les titulaires font l'objet d'une interdiction d'émettre des chèques ;
- au chèque : numéros des chèques en opposition pour perte ou vol et heure de saisie des données.

Le nom du titulaire du compte n'y figure pas.

Ce fichier est alimenté par la banque et par le Centre national d'appel des chèques perdus ou volés (CNACPV), qui enregistre les déclarations téléphoniques de perte ou de vol.

CHÈQUIER VOLÉ, PERDU : COMMENT RÉAGIR ?

Faire blocage dans les plus brefs délais

Le titulaire d'un chéquier perdu ou volé doit faire opposition au paiement des chèques en cause dans les plus brefs délais pour éviter tout débit frauduleux sur son compte.

Chèques volés ou perdus

Tout particulier peut faire opposition au paiement d'un chèque émis dans quatre cas : perte, vol du chèque, utilisation frauduleuse de celui-ci et redressement ou liquidation judiciaire du bénéficiaire du chèque.
Dans tous les autres cas (notamment en cas de litige commercial), l'opposition au paiement est interdite.
Tout blocage abusif est passible de sanctions pénales (jusqu'à 5 ans d'emprisonnement et/ou 375 000 EUR d'amende).

Faire opposition

Le titulaire du chéquier doit avertir sa banque le plus rapidement possible par téléphone. Il doit confirmer sa demande d'opposition par écrit en indiquant ce qui la motive par courrier ou par remise en main propre à son conseiller de clientèle. Il indique, si possible, les numéros des chèques perdus ou volés.
L'établissement perçoit des frais d'opposition, variables selon les établissements.
La demande de ne pas honorer le chèque est faite pour un montant précis si le chèque était déjà rempli ou « en blanc » dans le cas contraire.

Les effets de l'opposition

Dès sa confirmation par écrit, le blocage prend effet immédiatement dans tous les guichets du réseau.
L'établissement bancaire doit alors refuser de payer le chèque pour lequel un blocage a été demandé et le retourner à la banque du bénéficiaire.

À noter

Si la banque est fermée, il est toujours possible d'appeler le Centre national d'appel des chèques perdus ou volés au 08 92 68 32 08 (0,337 EUR la minute), 24h/24 et 7j/7. Cet organisme enregistrera la demande de blocage pendant un délai de 48 heures ouvrées, le temps de la confirmer auprès de son agence bancaire.

4 Le FICP

1. Clients inscrits

Géré par la Banque de France, le Fichier national des incidents de remboursement des crédits aux particuliers (FICP) enregistre et met à la disposition des établissements de crédits :

- les informations sur les incidents de remboursement des crédits en cours, accordés aux particuliers, qu'il s'agisse de crédits immobiliers, de prêts personnels, de crédits renouvelables ou de découverts, autorisés ou non ;

34 LES BASES DE DONNÉES DES SUPERVISEURS (Suite)

- les mesures prises dans le cadre d'une procédure de surendettement : recommandations, plans de redressement, effacement de la dette...

Le FICP est un fichier dit «négatif», car n'y sont enregistrés que les incidents de paiement caractérisés, et non les encours de crédit délivrés. Ce n'est donc pas un registre des crédits en cours dit «fichier positif».

EXEMPLE

Un client qui doit plus de deux mensualités de crédit ou, si les échéances de remboursement ne sont pas mensuelles, qui a un retard de paiement supérieur à 30 jours, est fiché au FICP.

Un client est fiché au FICP s'il n'a pas remboursé, dans les 30 jours qui suivent une mise en demeure, le découvert de son crédit renouvelable et si le montant impayé est au moins égal à 500 €.
Un client est fiché automatiquement au FICP s'il a déposé un dossier de surendettement.

2. Informations recensées

Figurent au FICP :
- les nom et prénoms du client ;
- ses date et lieu de naissance ;
- le nom de l'établissement de crédit ayant demandé l'inscription, ou celui de la commission de surendettement ayant traité le dossier ;
- la nature de l'inscription : incident de paiement (nature du crédit et référence du prêt) ou dossier de surendettement ;
- la date de fin d'inscription.

Le nom de l'établissement concerné n'est pas communiqué à la banque qui interroge le FICP.

3. Consultation

Le conseiller clientèle doit obligatoirement consulter le FICP avant d'accorder un crédit.
Il peut aussi le consulter à l'ouverture d'un compte bancaire, notamment lors de l'attribution de moyens de paiement ou avant d'autoriser un découvert.

L'inscription au FICP n'interdit pas à la banque d'accorder un crédit, mais lui permet d'en apprécier l'opportunité.

EXEMPLE

Lors d'une «alerte logiciel», le conseiller clientèle constate qu'un client n'a pas remboursé ses deux dernières mensualités de crédit.
Il informe le client par courrier de la nécessité de régulariser la situation, dans un délai de 30 jours, faute de quoi l'incident sera inscrit au FICP. Pendant ce délai, le conseiller clientèle prendra rendez-vous avec le client pour trouver une solution amiable qui permette que les sommes dues soient réglées.
Au terme du délai de 30 jours, si l'incident de remboursement n'a pas été régularisé, le conseiller clientèle informe le client de son inscription au FICP. La durée d'inscription dure 5 ans (au maximum 8 ans, dans le cas du surendettement).
Une fois le client fiché au FICP, s'il paie les sommes dues, la banque signalera à la Banque de France la régularisation de l'incident et s'il s'agit du seul motif de l'inscription du client, l'inscription au FICP sera levée.

4. Droit d'accès

Le client peut accéder aux informations inscrites dans le FICP le concernant en s'adressant à la Banque de France.

COMMENT SAVOIR SI JE SUIS INSCRIT AU FICP ?

1.Les conditions d'accès au fichier.
Conformément aux dispositions de la Loi n°78-17 dite " informatique et libertés ", vous pouvez accéder aux informations vous concernant inscrites sur ce fichier.
Pour ce faire, vous pouvez :

-vous présenter, muni d'une pièce d'identité portant votre photographie, auprès d'une agence de la Banque de France.
-adresser à la Banque de France un courrier manuscrit signé et accompagné de la photocopie (recto/verso) de votre pièce d'identité.
(Trouver l'agence la plus proche de mon domicile)
Pour en savoir plus sur le FICP et « informatique et libertés », cliquez sur lien suivant

Les fichiers gérés par la Banque de France améliorent la qualité de la relation entre les banques, qui les alimentent, et leurs clients.

35 LE PROLONGEMENT DU SUIVI CLIENT

Le conseiller clientèle doit établir une relation de confiance, durable et personnelle, avec ses clients et l'entretenir par une présence régulière. L'engagement de la relation qui en découle limitera l'attrition de la clientèle et permettra la conquête de nouveaux clients.

1 L'instauration d'une relation durable

La connaissance du client permet de personnaliser le service rendu au client, mais le rapport commercial doit être dépassé et un lien de confiance fort doit être tissé. Afin de ne pas négliger la relation avec ses clients et l'entretenir, le conseiller clientèle cherche à assurer une présence régulière. Pour cela, il utilise différents moyens.

1. Le conseiller est facilement joignable

Le conseiller clientèle remet sa carte de visite au client. Elle comporte ses coordonnées : ligne directe, mail et QR Code. Il est alors facilement joignable sur sa messagerie vocale ou par mail ou s'engage, s'il est en réunion ou en entretien, à répondre dans un délai de 24 heures.

En cas d'absence supérieure à 24 heures, le conseiller clientèle enregistre un message vocal sur son portable ou rédige un message invitant le client à contacter un collaborateur de l'agence.

Le conseiller clientèle lui-même ou un collaborateur peuvent alors répondre aux questions du client et lui apporter l'expertise de la banque.

2. Le conseiller peut joindre son client

Le conseiller clientèle connaît les coordonnées de contact de son client : mail, portable, téléphone fixe (travail et domicile) et il a validé les préférences de contact pour le joindre facilement. Ces données et modes de contact ont été mis à jour après le traitement d'une demande client ou lors d'un entretien de vente.

EXEMPLE

« Je profite de votre visite, madame, monsieur, pour m'assurer que nous disposions de toutes vos coordonnées... Votre numéro de téléphone est bien le... Votre adresse mail est bien.... Préférez-vous être contacté(e) par mail ou par téléphone ? »

L'efficacité dans la prise de contact favorise la proactivité du conseiller, qui peut alors contacter le client :

- après un rendez-vous, pour faire un point sur les projets identifiés lors de ce rendez-vous ;
- une fois par an, pour échanger sur l'évolution de la situation du client et étudier avec lui des solutions personnalisées ;
- à tout moment, pour lui proposer des produits et services adaptés à ses besoins, pour l'informer de nouveautés ou organiser des rebonds commerciaux sur des prises de contact du client par Internet ;

EXEMPLE

Le conseiller clientèle peut contacter un client qui a réalisé une simulation (crédit à la consommation ou crédit immobilier, assurance...) sur le site Internet de la banque et finaliser la simulation par téléphone.

- à chaque événement prioritaire de la vie du client, événements clés détectés par le CRM. La pertinence du contact initié, l'anticipation de ses besoins et le suivi de la relation bancaire satisfont le client, valorisé par la démarche proactive de son conseiller. Le client peut alors bénéficier de propositions personnalisées plus fréquentes et le conseiller clientèle peut générer de l'activité en programmant des rendez-vous en agence ou des rendez-vous téléphoniques ;
- en cas d'indisponibilité, le conseiller clientèle recontacte, dans les plus brefs délais, le client qui a fait une demande, par téléphone ou à l'accueil de l'agence.

2 L'appel de courtoisie

Le conseiller clientèle s'attache à faire des appels de courtoisie pour entretenir la qualité de la relation avec ses clients et témoigner de l'intérêt qu'il leur porte.

1. Définition

Il s'agit de se mettre au service du client sans lui faire directement de proposition commerciale. Le contact est alors pris dans une véritable logique de service et de relation durable.

L'appel de courtoisie est souvent dirigé vers les clients d'un portefeuille non vus depuis un an, la reprise de la relation facilitant le prochain rendez-vous en permettant la saisie de motifs de rappel client dans la base de données clients « Événements ».

EXEMPLE

« Bonjour madame... Avez-vous quelques instants à m'accorder ? Nous n'avons pas eu le plaisir de nous rencontrer récemment... Puis-je vous être utile ? »

Dans l'affirmative, le conseiller clientèle va reformuler la demande du client et lui proposer un rendez-vous. Dans la négative, le conseiller clientèle va réaffirmer sa disponibilité, en cas de besoin ultérieur, et laisser ses coordonnées, avant de prendre congé.

2. Bénéfice

L'appel de courtoisie permet :

- la valorisation du client, qui apprécie de ne pas être appelé uniquement pour un problème sur son compte ou pour une proposition commerciale et se sentira plus à l'aise pour exprimer un nouveau besoin ou donner une information ;
- une meilleure efficacité commerciale par l'augmentation du taux de clients vus : une fois sur quatre, l'appel de courtoisie génère un rendez-vous et un client sur deux rappelle son conseiller clientèle dans les 3 mois.

Il peut permettre, également, de développer la connaissance client (vérification des coordonnées de son interlocuteur, anticipation sur des projets en gestation chez le client...) afin d'alimenter la base de données clients.

35 LE PROLONGEMENT DU SUIVI CLIENT (Suite)

Les appels de courtoisie sont souvent l'occasion pour le client, même satisfait, d'émettre des remarques ou de poser des questions qui peuvent, si elles sont bien prises en compte, aboutir à optimiser les produits ou services ou à améliorer la relation.

Si le client ne répond pas lors d'un appel de courtoisie, le conseiller clientèle laisse un message téléphonique ou rédige un mail au client pour lui rappeler ses coordonnées et réaffirmer sa disponibilité.

EXEMPLE

« Bonjour madame, (prénom + nom du conseiller clientèle). J'ai cherché à vous joindre par téléphone afin de vous réaffirmer ma disponibilité à la réalisation de vos projets. En cas de besoin, n'hésitez pas à me joindre par téléphone ou par mail. Mes coordonnées sont....
Dans cette attente et en vous souhaitant une bonne journée.
Cordialement. »

L'appel de courtoisie, en permettant un contact régulier et personnalisé avec le client, génère des rendez-vous et contribue à la fidélisation de la clientèle.

3 L'engagement

La fidélisation consiste à créer, établir et gérer une relation durable et personnelle avec les clients de la banque. Elle promeut l'entretien d'un lien fort avec le client et précède l'étape ultime de la relation : l'engagement qui, guidé par les valeurs de la banque, va être propice au développement des opérations commerciales auprès des clients et à la conquête des prospects.

L'engagement désigne la volonté de maintenir et de développer une relation à long terme avec sa banque.

EXEMPLE

VOTRE CAISSE D'EPARGNE S'ENGAGE	• Être facilement joignable et vous communiquer les coordonnées directes de votre conseiller. • Vous faciliter la gestion de vos comptes à distance, où que vous soyez et quand vous le souhaitez. • Revenir vers vous dans les 24h après un message. • Vous donner une réponse de principe en moins de 24h à toute demande de crédit. • Vous prévenir en cas de changement de votre conseiller. • Tout mettre en œuvre pour bien vous conseiller. • Vous interroger régulièrement pour connaître votre niveau de satisfaction et essayer de l'améliorer en permanence. • Vous donner les moyens d'exprimer facilement vos éventuelles réclamations et y répondre en moins de 10 jours. • Vous accompagner durablement dans tous vos projets importants et ceux de votre famille.

Être sociétaire, pour les banques mutualistes, permet un engagement durable et donne plus de sens à la relation client, le client sociétaire se préoccupant de l'avenir de sa banque.

EXEMPLE

Pour remercier le client de sa fidélité, la banque peut lui réserver des avantages concrets, utiles pour lui et pour ses proches.

EXEMPLE

LA FIDÉLITÉ COMPTE NOUS LA RECONNAISSONS

CA LORRAINE

D'autres engagements peuvent être pris, par exemple :

- un conseil objectif de conseillers clientèle non commissionnés : des solutions alternatives sont proposées au client par le conseiller clientèle qui connaît le client et peut l'aider à choisir en fonction de ses seuls intérêts ;
- une démarche de transparence et de clarté : la remise d'une fiche explicative simplifiée du produit rappelant les caractéristiques essentielles peut contribuer à la satisfaction du client ;
- une prise en charge rapide et de qualité en cas de demande du client, de réclamations, de perte ou de vol des moyens de paiement...

Parce que l'engagement d'une clientèle satisfaite et fidèle limite l'attrition et permet de conquérir de nouveaux clients, la banque doit porter une attention extrême à la qualité de la relation client et faire des efforts constants pour exploiter la connaissance de ses clients et anticiper leurs besoins.

36 LE TRAITEMENT DES RÉCLAMATIONS

➔ Le traitement des réclamations s'inscrit dans la logique de la qualité de la relation et de la satisfaction client. Il s'agit pour la banque de restaurer la confiance et de garder de bonnes relations pour satisfaire à nouveau le client ; de tirer les leçons de la réclamation pour s'améliorer, fidéliser le client et développer l'activité commerciale.

1 Définition

La réclamation est l'expression d'une insatisfaction, d'un mécontentement que le client attribue à la banque et dont il demande le traitement.

Norme ISO 100002:2004	La réclamation est définie comme « toute expression de mécontentement adressée à un organisme, concernant ses produits ou le processus même de traitement des réclamations, duquel une réponse ou une solution est explicitement ou implicitement attendue ».

La demande d'un client, ciblée sur ses insatisfactions, est à prendre en compte immédiatement pour un traitement le plus rapide possible.

Les banques sont impliquées dans le traitement des réclamations clients dans le respect de la norme ISO 9001:2008.

Norme ISO 9001:2008 Paragraphe 7.2.3	« L'organisme doit déterminer et mettre en œuvre des dispositions efficaces pour communiquer avec les clients à propos [...] des retours d'information des clients, y compris leurs réclamations. »
Norme ISO 9001:2008 Paragraphe 8.5.2	« L'organisme doit [...] établir une procédure documentée afin de définir les exigences pour procéder à la revue des non-conformités (y compris les réclamations clients). »

EXEMPLE

Banque de France

Bilan de la médiation bancaire

Exercice 2013

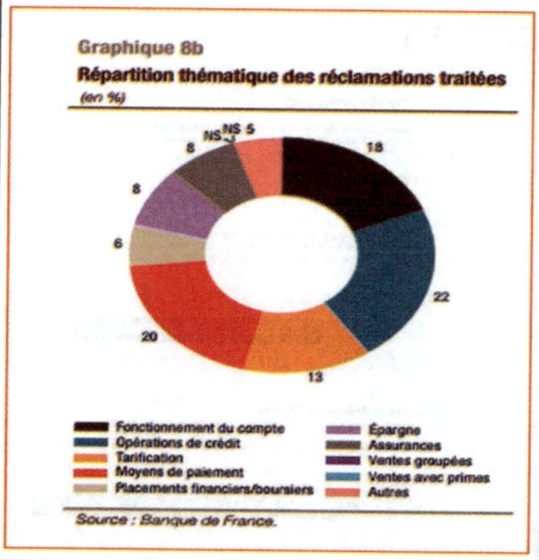

2 Les enjeux

Le client entendu dans sa demande va apprécier :
- la réactivité de la prise en compte de sa demande ;
- la précision de la réponse apportée à sa réclamation.

Le conseiller clientèle qui entend la réclamation et fait preuve d'empathie :
- donne l'image d'un service après-vente de qualité ;
- facilite les prises de contact suivantes et crée une relation durable avec le client.

La réclamation permet à la banque :
- de reconquérir le client, de restaurer sa confiance afin de le satisfaire à nouveau, de sauvegarder et pérenniser la relation ;
- de comprendre les causes de la réclamation et d'en tirer les leçons pour mieux développer son activité commerciale ;
- de préserver son image.

Mis en œuvre de manière méthodique, le processus de traitement des réclamations permet à la banque de s'inscrire dans une relation mutuellement bénéfique.

3 La prise en charge des réclamations

La norme ISO 10002:2004 a été conçue pour traiter les réclamations clients.

EXEMPLE

Ce que dit la norme ISO 10002 au sujet des réclamations

Le fascicule documentaire FD ISO 10002:2004 – Lignes directrices pour le traitement des réclamations dans les organismes – est une norme internationale, applicable par toutes les entreprises, qui fournit des conseils pertinents sur le processus de traitement des réclamations.

Cette norme précise 9 principes directeurs permettant de créer les conditions d'un traitement efficace des réclamations.

1. **Visibilité** : les clients, employés et autres parties associées doivent savoir comment et où formuler une réclamation.
2. **Accessibilité** : le processus de traitement des réclamations doit être facilement accessible à tous les réclamants (informations associées rédigées dans un langage clair, facile à comprendre et à utiliser).
3. **Réactivité** : il convient d'accuser réception immédiatement de chaque réclamation auprès du réclamant.
4. **Objectivité** : chaque réclamation doit être traitée de manière équitable et objective tout au long du processus de traitement des réclamations.
5. **Frais** : les frais relatifs au processus de traitement des réclamations ne doivent pas incomber au réclamant.
6. **Confidentialité** : il convient de ne pas divulguer les informations à caractère personnel du réclamant sans son consentement.
7. **Approche orientée client** : l'entreprise doit encourager les retours d'informations, y compris les réclamations, et démontre par ses actions son engagement à résoudre les réclamations.
8. **Responsabilisation** : l'organisme établit clairement les responsabilités et délégations pour les actions et les décisions de l'organisme concernant le traitement des réclamations.
9. **Amélioration continue** : il convient que l'amélioration continue du processus de traitement des réclamations soit un objectif permanent de l'entreprise.

La réclamation peut être :
- orale, par téléphone ou lors d'une visite du client à l'accueil ;
- écrite, par dépôt de la réclamation sur l'espace client du site Internet, à partir d'un formulaire, ou par mail.

36 LE TRAITEMENT DES RÉCLAMATIONS (Suite)

EXEMPLE

Formulaire de contact « Réclamation »
Espace client du site Internet
Caisse d'Épargne

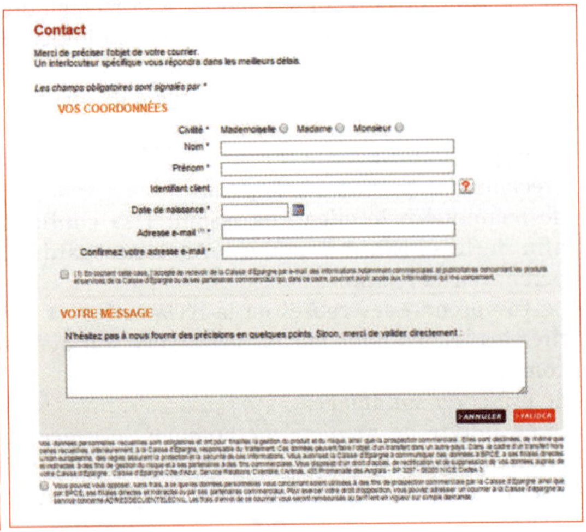

1. Procédure de traitement d'une réclamation orale

La démarche peut être la suivante :
- le conseiller clientèle écoute le client exprimer son besoin ou sa demande ;
- il reformule le besoin ou la demande (« Si j'ai bien compris... ») ;
- il traite la demande du client en apportant une réponse immédiate ou différée.

PRISE DE CONTACT

↓

Réception de la réclamation
écoute active
Prise en compte de la demande / de l'insatisfaction

↓

Reformulation

↓

Traitement de la réclamation
Résolution immédiate ou différée

Si le client n'est pas satisfait

① Lettre recommandée AR au directeur d'agence
② Lettre recommandée AR au service relation clientèle

↓

Prise de congé et évocation de la poursuite de la relation

2. Procédure de traitement d'une réclamation écrite

La réponse est immédiate, ou différée si des recherches sont nécessaires. Dans ce cas, le conseiller clientèle annonce un délai de traitement. Si le délai de traitement auquel il s'est engagé est dépassé, il doit informer le client du report du délai.
Les délais appliqués dépendent des groupes bancaires.

EXEMPLE

« Bonjour M. X.
J'ai bien réceptionné votre mail et étudié votre demande.
J'ai le plaisir de vous restituer le montant de 8 € (huit euros) prélevé sur votre compte, au titre de commissions d'intervention, alors que votre découvert autorisé n'était pas dépassé.
Votre compte sera crédité de cette somme sous 24 heures.
Au plaisir de vous revoir,
Bonne fin de journée. »
Signature

4 Les réglementations et recommandations de l'ACPR

Fin 2011, l'Autorité de contrôle prudentiel et de résolution (ACPR) a publié une série de recommandations afin que les banques améliorent l'accès au système de traitement et l'efficacité du traitement des réclamations de leurs clients.
L'ACPR recommande :
- une information claire et transparente sur les modalités de traitement des réclamations et les délais de traitement auxquels les banques s'engagent. Ainsi, les banques sont amenées à accuser réception de la réclamation dans un délai maximal de 10 jours, de tenir le client informé du déroulement de sa requête et, dans les 2 mois, de lui apporter une réponse satisfaisante ou de préciser, en cas de rejet ou de refus de faire droit à la réclamation, les voies de recours possibles.

Cette information est accessible à l'ensemble de la clientèle, notamment dans les lieux d'accueil ou sur le site Internet de la banque ;

EXEMPLE

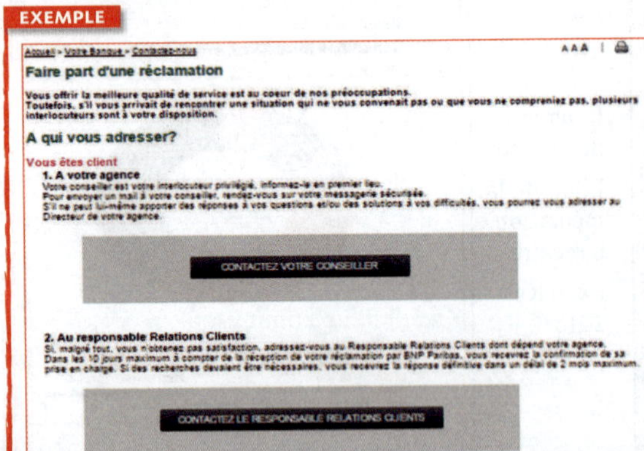

3. Au Médiateur :

Malgré vos échanges avec votre agence puis avec le Responsable Relations Clients, vous n'avez pu trouver une solution au différend qui vous oppose à votre Banque. Vous pouvez demander l'intervention du Médiateur. (1)

Le Médiateur est neutre et indépendant, son recours est gratuit. Il favorisera la recherche d'une solution amiable en droit et en équité. La saisine du Médiateur doit s'effectuer obligatoirement par écrit, en langue française. Sa réponse vous parviendra dans un délai maximum de 2 mois. En savoir plus : Consulter la charte de la médiation.

Vous pouvez saisir le Médiateur par courrier à l'adresse ci-dessous ou par formulaire électronique.

BNP Paribas
Le Médiateur auprès de BNP Paribas
Clientèle des particuliers
ACI CIHR CC1
75 450 Paris Cedex 09

En cas de litige relatif à un placement financier, vous pouvez également saisir le Médiateur auprès de l'Autorité des Marchés Financiers :

AMF
La Médiation
17 place de la bourse
75 082 Paris Cedex 02

(1) Sont exclus les litiges qui relèvent de la politique générale de la banque (par exemple : la politique tarifaire, le refus de crédit, la conception des produits...) et ceux concernant les performances de produits liées aux évolutions de marchés.

- un traitement des réclamations efficace, égal et harmonisé. Les établissements bancaires doivent formaliser des procédures spécifiques permettant d'améliorer le traitement des réclamations (identification, circuits de traitement et formation des collaborateurs) ;
- la mise en place d'éventuelles actions correctrices.

Le suivi des réclamations doit permettre d'identifier les mauvaises pratiques et, à partir des dysfonctionnements identifiés, la mise en place d'actions correctrices. Ces recommandations ont incité les banques à rédiger des chartes de traitement des réclamations.

5 La médiation

Dans un souci constant d'apporter la meilleure qualité de service possible, le conseiller clientèle, dans un premier temps, puis le directeur d'agence et, enfin, le service client, sont chargés de trouver une solution lorsque des difficultés surviennent dans le fonctionnement du compte du client ou l'utilisation des services.
Si les échanges avec l'agence et le service client n'aboutissent pas à une résolution du litige, le client peut solliciter l'intervention du médiateur, avant d'engager une procédure judiciaire.

1. Principe

a) La médiation bancaire

La loi MURCEF (loi du 11 décembre 2001 portant mesures urgentes de réforme à caractère économique et financier) a pour objectif d'améliorer les relations entre les banques et leurs clients, notamment par l'instauration d'un service de médiation bancaire, ultime recours après épuisement des procédures de réclamations internes des banques. Tout établissement de crédit doit obligatoirement mettre en place un médiateur chargé de résoudre, à l'amiable, l'ensemble des litiges individuels relatifs aux services fournis et à l'exécution des contrats bancaires (gestion du compte chèque, des moyens de paiement, des opérations courantes, des contrats d'épargne ou de crédits...) qui peuvent intervenir entre cet établissement et ses clients (loi Châtel, 2008).
Il s'agit généralement d'un médiateur propre à la banque, mais un médiateur commun, le médiateur de la Fédération bancaire française (FBF), peut être mis à disposition des banques.
Les médiateurs sont choisis pour leur compétence et leur impartialité et sont nommés pour une durée de 3 ans. Ils sont indépendants de l'établissement bancaire concerné par les litiges, afin d'assurer la transparence de l'intervention. Ils sont tenus à la confidentialité et au respect du secret professionnel.

b) La médiation de l'AMF

Le médiateur de l'Autorité des marchés financiers (AMF) peut être saisi pour les services d'investissement et les instruments financiers.

c) La médiation des assureurs

Le médiateur de la Fédération française des sociétés d'assurance (FFSA) a pour mission l'examen des litiges opposant, en matière d'assurance, un assuré ou un tiers, à une entreprise d'assurance. Il exerce sa mission en toute indépendance. Seuls les litiges concernant les particuliers sont de sa compétence, à condition que tous les recours internes aient été préalablement épuisés. Après avoir instruit le dossier avec le concours des parties, le médiateur de la FFSA rend un avis motivé dans les 3 mois.

2. Information des clients

Chaque établissement bancaire établit une charte de médiation sous le contrôle du Comité de la médiation bancaire qui définit la procédure et la portée de la médiation. La charte de la médiation est consultable sur les sites Internet des banques.
La possibilité de recourir à la médiation et ses conditions d'accès font l'objet d'une mention portée sur la convention de compte ainsi que sur les relevés de compte.
Certaines banques mettent à la disposition de leur clientèle des plaquettes et dépliants sur la médiation.

3. Comment saisir le médiateur ?

Le schéma suivant résume la procédure :

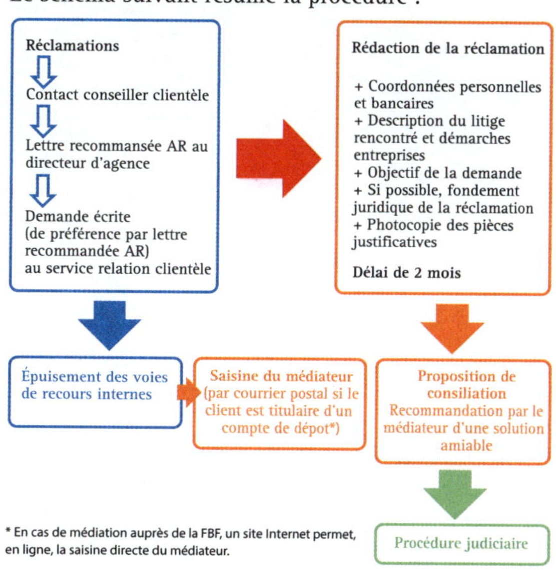

* En cas de médiation auprès de la FBF, un site Internet permet, en ligne, la saisine directe du médiateur.

La procédure est gratuite afin de garantir l'accessibilité de tous les clients à la médiation.

36 LE TRAITEMENT DES RÉCLAMATIONS (Suite)

La médiation en chiffres

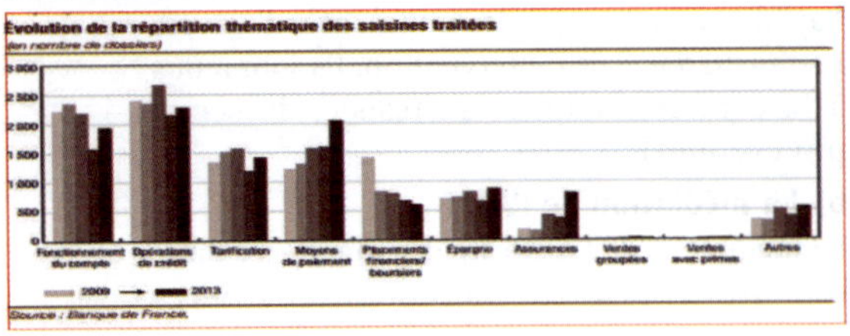

6 L'action de groupe

Depuis le 1er octobre 2014 (loi Hamon), les banques et les assureurs peuvent faire l'objet d'une action de groupe en cas de manquement à leurs obligations légales et contractuelles.

L'action de groupe vise à réparer un préjudice matériel « subi par plusieurs consommateurs placés dans une situation similaire ». Ces préjudices doivent être liés à la vente d'un produit ou d'un service.

EXEMPLE

La BPCE aura peut-être à rendre des comptes dans l'affaire Natixis... En 2006, elle a vendu à ses clients des actions de sa filiale Natixis, sans les informer clairement des risques de perte ni de son lien avec l'entreprise. L'action souscrite autour de 20 € vaut aujourd'hui moins de 5 €. Tout ou partie de la moins-value constatée pourrait alors être indemnisé.

Les banques doivent se donner comme priorité de définir, mesurer et formaliser des indicateurs de performance de leur service de réclamations clients pour prévenir et réduire les risques liés aux ruptures de relations clients et participer à l'amélioration de leur profitabilité.

exercices

exercice 1 L'accueil du client

En agence, le client doit recevoir un accueil de qualité. En premier lieu, la personnalisation de l'accueil réservé à chaque client et la prise en charge professionnelle sont un levier fort de la satisfaction client. Ensuite, une relation de confiance et la possibilité de rebonds commerciaux génèrent de l'activité auprès des conseillers clientèle, et font de l'accueil un enjeu commercial.

ENTRAÎNEZ-VOUS

1. Énumérez les règles que vous appliqueriez pour créer un climat propice à l'accueil des clients en agence.
2. Rédigez un script de réception des personnes dans l'espace accueil.
3. Quelle cible (« moments clés » ou « moments magiques ») saisiriez-vous en consultant la fiche du client, pour faire à l'accueil un rebond « Épargne logement » et générer des rendez-vous pour les conseillers clientèle ?
4. Quelle démarche adopteriez-vous pour faire face aux incivilités des clients ?

CORRIGÉS p. 81

exercice 2 L'optimisation commerciale de l'accueil guichet

ENTRAÎNEZ-VOUS

Comment optimiser commercialement les situations suivantes ?

1. En réaction à une information donnée par le client :
– « Je voudrais déposer un chèque sur mon compte courant. »
– « Je dois retirer une somme assez importante parce que je change de voiture et le garagiste m'a demandé un acompte. »
– « J'ai peur d'être volé ou de perdre ma carte, mon chéquier. »
– « Je pars en vacances. C'est un grand moment ! C'est mon premier voyage à l'étranger... »
2. Le conseiller constate sur la fiche client que :
– le client ne dispose pas d'une carte bancaire ;
– son PEL est arrivé à échéance ;
– son LDD a atteint le plafond autorisé.

CORRIGÉS p. 81

exercice 3 Se rendre disponible

ENTRAÎNEZ-VOUS

Quel comportement adopter et que dire au client dans les situations suivantes ?
– L'agent d'accueil est en conversation avec un collègue.
– L'agent d'accueil est avec un client, un autre client se présente au guichet.
– L'agent d'accueil est avec un client et le téléphone sonne au guichet.
– L'agent d'accueil est au téléphone, un visiteur arrive au guichet.

CORRIGÉS p. 82

exercices

exercice 4 L'appel téléphonique

Actuellement stagiaire sur la plateforme téléphonique d'un réseau bancaire, vous êtes chargé(e) de contacter les clients assurés pour leurs biens dans votre réseau (MRH multirisques habitation et/ou MRA multirisques automobile), pour leur proposer un rendez-vous qualifié « Garantie accidents de la vie ».

ENTRAÎNEZ-VOUS

1. Concevez un guide d'entretien téléphonique pour vous aider dans votre démarche.

2. Proposez une phrase d'accroche pertinente.

3. Répertoriez et réfutez les objections récurrentes pour ce type d'appel téléphonique.

CORRIGÉS p. 82

exercice 5 Les opérations bancaires

Conseiller clientèle d'une agence, vous avez en charge le suivi des comptes des clients. Vous avez pris rendez-vous avec un client qui a déposé un gros chèque sur son compte.

ENTRAÎNEZ-VOUS

1. Citez cinq compétences clés attendues chez un conseiller clientèle.

2. Quelles questions posez-vous au client dans cette situation ?

3. En binôme avec un(e) autre étudiant(e), simulez la prise de contact avec ce client et évaluez les différentes étapes de la prise de contact en utilisant la grille d'évaluation suivante :

Les étapes de la prise de contact	Évaluation			
	☺+	☺–	😐	☹
Contrôle de l'identité du client Salutations Présentation Remerciements Cadrage de l'entretien dans le temps Cadrage du motif de l'entretien Droit de poursuivre				
Le client est mis en confiance				

CORRIGÉS p. 8

exercice 6 La découverte du client

Le plan d'action commercial de votre agence a défini comme objectifs prioritaires le renforcement de la collecte d'épargne et l'ouverture de conventions de services pour les monodétenteurs de livret A.
Dans ce cadre, l'agence a envoyé un publipostage qui ciblait les clients actifs, âgés de 20 à 30 ans, uniquement détenteurs d'un livret d'épargne. Une de vos clientes a paru très intéressée par le contenu de l'offre et a sollicité un rendez-vous pour vous rencontrer à ce sujet.

ENTRAÎNEZ-VOUS

Préparez le plan de découverte.

CORRIGÉS p. 8

exercice 7 L'entretien de vente et le cadre réglementaire

La direction de votre groupe a fixé des objectifs élevés en matière d'épargne retraite. Les clients ont reçu, avec leur dernier relevé de compte, une documentation sur la préparation de la retraite. Un client, intéressé par la brochure qu'il a reçue, a pris rendez-vous avec vous car il pense qu'il est temps pour lui de se constituer un capital ou une rente pour améliorer sa retraite. Son épouse part à la retraite dans 1 an et le client anticipe une perte de revenu mensuel de 550 €.
À 54 ans, votre client recherche de la performance mais ne veut prendre aucun risque.
Pour satisfaire son besoin, vous avez pensé à l'assurance-vie.

ENTRAÎNEZ-VOUS

1. Citez les obligations réglementaires du conseiller clientèle dans la vente de produits financiers.

2. Dans ce cadre réglementaire, quelles questions posez-vous à votre client ?

3. Rédigez deux arguments de vente de l'assurance-vie.

4. Observez votre client pendant la phase de proposition. Il est...

1	2	3	4

5. Traitez les objections suivantes :
« Les frais d'entrée sont exorbitants ! »
« Je ne peux pas retirer mon épargne en cas de coup dur ? »
« Je ne comprends rien à la Bourse ! »

6. En cas de litige sur la vente de l'assurance-vie, quels seront les interlocuteurs du client pour trouver une solution ?

7. Comment un conseiller clientèle prouvera-t-il qu'il a respecté ses obligations ?

CORRIGÉS p. 83

exercice 8 L'argumentaire du plan épargne logement

ENTRAÎNEZ-VOUS

En préparation d'une campagne de promotion du plan épargne logement, listez les arguments susceptibles de convaincre vos clients.

CORRIGÉS p. 84

exercices

exercice 9 La réponse aux objections

ENTRAÎNEZ-VOUS

Anticipez les réponses à donner aux clients qui émettraient les objections suivantes :
– « Vos packages, c'est simplement une façon de nous vendre des services dont on n'a pas besoin. »
– « Les taux d'intérêt de vos livrets d'épargne ne sont pas très intéressants. »
– « Je ne comprends pas pourquoi je dois payer des agios quand je suis à découvert ! »
– « La Carte Bleue est gratuite chez Carrefour ! »
– « Ça ne m'intéresse pas ! »
– « Je n'ai besoin de rien. »
– « Je dois en parler à mon conjoint. »

CORRIGÉS p. 84

exercice 10 L'utilisation de la messagerie

Lancée depuis peu, la Garantie obsèques de votre banque répond à un véritable besoin de la clientèle de votre agence. Grâce à la formule que vous proposez, le client peut aider ses proches dans le financement de ses obsèques, préserver son entourage de leur organisation et avoir la garantie que ses volontés seront respectées.
Courant novembre, un mailing présentant votre offre et ses avantages sera diffusé aux clients de votre agence. L'objectif est de renforcer le taux d'équipement en produits de prévoyance, source importante de commissions pour votre banque. Vous avez choisi d'envoyer ce mailing à tous vos clients détenteurs d'une assurance-vie.

ENTRAÎNEZ-VOUS

1. Rédigez le mail que vous allez envoyer.

2. Comment procéderez-vous après l'envoi du mail ?

3. Lors de l'entretien de vente, en face à face, comment concrétiserez-vous la vente et comment prendrez-vous congé du client ?

CORRIGÉS p. 8

corrigés

exercice 1 page 77

1. **Les règles** que l'on peut appliquer sont :
- porter un badge pour être identifié(e) du client et personnaliser la relation ;
- saluer tous les clients entrant et sortant de l'agence ;
- être souriant(e) et montrer sa disponibilité à répondre à la demande du client ;
- accompagner le client, en cas de besoin, pour réaliser une opération sur les automates ;
- prendre en charge le client avec professionnalisme : l'écouter activement et lui apporter une réponse argumentée ;
- solliciter les conseillers clientèle en cas d'affluence afin de réduire le délai d'attente ;
- maintenir un espace accueil agréable et bien rangé.

2. **Le script de réception** des clients à l'accueil peut être ainsi rédigé :
« *Bonjour madame, monsieur* [NOM]
« *En quoi puis-je vous aider ?* » Le client expose sa demande.
« *Si je comprends bien...* » Le conseiller clientèle s'assure de la compréhension de la demande du client et accède à son dossier.
Le conseiller clientèle répond immédiatement à la demande du client, diffère sa réponse s'il ne peut pas traiter la demande immédiatement ou sollicite l'aide d'un conseiller.
« *Avez-vous d'autres points que vous souhaiteriez évoquer ?* » Le conseiller clientèle s'assure d'avoir répondu à la demande du client.
Il peut alors faire un rebond commercial : « *Savez-vous que vous pourriez bénéficier...* » et en profite, le cas échéant, pour compléter les données personnelles du client (importance de la conformité).
Le conseiller clientèle remercie le client de sa visite : « *Je vous remercie de votre visite et reste à votre disposition en cas de besoin. Bonne journée madame, monsieur* [NOM]. »

3. Je fais un **rebond Épargne logement** quand :
- le client est locataire, après lui avoir demandé s'il a un projet immobilier dans l'avenir ;
- le client est déjà titulaire d'un plan épargne logement (PEL) ou d'un compte épargne logement (CEL) ;
- le client est en phase d'installation ou entre dans la vie active (25-30 ans) ;
- le client détient une épargne disponible élevée sur un autre livret bancaire ou présente un solde créditeur important ;
- le client a des enfants et je peux l'inciter à épargner pour préparer leur avenir.

4. **En cas d'incivilités**, la démarche peut être la suivante :
- j'isole le client ;
- je le laisse s'exprimer, je l'écoute et je suis en empathie avec lui ;
- je reformule la situation ;
- je le rassure en lui disant que sa demande va être prise en compte ;
- je traite la demande, soit immédiatement, soit de façon différée (si la demande ne peut pas être traitée immédiatement).

exercice 2 page 77

1. **Propositions commerciales** en réaction à une information donnée par le client :
- « Je voudrais déposer un chèque sur mon compte courant. »
« *Vous le déposez sur votre compte courant ? La somme est conséquente et ne va rien vous rapporter. Vous comptez l'utiliser rapidement ?... Dans ce cas, je vous propose de la placer sur un LDD qui présente l'avantage de...* »
- « Je dois retirer une somme assez importante parce que je change de voiture et le garagiste m'a demandé un acompte. »
« *C'est bien pour vous ! Quel type de voiture achetez-vous ?... Quel est son prix d'achat ?... Comment la financez-vous ?*
« *En souscrivant à un crédit, vous ne toucheriez pas à votre épargne. Les taux des prêts auto sont intéressants actuellement, il serait dommage d'amputer votre épargne disponible...* »
- « J'ai peur d'être volé ou de perdre ma carte, mon chéquier. »
« *Si ce n'est que cela, j'ai ce qu'il vous faut : c'est une assurance qui vous protège en cas de perte ou de vol de vos moyens de paiement, chéquier ou carte...* »
- « Je pars en vacances. C'est un grand moment ! C'est mon premier voyage à l'étranger... »
« *Si vous partez à l'étranger, je vais tout de suite compléter le formulaire pour une carte bancaire adaptée ; elle vous permet de...* »

2. **Propositions commerciales** après consultation de la fiche client :
- Le client ne dispose pas de carte bancaire.
« *Je remarque que vous n'avez pas la carte bancaire, Mme X...*
« *Vous savez qu'elle vous permet d'éviter de vous déplacer chaque fois à l'agence ; il faut que je vous parle de ses avantages dans votre situation...* »
- Le LDD du client a atteint le plafond autorisé.
« *Votre livret est au maximum des dépôts autorisés, M. X...*

corrigés

«... et je remarque que vous n'avez toujours pas ce compte épargne logement dont nous avons déjà parlé ! C'est le moment de le faire ; je vous rappelle ses avantages dans votre situation...»
– Le PEL du client arrive à échéance.
«Je vous rappelle que votre PEL arrive à échéance, M. X. Votre conseiller m'a chargé de vous proposer une rencontre avec lui dès que possible pour en parler tranquillement.»

exercice 3 page 77

Comportement à adopter dans les diverses situations :

- Vous êtes en conversation avec un collègue.
  – Regarder le client, sourire ;
  – saluer : «Bonjour, madame...» ;
  – interrompre immédiatement la conversation ou, s'il y a impossibilité, dire : «Je suis à vous tout de suite, madame...»
- Vous êtes avec un client, un autre client se présente au guichet.
  – Regarder le client, lui sourire, le saluer ;
  – demander au nouveau visiteur de patienter, sans indiquer de délai.
- Vous êtes avec un client et le téléphone sonne au guichet.
  – Faire un geste d'apaisement, s'excuser avant de décrocher (pas plus de trois sonneries) : «Vous permettez ?» ;
  – si l'entretien risque de durer trop longtemps, proposer de rappeler le correspondant.
- Vous êtes au téléphone, un visiteur arrive au guichet.
  – Le regarder, lui sourire ;
  – terminer rapidement la conversation, ou demander au visiteur de patienter.

exercice 4 page 78

1. Guide d'entretien téléphonique proposé :

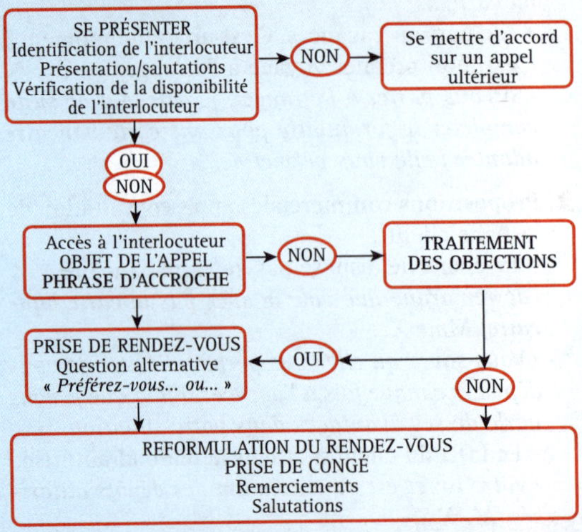

2. Objet de l'appel / Phrase d'accroche
«Je souhaite vous faire bénéficier de la Garantie accidents de la vie, connaissez-vous ce service ?»
ou *«Êtes-vous disposé(e) à en parler ?»*
«Avez-vous pensé à l'incidence financière sur votre famille si quelque chose vous arrivait ?»
ou *«... si vous étiez victime d'un accident ?»*

3. Traitement des objections

«Ça ne m'intéresse pas !»	*« Puis-je vous demander pourquoi ? »*
«Je n'ai pas le temps.»	*«Ce sera très rapide...»* ou *«Quand puis-je vous rappeler ?»*
«J'ai déjà tout ce qu'il me faut.»	*«Vos biens sont assurés, en effet, mais vous-même ?»*
«Je vais réfléchir...»	*«Je vous propose de fixer la date du rendez-vous afin que vous ayez toutes les informations nécessaires pour prendre votre décision.»*
«Je n'ai pas d'argent»	*«Vous pouvez bénéficier d'une Garantie accidents de la vie pour une cotisation minime de ... € par mois !»*
...	...

exercice 5 page 78

1. Les **compétences attendues** chez un conseiller clientèle sont :
– connaître la réglementation bancaire ;
– savoir utiliser les applicatifs de gestion spécifiques à son activité ;
– maîtriser les caractéristiques des services, produits bancaires et assurances, voire de téléphonie mobile selon les réseaux bancaires ;
– maîtriser les techniques de communication orale et savoir convaincre ;
– conduire et conclure un entretien de vente en face à face ou à distance.

2. Les **questions à aborder** dans l'entretien sont :
– l'origine des fonds, par rapport à la réglementation bancaire (lutte contre le blanchiment et obligation de déclaration de soupçon) ;
– les projets du client, pour satisfaire ses besoins (proposition commerciale).

exercice 6 page 78

Le **plan de découverte** devra confirmer ce que le conseiller clientèle sait déjà de la cliente et explorer ce qu'il ignore.
Les points abordés :
– l'âge, l'adresse, les coordonnées téléphoniques et préférences horaires de contact ;

– la situation familiale et professionnelle de la cliente, ses revenus ;
– la banque : pourquoi notre banque ? Comment la cliente l'utilise-t-elle ? Quels sont les points forts de la banque et les points d'amélioration éventuels ? ;
– l'équipement de base, le patrimoine bancaire et financier, la capacité d'épargne mensuelle ;
– le patrimoine immobilier ;
– les engagements (crédits) ;
– l'équipement en produits d'assurance de biens et de prévoyance ;
– les projets à court et à long terme.
L'approche est globale.
Les réponses sont reformulées, tout au long du questionnement (reformulations partielles), pour s'assurer de la compréhension de la cliente et une reformulation globale, à la fin de la découverte, permet de récapituler les besoins à satisfaire et le potentiel de la cliente à les satisfaire.
La découverte de la cliente permet, au travers de ses réponses, de trouver ses motivations d'achat pour construire les arguments de vente, traiter les objections lors de la proposition et faciliter ainsi la conclusion de la vente.

exercice 7 page 79

1. Le conseiller clientèle a une **obligation** d'information, de conseil et de mise en garde. Il est tenu au respect de la vie privée de son client et au secret bancaire.
Lors de la vente de produits financiers (ici, assurance-vie), il doit informer le client sur le niveau de risque des placements proposés, apprécier le niveau d'expertise du client, s'informer sur sa situation financière afin de comprendre ses besoins et le conseiller.

2. Le conseiller clientèle va poser les questions qu'il estime pertinentes pour pouvoir proposer un produit ou service adapté.
– Pour déterminer l'expertise du client en matière financière, le conseiller clientèle peut s'informer sur les types de services et transactions qui lui sont familiers, la nature, le volume et la fréquence des transactions sur instruments financiers, la profession ou l'ancienne profession, la connaissance des marchés sur lesquels le client souhaite intervenir.
– Concernant les besoins du client, le conseiller clientèle pourra l'interroger sur le but du placement : épargne de précaution, placement ayant un objet fiscal, préparation de la retraite, transmission..., sur la disponibilité (liquidité) souhaitée pour ses placements et sur le niveau de risque accepté.
– Pour évaluer la situation financière du client, le conseiller clientèle peut se fonder, par exemple, sur le montant du placement envisagé ainsi que sur les modalités de versement, la situation familiale et professionnelle ainsi que de l'âge, la régularité des revenus (source et importance) et les engagements du client, les actifs déposés sur son compte espèces et son patrimoine.

3. Les arguments de vente sont ici structurés sous la forme d'un CAP :

Caractéristiques	Avantages	Preuves
La rémunération sur un fonds euros est de 2,20 %.	La rémunération est plus performante que celle d'un livret d'épargne.	Votre livret A est actuellement rémunéré à 1 %.
Fiscalité en cas de rachat : – intégration à l'impôt sur le revenu (IR) ou prélèvement forfaitaire libératoire (PFL) de 35 %, en cas de rachat entre 0 et 4 ans ; – intégration à l'IR ou PFL de 15 %, entre 4 et 8 ans ; – intégration à l'IR, avec un abattement de 4 600 € pour une personne seule (ou 9 200 € pour un couple), ou PFL de 7,5 % après 8 ans. Prélèvements sociaux : 15,5 %.	La fiscalité diminue en fonction de la durée de détention de l'assurance-vie.	Simulation démontrant qu'au bout de 8 ans, un rachat, total ou partiel, peut être défiscalisé. L'assuré n'aura que le montant des prélèvements sociaux à payer.

4. Mon client est inquiet (1), il est perplexe (2), il réfléchit (3), il est concentré (4).

5. Traitement des objections
« En effet, les frais d'entrée peuvent paraître élevés, mais ils permettent la gestion de votre épargne par nos experts, dans des conditions optimales de performance et de sécurité. Et compte tenu du rendement de cette épargne, les droits d'entrée seront amortis dès la première année de détention. »
« Votre capital est disponible. Votre épargne est disponible, mais vous devrez payer l'impôt sur le revenu et les prélèvements sociaux sur les intérêts ou sur les plus-values réalisées. »
« Vous ne vous occupez de rien. Nos experts sélectionnent les fonds dans des conditions optimales de sécurité et de rendement. »

6. En cas de **litige**, les interlocuteurs qui permettront au client de trouver une solution sont :
– son conseiller clientèle ;
– le service client, qu'il contactera par courrier, si la solution proposée par le conseiller clientèle ne lui donne pas satisfaction ;
– le médiateur, si les échanges avec l'agence et le service client n'ont pas abouti à une résolution du litige.

corrigés

7. Le conseiller clientèle doit prouver qu'il connaît l'épargnant et qu'il lui a fourni une information exacte et un conseil adapté, par la production de la **trace écrite de l'entretien, qu'il a obligation de conserver.**

exercice 8 page 79

L'argumentaire pourrait être le suivant :
Compte tenu de ses multiples atouts, le PEL devrait faire partie du patrimoine de tout épargnant parce qu'il permet :
– d'obtenir une rémunération élevée ;
– de bénéficier d'une fiscalité allégée ;
– de se constituer progressivement une épargne pouvant tenir lieu d'apport personnel en cas d'opération immobilière ;
– d'acquérir un droit à prêt à taux privilégié ;
– d'aider ses enfants à s'installer si l'on n'utilise pas soi-même ses droits acquis.

exercice 9 page 80

Traitement des objections :
– « Vos packages, c'est simplement une façon de nous vendre des services dont on n'a pas besoin. »
« Les forfaits de services sont effectivement intéressants pour les personnes qui ont besoin de plusieurs services. Vérifions ensemble si cette formule vous avantage ? »
– « Je ne comprends pas pourquoi je dois payer des agios quand je suis à découvert ! »
« C'est toujours désagréable de payer, c'est sûr, et en même temps, une facilité de trésorerie est un crédit et il est normal de payer des intérêts quand on a un crédit, n'est-ce pas ? »
– « Ça ne m'intéresse pas ! »
« Pour une raison en particulier ? Cela m'intéresse de le savoir pour ne pas vous proposer un service similaire à l'avenir. »
– « Je n'ai besoin de rien. »
« J'entends bien. Je veux juste vous proposer de faire un bilan quant à l'utilisation actuelle de nos services. Vous avez quelques minutes à m'accorder ? »
– « Je dois en parler à mon conjoint. »
« C'est tout à fait légitime. Vous qui le connaissez bien, qu'est-ce qui risque de le déranger dans la solution que nous venons d'avancer ? »

exercice 10 page 80

1. Rédaction du mail
Objet : Suivi relation assurance-vie
Bonjour Madame, Monsieur [NOM]
La clause bénéficiaire de votre assurance-vie protège vos proches en cas de décès, par la transmission de votre capital. Ce capital sera versé sous un certain délai. Il ne permettra donc pas de décharger votre entourage des soucis financiers et d'organisation liés aux obsèques. Notre offre Garantie obsèques pourrait être une solution pour vos proches. Êtes-vous disposé(e) à en parler ?
Je reste à votre disposition pour convenir d'un rendez-vous en agence ou pour tout renseignement complémentaire.
Au plaisir de vous rencontrer prochainement.
Votre conseiller clientèle,
[NOM] [téléphone] [mail agence] ou [QR Code]

2. Pour **capitaliser l'envoi du mail**, il sera nécessaire d'appeler le client pour savoir s'il a pris connaissance du courrier électronique du conseiller clientèle et prendre rendez-vous avec lui.

3. Pour **concrétiser la vente**, j'imprime les contrats et les fais signer au client. Je remercie le client, m'assure de sa satisfaction et formule une demande de recommandation du type *« Connaissez-vous dans votre entourage une personne à qui notre banque pourrait apporter ses services bancaires et/ou d'assurance ? »*

PRÉSENTATION DE L'ÉPREUVE E3 : Gestion de la relation client

Comment se présente l'épreuve E3 ?

1 Coefficient et objectifs

L'épreuve E3, Gestion de la relation client, est affectée d'un coefficient 5.
L'épreuve vise à évaluer vos compétences de communication orale comme futur « conseiller de clientèle » dans le cadre de vos activités relatives à la gestion et relation client, mobilisant des ressources technologiques et numériques de l'environnement professionnel.
L'épreuve prend appui sur la partie du livret des compétences se rapportant à l'unité 3 Gestion de la relation client.

2 Capacités évaluées

Les compétences professionnelles évaluées sont les suivantes :
- assurer la qualité de l'accueil, clientèle des particuliers, dans des situations variées ;
- préparer l'argumentaire et la négociation ;
- conduire l'entretien en face à face ou à distance ;
- analyser de façon critique la gestion de la relation ;
- communiquer oralement dans des situations professionnelles d'accueil, d'orientation, découverte des besoins du client, conseil....

3 L'incidence du statut du candidat sur la forme de l'évaluation

La forme de l'évaluation diffère selon le statut de votre candidature (choisie au moment de l'inscription à l'examen) :
- l'évaluation en cours de formation (CCF) : elle vous concerne si vous êtes un étudiant scolarisé dans un établissement public ou privé sous contrat, apprenti en CFA ou en section d'apprentissage habilités, en formation professionnelle continue dans un établissement habilité ;
- l'évaluation ponctuelle orale (durée 45 minutes) : elle vous concerne si vous êtes candidat scolarisé dans un établissement public ou privé hors contrat, apprenti en CFA ou en section d'apprentissage non habilités, en formation professionnelle continue dans un établissement non habilité, enseignement à distance, si vous justifiez de trois années d'expérience professionnelle.

4 Le déroulement de l'épreuve

Le déroulement de l'épreuve varie également selon votre statut.

La forme CCF « Contrôle en cours de formation »		La forme ponctuelle
Deux sessions d'évaluation sont réparties en deuxième année de formation. Vous êtes évalué par deux enseignants vous ayant en formation (votre professeur chargé de l'enseignement de "gestion de la relation client» et un professionnel ou à défaut un autre professeur de spécialité.		Vous êtes convoqué à une épreuve unique qui a lieu pendant la session d'examen. La commission d'interrogation est composée de deux interrogateurs : un professeur chargé de l'enseignement de «gestion de la relation client » et d'un professionnel ou à défaut un autre professeur de spécialité».
Première situation d'évaluation (1/3 de la note finale) Interrogation : 15 minutes au maximum. Elle se déroule au plus tard avant la fin du premier semestre de la seconde année de formation.	Deuxième situation d'évaluation (2/3 de la note finale) Interrogation : 30 minutes au maximum. Elle se déroule au plus tard avant la fin du deuxième semestre de la seconde année de formation.	Épreuve : 45 minutes au maximum, précédée d'une préparation de 15 minutes.
L'évaluation prend appui sur une situation de communication professionnelle extraite du livret de compétences (fiches 1 et 2). Activités testées : accueil, orientation, et découverte des besoins du client.	L'évaluation prend appui sur une situation de communication professionnelle extraite du livret de compétences (fiches 1 à 7). Activités testées : information, conseil, vente et suivi de la relation client.	L'évaluation prend appui sur une situation de communication professionnelle extraite du livret de compétences. Activités testées : accueil, orientation, et découverte des besoins du client, information, conseil, vente et suivi de la relation client.

<table>
<tr><th>La forme CCF « Contrôle en cours de formation »</th><th>La forme ponctuelle</th></tr>
<tr><td>La première situation d'évaluation (15 minutes maximum)</td><td rowspan="4"></td></tr>
<tr><td>Première phase (5 minutes au maximum)
Vous présentez la fiche choisie par la commission.
Vous explicitez les objectifs poursuivis, les difficultés rencontrées, les contraintes à surmonter, les résultats obtenus.
Vous justifiez vos choix en termes de stratégie de communication retenue.</td></tr>
<tr><td>Seconde phase (10 minutes au maximum)
La commission demande des précisions (éclaircissements ou approfondissements) sur tout ou partie des points précédemment exposés.</td></tr>
<tr><td>La deuxième situation d'évaluation (30 mn maximum)</td></tr>
<tr><td colspan="2">Avant l'interrogation
Après avoir sélectionné une de vos fiches, la commission d'interrogation construit une situation de communication en modifiant certains paramètres de la situation présentée sur la fiche.
Les changements apportés modifient la situation initiale, tout en conservant un caractère réaliste.
Le candidat est informé par écrit des modifications apportées par la commission au début de son temps de préparation. La durée de cette préparation est de 15 mn.</td></tr>
<tr><td colspan="2">Première phase (25 minutes au maximum)
Vous procédez à la simulation de tout ou partie de la situation de communication orale construite par la commission avec l'un ou les deux membres de la commission. Vous avez le rôle de conseiller clientèle.</td></tr>
<tr><td colspan="2">Deuxième phase (5 minutes au maximum)
À l'issue de la simulation, la commission procède à un entretien pour vous permettre l'autoanalyse et l'évaluation de votre communication.</td></tr>
<tr><td></td><td>Troisième phase (15 minutes au maximum)
L'entretien est élargi aux autres situations de communication, notamment aux situations d'accueil présentées dans le dossier du candidat.</td></tr>
</table>

5 Les critères d'évaluation

Que ce soit sous forme ponctuelle ou en contrôle en cours de formation, sont évalués :

- La pertinence de l'analyse de la situation de communication
- L'adaptation du comportement à la situation professionnelle et au besoin d'efficacité
- La qualité langagière conforme aux usages professionnels
- La pertinence de la communication par rapport au contexte professionnel
- La pertinence des solutions envisagées et des moyens adoptés (matériels et informationnels)
- L'efficacité de la démarche utilisée pour répondre aux objectifs et aux difficultés de la communication
- La qualité de l'analyse réflexive de la situation de communication
- L'utilisation efficace des ressources professionnelles à disposition

Quelle méthode mettre en œuvre pour préparer cette épreuve ?

1 S'organiser pour préparer cette épreuve

1. Avant toute chose, prendre connaissance du cours de gestion de la relation client pour comprendre les compétences attendues d'un conseiller clientèle en termes de communication.
2. Trouver les situations de communication pendant le stage ou l'activité de travail.
3. Bien vérifier que ces situations font partie de celles du livret de compétences.
4. Remplir la fiche descriptive.
5. S'entrainer à parler pendant 5 ou 10 minutes pour présenter une situation professionnelle. Ne pas hésiter à s'autoévaluer régulièrement sur les situations de communication afin de présenter à l'examen la meilleure des fiches (si normalement en CCF, toutes les compétences doivent être acquises au moment du CCF, toutes les compétences ne pourront pas pour autant être évaluées).

6. Imaginer des variantes de la situation pour se mettre en situation de jeu de rôles.
7. Jouer avec un collègue ou un proche des situations approchantes et analyser ensuite (ai-je fait ce qui était le plus efficace ? Qu'aurais-je pu dire ?...).

2 Trouver et conserver une situation de communication professionnelle

Lorsque l'on est en stage, on observe ou on vit de nombreuses situations de travail, il faut être attentif à ces situations et noter le contenu de quelques conversations de travail qui semblent intéressantes. Dans un premier temps, vous pouvez les transcrire sous forme de dialogue, comme une pièce de théâtre. Cette retranscription doit avoir lieu assez vite après l'observation ou la situation vécue car cela permet de ne pas l'oublier et de se concentrer ensuite sur l'analyse.

3 Comment remplir la fiche descriptive ?

Il ne faut pas se limiter à la simple description d'une situation mais mener une analyse précise en mobilisant le vocabulaire adapté du cours. Il faut bien connaître l'organisation de l'agence bancaire qui vous accueille en stage. Lorsque l'évaluation a lieu sur une situation en agence, durant le stage, la fiche descriptive peut être remplie avec les conseils et sur la base d'un échange avec votre tuteur. Cette manière de faire vous permettra de mener une réelle analyse de la situation et d'employer un vocabulaire professionnel adapté.

4 Que faire pendant les 15 minutes de préparation ?

Vous entrez dans la salle de préparation sans aucun document. Le jury dispose déjà de vos fiches. Il vous indique sur quelle fiche va se dérouler l'interrogation et vous remet une fiche de préparation de la simulation qui peut prendre une forme proche de celle-ci :

BTS		
E3 : Gestion de la relation client	Session N	Fiche de situation N° X
NOM : votre nom	Prénom : votre prénom	N° candidat : xxxxx
Intitulé de la situation initiale :		

FICHE PRÉPARATION DE LA SIMULATION
Pour préparer la simulation, vous tiendrez compte des informations ci-dessous

CADRE REMPLI PAR LA COMMISSION D'INTERROGATION PARAMÈTRES MODIFIÉS (ATTENTION : toutes les cases ne sont pas obligatoirement remplies)	
Le contexte matériel Ressources à disposition	
Le contexte relationnel	Les acteurs : Vous serez L'un des membres du jury sera • Identité du ou des acteurs rencontrés • Forme de communication • Techniques et outils • Etc.
L'objet de la situation	
DÉLIMITATION DE LA SÉQUENCE À SIMULER	

Il est conseillé d'analyser rapidement et par écrit la nouvelle situation en se demandant ce qui a changé par rapport à la situation que vous aviez décrite dans votre fiche.

EXEMPLES

L'objectif ou les contraintes de votre interlocuteur, le client, votre marge de manœuvre...

Ensuite, il est utile de lister par écrit les comportements professionnels que l'on attend de vous dans cette nouvelle situation. Vous pouvez présenter ces comportements sous forme de tableau.

EXEMPLES

– Ce que je ne peux pas faire (mes limites ou contraintes)	– Ce que je peux faire (les différentes solutions qui s'ouvrent à moi = imaginer plusieurs hypothèses)
Je ne peux pas décider moi-même de faire une proposition de crédit si les conditions ne sont pas satisfaites car je n'ai pas l'autonomie pour le faire, et je n'ai pas le droit (le contrat prévoit des points précis → je relis ce passage).	Je m'assure que j'ai bien compris son problème, je reformule. Je dois calmer et rassurer X sur la qualité de nos services, lui rappeler les mentions du contrat, proposer de téléphoner devant lui pour éclaircir un problème, calculer avec lui des échéances, des charges → je prends mon agenda pour lui montrer).

Vous vous remémorez avec la fiche descriptive ce que vous allez exposer au jury.
Les 15 minutes sont passées... Vous respirez un grand coup, et vous entrez dans la salle d'interrogation.

L'UTILISATION DU LIVRET DE COMPÉTENCES POUR L'ÉPREUVE E3

1 La présentation du livret de compétences

Le livret de compétences recense des compétences que vous allez mettre en œuvre dans des situations professionnelles relatives à la «gestion de relation client».
Quel que soit votre mode d'évaluation, CCF ou ponctuel, il sera mis à la disposition de la commission le jour de l'évaluation. Il comporte 7 fiches portant sur des situations professionnelles. Chaque fiche comporte une partie décrivant votre posture professionnelle dans la situation professionnelle correspondante.

- Fiche n°1 : accueil et connaissance du client : accueil physique
- Fiche n°2 : accueil et connaissance du client : accueil à distance
- Fiche n°3 : information, conseil au client, vente : banque au quotidien
- Fiche n°4 : information, conseil au client, vente : crédit
- Fiche n°5 : information et conseil au client, vente : placement
- Fiche n°6 : information et conseil au client, vente : assurances
- Fiche n°7 : suivi de la relation

2 Les objectifs du livret de compétences

Il va servir à votre formation, à votre évaluation et à votre insertion à venir :

- en formation, il vous permet de faire le point sur l'acquisition de vos compétences résultant d'expériences professionnelles vécues ou simulées ;
- au moment de l'évaluation, quelles que soient les formes d'évaluation (CCF ou ponctuelle), l'évaluateur va se référer au livret de compétences pour apprécier le degré de couverture du référentiel ;
- à l'issue de la formation, vous pourrez utiliser ce portefeuille de compétences lors de vos recherches d'emploi ou pour une éventuelle poursuite d'études.

3 Les modalités

Tout au long de votre formation, vous devez consigner les situations rencontrées en remplissant une partie descriptive.
En fin de cursus, une attestation d'authenticité sera établie par les membres de l'équipe pédagogique et, pour les situations rencontrées en période d'immersion professionnelle, par le (ou les) tuteurs(s) de stage, le maître d'apprentissage ou le responsable hiérarchique selon votre statut de candidat.

4 La possibilité d'une autoévaluation

Le livret de compétences vous permet d'autoanalyser votre degré de maîtrise des compétences. Pour chacune des compétences, il établit ainsi votre positionnement :
1 - N'a pas développé la compétence professionnelle ou présente des lacunes graves dans le développement de la compétence professionnelle.
2 - Présente des lacunes dans le développement de la compétence professionnelle.
3 - A atteint un niveau de maîtrise satisfaisant de la compétence professionnelle.
4 - A atteint un niveau de maîtrise très satisfaisant de la compétence professionnelle.

5 Composition du livret de compétences pour l'épreuve E3 (fiches 1 à 7)

Chacune des fiches est précédée d'une partie identique, descriptive de votre posture professionnelle.
Il faut se référer à la circulaire d'examen qui fixe le modèle exact à respecter.

EXEMPLES

NOM DU CANDIDAT :	ENTRETIEN CRÉDIT
PRÉNOM DU CANDIDAT :	SITUATION PROFESSIONNELLE : EN AUTONOMIE ☐ EN COLLABORATION ☐
DATE DE RÉDACTION :	
CADRE PROFESSIONNEL DE RÉFÉRENCE (à renseigner même en situation simulée)	
Contexte professionnel : lieu, date de l'action...	
Ressources utilisées (technologiques, informationnelle, managériales)	
Acteurs impliqués dans la situation	
DESCRIPTION DE LA SITUATION PROFESSIONNELLE	
Objectif, démarche, résultats obtenus, difficultés rencontrées....	

Fiche 2 : accueil et connaissance du client : accueil à distance	1	2	3	4
Réceptionner et traiter les appels téléphoniques en appliquant les procédures de confidentialité d'identification du client pour communiquer avec lui				
Arbitrer les priorités				
Personnaliser l'accueil client/prospect				
Recueillir un premier niveau d'information permettant de qualifier le contact				
Orienter le client/prospect vers l'interlocuteur approprié				
Réaliser les principales opérations courantes dans une démarche proactive et en respectant les règles de confidentialité et les procédures d'accès au système d'information				
Orienter le client vers les outils, services et canaux de communication pertinents				
Prendre un rendez-vous qualifié				
Prévenir et traiter les mécontentements, les incivilités et les conflits				

Fiche n°3 : information, conseil au client, vente : banque au quotidien	1	2	3	4
Préparer l'entretien avec le client/prospect				
Conduire un entretien de découverte				
Établir un diagnostic de la situation personnelle, financière, patrimoniale, fiscale du client/prospect				
Identifier les attentes et besoins du client/prospect				
Collecter les informations obligatoires concernant le client/prospect pour tout produit ou service				
Expliciter au client les obligations réglementaires liées à la collecte d'informations				
Mettre en œuvre les règles relatives à l'obligation d'information sur les caractéristiques essentielles des produits et services bancaires proposés				
Mettre en œuvre les règles relatives à l'obligation de renseigner, dans l'agence et dans le cadre d'un démarchage				
Identifier les sanctions applicables				
Proposer les produits et service adaptés				
Élaborer avec le client une solution négociée dans l'intérêt des parties				
Traiter les objections émises				
Conclure et formaliser l'accord				
Prendre congé, s'assurer de la satisfaction du client et mettre en place la relation future				

Fiche n°4 : information, conseil au client, vente : crédit Fiche n°5 : information et conseil au client, vente : placement Fiche n°6 : information et conseil au client, vente : assurances	1	2	3	4
Préparer l'entretien avec le client/prospect				
Conduire un entretien de découverte				
Établir un diagnostic de la situation personnelle, financière, patrimoniale, fiscale du client/prospect				
Identifier les attentes et besoins du client/prospect				
Collecter les informations obligatoires concernant le client pour tout produit ou service				
Expliciter au client les obligations réglementaires liées à la collecte d'informations				
Mettre en œuvre les règles relatives à l'obligation d'information sur les caractéristiques essentielles des produits et services bancaires et d'assurance proposés				
Mettre en œuvre les règles relatives à l'obligation de renseigner, dans l'agence et dans le cadre d'un démarchage				
Identifier les sanctions applicables				
Conseiller le client sur le produit ou service en fonction de ses attentes, et de sa situation personnelle et financière tout en respectant les priorités et les ambitions commerciales de l'établissement et la réglementation				
Fournir au client les explications ou avertissements en matière de risque de taux et des conséquences d'un éventuel défaut de paiement				
Élaborer avec le client une solution négociée dans l'intérêt des parties				
Traiter les objections émises				
Argumenter un refus ou un accord de crédit				
Conclure et formaliser l'accord				
Prendre congé, s'assurer de la satisfaction du client et mettre en place la relation future				
Préparer l'entretien avec le client/prospect				
Conduire un entretien de découverte				

Établir un diagnostic de la situation personnelle, financière, patrimoniale, fiscale du client/prospect				
Identifier les attentes et besoins du client/prospect				
Collecter les informations obligatoires concernant le client pour tout produit ou service de placement (évaluer le degré de connaissance du client sur les risques inhérents aux produits proposés)				
Expliciter au client les obligations réglementaires liées à la collecte d'informations				
Mettre en œuvre les règles relatives à l'obligation d'information sur les caractéristiques essentielles des produits et services bancaires proposés				
Mettre en œuvre les règles relatives à l'obligation de renseigner, dans l'agence et dans le cadre d'un démarchage				
Identifier les sanctions applicables				
Conseiller le client sur le produit ou service en fonction de ses attentes et de sa situation personnelle et financière tout en respectant les priorités et les ambitions commerciales de l'établissement et la réglementation				
Fournir au client les explications ou avertissements en matière de risque de perte de capital, de rendement et de fiscalité				
Élaborer avec le client une solution négociée dans l'intérêt des parties				
Traiter les objections émises				
Conclure et formaliser l'accord				
Prendre congé, s'assurer de la satisfaction du client et mettre en place la relation future				

Fiche n°7 : suivi de la relation	1	2	3	4
S'assurer de la mise en œuvre des contrats				
S'assurer de la satisfaction du client				
Résoudre les problématiques simples de service après-vente				
Rendre compte des informations et de la relation conformément aux exigences de l'établissement				
Enrichir le système d'information commercial et bancaire				
Enrichir les bases de données des superviseurs				
Établir un contact durable avec le client				
Informer le client des nouveautés				
Prévoir les dates possibles de ré-achat				
Traiter les réclamations de la clientèle				

DÉVELOPPEMENT ET SUIVI DE L'ACTIVITÉ COMMERCIALE

1 LA DIVERSITÉ DES COMPTES BANCAIRES

L'entrée en relation du client avec la banque se matérialise par l'ouverture d'un ou plusieurs comptes : compte courant, compte d'épargne, compte-titres, les deux derniers étant souvent rattachés au premier. La disponibilité des fonds et le nombre de titulaires permettent de les différencier.

1 Le compte de dépôt, compte pivot de la relation bancaire

1. Le compte à vue

Le compte courant, compte de dépôt ou compte-chèque regroupe les opérations réciproques d'encaissements et de décaissements réalisées entre le banquier et son client en un solde unique, qui peut être alternativement créditeur ou débiteur. À ce titre, il est le compte pivot des relations courantes entre la banque et son client : versements et retraits en espèces ou utilisant d'autres moyens de paiement (carte bancaire, chèque, etc.) ; mouvements de fonds avec les autres comptes (notamment compte-épargne).
Depuis 2005, il peut être rémunéré. La loi autorise également depuis 2011 de nouveaux types d'établissements de crédit, les établissements de paiement, à proposer des comptes de paiement.

EXEMPLE

La Caisse d'Épargne, suivie par Axa, HSBC, Groupama Banque, Boursorama Banque, Monabanq et la Barclays proposent ce type d'offre avec des taux d'intérêt faible, entre 0,5 et 1 % brut par an.

2. Le compte-épargne

Contrairement au compte courant, le compte sur livret n'est pas support des moyens de paiement, sauf exceptions, et ne peut être débiteur. Il constitue un dépôt d'argent rémunéré à vue alimenté librement par le client, les intérêts étant capitalisés en fin d'année.
Il se distingue du plan d'épargne pour lequel le rythme des versements et le montant minimal sont le plus souvent imposés contractuellement. Il se différencie enfin des comptes à terme, qui comportent une échéance avec des pénalités en cas de retrait anticipé.

3. Le compte-titres

a) Caractéristiques

Le compte-titres, appelé encore « compte de dépôt de titres », « compte d'instrument financier » ou « compte-titres ordinaire » par opposition au PEA, est un support permettant la conservation et la restitution en nature par la banque des titres confiés par un déposant. Ces titres ou valeurs mobilières peuvent être constitués d'actions, d'obligations, d'OPCVM, de bons du Trésor, de Trackers, etc.

b) Fonctionnement

Le compte-titres peut être détenu en compte individuel, compte joint ou compte indivis. Il nécessite l'ouverture d'un compte de dépôt pour réaliser les opérations d'achat et de vente. Aucune limite de nombre, d'âge ni de montant n'est imposée. Le titulaire est soumis à la fiscalité relative à la cession et aux revenus des valeurs mobilières.

2 Le ou les titulaires du compte

1. Le compte individuel

Le titulaire, en principe personne physique, est le seul à pouvoir faire fonctionner son compte. Il peut toutefois donner procuration à une personne pour effectuer des dépôts et des retraits en son nom. Dans tous les cas, la responsabilité du titulaire est engagée et, en cas de décès du titulaire, la procuration prend fin immédiatement.
L'intitulé du compte reprend le premier prénom et le nom du titulaire, précédé de M. ou Mme, ou son nom d'usage s'il figure sur la pièce d'identité. Si la personne est sous tutelle ou curatelle, le nom du tuteur ou du curateur est mentionné.

2. Le compte collectif

Le compte joint est ouvert au nom de plusieurs personnes ayant ou non entre elles des liens de parenté ou d'alliance. Chaque personne (cotitulaire) est responsable sur le compte. On distingue :

a) Le compte joint solidaire ou compte joint

Pratique et utilisé surtout par les couples mariés ou non, le compte est inscrit au nom de l'un *ou* l'autre des cotitulaires.

EXEMPLE

Mme ou M. Allos ont un compte joint.
Chaque cotitulaire peut effectuer toutes les opérations sur son compte avec sa seule signature.
Chaque cotitulaire dispose de l'actif du compte, sans pouvoir dépasser cette limite (principe de la solidarité active), et engage l'autre pour toutes les sommes dues à la banque (solidarité passive). Les cotitulaires sont donc solidaires et tous responsables des opérations initiées sur le compte, du débit éventuellement envers la banque. En cas d'incident de paiement, l'interdiction bancaire touche tous les titulaires du compte et l'ensemble des comptes détenus par ailleurs, sauf si, à l'ouverture, un responsable a été désigné afin de libérer tous les autres titulaires de ce risque.
En cas de mésentente, les cotitulaires peuvent dénoncer unilatéralement, à tout moment, le compte joint et mettre fin au principe de solidarité. En cas de décès de l'un d'eux, le compte continue à fonctionner, sauf opposition des héritiers.

b) Le compte joint indivis ou compte indivis

Il s'agit d'un compte bancaire sur lequel aucune opération ne peut être réalisée sans l'accord exprès de tous les cotitulaires. La signature de tous les titulaires du compte est indispensable. Les relevés de compte, les courriers, les chéquiers portent les noms des cotitulaires liés entre eux par un « et ». L'usage du « et » marque le fait qu'aucun cotitulaire ne peut agir seul sur le compte, sans l'accord exprès de tous les autres.

EXEMPLE

« M. et Mme », « Mme et Mme », « Durand et Dupont ».

2 LES VÉRIFICATIONS ET CONTRÔLES À L'OUVERTURE D'UN COMPTE

Si la banque est libre d'accepter l'ouverture d'un compte, elle est soumise à des obligations très strictes lors de l'entrée en relation, que la réglementation en matière de lutte contre le blanchiment des capitaux (LAB) a accrues. Certaines vérifications revêtent un caractère obligatoire, d'autres permettent d'apprécier le potentiel commercial du client.

1 Les vérifications à caractère obligatoire

Ces vérifications engagent la responsabilité des banques, qui sont assujetties à une obligation de moyens.

1. Le contrôle de l'identification des clients

Afin d'éviter que le titulaire du compte n'effectue des opérations frauduleuses sous un nom d'emprunt, le banquier doit vérifier ses nom, prénom, date et lieu de naissance, nationalité et résidence principale.

a) L'identité

Le contrôle d'identité pourra résulter de la communication d'une pièce d'identité officielle en cours de validité avec photo : carte nationale d'identité, passeport, carte de séjour, de résident. Dans le cas d'une ouverture de compte en présence du client, le chargé de clientèle pourra effectuer un contrôle visuel de la personne par rapport à la photo, le sexe et l'âge du client indiqués sur la pièce d'identité.

b) Le domicile

Le contrôle nécessite la fourniture d'une pièce probante datant de moins de 2 mois : facture d'eau, de téléphonie fixe, attestation d'hébergement chez un tiers accompagnée du justificatif de domicile de ce tiers. La banque adresse généralement un courrier de bienvenue au client pour vérifier que le courrier ne revient pas en NPAI («n'habite pas à l'adresse indiquée») et s'assurer ainsi de l'exactitude de l'adresse fournie.

Pour les personnes sans domicile stable, une attestation d'élection de domicile établie par un organisme domiciliataire peut être fournie.

La notion de résident et de non-résident revêt un caractère particulièrement important en matière de services bancaires : les PEA, LDD, LEP et livret jeune ne peuvent être détenus par un non-résident dont le domicile fiscal est à l'étranger.

2. Le contrôle de la capacité civile

L'établissement de crédit doit s'assurer de la capacité juridique du client, en l'espèce de son pouvoir d'ouvrir et d'utiliser par lui-même un compte bancaire.

a) Le mineur

Les majeurs (pour les Français à partir de 18 ans, pour les étrangers entre 18 et 21 ans, selon la nationalité) et les mineurs émancipés par décision du juge des tutelles à partir de 16 ans ou automatiquement par le mariage peuvent faire librement fonctionner un compte bancaire.

Pour les mineurs non émancipés, seul leur représentant peut leur ouvrir un compte et le faire fonctionner sous sa seule signature, à savoir :

– dans le cadre le plus courant de l'administration légale pure et simple, l'un ou l'autre des parents ;
– dans le cadre de l'administration sous contrôle judiciaire, le parent unique ;
– en l'absence de parents, le tuteur.

Jusqu'aux 16 ans du mineur, les parents ou tuteur ont la jouissance et la responsabilité intégrales et exclusives des fonds et des mouvements sur les comptes. Le livret de famille ou une éventuelle décision de justice renseigne sur la nature de cette représentation.

Dans la pratique, dès lors que le compte n'est pas débiteur, le mineur peut effectuer certaines opérations seul :
– à partir de 12 ans, il peut y faire des dépôts seul et procéder à des retraits avec la signature de son représentant légal ;
– à partir de 16 ans, il peut, avec l'autorisation de son représentant légal, ouvrir un compte bancaire doté de moyens de paiement et utiliser librement les sommes inscrites sur le compte, sauf opposition explicite de la part de son représentant légal.

Les banques proposent une carte de retrait avec autorisation systématique.

b) Les majeurs protégés

900 000 majeurs dont les facultés mentales ou physiques sont altérées font l'objet en France d'une mesure de protection juridique. Cette protection peut être plus ou moins renforcée.

– Pour les personnes illettrées ou atteintes d'un handicap rendant difficile l'entrée en relation, l'ouverture du compte peut nécessiter la présence d'un mandataire désigné devant notaire.
– Les majeurs ayant besoin d'être protégés temporairement dans des actes déterminés – placés sous sauvegarde de justice – conservent leur capacité juridique et la liberté de gestion de leurs intérêts et peuvent ouvrir un compte.
– Dès lors qu'il a besoin d'être conseillé ou contrôlé de manière continue dans les actes importants de la vie civile, le majeur incapable peut être placé sous curatelle.
– Si la personne est complètement incapable, elle sera placée sous tutelle et représentée dans tous les actes de sa vie civile.

Les majeurs sous régime de tutelle ou de curatelle renforcée ne pourront ouvrir un compte que représentés ou assistés de leur tuteur ou curateur. La mention «sous tutelle de» ou «sous curatelle de» est ajoutée à l'intitulé du compte. En absence de fichier national des incapacités, la banque assume les conséquences d'une ouverture de compte au profit d'un majeur protégé. En cas de doute, une copie de l'acte de naissance sera exigée afin de vérifier si une mesure de protection en marge a été prononcée.

3. La capacité bancaire

Lors de la délivrance d'un chéquier, la banque doit vérifier que le prospect n'est pas frappé d'interdiction bancaire en interrogeant le Fichier central des chèques (FCC) de la Banque de France. Les réponses doivent être conservées 2 ans.

4. Le risque de blanchiment

Lors de l'entrée en relation, la banque doit contrôler et «filtrer» la présence éventuelle de son client sur des listes de personnes sous sanctions officielles et publiques. Elle doit ensuite qualifier –«profiler» – le client en termes de risque lié au blanchiment en trois valeurs : faible, normal ou élevé. La banque doit consigner les preuves qu'elle a effectué ces contrôles.

5. La consignation des pièces client et la déclaration du compte

L'établissement de crédit doit enregistrer les preuves d'identification du client pendant une période de 5 ans. Cette consignation se fait par le biais de la numérisation des pièces. Ce dossier électronique s'accompagne d'un dossier client «conforme» c'est-à-dire comportant les photocopies d'une pièce d'identité, d'un justificatif de domicile de moins de trois mois ainsi que d'éléments d'informations précisant l'existence et l'origine des revenus du client.

Enfin, toute ouverture doit être également consignée sur le Fichier national des comptes bancaires (FICOBA). La banque est tenue de déclarer dans le mois l'ouverture du compte à l'administration fiscale.

2 Les renseignements généraux complémentaires

Outre les informations personnelles, le banquier demande des renseignements complémentaires sur la situation professionnelle ou personnelle de son client.

1. La situation conjugale et familiale

Se marier, conclure un pacte civil de solidarité (Pacs) ou vivre en concubinage entraîne des conséquences importantes sur les relations financières et patrimoniales des partenaires entre eux et avec les tiers (cf. E5- Environnement économique, juridique et organisationnel de l'activité bancaire).

Dans tous les cas, le compte bancaire individuel peut être ouvert librement. Le conjoint, s'il ne dispose pas d'une procuration, ne peut avoir accès au compte bancaire personnel de son partenaire. S'agissant du Pacs ou du mariage, chacun peut disposer librement de ses fonds et de ses titres ainsi que de ce qui reste de son salaire, une fois acquittée sa contribution aux charges du ménage, selon ses facultés. Le concubinage ne fait naître aucune obligation, notamment en ce qui concerne la participation aux charges de la vie commune.

Outre la situation conjugale, le nombre d'enfants est un indicateur de stabilité du ménage et d'opportunités commerciales.

2. La situation relationnelle et professionnelle du client

Le banquier sera attentif aux liens que le prospect entretient avec des clients connus de l'agence, à sa stabilité professionnelle (nature du contrat, employeur, ancienneté dans l'emploi).

3 La découverte complémentaire du client

Lors de l'entretien d'ouverture de compte, la fiche client sera complétée par des informations permettant d'apprécier le potentiel commercial du client. Les différents contrôles effectués à cette occasion (scoring client, contrôle auprès de la Banque de France...) permettront d'évaluer le risque client pris par la banque. Outre la connaissance personnelle, le conseiller clientèle étendra le plan de découverte aux quatre autres champs de la vie du client : situation professionnelle, patrimoniale, projets et motivations.

1. La situation bancaire

Pour évaluer le comportement bancaire (mouvements, utilisation des moyens de paiement, échéances sur le compte) et le risque client (surendettement ou incidents de paiement), les deux derniers relevés de compte ainsi que la consultation du Fichier national des incidents de remboursement des crédits aux particuliers (FICP) de la Banque de France seront nécessaires.

S'agissant d'un nouveau client, il conviendra de comprendre les raisons du nomadisme bancaire, de l'insatisfaction éventuelle et des attentes du client vis-à-vis de la banque afin de mieux le contenter.

2. Les flux d'entrée et de sortie

Afin d'apprécier le niveau et la stabilité des revenus, la capacité d'épargne disponible, les deux derniers justificatifs de revenus et l'avis d'imposition seront demandés au client.

Le chargé de clientèle veillera à domicilier les revenus dans les comptes de l'agence, et à capter le cas échéant les flux excédentaires vers l'offre d'épargne adaptée.

3. La situation patrimoniale

Il s'agira de déterminer le patrimoine, d'analyser l'endettement en niveau et en composition (crédit à la consommation, crédit immobilier, autres), la répartition (épargne bancaire et non bancaire, biens mobiliers et immobiliers), et enfin de vérifier leur adéquation et leur cohérence avec les projets du client.

4. Les besoins, projets et attentes du client

En fonction des besoins identifiés lors de la phase de découverte du client, le chargé de clientèle proposera dans un premier temps un équipement bancaire de base et reportera si nécessaire sur un rendez-vous ultérieur le traitement des autres attentes et projets formulés par le client : projet immobilier, préparation de la retraite, prévoyance.

2 LES VÉRIFICATIONS ET CONTRÔLES À L'OUVERTURE D'UN COMPTE (Suite)

4 La gestion des mandats sur le compte

Le titulaire d'un compte bancaire, appelé le « mandant » et bénéficiaire de la procuration, peut autoriser une autre personne, le « mandataire », à effectuer des opérations sur un compte bancaire lui appartenant.

1. Les règles de mise en place

La procuration ne peut être tacite : elle doit être établie par écrit sur un modèle de la banque ou sur papier libre déposé ou envoyé à la banque, et doit comporter les signatures précédées des mentions « Bon pour pouvoir » pour le mandant et « Accepte le présent pouvoir » pour le mandataire. Le mandant doit être majeur et capable et ne doit pas être interdit bancaire. La procuration prend fin à la révocation, à la renonciation, au décès du mandant, ou à l'échéance prévue par l'acte.

Elle peut être accordée à toute personne, y compris considérée comme incapable, à plusieurs personnes, ou être accordée conjointement, les mandataires devant alors effectuer et signer ensemble les opérations.

2. La responsabilité mandant/mandataire

Les opérations réalisées par le mandataire sont expressément prévues lors de la signature de la procuration. Elles peuvent être générales, sans limitation d'opérations, de montants, de durée, ou spéciales – limitées à plusieurs de ces critères. Le mandataire peut notamment souscrire, résilier des produits et des services, effectuer des dépôts, des retraits ou des virements, émettre des chèques, passer des ordres de Bourse.
Le mandant est seul responsable des opérations effectuées sur son compte par le mandataire.

3 LA RÉGLEMENTATION RELATIVE AUX CONVENTIONS DE COMPTE

Au-delà des obligations de vérification, le banquier a un devoir d'information du client sur les conditions de fonctionnement de son compte et les tarifs applicables aux services proposés lors de l'ouverture du compte. Cette obligation, fixée par le décret du 24 juillet 1984, a été renforcée par la loi Murcef du 11 décembre 2001, qui impose que la gestion d'un compte de dépôt soit réglée par une convention écrite entre le client et l'établissement de crédit.

1 La formalisation renforcée de la relation bancaire

1. Le contenu de la convention de compte

La convention de compte détaille la totalité des engagements contractuels, de l'ouverture à la clôture du compte. La loi du 1er novembre 2009 en a défini le contenu.

a) Le fonctionnement général du compte

La convention de compte précise obligatoirement la durée de la convention, les services proposés et leurs tarifs, les dates de valeur, les moyens de communication utilisables entre le ou les titulaires du compte et la banque, les conditions de procuration, le sort du compte en cas de décès, les conditions de modification et de résiliation de la convention, les voies de médiation et de recours en cas de contestation.
Toute modification de la convention doit être stipulée au client 3 mois avant sa mise en œuvre ; celui-ci dispose de 2 mois pour refuser l'application des nouvelles règles et demander la clôture de son compte sans frais.

b) Les moyens de paiement

Figurent également les moyens de paiement associés au compte, les obligations en matière de sécurité et de protection relatives à leur utilisation, les procédures en cas d'incident de paiement, les taux d'intérêt et de change applicables, etc.

c) La gestion des découverts

Les conséquences d'une position débitrice autorisée ou non autorisée, du compte, les possibilités de blocage ou de restitution de moyens de paiement y sont également notifiées.

2. Une signature obligatoire

Pour les comptes ouverts depuis le 28 février 2003, les conditions tarifaires doivent faire l'objet d'une convention écrite et acceptée par le client.
Pour les comptes ouverts avant cette date, les banques doivent proposer une fois par an aux clients ne disposant pas de convention d'en signer une.

2 La tarification bancaire

1. La plaquette tarifaire

La plaquette tarifaire détaille la totalité des frais et rémunérations des services proposés par la banque.
La tarification doit être remise lors de l'ouverture du compte et est communiquée à la clientèle en agence par voie d'affichage et par la mise à disposition de dépliants tarifaires en libre-service ; elle doit aussi figurer sur le site Internet de la banque.
Pour faciliter la comparaison des tarifs d'un établissement à l'autre, les banques doivent faire figurer un « extrait standard des tarifs » de dix produits et services parmi les plus couramment facturés en tête de leurs brochures tarifaires et sur leur site Internet.

2. Le relevé de frais bancaires

Depuis le 1er janvier 2009, les banques sont tenues d'envoyer à leurs clients, au cours du mois de janvier de chaque année, un relevé annuel de frais liés à la gestion du compte courant, récapitulant les cotisations aux différents produits ou services et les agios sur découverts, ainsi que différents frais (liés à des retraits d'espèces, à des rejets de chèques ou de prélèvements, à des incidents de paiements, etc.). Depuis juillet 2011, le relevé de compte mensuel doit faire figurer le total mensuel des frais bancaires prélevés.
Depuis le 1er janvier 2016, les frais liés aux irrégularités de fonctionnement ainsi qu'aux incidents de paiement font l'objet d'une information préalable sur le relevé de compte ou tout autre moyen afin de laisser au client un délai minimum de 14 jours avant leur perception sur le compte.

3. La tarification pour les clients en difficulté

Depuis le 1er octobre 2014, les banques sont dans l'obligation de proposer une offre de services bancaires à prix réduit, ne pouvant pas dépasser 3 € par mois, à leurs clients en difficulté financière, à savoir les personnes inscrites pendant 3 mois consécutifs au fichier de la Banque de France centralisant les incidents de paiement pour chèque impayé ou encore les personnes surendettées.

EXEMPLE

Prix moyen pondéré en 2016 (Observatoire des tarifs bancaires)

Carte de paiement internationale à débit immédiat	40,26 €
Carte de paiement à autorisation systématique	30,71 €
Carte de paiement internationale à débit différé	44,90 €
Premier retrait payant dans un DAB d'un autre établissement de la zone euro	0,91 €
Virement SEPA occasionnel dans la zone euro	3,69 €
Mise en place d'un prélèvement	0,26 €
Assurance perte ou vol des moyens de paiement	24,79 €
Frais de tenue de compte	15,24 €
Commission d'intervention	7,72 €

3 Le service d'aide à la mobilité bancaire

Le service d'aide à la mobilité bancaire mis en place depuis le 6 février 2017 propose aux clients, en faisant la demande expresse, un accompagnement de leur nouvelle domiciliation bancaire. Concrètement, la nouvelle banque dispose de 2 jours ouvrés pour demander à l'ancien établissement les opérations relatives aux 13 derniers mois et doit dans les 5 jours informer les organismes procédant à des virements et prélèvements du changement de domiciliation bancaire. Ce service ne concerne que les comptes de dépôt.

4 LES DISPOSITIFS D'INCLUSION BANCAIRE

L'accès à un compte bancaire est indispensable à la vie quotidienne d'un ménage. La loi a donc instauré un droit au compte, et des mesures d'inclusion financières ont été mises en place pour lutter contre l'exclusion bancaire et financière. La loi de régulation et de séparation des activités bancaires de juillet 2013 a fait entrer de nouvelles obligations à destination des personnes fragilisées financièrement.

1 L'accès au compte bancaire et aux moyens de paiement

1. Le droit au compte

Ce droit a été consacré par la loi du 24 janvier 1984 face aux réticences des banques confrontées aux demandes d'ouverture présentées par des personnes ayant été fichées par la Banque de France (BDF) au titre d'un incident de paiement par chèque ou d'un incident de paiement de crédit.

a) Définition

Toute personne dépourvue d'un compte de dépôt peut saisir la BDF, qui désigne alors un établissement de crédit situé à proximité de son domicile ou d'un autre lieu de son choix, dans un délai d'un jour ouvré, pour bénéficier d'un compte de dépôt et du service bancaire de base gratuit associé au droit au compte. La loi de modernisation sociale de 2008 a élargi l'accessibilité aux livrets A.

b) Des démarches facilitées

Depuis le 28 avril 2006, toute personne physique dépourvue de compte de dépôt a la faculté de donner mandat à l'établissement qui lui refuse l'ouverture d'un tel compte de transmettre à la BDF sa demande d'exercice du droit au compte, accompagnée d'une lettre de refus d'ouverture de compte. La BDF dispose alors d'un jour ouvré pour traiter cette demande et désigner un établissement.

c) La dénonciation du droit au compte

Toute décision de clôture de compte à l'initiative de l'établissement de crédit désigné par la BDF doit faire l'objet d'une notification écrite et motivée adressée au client et à la BDF pour information. Un délai minimal de 60 jours doit être consenti au titulaire du compte.

2. Les services bancaires de base

La banque désignée dispose d'un délai de 3 jours ouvrés pour procéder à la signature de la convention de compte et proposer gratuitement les services bancaires suivants :
- ouverture, tenue et clôture du compte ;
- un changement d'adresse par an ;
- délivrance à la demande de relevés d'identité bancaire (RIB) ;
- domiciliation de virements bancaires ;
- envoi mensuel d'un relevé des opérations effectuées sur le compte ;
- réalisation des opérations de caisse ;
- encaissement de chèques et de virements bancaires ;
- dépôts et retraits d'espèces à la banque teneur du compte ;
- paiements par prélèvement, TIP ou virement bancaire ;
- moyens de consultation à distance du solde du compte ;
- carte de paiement avec autorisation systématique ;
- 2 formules de chèques de banque par mois.

2 L'accès au forfait de compte spécifique

Certaines obligations relevant auparavant de la simple autorégulation du secteur bancaire, comme la gamme de moyens de paiement alternatifs au chèque – forfaits à prix réduit destinés aux personnes interdites de chéquier –, ont été consacrées et généralisées par la loi de régulation et de séparation des activités bancaires de juillet 2013.

1. Le forfait de compte spécifique

Le décret du 30 juin 2014 fixe le tarif de l'offre à 3 € par mois et liste les services du compte spécifique :
- tenue et fermeture du compte de dépôt ;
- carte de paiement à autorisation systématique ;
- dépôt et retrait d'espèces dans l'agence de l'établissement teneur du compte ;
- 4 virements mensuels SEPA, dont au moins un virement permanent ;
- 2 chèques de banque par mois ;
- moyen de consultation du compte à distance ;
- système d'alerte sur le niveau du solde du compte ;
- fourniture de relevés d'identité bancaire ;
- plafonnement spécifique des commissions d'intervention ;
- un changement d'adresse par an.

Le décret instaure un plafonnement des commissions d'intervention à 4 € par opération et 20 € par mois. Les banques ont également l'obligation de mettre en place des dispositifs de détection et d'accompagnement de ces clients fragiles.

2. Les personnes en situation de fragilité financière

Cette offre spécifique est destinée aux particuliers « en situation de fragilité financière », n'agissant pas pour des besoins professionnels. Cette situation doit être appréciée par les banques selon :
- l'existence d'incidents de fonctionnement du compte et d'incidents de paiement, donnant lieu à une inscription pendant 3 mois consécutifs au Fichier central des chèques (FCC) ou au Fichier national des incidents de remboursement des crédits aux particuliers (FICP) ;
- le montant des ressources portées au crédit du compte ;
- l'impossibilité d'ouvrir un compte de dépôt ou de disposer d'une carte de crédit ou d'un chéquier ;
- l'existence d'un dossier de surendettement déclaré recevable.

3 L'Observatoire de l'inclusion bancaire

Cet observatoire a été créé auprès de la BDF. Il est chargé de veiller à la bonne mise en place du dispositif en collectant des informations sur l'accès à ces services et l'usage qu'en font les personnes, ainsi que sur les initiatives des établissements de crédit en la matière.

5 L'ACCOMPAGNEMENT DU FONCTIONNEMENT DU COMPTE

Afin d'accompagner ses clients tout au long de la relation avec son établissement, le chargé de clientèle dispose de différents outils qui lui permettent d'analyser le fonctionnement de l'ensemble des clients composant son portefeuille, et d'apporter une réponse appropriée. Le système d'information marketing couplé au système de gestion de la relation client (GRC) a considérablement amélioré le suivi de la clientèle.

1 Les outils de connaissance du client

1. La fiche client et le relevé de compte

a) La fiche client

La fiche client propose une image synthétique du client : sa situation personnelle, familiale, professionnelle, l'ancienneté de la relation avec la banque, l'environnement et l'équipement bancaire, les produits d'épargne possédés, les découverts et crédits consentis, l'état d'évaluation des portefeuilles titres, l'inscription aux fichiers de la Banque de France (FCC, FICP...).

b) Le relevé de compte

Une analyse plus dynamique du fonctionnement du compte est nécessaire pour apprécier les habitudes bancaires du client. Le relevé de compte du client recense les opérations enregistrées au débit et au crédit d'un compte au cours d'une période (journée, décade, mois, etc.). Ce document reprend le solde du compte avant et après imputation de ces opérations.

2. Les statistiques de compte

Elles informent le conseiller clientèle sur :
- le solde moyen mensuel du compte ;
- la durée d'utilisation du découvert ;
- les plus forts découverts, le nombre de jours débiteurs ou créditeurs ;
- les moyens de paiement privilégiés ;
- les mouvements créditeurs et débiteurs.

EXEMPLE

Extrait de statistiques de compte :

Chèques émis	Chèques de retrait	Facturettes CB	Retraits CB
73	0	136	47

Prélèvements	Virements émis	Virements reçus	TIP
35	11	10	23

Nombre de jours débiteurs	Nombre de jours créditeurs	Montant du découvert autorisé	Nombre de jours de dépassement du découvert
17	342	650 €	6

3. Les autres outils

La balance quotidienne, l'historique, les graphiques des comptes permettent de compléter l'analyse dynamique du compte : solde, date de la dernière écriture, montant des sommes indisponibles, état des encours de factures carte bancaire à débiter en fin de mois.

EXEMPLE

Extrait de graphique de compte

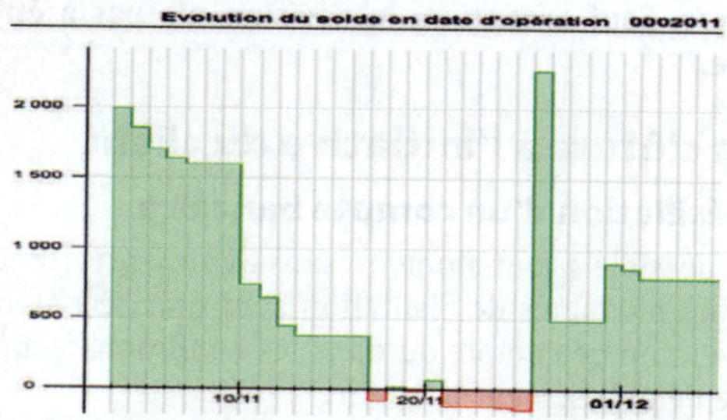

2 Les alertes de fonctionnement du compte

Elles facilitent l'accompagnement du compte en essayant d'en comprendre les causes pour réagir de façon appropriée.

1. Les points de vigilance

Le chargé de clientèle devra être attentif à :
- la domiciliation des salaires, des prestations sociales du client et de son conjoint (source de dépôts réguliers) ;
- l'existence de prélèvements émanant des créanciers habituels, qui accroît la fidélisation du compte ;
- la nature des virements émis, qui peuvent soit alimenter un produit d'épargne à la concurrence, soit correspondre à une charge (versement d'une pension alimentaire, remboursement de crédit auprès d'une autre banque), dont il faudra tenir compte.

Les retraits importants et fréquents doivent conduire à fixer un seuil d'alerte afin d'éviter les retraits abusifs.

2. Les indicateurs d'alerte

Le dépôt d'un montant important comme les versements d'espèces fréquents doivent conduire à s'interroger sur l'origine des fonds dans le cadre de la vigilance à l'égard du blanchiment des capitaux.

De même, les remises régulières de chèques doivent inquiéter. S'agit-il de chèques volés, maquillés, relevant de circuits de cavalerie ? Les chèques tirés nombreux et de faible montant (inférieurs à 15 €) représentent également un coût et un risque importants pour la banque, qui doit les honorer.

Les variations dans les mouvements créditeurs et débiteurs, la durée d'utilisation du découvert au-delà de limites raisonnables, le solde moyen mensuel doivent eux aussi alerter le chargé de clientèle.

3 Les opportunités commerciales

Le recours accru aux outils et techniques de marketing analytique permet aux banques de personnaliser la relation. L'interface de gestion des événements de la relation client offre des solutions individualisées au moment opportun : le système génère quotidiennement les actions à mener par le commercial en fonction des événements de la vie du client.

EXEMPLE

Fin d'un remboursement de crédit, proposition de prêt étudiant lors des études supérieures des enfants.

6 LA CLÔTURE DU COMPTE

La clôture de compte est un acte important pour le banquier. Elle peut être à l'initiative du client ou de la banque. Sauf exception, la décision n'a pas à être motivée.

1 La clôture à l'initiative du client

1. La résiliation d'un compte bancaire

Elle est possible à tout moment, sans avoir à préciser le motif. Les modalités de résiliation sont précisées dans la convention de compte ou dans les conditions générales de l'établissement bancaire.

Le conseiller clientèle proposera un entretien commercial et essaiera de connaître les raisons de la clôture du compte : déménagement, mécontentement, meilleure proposition à la concurrence, etc. Si le client est mécontent des services rendus, ses reproches doivent être pris en considération. S'il déménage, le conseiller pourra l'orienter vers une agence de la banque du lieu où il va s'installer.

2. Les modalités de résiliation

Elles sont définies dans la convention de compte ou dans les conditions générales de l'établissement bancaire. Le client signifie à sa banque par écrit ou oralement sa volonté de clôturer le compte.

À la clôture du compte, les moyens de paiement et la clé du coffre doivent être rendus. Le conseiller doit veiller à ce qu'il reste la provision nécessaire en cas de paiement émis avant la clôture du compte (sinon le titulaire du compte est tenu de rembourser la banque au terme du préavis), à contrôler les engagements du client, et à procéder à la déclaration de clôture au FICOBA. Si le compte est débiteur, la banque doit adresser une mise en demeure au client de régulariser le solde débiteur afin de pouvoir enregistrer l'incident au FICP.

3. Les frais de clôture

Depuis le 1er janvier 2005, la clôture des comptes de dépôt et des livrets d'épargne réglementés n'est plus facturée. En revanche, les frais de transfert subsistent pour les comptes et plans épargne logement, les plans d'épargne en actions, les plans d'épargne populaires (PEP) et les comptes-titres.

2 La clôture à l'initiative de la banque

1. Les causes

Le banquier peut clôturer un compte pour de multiples raisons : incidents de paiement fréquents ; compte inactif, compte non rentable ; changement de politique commerciale ; absence de mouvements sur une période de plus de 10 ans.

2. Les conséquences

Les formalités sont identiques que dans le cas d'une clôture à l'initiative du client, sauf que la banque doit informer son client de sa décision de clôturer le compte par l'envoi d'une lettre recommandée avec accusé de réception et lui laisser un délai minimal de 60 jours pour qu'il puisse s'organiser et trouver une autre banque.

Si le compte a été ouvert dans le cadre de la procédure du droit au compte, le délai est de 60 jours et la banque doit notifier sa décision motivée à la BDF.

En cas d'opérations frauduleuses sur le compte, le banquier doit procéder à la rupture immédiate du compte afin d'éviter d'engager sa responsabilité civile, voire pénale.

La banque peut aussi fermer sans information préalable tout compte demeuré inactif pendant 10 ans (car il semble abandonné). Elle confie l'argent à la Caisse des dépôts et consignations. Au terme de 20 ans de conservation sans réclamation, les sommes consignées issues d'un compte inactif sont acquises à l'État.

3 La clôture liée au décès du titulaire

1. Les formalités liées à la succession

Dès que la banque a connaissance du décès du titulaire, elle bloque le compte. Le conseiller demande un certificat de décès et le transmet au service Successions, qui procède au blocage des comptes.

Le compte doit être mis sous surveillance et ne plus enregistrer aucune opération de dépôt ni de retrait, à l'exception de celles réalisées avant le décès et celles correspondant au règlement des frais relatifs aux funérailles et aux impôts n'excédant pas 2 300 €.

Les procurations éventuelles cessent d'être effectives.

La banque a obligation de communiquer au notaire le montant des avoirs détenus par le client au jour du décès. Après le règlement de la succession et le transfert des sommes aux héritiers ou au notaire, la banque clôture le compte. Si le solde créditeur n'excède pas 2 300 €, les héritiers peuvent obtenir le versement de la somme sous leur responsabilité.

2. Les comptes inactifs

Depuis le 3 juin 2014, les banques doivent rechercher les titulaires de comptes inactifs. Un recensement annuel des comptes abandonnés dans les établissements bancaires sera effectué pendant 10 ans, et le notaire chargé de déterminer l'actif successoral devra consulter le FICOBA.

3. Le décès du titulaire du compte joint

Contrairement au compte individuel, le compte joint n'est généralement pas bloqué par le décès d'un des cotitulaires. Le cotitulaire du défunt peut demander la restitution de la totalité des sommes figurant sur le compte et la transformation du compte en compte individuel à son seul nom pour continuer à l'utiliser.

4. La dénonciation du compte joint

Elle aboutit souvent à la clôture du compte. En cas de mésentente, un cotitulaire peut la demander à sa seule initiative, les autres cotitulaires étant informés par la banque. Le compte devient un compte en indivision avant, souvent, d'être clôturé : il ne peut plus être mouvementé que sous la signature conjointe de tous les cotitulaires.

7 LES CARACTÉRISTIQUES DES PRODUITS ET SERVICES LIÉS AU COMPTE

Lors de l'ouverture d'un compte courant, les banques proposent des offres sous forme de packs, comprenant un ensemble de services inclus, dont la diversité rend la lisibilité et la comparaison difficiles. Ces forfaits sont autorisés à la seule condition que les services proposés puissent être achetés isolément.

1 Les services bancaires traditionnels

1. Les opérations de change

La banque peut, à la demande de ses clients, acheter ou vendre des devises. Celles-ci prendront très souvent la forme de monnaie papier ou de chèques de voyage. Pour ce service, elle facture des frais bancaires soumis à TVA. Avec la disparition des services de caisse dans beaucoup d'agences et le passage à l'euro, ce service est de moins en moins offert en direct.

2. La location de coffre physique et virtuel

Avec cette prestation, le client peut déposer des objets personnels dans un coffre en bénéficiant des moyens sécurisés de la banque (alarme, caméra, détecteur de présence) pour protéger ses objets de valeur. Le client signe un contrat de location avec la banque (d'une durée d'un an en général, renouvelable tacitement). Le client est l'unique détenteur de la clé de son compartiment, même si la banque utilise une clé de contrôle dans la deuxième serrure pour en permettre l'accès. Dans le cadre d'une succession, le coffre ne peut être ouvert qu'en présence d'un notaire et des héritiers.

Les banques commercialisent aussi une offre de coffres virtuels donnant aux clients la possibilité d'enregistrer divers documents sur une base de données sécurisée.

2 L'offre de nouveaux canaux de distribution

Centre de relation clientèle (CRC), Internet, téléphonie mobile permettent d'effectuer un grand nombre d'opérations bancaires à distance : virements, éditions de RIB, gestion de compte-titres, historique des comptes, simulation de crédit, demande de renseignement, alerte, paiement sécurisé...

L'intérêt pour la banque est de supprimer des tâches à faible valeur ajoutée et de dégager du temps commercial, de conquérir une nouvelle clientèle tout en conservant une clientèle éloignée géographiquement.

Pour le client, la banque devient accessible à tout moment avec un gain de temps non négligeable.

Le corollaire pour la banque est le risque de perte du contact clientèle.

1. Internet

La plupart des banques proposent la gestion des comptes et de multiples services sur Internet. Les clients peuvent ainsi effectuer leurs opérations sans avoir à se déplacer.

2. La téléphonie

Les banques proposent à leur clientèle l'utilisation du téléphone portable pour la réalisation des opérations courantes ou la réception d'alertes par SMS. Le téléphone portable devient le support de moyens de paiement sans contact.

3. Les centres d'appels

Ils permettent de distribuer des services et des produits bancaires et de produire de manière quasi industrielle des tâches souvent administratives, consommatrices de temps et peu rentables.

3 Les services extrabancaires

En plus des moyens de paiement, du crédit et de l'épargne, la banque propose désormais de nombreux services annexes en jouant sur des axes de diversification.

1. Les services d'assurance

a) L'assurance sur les moyens de paiement

Cette prestation de service est régulièrement incluse dans la convention de compte du client.

La banque (son assureur) assure le client en cas de perte, de vol ou d'utilisation frauduleuse de ses moyens de paiement. L'assureur prend normalement à sa charge les coûts éventuels de fabrication des documents d'identité et des clés volés, de même que le préjudice financier subi entre le moment du vol et celui où le client a fait opposition (remboursement de la franchise de 150 €).

b) Les autres produits d'assurance : la banque-assurance

Les banques proposent beaucoup d'autres produits d'assurance associés au placement d'épargne.

2. Les autres produits de fidélisation

Fidéliser les clients constitue un enjeu majeur pour les banques françaises dans un marché où la conquête est devenue de plus en plus difficile. L'objectif est à la fois la satisfaction du client, sa fidélisation et la facturation de nouveaux services générateurs de produit net bancaire récurrent, et enfin à long terme de trouver des axes de croissance et de conquête d'une nouvelle clientèle.

EXEMPLE

La Société Générale a fait figure de pionnière en 1998, avec sa convention de compte « Jazz » permettant d'accumuler des points de fidélité, d'obtenir des réductions et d'offrir des cadeaux proposés en catalogue.

Les banques offrent également des programmes dits « optionnels » comme la location de voiture ou les voyages.

Les banques développent de plus en plus de produits ou services hors domaine bancaire : commercialisation de téléphones et de forfaits mobiles ; services à la personne à domicile ; systèmes de télésurveillance ; vente d'appartements ; partage d'expériences « extrabancaires » par le biais de jeux-concours, *via* les réseaux sociaux, etc.

EXEMPLE

Le Crédit Mutuel teste actuellement la vente d'automobiles *via* sa filiale de financement locatif CM-CIC Bail.

8 LE PAIEMENT EN ESPÈCES

La contrepartie obligatoire à l'ouverture d'un compte est la délivrance de moyens de paiement : l'argent laissé en dépôt à la banque doit pouvoir être mobilisé par son propriétaire selon ses besoins. Les pièces et billets présentent l'avantage de libérer immédiatement de ses obligations de paiement la personne qui les utilise et ils peuvent être aussitôt réutilisés par celui qui les reçoit (même s'il ne possède pas de compte bancaire).

1 Un moyen de paiement pratique

1. L'euro

Depuis le 1er janvier 2015, 19 des 28 États membres de l'Union européenne ont adopté l'euro. Le dernier pays à avoir rejoint la zone euro est la Lituanie, qui a adopté la monnaie unique le 1er janvier 2015, après :
- l'Allemagne, l'Autriche, la Belgique, l'Espagne, la Finlande, la France (à l'exception de la Nouvelle-Calédonie, de la Polynésie française et de Wallis-et-Futuna qui ont toujours le franc CFP), la Grèce, l'Irlande, l'Italie, le Luxembourg, les Pays-Bas, le Portugal, ainsi que dans la principauté de Monaco, la Cité du Vatican et la république de Saint-Marin depuis le 1er janvier 2002 ;
- la Slovénie depuis le 1er janvier 2007 ;
- Chypre et à Malte depuis le 1er janvier 2008 ;
- la Slovaquie depuis le 1er janvier 2009 ;
- l'Estonie depuis le 1er janvier 2011 ;
- la Lettonie depuis le 1er janvier 2014.

La France a ainsi remplacé le franc par l'euro pour une valeur de 1 € = 6,55957 F. En 2012, 3,5 milliards de coupures (pour 92 milliards d'euros) et 15,8 milliards de pièces (soit 2,8 Mds) étaient en circulation.

2. La gamme monétaire

La gamme monétaire euros est composée de :
- 7 coupures de billets de 5 à 500 € et 3 nouveaux billets de 5, 10 et 20 € de la série « Europe » ;
- 8 pièces de valeurs différentes ayant chacune une face nationale, soit au total 136 pièces pour les 19 États membres.

3. Structure des émissions des coupures

a) Volume des transactions payées en espèces

55 % des transactions sont payées en espèces en France contre 89 % en Italie, 75 % en Allemagne et environ 60 % au Royaume-Uni, ce qui représente moins de 5 % du total des transactions en valeur. L'utilisation de la monnaie fiduciaire est d'autant plus forte que le montant de l'achat est faible. Le seuil psychologique au-delà duquel les Français commencent à choisir systématiquement un autre moyen de paiement est de 15 €.

b) Les billets les plus utilisés

En France, ce sont les coupures de transaction de 5 à 50 € par rapport aux coupures de thésaurisation de 100 à 500 €. La coupure de 20 € (2/3 des émissions nettes en volume) tient une place prépondérante au sein des émissions nettes françaises, contrastant avec les autres pays de la zone euro, où le billet de 50 € est majoritairement utilisé.

2 Les cas de refus

Un paiement en espèces – si elles ont cours légal en France – ne peut être refusé par un commerçant, contrairement aux autres instruments de paiement, sauf dans quelques cas précis prévus par la loi.

1. Le nombre de pièces

Un commerçant n'est pas tenu d'accepter plus de 50 pièces lors d'un seul paiement. Si le client ne fait pas l'appoint, il peut également refuser le paiement en espèces.

2. Les billets en mauvais état ou faux

S'ils sont susceptibles d'être rejetés par la Banque de France, les billets en mauvais état seront refusés par le commerçant. Ce dernier n'acceptera pas non plus un billet maculé, qui est probablement un billet volé ou taché à l'aide de produits colorants lors d'une tentative de vol. Ces billets doivent être remis à une succursale de la Banque de France ou au guichet d'une agence bancaire ; le remboursement aura lieu après contrôle technique du billet et vérification de la bonne foi.
Un billet ou une pièce manifestement faux ne seront pas acceptés.

3. Le montant de la transaction

Les règlements entre particuliers supérieurs à 3 000 € (1 100 € s'il s'agit d'un commerçant) ne peuvent se faire en espèces, sous peine d'amende de 15 000 € payable pour moitié par le vendeur et l'acheteur non commerçants.

3 L'envoi d'espèces

Il est interdit d'envoyer des espèces par courrier, sous peine d'une amende de 1 500 €, sauf envoi par recommandé pour une somme adressée inférieure au montant de l'indemnité accordée en cas de perte, sans pouvoir dépasser 5 000 €. Il est préférable de privilégier l'envoi d'un mandat, dont le prix est fonction de la somme envoyée et du type de mandat choisi (mandat-lettre, mandat-carte...).

4 Les contraintes pour le banquier

Outre les problèmes de sécurité liés à la détention d'encaisses, le service de caisse est une charge administrative lourde et non rentable pour une banque : moyens de sécurité coûteux ; arrêté de caisse de fin journée quotidien ; versement des excédents à la Banque de France ; contrôles fréquents des existants et erreurs de caisse.

5 Les aspects commerciaux

Premier informé de la plupart des opérations effectuées sur un compte de dépôt, le guichetier est celui qui voit le plus de clients, ce qui lui permet de détecter les anomalies.

Il est aussi souvent le meilleur vendeur des services ou moyens de paiement directement liés au compte. Il repère les opportunités commerciales liées aux versements en espèces ou en chèques importants, et oriente les clients vers les chargés de clientèle.

9 LA RÉGLEMENTATION DE LA LUTTE CONTRE LA FAUSSE MONNAIE

Les billets en euros intègrent les meilleures protections du moment, mais les risques de contrefaçon ne sont pas pour autant écartés car plus une monnaie circule, plus elle est contrefaite. La monnaie n'est pas seulement un moyen d'échange, c'est aussi un signe de confiance, et en l'espèce, de confiance dans l'Europe. Voilà pourquoi, même si la monnaie fiduciaire ne représente que 15 % des moyens de paiement, elle reste l'objet de toutes les attentions.

1 La protection des billets

Le premier moyen de prévention des contrefaçons a consisté à intégrer différents signes de sécurité dans les billets en euros qui permettent une authentification immédiate :

– impression « en relief » avec des procédés spécifiques qui confèrent aux billets leur toucher unique ;
– filigrane, fil de sécurité et nombre incomplet, trois signes de sécurité visibles par transparence au recto et au verso des billets authentiques ;
– par inclinaison du billet, au recto image changeante sur l'hologramme, au verso bande iridescente ou nombre à couleur changeante (sur les billets de 50, 100, 200 et 500 €).

2 Les sanctions pénales contre le faux monnayage

Avant même sa mise en circulation, le 28 juin 2001, un règlement européen définissait les mesures de protection de l'euro contre le faux monnayage.

1. La répression de la contrefaçon

Par fausse monnaie, il faut entendre toute pièce métallique ou tout billet de banque imitant la monnaie légale. La reproduction n'a pas à être parfaite pour être sanctionnée. La photocopie ou l'impression sur imprimante de billets numérisés sont donc interdites. Sont également prohibés :

– la remise en circulation d'une pièce ou d'un billet présumés faux, délit puni d'une amende de 7 500 € (art. 442-7 C. pén.). Le commerçant ou tout bénéficiaire d'un paiement se doit de refuser une pièce et/ou un billet manifestement faux. En cas de simple doute, il ne peut pas les refuser, mais il peut demander au client de lui indiquer son identité ;
– l'échange ou le remboursement d'une pièce ou d'un billet présumés faux : afin d'éviter d'encourager la fabrication illégale, le billet (ou la pièce) présumé faux sera confisqué purement et simplement.

Tout détenteur d'espèces présumées fausses a obligation de les remettre aux autorités monétaires (Banque de France ou Monnaie de Paris), sous peine d'une amende de 1 500 €. En pratique, le dépôt peut avoir également lieu auprès d'une gendarmerie ou d'un commissariat de police. Si les espèces se révèlent effectivement fausses, elles sont alors détruites.

2. Les cas de reproduction tolérés

À l'inverse, dès lors qu'elle n'entraîne pas de confusion, la reproduction est possible, mais strictement encadrée. Ainsi, les reproductions ne peuvent comporter qu'une seule face, la longueur et la largeur de la reproduction doivent représenter plus de 125 % ou moins de 75 % de celles d'un billet. Le résultat de la reproduction ne doit pas pouvoir être confondu avec un billet authentique. Le nom et l'adresse de l'imprimeur doivent être mentionnés sur le document.

3. Publicité et monnaie

L'utilisation d'un billet de banque ou d'une monnaie métallique ayant cours légal comme support d'une publicité quelconque constitue une contravention de 2e classe (art. R. 642-4 C. pén.).

3 L'échange des pièces ou des billets n'ayant plus cours légal

À compter de la démonétisation, les pièces ou billets ne peuvent plus être acceptés en paiement, sauf par un commerçant qui les échangera ensuite auprès de sa banque ou de la Banque de France.

La Banque de France et l'Institut d'émission des départements d'outre-mer (IEDOM) sont tenus d'échanger gratuitement les billets démonétisés à leurs guichets 10 ans après la privation du cours légal sans limitation de montant. Au-delà de 8 000 €, une pièce d'identité avec photo est exigée et une copie en est faite. L'échange se fait contre des billets en euros pour la contre-valeur exacte. Pour les pièces métalliques, il n'existe pas de délai légal d'échange. Toutefois, la Banque de France assure la reprise des pièces pendant 3 ans après leur démonétisation.

4 Les dispositifs de lutte contre les contrefaçons

Cette orientation sécuritaire se traduit par différentes actions.

1. Le Centre d'analyse des contrefaçons

La Banque européenne (BCE) s'est dotée d'un centre d'analyse des contrefaçons chargé de centraliser les informations sur les billets contrefaits, l'Office européen de lutte anti-fraude (OLAF). Le programme RAPACE (Répertoire automatisé pour l'analyse des contrefaçons de l'euro) est utilisable par tout policier sans connaissance particulière. En avril 1999, le mandat d'Europol, l'office européen de la police, était étendu au faux monnayage et à la formation des services de police.

2. Les campagnes d'information

Très tôt, la BCE a lancé une campagne destinée à éviter la contrefaçon artisanale (photocopiage, photomontage) : PRINCE (Programme prioritaire d'information du citoyen européen), lancé en 1996. La BCE a également mené une action de formation des personnels qui délivrent ou contrôlent la monnaie afin de les aider à authentifier les billets.

10 LE PAIEMENT PAR CHÈQUE

Le chèque et les espèces, qui étaient les seuls moyens de paiement de masse dans les années 1970, ont vu leur part décroître. Le chèque est désormais le 4e moyen de paiement (14 % des paiements scripturaux) derrière la carte, les prélèvements et les virements. La France demeure le pays européen qui utilise le plus le chèques (71 % des chèques émis en 2013).

1 Les conditions de validité du chèque

Le chèque est un instrument de retrait de fonds et de paiement représenté par un écrit qui permet au «tireur», titulaire ou mandataire d'un compte bancaire, de donner l'ordre à son banquier, le «tiré», de payer à vue une certaine somme à son profit ou au profit d'un tiers, le «bénéficiaire», dans la limite des fonds disponibles portés au crédit de son compte.

1. Les conditions de forme

Le chèque comporte des mentions obligatoires :
- la dénomination «chèque», insérée dans le texte ;
- l'ordre exprès de payer («payez contre ce chèque»), suivi de la somme, généralement en chiffres et en lettres ;
- le nom du tiré, teneur du compte ;
- le lieu de paiement du chèque : adresse du guichet qui gère le compte du tireur ;
- les date et lieu de création du chèque ;
- la signature du tireur qui doit être manuscrite et conforme au spécimen déposé à la banque ;
- le nom et l'adresse du tireur ainsi que le numéro de l'agence où le chèque est payable.

L'écrit où manque une seule de ces mentions ne vaut pas comme chèque, sauf dans les cas suivants :
- si le lieu de paiement n'est pas indiqué, le chèque est présumé payable au lieu où le tiré a son établissement principal ;
- si le lieu de création n'est pas indiqué, le chèque est réputé émis au domicile du tireur.

2. Les conditions de fond

a) La provision du chèque

Le tireur ne peut donner mandat de payer au tiré que s'il dispose sur son compte d'une provision préalable et suffisante.

b) La durée de validité du chèque

La date de création détermine les délais de présentation et de validité du chèque. Le délai de présentation assure au porteur les recours cambiaires contre les signataires et garantit la certification du chèque. Le tireur doit maintenir la provision sur son compte. Ce délai dépend du lieu d'émission :
- 8 jours pour les chèques émis en France ;
- 20 jours pour ceux émis en Europe ou dans un pays riverain de la Méditerranée ;
- 70 jours pour ceux émis dans le reste du monde.

Passé ce délai de présentation, le chèque a une durée de validité d'un an. Au-delà de ce délai, il n'est plus payable. Si le délai expire un jour férié, l'échéance est repoussée au jour ouvré suivant.

2 Les différentes formules de chèque

1. Les chèques barrés et non endossables

Dans un souci de limiter la fraude fiscale, l'utilisation de chèques revêtus d'un « prébarrement » et d'une clause « non endossable sauf au profit d'une banque » s'est généralisée. Grâce au barrement, le chèque ne peut être encaissé que par l'intermédiaire d'un établissement de crédit. Seul le bénéficiaire du chèque peut l'endosser.

2. Les chèques soumis à déclaration préalable

a) Les chèques non barrés et endossables

Même si son utilisation est devenue marginale, ce type de formule de chèque conserve un certain intérêt par sa souplesse d'utilisation et son haut degré de discrétion. Ces chèques sont payables en espèces au guichet de l'agence du bénéficiaire.

Ils peuvent être transmis par endossement, c'est-à-dire que le bénéficiaire peut s'en servir à son tour pour payer quelqu'un d'autre en inscrivant au dos du chèque les coordonnées de cette personne, en datant et signant. Par endossements successifs, ces chèques peuvent ainsi servir à payer successivement plusieurs personnes.

La loi impose d'acquitter un droit de timbre de 1,50 € par chèque. Les banques sont obligées de tenir à la disposition de l'Administration des impôts les numéros des chèques ainsi délivrés et l'identité des personnes qui les ont demandés.

b) Les chèques barrés et endossables

Comme les précédents, ils peuvent circuler par endos, mais ils ne sont pas payables en espèces.

c) Les chèques non barrés et non endossables

Ils sont payables en espèces au guichet du tiré teneur du compte.

EXEMPLE

Règlement des acomptes ou des salaires en espèces.

3. Les chèques sécurisés

a) Le chèque visé

Il garantit que la provision existe au moment de l'émission du chèque grâce au visa de la banque du tiré, sans garantir qu'elle y sera à la présentation du chèque au paiement.

b) Le chèque certifié

Il conduit le banquier à bloquer la provision du chèque pendant le délai de présentation. À l'expiration de ce délai, la provision sera reversée au compte du tireur et la responsabilité du banquier sera dégagée.

c) Le chèque de banque

Cette formule idéale pour la sécurité garantit la provision pendant le délai de validité du chèque, soit 1 an. La banque débite immédiatement le compte du client et se substitue au tireur pour le paiement. Elle établit et délivre un chèque barré à la demande d'un client, au profit d'un bénéficiaire. Ces chèques sont facturés entre 10 et 15 €.

EXEMPLE

Vente aux enchères, vente d'un bien immobilier.

11 LE PAIEMENT PAR CARTE BANCAIRE

La carte bancaire est le moyen de paiement le plus utilisé depuis 2003, année où elle a dépassé le chèque. Elle est plébiscitée par les Français. La carte bancaire voit en permanence sa sécurité renforcée. Selon les chiffres de l'Observatoire des cartes de paiement, 83 millions de cartes de paiement sont en circulation avec 21,0 millions de cartes privatives et 62 millions de cartes bancaires.

1 Les caractéristiques générales

1. Le support de la carte bancaire

La carte bancaire se présente sous la forme d'un rectangle de plastique rigide comportant, au recto, le nom de la carte, son numéro, sa période de validité, le nom de la banque qui l'a délivrée, le nom du titulaire et une puce électronique, et au verso, une bande magnétique et un spécimen de la signature du titulaire de la carte. Le titulaire reçoit un code secret qu'il sera seul à connaître et qu'il devra composer pour tout retrait dans un DAB ou en cas d'achat chez un commerçant. La carte reste la propriété de la banque.

2. Un système tripartite

En tant qu'organisme émetteur, le banquier est au centre des relations contractuelles qui lient le futur porteur, titulaire de la carte, et le commerçant – le fournisseur affilié – qui accepte d'être payé par carte.

Si le montant est compris dans la limite de garantie dont bénéficie le commerçant, le paiement est effectué sans consultation du centre de traitement. Pour les montants supérieurs à la garantie, l'accord du centre de traitement est indispensable.

3. Un cadre européen unique de paiement : le SEPA

Les banques européennes ont créé un cadre de fonctionnement unique au sein de la zone SEPA (*Single Euro Payments Area*) pour les paiements et retraits effectués en euros par carte bancaire : le *SEPA Card Framework* (SCF). Lancé en 2008, le paiement par carte SEPA a remplacé depuis fin 2011 les instruments de paiement nationaux, utilisant la technologie EMV (Europay, MasterCard, Visa).

4. De nouveaux entrants issus du monde des technologies

Les technologies numériques, sans contact ou de reconnaissance des porteurs, permettent d'intégrer des fonctions de paiement aux ordinateurs et téléphones intelligents et de modifier ou de remplacer l'utilisation des cartes bancaires.

Un projet de service de paiement sans contact a été ainsi lancé à Nice en mai 2010, Cityzi. Cette initiative française de déploiement de la technologie NFC (*Near Field Communication* : « communication en champ proche ») rassemble les principaux opérateurs de télécommunication, des banques, des opérateurs de transport, des commerçants et des acteurs industriels.

2 Les différents types de cartes

1. Les cartes de retrait

Elles permettent uniquement de retirer de l'argent aux DAB ou au guichet des établissements émetteurs ou affiliés.

Certaines cartes sont monoréseau et portent le logo de la banque émettrice. Elles sont limitées à la banque qui l'a remise.

Les cartes de retrait interbancaires portant le logo « CB » permettent des retraits dans l'ensemble des distributeurs en France.

Si en plus du logo « CB », elles portent la mention d'un réseau international – Visa, MasterCard –, elles peuvent également être utilisées à l'étranger.

Elles sont le plus souvent gratuites ; la facturation des retraits est rare ou limitée à quelques euros.

Le contrat porteur fixe des plafonds de retrait pour des périodes de 7 jours glissants, qui diffèrent suivant que le retrait est effectué dans les distributeurs de la banque ou dans ceux des autres banques, en France ou à l'étranger.

2. Les cartes de paiement

Elles offrent de multiples fonctionnalités : retraits d'espèces dans les automates, transferts des fonds ou paiements chez un commerçant.

a) Les cartes nationales

Utilisées uniquement en France et dans les DOM-TOM, elles procurent, en plus des retraits aux DAB/GAB, divers autres services.

EXEMPLE

Règlement des achats chez tous les commerçants adhérant au réseau carte bancaire ; assurance décès gratuite pour un voyage réglé par carte bancaire ; dispense de caution pour toute location de véhicule réglée par carte ; choix entre débit immédiat et débit différé (en fin de mois).

b) Les cartes internationales

S'utilisant comme les cartes nationales, elles offrent la possibilité de régler à l'étranger les achats auprès des commerçants du réseau Visa ou MasterCard, dans plus de 160 pays. En général, les banques de réseaux sont plutôt liées à Visa tandis que les réseaux mutualistes privilégient le réseau MasterCard.

c) Les cartes prestige et haut de gamme

Les cartes haut de gamme – Infinite pour le réseau Visa et Platinum pour MasterCard – sont proposées à la clientèle la plus fortunée. Elles coûtent le double d'une carte prestige : entre 270 et 315 € par an contre 95 à 130 € pour la carte Visa Premier.

3. Les cartes de crédit

Permettant non seulement le retrait et le paiement, les cartes de crédit sont associées à la mise en place d'un crédit renouvelable. Depuis la loi Murcef de 2001, la mention « carte de crédit » doit figurer sur la carte.

4. Le porte-monnaie électronique Moneo

Pour les petites dépenses quotidiennes, la carte Moneo est disponible soit intégrée à une carte bancaire, soit sous la forme d'une carte bleue rattachée à un compte bancaire, soit sous la forme d'une carte verte non rattachée à un compte bancaire. Dans tous les cas, elle doit être chargée pour pouvoir être utilisée.

5. La carte cobrandée ou comarquée

Elle a fait son apparition en France le 1er octobre 2007. Jusque-là, seules les banques émettaient des cartes bancaires. La carte cobrandée ou comarquée associe un établissement financier à une enseigne partenaire. Elle permet à la fois d'effectuer des achats, d'obtenir un crédit et de bénéficier de certains avantages : programme de fidélité ; prestige lié à la marque ; renforcement de la fidélité ; plus grande visibilité de sa marque.

6. La carte sans contact

La technologie sans contact permet de régler les achats sans placer la carte dans un lecteur. Cette carte est dédiée aux règlements de petits montants. Sa fabrication est semblable à celle d'une carte bancaire classique avec toutefois une différence notable : elle est composée d'une couche de PVC supplémentaire sur laquelle est déposée une antenne radio microscopique intérieure qui communique avec un terminal adapté.

7. Le paiement sans contact et sans carte

Le paiement sans contact et sans carte recourt à la technologie *Near Field Communication* (NFC) reposant sur l'utilisation des ondes *Radio Frequency Identification* (RFID). Grâce à une puce intégrée dans l'appareil, le consommateur paie ses achats *via* son téléphone portable en le passant sur un terminal de paiement adapté.

8. Le paiement en ligne

Le paiement en ligne au moyen d'une carte de paiement est réalisé pour les achats effectués par correspondance (sans contrôle du code secret), par téléphone, par fax ou par Internet. La transaction est effectuée au moyen du numéro de la carte, de sa date de validité, ainsi que des trois derniers chiffres du cryptogramme visuel qui figure au dos de la carte.
Le client peut opter pour l'« e-Carte Bleue », carte bancaire virtuelle à usage unique proposée par certaines banques pour réaliser un achat en ligne, moyennant une dizaine d'euros par an.

3 Les assurances et assistances

1. Les services d'assistance

a) Assistance médicale

En cas d'accident ou de maladie à l'étranger, du titulaire ou d'un proche, la possession de la carte offre une aide en cas d'hospitalisation, de soins médicaux, de frais de séjour, de rapatriement...
Toutes les cartes proposent sensiblement les mêmes services ; seuls les plafonds de prise en charge varient.

b) Assistance juridique

Toute carte comprend une assistance juridique à l'étranger en cas de poursuites judiciaires : avance des frais de la caution pénale et prise en charge des honoraires d'avocat si besoin.

c) Assistance neige et montagne

En cas d'accident de ski en France ou à l'étranger, la carte permet la prise en charge des frais d'évacuation des secours entre le lieu de l'accident et l'hôpital, ainsi que du retour sur le lieu de séjour.

d) Assistance voyage à l'étranger

Lors d'un voyage, les services des cartes Visa Premier, Gold MasterCard et MasterCard peuvent inclure une assurance rappatriement.

2. Les services d'assurance

a) Garantie annulation voyage

Cette assurance liée à l'utilisation des cartes Visa Premier et Infinite, MasterCard Gold et Platinum permet d'annuler un voyage pour cause importante (décès d'un proche, accident de santé, licenciement économique...), et ainsi d'éviter la souscription des contrats proposés par les voyagistes. Une indemnisation compensatrice est versée.

b) Garantie retard ou perte de bagage

Les cartes haut de gamme couvrent les retards d'avion et de train, avec une prise en charge des dépenses de première nécessité sur justificatif. Elles permettent aussi le remboursement des bagages volés, perdus ou détériorés et couvrent les retards de livraison des bagages.

c) Garantie vol et dommages lors d'une location de voiture

La garantie liée à l'utilisation de la carte paie les frais de franchise en cas de réparation ou de remise en état du véhicule et dispense de souscrire les garanties facultatives proposées par le loueur.

d) Assurance décès

Cette assurance concerne les accidents survenant pendant le trajet, dès lors que l'accès au transport (location de voiture ou billet) a été réglé par la carte bancaire. Cela vaut pour le titulaire, mais aussi pour le conjoint, ainsi que leurs enfants âgés de moins de 25 ans et fiscalement à charge.
Le montant versé peut aller de 46 000 € (accident avec une voiture de location) ou 98 000 € (décès suite à un accident), pour une Carte Bleue classique, à 150 000 €.

4 Les aspects commerciaux

Chaque fois qu'il préconisera la carte bancaire, le chargé de clientèle mettra en avant les arguments suivants :
- la commodité avec des retraits en espèces 24 h/24, des règlements rapides sans manipulation d'espèces, une souplesse d'utilisation à l'étranger ;
- la sécurité, si les précautions élémentaires sont respectées ;
- la considération sociale (notamment pour le détenteur d'une carte haut de gamme) et commerciale (moyen de paiement discret, bon accueil de la carte auprès de certaines chaînes commerciales comme les loueurs de voitures) ;
- un moyen de paiement et un instrument de crédit.

12 LES MOYENS DE PAIEMENT À L'ÉTRANGER

Avant de partir en voyage, le client doit prévoir les moyens de paiement qui lui permettront de régler les dépenses sur place.

1 Les espèces

1. La monnaie dans les pays de la zone euro

Depuis le 1er janvier 2002, à l'intérieur de la zone euro, quel que soit le pays de son émission, tout billet ou pièce en euro a cours.

Quelques particularités nationales d'usage demeurent : si les billets de 500 € sont rarement acceptés par les commerçants français, ils le sont plus volontiers par les commerçants allemands. De même, la pièce d'un centime d'euro risque d'être refusée par les commerçants italiens.

2. Le change des monnaies hors zone euro

Lors de voyages hors de la zone euro, il est généralement utile de disposer avant son départ d'une certaine somme en monnaie du pays.

a) L'opération de change manuel

Elle consiste à acheter ou revendre des billets étrangers. Les pièces de monnaie ne sont jamais concernées par les opérations de change manuel.

Toutes les monnaies ne peuvent pas être achetées en France. Il peut être nécessaire de partir à l'étranger avec des euros ou des dollars à changer sur place contre de la monnaie locale.

b) Cotation au certain et cotation à l'incertain

Le taux de change peut être coté de deux façon :

– Le taux de change au certain est le nombre d'unités de monnaie étrangère que l'on peut obtenir avec une unité de monnaie nationale.

EXEMPLE

Le prix de l'euro en dollar au 5 mai 2015 était de 1 € = 1,1155 USD.

– Le taux de change à l'incertain est le nombre d'unités de monnaie nationale qu'il faut fournir pour obtenir une unité de monnaie étrangère.

EXEMPLE

1 USD = 0,8965 EUR. C'est le prix du dollar en euro.

Depuis le 1er janvier 2002, les cours des devises des pays extérieurs à la zone euro sont exprimés au certain.

c) Coût d'une opération de change manuel

La loi oblige les banques à afficher chaque jour les cours qu'elles pratiquent sur les différentes devises, ainsi que les frais perçus sur chaque opération. En général, la banque répercute à son client :

– une commission de change prise sur chaque opération de vente ou d'achat, les taux de change variant selon les banques ;

– une commission fixe de change par opération ;

– une commission proportionnelle au montant de la transaction ;

Commissions auxquelles il faudra ajouter la TVA à 20 %.

EXEMPLE

Un client vous demande de préparer 300 CHF (franc suisse). La banque facture des frais bancaires de 5 € HT par opération de change (TVA à 20 %) et le cours est de 0,744926 € pour 1 CHF.

Valeur des CHF en euros : 300 × 0,744926 = 223,48 €

Frais bancaires TTC : 5 × 1,2 = 6 €

Total prélevé sur le compte : 223,48 € + 6 € = 229,48 €.

2 L'utilisation de la carte bancaire internationale

Dans les pays de la zone euro, les retraits d'espèces et paiements par carte bancaire internationale (Visa ou MasterCard) sont effectués aux mêmes conditions qu'en France. Ils n'entraînent pas de frais supplémentaires.

Effectuées en dehors de la zone euro, ces opérations entraînent le paiement d'une commission de change à laquelle s'ajoutent une commission de service bancaire proportionnelle au montant de la transaction et une commission fixe par mouvement.

3 Le chèque de voyage

A l'étranger, même dans la zone euro, les chèques sont rarement acceptés et entraînent des frais non négligeables. En revanche, le chèque de voyage peut constituer une solution intéressante. Mais, face au développement de la carte internationale, il tend à disparaître.

1. Principe

C'est un chèque d'un montant prédéfini en euros ou en devises : 20, 50 ou 100 unités de la monnaie choisie.

2. Avantages

C'est un instrument de paiement sécurisé par la double signature. En cas de perte ou de vol, le porteur peut faire opposition auprès de sa banque et en obtenir le remboursement ou le remplacement immédiat.

Le chèque de voyage est accepté dans la plupart des sites touristiques, hôtels, restaurants et magasins. Il peut être changé au guichet d'une banque contre des espèces en monnaie locale, et échangé contre des euros au retour.

3. Inconvénients

À acheter avant le départ, le chèque de voyage manque de souplesse d'utilisation, n'est pas disponible dans certaines devises, est peu répandu dans certains pays, et ne peut être utilisé que par son titulaire.

À l'émission, la banque perçoit une commission de service bancaire proportionnelle au montant de la transaction et une commission fixe par mouvement.

4. Les virements internationaux

Les virements européens n'excédant pas 50 000 € sont alignés sur les virements domestiques.

Les virements effectués en dehors de l'Espace économique européen, ou dans une devise autre que l'euro, peuvent entraîner des frais (frais d'émission facturés par la banque émettrice, frais facturés par l'intermédiaire étranger, commission de change).

13 LES AUTRES MOYENS DE PAIEMENT

Le développement au cours des années 1990, à l'initiative de l'administration fiscale et des grands facturiers, des prélèvements automatiques et des titres interbancaires de paiement (TIP) a contribué à dessiner un paysage français des moyens de paiement original par rapport aux autres pays européens. Avec l'entrée en vigueur du SEPA, les marges des banques en la matière sont appelées à se réduire.

1 Les virements

1. Principe

Opération de transfert de fonds par voie électronique entre deux comptes, le virement est initié par le titulaire du compte (l'émetteur du virement) au profit du titulaire du compte vers lequel partent les fonds (le bénéficiaire du virement). La banque à distance permet au client de programmer seul ce mouvement scriptural entre comptes. Tout règlement immobilier supérieur à 3 000 € doit désormais être réalisé par le notaire par virement et non plus par chèque.

2. Le premier moyen de paiement en valeur

Le virement demeure le moyen de paiement privilégié pour les transactions de montant élevé. Les virements représentent 17 % des transactions en volume, mais 87 % du montant des paiements pour un montant unitaire moyen de 7 158 €. Ils sont très utilisés dans les transactions interentreprises, pour le paiement des salaires.

3. Le virement SEPA (*Single Euro Payment Area*)

Harmonisé au niveau européen à destination d'un pays de l'UE, il bénéficie des mêmes conditions tarifaires que les virements domestiques. En revanche, pour les virements hors de l'UE, chaque banque dispose d'une tarification propre.
Depuis le 1er janvier 2008, le virement SEPA doit respecter les mêmes conditions de forme : le numéro de compte du bénéficiaire est identifié par un IBAN (*International Bank Account Number*) et la banque par un code BIC (*Bank Identifier Code*).
Le délai maximal d'exécution a été ramené à 1 jour ouvrable entre le moment de la réception de l'ordre de paiement et le crédit sur le compte du bénéficiaire.

4. Les différents types de virements

Le virement est gratuit s'il est opéré en interne, entre comptes domiciliés dans la même banque. La banque perçoit une commission fixe à chaque virement, s'agissant des virements externes ou interbancaires.
Le virement peut être effectué vers la France (virement domestique), vers un pays de l'Espace économique européen (virement européen) ou vers un autre pays (virement international).
Il peut être occasionnel ou permanent. La mise en place est facturée entre 1 et 8 €, puis 1 € à chaque virement.

5. Le rejet du virement

En l'absence de provision suffisante, le virement pourra être rejeté. Cet incident peut donner lieu à des frais bancaires qui doivent demeurer inférieurs au montant de l'ordre de virement rejeté, sans dépasser 20 €.

2 Le prélèvement automatique

1. Principe

Le prélèvement automatique est particulièrement bien adapté au règlement de sommes répétitives des grands facturiers.

EXEMPLE

EDF pour le règlement des factures, le Trésor public pour le paiement mensualisé des impôts, les établissements de crédit pour le remboursement de prêts.

Le prélèvement automatique représente 20 % des transactions scripturales, en croissance d'environ 5 % en nombre de transactions comme en encours.

2. Mise en place

À la différence du virement, l'initiative du paiement revient au créancier. Le client dont le compte est débité doit accompagner son autorisation de prélèvement d'un RIB, signer préalablement une autorisation qui permet au créancier de prélever une certaine somme à une date fixée et selon une périodicité définie.
Le prélèvement est révocable à tout instant. En l'absence de provision suffisante, il sera rejeté, sans pour autant entraîner d'interdiction bancaire.

3. Le télépaiement

À l'initiative du débiteur, il permet de payer à distance, en ligne. Les télérèglements représentent un volume marginal en nombre de transactions (0,12 % en 2010) mais d'un montant moyen très élevé (dépassant 17 000 €).

EXEMPLE

Télépaiement des impôts, amendes.

4. Le titre interbancaire de paiement (TIP)

Autorisation de prélèvement donnée au cas par cas, il accompagne une facture avec le montant à débiter, les coordonnées bancaires du débiteur. Il émane du client qui signe, date et retourne le TIP par la poste à son créancier pour que la somme due soit débitée du compte.
Depuis 1988, date de sa création, l'utilisation du TIP décroît chaque année d'environ 5 %. La mise en œuvre du projet SEPA entraînera la disparition de ce moyen de paiement non compatible avec les nouveaux circuits de paiements le 1er février 2016.

5. Le chèque emploi service universel (CESU)

En vigueur depuis le 1er janvier 2006, c'est un titre de paiement proposé aux particuliers pour leur faciliter l'accès à l'ensemble des services à la personne.
Il se présente sous deux formes :
– le CESU bancaire, composé d'un chèque et d'un volet social pour déclarer le salarié, s'obtient auprès de la banque ;
– le CESU préfinancé permet également de rétribuer un employé à domicile. Il est distribué par les différentes entités qui le financent.

14 LA RÉGLEMENTATION DES INCIDENTS DE PAIEMENT

La banque peut à tout moment rejeter un ordre de paiement en raison d'un incident de paiement pour défaut ou insuffisance de provision sur le compte bancaire, position débitrice non autorisée, ou opposition. L'obligation d'information varie selon qu'il s'agit d'un chèque sans provision, d'un prélèvement refusé ou d'un virement rejeté.

1 Les oppositions sur chèque et carte bancaire

1. Les motifs d'opposition

a) Les motifs acceptés

Les seuls motifs d'opposition légalement admissibles sont la perte, le vol, le redressement ou la liquidation judiciaire du bénéficiaire, et l'utilisation frauduleuse de la carte ou des données liées à son utilisateur.

b) Les motifs refusés

Pour tout autre motif, le banquier doit obligatoirement aviser par écrit son client que ses instructions ne sont pas recevables.

EXEMPLE

Abus de confiance (carte bancaire confiée à une personne, par exemple) ; escroquerie sur Internet ; litige avec le bénéficiaire.

c) L'utilisation abusive de la carte

En cas d'utilisation abusive de la carte par le titulaire, le banquier peut mettre lui-même la carte en opposition. Cette information apparaît dans le Fichier central des chèques (FCC) pour une durée de 2 ans, sauf levée par l'établissement déclarant.

2. Les modalités de l'opposition

L'opposition doit intervenir le plus rapidement possible. Cette déclaration doit être faite :
- d'abord par téléphone en appelant le Centre national d'appels pour les chèques perdus ou volés (CNACPV) ou, pour les oppositions sur cartes bancaires, le numéro de téléphone interbancaire réservé aux oppositions, qui fonctionne 24 h/24 et 7 j/7, et qui remettra un numéro d'enregistrement de la demande d'opposition, utile en cas de contestation ;
- ensuite, par écrit pour toute opposition qui n'a pas fait l'objet d'une déclaration signée par le titulaire, pour confirmer sans délai, par lettre remise ou expédiée sous pli recommandé, au guichet tenant le compte sur lequel fonctionne la carte.

Certaines banques demanderont d'enregistrer une déclaration au commissariat de police ou à la gendarmerie.

3. Les conséquences de la mise en opposition

a) L'inscription au FNCI et la facturation de l'opposition

Les oppositions sont enregistrées dans le Fichier national des chèques irréguliers (FNCI) géré par la Banque de France, consultable par les banques et par la plupart des commerçants abonnés au réseau Vérifiance. Le prix moyen d'une opposition est de 16,97 € sur un chèque, de 22,12 € sur une série de chèques ou un chéquier, et de 13 à 24 € sur une carte bancaire (jusqu'à 45 € s'agissant d'une opposition abusive).

b) Les effets d'une opposition sur carte bancaire

Faire opposition bloque définitivement la carte bancaire et la rend inutilisable. Ce service est facturé.

À partir de l'acte d'opposition, le client n'est redevable d'aucune des dépenses effectuées avec sa carte. Toutefois, les dépenses effectuées avant l'acte d'opposition sont à sa charge dans la limite de 150 €, sauf :
- si le client avait souscrit une assurance des moyens de paiement ;
- si le code secret n'a pas été utilisé ;
- si les données ou la carte ont été détournées à son insu ;
- en cas de contrefaçon.

Toutes les dépenses effectuées sont à la charge du porteur sans limite :
- en cas de négligence ayant permis au voleur d'accéder au code confidentiel ;
- en cas d'opposition tardive à la suite de la perte ou du vol de la carte.

c) Les sanctions en cas de fausse déclaration

S'il est prouvé que la personne ayant formé l'opposition injustifiée a délibérément menti, elle encourt une amende (jusqu'à 375 000 €) et une peine de prison pouvant aller jusqu'à 5 ans.

2 Les oppositions et les révocations d'un prélèvement

L'opposition concerne un prélèvement ponctuel tandis que la révocation consiste à ne plus autoriser un créancier à prélever les sommes qui lui sont dues sur un compte. Cette dernière doit être notifiée par courrier recommandé avec AR.

Un prélèvement SEPA non autorisé ou mal exécuté peut être contesté pendant 13 mois au maximum suivant la date de l'opération. La banque devra dans ce cas rembourser immédiatement le montant de l'opération non autorisée et ne peut pas percevoir de frais. Dans le cas d'un prélèvement autorisé, mais dont le montant dépasse le montant attendu, le délai de contestation est ramené à 8 semaines après la date à laquelle les fonds ont été débités et la banque dispose de 10 jours ouvrables à réception de la contestation pour procéder ou non au remboursement de l'opération. La banque ne peut pas percevoir de frais.

3 Le rejet pour absence ou insuffisance de provision

1. Le rejet d'un chèque

Seuls les chèques d'un montant inférieur à 15 € et présentés dans les 30 jours après leur date d'émission sont garantis en l'absence de provision suffisante. La banque doit suivre une procédure très précise.

a) Information préalable

La banque doit informer son client préalablement «par tout moyen» des conséquences du rejet de chèque (loi Murcef du 11 décembre 2011).

b) Rejet du ou des chèques et envoi de la lettre d'injonction

La lettre d'injonction (en recommandé pour un premier incident, puis par lettre simple pour les suivants) a pour objet d'informer le client non seulement de sa situation, mais aussi :
- des conséquences du rejet (interdiction d'émettre des chèques pendant 5 ans, nécessité de restituer les formules de chèques, informations, suites judiciaires éventuelles) ;
- de la portée de l'interdiction d'émettre des chèques (inscription auprès du FCC de la Banque de France pendant 5 ans, difficulté d'accès à un nouveau compte, quasi-impossibilité d'obtenir un crédit, interdiction portée à l'ensemble de ses comptes et à ceux dont il serait mandataire, et pour les comptes joints, à l'ensemble des comptes des cotitulaires) ;
- des moyens de régularisation.

c) Déclaration à la Banque de France

Cette déclaration intervient le 2e jour ouvré suivant le refus, ou le 5e si le chèque a été émis malgré une interdiction.

d) Attestation de rejet

Une fois le chèque rejeté, la banque doit émettre une attestation de rejet qui constitue une preuve et informe le bénéficiaire du non-paiement.

e) Régularisation

Le client peut à tout moment régulariser sa situation durant les 5 ans que dure son interdiction, soit :
- en représentant le chèque impayé par son bénéficiaire dès lors que la provision est suffisante sur le compte ;
- en restituant le chèque impayé à sa banque, preuve du règlement du créancier par un autre moyen ;
- en bloquant la provision nécessaire au règlement ultérieur du chèque.

Les frais bancaires (frais de rejet et de lettre d'injonction) ont été limités à 30 € pour les paiements inférieurs à 50 €, et 50 € pour les incidents de paiement supérieur à 50 €. Les pénalités libératoires ont été entièrement supprimées depuis la loi du 1er juillet 2010.

2. L'utilisation abusive de la carte

L'utilisation est dite «abusive» dès qu'une opération effectuée par carte bancaire ne peut être réalisée à cause d'un solde de compte insuffisant. En cas d'utilisation abusive de la carte par le titulaire, le banquier peut mettre lui-même la carte en opposition. Cette information apparaît dans le FCC pour une durée de 2 ans, sauf levée par l'établissement déclarant. Le titulaire de la carte peut toutefois continuer à émettre des chèques, et peut régulariser sa situation avant la fin du délai de 2 ans.

3. Le rejet d'un prélèvement

En cas de rejet pour insuffisance de provision, l'incident n'est pas déclaré à la Banque de France, mais la banque peut prélever des frais qui sont légalement plafonnés au montant rejeté avec un maximum de 20 €. Si le même prélèvement est rejeté plusieurs fois, les frais de rejet ne peuvent être perçus qu'une fois.

4 Les incidents de paiement caractérisés

L'incident de paiement est caractérisé (sauf pour les retards de paiement inférieurs à 150 €) lorsque le défaut de remboursement correspond :
- aux deux dernières échéances dans le cas d'un crédit remboursable ;
- à l'équivalent d'une échéance si ce montant reste impayé plus de 60 jours dans le cas d'un crédit remboursable avec une autre périodicité ;
- à la totalité des sommes exigibles plus de 60 jours après la mise en demeure adressée au débiteur, si la dette est au moins égale à 500 €, dans le cas d'un crédit ne comportant pas d'échéance, lorsque le créancier a engagé une procédure judiciaire ou prononcé la déchéance du terme après une mise en demeure infructueuse.

L'emprunteur sera inscrit au Fichier national des incidents de remboursement des crédits aux particuliers (FICP). Les cautions sont également concernées.

5 Les fichiers d'inscription des incidents de paiement

1. Le FCC

Créé en 1955, le Fichier central des chèques (FCC) recense, en plus des chèques, les infractions sur les cartes de paiement et intègre un fichier annexe, le FNCI.

Le rôle du FCC est de recenser toute personne physique ou morale frappée d'une interdiction bancaire ou judiciaire d'émettre des chèques ou ayant fait un usage abusif de sa carte bancaire, et de fournir aux banques des informations fiables sur une personne souhaitant ouvrir un compte bancaire ou souscrire un crédit.

Trois raisons peuvent conduire au fichage dans le FCC : interdiction bancaire d'émettre des chèques ; interdiction judiciaire d'émettre des chèques prononcée par un tribunal pour une durée de 1 à 5 ans ; utilisation abusive d'une carte bancaire.

Le «défichage» du FCC s'effectue quelques semaines après la régularisation. Le client recouvre alors la capacité d'émettre des chèques. Cependant, la banque a aussi la possibilité de refuser l'octroi d'un chéquier ou d'une carte bancaire.

Au terme des 5 ans, si aucune régularisation n'a été effectuée, l'interdiction bancaire est automatiquement levée, mais la personne reste toujours redevable des montants rejetés.

2. Le FNCI

Intégré au FCC, le Fichier national des chèques irréguliers (FNCI) protège les bénéficiaires de chèques (les commerçants) en leur permettant de consulter la situation d'un chèque qu'ils doivent encaisser (opposition sur chèque, chèques émis sans provision, compte clos, falsification) grâce à la reconnaissance du chèque par sa ligne magnétique (ligne CMC7).
Le commerçant est informé par un code couleur (vert, blanc, rouge ou orange) qui lui indique l'état du chèque (respectivement : aucune information sur le chèque, lecture impossible, chèque irrégulier, chèque en opposition pour perte ou vol).

3. Le FICP

Le Fichier national des incidents de remboursement des crédits aux particuliers (FICP) est également géré par la Banque de France. Il a pour objectif d'enregistrer les incidents de paiement caractérisés.
Depuis l'entrée en vigueur de la loi Lagarde du 1er juillet 2010, le FICP doit être obligatoirement consulté par les établissements de crédit lors d'une demande de crédit à la consommation, pour reconduire un crédit renouvelable ou pour délivrer une autorisation de découvert de plus d'un mois. Les établissements de crédit doivent conserver la preuve de la consultation du fichier FICP, de son motif et de son résultat.

15 LES RISQUES BANCAIRES LIÉS AUX MOYENS DE PAIEMENT

Si Internet et les technologies numériques facilitent les transactions, elles génèrent également de nouveaux risques. La sécurisation des paiements sur Internet est donc au cœur des préoccupations. Les moyens de paiement s'inscrivent désormais dans l'environnement européen : le Conseil européen des paiements (EPC – *European Payments Council*) a ainsi été créé en juin 2002 par les banques européennes, en unifiant le marché européen des paiements en euros, baptisé SEPA (*Single Euro Payment Area*).

1 Les risques liés au chèque

1. La délivrance du premier chéquier

Dans le cadre de la surveillance de l'émission de chèques sans provision, la loi Sapin du 30 décembre 1991 contraint le banquier à des contrôles stricts sous peine d'engagement de sa responsabilité :
- interroger au préalable le Fichier central des chèques (FCC) de la Banque de France afin de s'assurer que le client n'est pas sous le coup d'une interdiction bancaire, voire judiciaire, d'émettre des chèques ;
- contrôler le domicile du client (justificatif à l'ouverture) ;
- contrôler l'identité et la signature du client ;
- conserver l'accusé de réception signé par le titulaire ou son mandataire.

2. La remise d'un chèque

La banque supporte un certain nombre de risques aussi bien lors du paiement que lors de l'encaissement d'un chèque.

a) Les contrôles lors de la remise d'un chèque

La remise d'un chèque important doit conduire à s'interroger sur :
- la provenance des fonds, contrôle imposé par la lutte contre le blanchiment d'argent, qui doit conduire à un signalement à Tracfin en cas de doute ;
- l'utilisation des fonds : seront-ils réinvestis rapidement ? Peuvent-ils en attendant être placés dans un produit d'épargne à vue ou à terme ?

b) Les contrôles lors du paiement d'un chèque

Le paiement d'un chèque important doit amener à s'interroger sur la destination de cet argent. Le client achète-t-il un bien ?

Le banquier doit s'assurer du paiement définitif avant de décaisser les fonds sous peine d'en supporter les conséquences financières. Il doit enfin contrôler les mentions obligatoires d'un chèque à l'encaissement pour repérer les fraudes et les erreurs éventuelles.

3. Les points de vigilance de la part du client

a) Les recommandations

Même si elles figurent sur la couverture des chéquiers ou dans le texte de la convention de compte, la délivrance du premier chéquier est l'occasion de procéder à quelques recommandations, comme :
- ne jamais faire de chèque en blanc ;
- vérifier la provision avant de faire un chèque ;
- remplir toutes les mentions obligatoires ;
- « biffer » les espaces libres avant et après la somme en chiffres et celle en lettres, et ne pas laisser d'espace important entre les mots de la somme en lettres ni entre les chiffres ;
- éviter de ranger chéquier et pièce d'identité dans le même étui, ou de les laisser dans un véhicule en stationnement ;
- faire opposition dans les plus brefs délais en cas de perte ou de vol ;
- consulter régulièrement son relevé de compte avec les talons des chèques émis afin de détecter un incident et prévenir immédiatement la banque en cas d'anomalie.

b) La vérification de la validité du chèque

Le client ne doit pas accepter de déposer sur son compte un chèque pour un autre bénéficiaire, et doit s'assurer de la validité du chèque, s'agissant notamment d'un chèque de banque :
- en vérifiant par transparence si le chèque de banque comporte bien le filigrane de sécurité, des altérations éventuelles (traces de grattage, écritures différentes) ;
- en appelant la banque pour confirmation ou en se rendant directement à la banque avec l'acheteur pour se faire remettre le chèque ;
- en choisissant un jour de vente correspondant aux jours d'ouverture de l'agence bancaire pour pouvoir la contacter.

2 Les risques liés à la carte bancaire

1. La délivrance de la carte bancaire

Lorsque le chargé de clientèle délivre une carte bancaire, il doit :
- interroger le FCC pour s'assurer que son client n'est pas interdit bancaire ;
- faire signer sur-le-champ la carte de manière à limiter les conséquences d'une perte ou d'un vol ;
- exiger une procuration spéciale pour dégager la responsabilité de la banque, si le client ne peut se déplacer ;
- privilégier en cas de doute la carte à débit immédiat ou limiter le service à l'attribution d'une carte de retrait ;
- au renouvellement de la carte, demander au client de détruire l'ancienne en coupant la puce et la piste magnétique, ou de la remettre à la banque.

2. La mission pédagogique du banquier

Dès la signature du contrat d'adhésion, les règles de prudence doivent être également rappelées au client.

EXEMPLE

Ne pas noter son code confidentiel mais l'apprendre par cœur ; ne communiquer son code à personne, ni même ses identifiant et mot de passe de services de banque à distance.
Composer son code à l'abri des regards indiscrets.
Ne pas composer trois fois son code personnel erroné.
Ne pas jeter n'importe où les doubles de facturettes ; les conserver, vérifier régulièrement ses relevés bancaires.
Mettre immédiatement la carte en opposition si elle est conservée par un distributeur, perdue ou volée.

Garder en lieu sûr le numéro de la carte et sa date d'expiration pour pouvoir la mettre en opposition plus rapidement.

3 Les risques liés au paiement en ligne

Le développement rapide d'offres de services bancaires en ligne ainsi que la fraude croissante observée sur les paiements par carte en ligne ont conduit les banques à accroître le niveau de sécurité.

1. Les risques du paiement à distance

L'un des premiers dangers du paiement en ligne est le *phishing*, technique utilisée par les *hackers* pour usurper l'identité en se faisant passer pour une banque et en demandant de confirmer des coordonnées bancaires. Le cheval de Troie est un virus qui peut installer des logiciels espions reçus *via* un courrier électronique ou un téléchargement permettant de mémoriser et transmettre à distance l'activité de l'ordinateur.

2. La sécurisation des paiements en ligne

a) Les techniques d'authentification renforcée

L'authentification renforcée de l'internaute ou du porteur de la carte constitue un maillon essentiel du dispositif de lutte contre la fraude, s'agissant d'opérations effectuées à distance. Les banques équipent leurs clients de solutions d'authentification non rejouable, qui consistent en la mise à disposition de codes à usage unique. La sécurisation des transactions par l'envoi d'un SMS contenant un code non rejouable sur le mobile du porteur (SMS OTP) est la solution d'authentification la plus utilisée, en particulier à travers le protocole de sécurisation des paiements « 3D-Secure ». Les e-commerçants doivent en retour s'équiper d'une architecture technique permettant l'authentification (43 % seulement aujourd'hui). La généralisation du dispositif d'authentification renforcée est intervenue le 1er février 2015. D'autres techniques ont été mises en place ou testées comme :

- la carte virtuelle dynamique (CVD), qui génère un ensemble de codes uniques ;
- le lecteur de carte physique pour générer un OTP ;
- la carte équipée de fonctions d'affichage (*display card*).

De nouvelles solutions apparaissent afin de sécuriser les paiements effectués depuis un téléphone mobile : l'essor des portefeuilles électroniques enregistrant les données personnelles et de paiement, ou l'intégration de dispositifs d'authentification biométrique (notamment la lecture d'empreintes digitales).

b) Le tiers de confiance

Pour éviter les fraudes que l'on peut rencontrer dans les paiements en *C to C*, le tiers de confiance sert d'intermédiaire entre vendeur et acquéreur, moyennant une commission. La transaction conclue, l'acheteur lui envoie son paiement, le tiers de confiance l'encaisse et indique au vendeur qu'il peut envoyer l'objet. Une fois le colis reçu, l'argent est versé sur le compte du vendeur. Les principaux sites de vente interviennent comme intermédiaires (Price Minister) ou proposent ce service (par exemple, *via* PayPal pour eBay, Escrow – ce qui, en anglais, signifie « tiers de confiance » !).

c) Les systèmes de paiement sécurisé

Plusieurs sites proposent leur propre système de paiement sécurisé : PayPal bien sûr, mais aussi ClickandBuy, la solution de paiement sécurisé CyberMUT Paiement de CIC, e-transactions, Mercanet (BNP Paribas), Elys Net (HSBC), Paybox, Cards Off...

3. Protéger ses connexions

a) Les logiciels antivirus

Pour se protéger des actions de *phishing*, on peut recourir à un navigateur équipé d'un système anti-*phishing* comme Firefox ou OpenDNS. L'antivirus permet de détecter et de supprimer les virus ou un cheval de Troie. Le pare-feu (*firewall*) permet de protéger l'ordinateur lors des connexions à Internet.

b) Les points de vigilance à retenir

Certaines règles de conduite doivent être respectées comme :

- choisir des mots de passe ayant au minimum 8 caractères (lettres et chiffres mélangés), les changer régulièrement, ne jamais les transmettre ;
- ne jamais répondre à un SMS ou à un courrier électronique douteux utilisant les coordonnées ou l'identité (logo, visuel...) de sa banque ;
- s'assurer que le site Internet utilise une connexion sécurisée (adresse https:// ou affichage d'un cadenas ou d'une clé sur l'écran de l'ordinateur) ;
- ne jamais conserver dans la mémoire de l'ordinateur ses codes d'accès, ses coordonnées bancaires et mots de passe...

4 Assurances et garanties contre les risques numériques

1. L'assurance des moyens de paiement (AMP)

Elle garantit contre l'utilisation frauduleuse de la carte bancaire et du chéquier en cas de perte ou de vol avant même de faire opposition. Pour les cartes bancaires, l'AMP prend en charge la franchise de 150 €, l'intégralité du débit frauduleux ou d'opposition tardive. Pour le chéquier, elle garantit contre l'usage des formules de chèques vierges à condition que l'opposition ait été faite dès le constat du vol ou de la perte ou après l'envoi du relevé de compte comportant les opérations frauduleuses.

2. L'extension aux risques numériques

Face au développement de l'*e-banking*, les banques commencent à intégrer ces garanties contre les risques numériques dans leurs offres d'AMP : accompagnement juridique ; indemnisation en cas d'usurpation d'identité ; protection de l'identité sur Internet, de l'e-réputation. Un autre élément important touche à la protection des produits nomades : les banques ont élargi leurs prestations à la vente de téléphones et de forfaits, car le téléphone devient un moyen de paiement et sera assimilé à très brève échéance à une carte bancaire.

16 LES CIRCUITS DE TRAITEMENT DES MOYENS DE PAIEMENT

De nombreux acteurs entrent en jeu dans les échanges de monnaie scripturale (chèque, virement, etc.) et complexifient les processus de traitement des moyens de paiement.

1 Simplifier et harmoniser

1. L'échange d'images chèques

L'instauration de l'échange d'images chèques (EIC) en 2002 a permis de supprimer la circulation physique des chèques au moyen de la numérisation (image) du chèque, et un traitement plus rapide et plus efficace. Environ 2 % seulement des chèques demeurent «circulants» et sont transportés de la banque remettante à la banque tirée, pour des raisons spécifiques (chèques d'un montant important, chèques hors normes, chèques marqués circulants à la demande de la banque tirée, chèque transmis de façon aléatoire à l'initiative du banquier remettant).

2. L'espace unique de paiement en euros

Le projet *Single Euro Payments Area* (SEPA) a été initié en 2002 par les établissements bancaires pour rendre les paiements entre 33 pays européens aussi faciles et aussi sûrs que les paiements nationaux, grâce à la mise en place de trois moyens de paiement européens : virement, prélèvement et paiement par carte. Le règlement SEPA (EC 260/2012) adopté en 2012 vise à la construction d'un véritable marché unique européen des paiements en euros. Depuis le 1er février 2014, tous les virements et prélèvements en euros se font sous le même format : virement SEPA et prélèvement SEPA. Cette harmonisation doit simplifier les procédures et réduire les coûts, en permettant aux entreprises de centraliser la gestion de leurs paiements.

2 Les étapes du traitement des moyens de paiement

La quantité de monnaie en circulation est contrôlée en permanence par la banque centrale. Celle-ci enregistre les échanges sur les comptes qu'elle tient aux noms des banques commerciales. Ces dernières enregistrent les paiements qu'elles traitent sur les comptes de leurs clients. Ces derniers enregistrent eux aussi les paiements réglés et perçus dans leur propre comptabilité. Les ordres de payer ou de recevoir des fonds émanent des clients vers leur banque.

1. Le système de compensation interbancaire CORE

Les banques transmettent les flux à un système central de traitement et de compensation multilatérale des paiements avec un règlement différé intervenant une fois par jour en monnaie banque centrale sur les comptes des participants ouverts dans le système. En France, ce système s'appelle CORE (*Compensation Retail*) et est opéré par la société STET dont le capital est détenu par cinq grandes banques françaises. De janvier à octobre 2008, il a progressivement remplacé le Système interbancaire de télécompensation (SIT). Les fichiers échangés entre les banques et CORE circulent *via* le réseau SWIFTNet.

EXEMPLE

En 2012, plus de 13 milliards d'opérations ont été échangées sur le système CORE, dont 6,8 milliards d'opérations de paiement par carte, 2,4 milliards de prélèvements, 1,9 milliard de virements et 2,2 milliards de chèques.

Parallèlement, CORE traite en continu tous les ordres de paiement validés à la fois par la banque du débiteur et du créditeur et en déduit des soldes nets de compensation interbancaire des flux entrants et sortants de chaque banque commerciale.

2. TARGET2

Ces soldes sont déversés plusieurs fois par jour sur les comptes des banques participantes dans TARGET2 qui est le système de règlement interbancaire en euros. C'est dans TARGET2 que la Banque de France tient les comptes des banques commerciales résidant en France.

3. Le système de compensation interbancaire STEP2

CORE est connecté à STEP2 pour permettre le traitement d'ordres de paiement internationaux, ainsi qu'à d'autres CSM européens.

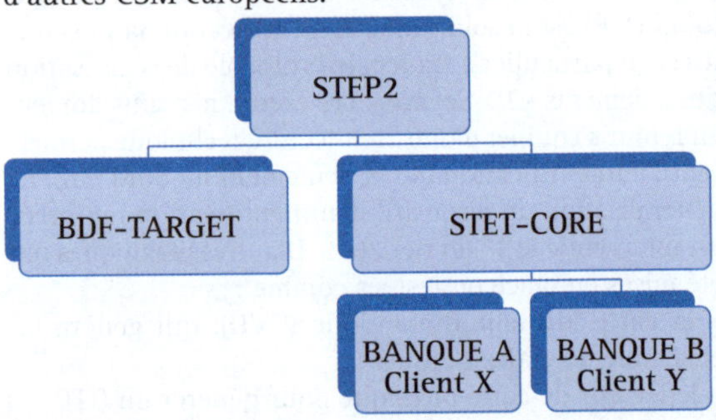

EXEMPLE

Circuit de l'échange d'images chèques

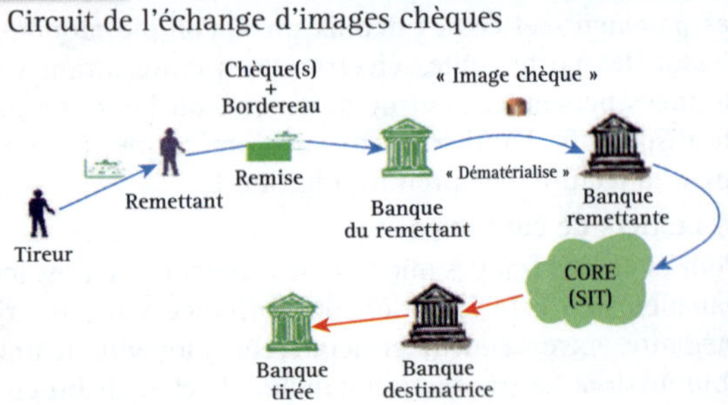

17 LES DIFFÉRENTES SOURCES DE REVENU DES PARTICULIERS

Le revenu disponible des ménages se compose des revenus d'activité (y compris les allocations chômage), des revenus du patrimoine, des pensions et retraites, des prestations sociales et de la prime pour l'emploi. La majeure partie des impôts directs en est déduite. Les revenus déclarés du ménage correspondent ainsi à la somme des revenus d'activité et de remplacement et des revenus du patrimoine.

1 Les revenus d'activité

Plus de 63 % des revenus proviennent des revenus d'activité. Ils représentent les rémunérations perçues par un individu en échange de l'activité qu'il exerce à titre personnel ou du travail qu'il fournit à une entreprise (privée ou publique) ou à une administration publique.

1. Les revenus salariaux

Le contrat de travail impose aux deux parties des obligations réciproques : la principale est pour l'employeur de donner un salaire et, pour le salarié, de donner un travail.
Le revenu peut prendre une autre dénomination et une forme particulière selon les usages des différents métiers : on parle ainsi de « gages » pour les personnels employés dans les services.
Les fonctionnaires perçoivent des traitements et, éventuellement, des primes.

2. Les revenus d'activités non salariales ou mixtes

Les travailleurs indépendants travaillent pour leur propre compte et perçoivent un revenu d'activité non salariale. Ce sont des revenus mixtes qui rémunèrent le travail et les investissements réalisés. Ces revenus sont imposés aux différents titres :

a) Bénéfices industriels et commerciaux (BIC)

Sont concernées par les BIC, les personnes physiques qui exercent une profession commerciale, industrielle ou artisanale, une activité de location de meublés, etc.
Trois régimes d'imposition existent :
- le micro-BIC lorsque le chiffre d'affaires HT est inférieur à 82 200 € pour les activités d'achat et de revente de marchandises, et 32 900 € pour les prestations de services ;
- le régime réel simplifié lorsque le chiffre d'affaires HT est compris entre 82 200 € et 783 000 € pour les activités d'achat et de revente de marchandises, et entre 32 900 € et 236 000 € pour les prestations de services ;
- le régime réel normal au-delà.

Le régime fiscal de l'auto-entrepreneur apparu en 2009 prévoit un prélèvement libératoire trimestriel ou mensuel calculé proportionnellement sur le CA HT.

b) Bénéfices non commerciaux (BNC)

S'agissant des revenus des professions libérales, droits d'auteur, revenus tirés de la pratique d'un sport, il existe également deux régimes :
- micro-BNC automatique si les recettes perçues sont inférieures à 32 900 € HT ;
- régime de la déclaration contrôlée si les recettes annuelles perçues sont supérieures à 32 900 €.

c) Bénéfices agricoles (BA)

Cette catégorie concerne les revenus d'origine agricole de l'exploitant agricole individuel ou de l'associé.

2 Les revenus de transfert ou de réaffectation

Ces revenus secondaires viennent soit corriger l'inégalité créée par les revenus primaires, soit aider ceux qui sont exclus de toute activité productive. Ils peuvent être classés en 6 catégories : prestations familiales ; pensions de retraite ; remboursements de médicaments et indemnités journalières ; indemnités de chômage ; aides sociales ; revenu de solidarité active (RSA).
Les revenus de transfert constituent aujourd'hui plus du tiers du revenu disponible moyen des ménages, et ont considérablement augmenté depuis la fin des années 1950, passant de 14,3 % du PIB à plus de 30 % aujourd'hui.
Cette hausse s'explique par la conjonction de facteurs démographiques (vieillissement de la population et explosion des retraites), économiques (chômage et montée de la pauvreté), socioculturels (familles monoparentales plus fragiles, amoindrissement des solidarités traditionnelles). On distingue deux types de redistribution.

1. La redistribution horizontale

Elle ne tient pas compte du niveau de richesse. Financée par les cotisations, elle répond à une logique d'assurance (par exemple, les bien-portants payent pour les malades), mais aussi à une logique de solidarité entre les générations.
Toute personne couverte par la Sécurité sociale peut en bénéficier dès lors qu'elle est exposée aux risques sociaux pris en charge : maladie, vieillesse, perte d'emploi...

2. La redistribution verticale

Certaines prestations ne sont attribuées qu'aux plus démunis, sous conditions de ressources, dans une logique d'assistance. Le financement se fait par la collecte des impôts.

EXEMPLE

RSA, ASS (allocation spécifique de solidarité), API (allocation de parent isolé) et prestations de minima sociaux représentent 1 % du revenu disponible des ménages français.

3 Les revenus du patrimoine

Ils représentent près de 11 % du revenu disponible. Ils ont progressé dans la part totale des revenus des ménages dans les années 1990. Les revenus patrimoniaux regroupent l'ensemble des revenus encaissés à raison de la possession et/ou de la mise à disposition d'un capital, d'un bien foncier ou immobilier, d'un bien immatériel (licence, redevance, loyer...) ou des revenus tirés des cessions ou plus-values liées à l'activité financière.
Ils se décomposent en deux catégories : les revenus immobiliers (loyers), les revenus mobiliers (produits des actions, intérêts des comptes en banque, assurance-vie).

18 LES RÈGLES GÉNÉRALES DE L'IMPÔT SUR LE REVENU

Mis en place à partir de 1914 pour moderniser le système fiscal, l'impôt sur le revenu (IR), ou impôt sur le revenu des personnes physiques (IRPP), est un impôt direct. Il est la deuxième source budgétaire de l'État après la TVA. Le projet de loi de finances pour 2017 prévoit la mise en place du prélèvement à la source de l'impôt sur le revenu. Cette réforme entrera en vigueur en janvier 2018.

1 Les 5 caractères de l'IRPP

1. L'IRPP est direct

Il touche les revenus nets disponibles, sauf pour certains revenus exceptionnels comme les primes de mobilité, la fraction imposable des indemnités de licenciement ou de départ à la retraite (revenus bruts diminués des charges déductibles).

2. L'IRPP est annuel

En mai de chaque année, les revenus de l'année précédente doivent être déclarés et l'impôt payé par tiers ou par mensualités.

3. L'IRPP est global

Il prend en compte tous les revenus des membres du foyer fiscal, à l'exception des plus-values immobilières qui font l'objet d'une taxation immédiate. Les revenus sont classés en 7 catégories ayant chacune ses règles propres, à savoir :
- les traitements et salaires ;
- les bénéfices industriels et commerciaux (BIC) ;
- les bénéfices agricoles (BA) ;
- les bénéfices non commerciaux (BNC) ;
- les revenus mobiliers ;
- les revenus fonciers ;
- les plus-values.

4. L'IRPP est un impôt progressif

On applique un barème unique d'imposition, caractérisé par une progressivité par tranches de revenus.

5. L'IRPP est personnel

Il prend en compte la situation particulière de chacun.

2 Le champ d'application de l'IR

1. La territorialité de l'IR

L'art. 4 du Code général des impôts dispose que toute personne qui a en France son domicile fiscal est passible de l'impôt sur le revenu :
- si son lieu de séjour principal est établi en France (plus de 183 jours par an) ;
- si elle exerce son activité professionnelle principale en France (sauf travailleurs frontaliers) ;
- si elle a le centre de ses intérêts économiques en France.

Le territoire comprend la France continentale, la Corse et les 4 DOM.

2. Le foyer fiscal

a) L'entité familiale

La somme des revenus des membres du foyer fiscal constitue une base imposable unique, établie au nom du contribuable. L'entité familiale peut être composée d'une personne seule, de deux partenaires mariés ou pacsés – et ce dès la date du mariage ou du Pacs – et des personnes à charge (enfants célibataires, mineurs, enfants mineurs recueillis). Les concubins doivent déclarer leurs revenus séparément, car ils forment deux foyers fiscaux distincts.

b) Les enfants

Les enfants célibataires de moins de 18 ans et les enfants infirmes célibataires majeurs sont considérées comme des personnes à charge de droit.

Pour la déclaration de revenus déposée en année N, peuvent demander à être rattachés les enfants majeurs :
- âgés de moins de 21 ans au 1er janvier N-1 ;
- âgés de moins de 25 ans et poursuivant leurs études au 1er janvier N-1.

Les revenus perçus par les personnes à charge doivent être ajoutés aux revenus du foyer fiscal. L'avantage en impôt est différent selon la situation de famille :
- si l'enfant majeur est célibataire sans charge de famille, le rattachement permet de bénéficier d'une augmentation du nombre de parts ;
- si l'enfant est marié, pacsé ou chargé de famille, le rattachement ne se traduit pas par une majoration du nombre de parts, mais par un abattement sur le revenu de 5 698 € par personne rattachée.

S'ils ont un revenu propre, les enfants mineurs peuvent demander leur imposition distincte.

3 Les seuils d'exonération

Les contribuables disposant en 2017 de revenus nets annuels imposables inférieurs ou égaux à 16 571 € pour 1 part, 22 020 € pour 1,5 part, 30 929 € pour 2 parts, après prise en compte de la décote, peuvent bénéficier d'une exonération de l'impôt sur le revenu.

Les personnes de plus de 65 ans sont exonérées d'impôt si leur revenu annuel ne dépasse pas 9 490 €.

Les personnes dont l'impôt sur le revenu est inférieur à 61 € sont aussi exonérées d'impôt.

4 La déclaration de revenus

La déclaration annuelle d'ensemble des revenus doit être établie sur un imprimé fourni par l'administration. Il en existe trois modèles différents : modèle vierge n° 2042 ; modèle préidentifié normal n° 2042 K et modèle pré-identifié simplifié n° 2042 SK prérempli, des revenus connus du fisc.

Si seuls des traitements, des salaires ou des retraites sont déclarés, le fisc adressera le modèle simplifié de déclaration préremplie. Dans tous les autres cas, une déclaration préremplie « normale » sera adressée.

Les revenus annexes doivent faire l'objet de déclarations reportées sur la déclaration d'ensemble n° 2042.

EXEMPLES
- les bénéfices industriels et commerciaux (BIC), les bénéfices non commerciaux (BNC), etc. ;
- les revenus fonciers ;
- les plus-values de cessions de valeurs mobilières.

19 LES RÈGLES D'IMPOSITION DES REVENUS D'ACTIVITÉ

➔ Le Code général des impôts (CGI) inclut dans la même catégorie les traitements et salaires, ainsi que les pensions et rentes viagères à titre gratuit, même si leurs régimes respectifs présentent des différences.

1 Les salaires et traitements des fonctionnaires

1. Les sommes perçues au titre d'une activité salariée

La base d'imposition comprend :
- le salaire net de base (montant horaire × nombre d'heures travaillées), le traitement ou le revenu assimilé (commissions des VRP, rémunérations des apprentis, gages...) ;
- les heures supplémentaires ou complémentaires (suppression de l'exonération depuis 2012) ;
- les accessoires de salaire comme les sommes payées en espèces perçues à l'occasion des activités exercées (gratifications, pourboires...) ;
- les principales primes (d'ancienneté, d'assiduité, de mobilité, etc.), le 13e mois ;
- les avantages en nature (logement, nourriture, etc.) évalués d'après leur valeur réelle ou forfaitairement sur la base des barèmes de la Sécurité sociale ;
- les indemnités de chômage.

Elle ne comprend pas les cotisations sociales et la part déductible de contribution sociale généralisée (CSG). On distingue ainsi le salaire brut (salaire de base + heures supplémentaires + primes) qu'on oppose au salaire net (salaire brut – cotisations sociales).

2. La déduction des frais professionnels

Le contribuable a le choix entre la déduction forfaitaire et les frais réels.

a) La déduction forfaitaire de 10 %

Elle est automatiquement appliquée et calculée par l'administration fiscale sur le montant des salaires ou traitements pour chaque membre du foyer fiscal, pour tenir compte des dépenses professionnelles courantes. Le montant de cette déduction forfaitaire de 10 % pour frais est compris entre un plancher et un plafond :
- plancher de déduction : 426 € (936 € pour un demandeur d'emploi depuis plus d'un an) ;
- plafond de déduction : 14 157 €.

b) La déduction des frais réels

Elle peut être choisie par le salarié s'il supporte un montant de frais professionnels supérieur à 10 % tels que les frais de transport domicile-travail (jusqu'à une distance de 40 km sans justificatifs) déterminés selon un barème fiscal des frais de véhicule et variable selon la puissance, les frais de nourriture et autres frais professionnels (frais de formation, de documentation, de double résidence, etc.).

2 Les pensions et rentes

1. Les pensions

a) Les différentes pensions et rentes

En dehors de certaines pensions spécifiques (pensions d'orphelins, militaires, allocation de solidarité aux personnes âgées, minimum vieillesse, etc.), les pensions de vieillesse, retraite, invalidité, pension alimentaire, prestation compensatoire (sauf si elle est versée en capital sur moins de 12 mois) sont imposables.

b) La déduction forfaitaire de 10 %

L'administration fiscale applique un abattement forfaitaire de 10 % sur le montant total des pensions, retraites et rentes pour chaque membre du foyer fiscal, qui ne peut pas être inférieur à 379 € par pensionné, ni dépasser 3 707 € par foyer fiscal pour les pensions et rentes.

2. Les rentes viagères

Elles constituent des allocations versées régulièrement à un bénéficiaire (le crédirentier), désigné par une personne ou un organisme (le débirentier) qui s'engage à verser l'allocation durant toute sa vie au crédirentier.

EXEMPLE

Rentes viagères reversées dans le cadre d'un PEA, d'une assurance-vie, d'un PERP.
Rentes viagères reçues sans contrepartie.
Rentes viagères perçues en contrepartie du versement d'une somme d'argent ou de la transmission d'un bien, dites « à titre onéreux ».

L'âge du bénéficiaire au moment du premier versement détermine le pourcentage de la rente imposable :
- 70 % si le bénéficiaire a moins de 50 ans ;
- 50 % s'il a entre 50 et 59 ans ;
- 40 % s'il a entre 60 et 69 ans ;
- 30 % s'il a plus de 69 ans.

3 Les revenus exonérés

Le CGI prévoit des exonérations partielles ou totales sur les revenus perçus.

1. Exonérations totales de certains revenus

Les prestations familiales légales (allocations familiales, allocation logement, allocation de rentrée scolaire...), l'allocation de garde d'enfant à domicile (AGED), les sommes perçues au titre du RSA, les bourses étudiantes accordées sur des critères sociaux, etc., sont totalement exonérées.

2. Exonérations partielles

Les jobs d'été sont exonérés dans la limite de 3 fois le montant mensuel du Smic pour les étudiants âgés de 26 ans au plus tard le 1er janvier, tandis que les indemnités perçues par un stagiaire sont totalement exonérées jusqu'à un montant d'un Smic annuel. Les indemnités journalières versées en cas d'accident du travail ou de maladie professionnelle, le salaire des apprentis (jusqu'à 17 345 €), sont également partiellement exonérés.

20 LES RÈGLES D'IMPOSITION DES REVENUS DE CAPITAUX MOBILIERS ET DES PLUS-VALUES

Les revenus de capitaux mobiliers (RCM), ou revenus mobiliers, sont l'ensemble des revenus liés à des placements financiers (revenus des livrets d'épargne, des placements boursiers, etc.). Ils sont constitués soit de dividendes (revenus des actions), soit d'intérêts (revenus des livrets, des obligations et de tout placement autre que les actions). Mesure phare du projet de loi de Finances pour 2018, le nouveau prélèvement forfaitaire unique (PFU), « flat tax », s'applique aux RCM et simplifie la fiscalité du capital.

1 Les nouvelles modalités

1. Un prélèvement global unique de 30 %

À partir de 2018, le prélèvement forfaitaire unique (PFU) remplace l'acompte fiscal (21 % sur les intérêts, 24 % sur les dividendes). Un « taux unique à 30 % » s'applique aux revenus du capital avec une hausse de la CSG passant de 15,50 % à 17,20 % à laquelle s'ajoute un taux forfaitaire d'impôt sur le revenu de 12,80 % : un taux plus avantageux que le barème de l'impôt sur le revenu. Les cotisations sociales restent prélevées à la source.

2. Un mode d'imposition par défaut

Le taux forfaitaire de 12,80 % constitue par défaut un plafond d'imposition pour les revenus du patrimoine : le « taux forfaitaire de droit commun ». Ce prélèvement est effectué à la source.

Les contribuables souhaitant être imposés au barème de l'IR peuvent néanmoins en faire la demande. Seuls les foyers non imposables ont intérêt à opter pour le barème de l'IR. Cependant, cette option concerne l'ensemble des « revenus des capitaux mobiliers ». Selon la tranche d'imposition, le PFU n'est pas forcément le plus intéressant, si le contribuable détient des produits qui conservent certains avantages : abattements pour durée de détention des titres acquis avant 2018, abattement de 40 % sur les dividendes si soumis au barème.

EXEMPLE

Pour un contribuable dans la tranche à 14 %, l'imposition sera plus faible avec le PFU pour ses intérêts de livrets, mais pas pour ses dividendes d'actions. Il aurait donc intérêt à prendre des options différentes selon les produits. Mais cela ne sera pas possible.

La CSG payée sur les revenus du capital est déductible à hauteur de 6,8 % dès lors que ces revenus ont été soumis au barème progressif.

3. Une dispense du prélèvement fiscal

Les contribuables les plus modestes bénéficient d'une dispense du prélèvement fiscal de 12,80 % (en faisant la demande en amont adressée à la banque) si le revenu fiscal de référence du foyer sur l'avis d'imposition N-1 est :

– pour les intérêts et coupons, inférieur à 25 000 € pour un célibataire, et à 50 000 € pour un couple ;

– pour les dividendes, inférieur à 50 000 € pour un célibataire, et à 75 000 € pour un couple.

Cette dispense n'exonère pas d'impôt. Elle peut être demandée à la banque avant la fin du mois de novembre (demande de dispense pré-remplie) de l'année précédant le versement des dividendes ou intérêts. Seules les cotisations sociales de 17,20 % sont prélevées à la source.

2 Les dividendes perçus

Ce prélèvement forfaitaire unique de 30 % à la source s'applique aux dividendes (hors PEA et PEA-PME). Il s'accompagne de la suppression de l'abattement de 40 %. Néanmoins, les contribuables qui choisissent l'imposition au barème progressif de l'IR, continuent de bénéficier de l'abattement de 40 %.

Si le revenu fiscal de référence de l'avant dernière année est inférieur à 50 000 € (célibataire) ou 75 000 € (couple), le client peut demander à ne pas verser l'acompte fiscal de 12,8 %. Ses dividendes sont simplement soumis à l'IR. Les dividendes demeurent néanmoins soumis aux prélèvements sociaux à la source de 17,2 %.

EXEMPLE

M. et Mme Boyer ont perçu pour l'année 2018 des dividendes versés par la société Autoroutes PPR pour 1 011 € et des revenus d'un OPCVM actions Union France pour 879 €. Leur revenu fiscal de référence s'élève à 86 400 € (supérieur à 75 000 €). Ils ne peuvent donc pas bénéficier de la dispense de prélèvement fiscal. 567 € (dont 241,92 € au titre de l'impôt) seront prélevés à la source (Prélèvement forfaitaire unique de 30 %).

3 La taxe sur les transactions financières

Créée initialement avec un taux de 0,20 % en 2012, son taux est désormais de 0,30 % (depuis le 1er janvier 2017). La taxe s'applique sur le montant d'achat des actions de sociétés dont le siège social est situé en France et dont la capitalisation boursière dépasse 1 milliard d'euros (soit environ 110 sociétés cotées).

4 Les intérêts des placements

1. Les intérêts de placement soumis au PFU de 30 %

Les intérêts sont soumis au PFU avec la possibilité d'opter pour le barème de l'IR si ce régime est plus favorable.

2. Les produits d'épargne bancaire défiscalisés

Sont exonérés les intérêts des livrets A, des LEP, des livrets jeunes, des LDD et des livrets d'épargne-entreprise.

3. Les revenus des CEL et PEL

Pour les comptes et plans ouverts à partir de 2018, les intérêts des produits d'épargne-logement (PEL et CEL) sont également soumis au PFU dès la première année. Les revenus du CEL, et des 12 premières années pour le PEL (primes et intérêts) échappent à l'impôt sur le revenu. En revanche, ils supportent les prélèvements sociaux.

EXEMPLE

M. et Mme Voisey ont perçu sur l'année 2018 les revenus mobiliers détaillés ci-dessous. Leur revenu fiscal de référence de 2016 est de 80000 €. Pour leurs revenus de 2017, ils sont imposés à la TMI de 41 %.
- 527 € d'intérêts sur un livret A
- 2500 € d'intérêts sur des obligations de l'État français (OAT)
- 487 € d'intérêts sur un LDD
- 358 € d'intérêts sur un PEL de 5 ans d'âge

Les intérêts de livret A et de LDD sont non fiscalisés. Les intérêts de PEL et PEA sont soumis uniquement aux prélèvements sociaux de 17,2 %. Seuls les intérêts des obligations sont fiscalisés : soit un total de 2500 €. Compte tenu de leur TMI de 41 %, M. et Mme Voisey ont intérêt à opter pour le prélèvement forfaitaire unique qui s'élève à 750 € (2500 × 30 % = 750 €). Le couple a un revenu de référence supérieur à 50000 €, il ne pourra donc pas bénéficier de la dispense d'acompte.

5 Les plus-values de cessions de valeurs mobilières

1. Les gains réalisés soumis au PFU

Plus-values (ou moins-values)
= Prix de cession – Coût d'acquisition

Les plus-values de cessions de valeurs mobilières entrent dans le champ d'application de la taxation à 30 %. Elles correspondent aux gains nets réalisés lors de la cession de valeurs mobilières, de titres d'OPCVM de capitalisation ou de distribution, de parts de sociétés, de droits sociaux attachés imposés dès le 1er euro.

2. La suppression du dispositif d'atténuation sauf pour les titres acquis avant le 1er janvier 2018

Les abattements pour durée de détention applicables dans le cadre de la fiscalité des plus-values de cession de valeurs mobilières sont supprimés à partir du 1er janvier 2018 sauf pour les titres acquis avant le 1er janvier 2018.

En effet, l'abattement de droit commun – ainsi que l'abattement renforcé pour les cessions de titres de PME de moins de dix ans – « en faveur des contribuables qui ont acquis ou souscrit leurs titres antérieurement au 1er janvier 2018 et qui optent pour une imposition de l'ensemble de leurs revenus du capital au barème de l'IR sont maintenus ». Cet abattement sur les plus-values mobilières varie selon la durée de détention des titres :

Durée de détention des titres	Taux de l'abattement
Moins de 2 ans	0 %
De 2 ans à moins de 8 ans	50 %
Depuis au moins 8 ans	65 %

6 L'assurance vie

1. Le taux du prélèvement en fonction de l'ancienneté des contrats

Les gains réalisés lors des retraits sur un contrat d'assurance vie peuvent être soit intégrés à l'IRPP, soit soumis au PFL au taux de 35 % en cas de retrait avant 4 ans, de 15 % en cas de retrait entre 4 et 8 ans et de 7,5 % après 8 ans, auxquels s'ajoutent les cotisations sociales au taux en vigueur au moment du fait.

2. Les contrats d'assurance vie supérieurs à 150 000 € soumis au PFU

Le prélèvement forfaitaire unique touche l'assurance-vie mais de façon plus marginale : seuls les contribuables possédant plus de 150000 € (300000 € pour un couple) sur leur assurance-vie sont concernés pour les versements effectués à compter du 27 septembre 2017. Les avantages de l'assurance vie restent inchangés dans le projet de loi de finances pour 2018 : abattement annuel sur les produits de 4600 € (ou 9200 € pour un couple), conditions fiscales en cas de décès...

7 Les placements qui échappent au PFU

1. Les plus-values des plans d'épargne en action (PEA)

Si elles sont réinjectées dans le PEA, elles sont non imposables. Elles le deviennent en cas de retrait du PEA avant 5 ans de 22,5 % pour un retrait avant le 2e anniversaire et, à 19 % pour un retrait entre 2 et 5 ans, auxquels s'ajoutent les PS. Les PEA ouverts à compter de 2018 sont soumis aux cotisations sociales au taux en vigueur au moment du fait générateur. Le taux historique est conservé pour l'ensemble des gains acquis.

2. La disparition des bons anonymes

Depuis le 1er octobre 2016, les bons de caisse ou de capitalisation sont obligatoirement nominatifs. À compter du 1er janvier 2018, le prélèvement forfaitaire de 60 %, auquel s'ajoutent les prélèvements sociaux est supprimé : les détenteurs devront obligatoirement déclarer leur identité à l'administration fiscale.

21 LES RÈGLES D'IMPOSITION DES REVENUS FONCIERS ET DES PLUS-VALUES IMMOBILIÈRES

➔ Contrepartie de la location d'immeubles loués non meublés, les revenus fonciers viennent s'ajouter aux autres revenus catégoriels nets. Les revenus des locations meublées s'intègrent dans la catégorie des BIC. En revanche, les plus-values de cessions immobilières ne sont pas imposées au titre de l'IRRP.

1 L'imposition des revenus fonciers

En dehors des régimes spéciaux liés aux produits de défiscalisation, il existe deux régimes d'imposition.

1. Le régime micro-foncier

Il s'applique de plein droit dès lors que le revenu brut foncier annuel est inférieur ou égal à 15 000 €. Le montant total des loyers bruts est directement porté sur la déclaration de revenus. Le revenu net imposable est déterminé en appliquant un abattement de 30 % représentatif des charges de la propriété. Seul le montant brut des recettes est à reporter sur la déclaration 2042.
Le contribuable peut également opter pour le régime réel d'imposition pour une période irrévocable de 3 ans.
Le régime micro-foncier n'est pas applicable aux régimes de défiscalisation particuliers : monuments historiques, de Robien, Borloo, Périssol, Besson...

EXEMPLE

M. Jelin, propriétaire d'un appartement, a perçu 14 500 € de loyers, supporté des intérêts d'emprunt pour 2 500 €, payé 12 600 € pour travaux, versé 560 € de taxe foncière, soit un total de 15 660 € de charges déductibles.
Bien que le montant des loyers soit inférieur à 15 000 €, M. Jelin a intérêt à opter pour le régime réel : 15 660 € (12 600 + 2 500 + 560) > 4 350 (30 % × 14 500 €). Cependant, cette option étant irrévocable, elle doit être évaluée sur 3 années.

2. Le régime réel de droit commun

a) Calcul du revenu foncier net

Pour les contribuables qui n'entrent pas dans le champ d'application du régime micro-foncier ou qui décident d'opter pour l'application du régime réel d'imposition, le revenu foncier net est calculé sur la déclaration 2044 et reporté sur la déclaration d'ensemble des revenus 2042 de la manière suivante :

Revenus fonciers nets = revenus fonciers bruts – charges déductibles

Les charges déductibles sont les suivantes :
- frais de gestion (20 € par local + rémunération des concierges ou des gardes + frais de procédure) ;
- charges de travaux d'entretien, de réparation et d'amélioration ;
- frais de syndic et de copropriété ;
- primes d'assurance ;
- taxe foncière ;
- indemnités d'éviction et de relogement ;
- provisions sur charges de copropriété ;
- intérêts d'emprunt.

EXEMPLE

M. Mayer a perçu des revenus fonciers à hauteur de 30 000 €. Propriétaire immobilier, il a eu des dépenses : 3 500 € de réparations, 1 500 € de taxe foncière, 500 € d'autres frais et 1 000 € d'intérêts au titre de l'emprunt immobilier. M. Mayer va donc déclarer un revenu net foncier de : 30 000 – 3 500 – 1 500 – 500 – 1 000 = 23 500 € (à ajouter aux autres revenus).

b) Règle d'imputation des déficits fonciers

Si les charges déductibles sont supérieures aux loyers perçus, le contribuable réalise un déficit foncier. Ce déficit est déductible du revenu global du contribuable dans la limite annuelle de 10 700 € (sauf les intérêts de l'emprunt). Les intérêts de l'emprunt et le surplus du déficit au-delà de 10 700 € sont déductibles des revenus nets fonciers des 10 années suivantes.

EXEMPLE

Mme Voisard a perçu 20 000 € de revenu brut foncier provenant de plusieurs appartements donnés en location nue. Pour l'achat de ces appartements, elle supporte 23 000 € d'intérêts d'emprunt. Les autres charges locatives se sont élevées à 25 000 €. Mme Voisard a donc supporté 28 000 € de déficit total.
Seuls les frais et charges peuvent générer un déficit imputable sur le revenu global, pour un montant maximum de 10 700 €. La fraction du déficit afférente aux autres charges est imputable sur le revenu global à hauteur de 10 700 €. L'excédent, soit 14 300 €, s'ajoute aux 3 000 € (fraction relative aux intérêts d'emprunt) imputables uniquement sur les revenus fonciers des dix années suivantes : les intérêts d'emprunt ne génèrent qu'un déficit foncier reportable.

2 Les régimes spéciaux

1. Les dispositifs d'investissement locatif

Depuis 1984, plusieurs dispositifs fiscaux d'incitation à l'investissement locatif dans le neuf se sont succédé :
- le dispositif Méhaignerie de 1984 à 1997 ;
- le dispositif Périssol de 1996 à 1999 ;
- le dispositif Besson de 1999 à 2002 ;
- le dispositif de Robien de 2003 à 2006 ;
- les dispositifs de Robien recentré et Borloo populaire ;
- le régime de la loi Scellier ;
- le régime Duflot ;
- les dispositifs Pinel/Mézard ;
- le dispositif Cosse depuis le 1er janvier 2017.

Initialement, ces dispositifs d'investissement locatif accordaient une réduction d'impôt plafonnée (dispositifs Méhaignerie et Quilès-Méhaignerie) permettant aux investisseurs personnes physiques ou aux sociétés non soumises à l'impôt sur les sociétés de soustraire de leur impôt une fraction de leur investissement. Depuis 1996 et le dispositif Périssol, une logique d'amortissement du bien a été retenue pour les investissements locatifs : l'amortissement constitue une charge qui permet d'obtenir un déficit foncier plafonné et ainsi de réduire la base d'imposition de l'investisseur. C'est le cas pour l'investissement locatif Périssol, Besson, de Robien et Borloo. Pour l'investissement locatif en loi Scellier, c'est à nouveau le mécanisme de la réduction d'impôt qui est en vigueur.

2. L'achat de parts de SCPI (société civile de placement immobilier)

Une SCPI fonctionne comme une SICAV : elle collecte des fonds dans le public mais ces fonds sont investis exclusivement dans l'achat de biens immobiliers locatifs (logements, bureaux, commerces).

L'épargnant achète des parts de SCPI qu'il espère revendre avec une plus-value plus tard. Les revenus perçus au titre de l'achat de parts de SCPI sont soumis à la même fiscalité que des revenus fonciers classiques (micro-foncier ou régime normal, selon le montant global des loyers perçus).

3 La fiscalité des plus-values immobilières

1. Définition

Ce sont les gains réalisés à l'occasion de la vente d'un bien immobilier (cession d'immeuble), ou de droits relatifs à des immeubles et de droits sociaux de sociétés immobilières.

2. Exonérations

Sont exonérées les plus-values réalisées sur :
- la vente de la résidence principale ;
- la première vente d'un logement autre que la résidence principale ;
- la vente d'un droit de surélévation ;
- un bien échangé dans le cadre de certaines opérations de remembrement ;
- un bien dont le prix de vente ne dépasse pas 15 000 € ;
- un bien détenu depuis plus de 30 ans ;
- un bien vendu au profit d'un organisme en charge du logement social ;
- un bien vendu à un opérateur privé qui s'engage à réaliser ou achever des logements sociaux ;
- un bien exproprié ;
- en cas de cession de leur ancien domicile dans les 2 ans après l'avoir quitté pour les retraités ou invalides de condition modeste résidant en maison de retraite ou en foyer d'accueil.

Détermination de l'impôt sur la plus-value immobilière	
Base imposable	**Prix de cession net – Coût de revient**
Prix de cession net	Prix de vente – Frais de vente (honoraires).
Coût de revient	Prix d'achat ou valeur vénale retenue au jour de la transmission pour les biens reçus à titre gratuit + Frais d'acquisition (réels justifiés ou forfaitaires au taux de 7,5 % du prix d'achat) + Dépenses de construction, d'agrandissement, non déduites d'un IR antérieur (à défaut de justificatif pour les immeubles bâtis détenus depuis plus de 5 ans, forfait de 15 % du prix d'acquisition)

Exonération de l'impôt à 19 % après 22 ans	avec un cadencement de l'abattement de : – 6 % par an de la 6e et la 21e année ; – 4 % par an de la 21e et la 22e année.
Exonération des prélèvements sociaux (PS) de 17,2 % après 30 ans	avec un cadencement de l'abattement de : – 1,65 % par an de la 6e et la 21e année ; – 1,60 % la 22e année ; – 9 % par an de la 23e à la 30e année.
Imposition	19 % + 17,2 % de PS = 36,2 % Depuis 2013, taxe supplémentaire de 2 à 6 % dès lors que la plus-value dépasse 50 000 €.

Note : Un abattement exceptionnel de 70 %, à la fois de l'impôt et des prélèvements sociaux, sur la plus-value immobilière est accordé aux particuliers qui vendent entre le 1er janvier 2018 et le 31 décembre 2020 un bien immobilier ou un terrain bâti ou à bâtir situé dans les zones tendues.

EXEMPLE

Mme Sallé a revendu pour 230 000 € un bien acheté 150 000 € il y a 13 ans. Le montant total d'imposition s'élève à 11 474,40 €.

	Plus-value immobilière
Montant de l'acquisition	150 000 €
Prix de vente de l'immeuble	230 000 €
Durée de détention	13 ans
Frais d'acquisition de l'immeuble Montant forfaitaire (7,5 %)	11 250 €
Travaux réalisés dans l'immeuble Montant forfaitaire (15 %)	22 500 €
Valeur de l'acquisition à retenir	183 750 €
Prix de cession à retenir pour le calcul	230 000 €
Montant de la plus-value taxable	46 250 €
Taux d'abattement pour durée de détention, selon la durée	48,00 % pour l'IR 13,20 % pour les PS
Montant de la plus-value taxable	46 250 €
Taux d'imposition (19 % × 0,52)	9,88 %
Montant de l'impôt sur la plus-value	4 569,50 €
Montant de la CSG/CRDS 17,2 % × (1 – 0,132) = 14,929 %	6 904,94 €
Montant total de l'imposition	**11 474,40 €**

3. Déclaration auprès du notaire

Depuis le 1er janvier 2004, c'est le notaire qui calcule et paye l'impôt dû au Trésor public en prélevant la somme sur le produit de la vente au moment de la réalisation de l'acte de cession.

22 LE CALCUL DE L'IMPÔT SUR LE REVENU

Le calcul de l'impôt sur le revenu (IR) suit différentes étapes qui vont de la détermination du revenu brut global à la prise en compte des charges pour évaluer le revenu net imposable, en passant par le calcul de l'impôt brut, pour enfin aboutir à l'impôt net.

1 Détermination du revenu brut global (RBG)

Le revenu brut global s'obtient en additionnant les différents revenus catégoriels (à l'exception des revenus ou gains soumis au prélèvement forfaitaire libératoire ou à un taux proportionnel), nets des abattements prévus pour chaque catégorie.

2 Détermination du revenu net imposable (RNI)

C'est le revenu qui sera effectivement soumis au barème. Il est obtenu en diminuant le RGB des charges déductibles.

EXEMPLES

Sont des charges déductibles :
- les pensions alimentaires ;
- les prestations compensatoires ;
- les cotisations versées sur un PERP ;
- les déficits fonciers ;
- la CSG déductible ;
- les déficits professionnels (BIC, BNC, BA).

3 Détermination de l'impôt brut

Le revenu net global est soumis au barème progressif par tranches, en fonction du quotient familial.

1. Quotient familial (QF)

Il correspond au revenu imposable divisé par un nombre de parts (N) qui dépend de la situation familiale et du nombre de personnes fiscalement à la charge du foyer fiscal : QF = RNI/N.

Le nombre de parts est déterminé comme suit :

Situation	Nombre de parts
Célibataire, divorcé ou veuf, sans enfant à charge	1
Célibataire, divorcé ou veuf, vivant seul mais ayant élevé pendant au moins 5 ans un ou plusieurs enfants	1,5
Célibataire, divorcé ou veuf avec 1 enfant mineur dont la charge est partagée	1,5
Célibataire, divorcé vivant seul avec 1 enfant à charge exclusive	2
Marié, pacsé, sans enfant à charge	2
Célibataire ou divorcé vivant seul avec 2 enfants à charge exclusive	2,5
Marié, pacsé ou veuf avec 1 enfant à charge	2,5
Marié, pacsé ou veuf avec 2 enfants à charge	3
Par enfant supplémentaire, à compter du 3e enfant	+ 1

2. Taux marginal d'imposition

Le quotient familial permet de fixer le taux marginal d'imposition. À chaque tranche (5 au total) est appliqué un taux d'imposition. Le montant ainsi obtenu est multiplié par le nombre de parts. Cette notion est importante pour évaluer l'impact de certains dispositifs « défiscalisants » qui reposent sur une diminution du revenu imposable.

Le barème se caractérise par une progressivité par tranches de revenus.

EXEMPLE

Le barème de l'impôt 2018 se présente comme suit :

Quotient familial R/N	TMI	Montant de l'impôt brut
Jusqu'à 9 807 €	0 %	-
De 9 808 à 27 086 €	14 %	(R × 0,14) – (1 372,98 × N)
De 27 087 à 72 617 €	30 %	(R × 0,3) – (5 706,74 × N)
De 72 618 à 153 783 €	41 %	(R × 0,41) – (13 694,61 × N)
Plus de 153 784 €	45 %	(R × 0,45) – (19 845,93 × N)

EXEMPLE

M. et Mme Tika ayant 2 enfants (3 parts) disposent d'un revenu net imposable de 99 000 €, soit un quotient familial de 33 000 €. En appliquant la formule : (99 000 × 0,3) – (5 706,74 × 3), le montant de l'impôt brut est de 12 579 € avant plafonnement des effets du quotient familial.

Le montant brut de l'impôt fait l'objet de deux corrections : plafonnement du quotient familial et décote.

3. Plafonnement du quotient familial

L'avantage fiscal du quotient familial est plafonné à 1 527 € par demi-part supplémentaire par rapport à l'impôt dû sans la ou les part(s) supplémentaire(s).

EXEMPLE

Reprenons l'exemple du couple Tika avec ses 2 enfants, soit 3 parts fiscales et un revenu imposable de 99 000 € :
- Impôt sans enfant (2 parts) =
(99 000 × 0,3) – (5 706,74 × 2) = 18 286,52 €
- Impôt avec 2 enfants (3 parts) et sans le plafonnement du quotient familial = 18 286 – 12 579 = 5 707 € > 3 054 €. La différence (2 653 €) sera donc rapportée à la déclaration fiscale.

4. Décote de l'impôt

Accordée aux contribuables dont le montant de l'impôt brut est inférieur à 1 569 € (pour les célibataires, divorcés ou veufs) ou 2 585 € (pour les couples soumis à imposition commune), le calcul de la décote est différent selon la situation familiale :
- 1 177 € – 75 % de l'impôt pour un célibataire ;
- 1 939 € – 75 % de l'impôt pour un couple.

EXEMPLE

Pour un impôt brut de 1 400 € pour un célibataire (soit inférieur à 1 569 €), la décote représente 127 € (1 177 € – 1 400 × 0,75), soit un impôt après décote de 1 273 €.

4 Impôt net à payer

Après application du quotient familial, du TMI, du plafonnement et éventuellement de la décote, certaines charges ouvrent droit à une réduction d'impôt sur le revenu, voire à un crédit d'impôt. Il en résulte l'impôt net à payer.

1. Principales réductions d'impôt

a) Frais de séjour en établissement pour personnes dépendantes

Le plafond des dépenses est fixé à 10 000 € et le taux de la réduction d'impôt applicable est de 25 %.

b) Frais de scolarité des enfants à charge

Ils sont compensés par une réduction d'impôt forfaitaire fixée à 61 € pour un collégien, à 153 € pour un lycéen et à 183 € pour un étudiant.

c) Cotisations syndicales

Elles ouvrent droit à une réduction d'impôt à hauteur de 66 % de leur montant, dans la limite de 1 % des salaires et pensions perçus.

d) Dons

Les dons à des organismes sans but lucratif qui fournissent gratuitement des repas ou des soins à des personnes en difficulté ouvrent droit à une réduction d'impôt de 75 % du montant des versements, retenus dans la limite de 529 €.
Les autres dons donnent lieu à une réduction d'impôt à hauteur de 66 % de leur montant et dans la limite de 20 % du RNI.

2. Principaux crédits d'impôt

Ils sont restitués lorsqu'ils excèdent l'impôt à payer.

a) Dépenses pour l'emploi d'un salarié à domicile

Elles donnent droit à une réduction d'impôt à hauteur de 50 % des salaires versés par l'employeur (cotisations patronales incluses), dans la limite de 12 000 € par foyer, majorée de 1 500 € par enfant à charge, avec un maximum de 15 000 €.

b) Frais de garde hors domicile

Frais de crèche, de garderie ou d'assistante maternelle agréée d'un enfant âgé de moins de 6 ans au 1er janvier de l'année d'imposition donnent droit à un crédit d'impôt égal à 50 % d'un montant de dépenses limitées à 2 300 €.

c) Crédit d'impôt lié à la résidence principale

Le crédit d'impôt sur les intérêts d'emprunt immobilier a pris fin à compter du 1er janvier 2011. Toutefois, les propriétaires qui ont construit ou acheté leur logement avant cette date continuent à bénéficier de ce crédit d'impôt.
Les équipements d'économie d'énergie effectués dans la résidence principale du foyer fiscal et les travaux visant à aider une personne âgée ou handicapée donnent lieu à crédit d'impôt.
Par exemple, le crédit d'impôt pour la transition énergétique, mis en place au 1er septembre 2014 avec un taux de réduction d'impôt de 30 % des dépenses engagées, porte sur les travaux d'amélioration de l'efficacité énergétique réalisés dans l'habitation principale. Ce dispositif est prorogé d'un an jusqu'au 31 décembre 2018.

EXEMPLE

Le couple Lafaiteur a 3 enfants dont l'un au collège. M. Lafaiteur est commercial. Ses revenus se sont élevés à 41 000 € pour l'année 2014 tandis que son épouse travaille dans la même entreprise et a perçu 16 200 €. Le couple est propriétaire d'un studio qu'il loue 350 €/mois. Son portefeuille boursier lui a rapporté la somme de 6 000 € (actions de l'entreprise). Il a employé une femme de ménage dont le salaire s'élève à 250 €/mois. Il verse chaque année aux Restos du cœur 350 €.

FEUILLE DE CALCUL DE L'IMPÔT SUR LE REVENU				
1- REVENU BRUT GLOBAL				
SALAIRES, PENSIONS ET RENTES	Déclarant 1	Déclarant 2	Pers. à charge	Total
Traitements, salaires	41 000	16 200	0	
Déduction forfaitaire 10 % pour frais professionnels	4 100	1 620	0	
Reste net	36 900	14 580	0	51 480
Total revenus				51 480
REVENUS DES VALEURS ET CAPITAUX MOBILIERS				
Ouvrant droit à abattement 40 % (6 000 × 0,6)				3 600
REVENUS FONCIERS : total des revenus fonciers nets < 15 000 €				
(micro-foncier) abattement 30 %				
Reste : (350 × 12 × 0,7)				2 940
REVENU (OU DÉFICIT) BRUT GLOBAL				58 020
2 - CHARGES DÉDUCTIBLES Total des déductions				306
CSG déductible sur les revenus du patrimoine				
REVENU NET IMPOSABLE				57 714
3 - CALCUL DU NOMBRE DE PARTS			4	
4 - CALCUL DU QUOTIENT FAMILIAL QF = 57 714 / 4 = 14 428				
MONTANT DE L'IMPÔT selon barème : i = (57 714 × 0,14) – (1 359,4 × 4) = 2 642 €				2 642
5 - RÉDUCTIONS D'IMPÔT				
75 % des dons à des organismes d'aide aux personnes en difficulté dans la limite de 521 €				262
Enfants à charge poursuivant leurs études				61
TOTAL DES RÉDUCTIONS D'IMPÔT				323
6 - CRÉDITS D'IMPÔT				
50 % des sommes versées pour l'emploi d'un salarié à domicile				1 500
7 - IMPÔT À PAYER				819 €

23 LES MESURES DE DÉFISCALISATION

Certains investissements peuvent donner lieu à déduction fiscale, réduction d'impôt ou crédit d'impôt.

1 Les règles générales

1. Les techniques de défiscalisation

a) La déduction fiscale

Elle consiste à diminuer le montant des revenus soumis au barème de l'impôt. Les dispositifs de déduction sont d'autant plus intéressants que le taux marginal d'imposition est important.

b) La réduction d'impôt

Elle réduit non pas le revenu mais l'impôt à acquitter.

c) Le crédit d'impôt

Il est également déduit du montant de l'impôt mais si son montant est supérieur à l'impôt brut, l'administration fiscale rembourse cette différence. Le crédit d'impôt peut alors jouer comme un impôt négatif.

2. Le plafonnement global des « niches fiscales »

Pour éviter les abus de défiscalisation, le montant des niches fiscales est plafonné à 10 000 €.

2 Les principaux dispositifs

Parmi les très nombreux dispositifs, on distingue ceux liés à l'habitation principale, à l'immobilier locatif, et les dispositifs divers.

1. Les dépenses liées à l'habitation principale

Les dépenses en faveur d'équipements économes en énergie et d'équipements pour personnes âgées ou handicapées, les intérêts d'emprunt pour l'acquisition de l'habitation principale pour les offres de prêt émise avant le 1er janvier 2011, donnent droit à un crédit d'impôt.

EXEMPLE

En vigueur depuis 2005, le CITE, crédit d'impôt pour la transition énergétique, porte sur les travaux d'amélioration de l'efficacité énergétique réalisés dans l'habitation principale.

2. L'investissement dans l'immobilier locatif neuf

a) La loi Mézard : nouveau dispositif d'investissement locatif

Mise en place par le ministre de la cohésion des territoires, elle permet de bénéficier d'une réduction d'impôt, à condition que :
- le bien immobilier loué soit acquis ou neuf ;
- le propriétaire soit fiscalement domicilié en France ;
- le bien soit mis en location nue ;
- le bien soit la résidence principale du locataire ;
- la location couvre une période minimale de 6 ans prolongeable 9 ans ou 12 ans ;
- l'emplacement géographique du logement soit positionné sur certaines zones éligibles (voir carte des zones Mézard) ;
- le loyer respecte le plafond fixé en fonction de la zone ;
- les ressources du locataire respectent les plafonds fixés ;
- les logements respectent les normes thermiques et énergétiques ;
- les opérations ne cumulent pas plus de deux logements par an sans dépasser 300 000 € d'investissement sur l'année.

Attention : Un locataire peut être l'ascendant ou le descendant du propriétaire sans faire partie du foyer fiscal du propriétaire.

b) Les autres dispositifs dans l'immobilier locatif

Depuis 1913, la liste des différentes lois de défiscalisation apparues, qui ont été ou qui sont toujours en vigueur aujourd'hui, est longue. Le tableau suivant en présente un extrait :

1913	Monument historique	Destinée à protéger les monuments classés ou inscrits à l'inventaire des monuments historiques.
1962	Loi Malraux	Permet de financer la réhabilitation et la mise en valeur de bâtiments anciens situés en secteurs sauvegardés.
1979	Statut du Loueur en meublé	Permet de bénéficier d'une imposition réduite au titre des bénéfices industriels et commerciaux (BIC).
1986	Loi Méhaignerie	Premier dispositif d'incitation à l'investissement immobilier locatif dans le neuf en France métropolitaine.
1986	Loi Pons	Premier dispositif d'incitation aux investissements outre-mer.
1996	Loi Périssol	Dispositif d'incitation à l'investissement immobilier locatif dans le neuf en France métropolitaine (ou réhabilité avec la loi Besson en 1999).
1999	Loi Demessine	Dispositif d'incitation fiscale créé pour encourager l'investissement touristique en zone de revitalisation rurale (ZRR).
2003	Loi Robien	Dispositif d'incitation fiscal mis en place afin de promouvoir la construction de logements neufs.
2003	Loi Girardin immobilier	Dispositif de défiscalisation succédant à la loi Paul pour soutenir l'investissement immobilier locatif outre-mer.
2006	Loi Borloo	Dispositif mis en place pour financer l'investissement locatif neuf avec une vocation plus sociale.
2009	Loi Scellier	Succédant à la loi Robien, elle élargit le dispositif à la totalité du territoire français.
2014	Loi Duflot corrigée en 2015 par la loi Pinel	Dispositif d'incitation fiscal à l'investissement immobilier locatif de logements neufs, elle impose des normes de construction ainsi qu'un zonage d'éligibilité et des plafonds de loyers plus serrés.
2017	Loi Cosse	Destinée à favoriser les propriétaires qui louent leur bien à un loyer « abordable ».

3. Les autres mesures de défiscalisation

La souscription au capital d'une Sofica (société de financement de l'industrie du cinéma), d'un FCPI (fonds commun de placement dans l'innovation) ou de FIP (fonds d'investissement de proximité), l'investissement dans le secteur forestier, ouvrent également droit à des réductions d'impôt.

24 L'IMPOSITION DU PATRIMOINE

Mesure phare de la loi de finance 2018, l'impôt de solidarité sur la fortune (ISF) – impôt annuel sur le capital dû par les personnes physiques à raison de la détention de leur patrimoine – a été supprimé et transformé en un impôt sur la fortune immobilière (IFI). Le recentrage de l'impôt sur le seul patrimoine immobilier a fait perdre 40 % des redevables et plus de 3 milliards d'euros (sur les 5 milliards que rapportait l'ISF).

1 Personnes imposables

L'IFI est calculé sur le patrimoine net au 1er janvier dont le seuil de taxation demeure fixé à 1 300 000 €. Sont imposables les personnes qui sont domiciliées en France à raison des biens détenus en France et hors de France. L'imposition est établie au niveau du foyer fiscal. Celui-ci se compose des époux, des personnes vivant en concubinage notoire, des partenaires liés par un pacte civil de solidarité (PACS) et des enfants mineurs.

2 Base imposable

1. Détermination de l'actif net

Seuls les biens immobiliers (détenus directement ou par l'intermédiaire d'une société) sont intégrés à l'assiette de l'IFI, sauf s'il s'agit d'un bien professionnel pour le contribuable. Les parts de SCI, de SCPI, d'OPCI ou les actions foncières (cotées ou non) sont soumises à l'IFI. Les biens immobiliers sont évalués à leur valeur vénale, à savoir, à la valeur du bien sur le marché. L'abattement de 30 % réservé à la résidence principale est maintenu. L'IFI est calculé sur le patrimoine net au 1er janvier :

Actif net = Actif – Passif	
Actif	**Passif**
Biens immobiliers : – résidence principale (après abattement de 30 %) ; – immobilier locatif ; – parts SCI, SCPI, actions foncières ; – terrains à bâtir, terres agricoles, etc.	**Impôts payés sur l'année N :** – l'IRPP ; – l'ISF ; – impôts locaux de l'année N ; – prélèvements sociaux.

2. Biens exonérés

Afin d'inciter les Français à investir dans les entreprises et ainsi financer l'économie, l'IFI exonère les placements financiers, l'épargne et autres valeurs mobilières tout en continuant à taxer les fortunes immobilières. Sont donc exonérés :

– l'immobilier affecté à l'activité professionnelle du redevable ;
– les biens immobiliers affectés à une activité de location meublée professionnelle ;
– les œuvres d'art ;
– les placements financiers (PEE, PEA, comptes-titres, assurance-vie) sauf pour la part investie en SCPI ou OPCI.

Comme en matière d'ISF, les bois, forêts, parts de groupements forestiers, terres agricoles, parts de groupements fonciers agricoles sont partiellement exonérés.

3. Le barème de l'impôt

Le barème de l'IFI reprend le barème par tranches appliqué par l'ISF :

Valeur nette taxable du patrimoine	Taux d'impo.	Calcul simplifié
en dessous de 800 000 €	0 %	–
de 800 000 à 1 300 000 €	0,50 %	–
de 1 300 000 à 2 570 000 €	0,70 %	(P × 0,007) – 6 600 €
de 2 570 000 à 5 000 000 €	1 %	(P × 0,01) – 14 310 €
de 5 000 000 à 10 000 000 €	1,25 %	(P × 0,0125) – 26 810 €
au-dessus de 10 000 000 €	1,50 %	(P × 0,015) – 51 810 €

P = patrimoine net taxable

4 Le mécanisme de décote

Si la valeur du patrimoine est comprise entre 1,3 et 1,4 million d'euros, une décote vient s'imputer sur le montant de l'IFI. Elle se calcule ainsi : 17 500 € – 1,25 % de la valeur nette taxable du patrimoine.

EXEMPLE

Patrimoine net taxable au 1er janvier 2018 :
1,35 million d'euros
IFI brut = 500 000 € × 0,5 % + 50 000 € × 0,7 % = 2 850 €
Décote applicable = 17 500 € – 1 350 000 × 1,25 % = 625 €
Montant IFI = 2 850 € – 625 € = 2 225 €.

5 Les différentes étapes de calcul de l'IFI

1	Détermination de l'actif net imposable
2	Calcul de l'IFI théorique
3	Calcul de l'IFI réel : il convient de corriger en retirant à l'assiette le montant de l'IFI théorique, et de recalculer l'impôt dû.
4	Réduction de 300 € par personne à charge

EXEMPLE

Mme et M. Devreker sont propriétaires d'une résidence principale estimée à 1,65 million d'euros, d'une résidence secondaire de 330 000 €, d'œuvres d'art évaluées à 135 230 €, d'un portefeuille de titres estimés à 62 346 €. Ils ont au 1er janvier un encours de crédit de 7 890 €. Ils sont redevables de l'impôt sur le revenu pour 6 500 € et versent 3 000 € au titre des impôts locaux :

Actif	Détermination de l'actif net et de l'IFI
Résidence principale	1 650 000 × 70 % = 1 155 000 €
Résidence secondaire	330 000 €
Passif	
Impôts locaux	3 000 €
IRPP	6 500 €
Autres dettes	7 890 €
Actif net imposable	1 467 610 €
IFI théorique	(1 467 610 × 0,007) – 6 600 = 3 673 €
Correction de l'actif net	1 467 610 – 3 673 = 1 463 937 €
IFI à payer	(1 463 937 × 0,007) – 6 600 = 3 647 €

25 LES DROITS DE SUCCESSION ET DE DONATION

Le patrimoine peut être transmis à titre gratuit par libéralité ou à l'occasion de l'ouverture d'une succession.

1 Les abattements sur les droits de donation et de succession

Les droits de donation et de succession s'appliquent à la valeur du patrimoine transmis, déduction faite d'un abattement forfaitaire, dont le montant dépend du lien de parenté entre le défunt ou le donateur et le bénéficiaire de la donation ou de la succession :

Montant de l'abattement	Succession	Donation
Entre parent et enfant	100 000 €	
Entre grand-parent et petit-enfant	1 594 €	31 865 €
Entre arrière-grand-parent et arrière-petit-enfant	1 594 €	5 310 €
Entre époux ou pacsés	Exonération	80 724 €
Entre frère et sœur	15 932 €	
Entre oncle/tante et neveu/nièce	7 967 €	
En faveur des personnes handicapées	159 325 €	
Autre situation	1 594 €	
Sur les dons d'argent des ascendants en faveur des descendants, sous conditions d'âge	X	31 865 €

2 Les étapes du calcul

1. Détermination de l'actif net successoral

Avant de procéder au calcul des droits de succession, il convient de définir l'actif net de la succession. Cet actif est composé de : l'ensemble des biens du défunt + les avoirs bancaires du défunt + les éventuelles créances sur les héritiers.

On déduit ensuite les éventuelles dettes du défunt.

On obtient ainsi l'actif net imposable.

2. Répartition du patrimoine

Elle s'effectue en fonction des règles du Code civil ou selon les volontés du défunt.

3. Rappel fiscal des donations antérieures

S'ajoute à la valeur des biens compris dans la déclaration de succession, la valeur des biens qui ont fait l'objet de donations antérieures, à l'exception de celles qui remontent à plus de 15 ans.

4. Abattement et exonérations

a) Pour certains héritiers (*cf.* tableau ci-dessus)

b) En raison de la qualité du bénéficiaire et de certains biens

Les dons et legs aux collectivités, aux établissements publics scientifiques, d'enseignement, de bienfaisance, etc., font l'objet d'exonérations.

Les reversions de rentes viagères entre époux ou entre héritiers en ligne directe, les immeubles classés ou inscrits, les œuvres d'art, livres et objets de collection, sont exonérés. Le capital reçu dans le cadre de la succession d'un contrat d'assurance-vie est assujetti à un abattement pour chaque bénéficiaire.

5. Application du barème de l'impôt

Les droits de succession sont calculés selon un tarif qui dépend du lien de parenté entre le défunt et le bénéficiaire. Il s'applique sur la part nette taxable reçue par chaque héritier, légataire ou donataire après déduction des abattements. Les tarifs des droits applicables en ligne directe sont revalorisés.

Fraction de part nette taxable	Tarif applicable
N'excédant pas 8 072 €	5 %
Entre 8 072 et 12 109 €	10 %
Entre 12 109 et 15 932 €	15 %
Entre 15 932 et 552 324 €	20 %
Entre 552 324 et 902 838 €	30 %
Entre 902 838 et 1 805 677 €	35 %
Au-delà de 1 805 677 €	40 %

Tarif des droits applicables entre frères et sœurs :

Fraction de part nette taxable	Tarif applicable
N'excédant pas 24 430 €	35 %
Supérieure à 24 430 €	45 %

Autres tarifs de droits applicables : 55 % entre parents jusqu'au 4e degré ; 60 % au-delà ou entre non-parents.

6. Réduction sur le montant à payer pour charges de famille

Elle s'élève à 610 € par enfant à partir du 3e enfant pour les donations en ligne directe et à 305 € dans les autres cas.

3 Les droits applicables aux donations

1. Exonérations et abattements par bénéficiaire

En cas de donation, un abattement est appliqué (tableau ci-dessus). Les donations de plus de 15 ans sont également exonérées. (Voir plus haut dans les droits de succession pour l'application du barème de l'impôt.)

2. Valeur fiscale de l'usufruit ou de la nue-propriété

Les biens transmis en usufruit ou en nue-propriété sont évalués forfaitairement :

Âge de l'usufruitier	Valeur de l'usufruit	Valeur de la nue-propriété
Moins de 21 ans	90 %	10 %
De 21 ans à moins de 31 ans	80 %	20 %
De 31 ans à moins de 41 ans	70 %	30 %
De 41 ans à moins de 51 ans	60 %	40 %
De 51 ans à moins de 61 ans	50 %	50 %
De 61 ans à moins de 71 ans	40 %	60 %
De 71 ans à moins de 81 ans	30 %	70 %
De 81 ans à moins de 91 ans	20 %	80 %
Plus de 91 ans	10 %	90 %

26 LES PRÉLÈVEMENTS SOCIAUX

À côté des prélèvements fiscaux (impôts) versés à l'État, les ménages versent à la Sécurité sociale des prélèvements sociaux (PS). La contribution sociale généralisée (CSG) et la contribution au remboursement de la dette sociale (CRDS) sont des prélèvements fiscaux destinés à diversifier les sources de financement de la Sécurité sociale.

1 Les contributions sociales sur les revenus d'activité et de remplacement

1. Revenus imposés

La CSG et la CRDS sont calculées et prélevées sur 98 % des revenus afin de tenir compte des frais professionnels. Sont concernés :

- les revenus d'activité ;

EXEMPLE

Salaires, revenus professionnels non salariés (bénéfices industriels et commerciaux, bénéfices non commerciaux, bénéfices agricoles...).

- les revenus de remplacement ;

EXEMPLE

Pensions de retraite, d'invalidité, allocations de chômage et de préretraite, indemnités de maladie, de maternité.

Toutefois, certains revenus de remplacement en sont exonérés.

EXEMPLE

Le revenu de solidarité active (RSA), le minimum vieillesse.

2. Taux des contributions sociales

Le taux de la CSG varie suivant le type de revenus :
- 7,5 % pour les revenus d'activité ;
- 6,6 %, 3,8 % ou 0 % pour les pensions de retraite, d'invalidité et de préretraite ;
- 6,2 % pour les allocations de chômage, les indemnités de maladie, de maternité.

La CSG est déductible pour les revenus d'activité à hauteur de 5,1 % et pour les revenus de remplacement à hauteur de 3,8 % ou 4,2 %.

À la CSG, il faut ajouter 0,5 % de CRDS, aussi bien sur les revenus d'activité et de remplacement que sur les revenus du capital.

Sur les pensions de retraite, de préretraite, et sur les pensions d'invalidité, une contribution additionnelle de solidarité pour l'autonomie est prélevée à hauteur de 0,3 %.

3. Paiement des contributions sociales

Les CSG et CRDS sont précomptées sur les bulletins de salaire et reversées par l'employeur à l'URSSAF (Union de recouvrement des cotisations de Sécurité sociale et d'allocations familiales).

2 Les contributions sociales sur les revenus du capital

Outre la CSG et la CRDS, les revenus du capital financier sont soumis à un prélèvement social et à des contributions additionnelles au prélèvement social.

1. Personnes concernées

Les personnes fiscalement domiciliées en France, même si elles ne sont pas soumises à l'impôt sur le revenu, sont redevables des contributions sociales sur les revenus du capital.

2. Revenus imposés

Les revenus soumis à contributions sociales sont les suivants :

a) Revenus du patrimoine
- Revenus fonciers ;
- Rentes viagères constituées à titre onéreux ;
- Revenus de capitaux mobiliers (actions, parts sociales, obligations, bons du Trésor, titres de créance négociables, etc.) ;
- Plus-values de cession de valeurs mobilières.

b) Revenus de placement
- Revenus de l'épargne salariale ;
- Intérêts et primes d'épargne versées aux titulaires de CEL et PEL ;
- Produits des bons ou contrats de capitalisation et d'assurance-vie ;
- Gains réalisés ou rentes viagères versées en cas de retrait ou de clôture des PEA.

En sont exonérés les intérêts des livrets A, des livrets d'épargne populaire, des LDD et des livrets jeunes.

3. Taux des contributions sociales

Les taux des contributions sociales sur les revenus du patrimoine et de placement sont les suivants :

Contributions sociales	Taux
CSG	9,9 %
CRDS	0,5 %
Prélèvement social	4,5 %
Contributions additionnelles	0,3 %
Prélèvements de solidarité	2 %
TOTAL	17,2 %

4. Paiement

a) Revenus du patrimoine

Entre août et septembre, un avis unique d'imposition commun pour les prélèvements sociaux et l'IR est envoyé.

b) Revenus de placement

Aucune démarche n'est à effectuer pour le paiement des contributions sociales. Les PS perçus sur les plus-values immobilières sont recouvrés par le service de la publicité foncière.

Pour les autres, les revenus de placement, les contributions sociales sont prélevées à la source par l'établissement payeur (la banque ou l'organisme auprès duquel l'investissement a été réalisé).

5. Déductibilité partielle de la CSG

La CSG due sur les revenus du patrimoine de N-1 soumis au barème progressif de l'impôt est déductible à hauteur de 5,1 % du revenu global imposable.

27 LES MODALITÉS DE PAIEMENT DE L'IMPÔT

La retenue à la source, déjà utilisée pour les cotisations sociales et pour l'impôt sur les plus-values immobilières, remplacera l'impôt sur le revenu recouvré sur avis d'imposition au 1er janvier 2019.

1 L'impôt sur le revenu

1. Jusqu'au 1er janvier 2019

Le contribuable continuera de payer en 2017 l'impôt sur les revenus qu'il a perçus en 2018.

a) Déclaration en ligne des revenus obligatoire à partir de 2019

En 2018, la déclaration des revenus 2017 sur le site de l'administration fiscale est obligatoire pour les contribuables dont le revenu fiscal de référence de 2016 est supérieur à 15 000 €. À compter de 2019, la télédéclaration deviendra obligatoire pour l'ensemble des contribuables.

b) Différentes manières de s'acquitter de l'impôt jusqu'en 2019

Jusqu'au 1er janvier 2019, les foyers peuvent encore choisir entre deux manières différentes pour régler leur impôt :
– le paiement par acomptes (tiers provisionnels) basé sur le montant de l'impôt payé en N–1 avec un premier tiers provisionnel payable le 15 février N, un deuxième tiers provisionnel payable le 15 mai N, un dernier tiers le 15 octobre en tenant compte de l'impôt N (connu à cette date) ;
– le paiement mensuel en dix prélèvements calculés sur la base du montant de l'année précédente. De janvier N à juillet N, les mensualités sont provisionnelles, basées sur le montant de l'impôt payé en N–1. En août, l'ajustement est réalisé (en cas d'augmentation de l'imposition, le solde est versé en novembre et en décembre) et un nouvel échéancier est donné en fonction de l'impôt N. Si l'augmentation est telle que le prélèvement de décembre excède le double de la mensualité de base, le règlement du solde dû est étalé sur les quatre derniers mois de l'année, sauf avis contraire de l'intéressé.

c) Généralisation du paiement en ligne

Le seuil de télépaiement passe à 1 000 € en 2018. Ce mouvement constitue un premier pas vers le prélèvement à la source de l'impôt.

2. À partir du 1er janvier 2019, le prélèvement à la source

a) Principe

Le décalage d'un an entre la perception des revenus et le paiement de l'impôt prendra fin, entraînant un ajustement plus rapide de l'impôt en cas de baisse des revenus du contribuable.
Le prélèvement sera mensuel sur la base du taux de prélèvement calculé et fourni par l'administration fiscale.

b) Modalités de déclaration et de calcul de l'impôt

La déclaration d'impôt sur les revenus restera à la charge du contribuable au printemps de chaque année. Le taux de prélèvement, actualisé en septembre, sera la seule information transmise à l'employeur par l'administration fiscale, qui restera l'interlocuteur unique du salarié.
L'employeur devient le collecteur de l'impôt dû par son employé au titre des revenus qu'il lui verse. La direction générale des Finances publiques (DGFiP) lui transmettra par voie dématérialisée le taux de prélèvement à appliquer aux revenus soumis au prélèvement à la source. Le collecteur retiendra le montant correspondant, puis le reversera le mois suivant au titre d'un mois (ou d'un trimestre pour les TPE) à l'administration fiscale.

c) Calcul et révision du taux d'imposition

Le taux d'imposition sera calculé sur les revenus de l'année N–2 pendant les 8 premiers mois de l'année, puis sera mis à jour en septembre sur la base des revenus N–1 (avant la régularisation finale l'année suivante). Le calcul de l'impôt reste attaché au foyer. Cependant, il est possible d'opter pour un taux personnalisé correspondant aux revenus individuels.
Le taux sera modifié en cours d'année en cas de mariage, divorce, décès de l'un des conjoints, ou de naissance, si cet événement a été déclaré à l'administration. Les autres changements de situation n'entraîneront pas de mise à jour automatique puisqu'une baisse de revenu fera mécaniquement diminuer le montant de l'impôt payé mensuellement.

d) L'option du taux neutre

Le système du taux neutre permet d'assurer une confidentialité totale des données : un salarié peut ainsi refuser que l'administration fiscale transmette son taux de prélèvement à l'employeur. Celui-ci appliquera alors un taux correspondant au seul montant du salaire versé.
NB : 2018 constituera une année fiscale « blanche ». Pour éviter un double prélèvement en 2019, l'impôt sur les revenus de 2018 sera annulé par un crédit d'impôt exceptionnel.

2 La contribution exceptionnelle sur les hauts revenus

Comprise entre 3 et 4 %, elle s'ajoute à l'IR pour les personnes dont le revenu fiscal de référence est supérieur à 250 000 € pour une personne seule et 500 000 € pour un couple. Elle est recouvrée de la même manière que l'IR et s'ajoute au solde à payer.

3 L'IFI

1. La fin de l'obligation déclarative

L'IFI sera recouvré dans les mêmes conditions que l'impôt sur le revenu. Les « gros » contribuables n'auront plus à calculer eux-mêmes l'impôt dû au Trésor public. Les contribuables devront mentionner sa valeur brute et sa valeur nette taxable du patrimoine taxable sur leur déclaration de revenus n° 2042, et détailler sa composition sur des annexes à joindre à cette déclaration.

2. Le plafonnement de l'IFI

L'impôt sur les revenus (prélèvements sociaux et contribution exceptionnelle sur les hauts revenus inclus) ajouté à l'IFI ne doit pas dépasser 75 % des revenus perçus l'année antérieure. En cas de dépassement, la différence vient en déduction du montant de l'IFI.

28 LA VALEUR ACQUISE, LA VALEUR ACTUELLE ET LE TAUX DE RENDEMENT D'UN PLACEMENT

Le chargé de clientèle a besoin des calculs financiers pour pouvoir renseigner son client sur l'effort d'épargne nécessaire pour se constituer un capital ou lui indiquer la durée de placement à prévoir pour obtenir les capitaux souhaités.

1 Concepts de base

1. Notations et conventions

a) Notation

Les calculs financiers sont fondés sur les concepts suivants :

– C_0, le capital initial faisant l'objet d'un placement ;
– n, la durée exprimée en années, mois ou jours ;
– i, l'intérêt défini comme la rémunération d'un capital prêté ou placé ;
– t, le taux d'intérêt (taux nominal), taux de rémunération du capital, exprimé en général sous forme de pourcentage pour 1 an. Il peut être fixe sur toute la durée du placement ou variable, révisable en fonction d'un indice aux dates de révision prévues au contrat. Pour les calculs et les formules, le taux est exprimé en décimal et non en pourcentage ;

EXEMPLE

t = 8,5 % doit s'écrire dans les calculs : t = 0,085.

– C_n, la valeur acquise par le capital au bout de n périodes.

b) Année bancaire et année civile

L'année bancaire est comptabilisée sur 360 jours et non 365 comme l'année civile. Elle présente l'avantage de la simplicité pour les calculs, dans la mesure où le nombre de 360 jours est plus facile à diviser par 2, 4, 6, 12, ce qui correspond respectivement à 1 semestre, à 1 trimestre, à 2 mois et à 1 mois. Elle est utilisée pour les opérations du marché monétaire (escompte commercial) tandis que l'année civile est retenue comme base de calcul pour les opérations du marché obligataire (coupon couru pour les obligations).

2. Taux proportionnel et taux équivalent

Pour les placements inférieurs à l'année, il est nécessaire d'ajuster le taux d'intérêt ou le taux nominal à la période. On obtient ainsi :

a) Taux proportionnel

Un taux d'intérêt périodique est proportionnel au taux annuel lorsqu'on divise le taux annuel par le nombre de périodes. Inversement, un taux d'intérêt annuel est proportionnel à un taux périodique lorsqu'on multiplie le taux périodique par la périodicité.

Durée n en	semestre	trimestre	mois	quinzaine	jour
Taux périodique proportionnel	t/2	t/4	t/12	t/24	t/360

b) Taux équivalent ou taux actuariel

Pour des placements de plus d'un an, il y a généralement capitalisation des intérêts une fois par an, c'est-à-dire intégration au capital initial des intérêts produits pendant une période ; ces intérêts produisent à leur tour des intérêts. Le taux actuariel correspond davantage à la réalité de la rémunération, car il tient compte des intérêts composés. Le calcul du taux périodique se fait selon la règle du calcul actuariel :

Taux périodique équivalent au taux annuel :	$I_p = (1 + I_a)^{-1/12} - 1$
Taux annuel équivalent au taux périodique :	$I_a = (1 + I_p)^{12} - 1$

EXEMPLE

4 % annuel	Taux proportionnel mensuel :	Taux équivalent mensuel :
	4 % / 12 = 0,333 %	(1 + 4 %)1/12 – 1 = 0,33 %
0,5 % mensuel	Taux proportionnel annuel :	Taux équivalent annuel :
	0,5 % × 12 = 6 %	(1 + 0,5 %)12 – 1 = 6,17 %

Pour protéger le consommateur, le législateur contraint les établissements financiers à afficher le taux actuariel, et non le taux nominal, pour les crédits à la consommation et l'épargne logement.

2 Les intérêts simples

L'intérêt simple concerne essentiellement les opérations à court terme, inférieures à 1 an.

1. Définition

On parle d'intérêts simples quand les intérêts sont calculés sur le capital initial, puis sont reversés au client. Ils ne sont pas producteurs d'intérêts. La durée est calculée en nombre exact de jours, en incluant le premier jour de l'opération et en excluant le dernier jour.

2. Valeur acquise ou capital acquis

Le capital acquis correspond au montant du placement à la date initiale auquel s'ajoutent les intérêts à la fin de la période de placement.

$i = C_0 \times t \times n$	$C = C_0 \times (1 + t)$

EXEMPLE

Le 9 juin 2012, un investisseur achète 100 000 € un titre de créance négociable sur le marché monétaire et le conserve jusqu'à son échéance, le 16 septembre 2012, en échange d'un taux d'intérêt de 2,9 %.
La durée exacte du placement est de 99 jours : 22 + 31 + 31 + 16 – 1.
Intérêts = 100 000 × (2,9 %360) × 99 = 797,50 €
Valeur acquise = 100 000 × (1 + (2,9 %360) × 99) = 100 797,50 €.

3. Versement des intérêts

Les intérêts peuvent être post-comptés (ou à terme échu) : ils sont versés en fin de période. Ils peuvent être également précomptés (intérêts à échoir) : ils sont alors déduits, en début de période, du capital placé.

EXEMPLE

Combien doit-on placer pour obtenir 1 000 € au bout de 1 an à 1,5 % ?
$C_0 \times (1 + 1{,}5\ \% \times 1) = 1\ 000$ €
$C_0 = 1\ 000 / (1 + 1{,}5\ \% \times 1) = 985{,}22$ €
En plaçant 985,22 € à 1,5 % sur 1 an, un client obtiendra 1 000 € à intérêts précomptés.

3 Les intérêts composés

1. Définition

Dans le cadre des opérations à plus d'un an, l'intérêt est généralement payé à terme échu. L'intérêt payé correspond aux intérêts produits à chaque période de référence, non versés mais capitalisés, c'est-à-dire ajoutés au capital et produisant eux-mêmes des intérêts.

2. Capitalisation d'un versement unique sur plusieurs années

a) Valeur acquise

Pour évaluer cette opération, on calcule :

$$\text{Valeur acquise : } C_n = C_0\,(1 + t)^n$$

La rémunération totale sur la période correspond à :

$$\text{Rémunération} = C_0\,[(1 + t)^n) - 1]$$

b) Valeur actuelle

Inversement, on peut calculer la valeur actuelle, c'est-à-dire la valeur à la date d'aujourd'hui d'un capital futur connu :

$$\text{Valeur actuelle : } C_0 = C_n\,(1 + i)^n$$

EXEMPLE

1) Quelle est la valeur acquise par un capital de 5 000 € placé à 2,5 % pendant 4 ans ?

$C_4 = 5\,000 \times (1 + 2{,}5\ \%)^4 = 5\,519{,}05$ €

2) Quel capital faut-il placer aujourd'hui pour obtenir 5 000 € placés à 2,5 % pendant 4 ans ?

$C_0 = 5\,000 \times (1 + 2{,}5\ \%)^{-4} = 4\,529{,}75$ €

3) 50 000 € placés pendant 5 ans ont obtenu une valeur acquise de 65 000 €. À quel taux ce placement a-t-il été rémunéré ?

$65\,000$ € $= 50\,000\,(1 + i)^5$

$i = (65\,000 50\,000)^{1/5} - 1 = 0{,}0538 = 5{,}38\ \%$

4) Pendant combien de temps faut-il placer 10 000 € à 3,5 % pour obtenir 1 000 € d'intérêts ?

$11\,000 = 10\,000\,(1 + 0{,}035)^n$ soit $1{,}1 = (1{,}035)^n$

Nous pouvons écrire que $\ln 1{,}1 = \ln (1{,}035)^n$ soit

$\ln 1{,}1 = n \ln (1{,}035)$ et $\ln \dfrac{\ln 1{,}1}{\ln 1{,}035} = n = 2{,}77$

Une durée de 2,77 signifie 2 ans et 77 % de 365 jours, soit 281 jours. Il faudra placer les 10 000 € 2 ans et 281 jours ou 2 ans et 10 mois.

3. Capitalisation d'une suite de versements ou d'annuités

De nombreux placements donnent lieu à des versements périodiques, constants ou variables, pendant plusieurs années.

EXEMPLE

Un particulier place 500 € sur un compte rémunéré à 3 % et programme un versement de 50 € à la fin de chaque mois.

a) Valeur acquise d'une suite de versements

Elle diffère selon que les échéances sont réglées en début ou en fin de période.

Versés en début de période	
$Cn = a(1+ t)\,\dfrac{(1+ t)^n - 1}{t}$ $Cn = a(1 + i)\,\dfrac{(1 + i)^n - 1}{i}$	1 000 € par an versés en fin d'année pendant 4 ans à 2,5 % donnent un capital de 4 256,33 €.
Versés en fin de période	
$Cn = a\,\dfrac{(1+ t)^n - 1}{t}$	Les mêmes 1 000 € versés en début d'année dans les mêmes conditions donnent 4 152,51 €.

b) Valeur actuelle d'une suite d'annuités

$C_0 = a\,\dfrac{1 - (1+ t)^{-n}}{t}$	La valeur actuelle de versements annuels de 1 000 € pendant 5 ans au taux de 4 % donne 4 451,82 €.

4 Le taux de rendement d'un placement

Afin de comparer des placements ou des investissements mobiliers sur des périodes différentes, il est nécessaire de calculer leur taux de rendement.

1. Taux de rendement courant

Il correspond au quotient du revenu annuel (intérêt dans le cas d'une obligation ou dividende dans le cas d'une action) que rapporte un placement, exprimé en pourcentage de la valeur courante de celui-ci.

EXEMPLE

Une obligation de 1 000 € rapporte 50 € par année, le taux de rendement est de 5 %.

Une autre obligation offre un coupon de 3,2 %. Son cours boursier est de 94. Le rendement du coupon est donc égal à 5 % [(3,2/94) × 100)].

2. Taux de rendement actuariel (TRA)

Le taux de rendement actuariel d'un actif financier est le taux assurant l'égalité entre le montant placé (C_0) investi et les revenus engendrés par l'actif financier. Pour calculer ce taux t, on peut utiliser une calculatrice dotée de fonctions financières, ou la fonction TRI sous Excel, ou encore procéder par tâtonnement jusqu'à trouver le taux qui assure l'égalité.

$$C_0 = r_1(1 + t)^{-1} + r_2(1 + t)^{-2} + \ldots + r_n(1 + t)^{-n}$$

EXEMPLE

Mme Noir a acheté pour 1 000 € d'actions dont elle anticipe 35 € par an de dividendes et un prix de revente de 1 040 € dans 2 ans.

$1\,000 = 35(1 + t)^{-1} + 1\,075(1 + t)^{-2}$

Le TRA est de 5 %.

29 LES LIVRETS D'ÉPARGNE NON RÉGLEMENTÉS

Liquides, sûrs, les livrets d'épargne constituent pour les particuliers le support privilégié de leur épargne de précaution.

1 Les caractéristiques communes aux comptes sur livret

1. Principes

Un livret d'épargne est un compte à vue rémunéré pour lequel :

– la liquidité est totale : les versements et retraits sont libres ;

– les fonds sont garantis : ils bénéficient, comme les comptes de dépôt, de la garantie générale de l'État à hauteur de 100 000 € par personne et par déposant ;

– la rémunération est fixée et révisée périodiquement par l'État ;

– les intérêts sont calculés par quinzaine.

2. Calcul des intérêts à la quinzaine

Les intérêts sont calculés par quinzaine :

– tout versement est crédité en compte le premier jour de la quinzaine suivante ;

EXEMPLE

Un versement de 150 € effectué le 7 février sera crédité le 16 février.

– tout retrait est débité en compte le dernier jour de la quinzaine précédente.

EXEMPLE

Un retrait de 150 € effectué à la même date sera débité le 31 janvier.

La capitalisation des intérêts est annuelle : les intérêts sont calculés au 31 décembre de chaque année et portés au crédit du livret le 1er janvier de l'année suivante.
Les changements de taux ont toujours lieu le premier jour d'une quinzaine.
Lors d'un dépôt, on calcule un intérêt anticipé (IA), comme si la somme déposée devait rester en compte jusqu'au 31 décembre. Un retrait donne lieu au calcul d'un intérêt rétrograde (IR), c'est-à-dire l'intérêt que ne touchera plus l'épargnant sur la somme qu'il vient de retirer. L'intérêt servi au 31 décembre est la différence entre le total des IA et le total des IR.

EXEMPLE

Samy Baisse est titulaire d'un CSL rémunéré à 4 %, sur lequel il possède 1 000 €, soit 40 € d'IA (1 000 × 4 % × 24 / 24). Il dépose 2 000 € le 18 février (date de valeur au 1er mars), soit 20 quinzaines, soit 66,60 € d'IA (2 000 € × 4 % × 20 / 24). Enfin, il retire 200 € le 17 novembre (date de valeur au 15 novembre), soit 3 quinzaines, soit 1 € d'IR.

Le 31 décembre, la capitalisation des intérêts s'élève à 105,60 € qui seront soumis aux prélèvements sociaux et à l'impôt. Le nouveau solde est donc à 2 905,60 € capital et intérêts compris (2 800 € + 105,60 €).

Date d'opération	Date de valeur	Tx en vigueur	versement	retrait	Solde	15aine	IR	IA
01-janv	01-janv	4%			1000	24		40,00€
18-févr	01-mars		2000		3000	20		66,67€
17-nov	15-nov			200	2800	3	1,00€	
Total des intérêts acquis au 31/12							105,67 €	

Pour optimiser le montant des intérêts, le chargé de clientèle devra conseiller d'effectuer les versements juste avant la date de valeur et, à l'inverse, les retraits juste après la date de valeur.

2 Les comptes sur livret (CSL)

Il s'agit des comptes d'épargne à vue rémunérés, dont les conditions sont librement fixées par les banques. Ils sont distribués par tous les établissements bancaires.

1. Caractéristiques

Conditions de détention	Majeurs et mineurs peuvent ouvrir autant de CSL qu'ils le souhaitent.
Minimum/ Maximum	Minimum : le plus souvent, 10 €. Maximum : illimité.
Durée	Illimitée. Le CSL est clos à la demande du client ou à son décès.
Rémunération	Librement fixée par les banques, elle est toujours indiquée brute de prélèvements obligatoires.
Capitalisation des intérêts	Usuellement au 31 décembre.
Fiscalité	Les intérêts sont soumis à l'IR au titre des revenus des valeurs mobilières de placement (VMP) à revenus fixes, ainsi qu'aux prélèvements sociaux. Les fonds déposés entrent dans l'assiette de l'impôt sur la fortune et dans la masse successorale.

2. Argumentation commerciale

Les livrets non réglementés interviennent en complément des livrets réglementés, car ils sont desservis par la fiscalité de leurs intérêts. Ils sont par contre indispensables pour loger des sommes importantes que le client souhaite garder disponibles. Ils font l'objet d'offres promotionnelles attractives avec les « super-livrets ».

EXEMPLE

Offre promotionnelle : 5 % bruts pendant 3 mois sur les 20 000 premiers euros, puis 1,75 % brut.

30 LES LIVRETS D'ÉPARGNE RÉGLEMENTÉS

Avec le livret A, ils sont le placement d'épargne favori des Français. Ils sont distribués par les banques ayant signé une convention avec l'État.

1 Caractéristiques communes

Exclusivement nominatifs, ils ne peuvent pas être ouverts en compte joint, à l'exception du livret de développement durable (LDD).

1. Rémunération

La rémunération des livrets réglementés vise, entre autres, à protéger l'épargnant de l'inflation. Le livret A en est le pivot : la rémunération des autres livrets en dépend.
Depuis le 1er février 2008, le taux du livret A est calculé ainsi : (Inflation + Moyenne mensuelle des taux courts) / 2, arrondi au quart de point le plus proche, avec un plancher égal à l'inflation majorée de 0,25 %.
Le gouvernement peut modifier cette méthode de fixation de la rémunération du livret A en raison de circonstances exceptionnelles.
La rémunération est susceptible d'être actualisée quatre fois par an : aux 12 février, 1er mai, 1er août et 1er novembre.

2. Capitalisation des intérêts

Elle est opérée obligatoirement au 31 décembre.

3. Fiscalité

Les livrets réglementés sont exonérés d'impôt et de prélèvements sociaux, mais leurs fonds entrent dans l'assiette fiscale de l'impôt sur la fortune (IFI) et de la masse successorale.

2 Le livret A

Depuis le 1er janvier 2009, le livret A est commercialisé par tous les établissements bancaires.
Les fonds du livret A sont garantis par un dispositif différent du dispositif général, assuré par la Caisse des dépôts et consignations qui en collecte les fonds pour les affecter au financement du logement social. Il s'agit là d'un atout important pour le particulier.

Conditions de détention	Un par personne physique, majeure ou mineure. À toute ouverture de livret A, la banque doit interroger l'administration fiscale pour éviter la multidétention. Il est possible de cumuler un Livret Bleu (livret A distribué par le Crédit Mutuel avant 2009) et un livret A à condition que tous deux soient antérieurs au 1er janvier 2009.
Minimum / Maximum	Minimum : selon les banques, 1,50 € ou 15 €. Maximum : 22 950 € depuis le 1er janvier 2013 (76 500 € pour les associations).
Durée	Illimitée. Il est clos à la demande du client ou à son décès.
Rémunération	Depuis le 1er août 2016, 0,75 %.

3 Le livret de développement durable et solidaire

Les fonds collectés sont destinés au financement du développement durable. Le LDDS présente des caractéristiques proches de celles du livret A.

Conditions de détention	Un livret par contribuable, dont le domicile fiscal est situé en France.
Minimum / Maximum	15 € / 12 000 € depuis le 1er janvier 2013.
Durée	Illimitée. Il est clos à la demande du client ou à son décès.
Rémunération	Depuis le 1er août 2016, 0,75 %.

4 Le livret d'épargne populaire (LEP)

Créé pour favoriser l'épargne populaire, il est réservé aux foyers dont le revenu fiscal de référence n'excède pas un montant révisé annuellement. Il offre une rémunération attractive.

Conditions de détention	Un livret par contribuable, dont le domicile fiscal est situé en France et dont le revenu fiscal de référence ne dépasse pas (en 2016) 19 255 € pour la 1re part et 29 537 € pour 2 parts.
Minimum / Maximum	0 € / 7 700 € hors intérêts capitalisés.
Durée	Illimitée. Il est clos à la demande du client ou à son décès, mais surtout lorsque les conditions de détention ne sont plus respectées.
Rémunération	Depuis le 1er août 2008, elle est majorée de 50 % au-dessus du livret A, soit au 1er août 2016, 1,25 %.

5 Le livret jeune

Accessible uniquement aux 12-25 ans, il offre la rémunération la plus attractive des livrets réglementés et peut être proposé avec une carte bancaire liée. La faiblesse de son plafond en réserve l'utilisation à l'argent de poche des « jeunes » ciblés par cette offre.

Conditions de détention	Un livret par personne de 12 à 25 ans.
Minimum / Maximum	10 € / 1 600 €.
Durée	Il est clos à la demande du client ou au 31 décembre de l'année de ses 25 ans.
Rémunération	Librement fixée par les banques, elle doit être obligatoirement supérieure à celle du livret A.

6 Argumentation commerciale

Totalement liquides, sûrs aussi bien quant à la garantie des fonds déposés que par rapport à la rémunération connue à l'avance, les livrets réglementés ont pour atout majeur leur totale défiscalisation. Une famille avec 2 enfants (12 et 14 ans), non éligible au LEP, peut ainsi bénéficier d'une épargne défiscalisée de 119 000 € totalement disponible avec quatre livrets A, deux LDDS et 2 livrets jeunes.

31 L'ÉPARGNE À TERME

Contrairement à l'épargne à vue, l'épargne à terme engage à laisser l'épargne à la disposition de la banque pendant une certaine période, en échange d'une rémunération plus attractive.

1 Le compte à terme (CAT)

Le compte à terme est un placement par lequel l'épargnant confie à sa banque une somme pour une durée de 1 mois à plusieurs années, moyennant rémunération convenue à l'ouverture du compte et garantie de récupération des fonds à l'échéance : le CAT est un placement sûr, à forte visibilité.
Commercialement, on distingue :
– le CAT à taux fixe : avec un taux d'intérêt inchangé pour toute la durée du placement, il convient aux épargnants ayant une idée précise de la date à laquelle ils souhaitent récupérer leurs fonds ;
– le CAT à taux progressifs : doivent le préférer les épargnants qui ignorent pour combien de temps ils peuvent placer leurs fonds. Le terme du contrat n'est pas défini et le taux de rémunération progresse selon une périodicité prévue au contrat. Les fonds peuvent être récupérés à la fin de chaque période.

1. Modalités de fonctionnement

Tous les particuliers peuvent ouvrir un dépôt à terme, même les mineurs, sous la responsabilité des parents ou du représentant légal. Les CAT sont accessibles pour des montants librement fixés par les banques. Une fois ouvert, le compte ne supportera aucun autre mouvement que le retrait total des fonds déposés.
Sauf pour les CAT à taux progressifs, l'épargnant doit attendre l'échéance pour récupérer les fonds augmentés de l'épargne acquise. Les retraits anticipés sont possibles moyennant des pénalités, le plus souvent la perte d'un demi-point d'intérêt. Un retrait moins d'un mois après l'ouverture fait perdre au client tout droit à intérêt.

2. Rémunération

La rémunération est déterminée contractuellement à partir des taux du marché monétaire, de la somme placée et de la durée de placement : actuellement, entre 1 % et 5 % bruts.
Les intérêts sont calculés au jour le jour. Ils sont soumis à l'impôt sur le revenu (IR) et aux prélèvements sociaux (PS). Ils peuvent être capitalisés périodiquement ou versés régulièrement à l'épargnant.

EXEMPLE

1. Soit 10 000 € placés le 1er mars sur un CAT rémunéré à 1 % sur une durée de 9 mois, échéance au 1er juin.
• Nombre de jours de placement : (31 + 30 + 31) – 1 jour = 91 jours.
• Intérêts bruts = 10 000 × 1 % × (91 / 365) = 24,93 €.
2. Soit 10 000 € placés sur un CAT à échéance de 3 ans, à taux progressifs semestriels : 0,8 % le 1er semestre, puis 1,2 %, 1,5 %, 1,9 %, 2,4 %, puis, au dernier semestre, 2,9 %.
• Semestre 1 (181 jours) : 10 000 × 0,80 % × (181 / 365) = 39,67 €
• Semestre 2 (184 jours) : 10 039,67 × 1,2 % × (184 / 365) = 60,73 €
Intérêts acquis au bout d'un an : 100,40 € bruts.

2 Le bon de caisse et le bon d'épargne

Tous deux sont des titres de créance remis par la banque à un déposant : la banque y reconnaît sa dette et s'engage à la rembourser, à une date donnée, au déposant ou à tout bénéficiaire désigné par le souscripteur, augmentée des intérêts. Les bons sont transmissibles par endossement à un tiers.

1. Le bon de caisse

Il fonctionne comme un compte à terme : sa durée est de 1 mois à 5 ans, et son taux est fixe.
Les banques définissent librement le montant minimal à placer, souvent supérieur à 1 000 €.
En cas de remboursement anticipé, la rémunération est diminuée.
Il existe deux types d'intérêts (calculés au jour le jour) :

Intérêts « post-comptés »	Intérêts « précomptés »
Calculés sur la somme placée	Déduits du versement initial
10 000 € à 1 % sur 1 an produisent 100 € d'intérêts bruts.	Pour obtenir 10 000 € bruts placés à 1 % pendant 1 an, il faut placer : 10 000 / 1 % = 1 000 000 €

2. Le bon d'épargne

D'une durée de 5 ans, il est à taux progressif et les intérêts sont « post-comptés ».

3. Formes

Bons de caisse et bons d'épargne peuvent être :
– nominatifs : le bon indique le nom du bénéficiaire. Il peut se transmettre par endossement. Les intérêts sont soumis à l'IR et aux PS en vigueur ;
– anonymes : il n'y a pas d'indication du nom du bénéficiaire et ils peuvent se transmettre de la main à la main (au porteur).
Afin de lutter contre le blanchiment d'argent, le législateur impose au souscripteur de déclarer son identité à la banque, et une fiscalité dissuasive :

Fiscalité sur les intérêts	Fiscalité sur le capital
Prélèvement forfaitaire libératoire au taux de 60 % et PS en vigueur.	ISF : taxe de 2 % du capital à chaque 1er janvier de détention.

3 Le certificat de dépôt et le bon à moyen terme négociable

Ce sont des titres négociables émis par certains établissements de crédit en représentation de dépôts effectués par des clients, essentiellement des entreprises, pour une durée de 1 jour à 1 an et un montant minimal de 150 000 €. D'une durée de 1 à 7 ans, ce sont des bons à moyen terme négociables (BMTN).

32 L'ÉPARGNE LOGEMENT

Instituée en 1965, l'épargne logement « permet l'octroi de prêts aux personnes physiques qui auront fait des dépôts à vue à un compte épargne logement, et qui affecteront cette épargne au financement d'un logement destiné à servir d'habitation principale... ». Fortement impactés par la loi de finances 2018, les PEL et CEL, ouverts à compter du 1er janvier 2018, perdent une partie des atouts des comptes ouverts antérieurement.

1 Le compte épargne logement (CEL)

Il s'agit d'un compte d'épargne à vue rémunéré.

1. Caractéristiques de la phase épargne

Qui peut l'ouvrir ?	Toute personne physique, majeure ou mineure, peut ouvrir un CEL et un seul. L'ouverture en compte joint est interdite.
Versements	À l'ouverture : 300 € minimum. Autres versements : libres mais de 75 € minimum.
Plafond	15 300 € hors intérêts.
Opérations	Versements et retraits libres.
Rémunération et fiscalité	– CEL ouverts avant le 1er janvier 2018 : depuis le 1er août 2016, 0,5 % d'intérêts constitutifs de droits à prêt, calculés par quinzaine et capitalisés au 31 décembre + prime d'État de 50 % des intérêts acquis, plafonnée à 1 144 €. Intérêts et primes sont exonérés d'impôt sur le revenu (IR) mais supportent les prélèvements sociaux (PS). Le montant du CEL entre dans l'assiette de l'IFI et dans la masse successorale. – CEL ouverts à partir du 1er janvier 2018 : la prime d'État est supprimée et les intérêts, toujours à 0,5 %, sont soumis à l'impôt sur le revenu en plus des prélèvements sociaux. Deux options d'imposition sont possibles : soit au régime de l'IR soit au Prélèvement forfaitaire unique (flat tax) de 30 % (12,8 % d'IR + 17,2 % de PS).
Durée	Illimitée.
Clôture du compte	À la demande du client, à son décès ou si le solde est inférieur à 300 €. Une attestation d'intérêts acquis est remise au client, donnant droit à un éventuel prêt, valable 10 ans, et transmissible à son conjoint, à ses descendants, ascendants et collatéraux sous conditions de détention.

2. La phase emprunt du CEL

Un prêt est possible si le livret est ouvert depuis au moins 18 mois.

Le montant du prêt, d'un maximum de 23 000 € remboursables de 2 à 15 ans, dépend des intérêts acquis pendant la phase épargne.

L'octroi d'un prêt épargne logement ne met pas fin au CEL qui peut continuer à fonctionner pour autant que son solde soit supérieur à 300 €.

2 Le plan épargne logement (PEL)

Le PEL est un placement à terme contractuel d'une durée minimale de 4 ans avec constitution d'une épargne :
- immédiate, sous la forme d'un apport initial ;
- progressive, sous la forme de versements périodiques ;
- donnant droit à un prêt à conditions avantageuses.

Les PEL ouverts avant le 1er janvier 2018 bénéficient d'une prime d'État venant accroître le rendement du PEL, supprimée pour les PEL ouverts à partir du 1er janvier 2018.

1. Caractéristiques de la phase épargne

a) Qui peut l'ouvrir ?

Toute personne physique, majeure ou mineure, peut ouvrir un PEL et un seul. Pour augmenter ses droits à prêt, elle peut détenir également un CEL, obligatoirement dans le même établissement. Il n'est possible de détenir plusieurs PEL qu'à condition d'en avoir hérité.
L'ouverture en compte joint est interdite.

b) Versements

Ils sont au minimum de 225 € à l'ouverture, puis de 540 € dans l'année.
Seuls les versements programmés sont autorisés, modifiables par avenant : au minimum 45 € par mois, 135 € par trimestre, 270 € par semestre.
Tout retrait entraîne la clôture du plan.

c) Rémunération

Pour chaque génération de PEL, le taux de rémunération et les conditions sont fixés à la signature du plan pour toute sa durée :

Début	Fin	Taux épargne hors prime	Taux épargne prime incluse
01/08/2003	31/01/2015	2,50 %	4,20 % (1)
01/02/2015	31/01/2016	2,00 %	3,20 % (1)
01/02/2016	31/07/2016	1,50 %	2,70 % (1)
Depuis le 1er janvier 2018		1,00 %	1,00 %

Les intérêts des PEL, ouverts à compter du 1er février 2015, supportent les prélèvements sociaux. Les PEL ouverts à compter du 1er janvier 2018 sont soumis à l'impôt sur le revenu dès la première année.

d) Droits à prêt et prime d'État

Les intérêts calculés par quinzaine et capitalisés au 31 décembre sont constitutifs de droits à prêt. Les PEL antérieurs au 1er janvier 2018 ont droit à une prime d'État de 1 % des intérêts acquis et plafonnée à 1 525 €, durant toute leur durée de validité. Pour les PEL ouverts à partir du 1er mars 2011 le versement de la prime est conditionné à l'octroi d'un prêt épargne logement d'au minimum 5 000 €. Son plafond est maximum pour le financement de logements respectant la norme verte BBC (bâtiments basse consommation). Sinon la prime est plafonnée à 1 000 €.
La prime d'État est supprimée pour les PEL signés à partir du 1er janvier 2018.

e) Fiscalité

La fiscalité des intérêts dépend de l'âge et de la génération du plan :

PEL < 12 ans	
Anciens PEL	PEL à compter du 01/03/2011
Intérêts exonérés d'IR mais soumis aux PS à compter du 10e anniversaire, puis chaque année.	Intérêts exonérés d'IR mais soumis aux PS lors de l'inscription en compte.
PEL > 12 ans	
Intérêts soumis à l'IR et aux PS lors de leur inscription.	

La prime est exonérée d'IR mais supporte les prélèvements sociaux. À compter du 1er janvier 2018 tous les nouveaux PEL sont soumis à l'impôt sur le revenu dès la première année ainsi qu'aux prélèvements sociaux au taux en vigueur. À défaut de stipulation contraire par le contribuable, tous les intérêts supporteront un prélèvement forfaitaire unique à la source de 30 % (12,8 % d'impôt sur le revenu et 17,2 % de prélèvements sociaux). Les contribuables pourront opter pour l'imposition au taux marginal d'imposition s'ils en font le choix préalable (cette option n'est intéressante que pour les contribuables non imposables).

f) Durée de détention

Le PEL prévoit une durée minimale d'épargne de 4 ans. La sortie anticipée reste possible, avec pénalités :

En cas de clôture avant 4 ans révolus	
Si la fermeture du PEL est effectuée avant 2 ans	
Taux recalculé au taux du CEL	Droits à prêt et à prime perdus
Si la fermeture intervient entre 2 et 3 ans	
Taux de rémunération maintenu	Droits à prêt et prime perdus
Si la fermeture intervient entre 3 et 4 ans	
Taux de rémunération maintenu	Prime diminuée de 50 % et droits à prêt acquis au 3e anniversaire

Après 4 ans, le sort du PEL dépend de sa génération :

Anciens PEL	PEL à compter du 01/03/2011
Durée de vie illimitée	Durée de vie limitée à 15 ans
Entre 4 et 10 ans	
Versements rémunérés au taux du PEL	– Prorogation du PEL d'année en année par un avenant au contrat, signé au plus tard 6 mois après l'échéance – Versements rémunérés au taux du PEL
Au-delà de 10 ans	
Phase d'attente illimitée	Phase d'attente limitée à 5 ans maximum
Arrêt des versements, droits acquis bloqués, et rémunération au taux du PEL fixé au contrat	
Après 15 ans	
	PEL transformé en compte sur livret

2. La phase d'emprunt du PEL

a) Objet du prêt

Le prêt peut financer l'acquisition d'une résidence principale mais aussi la construction ou l'extension de l'habitation principale.

b) Durée et taux d'intérêt du prêt

La durée du prêt est comprise entre 2 et 15 ans.
Taux d'intérêt du prêt, hors assurance = Taux de la phase épargne hors prime + 1,20 point, soit, pour les PEL « février 2016 », 2,20 %.

c) Montant du prêt

Plafonné à 92 000 € le prêt est fonction des droits à prêt cumulés par l'emprunteur pendant sa phase épargne et, le cas échéant, par l'épargne des personnes qui lui ont cédé leurs droits à prêt.

Formules de calcul
i = taux d'intérêt mensuel équivalent, M = mensualité d = durée de remboursement, C = capital emprunté
Intérêts acquis I
PEL à partir du 01/08/2003
Intérêts acquis = (Valeur acquise – Versements) – PS
Mensualité correspondante
$M = C = \left(\frac{i}{1 - (1 + i)^{-d}}\right)$

3 Conditions communes

1. Cession des droits acquis

Les droits peuvent être cédés au conjoint, aux ascendants, descendants et collatéraux jusqu'au 3e degré eux-mêmes titulaires d'un PEL ou CEL, sous conditions.

2. Cumul de prêts épargne logement

Le montant cumulé des prêts consentis pour le financement d'une même opération ne peut dépasser 92 000 €.

3. Intérêt budgétaire du prêt épargne logement

Outre le taux d'intérêt avantageux, le prêt épargne logement n'engendre pas de frais de dossier ni de publicité foncière.

4. Transfert des comptes épargne logement

L'épargnant peut transférer ses comptes vers une autre banque et conserver les avantages attachés à son compte : une attestation lui est délivrée reprenant les conditions ainsi que les intérêts acquis.

5. En cas de décès du titulaire

Les capitaux et droits attribués peuvent être transférés à tous les héritiers ou à un seul d'entre eux à condition que les bénéficiaires du transfert soient eux-mêmes titulaires d'un compte épargne.

4 Argumentation commerciale

L'épargne logement permet de :
– constituer progressivement une épargne, apport personnel facilitant l'accès au crédit immobilier :
– acquérir un droit à prêt à taux privilégié ;
– aider ses enfants à s'installer en leur cédant les droits.

33 LES MARCHÉS DE CAPITAUX

➔ L'organisation actuelle des marchés français de capitaux résulte de trois grands mouvements : le processus de modernisation engagé dans les années 1980, la transposition dans la législation française de la directive européenne sur les services d'investissements, et l'adaptation à l'Union économique et monétaire.

1 Le rôle des marchés de capitaux

Dédiés à la circulation des capitaux, ils ont pour double objet d'allouer aux demandeurs (entreprises publiques ou privées, État, collectivités) des capitaux en contrepartie de valeurs mobilières émises, et d'assurer la liquidité des placements effectués.

2 La structure des marchés de capitaux

1. Le marché monétaire, marché des capitaux à court terme

Longtemps réservé aux seules banques, il est ouvert à tous les agents économiques depuis le début des années 1980.

a) Le marché interbancaire

Il est réservé aux établissements de crédit qui échangent des liquidités et à la banque centrale qui exerce sa fonction de régulation monétaire.

Dominé par les opérations «au jour le jour», le taux d'intérêt à court terme se forme sur ce marché en fonction de l'offre et de la demande de liquidités bancaires.

Les taux de référence en usage sont :

- le TIbEur, taux interbancaire offert en euros pour 1 à 12 mois (Euribor, *Euro Interbank Offered Rate*), calculé par la Fédération bancaire européenne (FBE) ;
- le TEMPE, taux européen moyen pondéré, qui est le taux moyen de l'argent au jour le jour dans la zone euro (EONIA, *Euro OverNight Index Average Rate*), calculé par la Banque centrale européenne (BCE) à partir d'un panel représentatif de 57 banques. Il est publié quotidiennement par la FBE.

b) Le compartiment des titres de créances négociables (TCN)

Créé en 1985, il est ouvert à tous les professionnels des marchés financiers qui ont ainsi accès aux capitaux à court terme, sans passer par les banques (intermédiation). Il existe deux catégories de titres négociables :

- les titres à court terme de 1 jour à 1 an (certificat de dépôt émis par les établissements de crédit, billets de trésorerie émis par les entreprises, bons du Trésor à taux fixe) ;
- les titres à moyen terme d'une durée de 2 ou 5 ans à l'émission (bons à moyen terme négociable ou BMTN émis par les entreprises et les établissements de crédit, bons à taux annuels normalises ou BTAN émis par le Trésor pour le compte de l'État).

Un TCN est un instrument financier, représentatif d'un titre de créance, d'un montant nominal élevé (supérieur à 150 000 €), à échéance fixe allant de 1 jour à 7 ans prorogeable, évalué sur la base d'un des taux d'intérêt de référence du marché monétaire, calculés au prorata temporis, précomptés ou postcomptés.

EXEMPLE

Soit un TCN d'une valeur de 1 000 000 € émis au taux facial de 4 %. L'émetteur reçoit à l'échéance 10 000 € d'intérêts (1 000 000 × 4 % × 90 / 360).

2. La Bourse, marché des capitaux à long terme

Le marché financier offre aux agents économiques la liberté de faire librement et directement appel public à l'épargne publique. L'avantage principal réside dans la durée : les emprunts obligataires sont généralement remboursables sur une période de 10 à 15 ans ; les actions sont émises pour une durée de vie égale à celle de la société qu'elles représentent. Il comporte le marché primaire et le marché secondaire.

a) Le marché primaire

Marché d'émission des actions et des obligations, il représente plus de la moitié des investissements réalisés en France. L'État et les administrations publiques financent les 3/4 de leurs besoins de financement par des emprunts obligataires, alors que les entreprises privées ne font appel à l'épargne publique par émission d'actions que pour 20 % de leurs besoins de financement.

b) Le marché secondaire

Il s'agit du marché de la négociation et de l'échange des valeurs mobilières préalablement émises sur le marché primaire.

3 L'évolution de l'épargne financière des ménages

Historiquement, l'épargne financière des ménages était constituée de liquidités. Or, l'essor des marchés financiers dans les années 1980 a renforcé l'attrait du marché financier pour les ménages français dont 25 % en 2000 étaient propriétaires de titres contre 16 % en 1996. Mais les fortes baisses des cours boursiers, intervenues au début des années 2000 et en 2007-2008, ont entraîné une certaine désaffection pour les titres financiers. Depuis 2009, le taux d'épargne et le taux d'épargne financière ont baissé passant respectivement de 16,2 % du revenu disponible brut des ménages à 13,9 % et de 7,1 % à 4,6 % en 2016. Cependant, selon le rapport 2016 de l'Observatoire de l'épargne réglementée, le patrimoine financier des ménages, qui s'élève à 4 765 milliards d'euros (soit 214 % du PIB), est en hausse de 300 milliards par rapport à 2015. Autre fait nouveau, les Français ont tendance à réinvestir sur des actifs financiers risqués.

La structure de l'épargne financière a peu évolué depuis 2011 : l'assurance-vie reste le placement préféré des Français avec 40 % de l'épargne financière investie des Français (même si la collecte a reculé en 2016) et seulement 31 % du patrimoine financier des ménages est constitué d'actions (contre 60 % aux États-Unis).

34 L'ORGANISATION DES MARCHÉS FINANCIERS

La Bourse de Paris est gérée par NYSE Euronext. Elle regroupe Euronext Paris, Alternext, et le marché libre. À côté de ces marchés « au comptant » se sont multipliés d'autres produits sur les marchés des dérivés (options, warrants, bons de souscription, etc.).

1 Les différents marchés financiers

1. Un marché unique : NYSE Euronext

a) Le plus grand groupe boursier au monde

Né du rapprochement d'Euronext (première Bourse paneuropéenne regroupant les Bourses historiques de Paris, Amsterdam, Bruxelles et Lisbonne) et de NYSE Group, Bourse de New York, NYSE Euronext constitue aujourd'hui le plus grand groupe boursier au monde. Il détient également le deuxième marché mondial dans le domaine des instruments dérivés avec sa filiale, le londonien NYSE Liffe. Il est aujourd'hui coté en Bourse sous le sigle NYX.

b) Les trois compartiments

Sur Euronext, toutes les valeurs sont présentées sur une liste unique et sont triées en trois compartiments :
- A : capitalisation supérieure à 1 milliard d'euros ;
- B : capitalisation comprise entre 150 millions d'euros et 1 milliard valeurs moyennes ;
- C : capitalisation inférieure à 150 millions d'euros.

c) Les avantages d'un marché organisé et réglementé

La Bourse est un marché réglementé qui organise :
- la liquidité, c'est-à-dire la facilité des échanges par la concentration du plus grand nombre possible d'ordres d'achat et de vente ;
- l'égalité entre tous les intervenants par la transparence et l'accès instantané au marché ;
- la sécurité, par la garantie que les acheteurs seront livrés et les vendeurs payés à date déterminée.

2. NYSE Alternex

Nouveau compartiment de la Bourse de Paris, c'est un marché conçu pour les valeurs de petite et moyenne capitalisations, ne remplissant pas les conditions d'accès du marché réglementé mais désirant lever des capitaux pour financer leur développement. C'est un marché régulé et organisé mais non réglementé. Les exigences en matière d'historique de bilan, de volume de placement et de publications de résultats sont limitées.

3. Le marché libre

Il accueille des entreprises encore jeunes ou trop petites : la moitié dispose de moins de 25 salariés et réalise un chiffre d'affaires annuel de moins de 4,8 millions d'euros, avant l'introduction en Bourse. Nécessitant des formalités d'accès et des frais allégés, le marché libre bénéficie du même système de négociation que NYSE-Euronext, mais les opérations de règlement-livraison ne bénéficient pas de la garantie de la chambre de compensation d'Euronext.

4. Liffe Euronext

Marché le plus spéculatif, il regroupe les marchés organisés de produits financiers dérivés. Les contrats à terme et les options y sont négociés. Ils ont connu ces 15 dernières années une véritable explosion, conséquence de la financiarisation et de la mondialisation des économies.

2 Les intervenants sur les marchés

1. L'Autorité des marchés financiers (AMF)

Créée en 2003, organisme public indépendant, l'AMF est issue de la fusion de la Commission des opérations de Bourse (COB), du Conseil des marchés financiers (CMF) et du Conseil de discipline de la gestion financière (CDGF). L'AMF :
- veille à la protection de l'épargne investie dans les instruments financiers et tout autre placement donnant lieu à appel public à l'épargne ;
- vérifie que les sociétés publient une information complète et de qualité, délivrée de manière équitable à l'ensemble des acteurs ;
- réglemente et contrôle les opérations financières ;
- détermine les règles de bonne conduite et les obligations des prestataires de services d'investissement ;
- dispose de pouvoirs de sanctions administratives (amendes, injonctions, retraits d'agrément) et judiciaires (interdictions temporaires d'activité professionnelle, emprisonnement).

2. L'Autorité de contrôle prudentiel (ACP)

Elle est chargée de l'agrément et de la surveillance des établissements bancaires et d'assurance. Elle a également pour mission de veiller à la préservation de la stabilité du système financier.

3. Euronext SA

Cette société de gestion incarne la Bourse de Paris et assure le fonctionnement des marchés réglementés des instruments financiers. Elle a pour mission de fixer les conditions d'admission à la cotation des sociétés ; de veiller au bon déroulement de la cotation des valeurs ; d'assurer le calcul, la cotation et la diffusion des indices.

4. LCH. Clearnet SA

Depuis le 26 mai 1999, toutes les activités de compensation sont garanties par LCH. Clearnet SA.

5. Euroclear-France

Filiale d'Euronext, dépositaire de l'ensemble des titres français, elle assure leur conservation et leurs règlements-livraisons automatisés.

6. Les prestataires de services d'investissement (PSI)

Entreprises d'investissement ou établissement de crédit, agréés par l'AMF, ils reçoivent et transmettent les ordres pour le compte de tiers et pour leur propre compte.

7. Les plateformes alternatives

Depuis la directive MIF, une centaine de MTF (*Multilateral Trade Facilities*) en Europe concurrencent les Bourses de valeurs traditionnelles. Exploitées par des PSI ou par des entreprises de marché, elles se caractérisent par un positionnement *low-cost*.

35 PASSER UN ORDRE DE BOURSE

Dès lors qu'un compte-titres est créé, un ordre de Bourse peut être passé auprès d'un intermédiaire financier, qui effectuera l'opération pour le compte de son client jusqu'à son règlement-livraison.

1 Les indices boursiers

1. Les principaux indices français

a) Le CAC 40

Défini avec la valeur de 1 000 points le 31 décembre 1987, il est représentatif des 40 plus grosses capitalisations de la Bourse de Paris, choisies parmi les 100 premières capitalisations françaises.

b) Le SBF 120

Il intègre les 120 valeurs françaises (valeurs du CAC 40 + 80 valeurs les plus actives toutes cotées en continu).

c) Le CACNEXT 20

Il comprend les 20 valeurs suivant celles du CAC 40.

d) Le SBF 250

Regroupant les valeurs du SBF 120 et les 130 valeurs suivantes, calculé deux fois par jour, il est représentatif de l'ensemble des secteurs de la cote.

2. Les principaux indices européens

Les années 1980 ont vu la création des grands indices boursiers européens (FTSE 100 sur la Bourse de Londres, DAX sur la Bourse de Francfort, AEX à Amsterdam).

Issus d'un partenariat entre la Bourse allemande, la Bourse suisse, la Bourse française et la société Dow Jones, les indices STOXX (DJ STOXX regroupant les 660 valeurs représentatives de 16 pays européens) et DJ EUROSTOXX (11 pays de la zone euro) sont largement utilisés par les acteurs des marchés boursiers mondiaux.

3. Quelques indices mondiaux

Les principales places financières disposent d'indices boursiers. Les plus anciens sont le Dow Jones et le Nikkei. Ces deux indices sont calculés respectivement pour 30 et 225 valeurs.

2 Le cheminement d'un ordre de Bourse

1. Réception et transmission de l'ordre

Les collecteurs d'ordres (banque ou sociétés financières) transmettent les ordres de leurs clients aux négociateurs (ou *brokers*), seuls membres du marché habilités à transmettre des ordres sur le marché, *via* un système de routage automatique au système central de cotation.

2. Exécution de l'ordre

Le système central de cotation assure l'exécution automatique des ordres. Il calcule un nouveau cours et diffuse en temps réel l'information *via* Reuters, Bloomberg.

3. Compensation des ordres

La chambre de compensation a pour fonction d'intervenir comme contrepartie centrale unique en s'interposant entre acheteurs et vendeurs et en leur garantissant la bonne fin des opérations, évitant ainsi tout risque de défaillance des opérateurs.

Toutes les activités de compensation des marchés Euronext sont assurées par LCH Clearnet SA.

4. Règlement-livraison de l'ordre

Le règlement-livraison des titres entre les intermédiaires est assuré par Euroclear à J+3 après passage en chambre de compensation.

3 Les modalités de règlement

Deux types de règlements cohabitent à la Bourse de Paris.

1. Le système du comptant

Le mode de négociation au comptant est la norme : le règlement des titres et leur livraison sont simultanés.

2. Le service de règlement différé (SRD)

L'investisseur peut faire des achats/ventes pendant le mois, et régler la différence en fin de mois.

a) Les valeurs admises au SRD

Le SRD concerne uniquement les valeurs les plus « actives » de la cote de l'indice SBF 120, dont la capitalisation dépasse 1 milliard d'euros et le volume quotidien de transactions excède 1 million d'euros.

b) Le mécanisme du crédit

Le dénouement des opérations ne se fait qu'à la fin du mois boursier. Il y a un décalage entre le jour de la négociation (achat ou vente) et le jour de règlement ou de livraison des titres.

c) La couverture

Le SRD permet d'acheter des titres pour une valeur supérieure au montant de ses liquidités dans une certaine limite. Chaque actif financier apporte une couverture plus en moins forte en fonction de sa nature. Cette limite répond aux règles suivantes :

Liquidités ou OPCVM monétaires	5 fois le montant détenu
Obligations ou OPCVM obligataires	4 fois le montant détenu
Actions françaises ou OPCVM d'actions	2,55 fois le montant détenu

3. Les frais de Bourse

Toute intervention sur les marchés financiers engendre des frais de courtage pour passer des ordres, normalement dégressifs, et des frais de garde (droits de garde) pour faire conserver ses titres, tous deux assujettis en France à la TVA. Ils sont calculés au forfait ou en pourcentage des sommes investies (en moyenne, 1 % TTC).

4 Les modalités de l'opération

1. Le carnet d'ordres

Il récapitule à un instant donné l'état de l'offre et de la demande sur une valeur. Divisé en deux colonnes (achat et vente), il présente les cinq meilleures offres et les cinq meilleures demandes (avec les quantités, les prix et le nombre d'ordres).

EXEMPLE

Carnet d'ordres de l'action CLUB MEDITERRANÉE FR0000121568 CU du 29 mai à 17:35:00

Achat			Vente		
Nombre	Quantité	Prix	Prix	Quantité	Nombre
3	1 041	17,58	17,69	205	1
3	1 014	17,57	17,71	30	1
1	2 000	17,56	17,72	325	1
1	442	17,55	17,74	813	2
3	1 114	17,53	17,75	464	5

2. Les types d'ordres

La plateforme de négociation d'Euronext autorise plusieurs types d'ordres.

a) L'ordre au marché

Au moment de l'ouverture, cet ordre est prioritaire à l'ouverture et en séance. Il ne comporte aucune indication de prix. Il est exécuté pour la quantité maximale disponible dans le carnet d'ordres, mais il peut être fractionné. En revanche, il ne permet pas de maîtriser le cours d'exécution.

b) L'ordre à la meilleure limite

Au même titre que l'ordre au marché, l'investisseur ne connaît pas le prix auquel la transaction sera effectuée, le carnet d'ordres évoluant sans cesse. Dans le cas d'un achat, l'acheteur verra son ordre exécuté au prix du premier vendeur (prix le plus intéressant pour l'acheteur). L'ordre à la meilleure limite peut être exécuté partiellement. Il se transformera alors en ordre limité au prix de la meilleure offre (pour un achat) et de la meilleure demande (pour une vente) dans le carnet d'ordres.

Cet ordre permet de mieux maîtriser le cours d'exécution mais ne protège pas le donneur d'ordres d'une exécution en plusieurs fois.

c) L'ordre à cours limité

Ce type de modalité est à la fois le plus simple et le plus usité. Il traduit le prix maximal qu'accepte de payer un acheteur ou le prix minimal qu'exige un vendeur. Il permet de se protéger contre les fluctuations de marché, mais il peut n'être exécuté que partiellement.

d) L'ordre à seuil

Anciennement appelé « ordre stop », il ne se déclenche qu'une fois que le cours (seuil) précisé a été coté et se transforme alors en ordre au marché.

Dans le cas d'un achat, cet ordre n'est recevable que si le seuil de déclenchement est supérieur au dernier cours coté diffusé, au moment où l'ordre arrive sur le marché ; dans le cas d'une vente, s'il est inférieur.

e) L'ordre à plage de déclenchement

Il implique deux paramètres : le premier, le seuil, qui une fois atteint, activera l'ordre, et le second qui deviendra le cours limite. L'ordre n'est recevable que si le seuil de déclenchement est supérieur au dernier cours coté diffusé, au moment où l'ordre arrive sur le marché, dans le cas d'un achat, et inférieur dans le cas d'une vente.

5 La cotation des ordres

1. Cotation en continu

Le CAC est un système informatisé qui assure en temps réel par la confrontation des ordres d'achat et de vente la cotation des plus grandes capitalisations boursières et des valeurs les plus recherchées.

a) Préouverture de 7 h 15 à 9 heures

Sur les valeurs en continu, il existe aussi des fixings. Un premier cours appelé « fixing d'ouverture » est alors déterminé informatiquement. Il permet d'établir le prix permettant le plus grand nombre d'échanges entre les achats (demandes) et les ventes (offres).

b) Cotation en continu de 9 heures à 17 h 30

Dès que ce premier cours est fixé, le marché fonctionne en continu : les ordres sont exécutés dès lors qu'il existe un ou plusieurs ordres compatibles de sens contraire sur le carnet d'ordres.

c) Fixing de clôture

À 17 h 30, la cotation s'arrête, et un cours de clôture ou « fixing de clôture » est calculé par la confrontation de tous les ordres restants.

2. Cotation au fixing

Dans cette cotation limitée aux valeurs les moins liquides, l'offre et la demande se confrontent une ou deux fois par jour pour établir un prix correspondant au maximum de quantités échangées. Faute de contrepartie, une transaction peut attendre plusieurs jours.

6 Le libellé d'un ordre de Bourse

L'ordre doit mentionner certaines informations.

1. La carte d'identité des titres

Qu'il s'agisse d'actions, d'obligations, d'OPCVM ou de titres dérivés (options, warrants), chaque titre indique :
– le nom de la valeur par son identifiant ou ISIN (*Intern'l Securities Identification Numbers*) composé de 12 caractères (2 pour le pays + 10 chiffres) et son abréviation ou code MNEMO ;
– le secteur d'activité, le compartiment (A, B ou C), le nombre de titres, la capitalisation boursière, le cours et les conditions de négociation du titre (au SRD ou au comptant).

2. Les indications sur un ordre de Bourse

L'ordre de Bourse doit également mentionner le sens de l'opération (achat ou vente), le nombre de titres offerts ou demandés, le prix fixé, le type d'ordre choisi, ainsi que les conditions de négociation (au comptant ou au SRD).

L'investisseur doit définir la date limite de validité :
– « à date déterminée » : l'ordre reste présent jusqu'au jour indiqué ;
– « à révocation » : 365 jours s'il n'a pas été exécuté ou annulé.

À défaut, l'ordre est considéré comme un ordre « jour », c'est-à-dire exécutable pendant la journée.

36 LES ACTIONS ET TITRES ASSIMILÉS

➔ L'action représente un titre de propriété d'une partie du capital social d'une société de capitaux : société anonyme, société par actions simplifiée, société en commandite par actions. L'actionnaire peut faire des apports en nature (actions d'apport), en fonds (actions de numéraire). Le montant de cette part est la valeur nominale de l'action. Elle confère à son propriétaire certains droits.

1 Les droits de l'actionnaire

1. Droit de regard sur la gestion

Les actionnaires ont la possibilité de se faire communiquer les documents relatifs à la situation financière de l'entreprise (bilan, compte de résultat) et d'interroger la direction par écrit à l'occasion des assemblées générales.

2. Droit au bénéfice ou au dividende

L'action offre un dividende (revenu). Le droit au bénéfice s'exerce à la clôture de chaque exercice, lorsque les comptes permettent une distribution aux actionnaires d'une partie du bénéfice sous forme de dividendes, et/ou lorsque l'assemblée générale a décidé la distribution.

3. Droit de vote

Une action donne également un droit de vote aux assemblées générales ordinaires ou extraordinaires. Certaines actions procurent des droits de vote double.

4. Droit sur l'actif social

En cas d'augmentation du capital, les actionnaires détiennent un droit préférentiel : droit de souscription ou d'attribution lors de l'incorporation au capital des réserves accumulées.

5. Droit de cession

Une action peut être donnée (cession à titre gratuit) ou vendue (cession à titre onéreux). Sa cession présente une espérance de gains – plus-value – mais également un risque de moins-value.

EXEMPLE

Benjamin Soubise a acheté le 23 juillet N 10 titres Bouygues à 19,50 €. Il les revend le 27 août 2015 à 22,53 €. M. Soubise réalise une plus-value brute de : (22,53 – 19,50) × 10 = 30,03 €.

2 Les différents types d'actions

1. L'action nominative

L'actionnaire est connu de l'émetteur. Les actions sont toujours nominatives lorsque la société est non cotée ou lorsque les créateurs l'ont stipulé dans les statuts de la société.

2. L'action au porteur

La société émettrice ne connaît pas l'identité du propriétaire du titre. Dans les sociétés cotées, si les statuts le permettent, une action nominative peut devenir au porteur (conversion au porteur) et vice versa (conversion au nominatif).

3 Les produits en marge des actions

1. Le bon de souscription d'action

Ce titre financier donne le droit de souscrire une action nouvelle à un prix préalablement fixé et pendant une durée prédéterminée de 2 ou 3 ans. Il est en général attaché à une émission d'actions ou d'obligations.

2. L'action à dividende prioritaire (ADP)

Instituée par la loi Monory du 13 juillet 1978, elle donne le droit à son porteur de percevoir un dividende prioritaire, d'un montant supérieur à celui d'une action classique. La part de capital constituée d'actions à dividende prioritaire est limitée à 25 %.
Lors d'une liquidation judiciaire de la société, les porteurs d'ADP sont privilégiés pour le remboursement du capital.
L'ADP ne donne pas à ses détenteurs le droit de vote aux assemblées générales : le droit de vote est détaché.

3. Le certificat d'investissement

Il est également le fruit du démembrement des actions nouvelles en certificats de vote (qui représentent un droit de vote) et en certificats d'investissement. Il offre les mêmes caractéristiques que l'ADP, sans ses avantages, ce qui explique qu'il soit en voie de disparition.

4. Les parts sociales

Les clients du Crédit Mutuel, des Banques Populaires, des Caisses d'Épargne ou du Crédit Agricole ont la possibilité d'acheter des parts sociales de leur établissement bancaire. D'une valeur de 10 € en moyenne, une part sociale représente une partie du capital de la banque.
Les parts sociales ne sont ni cotées, ni négociables en Bourse. Elles sont évaluées à leur valeur nominale. Leur taux de rémunération est fixé une fois l'an, en fonction du dividende reversé en fin d'année.

4 Les opérations sur titres

1. La division du nominal (Split)

Il s'agit d'une opération visant à augmenter la liquidité d'un titre et à élargir l'actionnariat sans augmenter le capital. Elle consiste à diviser dans les mêmes proportions l'action, le dividende et le droit de vote.

2. Le rachat d'actions

Une entreprise rachète ses actions en circulation pour en réduire le nombre disponible sur le marché.
Une entreprise utilisera un rachat d'actions :
- pour faire gagner de la valeur aux actions encore disponibles, pour réguler les cours du titre (PER) ;
- dans le but d'empêcher qu'un actionnaire ne détienne une participation trop importante sur la société ;
- dans le but de redistribuer des titres aux salariés.

3. Le droit de souscription

Lors d'un accroissement de capital par appel au marché, la levée des fonds pose un problème de dilution des anciens actionnaires, dont la part dans le capital de l'entreprise risque d'être réduite par l'arrivée de nouveaux actionnaires. Les anciens actionnaires bénéficient d'une priorité d'achat sur les nouvelles actions émises, représentée par un droit de souscription, permettant de maintenir leur part de capital. Le droit de souscription est coté seul.

4. Le droit d'attribution

Il est également émis lors d'une augmentation de capital par intégration des réserves. Il correspond au droit détenu par chaque ancien actionnaire.

EXEMPLE

M. Lemaire dispose de 85 actions Air Liquide à un dernier cours de 116,80 € au 30 avril 2015. Air Liquide décide de l'attribution d'une action nouvelle pour 10 actions anciennes. M. Lemaire disposera alors de 93 actions (85 + 8). Le cours de l'action baisse logiquement pour s'adapter au nouveau nombre d'actions en circulation, car aucune richesse n'a été créée.

La distribution d'actions gratuites facilite la liquidité du titre. Mais cette opération n'offre qu'une gratuité apparente.

5. Les offres publiques

– L'offre publique d'achat consiste à rendre publique l'intention d'acquérir tout ou partie du capital d'une société.
– L'offre publique d'échange permet de proposer ses propres titres en échange de titres d'une société cible.
– L'offre publique de retrait permet à l'actionnaire de référence de proposer le rachat de toutes les actions détenues par les actionnaires minoritaires.

5 L'appréciation de la performance et du risque

Le dividende n'est pas le seul élément d'appréciation de la performance d'une action.

1. Le rendement

Il est calculé en rapportant le montant du dernier dividende versé sur le cours de l'action en pourcentage. Un rendement élevé signifie soit que les bénéfices sont importants, soit que le cours de l'action est bas.

2. Le *Price Earning Ratio* (PER)

Cet indicateur de confiance des investisseurs sur l'évolution du cours correspond au rapport entre le cours de l'action et le bénéfice par action.

EXEMPLE

Pour 2015, le PER d'Accor est de 29,2, ce qui est un indicateur élevé de confiance, contre 38,37 pour Bolloré et seulement 10,58 pour la Société Générale.

– Le PER relatif sert à comparer une société avec ses concurrents sectoriels.
– Le PER sectoriel mesure la moyenne des PER des sociétés d'un même compartiment boursier.
– Le PER relatif sectoriel rapporte le PER de la société au PER du secteur.

3. La volatilité

Elle mesure l'ampleur des variations du cours d'un actif financier (ou d'un ensemble de titres). Plus un titre est volatil, plus les perspectives de gain sont fortes, mais les risques élevés.
La volatilité d'un titre par rapport au marché s'exprime par son bêta. Plus le bêta est élevé, plus le risque de gagner « beaucoup » ou de perdre « beaucoup » est élevé.
Le coefficient bêta mesure la sensibilité d'un portefeuille ou d'une action à un indice :
– si le bêta est supérieur à 1, alors l'amplitude de variation du cours du titre est plus grande que celle du cours du marché ;
– si le bêta est compris entre 0 et 1, c'est l'inverse ;
– si le bêta est négatif, toute hausse de l'indice engendrera une baisse de l'action ou du portefeuille.

EXEMPLE

Si le bêta de l'action Saint-Gobain est de 2,06, l'action aura tendance à doubler la performance de l'indice CAC 40.

6 La fiscalité des dividendes, des plus-values et des transactions

1. L'imposition des dividendes (▸ fiche 20)

a) À compter de 2018, deux options s'offrent aux contribuables :

– le prélèvement forfaitaire unique de 30 % (12,8 % d'impôt et 17,2 % de PS) sur l'ensemble des sommes perçues, sans bénéficier de l'abattement de 40 % ;
– le barème de l'IR en fonction de la tranche marginale d'imposition avec abattement de 40 %. Les contribuables sont également redevables des PS de 17,2 %. Une partie de la CSG réglée (à hauteur de 6,8 %) est déductible des revenus. Les contribuables non imposables ou de la tranche à 14 % ont intérêt à rester au barème, car leur pression fiscale est inférieure aux 30 % de la « flat tax ».

b) Maintien de l'acompte fiscal

L'impôt de 12,8 %, comme les PS de 17,2 %, sont retenus à la source. Pour les contribuables qui choisissent le PFU, il peut donc être assimilé à un prélèvement libératoire. Pour les autres, une régularisation a lieu l'année suivante. Les contribuables dont le revenu fiscal de référence est inférieur à 50 000 € (75 000 € pour un couple) peuvent demander une dispense du paiement avant le 30 novembre de l'année précédant celle du paiement des dividendes.

2. L'imposition des plus-values de cession (▸ fiche 20)

Elles entrent dans le champ d'application de la taxation à 30 %. Les abattements pour durée de détention sont supprimés à partir de 2018 sauf pour les titres acquis avant le 1er janvier 2018.

3. La taxe sur les transactions financières de 0,3 % (contre 0,2 %)

Introduite en 2012, cette taxe s'applique sur le montant d'achat des actions de sociétés dont le siège social est situé en France et dont la capitalisation boursière dépasse 1 milliard d'euros.

37 LES OBLIGATIONS

Une obligation est une valeur mobilière représentative d'un droit de créance sur l'État, une collectivité ou une entreprise. C'est un titre négociable sur le marché boursier. Du fait du poids de l'intervention des États, le marché des obligations est un marché de loin supérieur en volume au marché des actions.

1 Les caractéristiques d'une obligation

Les obligations sont majoritairement «au porteur». Ainsi, la gestion en est simplifiée et les transactions sont rapides.

1. Les différentes valeurs d'une obligation

a) La valeur nominale (ou pair)

Au même titre qu'une action, une obligation a un montant nominal sur lequel les revenus (coupons) versés sont calculés. La valeur nominale correspond à la fraction de l'emprunt et sert de base au calcul de l'intérêt annuel versé. L'obligation peut être émise au pair : le prix à payer par le souscripteur est alors égal à la valeur nominale.

b) La prime d'émission

Dans le but d'attirer les investisseurs, la pratique de la bonification des prix d'émission est courante sur le marché primaire. Cette bonification permet d'acquérir une obligation à un prix inférieur au nominal remboursé à l'échéance.

EXEMPLE

La valeur nominale unitaire des obligations Air France-KLM a été fixée à 20,50 €. Le prix d'émission à payer est de 18,70 €, soit une prime d'émission par obligation de 1,80 €.

c) La prime de remboursement

Une obligation peut également être remboursée au-dessus de sa valeur nominale. Cette bonification du remboursement du nominal à l'échéance permet de fidéliser les porteurs.

Le cumul éventuel de la prime d'émission et de la prime de remboursement est qualifié de double prime.

2. La rémunération d'une obligation

a) Le coupon

Il existe différents types d'obligations, mais elles ont une caractéristique commune : le versement d'un intérêt ou coupon en contrepartie d'un prêt de la part de l'investisseur. Le taux d'intérêt est exprimé en pourcentage de la valeur nominale de l'obligation.

b) Le coupon couru

Le versement intervient le plus souvent une fois par an, mais certains émetteurs proposent parfois des versements trimestriels. Le coupon couru correspond à la valeur du coupon au prorata temporis entre deux dates de paiement de coupon.

EXEMPLE

Si le coupon est versé le 1er juin N, la valeur du coupon couru le 1er septembre d'une obligation émise au taux de 5 % sera de : 5 % × 90 / 360 = 1,25 %.

c) Le taux d'intérêt nominal

Le taux d'intérêt nominal sert au calcul de la valeur du coupon : Nominal × Taux nominal = Coupon.

EXEMPLE

Soit un nominal de 500 € et un taux d'intérêt nominal de 6 %, la valeur du coupon annuel est de : 500 × 6 % = 30 €.

d) Le taux de rendement actuariel

L'appréciation du rendement s'effectue généralement sur le taux actuariel plutôt que sur le taux nominal. Le taux actuariel correspond à la rentabilité totale d'une obligation sur toute sa durée de vie. Ce calcul inclut donc la valeur d'acquisition de l'obligation (son prix d'émission ou son cours de Bourse si elle est achetée sur le marché secondaire), les coupons annuels et le remboursement à l'échéance.

e) La durée

La durée de vie d'une obligation représente la période restant à courir avant l'échéance de cette même obligation. Plus la durée de vie est longue, plus le risque attaché à l'obligation est élevé, et oblige donc à servir une rémunération plus élevée.

Le marché obligataire est un marché de long terme. La durée de vie moyenne des obligations se situe entre 8 et 10 ans pour les entreprises, et 15 ans pour les obligations émises par l'État.

f) La duration

Beaucoup plus utilisée par les milieux financiers, la duration correspond à une durée de vie moyenne basée sur les flux futurs actualisés de l'obligation. Elle mesure la sensibilité d'une obligation aux variations de taux. La duration est exprimée en années, et représente de combien en pourcentage la valeur de l'obligation va changer pour chaque évolution de 1 % des taux d'intérêt.

EXEMPLE

Si la duration d'un fonds obligataire est de 2,5 ans, une augmentation de 2 % du taux d'intérêt entraînera, toutes choses égales par ailleurs, une baisse du prix du fonds de 5 %.

g) La sensibilité d'une obligation

Le prix d'une obligation dépend de la hausse ou de la baisse des taux d'intérêt de marché :

Hausse des taux = baisse du prix de l'obligation
Baisse des taux = hausse du prix de l'obligation

La sensibilité d'une obligation mesure l'impact d'un mouvement de taux de 1 % sur le prix de l'obligation. Plus la durée résiduelle de l'obligation est longue, plus l'obligation sera sensible à un mouvement de taux d'intérêt.

3. La cotation des obligations

Le cours des obligations est exprimé en pourcentage du nominal et «au pied du coupon», c'est-à-dire que le titre est coté déduction faite de tout intérêt couru. Le montant de cet intérêt couru est lui aussi indiqué en pourcentage.

EXEMPLE

Soit une obligation de valeur nominale 100 €. Son cours est de 105 %, le coupon couru en pourcentage est de 0,75 %.
- Calcul du cours en euros de cette obligation :
100 € × 105 % + 100 € × 0,75 % = 105 + 0,75 € = 105,75 €.
105,75 € représente le prix de l'obligation, coupon couru compris.

4. Le mode de remboursement du capital

Le nominal de l'obligation est en général remboursé au terme en une seule fois : le remboursement est dit «*in fine*». Mais les obligations peuvent être remboursées chaque année soit par annuités constantes, soit par amortissements constants.

2 Les droits de l'obligataire

1. Le droit de vote aux assemblées d'obligataires

Les obligataires désignent les représentants de la masse des obligataires pour assister aux assemblées générales d'actionnaires en qualité d'observateurs.

2. Le droit aux intérêts

Les intérêts sont versés suivant une échéance précisée à l'émission.

3. Le droit au remboursement

En qualité de créancier, l'obligataire a droit au remboursement de la somme qu'il a prêtée. Le contrat d'émission comporte un tableau d'amortissement qui précise la ou les dates de remboursement.

L'émetteur peut également prévoir une clause de remboursement à son gré, et la possibilité d'opérer des rachats en Bourse.

4. Le droit de céder ses obligations

L'obligataire qui ne souhaite pas attendre le remboursement pour récupérer son épargne peut vendre ses titres sur le marché secondaire.

3 Les principaux types d'obligations

1. Les obligations à taux fixe

Le taux d'intérêt nominal est fixé lors de l'émission et pour toute la durée, quelle que soit l'évolution des taux sur le marché des capitaux.

2. Les obligations à taux variable

Les coupons sont indexés sur des taux de marché. L'investisseur se prémunit contre une hausse éventuelle de taux.

3. Les obligations convertibles en actions

Ces obligations comportent une option de conversion en actions de la société émettrice à certains moments. L'évolution de son cours est corrélée à celle de l'action, et permet d'en doper la performance.

4. Les obligations remboursables en actions

Elles sont remboursées à l'échéance obligatoirement en actions.

5. Les OCEANE

Les obligations convertibles en actions nouvelles ou existantes (OCEANE) permettent à l'émetteur de rembourser le capital emprunté au moyen d'une création d'actions ou d'une distribution de titres préexistants.

6. Les obligations à fenêtres

Elles offrent la possibilité d'être remboursées en plusieurs périodes.

7. Les obligations « zéro coupon »

Les intérêts sont capitalisés et versés à l'échéance, en même temps que le remboursement du nominal.

8. Les obligations à bons de souscription d'action

Elles offrent une option négociable d'achat de titres (action ou obligation) lors d'une prochaine émission.

4 Les risques liés aux obligations

Considérée comme un placement de «père de famille», l'obligation n'est cependant pas un placement sans risque.

1. Le risque de signature

Il intervient lorsqu'une société se trouve en situation de liquidation. Néanmoins, les créanciers obligataires seront servis avant les actionnaires, mais seulement à concurrence du solde disponible, c'est-à-dire après que les autres dettes auront été réglées.

La signature de l'État est généralement considérée comme présentant un risque nul.

2. Le risque de taux

Lorsque le taux des obligations émises sur le marché primaire augmente (parce que l'inflation augmente), le cours des obligations à taux fixe déjà émises diminue ; si l'obligataire éprouve le besoin de vendre à ce moment, il subira une moins-value. L'obligataire qui conserve son titre jusqu'à échéance ne supporte pas ce risque.

EXEMPLE

Un emprunt émis à 5 % a peu de chances de trouver preneur sur le marché alors que sont émises des obligations à 7 %.

3. Le risque de change

L'obligataire détenteur d'obligations libellées en devises supporte le risque de change afférent à la devise concernée.

5 Les modalités fiscales (▶ fiche 20)

Une obligation est taxable au niveau des coupons perçus et des plus-values réalisées lors de la revente de l'obligation avant son échéance. Le régime est unifié : ils sont désormais imposés au PFU de 30 %, comprenant les prélèvements sociaux.

Le contribuable peut opter pour l'imposition au barème progressif, mais cette option concerne l'ensemble de ses revenus et plus-values. Il bénéficie, lors de la réalisation de plus-values, de l'abattement pour durée de détention ainsi que de l'abattement majoré, mais seulement pour les titres acquis avant le 1er janvier 2018.

38 LES ORGANISMES DE PLACEMENT COLLECTIF EN VALEURS MOBILIÈRES (OPCVM)

Les organismes de placement collectif en valeurs mobilières (OPCVM) sont à la fois des instruments financiers et des organismes de placement qui collectent de l'épargne individuelle, l'investissent dans des produits financiers, et disposent à ce titre d'un portefeuille dont la gestion est confiée à des professionnels.

1 Les deux formes juridiques d'OPCVM

1. La société d'investissement à capital variable (SICAV)

La SICAV est une société anonyme au capital minimum de 7,5 millions d'euros, dont les souscripteurs sont actionnaires. En cette qualité, ils disposent d'un droit de vote aux assemblées.

2. Les fonds communs de placement (FCP)

Copropriétés de valeurs mobilières dont la gestion du portefeuille est assurée par une société de gestion, les FCP ne disposent pas de la personnalité juridique. Les porteurs de parts ne disposent pas du droit de vote. Le capital minimum d'un FCP est de 400 000 €.

2 Principe général de fonctionnement

1. Trois caractéristiques fondamentales

Les OPCVM sont des produits d'épargne qui permettent :
- de détenir une partie d'un portefeuille de valeurs mobilières (actions, obligations...) commun à plusieurs investisseurs ;
- de confier à un professionnel la gestion de ce portefeuille ;
- de racheter les parts ou actions à leur valeur liquidative.

2. La protection de l'investisseur

a) L'identification d'un OPCVM

Comme n'importe quel titre, l'OPCVM doit mentionner son code ISIN, le type d'OPCVM, le prix d'émission, la valeur unitaire et la valeur liquidative.

b) L'obligation d'information

L'information de l'investisseur se doit de présenter un contenu exact, clair et non trompeur. Ces règles de bonne conduite ont été renforcées par la directive sur les marchés d'instruments financiers (MIF).

Avant toute commercialisation, l'OPCVM a l'obligation d'établir un prospectus d'information sur les règles d'investissement et de fonctionnement, les risques identifiés et les modalités de rémunération. Il doit fournir les règlements et statuts.

c) Un encadrement juridique strict

Tout OPCVM est réglementairement soumis à la tutelle de l'Autorité des marchés financiers (AMF). Agréés par l'AMF pour protéger l'investisseur, les OPCVM doivent présenter des garanties suffisantes d'organisation, de moyens techniques, d'honorabilité, d'expérience des dirigeants.

Ils doivent également respecter des ratios d'investissement qui ont pour objectif de limiter l'exposition aux risques de marché, de crédit ou de liquidité de l'OPCVM.

3. La gestion d'un OPCVM

La société de gestion chargée de la gestion administrative, comptable et financière, assure la conservation des actifs de l'OPCVM et contrôle la régularité des décisions de gestion.

a) L'actif des OPCVM

La valeur de l'actif évolue en fonction de l'évolution des investissements réalisés. L'actif est détenu collectivement par l'ensemble des détenteurs de parts, chaque souscripteur en possédant une fraction.

b) La valeur liquidative

L'achat comme la revente sont calculés sur la base d'un prix unique, appelé « valeur liquidative » (VL). Elle est obtenue en divisant la valeur globale de l'actif net de l'OPCVM au jour donné par le nombre de parts ou d'actions. Elle est généralement actualisée et publiée deux fois par mois. Lorsque l'actif dépasse 80 millions d'euros, la cotation est quotidienne.

c) Le prix de souscription

L'achat d'une part ou d'une action est déterminé par la valeur liquidative, souvent majorée d'un droit d'entrée.

EXEMPLE

Le 3 février 2015, un client souhaite placer 15 000 €. La banque lui propose d'acheter des parts de SICAV obligataires. Chaque part coûtant 3 374,33 €, il peut en acheter 4 (15 000 / 3 374,33 = 4,44), pour une valeur totale de : 4 × 3 374,33 = 13 497,32 €, plus les frais.

d) Le prix de rachat

Le prix de vente d'une part ou d'une action est déterminé par la valeur liquidative, minorée d'un droit de sortie.

EXEMPLE

Le 31 décembre 2013, le client souhaite revendre ses parts de SICAV pour récupérer ses fonds.
- Valeur de la part : 3 580 €.
- Vente totale : 4 × 3 580 = 14 320 €.
- Plus-value réalisée : 14 320 – 13 497,32 = 822,68 €.

e) Les frais prélevés

Il s'agit des frais de fonctionnement ou de gestion (calculés en appliquant un pourcentage sur l'actif net de l'OPCVM) et des frais de transaction sur l'achat ou la revente des OPCVM.

3 Les différentes catégories d'OPCVM

Il existe en France environ 12 000 OPCVM.

1. Les six catégories d'OPCVM généraux

Selon la nature de la gestion et les risques encourus, l'AMF classe les OPCVM en six grandes catégories. Elles doivent répondre à des règles standard de composition de l'actif destinées à protéger les investisseurs.

a) Les OPCVM monétaires

Ces fonds prêtent de l'argent sur de courtes durées aux États ou aux entreprises. Leur rendement dépend du niveau des taux d'intérêt à court terme. Le niveau de risque est limité.

b) Les OPCVM obligataires

Investis en obligations, ils présentent un risque modéré qui justifie un horizon de placement d'au moins 3 ou 5 ans.

c) Les OPCVM actions

Ces fonds étant composés d'au moins 60 % d'actions, leur valeur liquidative sera largement influencée par les fluctuations en Bourse des actions détenues en portefeuille. Ces OPCVM sont destinés aux investisseurs ayant un horizon de placement d'au moins 5 ans.

d) Les OPCVM de fonds alternatifs ou hedge funds

L'objectif de ces fonds est le rendement attendu, quitte à prendre un risque. Ils reposent sur une grande liberté de gestion, tant en raison des supports financiers privilégiés (produits risqués) que par la souplesse de la structure juridique.

e) Les OPCVM à fonds formule

Très sophistiqués, ces fonds sont généralement assortis d'une garantie sur le capital et le résultat financier – connu parfois d'avance – qui dépend de la réalisation de scénarios prédéfinis.

f) Les OPCVM diversifiés

Ils répartissent les investissements entre différents marchés, comme les actions ou les obligations. Le niveau de risque est modéré.

2. Les principaux OPCVM à statut particulier

a) Les OPCVM à capital garanti

Les investisseurs sont assurés de récupérer la majeure partie ou la totalité de leur investissement (hors droits d'entrée) à une date déterminée lors de la souscription du contrat, quelle que soit l'évolution des marchés.

b) Les OPCVM à horizon

Ce sont des portefeuilles évolutifs : l'exposition au risque s'amenuise au fil des ans pour tendre vers zéro à l'échéance. Ils comportent au départ beaucoup d'actions, et à l'échéance essentiellement des obligations et placements monétaires.

c) Les OPCVM « indiciels »

Les fonds indiciels sont des paniers de titres qui reproduisent le plus fidèlement possible la composition de leur indice de référence, généralement un indice boursier donné. CAC 40, EuroSTOXX 50, Dow Jones Industrial Average.

d) Les Trackers

Parmi les fonds indiciels, il existe des fonds cotés en continu : les Trackers (ou ETF). Ils peuvent s'acheter au comptant ou au service de règlement différé (SRD) et se vendre comme des actions.

e) Les fonds éthiques

Ils regroupent des fonds d'investissement socialement responsables (ISR) qui intègrent, en plus des critères financiers traditionnels, des critères extrafinanciers tels que le respect de l'environnement, la cohésion sociale et la bonne gouvernance des entreprises, mais aussi la défense des droits de l'homme ou la lutte contre l'exclusion et des fonds solidaires qui garantissent seulement le reversement d'une partie des commissions perçues au profit de projets à vocation environnementale ou humanitaire.

3. Classification et fiscalité des OPCVM

a) Les OPCVM de distribution

Ils distribuent régulièrement les revenus qu'ils encaissent : dividendes d'actions ou coupons d'obligations. La fiscalité de l'action ou de l'obligation détenue par l'OPCVM à l'origine de ce revenu détermine la fiscalité applicable.

b) Les OPCVM de capitalisation

Les revenus sont systématiquement capitalisés. Les plus-values de cessions sont soumises au régime fiscal commun des plus-values de cession de valeurs mobilières.

4. La classification commerciale

a) Les OPCVM d'OPCVM

Ils permettent de mutualiser les performances de gestionnaires différents, et donc le risque.

b) Les OPCVM « profilés »

Ils sont investis en tenant compte des profils de gestion répondant au plus près aux désirs des souscripteurs : prudent, équilibré, dynamique.

4 Argumentation commerciale

1. Intérêt pour l'épargnant

a) Une gamme étendue de produits

Les SICAV et FCP permettent aux investisseurs d'accéder aux marchés et produits financiers, et répondent à de multiples objectifs :

Complément de revenus	SICAV monétaires de distribution
Plus-values	SICAV actions de capitalisation
Préparation de la retraite	SICAV obligataires, de capitalisation
Suivant l'horizon de placement :	
Court terme de 0-2 ans	SICAV monétaires
Moyen terme de 2-5 ans	SICAV actions ou obligataires
Long terme de 5-10 ans	SICAV actions ou obligataires

b) La liquidité des titres

À tout moment, le porteur de SICAV et de FCP peut les vendre et récupérer ses fonds.

c) La diversification des actifs et des risques

Les OPCVM offrent une diversification des risques, et ce grâce notamment aux méthodes sophistiquées de couverture de risque difficilement accessibles aux petits porteurs.

d) La gestion du fonds par des spécialistes

Cela est normalement en soi un gage de sécurité pour l'épargnant néophyte. L'investisseur bénéficie en outre d'une information régulière : chaque jour, la valeur du titre est publiée dans la presse.

2. Inconvénients

L'objection récurrente est le montant des frais prélevés à la souscription comme à la sortie de parts d'OPCVM. L'achat et la vente de quantités importantes permettent à l'investisseur d'obtenir des frais de courtage et des droits de garde réduits.

39 LES COMPTES-TITRES

Ce sont des supports permettant l'investissement dans des valeurs mobilières françaises, européennes ou internationales. Le « compte-titres ordinaire » appelé « compte d'instruments financiers » s'oppose au PEA, apparu en 1992, qui est un instrument destiné à encourager un actionnariat populaire en France, en faisant bénéficier d'avantages fiscaux la détention d'actions sur le moyen ou long terme. La souplesse d'utilisation du premier compense les avantages fiscaux offerts par le second.

1 Le compte-titres ordinaire

En l'absence de PEA, les titres détenus par un épargnant sont gérés par l'établissement financier dans un compte appelé « compte-titres ». Assez simple dans son fonctionnement, il n'offre pas en revanche au plan fiscal les avantages du PEA.

1. Caractéristiques

a) Les différentes formes de comptes-titres

Comme le compte courant, le compte-titres peut être ouvert sous forme de compte individuel, compte joint ou compte indivis (en général, dans le cadre d'une succession). Pour aider à la gestion du compte, la mise en place d'une procuration est également admise.

Il peut être détenu en nue-propriété ou en usufruit (à la suite d'une succession ou d'une donation).

b) Des conditions de détention souples

Contrairement au PEA pour lequel les conditions de détention sont relativement strictes, le compte-titres offre une grande liberté : il peut être détenu par une personne majeure ou par un mineur sous la responsabilité de son représentant légal.

Il n'y a pas non plus de condition de nombre : une même personne peut être titulaire de plusieurs comptes-titres dans différents établissements. Il n'y a pas davantage de condition de plafond ni de limite au nombre de titres. Toutes les valeurs cotées et tous les OPCVM sont admis.

2. Le fonctionnement du compte-titres

Le titulaire du compte-titres peut gérer ses ordres de Bourse soit en agence avec son chargé de clientèle, soit par téléphone ou directement sur Internet auprès de banques spécialisées dans le courtage en ligne ou auprès des établissements traditionnels.

Rattaché à un compte courant spécialement dédié ou non au fonctionnement du compte-titres, à chaque opération d'achat, le compte de dépôt est débité et les titres livrés sont inscrits au crédit du compte-titres. Inversement, le montant de la vente des titres, des dividendes ou des coupons est crédité sur le compte chèque. Le compte-titres ne peut pas être débiteur.

La fiscalité des revenus des plus-values sur les cessions de valeurs mobilières s'applique.

3. Les frais attachés à un compte-titres ordinaire

Selon la dernière enquête réalisée par l'AMF, les frais moyens d'un ordre passé en ligne *via* une banque classique s'élèvent de 7,40 € pour un ordre de 1 000 € (soit 0,74 %) à 47 € pour un ordre de 10 000 € (soit 0,47 %). Mais de fortes distorsions subsistent entre les grands réseaux et les courtiers en ligne. Les principaux frais liés à la détention et à la gestion de titres dans un compte-titres ordinaire sont les suivants.

a) Les droits de garde

Ils peuvent être forfaitaires ou calculés proportionnellement à la taille du portefeuille et en fonction des catégories de titres qui le composent. Généralement, sont également appliqués un forfait minimum par ligne et un forfait minimum par compte.

Les actions inscrites au nominatif ne supportent pas de droits de garde.

Les droits de garde sont proportionnels à la valeur des titres détenus. Si la très grande majorité des courtiers en ligne ne prélèvent aucun droit de garde, ils perdurent dans les banques de réseau, avec des tarifs allant en moyenne de 0,77 % pour un portefeuille de 10 000 € (10 lignes) à 0,29 % pour un portefeuille de 50 000 € (10 lignes).

b) Les frais de courtage

Ils sont proportionnels au montant de l'ordre. Selon l'AMF, ils sont en moyenne de 6,20 € pour un ordre de 1 000 € et de 21,70 € pour un ordre de 10 000 €.

Certains courtiers parmi les moins chers du marché comme Binck, Bourse Direct, Fortuneo ou Idealing offrent des tarifs bien inférieurs à ces moyennes.

À ces frais de courtage, il faut désormais ajouter 0,3 % de taxe sur les transactions financières, appliquée sur la position nette acheteuse en fin de journée.

c) Les frais de tenue de compte

Ils sont prélevés annuellement, de l'ordre de 30 à 50 € par an.

2 Les plans d'épargne en actions (PEA)

1. Définition

Le PEA est une enveloppe fiscale (cadre fiscal avantageux) destinée à favoriser les investissements en actions françaises. À côté du PEA bancaire le plus répandu, il existe deux autres formes de PEA : le PEA assurance qui se matérialise par un contrat de capitalisation et enfin le tout dernier PEA-PME-ETI commercialisé depuis le 1er janvier 2014.

2. Caractéristiques

a) Conditions d'accessibilité

L'ouverture d'un PEA est réservée aux personnes physiques, majeures capables, fiscalement domiciliées en France.

Un PEA est un compte monotitulaire (il ne peut être ouvert en compte joint). Chaque contribuable ne peut détenir qu'un seul PEA. Le nombre de PEA au sein d'un même foyer fiscal ne peut être supérieur à deux. La cession à un tiers est impossible.

b) Plafond de dépôts

Si aucun minimum de souscription n'est fixé, le plafond des dépôts s'élève à 150 000 €. En incluant le PEA

PME limité à 75 000 €, un couple peut déposer jusqu'à 450 000 € sur ses PEA.

3. Valeurs éligibles au PEA

a) PEA classique

Seules sont accessibles une partie des valeurs mobilières :
- actions et produits dérivés de sociétés européennes ;
- actions de SICAV dont le portefeuille contient au minimum 60 % de titres eux-mêmes éligibles ;
- parts de FCP dont le portefeuille contient au minimum 75 % de titres eux-mêmes éligibles ;
- contrats de capitalisation exprimés en « unités de compte actions » régis par le Code des assurances.

b) PEA-PME

Orienté spécifiquement vers les PME et les ETI (entreprises de taille intermédiaire), il permet d'investir dans des sociétés non cotées qui répondent aux caractéristiques suivantes : moins de 5 000 salariés ; chiffre d'affaires annuel inférieur à 1 500 M€ ; total de bilan inférieur à 2 000 M€.

Le PEA assurance, ouvert auprès d'un assureur, est un contrat de capitalisation investi en unités de compte dont les supports éligibles sont les mêmes que ceux du PEA bancaire. Le PEA, Petites et Moyennes Entreprises et des Entreprises de Taille Intermédiaire (PEA-PME-ETI), permet l'investissement sur des entreprises de moins de 5 000 salariés, ayant un chiffre d'affaires n'excédant pas 1,5 milliard d'euros (ou un total de bilan de moins de 2 milliards d'euros).

Le plafond de versement sur le PEA-PME est limité à 75 000 euros. Les détenteurs d'un PEA classique peuvent également ouvrir un PEA-PME et bénéficient des avantages fiscaux de cette seconde enveloppe.

4. Fonctionnement

Le mécanisme du PEA nécessite l'ouverture de deux comptes.

a) Compte espèces

Il reçoit au crédit les versements en espèces du titulaire, les dividendes d'actions, les intérêts des placements et le produit des ventes du compte-titres.

Ces fonds sont débités pour acheter les titres inscrits au crédit du compte-titres. Ils ne sont pas soumis à l'imposition. Ils y seront soumis indirectement avec la plus-value globale du PEA.

5. Compte-titres spécial

Il enregistre au crédit les achats de titres réalisés ; il est débité des ventes réalisées dont le montant alimente le crédit du compte espèces.

3 La sortie du PEA et la fiscalité

Le PEA est un produit d'optimisation fiscale dont les revenus et les plus-values sont totalement exonérés pour les PEA conservés au moins 5 ans, mais subissent dans tous les cas les PS de 15,5 %.

1. Clôture du PEA avant 8 ans

Les fonds investis sur un PEA sont toujours disponibles. Tout retrait effectué avant 8 ans entraîne obligatoirement la clôture du PEA et la vente de la totalité des valeurs inscrites sur celui-ci.

a) Avant 2 ans

Le taux d'imposition est fixé à 22,5 %. La clôture du PEA doit être déclarée avec le formulaire fiscal 2074.

b) Entre 2 et 5 ans

Le taux d'imposition est de 19 %, ce qui correspond au taux commun d'imposition des plus-values mobilières.

c) Clôture du PEA entre 5 et 8 ans

Les plus-values ne sont pas imposables.

2. Le PEA après 8 ans

Après 8 ans, plusieurs possibilités s'offrent à l'investisseur. Il peut choisir d'effectuer :
- des versements complémentaires ;
- des retraits partiels qui entraînent l'impossibilité d'effectuer de nouveaux versements ;
- un retrait total qui clôture le PEA ;
- une transformation du capital en une rente viagère défiscalisée.

Dans tous les cas, la part des plus-values est soumise aux PS.

Date	Type de retrait	Fiscalité sur le gain net en solde global	Sort du PEA en cas de retrait
Avant 2 ans	Total	39,7 % (22,5 % d'IR + 17,2 % de PS)	Clôture
Entre 2 et 5 ans	Total	36,2 % (19 % d'IR + 17,2 % de PS)	Clôture
Entre 5 et 8 ans	Total	17,2 % de PS	Clôture
Après 8 ans	Partiel	17,2 % de PS	Ouvert mais nouveau versement interdit
Après 8 ans	Total ou rente viagère exonérée d'IR	17,2 % de PS	Clôture

4 Aspects commerciaux

1. Clientèle cible

Le PEA peut être proposé aux clients :
- n'ayant pas d'aversion au risque ;
- ayant déjà de l'épargne sécurisée ;
- cherchant à faire fructifier un capital en vue d'un achat futur, ou pour préparer leur retraite.

2. Les produits concurrents

Suivant l'objectif recherché, le PEA entre en concurrence avec le PEL (en cas de projet immobilier) ou avec l'assurance-vie ou le PERP (en cas de préparation à la retraite).

40 LES PRODUITS DÉRIVÉS

Ils étaient à l'origine des produits de couverture de risques (risques de taux, de change, de crédit, de cours, etc.). 70 % des produits proposent une couverture sur les fluctuations des taux d'intérêt. Ils ont connu une forte croissance entre les années 1990 et 2010 et représentent désormais l'essentiel de l'activité des marchés financiers. Ils sont devenus des marchés hautement spéculatifs et ont joué un rôle important dans la crise financière de 2007 à 2011.

1 Qu'est-ce qu'un produit dérivé ?

1. Définition

Les produits dérivés ou contrats dérivés ou encore *derivative products* sont des contrats qui anticipent le versement de flux financiers fermes ou optionnels.

2. Caractéristiques

Leur valeur varie en fonction du prix/niveau d'un actif appelé sous-jacent. Le sous-jacent peut être de différentes natures.

EXEMPLE

Une action, un indice boursier, une unité négociable de matière première (blé, pétrole, cuivre, etc.) appelée également *commodity*, un taux de change, un taux d'intérêt.

3. Opérations au comptant et à terme

Les produits dérivés peuvent être négociés soit au comptant (spot) pour un règlement et une livraison quasi immédiats (à J+2 ou 3), soit à une date éloignée dans le futur de quelques jours à quelques années (opérations à terme ou *forward*).

2 Les principales familles de produits dérivés

1. Les produits fermes

a) Les contrats de gré à gré (*forwards*)

Ce sont des produits négociés sur des marchés non réglementés, très souples mais sans protection face aux risques de défaillance de la contrepartie.

Ils consistent en un accord d'achat ou de vente d'un actif à un prix et une date future précisés dans le contrat. Le plus souvent, lors du dénouement, les deux contreparties procèdent au règlement de la différence entre le prix négocié à l'avance et le prix du marché (procédure dite « de règlement en numéraire » ou *cash settlement*).

b) Les contrats à terme (*futures*)

Les contrats *futures* sont négociés sur un marché organisé et centralisé. Cette caractéristique permet de les distinguer du contrat *forward* non standardisé, qui s'échange sur un marché de gré à gré.

Les contrats *futures* sont des contrats standardisés en termes de montants et de dates d'échéance. Ils constituent en cela une amélioration par rapport aux contrats *forwards*. L'autre avantage présenté par ces contrats est l'existence d'une chambre de compensation.

Pour garantir la sécurité des transactions, le marché à terme exige des opérateurs le versement d'un dépôt de garantie restitué lors du dénouement de l'opération, et procède à un appel de marge quotidien (versement obligatoire de fonds supplémentaires pour couvrir la dépréciation d'une position ouverte sur le marché).

Au cours des années 1970, les futures ont été étendus d'abord aux devises, puis aux taux d'intérêt (taux à long terme pour les emprunts d'État et taux à court terme, IBOR), et enfin aux indices boursiers. Ils sont les premiers marchés de produits dérivés par leur volume.

c) Les *swaps*

Le *swap* est un contrat d'échange de flux financiers entre deux intervenants, qui sont généralement des banques ou des institutions financières. Ces opérations sont conclues sur des marchés de gré à gré.

Les deux contrats les plus courants sont :
- le *swap* de taux d'intérêt, qui échange les intérêts d'un prêt ou dépôt à taux variable contre des intérêts à taux fixe ;
- le *swap* de change, qui échange les intérêts et la valeur à l'échéance d'un prêt ou dépôt dans une devise contre sa valeur dans une autre devise.

EXEMPLE

La banque A contracte un *swap* avec la banque B par lequel A prête à B à taux variable Euribor 6 mois + 0,3 % payable semestriellement. Simultanément, B prête à A à taux fixe (4,5 %), pour un montant nominal de 250 000 €.

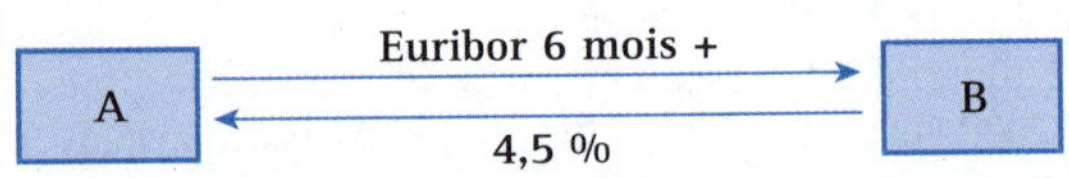

2. Les produits optionnels

a) Caractéristiques d'un contrat d'option

Une option est un contrat à terme optionnel :
- qui donne le droit, et non l'obligation, à l'acheteur d'exercer son contrat ;
- qui engage irrévocablement le vendeur.

Les options portent sur une multitude de sous-jacents : action, obligation, indice boursier, devise, matière première, produit dérivé, etc. Le prix d'exercice (*strike*) et l'échéance sont précisés à l'avance.

b) Les options

Il existe deux types de contrats d'option :
- l'option d'achat, appelée aussi « *call* », confère le droit d'acheter le sous-jacent au prix d'exercice ;
- l'option de vente, appelée aussi « *put* », confère le droit de vendre le sous-jacent au prix d'exercice.

Le *call* prend de la valeur lorsque le marché monte, d'où l'idée d'anticipation haussière.

Le *put* prend de la valeur lorsque le marché baisse, d'où l'idée d'anticipation baissière.

	Anticipation haussière	Anticipation baissière
Avec un ***call***	Achat d'un *call*	Vente d'un *call*
Avec un ***put***	Vente d'un *put*	Achat d'un *put*

41 LA GESTION DE PORTEFEUILLE

➔ Que l'investisseur choisisse de gérer seul son portefeuille de titres ou qu'il en confie la gestion à un professionnel, il convient de respecter au préalable certains principes de base pour ensuite définir sa stratégie d'investissement.

1 Principes de base pour l'investissement

1. Se constituer une épargne de précaution

Pour faire face à une dépense imprévue, il convient avant toute chose de se constituer une épargne de précaution en supports capables d'être récupérés au gré des circonstances. Il peut s'agir de livrets ordinaires ou défiscalisés qui garantissent le capital investi et une disponibilité immédiate.

2. Définir son horizon de placement

Plus l'horizon de placement est lointain, plus il est possible de s'orienter vers des actifs risqués :
- si l'horizon de placement est inférieur à 5 ans, il convient de privilégier des supports de placement sans risque, peu exposés sur les marchés boursiers ;
- si l'horizon de placement est supérieur à 5 ans, en plus des placements précédemment présentés, les investissements boursiers peuvent être envisagés.

3. L'appétence aux risques

Plus ou moins forte suivant les investisseurs, elle est déterminante pour définir une stratégie de placement. Plus l'espoir de gain est important, plus le risque est élevé. Plusieurs risques peuvent être supportés par l'investisseur :
- risque de liquidité (impossibilité de récupérer les sommes investies à tout moment, de manière quasi instantanée, sans risque en capital) ;
- risque lié à l'information ;
- risque lié aux supports d'investissement qui peuvent être classés par degré de risque croissant (OPVCM monétaires, OPCVM obligataires, obligations, OPCVM actions, obligations convertibles, actions...) ;
- risque lié à l'hétérogénéité des marchés ;
- risque de change qui influe sur la performance du support dès lors que celui-ci est libellé dans une devise différente de l'euro, ou qu'il est investi dans des zones hors euro ;
- risque de taux, essentiellement pour les investissements en obligations dont la valeur est fortement liée à celle des taux d'intérêt.

4. Diversifier son portefeuille

Répartir ses fonds sur des supports à risques variés permet de s'assurer une performance régulière et de se mettre à l'abri de contre-performances sur des titres mal choisis. Il ne faut jamais tout miser sur un seul titre, sur un seul produit, sur un seul secteur d'activité, ni sur une seule zone géographique.

5. Déterminer son objectif de placement

L'investisseur peut chercher à se constituer des revenus complémentaires. Dans cette hypothèse, il privilégiera les placements dont l'objectif est la distribution de revenus réguliers : assurance-vie avec sortie en rente, SICAV « à revenus », compte à terme à revenus.

Si l'objectif prioritaire est la constitution d'un capital, plusieurs hypothèses peuvent être envisagées :
- si l'objectif est la préservation du capital, une gestion prudente du portefeuille basée sur des produits peu risqués (obligations, produits monétaires), faiblement exposés aux marchés, sera favorisée ;
- si l'objectif recherché est au contraire la performance du portefeuille avec une prise de risque modérée, la répartition du portefeuille respectera une gestion équilibrée de produits risqués (actions) et d'autres plus sûrs (obligations et produits monétaires) ;
- si l'investisseur recherche une performance élevée quitte à accepter une certaine prise de risque, une gestion dynamique sera mise en place, basée sur un portefeuille composé de supports en actions.

6. Quand acheter ou revendre ?

Il faut savoir céder une valeur au bon moment : la hausse du cours d'une action trouve toujours une limite. À l'inverse, multiplier en permanence les prises de position n'est pas non plus une solution, ne serait-ce que pour les coûts que cela génère.

On dit couramment qu'il faut « acheter au son du canon et vendre au son du violon », c'est-à-dire qu'il convient de profiter de la faiblesse des cours lorsque la conjoncture est mauvaise pour acheter, pour ensuite revendre lorsque la situation s'est améliorée.

2 La gestion des portefeuilles

1. La gestion individuelle (ou directe)

Les investisseurs gèrent eux-mêmes leur portefeuille. L'ouverture d'un compte-titres auprès d'un intermédiaire boursier (banque, entreprise d'investissement, courtier en ligne) est obligatoire pour pouvoir passer des ordres de Bourse. Les entreprises d'investissement ne sont accessibles le plus souvent qu'aux portefeuilles dont la taille est supérieure à 15 000 €. Si la fréquence des transactions est importante, l'investisseur aura tendance à favoriser les établissements pratiquant de faibles frais de courtage, quitte à payer des frais de garde plus importants.

2. La participation à un club d'investissement

Le club d'investissement constitue une bonne initiation à la Bourse. Il bénéficie de la transparence fiscale : ses membres sont dans une situation fiscale comparable à celle d'une gestion individuelle.

3. La gestion collective

Les investisseurs placent les fonds dans des SICAV ou des FCP et bénéficient de la gestion collective du gestionnaire.

4. Le mandat de gestion

Pour les montants à investir assez importants, les investisseurs peuvent confier la gestion de leur portefeuille à un mandataire spécialisé attitré. Le compte géré ou la gestion sous mandat ne peuvent être assurés qu'en vertu d'une convention écrite.

42 LA DIRECTIVE SUR LES MARCHÉS D'INSTRUMENTS FINANCIERS (MIF)

Depuis le 1er novembre 2007, la directive sur les marchés d'instruments financiers (MIF) régit l'organisation des marchés financiers en Europe et l'exercice des métiers liés (« services d'investissement »). Elle responsabilise l'ensemble des acteurs. Tous les produits financiers sont concernés.

1 La mise en concurrence des modes de négociation

La directive MIF réduit le rôle traditionnel des Bourses de valeurs en légitimant la concurrence. Elle donne un cadre juridique aux trois modes d'exécution utilisés en Europe :
- sur un marché réglementé ;
- sur un système multilatéral de négociation ou SMN (en anglais *Multilateral Trading Facilities* : MTF) qui fonctionne selon le même mécanisme qu'un marché réglementé ;
- par internalisation de l'ordre sur le compte propre de l'intermédiaire (ce dernier se portant contrepartie).

2 Des règles de transparence harmonisées

La mise en concurrence des modes de négociation s'accompagne d'un ensemble de règles en matière de transparence pré- et post-négociation :
- les « internalisateurs » qui exécutent certains ordres de leurs clients en dehors d'un marché réglementé ou d'un système multilatéral de négociation, en se portant directement contrepartie des ordres de leurs clients, doivent afficher les prix auxquels ils sont prêts à acheter ou vendre à leurs clients ;
- il doit être possible de vérifier la bonne exécution des ordres aux conditions les plus favorables pour le client.

Le passeport européen, qui consiste à permettre à une entreprise ayant obtenu un agrément de l'autorité de son pays d'origine de distribuer ses produits dans toute l'Union européenne, va être étendu à davantage de services d'investissement.

3 Le renforcement de la protection des investisseurs

1. Les catégories de clients

Les titulaires d'un compte d'instruments financiers dont PEA et PEA PME sont classés en deux catégories d'investisseurs (les contreparties éligibles n'étant pas réellement concernées). Le prestataire de services d'investissement (PSI) doit obligatoirement classer ses clients en catégories. Le client doit être informé de sa classification, et a le droit de demander un changement de catégorie.

a) Les « contreparties éligibles »

Les PSI, fonds de retraite et compagnies d'assurances ne bénéficient d'aucune règle d'information ou de conseil.

b) Les clients professionnels

Il s'agit de toute personne morale remplissant au moins deux des trois critères : bilan ⩾ 20 M€ ; CA net ⩾ 40 M€ ; capitaux propres ⩾ 2 M€. Ils bénéficient de règles de protection allégées.

c) Les clients non professionnels ou investisseurs généralistes

Les personnes physiques et les non-professionnels (toute personne morale ne remplissant pas au moins deux des trois critères relatifs à l'investisseur professionnel) bénéficient de toutes les protections prévues dans la directive. Ils doivent répondre au questionnaire « Connaissance du client sur les instruments financiers ».

2. L'obligation d'information formalisée

La directive MIF détaille la liste et l'étendue d'informations que les PSI doivent adresser aux clients non professionnels. Elles doivent être fournies sur un support durable (document papier, fichier téléchargeable). Une convention entre le PSI et son client régit les conditions de fourniture des services d'investissement.

a) L'information préalable du client

Préalable à la signature du contrat ou à la prestation de service, elle doit être exacte, claire et non trompeuse, afin de permettre au client d'appréhender raisonnablement la nature des services et des instruments financiers offerts, et les risques associés. Elle porte sur le PSI, les services, les stratégies d'investissement proposées, les mises en garde sur les risques, les systèmes d'exécution utilisés et les frais.

b) L'information sur l'exécution des ordres

Elle porte d'une part, sur la politique d'exécution des ordres et d'autre part, sur l'avis d'opéré une fois l'ordre exécuté.

3. L'obligation de vérification des connaissances du client

Avant de vendre un produit financier, le conseiller financier établit un diagnostic permettant de proposer à son client un investissement correspondant à son profil.

a) La vérification du caractère approprié

Pour les clients non-professionnels, le PSI doit demander à son client ses connaissances et expérience en matière d'investissement pour vérifier le caractère approprié du service ou produit proposé, pour les offres de produit sans conseil. Le cas échéant, le PSI mettra en garde avant d'effectuer l'opération.

b) La vérification du caractère adéquat

Lorsque le PSI fournit un service de conseil en investissement ou de gestion de portefeuille pour le compte de tiers, il doit vérifier le caractère adéquat du service proposé en évaluant non seulement les connaissances et expérience du client en matière d'investissement, mais également sa situation financière et ses objectifs d'investissement, afin de lui recommander les instruments financiers adéquats.

4 L'obligation de meilleure exécution

Pour protéger l'investisseur et lui garantir un service de qualité, la directive MIF impose en contrepartie aux PSI une obligation de « meilleure exécution » des ordres reçus des clients en termes de prix, coût, rapidité, probabilité d'exécution, et de règlement-livraison. Cette obligation ne s'entend pas en termes de résultats mais de moyens.

43 LES PRODUITS D'ASSURANCE-VIE

L'assurance-vie a longtemps été le placement préféré des Français. Depuis 2011, les flux de collecte ont fléchi, notamment en raison de la crise des dettes souveraines, de l'inquiétude des ménages pour l'avenir, et de la diminution des rendements sur les contrats d'assurance-vie.

1 Les principes de l'assurance-vie

1. Définition

C'est un contrat par lequel l'assureur s'engage à verser une rente ou un capital à une personne, le souscripteur, moyennant une prime. Ce versement se fait selon le type de contrat souscrit.

2. Les grandes catégories de contrats

a) Les contrats en cas de vie

De nombreux contrats d'assurance-vie permettent la constitution d'une épargne et le reversement de celle-ci sous forme de rente ou de capital si la personne assurée est en vie au terme du contrat.

b) Les contrats en cas de décès

Ils répondent à deux objectifs :
- un objectif de transmission du patrimoine pour les contrats vie entière pour lesquels l'assureur est tenu de verser un capital au bénéficiaire désigné au contrat lors du décès de l'assuré ;
- un objectif de prévoyance pour les contrats temporaires décès pour lesquels l'assureur s'engage à verser un capital ou une rente en cas de décès de l'assuré avant une date prévue au contrat.

c) Les contrats mixtes

La plupart des contrats commercialisés couvrent les risques de vie et de décès. Ils associent l'objectif de transmission et d'épargne, le souscripteur étant certain de ne pas verser ses primes à fonds perdus. Ces contrats prévoient une valeur de rachat qui permet au souscripteur de récupérer son capital avant le dénouement du contrat.

2 Les acteurs de l'assurance-vie

1. Le souscripteur

C'est celui qui paie les primes. Il choisit le bénéficiaire. Une souscription conjointe est possible.

2. L'assuré

Il s'agit de la personne sur qui pèse le risque, le plus souvent le bénéficiaire du contrat. L'assuré peut cependant être le souscripteur.

Lorsqu'une assurance décès est contractée sur la tête d'un tiers, il est indispensable d'obtenir son accord par écrit sous peine de nullité. Il est en outre défendu de souscrire une assurance décès sur la tête d'une personne protégée (tutelle, mineur de 12 ans, etc.).

3. Le bénéficiaire en cas de décès

a) L'acceptation du bénéficiaire

Désigné par le souscripteur, le bénéficiaire percevra le capital décès ou la rente à la survenance du risque.

L'acceptation du bénéfice du contrat bloque les prérogatives du souscripteur.

b) La rédaction de la clause bénéficiaire

La clause bénéficiaire standard est souvent rédigée ainsi : « À mon conjoint, à défaut par parts égales à mes enfants, nés ou à naître, vivants ou représentés, à défaut à mes héritiers. » Il est également possible de rédiger soi-même la clause bénéficiaire, qui doit être suffisamment explicite. Il est conseillé de désigner un ou plusieurs autres bénéficiaires à titre subsidiaire. Un enfant ou petit-enfant peut également être désigné comme bénéficiaire avec des modalités particulières de versement sous forme de rente ou de capital à la date de majorité. En cas d'absence de bénéficiaire désigné, le capital prévu au contrat tombe dans la succession.

3 Les caractéristiques des contrats

1. Les versements, primes et frais

Les versements peuvent être libres, programmés, uniques.
Les frais peuvent être de trois natures :
- frais sur versements proportionnels au montant de la prime (3 %) ;
- frais de gestion annuels calculés sur la totalité de l'épargne (1 %) ;
- frais d'arbitrage pour les contrats en unités de compte pour les sommes transférées d'une unité de compte à l'autre (frais forfaitaires ou proportionnels).

2. Le rachat

Le souscripteur peut demander le rachat d'une partie (rachat partiel) ou de la totalité (rachat total mettant fin au contrat) de la provision avant le terme du contrat.
L'assureur peut s'opposer à une demande de rachat inférieure à 15 % des primes prévues au contrat ou à deux cotisations annuelles. Cependant, il dispose de la faculté d'introduire une pénalité qui ne peut excéder, durant les 10 premières années de vie du contrat, 5 % de la provision.
Les contrats à prime unique peuvent bénéficier de la faculté de rachat dès la fin de la première année et ce, sans pénalité.
Lorsque le rachat est demandé, l'assureur a l'obligation de verser la valeur de rachat au souscripteur dans un délai maximal de 2 mois suivant la date de la demande.

3. L'avance

Elle correspond à une mise à disposition de fonds investis moyennant le versement d'un intérêt et s'analyse comme un prêt à intérêt.
Le montant de l'avance ne doit pas dépasser 80 % du montant de la provision pour les contrats en euros et 60 % pour les contrats en unités de compte, pour une durée qui ne peut excéder 3 années renouvelables par tacite reconduction.

4. La fin du contrat

En dehors du rachat total, le contrat prend fin lorsque le risque assuré se réalise : selon le type de contrat, le décès de l'assuré ou, au contraire, la survie de l'assuré à une date prévue (échéance).

4 Les différents supports

1. Le fonds en euros

Pour ce support destiné à ceux qui ont une certaine réticence au risque, l'assureur s'engage sur un capital garanti, grâce à un taux minimum (2 à 3 % en 2014) et un effet de cliquet qui permet de conserver définitivement les intérêts annuels générés par le contrat. Ainsi, le souscripteur est certain que les sommes versées en cas de réalisation du risque ne seront pas inférieures à celles investies.

2. Le fonds en unités de compte

Les valeurs de référence correspondent à des placements sur les marchés financiers (obligations, actions, etc.). L'assureur s'engage sur un nombre d'unités de compte et non sur la valeur de celles-ci (qui suit l'évolution des marchés financiers). Ce support convient aux investisseurs ayant une appétence au risque.

3. Les contrats multisupports

Les cotisations versées sont réparties entre des fonds en euros et des fonds en unités de compte. La stratégie d'investissement dépend de l'objectif du souscripteur.

a) La gestion profilée

Les fonds sont gérés selon le profil choisi par le souscripteur : profil prudent (obligations pour l'essentiel), profil dynamique (majoritairement en actions) ou profil équilibré (un peu des deux).

b) La gestion à horizon

C'est une gestion simplifiée dont la composition évolue en fonction de l'âge de l'assuré et de ses objectifs : risquée en dessous de 30 ans, et de plus en plus prudente à l'approche de la retraite.

c) La gestion libre

Les personnes ayant une connaissance des marchés financiers choisissent elles-mêmes leurs unités de compte.

d) L'arbitrage

L'amendement Fourgous du 28 juillet 2005 permet le passage d'un support en euros à un support en unités de compte ou en multisupport sans perte d'antériorité fiscale.

e) Les contrats en actions DSK et Sarkozy (NSK)

La souscription des contrats en actions DSK et NSK ont pris fin respectivement en janvier 2005 et en janvier 2014.

4. Les contrats Euro-croissance et Vie génération

Ils ont été créés en 2014, avec l'objectif d'encourager les épargnants à investir dans des supports actions ou diversifiés.

a) Le contrat Euro-croissance

Le principe repose sur la mise en place d'une garantie sur le capital investi au terme de 8 années minimales. L'assureur pourra ainsi mieux diversifier les actifs placés au profit de supports actions et donc proposer une meilleure performance.

b) Le contrat Vie génération

L'objectif est de réorienter l'épargne des Français vers le financement de l'économie sociale et solidaire et les PME. Ces contrats n'offrent aucune garantie en capital. En contrepartie du risque pris, un abattement supplémentaire de 20 % au décès du souscripteur est accordé. Pour les capitaux versés avant 70 ans, par exemple, ces 20 % sont retirés avant l'abattement fixe de 152 500 €.

5 La fiscalité des contrats

1. Gains soumis aux prélèvements sociaux (PS)

Pour les contrats en euros et les revenus du compartiment en euros des contrats multisupports, les PS de 17,2 % sont prélevés chaque année à la source. En revanche, pour les gains réalisés sur les supports en unités de compte des contrats multisupports, les PS ne sont retirés qu'à l'occasion des « rachats » ou encore lors du décès de l'assuré.

2. Fiscalité des rachats en capital

Avant 8 ans après le premier versement, les produits sont imposables à l'IR ou, sur option, au prélèvement forfaitaire libératoire (PFL) de :

- 35 % si la durée du contrat est inférieure à 4 ans ;
- 15 % si la durée est comprise entre 4 et 8 ans ;
- 7,5 % au-delà après abattement de 4 600 € (9 200 € pour un couple).

Montant imposable sur le retrait = Valeur du retrait – [Montant des sommes versées × (Valeur du retrait / Valeur totale du contrat)]

3. Fiscalité des produits des primes versées

Le prélèvement forfaitaire unique de 12,8 % s'applique aux produits des primes versées à compter du 27 septembre 2017, quelle que soit l'ancienneté du contrat d'assurance-vie à la date du rachat. Toutefois en cas de rachat après 8 ans, lorsque le montant total des primes versées par le souscripteur, tout contrat confondu, n'excède pas 150 000 €, il reste possible d'opter pour le prélèvement forfaitaire libératoire de 7,5 %. Au-delà de 150 000 € d'encours, le taux de 7,5 % est maintenu pour la quote-part des produits ne dépassant pas 150 000 €, l'imposition forfaitaire de 12,8 % s'applique à la fraction excédentaire.

4. La fiscalité en cas de décès

Contrats ouverts après le 20/11/1991	
Versement effectué avant 70 ans	Versements effectués avant le 13/10/1998 : exonération
	Versements effectués après le 13/10/1998 : exonération jusqu'à 152 500 € par bénéficiaire, puis taxe depuis le 1er juillet 2014 de 20 % sur la fraction de la part nette taxable de chaque bénéficiaire inférieure ou égale à 700 000 €, et de 31,25 % au-delà.
Versement effectué après 70 ans	Exonération jusqu'à 30 500 € (pour tous les contrats). Au-delà, soumis aux droits de succession, mais exonération des intérêts capitalisés.

44 LE PLAN D'ÉPARGNE RETRAITE POPULAIRE

➔ Le PERP est un support d'épargne individuel sur le long terme qui permet la constitution d'un complément de revenu à la retraite en effectuant tout au long de l'activité salariée des versements réguliers.

1 Les caractéristiques du PERP

1. Une épargne individuelle bloquée

Durant sa vie active, le titulaire du PERP alimente son plan par des versements libres ou programmés qui lui permettent de se voir verser un revenu complémentaire sous la forme d'une rente viagère dès l'acquisition des droits à la retraite ou à 60 ans, jusqu'à son décès.

2. Les sorties et déblocages exceptionnels

La plupart des contrats proposent de récupérer 20 % de l'encours en capital lors du départ à la retraite, le solde étant versé en rente viagère, ou la totalité du capital en cas de primo-accession immobilière. Le déblocage anticipé n'est possible que dans des cas exceptionnels : invalidité grave, expiration des droits à l'assurance chômage, liquidation judiciaire, acquisition d'une première résidence principale.

3. À qui s'adresse-t-il ?

Il s'adresse en priorité aux salariés imposables à l'IR dont les revenus mensuels sont supérieurs à 3 000 €, dont le taux marginal d'imposition (TMI) atteint au moins 30 %. Accessible à tout majeur capable, il est souscrit de façon individuelle et facultative auprès d'une compagnie d'assurances, d'une banque, d'une institution de prévoyance ou d'un organisme mutualiste. Chaque membre du foyer fiscal peut ouvrir un ou plusieurs PERP.

4. Les frais

Les frais peuvent être de trois types :
- frais sur versements proportionnels au montant de la prime (3 %) ;
- frais de gestion annuels calculés sur la totalité de l'épargne (1 %) ;
- frais d'arbitrage pour les contrats en unités de compte pour les sommes transférées d'une unité de compte à l'autre (frais forfaitaires ou proportionnels).

5. Transfert possible

Le transfert d'un établissement à un autre est gratuit pour un PERP de plus de 10 ans. En deçà, des frais peuvent atteindre 5 % de la valeur de transfert.

6. En cas de décès

Le capital du PERP ne fait pas partie de la succession ; l'épargne n'est donc pas transmissible. En pratique, une réversion de la rente à un bénéficiaire désigné peut être prévue en cas de décès, sous la forme d'une rente viagère ou d'une rente d'éducation versée aux enfants jusqu'à leur 18e ou 25e anniversaire.

2 Les types de contrats

1. Le PERP avec capital converti en rente

L'épargne accumulée est obligatoirement convertie à la sortie en rente viagère. Durant la phase d'épargne, le souscripteur choisit d'effectuer des versements, soit sur un contrat en euros qui bénéficie d'une garantie de capital et d'un effet de cliquet, soit sur un contrat multisupports combinant fonds en euros et fonds en unités de compte.

2. Le PERP en points de rente

Les versements sont convertis en points de rente, calculés en divisant le montant net par la valeur d'achat du point (fixée chaque année par l'assureur). À la sortie, la rente s'élèvera au nombre de points acquis multiplié par la valeur du point, valeur révisée chaque année.

3. Le PERP avec rente viagère différée

Les versements sont directement convertis en droit à rente viagère sur la base des tables de mortalité, exprimé en euros.

3 Le régime fiscal du PERP

1. En phase d'épargne : des avantages fiscaux

Les cotisations PERP (et abondements éventuels au Perco, voir ci-après) sont déductibles du revenu net global de N, dans la limite de 10 % du revenu professionnel (ou de 10 % du plafond annuel de Sécurité sociale en cas de faible revenu ou d'absence de revenu). Le prélèvement de l'impôt à la source sera mis en place en janvier 2019. Afin de compenser la perte de l'impact fiscal des cotisations versées en 2018, « année blanche », il est prévu que si le montant des versements effectués en 2018 est inférieur au montant des versements effectués en 2017 et en 2019, alors le montant des sommes déductibles en 2019 sera égal à la moyenne des versements de 2018 et 2019.

2. En phase de sortie en rente viagère (▸ fiche 19)

Les arrérages sont soumis à l'impôt sur le revenu et aux prélèvements sociaux, au moment de leur versement, au même titre que les autres pensions de retraite.

4 Le plan d'épargne pour la retraite collectif (Perco)

Mis en place à l'initiative de l'entreprise ou par accord collectif, ou en tant que Perco interentreprises (Percoi), il permet au salarié de se constituer une épargne, accessible au moment de la retraite sous forme de rente ou, si l'accord le prévoit, sous forme de capital.

1. Bénéficiaires

Le Perco est ouvert à tout salarié (également aux chefs d'entreprise ou dirigeants) ; une condition d'ancienneté, de 3 mois au maximum, peut être exigée. Il ne peut être créé que si les salariés ont la possibilité d'opter pour un plan de durée plus courte, le plan d'épargne d'entreprise (PEE).

2. Originalité

Elle tient dans l'aide apportée par l'entreprise qui peut alimenter par des versements complémentaires sans dépasser le triple des versements personnels du bénéficiaire ni dépasser un certain plafond réévaluable chaque année. Le Perco peut être alimenté par des transferts du PEE.

45 LES AUTRES PRODUITS DE PLACEMENT

Il existe des produits atypiques pour investir son argent et diversifier son patrimoine financier. Deux d'entre eux méritent une attention particulière : l'or et la pierre-papier.

1 L'or, valeur refuge

1. L'envolée du cours de l'or

a) Les facteurs structurels

Touchées par la chute des cours dans les années 1990, de nombreuses compagnies aurifères ont fermé des gisements. Parallèlement, avec l'émergence de pays tels que l'Inde ou la Chine, gros amateurs de bijoux en or, la demande d'or mondiale s'est fortement accrue.

b) Les facteurs conjoncturels

Les périodes de crise poussent les investisseurs à se tourner vers l'or, malgré la hausse des cours.

2. L'or investissement

La bijouterie absorbe 48 % de la demande mondiale. L'or est également utilisé dans l'industrie (secteurs électronique et médical), à 11 %. L'investissement en or utilise les 41 % restants.

a) Les caractéristiques de l'or investissement

Seuls sont considérés comme or investissement les barres, lingots et plaquettes d'or d'un poids supérieur à 1 gramme et d'une pureté égale ou supérieure à 995 millièmes, ainsi que les pièces d'une pureté égale ou supérieure à 900 millièmes. Les pièces et lingots qui ne répondent pas à ces critères sont considérés comme de l'or industriel ou des biens de collection.

b) Le marché de l'or

Il n'existe pas de cotation officielle en France. Le cours au comptant de l'or est fixé suivant le London Bullion Market, qui sert de référence aux autres places sur lesquelles l'or est coté (New York, Hong Kong, Shanghai, etc.).

c) La fiscalité applicable sur la vente d'or

La vente d'or de Bourse fait l'objet d'une taxation à la vente selon deux options fiscales, au choix du vendeur :
- soit une taxation forfaitaire sur le prix de vente de 11,5 % (CSG comprise) ;
- soit une imposition dégressive sur les plus-values mobilières réalisées de 36,2 % (19 % d'impôt et 17,2 % de prélèvements sociaux) si le vendeur peut justifier du prix et de la date d'acquisition.

La plus-value brute ainsi calculée est réduite d'un abattement de 5 % dès la 3e année de détention. Cela signifie que la plus-value est exonérée après 22 ans de détention.

3. L'or sous forme de titres, dit or-papier

Deux catégories de titres sont indexées sur l'or physique : les obligations à coupon zéro à durée indéterminée et les fonds aurifères (des SICAV et FCP actions).

Ces titres permettent de posséder de l'or d'investissement sans en disposer physiquement.

a) Les obligations

Les obligations à coupon zéro à durée indéterminée sont garanties par de l'or physique (dont les stocks sont enfermés dans un coffre bancaire situé à Londres). Toute nouvelle émission d'obligations suppose un stock d'or correspondant. Le cours est indexé sur le prix de l'or et les transactions s'opèrent en Bourse en passant des ordres.

b) Les fonds aurifères

Plus risqués que des obligations, ils sont composés de SICAV et de FCP investis en actions dans des sociétés aurifères (mines sud-africaines et chinoises, par exemple).

c) Les Trackers or

Ils suivent les cours du métal jaune. Très proches de l'action dans leur fonctionnement, ils constituent une part d'une fraction d'once d'or.

2 La pierre-papier

La pierre-papier recouvre les investissements réalisés dans l'immobilier à travers l'achat de parts et d'actions de sociétés.

1. Les sociétés civiles de placement immobilier (SCPI)

Créées dans les années 1960, gérées par des professionnels soumis au contrôle de l'Autorité des marchés financiers (AMF), les SCPI offrent aux épargnants la possibilité d'acquérir des parts d'une société qui achète des immeubles, sans les soucis de gestion y afférents.

Ils bénéficient la plupart du temps de dispositifs fiscaux accordant aux investisseurs des économies d'impôt.

On distingue principalement les SCPI « d'habitation » et les SCPI « d'immobilier d'entreprises », au rendement souvent supérieur.

Avec un rendement supérieur à 5 %, les SCPI deviennent, en temps de crise, un placement vraiment digne d'intérêt. Ils ont connu depuis le milieu des années 1990 un fort développement, reflet du dynamisme du secteur immobilier et de la confiance des épargnants.

2. Les organismes de placement collectif immobilier (OPCI)

Défini par l'ordonnance du 13 octobre 2005, l'OPCI est à la fois inspiré de la SCPI et des OPCVM.

Il peut revêtir deux formes :
- soit celle d'un fonds de placement immobilier (FPI), sur le modèle des FCP ;
- soit celle d'une société de placement à prépondérance immobilière à capital variable (SPPICV), sur le modèle des SICAV.

Son objet principal est l'investissement dans des immeubles qu'il donne en location ou qu'il fait construire exclusivement en vue de leur location.

La gestion des OPCI est plus souple que celle des SPCI, et leur actif est plus diversifié, ce qui limite les risques de pertes. Ils doivent en effet être investis à 60 % en immobilier, contre 95 % pour les SCPI. Pour garantir une meilleure liquidité, leurs actifs doivent comprendre 10 % de liquidités pour racheter les parts des investisseurs.

46 LA GAMME DES CRÉDITS BANCAIRES

➔ Après deux crises économiques et 6 années d'un recul quasiment ininterrompu, le taux de détention des crédits est descendu en 2014 à 46,5 %, son niveau le plus bas depuis 25 ans. La loi bancaire du 24 janvier 1984 définit la notion de crédit comme un « acte par lequel une personne agissant à titre onéreux, met les fonds à la disposition d'une autre personne ». L'établissement bancaire propose trois grandes catégories de crédits, en fonction des besoins des emprunteurs, auxquelles s'ajoutent les engagements par signature.

1 Les crédits de trésorerie

Appliqués aux montants du découvert, ils produisent les agios bancaires. Le découvert peut avoir été négocié ou non. Dans les deux cas, le banquier prend des risques à mesurer avec précaution.

Lorsqu'il dépasse 90 jours, le découvert est considéré comme un crédit à la consommation. La loi Scrivener s'applique alors et la banque doit rembourser toutes les sommes prélevées au titre des agios, puisque les obligations préalables à l'octroi d'un crédit à la consommation n'auront pas été respectées.

1. Le découvert sans autorisation préalable

Il est mis en place dès lors que la banque accepte le paiement d'un débit dépassant le solde autorisé du client, sans accord préalable. Dans la pratique, la facilité de caisse constitue le plus souvent une avance dans l'attente d'un revenu. Ce découvert s'avère risqué, car il peut entraîner un refus de paiement, un rejet de chèque et une inscription au FICP. Il est également plus coûteux, car le taux d'intérêt appliqué, non négociable, est le plus élevé.

En raison d'obligations légales de paiement, la banque peut être conduite à accepter une position débitrice :
- les chèques inférieurs à 15 € présentés dans un délai de 30 jours doivent toujours être honorés par la banque ;
- les encours de cartes bancaires sont irrévocables.

2. Le découvert accordé

Il garantit au client que la banque honorera les paiements effectués sur son compte, moyennant agios. Le relevé envoyé au client doit mentionner le taux débiteur appliqué et tous les frais perçus depuis le relevé précédent.

En cas de dépassement du découvert accordé au-delà d'un mois, le prêteur doit informer l'emprunteur, sans délai et par écrit (ou sur un support durable), du montant du dépassement, du taux débiteur et de tous les frais ou intérêts sur arriérés applicables.

Le dispositif distingue plusieurs types de découvert ou de dépassement selon de la durée d'utilisation :
- type 1 : durée inférieure à 1 mois. L'autorisation de découvert doit être inférieure au montant des revenus versés périodiquement sur le compte, pour assurer un solde créditeur au moins 1 jour par mois. Les modalités de fonctionnement et la tarification sont décrites dans la convention de compte ;
- type 2 : durée comprise entre 1 et 3 mois. L'autorisation de découvert donne lieu à la signature d'une convention spécifique ;
- type 3 : durée supérieure à 3 mois. La banque doit proposer au client une offre de crédit conforme à celle prévue par la législation sur le crédit à la consommation. Il donne lieu à signature d'une convention.

Dans les trois cas, la banque doit consulter le fichier FICP et conserver la preuve de cette interrogation, bien que l'inscription du client à ce fichier n'interdise pas à la banque de lui consentir un découvert.

3. Le différé carte bancaire

Les achats réalisés par le client sont regroupés et prélevés en fin de mois. Les risques sont supportés par sa banque. Ce différé de paiement de quelques jours par mois coûte au client sa cotisation de carte bancaire.

4. Le crédit renouvelable

À la lisière entre crédit à la consommation et crédit de trésorerie, il permet d'éviter un compte débiteur et offre une solution de trésorerie rapide. La disponibilité immédiate des fonds peut être séduisante. Le taux d'intérêt est cependant élevé, au point de conduire de nombreux consommateurs à une situation de surendettement. Les lois Lagarde et Hamon ont renforcé la réglementation de ce type de financement afin de protéger le consommateur. Il est souvent assorti d'une carte ouvrant droit à des avantages de toute nature, le bénéfice de ces avantages ne peut plus être subordonné au paiement à crédit.

2 Les crédits à la consommation

25,6 % des ménages en détiennent pour la moitié pour un financement auto. Le taux fixe des crédits à la consommation s'élevait au premier trimestre 2015 à 3,37 %.

3 Les crédits immobiliers

Le taux de détention des crédits immobiliers a lui aussi légèrement reculé, à 30,6 %. En janvier 2015, les taux fixes étaient à 1,8 % sur 15 ans, 2,5 % sur 25 ans, et 1,83 % pour les taux variables.

4 Les engagements par signature

Ce sont des engagements par lesquels la banque prête sa signature sans décaissement de fonds de sa part, en s'engageant auprès des tiers à répondre des obligations contractuelles de ses clients en cas de défaillance de ceux-ci. S'agissant des particuliers, ils concernent essentiellement le cautionnement bancaire et mutuel (dans le cadre d'une structure coopérative). Ils interviennent pour garantir le remboursement d'un emprunt bancaire. Une cotisation au fonds de garantie à hauteur, généralement, de 0,75 à 4 % du prêt garanti, est souvent exigée. Elle est remboursable 3 mois après la fin du crédit. Au prorata temporis, une commission de risque est également demandée, comprise entre 0,5 et 1 %.

47 LA GAMME DES CRÉDITS À LA CONSOMMATION

La gamme de crédit à la disposition des clients répond autant à la nécessité de leur offrir des solutions correspondant à leur besoin qu'à un souci d'innovation mercatique.

1 Le crédit classique

Il s'agit d'un crédit remboursable sur une durée de 3 mois à 7 ans et destiné à financer tout type de produits et services.

1. Le crédit personnel non affecté

Il est octroyé au client sans condition d'affectation à l'acquisition d'un bien ou d'un service.

Avantages	Inconvénients
Les modalités peuvent être négociées.	N'étant pas lié à l'achat d'un bien en particulier, le crédit ne peut être annulé, même s'il y a résolution du contrat de vente.

a) Les prêts préaccordés

Dans le cadre d'une action commerciale spécifique, des crédits sont proposés à des clients présélectionnés pour leur qualité financière à un taux exceptionnellement bas, sans frais de dossier et avec mise à disposition immédiate. Ce type d'action commerciale prend la forme d'un publipostage adressé à des clients sélectionnés par scoring pour leur appétence au crédit.

b) Les prêts étudiants

Les prêts étudiants sont des crédits personnels dédiés au financement des études et basés sur le principe du différé de remboursement pendant la période des études (seuls les intérêts et l'assurance sont dus), le remboursement intervenant soit à la première embauche, soit à une date fixée au contrat. Tout majeur attestant son statut d'étudiant peut en bénéficier.
On distingue :
– le prêt étudiant classique : le montant du prêt est librement fixé par l'établissement prêteur et peut servir à financer tous les types de frais engendrés par la scolarité. Ce prêt prévoit presque toujours une caution des parents, le cas échéant par une mutuelle étudiante ;
– le prêt étudiant garanti par l'État : instauré en septembre 2008, ce dispositif concerne le réseau des Banques Populaires, le Crédit Mutuel, le CIC, les Caisses d'Épargne et la Société Générale.

Caractéristiques du prêt étudiant garanti par l'État	
Montant	15 000 € au plus
Durée	Maximum 10 ans
Personnes éligibles	Tous les étudiants, sans condition de ressources, âgés de moins de 28 ans à la conclusion du contrat, de nationalité française ou européenne, à condition qu'ils soient résidents français depuis au moins 5 ans avant la conclusion du contrat
Garantie	70 % par l'État, 30 % par les banques

2. Le crédit affecté

Il s'agit d'un prêt destiné à l'achat d'un bien ou d'un service précis. Il est accessoire à un contrat principal d'achat, lui-même subordonné à l'obtention du prêt.
Le crédit affecté présente quelques particularités :
– souvent intégrés dans un package proposant en même temps que le crédit une assurance liée, les taux des prêts affectés sont généralement inférieurs à ceux des prêts personnels ;
– la vente est annulée si le crédit est refusé ou si l'emprunteur se rétracte, et à l'inverse, si la vente est annulée, le contrat de prêt l'est également ;
– l'emprunteur n'a pas d'obligation de remboursement avant la livraison du bien ou du service ;
– le prêteur peut demander une garantie externe à l'opération, comme la caution personnelle d'un tiers, ou une garantie sur le bien, comme le gage d'un véhicule ;
– le prêteur peut exiger une délégation du contrat d'assurance garantissant le bien afin d'être remboursé directement par la compagnie d'assurances en cas de sinistre total ;
– en cas de sinistre total et/ou d'impayés, le prêteur peut prononcer la déchéance du terme et établir un décompte des sommes dues. Il pourra réclamer une indemnité de 8 % du capital restant dû.

2 Le crédit renouvelable

Le crédit renouvelable est l'appellation obligatoire depuis la loi Lagarde. C'est une réserve d'argent mise à disposition du client, en permanence disponible et renouvelable au fur et à mesure des remboursements. Le crédit renouvelable est contracté pour 1 an tacitement reconductible.
Ce crédit peut prendre deux formes qui peuvent s'additionner :
– soit la forme d'une réserve d'argent dans laquelle le client puise par chèque ou virement ;
– soit la forme d'une carte de crédit spécifique bancaire ou privative, c'est-à-dire limitée à un réseau de partenaires commerciaux.

EXEMPLE

Réserve d'argent de 3 000 € maximum, taux annuel effectif global (TAEG) de 18,612 %, assurance facultative proposée au taux de 0,60 % du capital restant dû. L'utilisation de 1 000 € de la réserve le 5 février 2013 sera remboursée en 35 mensualités de 37 € et une 36e ajustée à 11,64 €, hors assurance facultative. Montant total dû de 1 306,64 €. TAEG révisable de 20,28 %.

Le crédit renouvelable peut être une bonne solution pour faire face à un besoin de trésorerie exceptionnel et urgent, à condition que l'emprunteur rembourse très vite le capital emprunté.

Avantages	Inconvénients
Répond à un besoin exceptionnel de courte durée (quelques jours) sans faire appel à un crédit de trésorerie ni à un crédit personnel.	Taux d'intérêt supérieur à ceux des crédits à la consommation. Peut rapidement conduire au surendettement

3 La location avec option d'achat (LOA)

La LOA (ou *leasing*) n'est pas, au sens juridique du terme, un crédit. Il s'agit d'une location sur 36, 48 ou 60 mois au terme de laquelle le locataire peut acheter le bien loué (une voiture, le plus souvent) à une valeur fixée au contrat, appelée valeur résiduelle. La société de location est propriétaire du bien. Cette formule permet de financer la totalité du coût du bien et n'oblige pas à un apport personnel.

1. Le contrat de location

Outre les mentions contractuelles habituelles, le contrat doit obligatoirement préciser : le montant du dépôt de garantie, la durée de la location, le montant, le nombre et la périodicité des loyers avec ou sans assurance, l'assurance perte financière, la valeur de rachat au terme de la location en cas d'acquisition du bien, le coût total de l'opération (Valeur de rachat + Prix total des loyers TTC) et le coût des assurances éventuellement choisies. Ces différents montants sont exprimés en pourcentage du prix d'achat TTC du bien loué.
Le délai de rétractation de 7 jours applicable en matière de crédit à la consommation s'applique aussi pour la LOA.

2. La vie du contrat

a) En l'absence d'incident

Le locataire prend à sa charge les mêmes frais qu'un propriétaire : entretien, réparations, contraventions et assurance. En outre, si le bien loué est un véhicule, il paiera la carte grise (établie au nom de l'établissement bailleur) ainsi que l'assurance tous risques au nom de l'établissement. Ainsi, la LOA présente un intérêt certain pour les personnes imposées aux frais réels, puisqu'elles peuvent déduire de leur revenu imposable les loyers versés à l'établissement bailleur.

b) En cas de défaillance ou de sinistre

Le loueur prononce la résiliation du contrat et le locataire assume alors des frais très élevés :
- en cas de sinistre : en plus des frais de réparations et de la franchise, une indemnité de résiliation sera due au loueur ;
- en cas de défaillance : en plus de l'indemnité de résiliation, le locataire s'acquittera d'indemnités pour retard de règlement d'échéances reportées.

3. Le terme du contrat

Lorsque le locataire a réglé la totalité des loyers, il peut :
- soit restituer le bien au loueur et récupérer son dépôt de garantie si le bien est en bon état et si le forfait kilométrique n'a pas été dépassé ;
- soit lever l'option d'achat (acheter le bien) en payant au loueur la valeur résiduelle indiquée dans le contrat, diminuée éventuellement du dépôt de garantie.

4. Avantages et inconvénients pour le client

Le client peut souhaiter remplacer régulièrement le bien loué et ainsi bénéficier de la garantie du constructeur. Les loyers peuvent être plus faibles qu'une échéance de crédit et il n'y a pas d'apport personnel à avancer.
En contrepartie, le locataire n'est pas propriétaire du bien alors qu'il en supporte les charges : carte grise, assurance tous risques, entretien obligatoire.
Les frais spécifiques à la LOA sont élevés, surtout en cas de sinistre.

EXEMPLE

Comparons le financement par crédit et par LOA d'une petite voiture citadine neuve vendue 13 550 € TTC.

Crédit affecté	LOA
Durée : 36 mois Taux de 5,8 %, assurance incluse Frais de dossier forfaitaires : 75 €	Durée : 37 mois Loyer mensuel : 2,34 % du prix d'acquisition TTC 1er loyer majoré : 4 777,23 €, assurances incluses ADI : 0,20 € pour 1 000 € Assurance pour perte financière : 0,35 € pour 1 000 € Valeur résiduelle : 5 %
Mensualité $= 13\,550 \times \dfrac{5{,}8\ \% / 12}{1 - [1 + (5{,}8\ \% / 12)]^{-36}}$ = 410,99 €	**Loyer mensuel** 317,07 + 2,71 + 4,74 = 324,52 € **Valeur résiduelle = 677,50 €**
Coût du crédit (410,99 × 36) + 75 − 13 550 = 1 320,64 €	**Coût total** 4 777,23 + (324,52 × 36) + 677,50 = 17 137,45 − 13 550 = 3 587,45 €

4 Les autres formes de crédit

1. Le micro-crédit personnel

Il s'agit d'un dispositif mis en place en 2005 pour permettre aux ménages exclus du crédit classique d'accéder à une forme de crédit garanti à hauteur de 50 % par la Caisse des dépôts et consignations.
Ce crédit s'inscrit dans une relation tripartite entre un prêteur, un emprunteur et un accompagnateur social.

Objet	Achat d'un véhicule nécessaire à l'activité professionnelle, permis de conduire, soins de santé mal remboursés...
Montant	Entre 300 € et 3 000 € ; sous conditions, 12 000 €.
Durée	Entre 6 mois et 4 ans, parfois jusqu'à 5 ans.
Taux	Entre 2,5 et 8 %.
Divers	Pas de frais de dossier et remboursement par anticipation possible.

2. Le prêt sur gages

Les prêts sur gages sont accordés par le Crédit Municipal contre le dépôt d'un objet de valeur. Le montant du prêt représente 50 à 70 % de la valeur du bien estimée sur le marché aux enchères.

48 LE CADRE JURIDIQUE DES CRÉDITS À LA CONSOMMATION

➔ La loi protège le particulier contre le risque de souscrire un crédit sans mesurer toute la portée de son acte. Le cadre juridique du crédit à la consommation résulte de la loi sur le crédit mobilier du 10 janvier 1978, dite loi Scrivener 1, amendée par la loi Lagarde du 1er juillet 2010, réformant en profondeur le droit applicable, et de la loi Hamon promulguée le 17 mars 2014 renforçant cette protection en matière notamment de lutte contre le surendettement.

1 Le cadre général

1. Domaines d'application

Le Code de la consommation érige une protection du consommateur et de sa caution (personne qui s'engage à rembourser si l'emprunteur n'y satisfait pas lui-même) pour tout crédit, crédit renouvelable, découvert en compte et location avec option d'achat (LOA) :
- d'un montant supérieur à 200 €, inférieur à 75 000 € ;
- d'une durée de plus de 3 mois.

2. Le droit à l'information et à la réflexion

Le droit à l'information, matérialisé par l'offre de crédit, et le droit à la réflexion, reposant sur le délai de réflexion et le délai de rétractation, constituent les deux fondements de cette protection.

a) L'offre préalable de crédit

Remise au client en double exemplaire, elle précise toutes les caractéristiques du crédit, notamment : l'identité des parties et de la caution éventuelle, le type de crédit, le bien financé (le cas échéant), le montant, les modalités de mise à disposition des fonds, la durée, le taux nominal et le taux actuariel effectif global (TAEG), les frais et assurances obligatoires, les conditions d'acceptation et de rétractation, les modalités de remboursement, les indemnités en cas de retard.
Elle est valable 15 jours à partir de sa date d'émission.
L'exemplaire destiné au client comprend un bordereau de rétractation.

b) La conclusion du contrat de prêt

L'emprunteur accepte l'offre de crédit en signant et datant son exemplaire et en le remettant à l'établissement.
L'emprunteur peut se rétracter pendant les 14 jours qui suivent la date d'acceptation.
Aucun versement ne peut être effectué par le prêteur à l'emprunteur avant un délai de 7 jours après la date d'acceptation de l'offre.

EXEMPLE

Une offre de crédit à la consommation émise le 19 mars, est valable jusqu'au 2 avril. L'ayant acceptée le 21 mars, l'emprunteur peut se rétracter jusqu'au 4 avril. Les fonds peuvent être versés à l'emprunteur à partir du 28 mars ; dans le cas où l'emprunteur se rétracterait (avant le 4 avril), il devrait rembourser les fonds versés.

c) Une information régulière

Pour toutes les offres de prêt émises après le 30 avril 2011, le prêteur doit informer l'emprunteur au moins une fois par an du montant du capital restant dû à rembourser.

d) Le remboursement par anticipation

L'emprunteur peut à tout moment rembourser par anticipation son crédit (sauf LOA), de façon totale ou partielle, sans indemnité de remboursement, sauf pour les remboursements supérieurs à 10 000 € sur une période de 12 mois. Dans ce cas, l'indemnité dépend de la date du remboursement :
- 1 % au maximum lorsqu'il a lieu moins d'un an avant la fin du contrat de prêt ;
- 0,5 % au maximum lorsqu'il a lieu avant.

2 La réglementation de la publicité sur les crédits

La loi impose des mentions informatives sur toute publicité chiffrée relative à un crédit.

1. Les mentions obligatoires

La publicité doit mentionner :
- le taux débiteur et la nature fixe, variable ou révisable du taux ;
- les frais compris dans le coût total du crédit ;
- le montant total du crédit ;
- le TAEG ;
- le montant total dû par l'emprunteur et le montant des échéances ;
- la mention « Un crédit vous engage et doit être remboursé. Vérifiez vos capacités de remboursement avant de vous engager » ;
- un exemple représentatif et chiffré portant sur la durée de remboursement maximale prévue par l'offre commerciale et sur des montants représentatifs de l'offre de crédit dont elle fait la publicité.

2. Des informations claires, précises et visibles

Les mentions obligatoires doivent figurer dans le corps principal du texte dans une taille de caractères plus importante que celle utilisée pour indiquer toute autre information.
Si le prêteur exige qu'un service accessoire soit fourni pour l'obtention du crédit, notamment une assurance, la publicité doit mentionner la nécessité de contracter ce service. En cas d'assurance facultative, toute publicité doit indiquer, depuis le 18 décembre 2014, le coût de l'assurance, exprimé en euros et par mois, et préciser si le montant s'ajoute ou non à l'échéance de remboursement.
Lorsque la publicité est adressée par voie postale ou par courrier électronique, ou lorsqu'elle est distribuée à domicile ou sur la voie publique, ces mentions doivent figurer sous forme d'encadré en en-tête du texte publicitaire. Par ailleurs, il doit être indiqué que l'emprunteur peut s'opposer à l'utilisation de ses données personnelles à des fins de prospection.

3. Les interdictions

Il est interdit dans toute publicité :
- d'indiquer qu'un crédit peut être consenti sans élément d'information ;

– de laisser entendre que le prêt améliore la situation financière ;
– de mentionner l'existence d'une période de franchise de paiement ou de remboursement des échéances du crédit supérieure à 3 mois ;
– de proposer, sous quelque forme que ce soit, des lots promotionnels liés à l'acceptation d'une offre de crédit.

3 Une protection renforcée pour certains types de crédits

Dans le cadre de la réglementation des crédits à la consommation, les lois Lagarde et Hamon ont considérablement accru la protection du consommateur dans deux domaines.

1. Le crédit renouvelable

a) Information des clients

La dénomination unique de « crédit renouvelable » doit être utilisée pour désigner tout crédit renouvelable dans tous les documents.
Une fiche d'information précontractuelle doit être remise, listant toutes les caractéristiques du crédit afin de déterminer si le contrat de crédit est adapté aux besoins et à la situation financière du client. Elle est différente du contrat de crédit, mais peut être remise sans frais en même temps que celui-ci.

b) Vérification de la solvabilité de l'emprunteur

Le prêteur a l'obligation de s'assurer de la solvabilité de l'emprunteur en consultant le Fichier national des incidents de remboursement des crédits aux particuliers (FICP) non seulement à l'ouverture du crédit renouvelable, mais chaque année, tout au long du remboursement, avant de proposer la reconduction du contrat. Tous les 3 ans, il doit vérifier de nouveau la solvabilité en demandant les justificatifs.

c) Contrôle des échéances et de la durée de remboursement

Chaque échéance doit obligatoirement comprendre un amortissement du capital emprunté, et faire l'objet d'une information spécifique à l'emprunteur.
Les encours de crédit jusqu'à 3 000 € doivent être remboursés en 36 mois maximum, les crédits supérieurs à 3 000 € en 60 mois maximum.

d) Conditions d'utilisation des cartes de crédit

Toutes les cartes associées à une ligne de crédit doivent porter la mention « carte de crédit ». La loi Hamon précise que le bénéfice des avantages commerciaux liés à la carte ne peut être subordonné à l'utilisation du crédit ; d'autre part, le prêteur a l'obligation de proposer la possibilité de payer au comptant avec la carte.

e) Transformation, suspension et résiliation du crédit

À chaque date anniversaire, le client a la possibilité de demander la transformation du crédit renouvelable en crédit classique pour le montant qui reste dû.
La loi Chatel du 20 janvier 2005 a amélioré les conditions de résiliation du contrat : à tout moment, le client peut demander la résiliation du contrat.
La loi Lagarde précise qu'une ligne de crédit est résiliée automatiquement au bout de 2 ans sans utilisation.
La loi Hamon ajoute qu'en cas de non-utilisation depuis au moins 1 an au moment où survient l'échéance annuelle de renouvellement, le renouvellement est soumis à l'approbation du client auquel doit être transmis un document à retourner signé et daté au plus tard 20 jours avant l'échéance, sans quoi le crédit est suspendu.

2. L'octroi d'un crédit sur le lieu de vente ou à distance

L'établissement de crédit affilié au lieu de vente est tenu de :
– proposer une alternative amortissable au crédit renouvelable. Pour les opérations d'un montant supérieur à 1 000 €, un crédit classique doit être proposé comme alternative au crédit renouvelable. La loi Hamon va plus loin, en obligeant à présenter cette offre électroniquement. L'établissement de crédit doit également consulter le FICP ;
– communiquer à l'emprunteur des explications personnalisées : à partir des informations fournies par l'emprunteur, une fiche de dialogue doit être établie par écrit, signée ou confirmée.

4 Les sanctions

Le non-respect de cette obligation d'information est sanctionné par des amendes de 1 500 à 300 000 € selon la gravité, et par la déchéance totale ou partielle du droit aux intérêts (article L. 311-48 du Code de la consommation).

49 LA GAMME DES CRÉDITS IMMOBILIERS

Le Code de la consommation définit les crédits immobiliers comme des prêts consentis en vue de financer l'acquisition ou la construction d'immeubles à usage d'habitation ou à usage mixte, l'achat de terrains à construire, de parts de sociétés d'immeuble, les travaux de rénovation ou de construction de plus de 75 000 €.

1 Les prêts immobiliers bancaires

1. Le prêt classique

Il s'agit du prêt consenti par tout établissement de crédit en vue du financement d'une opération immobilière. Il ne bénéficie d'aucun dispositif particulier. C'est un crédit amortissable, caractérisé par sa durée de remboursement, un taux d'intérêt négociable en fonction de la qualité de l'emprunteur, un TAEG englobant la totalité des frais engagés par le crédit : frais de dossier, coût des assurances et des garanties.

2. Le crédit relais

C'est un prêt accordé à un emprunteur en attente de la vente d'un bien immobilier permettant l'acquisition d'un nouveau bien. Son taux d'intérêt est plus élevé que pour le crédit classique, et sa durée n'excède pas 24 mois.

3. Le prêt *in fine*

Il s'agit d'un prêt avec remboursement en différé partiel (seul les intérêts et l'assurance sont payés), le remboursement du capital n'étant réalisé qu'à la fin du contrat. Ce type de prêt est essentiellement utilisé dans l'immobilier locatif.

4. Le prêt viager hypothécaire

Réservé aux personnes âgées de 65 à 95 ans, il fonctionne comme un prêt hypothécaire remboursable *in fine* (capital et intérêts) : la banque accorde un prêt entre 16 et 66 % de la valeur du bien qui sera vendu au décès de l'emprunteur pour rembourser le prêt. Ce dispositif permet à un propriétaire d'obtenir des liquidités pour ses besoins personnels tout en conservant son pouvoir d'achat.

5. Le prêt hypothécaire rechargeable

Interdit depuis le 1er juillet 2014, il continue de fonctionner jusqu'à leur conclusion pour les contrats conclus avant cette date. Il s'agit d'un prêt bancaire, constaté par acte notarié, prévoyant que l'amortissement du prêt constitue une réserve utilisable pour financer un autre projet, sans attendre la fin du prêt initial. L'intérêt de cette opération est de limiter le coût de la garantie, le même bien venant en garantie de plusieurs prêts.

2 Les prêts aidés

1. Le prêt épargne logement

D'un montant maximal de 92 000 € (plan épargne logement et compte épargne logement confondus), il est consenti sur la base des intérêts acquis pendant la phase d'épargne de l'emprunteur, au taux défini à l'ouverture du plan, pour une durée maximale de 15 ans :
- lorsqu'il est issu d'un plan épargne logement (PEL), le prêt peut être accordé au bout de 4 ans d'épargne (3 ans avec 50 % de la prime d'État) ;
- lorsqu'il est issu d'un compte épargne logement (CEL), 18 mois d'épargne suffisent pour obtenir un prêt de 23 000 € maximum.

2. Le prêt à taux zéro plus (PTZ+)

Ce prêt sans intérêts est accordé sous condition de ressources de l'emprunteur, accédant pour la première fois à la propriété de sa résidence principale, dont le montant et les modalités de remboursement dépendent des caractéristiques du logement ainsi que de la composition du foyer. Il est remboursé sur une durée de 8 à 25 ans.

3. Le prêt conventionné (PC)

Accordé par un établissement bancaire ou financier ayant passé une convention avec l'État, il peut financer jusqu'à l'intégralité du coût de la construction ou l'achat d'un logement neuf ou ancien, mais aussi certains travaux d'amélioration du logement, pour la résidence principale de l'emprunteur ou de son locataire : ainsi, le PC finance également les opérations d'investissement locatif. Ce prêt à taux plafonné est accordé sans condition de ressources. En revanche, le prix du logement acheté ou construit est plafonné.
Le PC donne droit à l'aide personnalisée au logement (APL) et peut être remboursé sur une durée de 5 à 30 ans.

4. Le prêt à l'accession sociale (PAS)

Soumis à des conditions de ressources, il est très proche du prêt conventionné, mais ne finance que la résidence principale de l'emprunteur. Ce dernier a droit également à l'APL, de sorte qu'un emprunteur ne peut pas cumuler prêt conventionné et prêt à l'accession sociale.

3 Les prêts immobiliers complémentaires

1. Le prêt action logement (ex-1 % logement)

Tout salarié d'une entreprise de plus de 10 salariés peut y prétendre. Il est accordé sans condition de ressources, à un taux très attractif et remboursable sur 15 ans au maximum, mais ne peut financer qu'un maximum de 30 % du coût de l'opération.
La demande doit être adressée directement auprès de l'employeur ou du comité d'entreprise, l'un ou l'autre pouvant alors mettre le salarié en relation avec le comité interprofessionnel du logement (CIL) auquel la société verse sa participation.

2. Les autres prêts complémentaires

Les prêts aux fonctionnaires, prêts des collectivités territoriales, prêts des caisses de retraite complémentaire peuvent venir se cumuler pour participer au financement d'une même opération.

50 LE CADRE JURIDIQUE DES CRÉDITS IMMOBILIERS

L'ordonnance du 25 mars 2016 transposant la directive 2014/17/UE sur « les contrats de crédit aux consommateurs, relatifs aux biens immobiliers à usage résidentiel » réforme substantiellement le livre III du Code de la consommation consacré à la consommation bancaire et financière.

1 Les obligations précontractuelles renforcées

1. La publicité

Quel que soit le support, la publicité doit préciser l'identité du prêteur, la nature du prêt, l'objet du prêt ; elle doit également indiquer que l'emprunteur dispose d'un délai de réflexion de 10 jours et que la vente est subordonnée à l'obtention du prêt (voir ci-dessous).

Lorsque la publicité comporte un ou plusieurs éléments chiffrés, elle doit aussi préciser la durée de l'opération proposée ainsi que le coût total et le taux annuel effectif global du crédit (TAEG), à l'exclusion de tout autre taux. Toutes les mentions obligatoires doivent être présentées de manière parfaitement lisible et compréhensible.

Est interdite toute publicité qui assimile les mensualités de remboursement à des loyers.

2. Les obligations de conseil d'explications imposées

L'ordonnance du 25 mars 2016 comporte :
- une présentation du professionnel ;
- une information sur le crédit au moyen de la fiche d'information standardisée européenne (FISE) ;
- une explication, ou mise en garde, fondée sur la solvabilité de l'emprunteur ainsi que sur l'évaluation du bien immobilier ;
- un conseil, si le professionnel opte pour sa délivrance.

3. L'offre préalable de crédit

Valable 30 jours, elle doit être adressée gratuitement par voie postale. Elle contient toutes les caractéristiques du crédit : l'identité des parties et de la caution, la nature du prêt, l'objet du prêt, le montant, les modalités, l'échéancier de remboursement, le TAEG, le coût total du crédit, les garanties, les frais divers, un rappel du délai de réflexion et du maintien de l'offre.

L'offre doit comporter un bordereau d'acceptation de l'offre préalable.

Dans l'hypothèse de taux variables, le prêteur doit remettre une notice explicative présentant les conditions et modalités de variation du taux d'intérêt, ainsi qu'un document d'information contenant une simulation de l'impact d'une variation de ce taux.

2 La protection de l'emprunteur

L'emprunteur est protégé dans son consentement par un délai de réflexion, par des conditions suspensives, et contre des pratiques abusives.

1. Le délai de réflexion

L'acceptation de l'offre préalable ne peut être effective avant le 11e jour suivant la date de réception de l'offre de crédit au domicile de l'emprunteur et des cautions éventuelles, afin de respecter le délai minimal de réflexion légal de 10 jours. Les signataires doivent renvoyer à la banque l'offre de crédit avec mention de l'acceptation par courrier, le cachet de la poste faisant foi.

2. Le choix de l'assurance emprunteur

La banque impose souvent à son client d'assurer l'emprunt. Si elle peut proposer une offre d'assurance, elle doit laisser au choix du client l'établissement qui va l'assurer, à partir du moment où le contrat d'assurance présente un niveau de garantie équivalent à celui proposé par l'établissement prêteur. Lorsque le prêteur propose d'adhérer à un contrat d'assurance de groupe qu'il a souscrit, il doit annexer au contrat de prêt une notice énumérant les risques garantis et précisant toutes les modalités de la mise en jeu de l'assurance.

Depuis le 1er janvier 2018 (loi Bourquin), l'emprunteur a la possibilité de changer annuellement d'assurance emprunteur, à la date anniversaire de la signature de son prêt, et non plus seulement dans les 12 mois suivants la signature du prêt (loi Hamon).

3. Les conditions suspensives

Le contrat de prêt est un contrat accessoire du contrat de vente du bien immobilier. L'emprunteur peut se dégager du contrat de prêt dans les cas suivants :
- s'il n'obtient pas le crédit immobilier stipulé dans la promesse de vente ;
- en cas de refus de financer l'opération par un des établissements de crédit représentant plus de 10 % du crédit total ;
- si l'acte de vente n'est pas réalisé dans les 4 mois suivant l'acceptation de l'offre.

4. L'information en cours de contrat

Lorsque le taux d'intérêt du prêt est variable, le prêteur est tenu, une fois par an, de porter à la connaissance de l'emprunteur le montant du capital restant à rembourser.

3 Le remboursement par anticipation

L'emprunteur peut demander à tout moment le remboursement anticipé. Toutefois, le contrat de prêt peut interdire un remboursement égal ou inférieur à 10 % du montant initial (sauf s'il s'agit du solde).

Des pénalités peuvent également être demandées à l'emprunteur. Elles ne peuvent excéder :
- la valeur d'un semestre d'intérêt sur le capital remboursé au taux moyen du prêt, sans pouvoir dépasser
- 3 % du capital restant dû avant le remboursement.

Les pénalités pour remboursement anticipé sont interdites pour les prêts à taux zéro et les prêts conclus après le 1er juillet 1999 dont le remboursement anticipé résulte de cas de force majeure : mobilité professionnelle, décès, cessation forcée de l'activité professionnelle de l'emprunteur ou de son conjoint.

4 La renégociation

Le contrat initial peut être modifié par voie d'avenant, dans les mêmes conditions que le contrat principal.

51 LES DIFFÉRENTS TYPES DE TAUX D'INTÉRÊT

Le taux d'intérêt est la rémunération du banquier qui prête de l'argent. Il constitue l'essentiel du coût du crédit. Fixes ou variables, les taux d'intérêt sont librement déterminés par les banques. Il en existe une grande variété d'expressions.

1 La gamme des taux

1. Le taux fixe

Fixé pour toute la durée de l'emprunt, il permet de connaître à l'avance le coût du crédit. C'est l'option sécuritaire.

2. Les taux variables

Le taux variable évolue en fonction des taux du marché monétaire. Cette option est intéressante lorsque les taux sont élevés et que les perspectives de baisse de taux sont réelles.

a) Les différents types de taux variables

On distingue :

– le taux variable plafonné ou capé : il offre une limite à la hausse du taux ; cet avantage se paye par un taux d'intérêt initial supérieur ;

– le taux variable tunnel : outre un taux plafond, il fixe un taux « plancher » qui limite le risque pour la banque ;

– le taux révisable : il varie à des dates fixées à l'avance, souvent à la date anniversaire de la signature du contrat.

b) La fixation des taux variables

Les banques fixent les taux variables à partir des taux courts du marché monétaire – majoritairement à 3 mois (taux Euribor 3 mois) –, c'est-à-dire à partir des taux monétaires interbancaires :

– les taux Euribor (en français « TIbEur » : taux interbancaire européen) représentent les taux interbancaires offerts entre banques de meilleure signature pour la rémunération des dépôts en euros sur la zone. Ils sont calculés en effectuant une moyenne quotidienne des taux prêteurs sur 13 échéances et diffusés à 11 heures tous les matins. Ils concernent les échéances de 1 à 12 mois ;

– le taux EONIA est le taux interbancaire des banques de la zone euro pour les échéances à 1 jour.

2 Les différents taux d'intérêt

1. Taux annuel et taux périodiques

Les taux d'intérêt sont affichés pour le public en taux annuel, mais les échéances de remboursement étant rarement annuelles, celui-ci doit être transformé soit en taux périodique proportionnel, soit en taux périodique équivalent. Le législateur considère ce dernier comme le seul taux décrivant la réalité du coût d'un crédit et l'impose donc pour l'affichage des taux des crédits à la consommation et le calcul des mensualités d'épargne logement. Il s'obtient par la formule suivante :

Taux d'intérêt périodique équivalent = $[(1 + \text{Taux annuel})^{1/n-1}] \times 100$.

EXEMPLE

Un taux de 4,5 % annuel donne un taux proportionnel de 4,5 % / 12 = 0,375 % et un taux périodique équivalent de [(1 + 4,5 %)1/12 – 1] × 100 = 0,367 %.

2. Le taux nominal

Traditionnellement exprimé en taux annuel, il permet de calculer le montant des intérêts dus par l'emprunteur en fonction de la durée du crédit et de son montant. Si les échéances sont différentes de l'année, les intérêts sont calculés à partir d'un taux périodique proportionnel.

EXEMPLE

Soit un prêt de 10 000 € à 2,9 %. Le montant d'intérêts sur le capital restant dû à la première échéance mensuelle est de : 10 000 × (2,90 % / 12) = 24,17 €.

3. Le taux annuel effectif global (TAEG)

Rendu obligatoire en 2010 pour les crédits à la consommation, il le devient depuis 2016 pour tous les crédits aux consommateurs (à la consommation ou immobilier). Le TAEG tient compte de tous les frais nécessaires à l'obtention du prêt : frais de dossier, frais de courtier, coût de l'assurance et de la garantie, coût de l'évaluation du bien, frais d'ouverture et de tenue de compte bancaire. Le TAEG est calculé sur une base actuarielle. Le taux actuariel tient compte du décalage entre le remboursement à la fin de l'année et le versement chaque mois des intérêts dans la mesure où le prêt des intérêts aurait pu chaque mois rapporter des intérêts composés.

EXEMPLE

Pour un capital de 10 000 €, au taux nominal annuel de 8 %, soit 0,66 % par mois. Au bout d'une année, soit 12 mois, les intérêts seront de :

$[(1 + 0{,}0066)^{12}] - 1 = 0{,}0821 = 8{,}21\ \%$

Pour un taux nominal de 8 %, le taux actuariel équivalent à l'année est donc de 8,21 %.

Le TAEG est obligatoirement indiqué en France dans toutes les offres de crédit.

3 Le taux d'usure

Pour protéger les emprunteurs, un TAEG maximal au-dessus duquel un prêt ne peut être accordé est fixé chaque trimestre par la Banque de France, par catégories de prêts et par montant, à partir d'enquêtes statistiques. Il correspond à un TAEG qui excède, au moment où il est consenti, de plus du tiers le taux effectif moyen pratiqué au cours du trimestre précédent par les établissements de crédit pour des opérations de même nature comportant des risques analogues. Tout établissement prêteur dépassant cette limite s'expose à des poursuites judiciaires et au remboursement des intérêts indûment perçus.

Afin de rendre moins attractifs pour les prêteurs les crédits renouvelables, depuis le 1er janvier 2015, les taux d'usure des crédits à la consommation sont définis en fonction du seul montant de prêt : inférieur ou égal à 3 000 € ; supérieur à 3 000 € et inférieur ou égal à 6 000 € ; supérieur à 6 000 €. Ainsi, le taux de l'usure applicable est le même, qu'il s'agisse d'un découvert en compte, d'un crédit renouvelable ou d'un prêt à la consommation classique.

52 LES CALCULS D'AMORTISSEMENT ET DE COÛT DU CRÉDIT

Lors d'une opération de crédit, le banquier prêteur met à la disposition de l'emprunteur une certaine somme, le "capital". L'emprunteur devra rembourser (ou "amortir") le capital et payer les intérêts. L'amortissement des prêts peut se faire par échéances annuelles (annuités), semestrielles (semestrialités), trimestrielles (trimestrialités) ou mensuelles (mensualités).

1 L'amortissement constant

L'emprunteur rembourse à chaque échéance la même somme en capital. Les intérêts payés à chaque échéance sont calculés sur la somme restant due, qui va en diminuant. L'échéance est donc variable.

EXEMPLE

Capital emprunté 140 000 €, durée du prêt 7 ans, amortissement constant, taux nominal 4 % annuel.
Le capital sera à rembourser de manière constante, soit sur 7 ans : 140 000 / 7 = 20 000 € par an, le premier remboursement étant effectué à la date anniversaire de la réalisation du prêt.

Tableau d'amortissement

Échéance	Capital restant dû en début de période	Capital remboursé	Intérêts	Total de l'échéance	Capital restant dû en fin de période
1	140 000	20 000	5 600	25 600	120 000
2	120 000	20 000	4 800	24 800	100 000
3	100 000	20 000	4 000	24 000	80 000
4	80 000	20 000	3 200	23 200	60 000
5	60 000	20 000	2 400	22 400	40 000
6	40 000	20 000	1 600	21 600	20 000
7	20 000	20 000	800	20 800	0
Totaux	0	140 000	22 400	162 400	

- 1re échéance : l'échéance est annuelle, donc les intérêts sont calculés au taux annuel de 4 % :

Intérêts de la première annuité = 140 000 × 4 % = 5 600 €
Total de l'échéance = Capital remboursé + Intérêts
Capital restant dû = Capital emprunté – Capital remboursé

- 2e échéance et suivantes :

Intérêts = Capital restant dû × 4 %.

2 L'amortissement à échéances constantes

L'emprunteur peut préférer des échéances constantes pour une meilleure gestion de sa trésorerie.

$\text{Échéance} = C \times \dfrac{t}{1 - (1 + t)^{-n}}$	Avec : C = Capital emprunté t = Taux par période n = Nombre de mensualités

EXEMPLE

À partir de l'exemple précédent, on obtient :

$$\text{Échéance} = 140\ 000 \times \frac{4\ \%}{1 - (1 + 4\ \%) - 7}$$

Tableau d'amortissement

Échéance	Capital restant dû en début de période	Total de l'échéance	Intérêts	Capital remboursé	Capital restant dû en fin de période
1	140 000,00	23 325,35	5 600,00	17 725,35	122 274,65
2	122 274,65	23 325,35	4 890,99	18 434,36	103 840,29
3	103 840,29	23 325,35	4 153,61	19 171,74	84 668,55
4	84 668,55	23 325,35	3 386,74	19 938,61	64 729,94
5	64 729,94	23 325,35	2 589,20	20 736,15	43 993,80
6	43 993,80	23 325,35	1 759,75	21 565,60	22 428,20
7	22 428,20	23 325,32	897,13	22 428,19	0
Totaux	0	163 277,42	23 277,42	140 000,00	

Pour connaître directement les montants pour une échéance, on utilise les formules suivantes :

Formules	Exemple
Amortissement n = Amort. 1 $(1 + t\ \%\ \text{périodique})^{n-1}$	Amort. 5 = 17 725,35 $(1 + 0{,}04)^4$ = 20 736,15 €
Intérêts n = Échéance – Amortissement n	Intérêts 5 = 23 325,35 – 20 736,15 = 2 589,20 €
Capital dû en début de période = Intérêt n / t % périodique	Capital dû en début de période 5 = 2 589,20 / 0,04 = 64 730 €
Capital dû en fin de période = Capital dû en début de période – Amortissement n	Capital dû en fin de période 5 = 64 730 – 20 736,15 = 43 993,85 €

3 L'amortissement *in fine*

Pendant toute la durée du prêt, seuls les intérêts sont remboursés, le capital étant remboursé en une seule fois, à l'échéance.
Les intérêts sont déductibles des revenus imposables. De plus, en plaçant l'argent non consacré au paiement de l'amortissement du capital, l'emprunteur constitue l'épargne pour solder le capital dû à l'échéance du crédit. Cette épargne est nantie en faveur de la banque en assurance-vie, bon de capitalisation, ou autre. La banque dispose ainsi d'une garantie réelle pour le remboursement *in fine* du capital.

4 Le coût du crédit

Le coût net du crédit se calcule par différence entre l'ensemble des sommes versées et le capital emprunté :

Remboursements versés à la banque (incluant intérêts et assurances)
+ Frais de garantie
+ Frais de dossier
– Montant total emprunté
= Coût net du crédit

53 LES OPTIONS DU CRÉDIT

➔ Lors d'une opération de crédit, le banquier prêteur offre de multiples options afin de s'adapter aux besoins du client. Par ailleurs, pendant la vie du contrat de crédit, la situation de l'emprunteur peut évoluer, le conduisant à demander des évolutions aux conditions de remboursement obtenues contractuellement.

1 Le remboursement avec différé

L'emprunteur peut choisir de différer le remboursement du capital, mais aussi le paiement des intérêts. C'est la formule employée pour les crédits étudiants ainsi que pour les crédits relais.

1. Le différé total

Le différé total permet de reporter le remboursement du capital et des intérêts dus de quelques mois. L'emprunteur ne s'acquitte que de la mensualité d'assurance.

EXEMPLE

Soit un emprunt de 50 000 € sur 10 ans à 5 % avec un différé total de 24 mois, remboursable par échéances mensuelles, et une assurance sur le capital emprunté de 0,80 %.

- 1re période : période de différé. La mensualité ne comprend que la mensualité d'assurance, soit : (0,80 % × 50 000) / 12 = 33,33 €.
- 2e période : période de remboursement du capital et des intérêts dus. Au bout de 2 ans, le client doit à la banque : $50\ 000 \times (1 + 5\ \%)^2 = 55\ 125$ €.

Cette somme devra être remboursée sur les 8 autres années du crédit, soit en 96 mensualités.

La mensualité de remboursement du prêt se calcule avec le nouveau capital dû :

$$M = 55\ 125\ € \times \frac{5\ \%\ /\ 12}{1 - [1 + (5\ \%\ /\ 12)]^{-96}} = 633\ €$$

La mensualité s'élève alors à : 633 + 33,33 € = 666,33 €.

2. Le différé partiel

L'emprunteur ne paie que les intérêts et l'assurance du prêt pendant le différé. L'amortissement débute à l'issue de la phase de différé.

EXEMPLE

Reprenons l'exemple précédent :

- 1re période : période de différé

Mensualité = Mensualité d'assurance (33,33 €) + Intérêts dus sur le capital emprunté (50 000 × 5 % / 12 = 208,35 €).

Soit une mensualité totale de : 208,35 + 33,33 = 241,68 €

- 2e période : période de remboursement du capital

Le capital dû est inchangé et la mensualité devient :

$$M = 50\ 000\ €\ € \times \frac{5\ \%\ /\ 12}{1 - [1 + (5\ \%\ /\ 12)]^{-96}} = 665{,}38\ €$$

Soit une mensualité totale de : 665,38 + 33,33 = 698,71 €.

2 Le prêt relais

Nombre d'acquéreurs de biens immobiliers vendent un bien pour réaliser une nouvelle opération. Le temps qu'ils vendent leur bien, ils ont besoin d'un crédit relais, c'est-à-dire un crédit dont l'emprunteur ne rembourse que les intérêts, conformément à la technique de remboursement en différé.

Le montant du crédit s'établit alors entre 50 et 80 % de la valeur du bien à vendre, estimée par un expert, et sa durée ne peut excéder 24 mois, une faible mensualité permettant à l'emprunteur de supporter ce nouveau saut de charge.

Un prêt complémentaire amortissable pourra être accordé pour compléter le budget nécessaire à l'acquisition.

3 Le déblocage des fonds et les intérêts intercalaires

Le financement d'un bien immobilier à construire procède d'un déblocage progressif des fonds prêtés, appelé « appels de fonds », en lien avec les différentes étapes de construction du bien. L'emprunteur s'acquitte alors d'intérêts intercalaires calculés sur le montant cumulé du capital emprunté après chaque appel de fonds.

EXEMPLE

Soit un prêt de 100 000 € à 3,8 % pendant 25 ans.

Le 01/02 : signature du contrat, appel de 5 % des fonds	
Déblocage cumulé	5 000 €
Échéances	5 000 × 3,8 % / 12 = 15,83 € Prélevés le 1/02 et le 1/03
Le 6 /03 : fondations, appel de 20 % des fonds	
Déblocage cumulé	Du 1er au 6/03 : 10 000 €, puis du 6 au 31/03, 30 000 €
Échéances	Au 1er avril : (10 000 × 6 / 360 × 3,8 %) + (30 000 × 24 / 360 × 3,8 %) = 72,83 €
Le 5/04 : élévation des murs, appel de 15 % des fonds	
Déblocage cumulé	40 000 € sur 4 jours, puis 70 000 € sur 26 jours
Échéances	Au 1er mai : (40 000 × 3,8 % × 4 / 360) + (70 000 × 3,8 % × 26 / 360) = 209,00 €
...	
Le 01/09/N+15 % : livraison et remise des clés, appel de 5 % des fonds	
Déblocage cumulé	195 000 + 5 000 = 200 000 €
Échéances	L'échéance du 1er septembre comprendra une part d'intérêts et une part d'amortissement

4 Le lissage de crédit

Lorsqu'un financement cumule plusieurs prêts de durées différentes, la mensualité totale de remboursement varie avec le temps. Le lissage de crédit permet d'obtenir une mensualité constante pendant toute la durée de l'amortissement.

EXEMPLE

Soit un couple percevant 2 400 € par mois. Le plan de financement est bâti sur trois crédits :

Financement de 120 000 €	Années		
	1 à 8	9 à 12	13 à 15
Prêt à taux zéro 12 000 € sur 8 ans	125 €	0	0
PEL 11 000 € : 4,2 % sur 10 ans	112,41 €	112,41 €	0
Prêt bancaire 94 000 € : 4,5 % sur 15 ans	723,91 €	723,91 €	723,91 €
Total	961,32 €	836,32 €	723,91 €
Prêt bancaire lissé	552,59 €	677,59 €	790,00 €
Total	790,00 €*	790,00 €	790,00 €

* Mensualité retenue comme élément de lissage.

Cette opération permet d'obtenir pour le client un taux d'endettement acceptable moyennant un coût souvent supérieur.

5 La modification ou le report de mensualités

Un emprunteur en difficulté peut bénéficier d'un report d'échéances moyennant le paiement d'indemnités :
- de 4 à 8 % pour un crédit à la consommation ;
- avec majoration du taux d'intérêt de 3 points sur les échéances impayées pour un crédit immobilier.

6 La renégociation de crédit

Pour réduire ses charges de remboursement, un client peut demander à sa banque qu'elle modifie les critères du crédit qu'elle lui a accordé :
- durée : elle peut être rallongée afin de diminuer la mensualité de remboursement, quitte à renchérir le coût du crédit ;
- taux d'intérêt : lorsque les taux du marché sont plus bas que le taux contracté, l'emprunteur a intérêt à renégocier son taux afin d'en diminuer le coût, surtout en début de crédit, période pendant laquelle les intérêts pèsent lourdement dans la mensualité de remboursement.

Des frais de dossier peuvent être facturés au client. Une banque n'est jamais tenue d'accepter de renégocier un crédit. Elle le fait surtout pour les clients à fort potentiel, pour éviter que le crédit refusé ne soit racheté par un confrère et de perdre la relation avec ce client.

7 Le remboursement anticipé

1. Crédits à la consommation

Lorsque le montant du remboursement anticipé est supérieur à 10 000 € sur une période de 12 mois, l'établissement de crédit peut demander une indemnité. Cependant, aucune indemnité ne peut être réclamée s'il s'agit d'un crédit renouvelable, ou si l'emprunteur possède une autorisation de découvert, ou si le remboursement résulte de l'exécution d'un contrat d'assurance garantissant le remboursement du crédit, ou si enfin le remboursement intervient pendant une période où le taux de crédit n'est pas fixe. Le montant maximal de l'indemnité exigée sera fixé à 1 % du montant du crédit lorsque le délai entre ce remboursement anticipé et la date de fin du contrat est supérieur à 1 an, et à 0,5 % en deçà de 1 an.

2. Crédits immobiliers

Le Code de la consommation prévoit qu'aucune indemnité ne peut être demandée pour le remboursement anticipé justifié par un cas de force majeure (décès, mobilité professionnelle ou cessation d'activité professionnelle pour un des conjoints), pour tout crédit octroyé depuis le 25 juin 1999. En dehors de ces cas, le remboursement anticipé, total ou partiel expose l'emprunteur au risque de paiement d'une indemnité de remboursement anticipé.

EXEMPLE

Un crédit immobilier de 70 122 € souscrit en 2004, sur 15 ans, au taux nominal de 6,50 % fait l'objet d'un remboursement anticipé en août 2012. Le capital restant dû est alors de 40 357,29 €.

L'indemnité maximale du remboursement anticipé total sera de 1 311,61 €, correspondant à la plus élevée des deux sommes suivantes :
- 3 % du capital restant dû, soit 40 357,29 × 3 % = 1 210,72 € ;
- 6 mois d'intérêts sur la somme remboursée, soit 40 357,29 × 6,50 % × 6 / 12 = 1 311,61 €.

8 La restructuration de crédits

La restructuration de crédits permet à un client ayant des difficultés à assumer le remboursement de plusieurs crédits d'assainir sa situation financière : la banque rachète alors ses différents prêts par un seul dont la durée rend la mensualité financièrement supportable.

Ces restructurations sont coûteuses, car les conditions de taux sont parmi les moins intéressantes du marché.

EXEMPLE

Liste des crédits	Mensualité	Capital restant dû
Crédit immobilier sur 25 ans mis en place en N-6 au taux de 5,40 %	2 128 €	288 459 €
4 crédits à la consommation entre 6 et 7 %	208 €	10 500 €
	283 €	11 128 €
	502 €	8 146 €
	342 €	20 256 €
Totaux	3 463 €	338 489 €

Montant du prêt de restructuration : 350 000 €, incluant les frais de mainlevée d'hypothèque, les indemnités de remboursement par anticipation, remboursable sur 25 ans au taux de 4,52 %, soit une nouvelle mensualité de 1 945 €.

9 Le rachat de crédit

Cette opération consiste à faire racheter par une banque un crédit octroyé par une autre. Compte tenu du coût du rachat (indemnités de remboursement et frais liés aux garanties), le taux d'intérêt du nouveau crédit doit être substantiellement inférieur au précédent.

54 LES PRINCIPES GÉNÉRAUX DE LA CONSTRUCTION ET DE L'ACQUISITION

L'acquéreur d'un bien immobilier s'engage sur une longue période, après avoir mûrement préparé son projet. Le financement dont il aura besoin dépendra de la nature du projet immobilier.

1 Les formes d'acquisition d'un bien immobilier

Plusieurs options s'offrent au particulier qui souhaite acquérir un bien immobilier, que ce soit sa résidence principale ou un bien destiné à la location.

1. L'acquisition d'un logement ancien

Trois types de transactions sont possibles :
– l'achat au comptant : l'acquéreur paiera l'intégralité du prix de vente le jour de la signature de l'acte authentique devant notaire, qu'il s'agisse d'un apport personnel intégral ou d'un plan de financement intégrant plusieurs crédits immobiliers. Un paiement au comptant n'exclut donc pas pour l'acquéreur le recours éventuel à un crédit bancaire ;
– l'achat avec paiement à terme : le vendeur accepte qu'une partie seulement du paiement lui soit versée, le solde devant lui être réglé à une échéance convenue ;
– la vente en viager : elle se traduit par le versement au comptant d'une somme appelée « bouquet » et d'une rente par l'acquéreur (le débirentier) au vendeur (le crédirentier). Bouquet et rente sont établis en fonction de barèmes liés à l'âge du crédirentier et à la formule choisie (logement libre ou occupé).

2. L'acquisition d'un logement neuf

Lorsque la construction de l'immeuble est achevée, il s'agit d'un achat « clé en main ». Il donne lieu à un paiement au comptant.
Lorsque le bien est vendu sur plan, la transaction porte le nom de « vente en état futur d'achèvement » (VEFA) : à la signature de l'acte authentique, le bien n'est pas encore construit et le prix de vente est versé par le notaire selon un calendrier légal d'appels de fonds en fonction de l'avancement des travaux.
Pour la construction d'une maison individuelle, l'acquéreur passera par plusieurs étapes :
1. Acquisition d'un terrain et obtention du permis de construire.
2. Signature d'un contrat de construction dans le cadre :
– d'un contrat d'entreprise : le maître d'ouvrage est le client qui confie la construction de sa maison à un entrepreneur qui travaillera à partir des plans fournis par le client ;
– d'un contrat de construction de maison individuelle : le client limite son intervention aux formalités du permis de construire à partir des plans fournis par le constructeur ;
– d'un contrat de promotion immobilière : l'intégralité de l'opération est prise en charge par le constructeur.

2 Le budget prévisionnel du projet

Des frais additionnels au prix de vente augmentent le budget global de l'opération :
– à la signature de la promesse de vente, versement de 5 à 10 % du montant de la transaction ;
– frais de dossier ;
– frais liés à la garantie du prêt : hypothèque, privilège de prêteur de deniers (PPD) ou société de caution mutuelle (SCM) ;
– remboursement de la taxe foncière déjà acquittée par le vendeur, au prorata temporis de la durée de détention par le vendeur et l'acquéreur ;
– frais notariés ;
– le cas échéant, frais de l'agence immobilière par laquelle la transaction a été initiée.

EXEMPLE

Pour un appartement ancien acheté 225 000 € par l'intermédiaire d'une agence, et financé par un prêt bancaire de 200 000 €, le reste étant financé sur fonds propres, il faudra verser au compromis de vente de 10 000 à 20 000 €.
À la signature de l'acte, le notaire demandera 6,8 % du prix de vente, soit 15 710 €.
En cas d'hypothèque, l'acquéreur paiera 2 % du montant du prêt, soit 4 000 €.
Avec une taxe foncière de 1 200 € pour l'année, et une acquisition au 20 juin, l'acquéreur devra rembourser au vendeur : 1 200 × (195 / 365) = 641 €.
Enfin, l'acquéreur devra à l'agence des honoraires de 5 % du montant de l'acquisition, soit 225 000 € × 5 % = 11 250 €.
Le budget global de l'opération s'élèvera donc à
225 000 + 15 710 + 4 000 + 641 + 11 250 = 256 601 €.

3 Le plan de financement

Il récapitule, d'une part, les besoins du client et, d'autre part, les ressources personnelles dont il dispose pour couvrir ses besoins. Par différence entre ces deux montants, le banquier détermine le niveau du ou des crédits nécessaires. Le projet d'acquisition fait souvent appel à un montage financier cumulant plusieurs solutions de prêts aidés autour d'un prêt immobilier central, dit du secteur libre.
Le taux d'intérêt proposé par le banquier sera fonction du niveau de l'apport personnel : 20 % est considéré par les banques comme suffisant pour envisager une baisse du taux du crédit.
Les prêts épargne logement et prêt action logement sont considérés comme de l'apport personnel par la banque, dans la mesure où ils participent à la prise de risque sur le projet.

EXEMPLE

Plan de financement	
Besoins	**Ressources**
Prix d'acquisition : 200 000 € Travaux : 10 000 € Frais de dossier : 5 000 € Garanties : 15 000 € Frais notariés : 5 000 €	Apport personnel : 20 000 € PTZ+ : 50 000 € PEL : 30 000 € Reste à financer : 135 000 €
Montant total : 235 000 €	Montant total : 235 000 €

55 LES GARANTIES ET ASSURANCES DES EMPRUNTEURS

➔ Une fois le crédit accordé, l'emprunteur peut connaître des difficultés de remboursement. Les assurances emprunteur le protègent contre ce risque. L'établissement prêteur se protégera du même risque en prenant des garanties.

1 Les assurances liées au crédit

Aucun établissement financier ne consentira de crédit immobilier sans assurance emprunteur. Ces assurances pèsent en moyenne 10 % du coût du crédit. À peine 12 % des emprunteurs parviennent à passer outre le contrat proposé par leur banquier.

1. L'assurance emprunteur

Elle permet à l'emprunteur d'assurer le remboursement de son emprunt immobilier en cas de décès ou de perte totale et irréversible d'autonomie, dans la limite des montants garantis.

a) Contrat groupe ou délégation d'assurance

Depuis la loi Lagarde de 2010, le client emprunteur est libre d'adhérer au contrat de groupe de la banque ou de choisir une délégation d'assurance auprès d'un assureur indépendant dès lors que celui-ci propose les mêmes garanties. La loi Hamon (24 juillet 2014) institue le droit, pour tout emprunteur, dans le cadre d'un crédit immobilier, de résilier son contrat d'assurance pendant la première année suivant la signature de l'offre de prêt. L'objectif est de permettre à tout nouvel emprunteur de trouver une assurance individuelle plus compétitive que le classique contrat groupe proposé par les établissements bancaires.

b) Les garanties couvertes par l'assurance emprunteur

L'assurance emprunteur est avant tout une assurance décès à laquelle s'ajoutent d'autres garanties :
- la garantie incapacité de travail-invalidité : les mensualités seront remboursées en fonction du taux d'invalidité reconnu ;
- la garantie perte totale et irréversible d'autonomie ;
- la garantie perte d'emploi : inutile pour les fonctionnaires, elle n'est activée que lorsque l'assuré reçoit le paiement d'allocations de chômage versées par Pôle Emploi ou un organisme assimilé. Elle n'entre donc pas en jeu en cas de chômage partiel, de préretraite, de période d'essai ou de démission, par exemple.

c) La quotité d'assurance

La répartition de la couverture d'assurance entre les emprunteurs est appelée quotité et s'exprime en pourcentage. Elle est obligatoirement de 100 % au moins, mais peut être supérieure moyennant surprime. Dans le cas des couples emprunteurs, la quotité peut être répartie sur les deux têtes, le plus souvent en fonction de la contribution de chaque coemprunteur aux revenus du foyer.

EXEMPLE

L'un des emprunteurs a une quotité d'assurance de 70 %, car ses revenus représentent 70 % des revenus du ménage. S'il décède, l'assurance prendra en charge 70 % des mensualités du crédit. Le conjoint survivant (30 % des revenus du ménage) continuera à rembourser 30 % des mensualités du crédit.

d) Les modalités d'indemnisation

L'indemnisation, qu'il s'agisse du maintien du revenu de l'emprunteur ou de la prise en charge de sa mensualité, n'intervient qu'après un certain délai :
- délai de carence : période de non-couverture du risque, en principe les jours qui suivent la signature du contrat d'assurance ; si l'assuré perd son emploi pendant le délai de carence, il ne percevra aucune indemnisation ;
- délai de franchise : le risque est couvert, mais l'indemnisation ne débute qu'après un délai (habituellement 1 mois).

La durée d'indemnisation peut être limitée dans le temps.

e) Les mensualités d'assurance sur le capital emprunté

Quelle que soit la durée de l'emprunt, la charge mensuelle de l'assurance est constante.

Elle est exprimée en taux annuel ou en euros pour 1 000 ou 10 000 € empruntés.

EXEMPLE

Soit un prêt immobilier de 120 000 € sur 12 ans (soit 144 mois), avec une assurance mensuelle sur le capital emprunté, au taux de 0,20 %.

La mensualité d'assurance s'élèvera à (120 000 × 0,20 %) / 12 = 20 €

Coût total de l'assurance : 20 × 144 = 2 880 €.

f) Les mensualités d'assurance sur le capital restant dû

On additionne le taux de l'assurance à celui du taux du prêt pour calculer la mensualité.

EXEMPLE

Soit un prêt immobilier de 120 000 € sur 12 ans, au taux de 5,25 %, assurance sur le capital restant dû, au taux de 0,20 %.

Soit une mensualité hors assurance de :

$$120\,000 \times \frac{5{,}25\ \% \ / \ 12}{1 - [1 + (5{,}25\ \% \ / \ 12)]^{-144}} = 1\,124{,}98\ €$$

Et une mensualité assurance incluse au taux de 5,25 + 0,20 %

$$120\,000 \times \frac{5{,}25\ \% \ / \ 12}{1 - [1 + (5{,}45\ \% \ / \ 12)]^{-144}} = 1\,137{,}15\ €$$

Coût total de l'assurance : (1 137,15 – 1 124,98) × 144 = 1 752,48 €

2. Le cas des personnes présentant des « risques aggravés »

La convention S'assurer et emprunter avec un risque aggravé de santé (Aeras) permet à une personne qui a ou a eu un grave problème de santé d'obtenir plus facilement un prêt immobilier ou un crédit à la consommation. Pour pouvoir bénéficier de la convention Aeras, les conditions sont les suivantes :

a) Pour un crédit à la consommation

L'emprunteur doit avoir moins de 50 ans. L'emprunt ne doit pas dépasser un montant maximal de 17 000 € et une durée de 4 ans. Si l'une de ces conditions n'est pas respectée, un questionnaire de santé peut être demandé.

b) Pour un prêt immobilier

Tout emprunteur solvable d'au plus 70 ans à l'échéance de remboursement pour un prêt d'au maximum 320 000 € doit être assurable, quitte à se voir appliquer des surprimes d'au plus 1,4 point en plus du TAEG.

L'emprunteur peut saisir la commission de médiation de la convention Aeras chargée de trouver un règlement amiable.

3. Les autres assurances liées au crédit

Un emprunt immobilier répond à deux besoins différents qui sollicitent chacun des solutions en matière d'assurance :

a) L'emprunt pour achat d'une résidence principale

L'assurance multirisques habitation n'est pas obligatoire à l'occasion d'un emprunt pour l'achat d'une résidence principale. Certaines banques peuvent cependant l'exiger pour s'assurer que le bien qui vient en garantie du crédit ne perdra pas de valeur.

b) L'emprunt pour investissement locatif

La banque peut demander à l'emprunteur de souscrire :
- la garantie des loyers impayés ;
- la garantie propriétaire non occupant, qui couvre les dommages que le bien peut occasionner au locataire ou à toute autre personne.

2 Les garanties

Les établissements prêteurs se protègent du risque de non-remboursement par un emprunteur en prenant des garanties ou sûretés.

1. Les garanties réelles

Elles portent sur des biens meubles, corporels ou incorporels. En cas de défaillance de l'emprunteur, le créancier détient le droit de faire vendre le bien gagé pour obtenir le remboursement de sa créance.

a) Les sûretés sur biens meubles

- Le gage : il est constitué d'un bien corporel, le plus souvent le bien financé (une automobile, par exemple).
- Le nantissement : il porte sur des biens incorporels tels qu'un portefeuille titres ou un contrat d'assurance-vie. Le bien nanti doit avoir une valeur supérieure au montant de la créance afin de pallier une éventuelle dépréciation.

b) Les sûretés sur biens immeubles

- L'hypothèque conventionnelle sert à garantir le remboursement d'une dette contractée sur un bien immobilier, quel qu'il soit. Elle fait l'objet d'un acte notarié et son coût s'élève en moyenne à 2 % de la valeur du bien. La revente du bien entraîne des coûts supplémentaires de mainlevée (0,5 à 1 %).
- Le privilège de prêteur de deniers (PPD) est une garantie donnant à la banque la priorité sur tous les autres créanciers et toutes les autres garanties en cas de défaut de paiement de l'emprunteur. Le PPD a un rang prioritaire sur l'hypothèque et son coût est inférieur (la taxe de publicité foncière de 0,6 % n'est pas perçue). Le PPD ne peut être réalisé que sur un bien existant : dans le cadre d'une construction, il ne pourra garantir que la valeur du terrain ; la banque complétera sa garantie par une hypothèque sur le bien à construire.
- L'hypothèque rechargeable : supprimées depuis le 1er juillet 2014 (sauf pour un investissement professionnel), celles qui ont été conclues avant cette date continuent à s'appliquer jusqu'à leur conclusion mais ne pourront plus être renouvelées.

Une hypothèque, garantie d'un emprunt immobilier initial, peut venir en garantie d'un ou plusieurs autres prêts à la consommation. Pendant le remboursement du prêt immobilier, l'hypothèque est rechargée, c'est-à-dire réutilisée pour garantir d'autres emprunts. Un seul bien immobilier sert donc de garantie pour plusieurs prêts dans la limite du montant initial de l'hypothèque. Si l'hypothèque n'était pas prévue à l'origine comme rechargeable, elle peut être transformée par voie d'avenant rédigé par un notaire.

- Le prêt viager hypothécaire : il concerne les personnes physiques qui sont propriétaires de leur résidence principale et dont les ressources ou l'état de santé ne permettent pas l'accès à l'emprunt.

Il permet au propriétaire de transformer son bien en crédit, dont le montant est fonction de l'âge du souscripteur et de la valeur du bien, et qui ne sera remboursé qu'à son décès. L'emprunteur reçoit les fonds sous forme de capital ou de rente. Le prêt viager hypothécaire nécessite une offre de crédit ainsi qu'un acte notarié.

2. Les garanties personnelles : les cautions

Une caution est un tiers qui s'engage à payer au prêteur les sommes dues en cas de défaillance du débiteur. La caution doit donc présenter les conditions de solvabilité compatibles avec son engagement. Elle engage alors son patrimoine dans les mêmes conditions que si elle était elle-même l'emprunteur.

EXEMPLE

Personne physique, société de caution mutuelle.

a) Le cautionnement simple

Le créancier impayé ne peut intenter une action contre la caution qu'après avoir poursuivi, sans succès, le débiteur défaillant.

Si plusieurs cautions existent, la caution sollicitée peut demander que le paiement soit réparti entre toutes les cautions.

b) Le cautionnement solidaire

L'établissement de crédit peut se retourner directement vers la caution du débiteur pour le remboursement de son crédit, sans attendre d'avoir épuisé tous les recours contre le débiteur. De plus, la caution solidaire ne peut invoquer le bénéfice de discussion ou de division.

Les mutuelles proposent depuis longtemps un cautionnement solidaire, dans le cadre de sociétés de caution mutuelle (SCM). Cette solution s'avère la plus intéressante pour les emprunteurs : elle s'applique à tous les biens, elle est aussi la moins onéreuse, d'autant plus qu'à la fin du prêt, l'emprunteur peut obtenir le remboursement d'une partie de ses cotisations d'assurance, une commission restant acquise à la SCM. Aujourd'hui, nombre de banques à réseaux disposent de leur propre SCM.

56 LE SUIVI DU DOSSIER DE CRÉDIT

Jusqu'à son remboursement, le crédit suit différentes étapes.

1 La mise en place du crédit

1. Recherche d'un financement

Tout projet de financement a pour préalable une démarche auprès des différentes banques, pour obtenir la meilleure offre. Dans cette phase, les courtiers en prêts (le plus souvent immobiliers) peuvent être mandatés afin d'obtenir les meilleures conditions.

2. Constitution et étude du dossier

Cette étape est indispensable pour apprécier la solvabilité. S'agissant d'un crédit immobilier, le montant des apports sera également un élément d'appréciation. Sur cette base, la banque donnera son accord de principe. La demande de prêt doit être signée par l'emprunteur, qui certifie sur l'honneur l'exactitude des renseignements fournis.

3. Remise de l'offre préalable et acceptation

Elle récapitule toutes les caractéristiques du crédit et est valable 15 jours pour un crédit à la consommation, 30 jours pour les crédits immobiliers. L'emprunteur bénéficie d'un délai de rétractation de 14 jours pour les crédits à la consommation et d'un délai de réflexion incompressible de 10 jours pour les crédits immobiliers.

2 Les pièces constitutives du dossier

1. La situation familiale

Elle s'apprécie au vu de la pièce d'identité des emprunteurs, de la copie du livret de famille, du contrat de mariage ou du jugement de divorce, des éléments d'appréciation de la pérennité des revenus.

2. La situation professionnelle

Elle atteste la pérennité des revenus et découle de la qualité de l'employeur (employeur public/privé) ainsi que de la nature du contrat de travail (CDD/CDI).

3. Le fonctionnement bancaire

Il se déduit de l'analyse des 3 derniers mois de relevés de compte sur l'ensemble des comptes détenus.

4. La solvabilité des demandeurs

Elle s'évalue à partir :
- des trois derniers bulletins de salaire ou de pension, du dernier avis d'imposition, de la dernière déclaration de revenus, ainsi que des éventuels justificatifs de revenus mobiliers et fonciers ;
- de l'interrogation des fichiers de la Banque de France ;
- des tableaux d'amortissement des prêts en cours.

5. Le patrimoine

Il s'agit de dresser l'inventaire de l'épargne et des biens immobiliers détenus par les coemprunteurs, ainsi que des emprunts en cours et des engagements de caution, de la déclaration ISF éventuelle.

6. Le projet

Il est matérialisé par un bon de commande, une facture pour un prêt affecté, un compromis de vente, contrat de construction, devis des travaux éventuels pour un crédit immobilier, annonces locatives et attestations d'agences pour un investissement locatif, mandat de mise en vente pour un crédit relais.

7. Pièces complémentaires

Le cas échéant, devront être joints les éléments décrivant les financements complémentaires : PEL, PTZ...

3 Les modalités de déblocage des fonds

1. Pour les crédits à la consommation

Les fonds peuvent être mis à disposition dès le 8e jour après acceptation. S'il exerce son droit de rétractation, l'emprunteur devra les rembourser sous 30 jours.

2. Pour un crédit immobilier

Le déblocage intervient souvent à la date de signature finale chez le notaire. Dans le cas d'une construction, la banque procédera à des déblocages à différentes dates.

4 Le suivi du dossier

Avant le terme, l'emprunteur peut rembourser par anticipation, modifier le contrat ou avoir des difficultés de remboursement.

1. Le recouvrement amiable

a) Le recouvrement amiable classique

Dans la mesure du possible, il sera privilégié. Il passe par une renégociation ou une restructuration de crédits.

b) Le plan d'apurement

Dans le cadre de la procédure de surendettement, si une capacité de remboursement apparaît, la commission décidera d'un planning de remboursement avec un échéancier (sur 8 ans maximum).

2. Le recouvrement contentieux

À défaut d'accord amiable, le dossier sera transmis au service contentieux pour le recouvrement.

a) Mise en demeure de payer

Adressée par lettre recommandée avec AR ou par signification d'huissier, elle détermine la date à partir de laquelle les dommages-intérêts seront calculés.

b) Assignation et mise en jeu des garanties

La banque peut assigner le débiteur négligent devant le tribunal. Munie d'un titre exécutoire délivré par le juge, elle pourra procéder à la mise en jeu des garanties. L'assignation entraîne le plus souvent la déchéance du terme et l'inscription au FICP (pour 5 ans maximum). Toutes les sommes dues doivent être réglées : capital, échéances impayées, intérêts de retard, pénalités et indemnité de déchéance du terme (8 % pour un crédit consommation, 7 % pour un crédit immobilier).

57 LES PRODUITS D'ASSURANCE DE PERSONNES EN PRÉVOYANCE

La banque se doit de proposer à ses clients des contrats qui garantissent une protection sociale complémentaire. Le contrat de prévoyance individuelle protège la famille : il permet le maintien d'un revenu au moyen d'indemnités, de rentes, de capitaux, et il complète l'assurance sociale obligatoire. Les risques garantis sont la prise en charge des dépenses de santé, l'atteinte à l'intégrité physique, l'incapacité de travail, la retraite et le décès.

1 Les contrats d'assurance de complémentaire santé

Les garanties peuvent être souscrites dans le cadre d'un contrat individuel ou collectif. Les frais de soins sont partiellement pris en charge par les régimes obligatoires d'assurance maladie. L'assurance complémentaire intervient en complément, en fonction des garanties souscrites par l'assuré. Certains banquiers offrent à leurs assurés l'accès à des réseaux de professionnels de santé. Ces réseaux permettent de bénéficier de prix négociés et d'engagements en termes de qualité et de services rendus. Un assuré peut, selon les caractéristiques de son contrat, voir disparaître totalement son « reste à charge » (c'est-à-dire la part des dépenses qui restent à sa charge après remboursement de l'assurance maladie obligatoire).
Les banques offrent également à leurs assurés des services d'information et d'accompagnement qui se présentent sous diverses formes : plateformes de conseil santé et d'assistance téléphonique, services personnalisés, dépliants d'information, espaces Internet dédiés à la prévention. Des services d'assistance peuvent être également proposés dans les contrats d'assurance complémentaire santé : aide ménagère, garde-malade, garde d'enfants, rapatriement.

2 Les assurances en cas d'incapacité et d'atteinte à l'intégrité physique

1. Définition

La garantie des accidents de la vie (GAV) est un contrat d'assurance qui couvre les dommages corporels accidentels de la vie privée.
Deux types de contrat d'assurance sont généralement proposés : soit le contrat couvre une seule personne, soit il couvre une famille.

2. Les événements garantis

Ce sont les accidents de la vie privée (chutes, intoxications alimentaires, brûlures...), les accidents médicaux, les accidents dus à des attentats ou des agressions. Les accidents de la route et les accidents du travail ne sont pas garantis, car ils sont soumis à un régime d'indemnisation spécifique obligatoire.

3. Les modalités

La plupart des contrats commercialisés prennent en charge l'indemnisation à partir d'une incapacité de 5 %.
Le contrat indemnise au moins les postes reconnus comme imputables à l'événement garanti.

EXEMPLE

Les frais de logement et de véhicule à adapter, l'assistance permanente par une tierce personne, les pertes de gains professionnels futurs, le déficit fonctionnel permanent, les souffrances endurées, le préjudice esthétique permanent, le préjudice d'agrément.

En cas de décès d'un assuré, les préjudices économiques et moraux subis par les bénéficiaires sont indemnisés. Le contrat prend en charge les frais d'obsèques, le préjudice d'affection, les pertes de revenus des proches.
Les indemnités sont proposées dans un bref délai et au plus tard dans les 5 mois qui suivent la date à laquelle l'assureur a eu connaissance de la consolidation de l'état de l'assuré, ou de son décès. Lorsqu'il ne peut pas proposer une offre définitive, l'assureur doit présenter une offre provisionnelle.

EXEMPLE

Si l'état de l'assuré n'est pas consolidé et si le dommage directement imputable à l'accident dépasse le seuil de déclenchement de la garantie, le règlement des sommes convenues doit intervenir dans un délai d'un mois à partir de l'accord de la victime.

Ainsi, la garantie des accidents de la vie permet d'être indemnisé rapidement selon des procédures simplifiées. Une indemnisation est versée dans tous les cas, qu'il y ait ou non un responsable solvable de l'accident.

3 Les assurances garantissant un complément de retraite

1. La retraite et la prévoyance des travailleurs non salariés

La loi Madelin permet la déduction fiscale, sous certaines conditions, des cotisations versées par le travailleur non salarié (TNS) pour se constituer une retraite complémentaire ou des garanties de prévoyance complémentaire dans le cadre de contrats Madelin.
Les cotisations versées au titre de ces garanties peuvent être déduites du revenu imposable dans la limite d'un plafond fiscal. Pour l'assurance retraite, un montant minimal de cotisation est fixé à la souscription. Chaque année, ce montant de base varie proportionnellement au plafond de la Sécurité sociale et l'adhérent peut, s'il le souhaite, faire évoluer sa cotisation entre le montant minimal de base fixé à la souscription et un maximum de 15 fois ce montant.
Les adhérents peuvent verser des cotisations supplémentaires en vue de se constituer une retraite complémentaire facultative pour les années comprises entre la date de leur affiliation au régime obligatoire d'assurance vieillesse et la date de leur adhésion au contrat de groupe. Le montant de la cotisation supplémentaire versée au cours d'une année est égal au montant total de la cotisation périodique versée au titre de la même année.

La loi prévoit un déblocage anticipé dans plusieurs situations, par exemple en cas d'invalidité de 80 % au moins, de cessation d'activité, de décès du conjoint.
Les cotisations versées par les travailleurs indépendants au titre de contrats de groupe de retraite, de prévoyance complémentaire et de garantie perte d'emploi peuvent être déduites de leur revenu imposable dans la limite d'un plafond fiscal. Les prestations sont versées sous forme de revenus de remplacement ou de rentes viagères. Les prestations servies en contrepartie de cotisations déductibles sont soumises à l'impôt sur le revenu après un abattement de 10 % pour les prestations servies sous forme de rente. Les versements en capital et les prestations en nature sont exonérés.

2. L'assurance retraite des salariés

a) Le plan d'épargne retraite populaire (PERP)

Destiné à la constitution d'un complément de retraite, le contrat d'assurance souscrit dans le cadre du PERP est un produit d'épargne de long terme qui peut être versé sous plusieurs formes à compter de la liquidation de la retraite obligatoire ou à l'âge de 62 ans. Le PERP permet également de se constituer une épargne pour acquérir une résidence principale (en accession à la première propriété ou à condition de ne pas avoir été propriétaire pendant les 2 ans précédant la retraite), à compter de son départ en retraite ou à l'âge de sa retraite, payable par un versement en capital.

b) Principes de l'alimentation d'un PERP

Les versements sur le PERP peuvent être programmés ou libres, sans conditions de montant. L'épargne versée sur un PERP est en principe bloquée jusqu'à l'âge de la retraite. Il est cependant possible de récupérer son épargne de façon anticipée en cas d'invalidité, de décès de l'époux ou du partenaire de Pacs, d'expiration des droits aux allocations chômage, de surendettement.
En cas de décès du bénéficiaire avant ou après la liquidation des droits à la retraite, la rente acquise peut être reversée sous forme de rente viagère au conjoint survivant ou à tout autre bénéficiaire expressément désigné dans le plan, ou sous forme de rente éducation pour ses enfants mineurs.
Chaque année, les sommes versées sur un PERP sont déductibles pour chaque membre du foyer fiscal, dans la limite d'un plafond global.

4 Les assurances en cas de décès

1. Définition

L'assurance en cas de décès est un contrat qui permet le versement d'un capital ou d'une rente à un bénéficiaire désigné, en cas de décès de l'assuré avant le terme du contrat.
Ces contrats peuvent être souscrits à l'occasion d'un emprunt.
L'assurance en cas de décès peut être assortie de garanties complémentaires.

EXEMPLE

Garantie contre les risques d'incapacité ou d'invalidité, majoration de la garantie en cas de décès accidentel.

Les contrats d'assurance décès peuvent être souscrits soit pour une durée limitée (assurance temporaire décès), soit pour toute la vie (assurance vie entière).

2. Modalités

L'assurance temporaire décès garantit le versement d'un capital ou d'une rente en cas de décès de l'assuré survenant pendant la période de validité du contrat.
Si l'assuré est en vie au terme de cette période, le contrat d'assurance prend fin.
Les cotisations versées ne sont pas récupérées par le souscripteur du contrat, mais bénéficient à l'ensemble des assurés : il y a mutualisation des risques.
Pour rembourser un prêt, l'assurance emprunteur est une assurance temporaire, limitée à la durée du crédit, qui garantit son remboursement en cas de décès. Cette garantie est le plus souvent complétée par des garanties d'assurance de personnes couvrant les risques d'invalidité, d'incapacité de travail et éventuellement de perte d'emploi.
Pour financer l'éducation des enfants, la rente éducation est une assurance temporaire décès qui répond à un besoin limité dans le temps. L'assuré choisit lui-même la durée de la garantie. S'il décède pendant ce laps de temps, une rente, dont il aura choisi le montant à l'avance, sera versée à ses enfants jusqu'à ce que ceux-ci atteignent l'âge prévu dans le contrat.
Les contrats spécifiques obsèques sont des assurances vie entière qui ont pour objet de financer les frais funéraires et d'aider la famille à remplir les formalités consécutives au décès.
Il est possible de compléter son contrat d'assurance par d'autres garanties, qui ne sont pas toujours liées à la durée de la vie mais couvrent un risque particulier. La garantie incapacité de travail prévoit que lors d'un arrêt de travail prolongé, une indemnité journalière soit versée à l'assuré. La garantie invalidité intervient à la suite d'une invalidité définie dans le contrat, l'assureur versant des prestations sous la forme d'un capital ou d'une rente. La garantie perte d'emploi est généralement proposée dans les contrats d'assurance liés à un prêt et prévoit soit le report des échéances du prêt, soit la prise en charge de la totalité ou d'une partie des mensualités pendant la durée fixée par le contrat.

58 LES PRODUITS D'ASSURANCE DE DOMMAGES

Pour la banque, les deux contrats multirisques, assurance habitation et assurance automobile, auxquels doivent souscrire les particuliers, représentent un marché potentiel important.

1 Le contrat d'assurance multirisques habitation

Il garantit à la fois les biens de l'assuré pour les dommages subis, et les conséquences pécuniaires de sa responsabilité pour les dommages causés.

1. La garantie des dommages subis par l'assuré (assurance de biens)

Les biens garantis sont les immeubles et le contenu de l'habitation. Une franchise contractuelle est la plupart du temps appliquée, qui peut faire l'objet d'un rachat selon les contrats proposés.

a) L'incendie

C'est une garantie de base couvrant les dommages matériels qui résultent d'un incendie, d'une explosion, d'une implosion, de la chute de la foudre, ainsi que les dégâts provoqués lorsqu'on éteint un feu.

b) Le vol et le vandalisme

Certains biens peuvent être garantis selon un montant limité : les objets de valeur et les bijoux, les espèces, le mobilier des dépendances. Les assureurs suspendent leur garantie au-delà d'une certaine période d'inhabitation.

c) Le dégât des eaux

Cette garantie couvre les conséquences d'un dégât des eaux mais n'a pas pour objet l'indemnisation des réparations de la partie de la construction ou de l'appareil à l'origine du dommage.

d) Les événements climatiques

La garantie catastrophes naturelles est une garantie légale obligatoire. En assurant ses biens contre l'incendie, l'assuré est automatiquement couvert contre les dégâts dus aux catastrophes naturelles. Les dommages matériels directs sont couverts dans les limites du plafond et des conditions fixés par le contrat. La garantie tempête et autres événements climatiques peut exclure certains bâtiments, éléments de bâtiment ou biens qui ne présenteraient pas une résistance suffisante à un vent violent, même si ces biens sont par ailleurs assurés contre l'incendie.

e) La garantie bris de glace

Elle couvre les dommages matériels subis par les vitres, les fenêtres, les baies vitrées, les Velux, les parois séparatives de balcons, ainsi que les verres et glaces du mobilier.

2. Les garanties des conséquences de la responsabilité

a) La responsabilité civile vie privée

La garantie couvre les conséquences pécuniaires de la responsabilité civile encourue par l'assuré à la suite de dommages corporels, matériels ou immatériels causés à des tiers dans le cadre de la vie privée. Il s'agit d'une responsabilité du fait personnel, du fait des choses que l'assuré a sous sa garde, du fait de ses enfants mineurs.

b) La responsabilité contractuelle entre le bailleur et le locataire

Il s'agit de la responsabilité du locataire à l'égard du propriétaire en raison des dégradations causées par lui au bâtiment, qui peuvent être consécutives à un incendie, un dégât des eaux, une explosion. Le locataire est contraint par la loi de s'assurer contre les risques locatifs.
Le contrat propriétaire non occupant garantit la responsabilité du propriétaire envers le locataire pour les dommages consécutifs à un vice de construction ou à un défaut d'entretien du bâtiment assuré.

2 La déclaration et le règlement des sinistres concernant l'habitation

1. La déclaration du sinistre

La déclaration du sinistre peut être constituée par un simple courrier, par un constat amiable en matière de sinistre portant sur un dégât des eaux. Un récépissé de dépôt de plainte doit être joint en cas de vol. La déclaration à l'assurance doit être effectuée dans les 5 jours ouvrés qui suivent le sinistre ou de son constat par l'assuré. Dans le cas d'un vol, le délai est ramené à 2 jours ouvrés. Le contrat peut autoriser des délais plus longs.

2. Le règlement des sinistres

a) Le montant de l'indemnisation

Selon le montant du dommage, un expert est mandaté pour constater les dommages et proposer une évaluation. Il s'agit d'une expertise amiable pouvant être contestée par l'assuré.
Le montant de l'indemnisation est déterminé en fonction des valeurs souscrites. Il ne peut être supérieur au plafond indiqué dans les conditions particulières. Une franchise est déduite. Ces deux éléments peuvent faire l'objet d'une revalorisation en fonction de l'évolution d'un indice. Le principe indemnitaire s'applique : l'assuré ne peut percevoir plus que le montant de son préjudice constaté par l'expert et justifié par des factures des biens détériorés ou disparus. Cependant, le contrat a pu prévoir une indemnisation en valeur à neuf sans déduction de la vétusté. Certains contrats d'assurance assimilent des aménagements et embellissements à du mobilier. Par exemple, il peut s'agir des installations privatives de chauffage ou de climatisation ainsi que de tout revêtement de sol, de mur et de plafond que le locataire a exécuté à ses frais ou repris avec un bail en cours, dès lors qu'ils ne sont pas devenus la propriété du bailleur.
Les dommages subis par les immeubles sont indemnisés selon la valeur de construction.

b) Le bénéficiaire de l'indemnisation

Dans le cadre d'une indemnisation à l'assuré pour les dommages subis, l'assureur propose une offre d'indemnisation. L'assuré devra signer et renvoyer une lettre d'acceptation. Le délai de règlement après acceptation est mentionné dans les conditions générales du contrat. En général, le règlement intervient dans le mois suivant l'acceptation.

Si le bien objet du sinistre a fait l'objet d'un prêt assorti d'une garantie, les indemnités dues par suite d'assurance contre l'incendie, contre la grêle ou les autres risques, sont attribuées sans qu'il y ait besoin de délégation expresse, aux créanciers privilégiés ou hypothécaires, suivant leur rang. Néanmoins, les paiements faits de bonne foi avant opposition sont valables.

En cas d'assurance de responsabilité, les indemnités sont dues par l'assuré à la victime. En cas d'assurance du risque locatif, l'assureur ne peut payer à un autre que le propriétaire de l'objet loué l'indemnité. Dans le cadre de la responsabilité civile « vie privée », l'indemnité est directement versée par l'assureur du responsable à la victime ayant subi le dommage.

En matière de sinistre relatif à un dégât des eaux, une convention entre assureurs (la CIDRE) permet à la personne lésée d'être indemnisée directement par son propre assureur sans mettre en cause l'assureur du responsable.

3 Le contrat d'assurance automobile

1. La garantie de la responsabilité civile obligatoire

Seule la souscription de la responsabilité civile, couramment appelée «assurance aux tiers», est obligatoire pour tous les véhicules terrestres à moteur. Les tiers sont les victimes (un autre conducteur, des passagers de l'un ou de l'autre des véhicules, un piéton, un cycliste, le propriétaire d'un bien mobilier ou immobilier).

Dans le cas où la responsabilité civile de l'assuré est engagée, l'assureur procédera à l'indemnisation des dommages matériels et corporels subis par les victimes.

2. Les garanties facultatives

a) Les dommages subis par le véhicule

L'expert détermine la valeur des dommages. Une franchise est souvent prévue.

La garantie dommages tous accidents couvre tous les dommages matériels subis par le véhicule, quel que soit le type d'accident, en cas de faute commise par son conducteur assuré.

La garantie dommages collision ne joue qu'en cas de collision avec un piéton, un autre véhicule ou un animal dont le propriétaire est identifié. Elle est utile si l'assuré conducteur est responsable.

Dans le cas de la garantie vol du véhicule, le contrat d'assurance définit les conditions d'application de la garantie ainsi que les modalités d'indemnisation. L'assureur peut exiger des mesures de prévention.

Le vandalisme peut être couvert en annexe à la garantie vol, dans des limites variables selon les contrats.

La garantie en cas d'incendie du véhicule indemnise selon la valeur à dire d'expert les dommages.

La garantie bris de glace couvre les dommages subis par le pare-brise et peut s'étendre aux glaces latérales, aux vitres de toit ouvrant, à la lunette arrière, aux blocs optiques de phares et aux rétroviseurs.

Les options d'assistance les plus courantes sont :
- le prêt d'un véhicule de remplacement, sous conditions ;
- en cas de panne, la prise en charge des frais de dépannage.

Si le contrat comporte une garantie dommages, le véhicule est automatiquement couvert en cas de catastrophe naturelle, de catastrophe technologique, de tempête ou d'attentat.

b) Les dommages subis par le conducteur

Le conducteur responsable ou seul impliqué ne peut pas, par application de la garantie responsabilité civile, recevoir une indemnisation de son préjudice (perte de revenus, incapacité).

La prime du contrat d'assurance évolue en fonction du coefficient de réduction-majoration (bonus-malus) de l'assuré.

4 La déclaration et le règlement des sinistres automobiles

1. La déclaration du sinistre

Si les dommages ne sont que matériels, un constat amiable, qui peut être établi de façon électronique, est suffisant. À partir de l'analyse des circonstances du sinistre, les responsabilités sont établies.

S'il existe des dommages corporels, un rapport de police ou de gendarmerie est dressé.

En cas de vol, une plainte doit être déposée, puis le procès-verbal est fourni à l'assureur.

2. Le règlement des sinistres

Pour un sinistre matériel, le montant des réparations validé par l'expert constitue la base de l'indemnisation. Si l'assuré est responsable, une franchise peut être déduite selon les modalités contractuelles de la garantie des dommages au véhicule. Si la valeur de remplacement à dire d'expert du véhicule (VRADE) est inférieure au montant des réparations, le véhicule est déclaré économiquement irréparable et l'offre d'indemnisation est alors égale au montant de cette valeur fixée par l'expert.

Les dommages corporels font l'objet d'une expertise médicale. Le conducteur fautif ne sera indemnisé que s'il a souscrit la garantie du conducteur. La victime sera totalement indemnisée sur la base du rapport d'expertise médicale.

59 LES CARACTÉRISTIQUES D'UN PORTEFEUILLE DE CLIENTS

Les établissements de crédit ont des clients très différents dans leur portefeuille (particuliers, associations, entreprises). La forte concurrence et la saturation du marché les ont amenés à cibler leur public pour atteindre les clients les plus rentables et positionner leurs offres sur les segments qu'ils ont décidé de servir.

1 Les critères de segmentation classique

Segmenter revient à former des groupes suffisamment distincts entre eux, mais assez larges pour que leur exploitation soit rentable et pertinente, c'est-à-dire cohérente avec la nature du produit ou du service. On utilise traditionnellement les critères sociodémographiques pour segmenter la demande.

1. La segmentation par catégories d'activités

Le premier type de classification concerne la répartition par activités : particuliers, professionnels, associations, grandes entreprises...

2. La segmentation par revenus et par patrimoine

Le chargé de clientèle doit s'enquérir des ressources financières de ses clients pour que la banque procède ensuite à une hiérarchisation au sein des portefeuilles d'agence. Le segment « grand public » représente plus des deux tiers des clients des banques classiques. Suivent le segment « bonne gamme », puis le « haut de gamme » et le « patrimonial ». Certains établissements de crédit ont choisi de se spécialiser et de s'adresser uniquement à un seul type de client. La clientèle professionnelle est également concernée par ce type de segmentation : les PME relèvent des agences locales alors que les gros groupes sont gérés par les sièges.

3. La présence de sous-segments

Afin d'améliorer la perception qu'elles ont de leur clientèle, les banques découpent leur demande en sous-groupes.

Les catégories « grand public » et « bonne gamme » font l'objet d'un recoupement par âge. Ce critère se fonde sur le cycle de vie du client bancaire (*voir fiche n° 8*). Les critères du sexe et de la taille de la famille peuvent également être appliqués à ces segments. Pour les deux autres catégories (« haut de gamme » et « patrimonial »), on utilise les PCS ou le montant des actifs financiers.

2 Les critères comportementaux

La segmentation comportementale est fondée sur l'étude du comportement bancaire des clients (épargnants, consommateurs, fréquence d'utilisation des services, modes de consommation...).

La récente crise, les nouvelles réglementations, l'évolution de la relation bancaire (courriels, plates-formes téléphoniques, cross-canal) conduisent les clients à modifier leurs attitudes. Plusieurs classifications ont été opérées.

L'organisme Headlink Partners classe les clients bancaires en cinq catégories :

- les novices : ils ont moins de 35 ans, sont fidèles à leur banque. Leur choix s'est effectué par rapport à leurs parents ;
- les désintéressés : ils sont clients par nécessité (il faut avoir une banque) ;
- les expérimentés classiques : ils ont 46 ans et plus, sont équipés en terme de produits, et sont clients du fait de la proximité de l'agence. Ils privilégient une relation personnelle (peu d'utilisation d'Internet) ;
- les proactifs : ce sont les moins fidèles. Ils utilisent tous les canaux à leur disposition pour comparer les offres ;
- les digital-minded : ils sont jeunes, recourent essentiellement aux nouveaux moyens de communication, apportent beaucoup d'attention aux tarifs.

3 Les sociostyles

Les banques segmentent également leur clientèle selon le style de vie du consommateur, qui tient compte de ses valeurs, de ses traits de personnalité, de ses activités, de ses centres d'intérêt ou de ses attitudes. Cette segmentation permet de préciser les motivations d'achat, les modes de relations avec le personnel de l'agence, l'évolution des styles de consommation et les actions commerciales à mettre en œuvre.

Une première étude menée par la Caisse d'épargne a permis de déterminer les styles suivants :

- les bloqués : l'argent les effraie, ils réagissent par le déni, l'évitement ;
- les passifs : ils n'aiment pas penser à l'argent ;
- les irréalistes : le rapport est quasi fusionnel avec l'argent qui leur permet d'assouvir leurs plaisirs. Ils acceptent peu les contraintes et leur endettement dépasse fréquemment leur capacité d'endettement ;
- les méritants : pour eux, l'argent se mérite, doit être préservé et être transmis ;
- les bâtisseurs ; ils sont bien informés, définissent les objectifs de l'utilisation de leurs fonds et acceptent peu les recommandations ;
- les gestionnaires : l'argent leur autorise des achats censés augmenter leur plaisir ou leur position sociale ;
- les joueurs : l'argent leur assure des plaisirs individuels. Ils aiment la prise de risque, les défis.

Une autre étude (Caisse d'épargne) a permis de caractériser les styles de vie des épargnants :

- les économes : thésauriser les rassure (concerne essentiellement les bas revenus) ;
- les stratèges : l'argent est placé pour prospérer ;
- les tacticiens : jeunes et moins aisés que les stratèges, ils favorisent la rentabilité et la valorisation des actifs placés ;
- les surfeurs : hédonistes, ils utilisent les crédits et sont aussi détenteurs de titres afin de spéculer) ;
- les réalisateurs : cette clientèle jeune et féminine cherche à allier argent et épargne au service de projets ;
- les distanciés : âgés, ils souhaitent transmettre ce qui leur restera après en avoir profité.

60 LES MÉTHODES D'ANALYSE QUALITATIVE ET QUANTITATIVE DU PORTEFEUILLE

Le conseiller analyse les données de son portefeuille afin de déterminer les priorités en termes d'actions commerciales, de déceler les potentialités sur les différents produits ou services, de suivre l'évolution des résultats et de vérifier sa cohérence avec les résultats du fonds de commerce.

1 L'analyse qualitative du portefeuille

Elle permet de se faire une image du profil de la clientèle du portefeuille et d'en mesurer l'impact sur les résultats.

1. La répartition par âge du portefeuille

Cette analyse est importante car elle permet de déterminer l'évolution du portefeuille. En effet, en fonction de leur âge, les clients n'ont pas les mêmes besoins en produits et services bancaires.
On peut répartir la clientèle en plusieurs tranches d'âge significatives afin de faire des propositions adaptées. L'idéal est un portefeuille équilibré. La part des jeunes doit être suffisante pour compenser leur forte volatilité et un portefeuille vieillissant. La part de chaque tranche d'âge dans le portefeuille sera calculée.

EXEMPLE

0-18ans : 100.
Total clients : 700.
La part des jeunes dans la clientèle est de :
100 / 700 × 100 = 14 %.

Dans la pratique bancaire, les portefeuilles jeunes sont plutôt confiés à de jeunes conseillers. La grande majorité des banques considèrent les jeunes comme un segment de clientèle.

2. La répartition par catégories socioprofessionnelles (PCS)

La composition du portefeuille par PCS a des effets sur la quantité et la nature des produits détenus par les clients. L'analyse distingue les actifs d'une part et les étudiants et les retraités (inactifs au sens de l'Insee) d'autre part. Dans les actifs, ceux qui occupent un emploi sont distingués des chômeurs. On calcule la part de chaque catégorie dans la clientèle.

3. L'approche comportementale de la clientèle

Elle permet d'identifier les comportements d'achat des clients.

4. L'appréciation du niveau de risque

L'analyse du portefeuille doit permettre d'évaluer le niveau de risque. Des outils tels que le *scorage* permettent d'attribuer une note à chaque client selon plusieurs critères : autorisations de découvert, dépassements, nombre et encours de crédit, incidents de paiements...

2 L'analyse quantitative du portefeuille

1. Les clients en portefeuille

- **Le nombre de clients** : indicateur de la taille du portefeuille, à comparer avec les autres portefeuilles et avec la stratégie de conquête de la banque.
- **Le taux d'attrition du portefeuille** : l'attrition correspond au nombre de clients perdus dans une année.

$$\text{Taux d'attrition} = \frac{\text{Nombre de clients perdus en fin de période}}{\text{Nombre de clients en fin de période}} \times 100$$

EXEMPLE

Nombre de clients au 31/12/N-1 : 600.
Nombre de clients au 31/12/N : 580.
Taux d'attrition = (600 – 580)/600 × 100 = 3,5 %.

2. Les encours clients

- **Le nombre de comptes à vue (CAV)** : tous les clients n'ont pas de comptes à vue et un client peut posséder plusieurs CAV (compte joint, compte en indivision). Il permet de calculer le nombre de clients bancarisés, c'est-à-dire le nombre de clients possédant un CAV. On peut en déduire le taux de bancarisation.

$$\text{Taux de bancarisation} = \frac{\text{Nombre de comptes à vue}}{\text{Nombre de clients}} \times 100$$

EXEMPLE

Nombre de clients : 600.
Nombre de CAV : 550.
550 / 600 × 100 = 91,6 %.

- **Les encours en nombre de produits possédés par client** : c'est le nombre de produits possédés par un client dans chaque famille de produits (moyens de paiements ; épargne : livrets ; épargne longue : CEL, PEL, compte à terme ; crédit amortissable et crédit renouvelable ; IARD ; prévoyance ; épargne financière, service banque à distance, convention de services). C'est un indicateur de l'équipement du ou des clients.
- **Les encours en nombre de capitaux possédés** : ils se mesurent à partir des sommes inscrites sur les différents comptes à vue et comptes d'épargne monétaire et financière ainsi que sur les encours des crédits. C'est un indicateur très important pour la banque car les encours sont considérés comme une ressource pour l'activité bancaire. Ils sont très surveillés. La structure des encours entre épargne courte et longue est un indicateur de stabilité de la relation avec le client. Il convient d'apporter une attention particulière à leur évolution en étant attentif aux différents flux.

EXEMPLE

La remise d'un chèque d'un montant important est de l'argent frais pour la banque. Il vaut mieux qu'il soit déposé sur un compte d'épargne pour le fixer dans la banque. Des retraits importants, signes de décollecte, peuvent être un signe de distanciation vis-à-vis de la banque ou d'un besoin de financement.

60 LES MÉTHODES D'ANALYSE QUALITATIVE ET QUANTITATIVE DU PORTEFEUILLE (Suite)

– **Les soldes moyens :** ils sont calculés à partir du total des encours d'un produit par rapport au nombre de produits. Ils permettent la comparaison entre portefeuilles et l'appréciation de ses potentialités.

– **Les taux de détention :** ils permettent de calculer le nombre de produits détenus par le client par rapport aux nombres de comptes à vue (CAV). Ils se calculent par nature de produits et services détenus (forfait de services, épargne liquide, épargne logement, épargne financière, épargne retraite, prêts personnels, prêts immobiliers, IARD, offres jeunes, etc.).

$$\text{Taux de détention} = \frac{\text{Nombre de produits détenus}}{\text{Nombre de CAV}} \times 100$$

EXEMPLE

Analyse du taux de détention en LDD du portefeuille :
– nombre de comptes à vue : 500 ;
– nombre de LDD détenus : 200 ;
– taux de détention de l'agence en LDD : 60 % ;
– taux de détention du portefeuille : 200 / 500 × 100 = 40 %.
Ce portefeuille accuse un retard par rapport aux résultats de l'agence car il a un taux inférieur.

Le taux de détention des cartes se calcule à partir du nombre de clients.

EXEMPLE

$$\text{Taux de détention de carte « premium »} = \frac{\text{Nombre de cartes}}{\text{Nombre de clients}} \times 100$$

3. L'analyse des encours clients

L'analyse du portefeuille a vocation à repérer les écarts avec les objectifs commerciaux, les autres portefeuilles de l'agence, ou ceux du groupe d'unités commerciales. Il s'agit ensuite d'en expliquer les causes pour mettre en œuvre des actions correctives.

Les écarts sont-ils liés à la structure par âge du portefeuille ? La répartition par âge a des effets sur les encours : les seniors ont des encours importants, les jeunes ont plutôt des besoins de financement.

Les écarts sont-ils liés à la structure par CSP du portefeuille ? Les taux de détention des produits sont-ils en cohérence avec le segment de clientèle ? Les avoirs sont-ils à la concurrence ?

EXEMPLE

Le taux de détention de PEA doit être plus élevé sur le segment des cadres supérieurs

Le conseiller maîtrise-t-il les produits pour les proposer ? Est-il assez formé pour envisager les rebonds commerciaux ? A-t-il le souci de transformer l'épargne à vue en épargne à terme ? Les soldes des livrets réglementés sont-ils au plafond ? Les encours moyens de crédit ou les encours en épargne longue sont-ils cohérents avec le profil du client ?

Ne perdons pas de vue que les placements en épargne à terme ou financière et les crédits permettent de fidéliser la clientèle. De même, les crédits – notamment immobiliers – permettent la conquête de nouveaux clients, tout comme les rachats de crédits. Quant aux services, ils facilitent la relation bancaire tout en étant des éléments de rentabilité pour la banque. Les produits de prévoyance ou d'IARD sont sources de commissions récurrentes et concourent à la fidélisation.

Il faut également tenir compte de l'évolution du portefeuille dans l'analyse des résultats.

EXEMPLE

Si la banque a un objectif de conquête, l'arrivée de nouveaux clients entraînera dans un premier temps une baisse du taux de détention.

4. Les indicateurs d'activité du compte-courant

Ces indicateurs mesurent le niveau d'activité du compte pour distinguer les comptes actifs des comptes inactifs :
– nombre d'opérations sur le compte par mois ;
– quantité de flux par mois.

5. Les indicateurs de rentabilité du portefeuille

L'indicateur de mesure est le PNB réalisé par client.

Seule une minorité de clients contribue à la rentabilité du fonds de commerce. Certains clients coûtent plus à la banque que ce qu'ils lui rapportent.

Ce sont les commissions sur les services qui contribuent pour presque 50 % à la rentabilité du fonds de commerce. Pour la banque, il y a plus de marge sur l'utilisation de l'épargne des clients que sur celle découlant des crédits amortissables.

3 Le diagnostic sur le portefeuille

1. Synthèse des points forts et des points faibles

Compte tenu de la structure du portefeuille, les points forts et les points faibles du portefeuille seront dégagés par familles de produits, en tenant compte de la segmentation. En conclusion, il est nécessaire de faire ressortir les tendances fortes du portefeuille afin de dégager les actions prioritaires à mettre en œuvre.

2. La cohérence du portefeuille avec la segmentation

La structure du portefeuille dépend de la segmentation du fonds de commerce. On peut distinguer un portefeuille hétérogène et un portefeuille homogène par nature de clientèle (grand public, moyenne gamme, bonne gamme, professionnels). Il faut vérifier que la composition du portefeuille est en cohérence avec la segmentation de la banque et avec la répartition du fonds de commerce de l'agence entre les conseillers.

61 LE DÉVELOPPEMENT DU PORTEFEUILLE

Le conseiller clientèle cherche à améliorer son efficacité commerciale en termes de ventes de produits, de fidélisation de la clientèle et d'accroissement du nombre de clients en portefeuille tout en veillant à régénérer ce dernier en fonction des cycles de vie des clients.

1 Le développement du portefeuille sur son territoire

Pour développer un portefeuille client, il faut le resituer dans son environnement afin de profiter des opportunités et tenter de limiter les menaces. Pour cela, le portefeuille doit être comparé aux résultats de l'agence et aux résultats du groupe d'agences (*voir fiche n° 14*).
Il faut tenir compte de toutes les données de l'environnement externe : démographie (répartition par âge, par PCS, et en particulier par PCS+), revenu moyen de la zone de chalandise, taux de pénétration du marché de l'agence et du groupe d'agences (par tranches d'âge).

2 Le cycle de vie temporel et événementiel du client

1. Les étapes et événements du cycle de vie du client

a) Le cycle de vie du client

Le cycle de vie du client bancaire est marqué par cinq étapes :
- le prospect ;
- l'entrée en relation ;
- la détention du premier produit ou service bancaire ;
- l'approfondissement de la relation (souscriptions récurrentes de produits ou services) ;
- l'inactivité, voire la rupture de la relation.

Le cycle de vie est jalonné par des événements qui orientent le comportement du consommateur.

b) Les événements du cycle de vie du client et la détection des opportunités commerciales

La pratique dans le milieu bancaire consiste à observer dans le temps le client (grâce aux outils de la GRC), afin de repérer les moments importants jalonnant son existence. Ces événements sont pris en compte dans l'offre bancaire et financière.
Tout événement est un motif de rencontre entre le conseiller et le client. L'objet du rendez-vous a comme point de départ un intérêt porté au client.
La gestion temporelle et événementielle de la relation client permet la fidélisation, d'où l'intérêt du CRM et d'une approche globale du client. Elle permet d'anticiper les effets de ces événements sur le patrimoine du client.

Étapes de la vie	Opportunités commerciales
Naissance	Conquête, proposition de livret, chèque cadeau
Enfance (0-12 ans) et adolescence (12-16 ans)	Selon l'âge : livret, carte de retrait, assurance
Étude (18-25 ans)	Voyage, prêt étudiant
Premier emploi, installation dans la vie active, vie en couple, naissance des enfants (20-30 ans)	Besoins de services financiers, crédit voiture, premier logement, épargne disponible, épargne logement, IARD
Chômage ou promotion	Changement de comportement dans les produits consommés (épargne, crédit)
Augmentation du revenu (30-40 ans), études puis départ des enfants (40-âge de la retraite)	Acquisition immobilière, besoins en logement des enfants, épargne études, assurance, produits santé, préparation de la retraite
Retraite	Selon l'âge : voyages, transmission du patrimoine, prévoyance, dépendance, achats pour la famille, obsèques, succession

2. L'amélioration du taux de concrétisation

La prise en compte du cycle de vie du client s'appuie principalement sur l'âge et permet une amélioration du taux de concrétisation des rendez-vous. C'est un indicateur de l'efficacité d'un rendez-vous en termes commercial. Un taux de concrétisation de 100 % signifie qu'au moins un produit est vendu par rendez-vous.

$$\text{Taux de concrétisation} = \frac{\text{Nombre de produits vendus}}{\text{Nombre de rendez-vous}} \times 100.$$

EXEMPLE

Nombre de rendez-vous : 6.
Nombre de produits vendus : 8.
Taux de concrétisation : 8 / 6 × 100 = 133,33 %.
Le chargé de clientèle a été efficace : il a vendu plus d'un produit par rendez-vous.

3. La prospection

Les techniques de prospection permettent de développer un portefeuille. La recommandation ou parrainage par les clients existants est le moyen le plus efficace pour conquérir une nouvelle clientèle. Le principe est qu'un client satisfait en parle à son entourage à la demande de son conseiller ou lors d'une animation commerciale de l'agence.
Le fichier des prospects est élaboré lors de différentes opportunités de contacts.

62 LES TABLEAU DE BORD ET LES RATIOS

La finalité économique d'un établissement de crédit ne déroge pas à celle des autres entreprises : une banque commerciale se doit d'être rentable. La mise en œuvre d'outils de suivi des objectifs commerciaux apparaît donc indispensable.

1 L'intérêt du reporting

L'organisation en réseau des établissements bancaires éloigne les points de vente des centres de décision (directions régionales et siège). Par conséquent, un système de communication des résultats de l'agence doit être mis en place. Il informe la direction, mais également les chargés de clientèle de la progression des performances commerciales.

Dans une organisation hiérarchique, le dirigeant comme les managers intermédiaires doivent pouvoir suivre et apprécier les données chiffrées obtenues en amont. La diffusion de ces informations aux échelons supérieurs se dénomme le *reporting*. Il consiste en un ensemble d'éléments ayant pour fonction d'éclairer la hiérarchie de la situation et des résultats de chaque point de vente.

1. L'importance du *reporting*

Un responsable d'entreprise ne peut pas développer de stratégie s'il ne dispose pas d'informations pertinentes. La remontée tout au long de la chaîne de décision des éléments du terrain devient donc impérative. Les managers doivent posséder en permanence une vision exacte de l'avancement des opérations et des résultats obtenus dans les agences.

2. La place du reporting dans un système hiérarchique

Ce système autorise la remontée d'informations de la base vers le sommet de la hiérarchie. Il doit donc faciliter, pour chaque niveau, l'agrégation des données transmises par les subordonnés, leur contrôle, la mise en œuvre de mesures correctives et leur relais à la direction.

Au sein d'une agence, chaque personne en charge d'objectifs commerciaux (chargés clientèle particuliers et professionnels, chargés d'accueil, conseillers patrimoniaux...) communique périodiquement ses résultats à son directeur d'agence. Ce dernier, après les avoir analysés et procédé aux corrections jugées nécessaires, les adresse à son tour à son supérieur. Cette opération se perpétue jusqu'au siège.

Cette diffusion s'accomplit grâce au système d'information marketing (SIM), et notamment par l'intermédiaire des tableaux de bord.

2 Les différents tableaux de bord

Les indicateurs commerciaux sont synthétisés dans un document appelé tableau de bord.

1. La définition d'un tableau de bord

Le tableau de bord du responsable est un document récapitulant les informations clés de la gestion de l'entreprise. Il permet de s'assurer du bon fonctionnement de l'organisation en mettant en évidence les écarts significatifs constatés au cours d'une période.

2. La multitude des tableaux de bord bancaires

Toute information qui doit être contrôlée peut faire l'objet d'un suivi par tableau de bord.

EXEMPLES

- Le tableau de bord des risques, qui relate les comptes débiteurs non autorisés, les encours de crédits supérieurs à 30 jours ou les échéances de prêt en retard.
- Le tableau de bord financier, appelé tableau ressources-emplois (TRE), qui enregistre les flux entrants (dépôts bancaires, remboursements de prêts...) et ceux sortants (accords de prêts...). Le solde permet de déterminer les exigences en fonds propres.

3 Les tableaux de bord commerciaux

Deux instruments coexistent.

1. Le tableau de bord commercial par client

Chaque client est évalué individuellement par son chargé de clientèle, au niveau des risques, mais aussi à l'égard de son potentiel. Sa situation en termes d'épargne, de revenus, de types de dépenses, de patrimoine fait l'objet d'un bilan afin de mieux cibler ses besoins potentiels. Le conseiller pourra ainsi proposer le service adéquat.

L'étude du dossier du client autorise en outre le calcul de sa rentabilité, à savoir la marge qu'il dégage pour l'établissement (intérêts perçus sur les crédits minorés de ceux versés sur les produits d'épargne auxquels s'ajoutent les commissions). Le PNB peut s'avérer positif (client emprunteur) ou négatif (client épargnant). Cette méthode indique au professionnel les options les plus rentables pour l'entreprise.

2. Le tableau de bord commercial du chargé de clientèle

Chaque commercial dispose d'un tableau de bord qui retranscrit ses performances commerciales.

a) La finalité

Ce tableau de bord autorise :
- à chaque commercial d'apprécier ses performances en temps réel par rapport aux objectifs qui lui ont été assignés ;
- le pilotage de l'unité commerciale par le responsable du point de vente, afin qu'il apporte rapidement les corrections qui s'imposent, soit au niveau agrégé (c'est-à-dire l'ensemble des tableaux de bord commerciaux de l'agence) en corrigeant la stratégie commerciale de l'agence (ex. : lancer un temps fort sur un produit dans lequel un retard a été constaté), soit au niveau individuel, en modifiant les objectifs de ses commerciaux lorsque ceux-ci ne les ont pas atteints ou les ont dépassés.

b) La présentation sous forme de tableau

Le tableau doit offrir une structure claire et pertinente. Il est organisé par lignes (qui reprennent l'ensemble des produits, et par colonnes (où figurent les indicateurs de performance). En règle générale, il est établi sur l'année civile avec des points de passage par trimestre, par mois, voire par semaine.

3. La portée du tableau de bord du conseiller de clientèle

Le tableau présente de multiples avantages :
- il permet de suivre la réalisation des objectifs ;
- il est orienté vers le pilotage, c'est-à-dire le suivi en temps réel des performances commerciales du chargé de clientèle et de l'agence (au niveau agrégé).

C'est donc un outil de pilotage et d'aide à la décision :
- il ne retient que les données les plus pertinentes (évite de noyer le lecteur d'informations inutiles) ;
- il autorise très rapidement la correction des écarts constatés ;
- sa périodicité est déterminée en fonction des besoins.

Par conséquent, c'est un outil de diagnostic et de réactivité.

C'est aussi un outil de confrontation entre les résultats des différents commerciaux de l'agence, mais aussi de comparaison entre les différents points de vente.

En tant qu'étalon de mesure de la performance et de mise en parallèle de la production de l'ensemble des commerciaux, il devient un promoteur de la motivation au sein du réseau, en incitant les chargés de clientèle à atteindre leurs objectifs.

EXEMPLE DE TABLEAU DE BORD COMMERCIAL

Tableau de bord : Pierre J.
Agence d'Aubignane – État du mois de juillet 2013
Marché des particuliers (15 juillet 2013)

Produits	Ouvertures brutes mens.	Ouvertures cumulées	Obj. annuels	Points de passage annuels (%)	Obj. saisonniers	Points de passage saisonniers (%)
Total Épargne	12	483	962	50	392	123
Livret A	3	36	135	27	55	65
LEP	0	46	113	40	46	100
LDD	1	74	108	68	44	168
Livret jeune	1	17	70	25	29	60
PEL	2	25	44	57	18	139
CEL	3	101	201	50	82	123
Cptes titres	0	6	12	50	5	120
PEA	1	3	8	37	4	75
Assurances-vie	1	97	141	69	57	69
Total Crédits	1	89	219	41	92	97
Cit perso.	1	63	167	38	75	85
Cit renouv.	0	0	0	0	0	0
Crédit immo.	0	26	52	50	17	153
Total Argent quotidien	4	391	838	47	367	106
Cptes chèque	2	81	179	45	78	103
CBNN	1	116	278	42	122	95
CBN+	0	17	44	39	19	88
CBIN	1	17	44	39	19	88
CBI+	0	30	36	83	16	190
Total Assurances	2	82	247	33	94	87
MRH	0	22	63	35	23	96
Auto	1	5	52	10	19	26
GAV	0	5	22	23	8	62
PJ	0	19	36	53	13	144
Cpltaire santé	1	3	18	17	8	38
Autres équipements	3	97	200	48	20	0
Alerte SMS	1	17	50	34	5	0
BNET	2	80	150	54	15	0

63 LA MERCATIQUE DIRECTE

Les banques développent une démarche commerciale qui se caractérise de plus en plus par une approche du client sans intermédiaire, personnalisée et à distance.

1 Définition et objectifs

La mercatique directe est à la fois un mode de distribution (absence d'intermédiaire) et de communication (relativement personnalisé), un mode de vente (à distance), une stratégie qui cible le consommateur, ou un segment de clientèle (et non le marché dans son ensemble).

L'avènement du Web 2.0 appelle à reconsidérer cette pratique dans une approche plus interactive.

La mercatique directe vise à établir un contact personnalisé et mesurable entre la banque et des clients potentiels sélectionnés selon divers critères, à partir d'un ou plusieurs fichiers. Elle répond à cinq principaux objectifs :

- l'étude de marché pour informer sur le marché grâce à un échantillon de consommateurs qui donnent leur avis avant le lancement d'un produit, d'une offre commerciale ou d'un nouveau concept ;
- la prospection ;
- la vente, en complément des circuits traditionnels ;
- la fidélisation, afin de créer une relation de proximité avec le client, de maintenir le contact ;
- l'animation et l'information de la clientèle de tout événement la concernant, qu'il s'agisse de la mise à disposition d'un nouveau tarif, d'une offre promotionnelle, du lancement d'un nouveau produit.

2 Les principales techniques de mercatique directe

1. Des techniques variées et évolutives

a) Les techniques traditionnelles

Elles vont des moyens les plus traditionnels (distribution d'imprimés, télécopie) au phoning permettant d'adresser un message individualisé, d'argumenter et de traiter les objections, en passant par le publipostage et le multipostage (*bus-mailing*) qui offrent la possibilité d'envoyer des lettres personnalisées à des segments de clientèle.

Le SMS est désormais une pratique de mercatique directe courante, s'inscrivant dans une stratégie *One to One*. C'est un moyen court, rapide et interactif de cibler des messages personnalisés.

b) Le e-marketing

Les secteurs les plus actifs en matière de mercatique directe se situent actuellement sur Internet. Le secteur des services (banques, crédits, etc.) en représente à lui seul 40 % du volume. Les mails marketing envoyés sont en fort développement.

c) Le Web 2.0 et le marketing communautaire

L'avènement du Web 2.0 ou du consommateur 2.0, en référence à la seconde génération de communautés et de services en ligne tels que les réseaux sociaux ou des wikis qui visent à faciliter la collaboration et le partage des internautes, impose un changement de posture de la part des banques. Ces dernières doivent être de plus en plus à l'écoute et à la rencontre de leurs clients *via* les réseaux sociaux.

EXEMPLE

La banque néo-zélandaise ASB Bank, *via* le réseau Facebook et une agence virtuelle, invite ceux qui le souhaitent (clients ou non de la banque) à tchatter en ligne 7 jours/7 de 8 heures à 21 heures.

Le réseau social le plus utilisé par les banques est Twitter : 89 % des établissements y ont ouvert un profil. Viennent ensuite LinkedIn (84 %), YouTube (78 %), Facebook 73 %) et enfin Google+ (52 %), selon le Blog Culture Banque. Enfin, seules 31 % des banques présentes sur LinkedIn y ont renseigné leurs produits ou services.

2. Le mix-marketing

Pour instaurer voire renforcer la relation au fil des contacts, les banques combinent plusieurs démarches en direction d'une même cible (mix-marketing). Trois mix sont généralement utilisés :

- appel téléphonique + envoi de documentation + relance téléphonique ;
- appel téléphonique + e-mailing ;
- prospection sur salon + appel téléphonique.

3 L'utilisation des bases de données

Dans tous les cas, la qualité du fichier est fondamentale. Cette base de données est le plus souvent gérée dans un progiciel de gestion de la relation client (GRC). Soit la banque constitue un fichier en interne en collectant l'information, soit elle fait appel à un fichier externe en location, ou à l'achat en exclusivité.

4 Les limites de la mercatique directe

Depuis 2014, la loi Hamon a restreint le champ de la mercatique directe téléphonique et par e-mailing. Le législateur a ainsi créé une liste d'opposition au démarchage téléphonique, sur laquelle peuvent s'inscrire les consommateurs. En parallèle, l'envoi d'e-mailings de prospection est interdit lorsque le consommateur n'a pas préalablement donné son consentement.

Cependant, un professionnel qui a recueilli les coordonnées du consommateur à l'occasion d'un achat, avec son accord, pourra lui adresser des courriels si ceux-ci concernent des produits ou services analogues à ceux de l'achat initial.

64 LA BANQUE MULTICANAL

Le développement du numérique a profondément transformé les usages et les pratiques des clients et des collaborateurs bancaires. Aujourd'hui, coexistent de multiples modalités de contact : agence, site Internet, téléphone, messagerie électronique... Les clients sont de mieux en mieux informés des offres bancaires, de plus en plus exigeants et désireux d'obtenir un service rapide et personnalisé. Il est impératif pour les établissements de crédit de s'adapter à cette nouvelle situation.

1 La place de l'agence

1. L'agence traditionnelle

a) L'agence face à des clients exigeants

Depuis le début des années 2010, les clients, connectés en permanence par leur mobile et utilisateurs quotidiens d'un réseau social, attendent une continuité de service et une plus grande simplicité d'accès et d'utilisation des services bancaires.

Ils ne sont plus prêts à se plier à des horaires d'agence, et les centres de relation clients (plateformes) aux horaires élargis ne suffisent plus.

b) Une stratégie de « délestage » des agences

Les réseaux d'agences étant, ces dernières années, difficiles à rentabiliser, les groupes bancaires ont considéré le digital comme un moyen de délester les conseillers des clients les moins rentables au profit des clients plus prometteurs. Cette stratégie s'est traduite par une forte attrition des clients modestes et au final, par une difficulté pour les banques de trouver de nouvelles sources de croissance.

De la même manière, afin de dégager le personnel de l'agence de tâches à faible valeur ajoutée, chronophages et non rémunérées, les murs d'argent ont été développés : grâce aux distributeurs automatiques de billets (DAB) et aux guichets automatiques de banque (GAB), les clients effectuent les tâches autrefois réservées au guichet (dépôts, retraits, consultation de compte) en toute autonomie.

c) Des agences toujours nécessaires

Cependant, malgré ces constats, le réseau reste un pilier de la banque de détail, car la proximité demeure un avantage concurrentiel décisif notamment lors de l'ouverture d'un compte, et parce que les clients bancaires sont aussi fidélisés par des contacts réguliers même à faible valeur ajoutée.

Cela a remis à l'ordre du jour les agences locales. C'est ainsi qu'apparaissent des agences d'un nouveau type permettant de combiner la relation humaine avec des outils performants.

2. La nouvelle génération d'agences

Un modèle unique d'agences ne convient pas partout, car le besoin dépend des segments visés, des services, des produits, de la situation géographique et du niveau de concurrence.

Plusieurs modèles coexistent aujourd'hui :

– les « nouvelles agences traditionnelles » très équipées, présentant des guichets automatiques, des écrans de vente interactifs, des tablettes, de petits salons d'accueil et pouvant prodiguer des conseils délivrés par un expert grâce à un système de vidéoconférences en direct ;

– des agences de banques directes soucieuses de rassurer leurs clients sur leur réalité et leur professionnalisme, présentant un petit local avec seulement des guichets automatiques et la possibilité de faire des dépôts ;

– les espaces bancaires sans transactions réelles où les clients de banques en ligne peuvent se rendre pour prendre un café : ici, c'est la relation client qui est simplement recherchée ;

EXEMPLE

Café ING.

– des agences spécialisées dans un segment de clientèle : on assiste au développement des agences spécialisées sur les jeunes, les professionnels, les professions libérales... ;

EXEMPLE

BNP Paribas a ouvert la Maison de la viticulture à Châteauneuf-du-Pape dans le Vaucluse, qui s'adresse à tous les professionnels de ce secteur.

La Banque Populaire Atlantique a créé « Atlantique Coopération » pour accompagner la clientèle fragile.

– les agences par projets dans lesquelles les transactions courantes ne sont pas traitées et qui travaillent exclusivement sur les projets de vie des particuliers (études, prêts à la consommation ou immobiliers...).

Enfin, on voit apparaître à l'étranger des agences inspirées de l'hôtellerie, organisant en leur sein des activités extrabancaires de type yoga, spectacles pour enfants...

La banque du futur sera donc celle qui proposera le plus de nouveaux produits et services à ses clients !

2 La banque en ligne

On distingue deux types de banques :

1. Les *pure players*

Ce sont des banques qui ne sont, en principe, présentes qu'en ligne.

EXEMPLE

BforBank, Monabanq, Fortuneo, Boursorama...

On trouve également dans cette catégorie des banques traditionnelles qui ont développé des filiales uniquement en ligne.

EXEMPLE

LCL, Agence Directe pour la Société Générale, Filbanque pour le CIC, monbanquierenligne pour la Caisse d'Épargne, Hello Bank pour BNP Paribas...

Le centre d'appels est alors un outil de différenciation qui se doit d'offrir du service et de la réactivité afin d'établir une relation de confiance et de fidéliser le client, car il est le seul point de contact avec ce dernier.

2. La banque à distance

Elle est le complément naturel de l'agence physique pour éviter de perdre le client demandeur d'une relation à distance et qui préfère gérer lui-même ses opérations courantes. L'étendue proposée est plus importante que celle des automates en libre-service. Divers outils sont alors à la disposition du client, qui peut communiquer avec son établissement par SMS, *via* le portail de sa banque, par courriel ou par les centres d'appels. Ceux-ci constituent alors une alternative entre plusieurs canaux et s'efforcent de jouer la carte de la personnalisation.

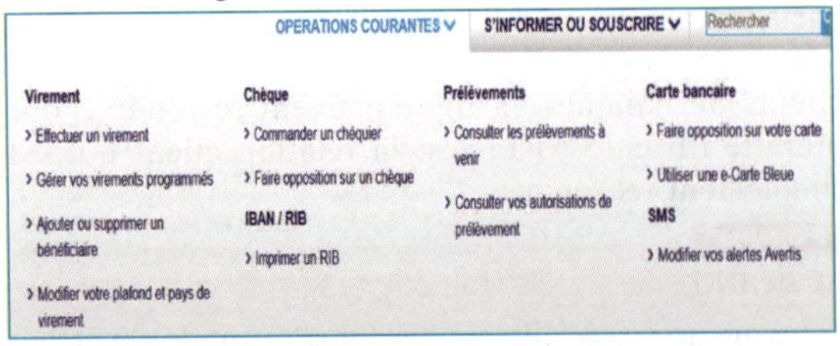

Ces plateformes coexistent désormais avec les autres choix de communication comme le téléphone ou le courriel, car la plupart des établissements ont choisi de fournir, à leurs clients les coordonnées de leur conseiller. L'idée est ici de renouer une relation personnalisée avec le client, qui peut ainsi s'adresser directement à son conseiller.

3. La place des réseaux sociaux

Il est devenu quasi impossible pour les entreprises de ne pas être présentes sur les réseaux sociaux. Ils présentent pour les établissements de crédit plusieurs opportunités.

a) Cibler une clientèle née avec le numérique

Facebook (offres promotionnelles, conseils fiscaux, jeux-concours...), Twitter (réponses aux questions des clients), LinkedIn (en direction des étudiants et des salariés)... sont autant de points de contact avec la clientèle tout à fait ouverte à ouvrir par exemple un compte avec un simple *tweet*.

YouTube est également très utilisé par la banque pour assurer sa promotion publicitaire, mais aussi pour proposer de petites Webséries, en direction des jeunes principalement, élaborées avec des humoristes du Web ou du petit écran.

EXEMPLE

Stéphane de Groodt et Cyprien pour le CIC, Kev Adams pour le Crédit Agricole.

b) Animer une communauté

Il s'agit de créer un groupe en ligne avec un contenu exclusif, des jeux-concours ou comme BNP Paribas et la Banque Postale, un compte spécialement dédié au service client.

c) Élaborer une approche participative

Dans ce cas, à l'instar d'American Express, le client est sollicité par ce biais pour tester des produits ou exprimer un avis.

d) Gagner en notoriété

Les réseaux sociaux permettant aux internautes d'évaluer, noter ou prendre des avis ; ils peuvent ainsi constituer un outil pour mieux comprendre les clients, mais également pour exercer un droit de réponse. En tout état de cause, ils seront un moyen de gagner en notoriété.

Mais cette multiplicité de points de contact proposée au client doit être dûment organisée pour une bonne efficacité et maîtrisée par les chargés de clientèle, qui y trouveront des appuis précieux.

3 La nouvelle organisation de la banque multicanal

1. La transformation numérique

La stratégie cross-canal où tous les canaux de distribution et d'information sont utilisés de manière simultanée prend la suite du multicanal, qui considérait chaque canal de façon indépendante et sans interférence avec les autres.

Le Big Data joue alors un rôle essentiel en permettant une connaissance plus fine du client. Ce regroupement d'informations va permettre un traitement de données que les logiciels classiques n'autorisaient pas.

a) Les données traitées

Elles sont de plusieurs types :

- données interpersonnelles : mail, réseaux sociaux ;
- données interaction hommes-machines : archives de Carte Bleue, historique de navigation Web... ;
- données intermachines : échanges de données GPS, caméras de surveillance...

Ces informations peuvent être **captées en interne** par les systèmes d'information sous la forme de données socio-économiques (adresse, revenus...) ou d'historique d'opérations réalisées (achats, réclamations...) ; ou **en externe** auprès des réseaux sociaux, des sites marchands ou des blogs.

Ces données permettront de connaître très précisément le client : mode de vie, centres d'intérêt, loisirs, projets immobiliers...

b) Les utilisations possibles

Le traitement de ces informations va permettre une analyse individuelle du client et donc de lui proposer une offre de produits et services personnalisés.

EXEMPLE

Un client qui aura consulté le portail de sa banque pour un crédit, puis un réseau social à ce sujet, sa plateforme téléphonique pour une information complémentaire, pourra être rappelé par son conseiller afin de prévoir un entretien et de l'accompagner dans son achat.

L'automatisation des processus permet de raccourcir et de simplifier les démarches bancaires car les banques disposent ainsi de moyens leur permettant de mieux prévenir, évaluer et maîtriser les risques.

La dématérialisation des documents permet également des réductions de coûts intéressants en termes de rentabilité, des délais plus courts de traitement et une plus grande sécurité.

EXEMPLE

Un client qui n'a pas le temps de passer à l'agence pour signer un contrat peut le recevoir sur le site dans son espace de messagerie personnel et le signer de façon électronique.

2. Les modifications de l'organisation de l'entreprise

a) Partager l'information

Le numérique doit permettre aux collaborateurs bancaires d'accéder rapidement à l'information recherchée. Pour ce faire, les banques ont mis en place des réseaux sociaux d'entreprise liés par une plateforme constituée des employés, des clients et des divers partenaires.

b) De nouveaux équipements

Les équipements des collaborateurs évoluent notamment vers des tablettes et des outils d'organisation qui doivent, en outre, répondre aux exigences de sécurité propres à l'activité bancaire.

3. Les évolutions du métier de chargé de clientèle

a) En termes de métier

Au-delà des compétences techniques évidentes, le chargé de clientèle doit mettre l'accent sur la pertinence et la personnalisation du conseil apporté au client.
Il doit se placer plus que jamais comme un partenaire accompagnant son client tout au long de sa vie en comprenant, analysant et anticipant ses besoins.
Il doit pour cela faire preuve de :
– maîtrise des outils : il doit être capable de maintenir et d'entretenir un contact privilégié en maîtrisant les outils Internet et le mobile ;
– polyvalence : on lui demandera d'être spécialiste ou généraliste, selon que l'enseigne privilégiera un très haut niveau d'expertise ou un rôle de relais vers des conseillers spécialisés.
Il pourra également se spécialiser dans un type de canal de distribution.
Ses compétences analytiques, sa rigueur et sa vigilance seront indispensables face au besoin d'immédiateté de son client qui exige une réponse rapide, et en raison des risques de reproduction et de faux documents liés à l'utilisation du numérique.
Il devra enfin faire preuve de capacité d'adaptation et de flexibilité face à une nouvelle organisation du travail.

b) En termes d'organisation

On comprend aisément au travers de ces évolutions que l'ensemble des métiers du réseau sera modifié, qu'il s'agisse du conseiller clientèle ou du directeur d'agence. Dans un souci constant de satisfaction de la clientèle et d'autonomie grandissante de tous les collaborateurs, il faudra développer des modes de fonctionnement en réseau plus collaboratifs, avec un travail de partage de l'information permanent.

65 LE PLAN D'ACTION COMMERCIALE INDIVIDUEL (PACI)

Les différentes actions commerciales que le conseiller doit mener pour développer son portefeuille sont planifiées dans un plan d'action commerciale individuel (PACI).

1 La méthodologie de la prospection

La prospection de nouveaux prospects est une activité davantage organisée par l'entité toute entière. Les techniques de prospection du conseiller de clientèle sont quant à elles surtout tournées vers sa propre clientèle. Par souci de simplicité, le terme de prospection est souvent utilisé là où il n'y a en réalité que développement de la clientèle existante.

Le conseiller de clientèle met en œuvre la démarche classique de prospection dont les deux premières étapes diffèrent, selon que l'action à mener adopte une approche produit ou une approche client.

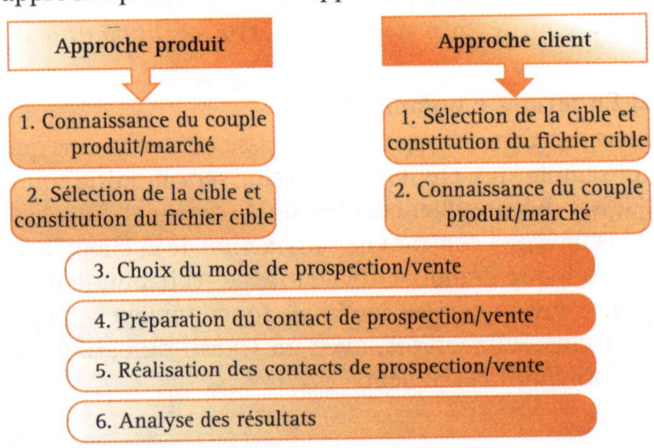

2 L'approche produit

Elle est privilégiée à chaque fois que prime l'obtention d'objectifs à atteindre en termes de produits. Dans ce cas, le conseiller commence son approche par l'étude du produit à promouvoir.

1. Connaissance du couple produit/marché

Cette étape a pour objectif la maîtrise du produit.

a) Étude du produit

Il s'agit de rechercher les fonctions et besoins auxquels le produit satisfait, sa place dans la gamme proposée par la banque, ses caractéristiques techniques ainsi que ses caractéristiques commerciales.

EXEMPLE

Services mobiles : mobilebanque.net	
Fonction et besoin satisfait	Banque du quotidien (ou banque de transaction) Banque à distance
Place dans la gamme	Offre multimédia : • Centre de relations clients : 0820... (0,12 mn) ; • Internet : 0,50 € par jour de connexion jusqu'à 6 € par mois maximum + frais de connexion
Place dans la gamme (suite)	opérateur. Service gratuit pour les 18/25 ans pendant 3 ans avant leur 25e anniversaire et aux abonnés de l'option « alerte SMS » ; • Mobilebanque.net : même tarif qu'Internet
Caractéristiques techniques	Consultation de comptes Réalisation de virements Consultation de la valeur du portefeuille boursier et des cours de Bourse Alertes SMS : • deux SMS par semaine • alertes personnalisées : compte à découvert, cours de Bourse, opérations à venir • option : 15 alertes par mois pour 3,80 €. Modalités : n° client + un code secret
Caractéristiques commerciales	Sans abonnement : 0,50 € par jour de connexion, jusqu'à 6 € par mois + frais de connexion opérateur. Service gratuit pour les 18/25 ans pendant 3 ans avant leur 25e anniversaire.

b) Comparaison avec les offres concurrentes

L'analyse doit être poursuivie par :
- une comparaison de l'offre avec les autres produits de la gamme ;
- une comparaison avec les offres concurrentes.

c) Outils d'aide à la vente

L'étude du produit doit déboucher sur l'élaboration des outils d'aide à la vente à utiliser pendant la phase de prospection et pendant les entretiens de vente :
- un plan de découverte;
- un argumentaire;
- le traitement des objections;
- la marge de manœuvre éventuelle.

EXEMPLES

Argumentaire :

1) Notre service mobile fait gagner du temps et vous facilite la vie puisque il vous permet de réaliser la plupart des opérations bancaires courantes à partir de votre mobile.

2) Ce service est accessible à partir de quasiment tous les mobiles puisque tous les modèles récents sont dotés de la technologie nécessaire à la connexion Internet.

3) C'est un service que vous utilisez en toute liberté : il est accessible sans abonnement et sans engagement.

4) Le coût de ce service est modique car il n'est facturé qu'au jour de connexion (comme Internet sur poste). Il permet donc de réaliser les opérations les plus courantes à moindre coût (par rapport aux autres moyens d'action de la banque à distance ou du déplacement en agence).

5) Le service en option Alertes SMS permet de gérer ses comptes au plus près lorsque cela s'avère nécessaire : une gestion de mois serrée ou des investissements boursiers pour lesquels l'information la plus récente permet une meilleure réactivité.

Traitement des objections (extraits), à adapter au téléphone, au guichet ou en entretien :

- « Je suis pressé(e). » : *« C'est la raison pour laquelle je vous appelle. Que diriez-vous d'un service qui vous permettrait de gagner du temps et ainsi de vous faciliter la vie ? Avez-vous une minute pour que je vous en parle ? »*
- « Vous cherchez encore à me prélever de l'argent. » : *« J'entends que vous n'êtes pas très satisfait de nos services. Voulez-vous m'en dire plus ? »* Puis réponse en fonction des informations communiquées.
- « Je n'en vois pas trop l'utilité. » : *« Vous arrive-t-il d'avoir à consulter vos comptes à distance ? Vous avez dû constater qu'il n'est pas possible de consulter ses comptes en dehors de sa région, ou d'agir sur ses comptes en dehors des horaires des conseillers à distance ? Désormais vous pouvez faire tout cela. Intéressant n'est-ce pas ? »*
- « C'est trop compliqué. » : *« C'est vrai, les nouvelles technologies paraissent souvent compliquées. Mais nous sommes là pour vous faire une démonstration. Voulez-vous que je vous explique ? »*
- « Je viens souvent à l'agence. » : *« Vous avez bien raison, nous sommes là pour vous recevoir, et en même temps, vous arrive-t-il d'avoir à consulter vos comptes en déplacements ? Vous avez dû constater que cela n'était pas possible en dehors de votre région. Votre mobile devient alors d'un grand secours pour un coût de 0,50 € le jour de connexion. C'est intéressant n'est-ce pas ? »*
- « C'est trop cher. » : *« Ce service a un coût, c'est vrai, et pourtant si nous le comparons au coût d'un déplacement en agence, ticket de bus ou de métro, essence, parking payant, ce coût devient tout à fait relatif, d'autant plus qu'au-delà de X € par mois, toute consultation supplémentaire devient gratuite. Qu'en pensez-vous ? »*

2. Constitution du fichier cible de prospection

a) Choix de la cible de prospection

Ce choix dépend :

- de la qualité et du nombre de clients susceptibles d'éprouver un besoin pouvant être satisfait par le service promu ;

EXEMPLE

Parmi les clients détenteurs d'un mobile, cibler en priorité les jeunes, friands de ce type de service, mais également les actifs en déplacement.

- du caractère compétitif du service, à l'intérieur de l'offre de la gamme, mais aussi par rapport à ses concurrents.

b) Qualification du fichier cible

Une fois la cible identifiée, le conseiller rassemblera tous les clients qu'il entend contacter dans un fichier cible. Il vérifiera ensuite la présence de l'ensemble des informations nécessaires à la prise de contact. Il est en effet fréquent d'avoir à qualifier le fichier cible, c'est-à-dire à compléter les informations manquantes ou erronées.

3 L'approche client

La clef d'entrée de cette approche commerciale est le client.

1. Sélection de la cible

À ce stade, le conseiller cherche à identifier des catégories de clients ayant des points communs et offrant des opportunités de production commerciale.

EXEMPLE

Clients avec prélèvements de fournisseurs de téléphonie mobile.

Le fichier cible est ainsi constitué de la liste de ces clients ayant un point commun ; il sera, bien entendu, lui aussi qualifié.

2. L'étude du ou des services proposés

La même démarche que précédemment est mise en œuvre mais elle s'applique à un bouquet de services, car l'approche client implique d'intervenir sur la globalité de ses besoins.

4 Le choix du mode de prospection

Les méthodes de prospection peuvent être utilisées de manière complémentaire :

- l'accroche sur flux en agence, réalisée au guichet par les chargés d'accueil qui collaborent avec le conseiller de clientèle ;
- le publipostage ;
- la prospection téléphonique ;
- les entretiens de vente menés par le conseiller de clientèle, qu'ils aient été obtenus ou non par la campagne menée.

Quelle que soit la nature de l'approche, le commercial doit se munir des outils d'aide à la vente et bâtir des outils de suivi de la prospection et des entretiens.

66 LES TECHNIQUES DE FIDÉLISATION

La fidélisation est devenue un enjeu majeur de la compétitivité des banques. Conquérir de nouveaux clients s'avère plus difficile et plus onéreux que fidéliser les clients acquis.

1 Lutter contre l'attrition

1. Le contexte

Puisque les principaux produits proposés sont assez similaires en termes de contenu et de tarifs, la concurrence est axée sur la relation client. Les banques ont commencé à déployer de véritables stratégies de fidélisation à long terme plutôt que de continuer à enchaîner des opérations promotionnelles ponctuelles. L'enjeu est de lutter contre l'attrition, créer une relation de confiance et susciter la loyauté du client.

2. La notion de fidélité

La fidélité reflète un attachement durable et préférentiel d'un client à un produit, une marque ou une enseigne. La fidélité absolue mesure la fidélité de l'ensemble de la clientèle. La fidélité relative mesure celle de chaque client : Achats par le client pour un service de la banque / Total des achats de ce client en services bancaires.

3. La lutte contre l'attrition

L'attrition mesure les pertes de clientèle, que celle-ci soit attirée par des offres plus compétitives ou par la recherche de davantage de satisfaction.

Les établissements créent des services facilitant la mobilité des clients : certains proposent de prendre en charge toutes les formalités concernant les transferts de virements et de prélèvements à l'ouverture d'un compte, ou encore la gratuité de clôture des comptes. La logique de transparence des prix rend désormais la comparaison plus facile entre les offres et les tarifs sur Internet (simulation de prêt...), dans les agences où les affiches et dépliants abondent.

La lutte contre l'attrition consiste donc à valoriser le rôle du conseiller clientèle :

- système de veille visant à mesurer et comprendre les causes des départs, volontaires ou non ;
- actions correctrices pour limiter la fuite des clients ;
- actions mesurant la satisfaction de la clientèle.

EXEMPLE

Accompagnement des clients qui déménagent, traitement des clients mécontents.

2 Une approche commerciale centrée sur les besoins du client

Le consommateur est perçu pour sa valeur sa vie durant, et plus simplement pour la valeur d'un achat déterminé. La mise en place de cette relation de confiance suppose de renverser l'approche commerciale globale en la centrant sur la « satisfaction à 100 % » des besoins et projets du client. Cela passe donc par une démarche de qualité qui intègre des impératifs de gestion visant à traquer les surcoûts de la non-qualité et de l'excès de qualité.

1. De l'approche produit *à* l'approche globale

La démarche professionnelle du conseiller clientèle se situe à l'interface entre la satisfaction de ses clients et les objectifs de rentabilité de sa banque exprimés, le plus souvent, en termes d'objectifs « produit ».

a) L'approche produit

Certains conseillers, soucieux de satisfaire aux attentes de leur direction, peuvent être tentés par l'efficacité d'une « approche produit » de leur pratique professionnelle. Cette démarche commerciale, redoutablement efficace à court terme, consiste à convaincre le maximum de clients qu'ils ont besoin du produit qu'on leur propose. Reposant sur le « bagout » du commercial, cette démarche a engendré nombre d'insatisfactions du côté de la clientèle et des coûts de non-qualité considérables pour la banque.

b) L'approche globale

Elle consiste à partir des besoins du client pour lui proposer une solution, hors contingence commerciale. Ainsi, il peut arriver que certains entretiens n'aboutissent pas sur une vente mais soient centrés sur le conseil. Le conseiller clientèle cherche à bâtir une relation de confiance et à fidéliser son client.

EXEMPLE

La Caisse d'Épargne nomme « téléphonage » la pratique consistant à appeler les clients pour « bavarder » et se tenir ainsi au courant de leur situation, sans leur faire de proposition commerciale.

2. La démarche qualité

Elle peut être définie comme la conformité des pratiques commerciales avec les besoins et attentes des clients dans des conditions mutuellement satisfaisantes.

a) Les sources de non-qualité

Le mécontentement des clients peut porter sur :

- la capacité de l'organisation à mettre en œuvre les services achetés, la facturation des frais bancaires... ;
- l'organisation : propreté, qualité de l'accueil, etc. ;
- le comportement de vente du conseiller clientèle.

b) Les chartes de qualité

Certaines banques élaborent une véritable charte de qualité dont les principes de base les plus importants sont :

- la référence aux besoins des clients, mais aussi des utilisateurs des différents services de la banque ;
- la quantification, en intégrant des indicateurs de qualité dans les tableaux de bord de la banque ;
- une démarche préventive : il est plus efficace de rechercher les causes de la non-qualité que d'en corriger les défauts ;
- l'implication sans réserve de tous : toutes les composantes de la banque sont concernées par la qualité.

3 Les outils et supports de fidélisation

1. La multidétention

Dans un contexte de multibancarisation, le développement des ventes croisées est essentiel. Augmenter le taux de multidétention apparaît comme le principal catalyseur de la fidélisation. Ce processus permet de fidéliser une clientèle en se rendant indispensable.

La technique du *package* est la plus utilisée. Elle est désormais proposée par tous les établissements bancaires et s'adapte aux profils des clients. Ces services ne se limitent pas à des produits bancaires. Avec l'avènement de la bancassurance et du *mobile banking*, les banques proposent de l'assurance ou des abonnements téléphoniques. La banque apparaît de plus en plus comme un prestataire de services offrant des produits autres que financiers : assistance juridique, aide à la personne, réductions sur certains produits, points-cadeaux.

2. L'accessibilité bancaire

Les banques ont dû mettre en place un service clientèle en contact potentiel permanent avec le client, à l'écoute de ses remarques, de ses critiques, de ses réclamations et de manière à l'informer au mieux sur les produits et services. Les services clientèle sont de puissants outils de fidélisation si le service est performant.

a) Les centres d'appels

L'arrivée des centres d'appels est une réponse pour les clients qui ne souhaitent pas se déplacer. Tous les réseaux bancaires proposent désormais ces centres ainsi que des serveurs automatisés pour effectuer soi-même 24 h/24 des opérations sur son compte.

b) Le développement de la relation multicanal

L'usage des technologies a permis aux banques de construire des relations multicanal intégrant réseau, centres d'appels, Internet, banque digitale. Autant d'occasions de contact qui contribuent à l'équipement et donc à la fidélisation de la clientèle. Ces bouquets de solutions font maintenant partie intégrante de la relation clientèle et apportent aux clients gain de temps, confort d'usage et liberté d'accès à leurs comptes.

Hautement sécurisée, disponible 24 h/24, la banque sur Internet est l'argument de fidélisation majeur du secteur bancaire. Les applications pour smartphone achèvent de donner au secteur bancaire l'image moderne qu'il recherchait pour séduire.

4 Les récompenses à la fidélité

1. Les programmes de fidélisation

Les établissements financiers ont tous un programme de fidélisation, qui offre à leurs adhérents des avantages sur les services financiers (cotisations réduites, points donnés à l'usage d'une carte de paiement) ou des avantages chez des enseignes sélectionnées.

EXEMPLE

Jazz de la Société Générale, TLJ du Crédit Agricole, Cinepop des Banques Populaires, carte Visa « Oney » de la banque Accord qui permet à son détenteur de récupérer jusqu'à 1 % en cash (versé une fois par an sur son compte bancaire) sur tous ses achats.

Des produits ou services peuvent être offerts au client en remerciement de son achat.

2. La recommandation et le parrainage

Ces services couplés avec des récompenses pour les parrainages incitent les clients fidèles à jouer le rôle de prescripteur auprès de leur entourage en contrepartie d'avantages à titre de remerciement. Ce programme est impliquant. La banque conquiert de nouveaux clients et fidélise davantage le client « parrain », valorisé pour son choix. Aucun entretien satisfaisant ne doit donc s'achever sans que le conseiller clientèle ne confie des cartes de visite à son client afin qu'il le recommande auprès de ses connaissances.

5 La communauté de pratiques

1. La lettre d'information

L'envoi régulier à l'ensemble des clients d'une lettre (en même temps que le relevé de compte) ou d'un magazine contenant des informations générales et spécifiques sur ses produits ou services permet un contact régulier. Les banques proposent une nouvelle génération du publireportage, de magazines en ligne dont le principe est de fournir une information commerciale ou publicitaire.

2. Le club de clients

Il développe le sentiment d'appartenance et de reconnaissance chez le client membre.

EXEMPLE

Le programme « Club Distinction » d'Axa, avec ses 285 000 clients, propose à ses clients multiéquipés des tarifs préférentiels et d'autres produits annexes (location de véhicules, etc.).

3. Le développement du marketing relationnel

L'avènement du Web 2.0 et du « consom'acteur » *via* les réseaux sociaux oblige les banques à reconsidérer leur démarche de fidélisation dans une approche plus participative et interactive.

6 L'image de marque

La fidélisation passe par le soin porté à l'image de marque : campagnes publicitaires, organisation d'événements sportifs, etc. La e-réputation est devenue un enjeu stratégique pour les banques. Le « *bad buzz* », c'est-à-dire la multiplication de commentaires négatifs sur une marque ou un produit sur les réseaux sociaux et le Web, peut avoir des effets dévastateurs.

67 L'APPRÉCIATION ET LA GESTION DU RISQUE CLIENT

L'activité d'une banque la place au confluent d'une grande variété de risques qu'elle se doit de gérer. L'activité professionnelle du banquier est par ailleurs soumise à une réglementation, parfois difficile à combiner avec les objectifs de rentabilité commerciale.

1 Typologie des risques bancaires

Les banques gèrent toute une typologie de risques :
- le risque de crédit, c'est-à-dire le risque de pertes qui résulteraient de l'incapacité des clients ou d'autres acteurs à faire face à leurs engagements financiers ;
- les risques de marché, générés par les activités de marché (taux, change, perte de valeur d'instruments financiers) ;
- les risques opérationnels, qui désignent les risques de pertes ou de sanctions notamment du fait de défaillances de procédures, d'erreurs humaines, d'événements extérieurs ;
- le risque de liquidité, si la banque ne peut pas faire face à ses échéances de trésorerie.

2 Le respect de la réglementation

Le risque systémique est inhérent au système bancaire et financier. Du fait des interrelations entre les différentes institutions et les marchés, la faillite de l'un met en péril la stabilité de l'ensemble du système, dont les effets négatifs se diffusent sur l'économie réelle. Pour limiter ces effets, les banques évoluent dans un cadre réglementaire dont l'enjeu est de limiter l'impact d'une défaillance.

1. Une activité autorisée et contrôlée

Pour être autorisées à exercer, les banques doivent :
- obtenir un agrément de l'Autorité de contrôle prudentiel (ACP) ;
- adhérer à l'Association française des établissements de crédit et des entreprises d'investissement (AFECEI) ;
- adhérer au fonds de garantie des dépôts : ce fonds garantit le remboursement jusqu'à 100 000 € par déposant et par établissement, quelles que soient sa nationalité ou sa résidence.

2. La réglementation prudentielle

La réglementation prudentielle a pour objet de limiter l'exposition des banques aux risques liés à leur activité d'intermédiation ainsi qu'à leurs activités de marché. Les ratios prudentiels en sont une composante :
- ratio de solvabilité : c'est le rapport entre le montant des fonds propres et le montant des encours pondérés du risque de crédit, du risque de marché et du risque opérationnel ; la norme est de 8 % ;
- ratio des grands risques : les risques sur une même contrepartie doivent être limités à 25 % des fonds propres ;
- ratio de liquidité : rapport entre les liquidités et les exigibilités à moins d'un mois.

3. Les règles protégeant le consommateur

Un ensemble de textes législatifs et réglementaires, de normes et de recommandations professionnelles définissent les obligations professionnelles du banquier :
- le respect du secret bancaire ;
- la prévention des conflits d'intérêt ;
- l'exigence de non-immixtion ;
- le devoir de vigilance ;
- l'obligation de mise en garde ;
- la lutte contre le blanchiment.

3 La gestion du risque

1. L'impact sur les ratios prudentiels

L'activité bancaire impacte deux ratios :

a) Le ratio de liquidité

Les dépôts et placements pèsent sur le poste « exigibilités » à raison de 10 % des versements réalisés sur les comptes de dépôt, livrets d'épargne, PEL, et 70 % des fonds déposés sur les certificats de dépôts et bons à moyen terme négociables.
Les crédits sont intégrés au poste « liquidités » dès lors que leur échéance est au maximum d'un mois, après application d'un coefficient de pondération dépendant de la durée initiale du crédit.

b) Le ratio de solvabilité

Il est naturellement impacté par les crédits octroyés par l'établissement, pondérés selon l'existence d'une sûreté et sa qualité.

2. Les signaux d'alerte dans le comportement du client

a) Le client à risque

Le risque client se présente dans le cadre de l'entrée en relation avec des clients dont l'instabilité des revenus ou le comportement bancaire inapproprié ne présage pas d'une saine relation, exposant ainsi la banque au risque de non-remboursement.
Un autre type de client douteux se détecte une fois le compte ouvert, lorsque des mouvements de fonds conduisent le conseiller à s'interroger sur leur origine ou leur emploi.

b) L'insuffisance de rentabilité

De façon générale, la faiblesse de fonds ou de revenus peut conduire un client à coûter plus en frais divers qu'il ne rapporte à la banque en produit net bancaire.
Par ailleurs, la volonté d'un client « de qualité » de renégocier un crédit peut exposer la banque :
- à un risque de taux, en prêtant à un taux moins élevé que le taux auquel la banque s'est financée ;
- à un risque d'immobilisation : les fonds prêtés seront récupérés par la banque plus tard que prévu, donc à des conditions de marché décalées par rapport à l'échéance initiale.

c) Le risque de crédit

Arbitrer entre une relation commerciale et une saine évaluation du risque demandera au conseille clientèle de :
- résister à la pression d'une demande rapide du client pour bien analyser la demande de crédit ;
- proposer les assurances et les garanties appropriées au risque ;
- diviser le risque en demandant un apport personnel plus important ;
- savoir refuser un crédit, en soignant la relation.

exercices

exercice 1 L'analyse d'un compte

COMPTE CHEQUE
Numéro : 5666 998 02 R

Relevé mensuel au 31/05

M. ou Mme Douce
Boulevard Le Calendal
Résidence de l'étang
XXXXX COMMUNE

Date	Libellé de l'opération	Date de valeur	Débit	Crédit	Solde
01/05	Solde précédent		1 357,95		1 357,95 D
01/05	Prélèvement payé Trésor public	01/05	75,22		1 433,17 D
01/05	Remise de 2 chèques	02/05		445,00	988,17 D
05/05	Virement M. Douce	05/05	15,25		1 003,42 D
05/05	Virement Mlle. Douce	05/05	15,25		1 018,67 D
12/05	Retrait 12/05 Banque CNBFR	12/05	120,00		1 138,67 D
18/05	Chèque émis	17/05	95,63		1 234,30 D
22/05	Remise de 6 chèques	23/05		1 200,00	34,30 D
26/05	Virement reçu Mutuelle	26/05		17,53	16,77 D
26/05	Virement reçu Mutuelle	26/05		17,53	0,76 C
28/05	Paiement TIP FT	28/05	135,47		134,71 C
29/05	Prêt dossier immobilier	29/05	972,50		1 107,21 D
29/05	Virement salaire EURONAVIRES	29/05		2 789,63	1 682,42 C
	Solde créditeur au 31/05			1 682,42	

ENTRAÎNEZ-VOUS

Présentez les points à surveiller ainsi que les opportunités commerciales du compte de M. ou Mme Douce.

CORRIGÉS p. 196

exercice 2 Moyens de paiement

Vous êtes confronté ce jour à trois événements clients.

– **Événement 1 :** M. Busnel a été licencié. M. et Mme ne savent pas exactement quand leur situation financière va s'améliorer. Ils n'ont jamais eu d'incident auparavant et s'inquiètent des conséquences éventuelles de l'émission de chèques sans provision.

– **Événement 2 :** vous avez reçu ce matin un courriel de M. Dupont. On lui a volé son portefeuille avec sa carte bancaire. Il a fait opposition hier, par téléphone, mais il s'inquiète des conséquences de ce vol. En consultant ses comptes, il a constaté un certain nombre de paiements qu'il n'avait pas effectués lui-même. Le total des paiements réalisés avant l'opposition s'élève à 450 €.

– **Événement 3 :** d'autre part, il profite du courriel pour vous poser une question au sujet des paiements par carte sur Internet. Il souhaiterait savoir si ce type de paiement est sécurisé et quelles sont les garanties en cas d'utilisation frauduleuse de sa carte sur Internet.

ENTRAÎNEZ-VOUS

1. **Expliquez à M. et Mme Busnel quelles seraient les conséquences pour eux d'un rejet de chèque.**

2. **Décrivez à M. Dupont la procédure à suivre lors de la mise en opposition de sa carte bancaire.**

3. **Quels sont les montants détournés qui resteront à sa charge ?**

4. **Quel service complémentaire pouvez-vous lui proposer dans ce cas ?**

5. **Quels conseils donneriez-vous à un client qui effectue des paiements sur Internet ? Citez-en au moins trois.**

6. **Expliquez à votre client quelle serait sa responsabilité en cas de paiement frauduleux sur Internet.**

CORRIGÉS p. 196

exercice 3 Les super livrets

Comparons la rémunération acquise par une offre fictive de CSL promotionnel avec un livret A, pour un versement unique de 20 000 € sur deux ans. Offre promotionnelle : 5 % brut pendant 3 mois sur les 20 000 premiers euros, le taux hors promotion étant à 1,75 % brut, imposition sur le revenu à l'impôt forfaitaire de 24 % et prélèvements sociaux à 15,5 %.

ENTRAÎNEZ-VOUS

Quel est le montant généré par le CSL et le livret A au bout d'un an ? au bout de deux ans ?

CORRIGÉS p. 1

exercice 4 Valeur acquise d'un versement unique

M. Joubert place 20 000 € sur un contrat d'assurance-vie ce jour. Les frais d'entrée s'élèvent à 2,5 %.

ENTRAÎNEZ-VOUS

Quelle sera la valeur acquise (avant fiscalité) par ce placement dans 8 ans si l'on fait l'hypothèse d'une rémunération annuelle moyenne sur la période de 4 % ?

CORRIGÉS p. 1

exercice 5 Prêt étudiant

M. Lamy est le fils de très bons clients. Il vous sollicite pour ses études : il va intégrer, à la prochaine rentrée, une école de commerce.
La durée de ses études est de 3 ans ; chaque année coûte 7 000 €.

Vous lui proposez un crédit étudiant aux caractéristiques suivantes :
- 21 000 € débloqués en 3 tranches annuelles ;
- durée : 7 ans dont 3 ans de différé partiel ;
- taux hors assurance : 3,2 % ;
- assurance : 0,2 % du capital emprunté ;
- frais de dossier offerts.

ENTRAÎNEZ-VOUS

1. **Rappelez la procédure à suivre ainsi que les délais à respecter s'agissant de ce type de crédit.**

2. **Quelles sont les pièces nécessaires pour constituer le dossier ?**

3. **Les parents se porteront caution. Quelles sont les autres pièces à réunir ?**

4. **Calculez la mensualité de la période de différé et celle de la période de remboursement.**

5. **Calculez le coût total de ce crédit.**

CORRIGÉS p.

exercices

exercice 6 Crédit immobilier, assurance et garantie

Vous recevez, le 2 avril N, Mme et M. Léonardon qui ont un projet immobilier : acheter un terrain pour y construire une maison neuve. Leur projet s'élèverait à 250 000 €. Les frais de dossier et de garantie sont pris sur leur épargne. Ils viennent d'obtenir une donation de 25 000 €. Les frais de notaire sont estimés à 9 000 €. M. Léonardon est cadre hospitalier à l'hôpital de Martigues. Mme Léonardon est secrétaire médicale dans un cabinet dentaire de la ville. Ils perçoivent respectivement 3 100 € et 1 450 € de salaire net mensuel. Ils ont acheté à crédit, il y a 2 ans de cela, un camping-car pour lequel ils supportent chaque mois des échéances de 550 € pour encore 3 ans.

ENTRAÎNEZ-VOUS

1. Déterminez le montant à financer par la banque pour ce projet immobilier,.
2. Déterminez la capacité de remboursement actuelle de ce couple à partir de la méthode du taux d'endettement.
3. Pour garantir ce prêt, l'agence propose des assurances décès et incapacité de travail. Quelles sont les différences et points communs à ces deux assurances ?
4. L'assurance décès invalidité doit-elle être souscrite par le client pour que le crédit soit accepté ? Si oui, doit-il la souscrire obligatoirement auprès de votre établissement ?
5. Pour ce type de prêt, quelles sont les garanties envisageables ?
6. Quels sont les avantages du cautionnement mutuel pour les clients et pour la banque ?

CORRIGÉS p. 197

exercice 7 Campagne assurances

Vous êtes en campagne assurances.
Vous proposez à M. et Mme Matias une assurance des accidents de la vie.

ENTRAÎNEZ-VOUS

1. Vous leur présentez les caractéristiques du produit.
2. Vous leur proposez également un devis concernant leur assurance multirisque habitation (MRH). Précisez les informations nécessaires pour réaliser cette simulation.
3. Quels risques peuvent être couverts par ce type d'assurance ?

CORRIGÉS p. 198

exercice 8 Assurance-vie/succession

Mme Fabre vient de décéder. Elle avait souscrit un contrat d'assurance-vie à 71 ans et avait versé en prime unique la somme de 70 000 € ; valeur de rachat au décès : 85 000 €.
La situation familiale de Mme Fabre était la suivante :
- mariée à Gérard avec qui elle a eu 2 enfants : Claudine et Bernard ;
- Claudine est mariée et a une fille : Sophie ;
- Bernard est décédé il y a 6 mois. Il était marié et avait 2 enfants : Noémie et Léon.

Lors de la souscription du contrat, Mme Fabre avait rédigé la clause bénéficiaire suivante : « Ma fille Claudine pour 50 %, mon fils Bernard pour 50 % ».

ENTRAÎNEZ-VOUS

Quels conseils aurait-on dû donner à Mme Fabre concernant la clause bénéficiaire ?

CORRIGÉS p. 198

exercice 9 Droit de succession

M. Lomartin, veuf, décède, laissant un patrimoine de 650 000 €.

ENTRAÎNEZ-VOUS

Calculez les droits de succession acquittés par ses 2 enfants.

CORRIGÉS p. 19

exercice 10 Produits obligataires

Soit une obligation d'un nominal de 1 000 € au taux de 5,20 % cote 106,82, 165 jours après le versement du coupon précédent.

ENTRAÎNEZ-VOUS

1. Quel est le montant du coupon d'intérêts annuel?
2. Quel est le montant du coupon couru?
3. Quel est le coût d'achat de l'obligation à cette date?
4. Quels sont les risques encourus sur des produits obligataires?

CORRIGÉS p. 19

exercice 11 Placement financier

M. Anzin souhaite investir en Bourse afin de dynamiser son épargne. Il est prêt à placer la prime exceptionnelle qu'il vient de percevoir afin de tester la rentabilité des marchés financiers. Il est également prêt à prendre des risques aussi bien sur les marchés européens que sur les marchés étrangers.

ENTRAÎNEZ-VOUS

1. Quels conseils d'ordre général lui donnez-vous en termes de placements financiers?
2. Quels sont les intérêts du questionnaire MIF?
3. Rappelez les principales missions de l'AMF (Autorité des Marchés Financiers)?
4. Quels comptes serez-vous conduit à lui ouvrir dans cette perspective et pourquoi?
5. Pour débuter, M. Anzin souhaite acheter des titres Aéroport de Paris et vous demande, à partir des informations présentées ci-après, la signification de : capitalisation, Eurolist compartiment A, SRD.
6. Il vous demande de passer un ordre de Bourse pour 20 titres. S'il opte pour un ordre à 66 €, son ordre passera-t-il? Pourquoi?
7. À quelles conditions doit-il passer son ordre pour être sûr d'acheter immédiatement?
8. Quelles sont vos obligations en matière de vente de produits financiers?

Annexe

ADP
ADP - FR0010340141 / Paris ☑ SRD ☑ PEA

-0,42% **65,950€**
Cotation temps réel PARIS 22/03/13 09H 14mn 13s

LES COTATIONS

Temps réel - Paris	22/03/13 - 09H14mn
Cours	**65,950€**
Variation %	-0,42%
Ouverture	65,780€
+ HAUT	66,190€
+ BAS	65,780€
Clôture précédente	66,230 €
Volume (nb titres)	**3 452**
Volume en valeur	227 674 €
Rotation du capital	**0,00%**
Volume moyen sur 3 mois	945 338

Adp
INDUSTRIES
Directeur Général : Augustin de Romanet
1er actionnaire : Etat Français 52,10%

Résultat 2011	348 M	CA 2011	2 502 M
Résultat est. 2012	341 M	PER 2012	18,94
Dividende 2012	2,07	Rdt 2012	3,14
Fonds propres	3 599 M	Dette / FP	80,00%

Capitalisation	6 526 M€
Nbre de titres	98 960 602
Secteur	INDUSTRIES
Sous-secteur	Services de transport
Marché	Eurolist compartiment A
Indice principal	CAC All Shares
Eligibilité	SRD PEA
Dernier dividende	1.76€ (le 15/05/12)
Nature	action

PROFIL ▸ COMPTES ▸ AGENDA ▸

CARNET D'ORDRES

Ordre	Quantité	Achat	Vente	Quantité	Ordre
1	55	65,930	66,030	99	1
2	152	65,920	66,040	38	1
1	12	65,910	66,050	100	1
1	42	65,900	66,060	82	1
1	76	65,890	66,070	306	2
	943		2 298		

CORRIGÉS p. 199

corrigés

exercice 1 page 191

	Opérations enregistrées	Points à surveiller ou opportunités commerciales
Au crédit	Solde	Débiteur en début de mois. Surveiller la durée du découvert (doit être inférieur à 90 jours) : proposer un crédit à la consommation ?
	Salaire Monsieur	Domicilié chez nous. Gage de stabilité du compte.
	Salaire Madame	Néant. Compte personnel chez un confrère ? Opportunité de rapatriement du compte.
	Prestations sociales	Néant : RAS.
	Versements espèces	Néant : normal chez un particulier.
	Versements chèques	8 remises en un mois, ce qui est beaucoup pour un particulier. S'enquérir de la provenance des fonds.
Au débit	Retraits d'espèces au guichet.	Un retrait de 120 €. C'est peu.
	Chèques	Un seul chèque.
	Retrait DAB	Néant. Service sous-utilisé. En rechercher la raison. Si non équipé de CB, oppòrtunité de le faire.
	Factures CB	Aucune. Client non équipé ou CB non utilisée.
	Virements émis	2 virements, apparemment vers des comptes épargne (compte tenu du montant identique).
	Prélèvements présentés	Prêt immobilier, TP et FT : M. Douce paye les charges fixes du foyer.
	Remises de chèques impayés	Néant.

Conclusion : le compte de M. et Mme Douce semble un compte stable car il reçoit le salaire de M. Douce et il est le support de paiement des charges fixes du foyer. En revanche, trop peu de charges courantes apparaissent ; un autre compte doit exister pour assumer les autres charges du foyer.

exercice 2 page 191

1. Les conséquences seront les suivantes :
- inscription sur le FCC : interdit bancaire pendant 5 ans sauf régularisation ;
- plus de possibilité d'émettre des chèques ;
- contagion de l'interdit bancaire à toutes ses banques ;
- restitution des chéquiers existants (plus de délivrance de chéquier) ;
- le coût pour le client se limitera aux frais bancaires (50 € maximum).

2. L'utilisateur de la carte doit appeler le numéro de téléphone interbancaire réservé aux oppositions, qui fonctionne 24h/24 et 7j/7. Le contrat peut prévoir une obligation pour l'utilisateur d'avertir son agence de sa démarche d'opposition par lettre recommandée avec accusé de réception ou sur place, au guichet.

3. Si la carte a été utilisée sans le code secret, la responsabilité des clients n'est pas engagée, sauf si elle a été utilisée en dehors de l'espace économique européen.
Si le code confidentiel a été utilisé, la responsabilité est limitée à 150 € pour l'ensemble des opérations, sauf si M. Dupont a fait preuve d'imprudence ou de négligence grave, notamment en cas d'opposition tardive ou de conservation du code avec la carte.

4. On peut proposer à M. Dupont une assurance contre la perte et le vol de ses moyens de paiement et de ses papiers. Cette assurance lui permettra d'être remboursé des 150 € restant éventuellement à sa charge et des frais liés au remplacement de ses papiers d'identité et de ses clés le cas échéant.
Ce service peut être inclus dans un package.

5. On peut lui conseiller :
- de vérifier que le site est bien sécurisé (par la présence du cadenas en bas à droite de l'écran et du « s » au début de l'adresse du site : https).
- de ne jamais délivrer son code confidentiel ;
- d'utiliser l'e-carte, logiciel permettant la création d'une carte bancaire virtuelle, valable pour une seule opération ;
- de faire ses achats sur des sites connus et fiables ;
- de privilégier les sites assurant l'authentification en ligne du client.

6. En cas d'utilisation frauduleuse de la carte sur Internet, aucune somme ne restera à la charge du client. C'est la banque qui devra prendre en charge les paiements frauduleux.

Le client doit contester dans un délai raisonnable (il a 13 mois pour contester le paiement frauduleux dans l'espace économique européen, 70 jours hors EEE). Les sommes doivent être recréditées.

exercice 3 page 192

	Intérêts générés par le super livret	Intérêts générés par un livret A
Au bout d'un an	(20000 × 5 %/12 × 3) + (2 000 × 1,75 %/12 × 9) = 250 + 26,25 = 276,25 brut. Intérêts nets = 167,13 €.	22000 × 1,75 % = 385 €.
La 2ᵉ année	20167,13 × 1,75 % = 352,92 brut. Intérêts nets = 213,51 €.	22 385 × 1,75 % = 391,74 ou 22 000 × $(1 + 1,75\ \%)^2$.
Total	380,64 €	776,74 €

Commentaire : pour les sommes pouvant être logées sur un livret défiscalisé, les super livrets ne sont intéressants que sur la période promotionnelle.

exercice 4 page 192

$VA = (20\ 000 \times 97{,}5\ \%) \times (1 + 4\ \%)^8 = 26\ 687{,}09$ €

exercice 5 page 192

1. Procédure à suivre :
- vérifications des fichiers BDF, FCC et FICP pour l'emprunteur et la caution ;
- montage du dossier de prêt ;
- édition d'une offre préalable de crédit ;
- signature par les parties (emprunteur et caution) ;
- versement des fonds.

Délais à respecter :
L'offre reste valable pendant 15 jours, période durant laquelle l'emprunteur peut accepter l'offre. Il bénéficie également d'un délai de rétractation de 14 jours après la signature de l'emprunteur.

2. Pièces nécessaires :
- pièce d'identité originale ;
- justificatif du statut d'étudiant ;
- justificatif de domicile de moins de 3 mois.

3. Autres pièces nécessaires pour les cautions :
- pièce d'identité ;
- justificatif de domicile ;
- avis d'imposition ;
- livret de famille ;
- bulletins de salaire (ou autre justificatif de revenu) ;
- relevé de compte ;
- tableau d'amortissement des crédits ;
- déclaration sur l'honneur du patrimoine et des engagements ;
- écrit de la main de la caution de son engagement.

4. et 5. Calcul des mensualités de la période de différé et de la période de remboursement :

Année	Montant débloqué	Mensualité hors assurance	Intérêt/mois	Assurance/mois	Coût total/mois
1	7000 €	18,67 €	18,67 €	1,17 €	19,84 €
2	14000 €	37,33 €	37,33 €	2,33 €	39,66 €
3	21000 €	56 €	56 €	3,5 €	59,50 €
4 à 7	21000 €	466,68 €		3,5 €	470,18 €
Coût total					2996,64 €

Commentaire :
Coût du crédit = intérêts + assurance + frais de dossier + frais de garantie (3,2 %/12 = 0,2666 %)
Intérêts : 7000 × 3,2 %/12 = 18,67 €.
Assurance = 0,2 % × 7000 = 14 soit 1,17 € par mois.

exercice 6 page 193

1. Montant à financer par la banque :

Emplois	Ressources
Projet : 250000 € Frais de notaire : 9000 €	Apport personnel : 25000 € Crédit : 234000 €
TOTAL : 259000 €	TOTAL : 259000 €

2. Calcul de la capacité de remboursement :

Revenus		Charges	
Salaire M. Salaire Mme	3100 1450	Crédit auto	550
TOTAL	4550	TOTAL	550

Capacité de remboursement = 4550 × 30 % – 550 = 815 €.

3. L'assurance décès rembourse le capital restant dû en cas de décès de l'emprunteur.
L'assurance incapacité de travail (DIT) couvre une incapacité de travail.
Elles permettent le remboursement du capital emprunté quand l'emprunteur ne peut plus faire face à ses remboursements.

4. Théoriquement, l'assurance est facultative, mais elle peut être imposée par la banque. Depuis la loi Lagarde, le client peut souscrire cette assurance auprès d'un autre établissement que celui du prêteur.

5. Le privilège de prêteur de denier ne peut être réalisé que sur un bien existant. Il ne peut donc pas être envisagé dans le cas présent.
– Garantie réelle : hypothèque. Elle permet au prêteur de faire vendre par voie judiciaire le bien immobilier de son débiteur si celui-ci est dans l'impossibilité de rembourser les sommes dues. Acte authentique, son inscription est notifiée à la

conservation des hypothèques (coût de 2 % de la valeur du bien ; en cas de revente du bien, la main levée s'élève de 0,5 % à 1 % de la valeur du bien).
– Garantie personnelle : caution mutuelle de plus en plus utilisée en garantie d'un prêt immobilier en lieu et place de l'hypothèque et du PPD. Il en résulte un faible coût, pas de formalités particulières, ni de frais d'enregistrement de l'acte notarié ni de frais de mainlevée. Son coût, entre 2 et 3 % du montant emprunté, est restitué partiellement à l'extinction du prêt).

6. **Avantages pour les clients :** coût faible, démarches simplifiées, pas de frais de main levée, remboursement d'une partie des frais à la fin du crédit si pas d'incident, pas d'acte notarié pour le client.
Avantages pour la banque : facilité d'activation de la garantie, double analyse du risque client.

exercice 7 page 193

1. Le contrat GAV est une assurance dont l'objectif est la protection de la famille et de la personne. Il offre une protection spécifique contre les risques de la vie courante : accidents domestiques, médicaux, agressions...
Le contrat doit être souscrit avant 65 ans et l'invalidité minimale doit être de 10 %.
Les principales garanties proposées sont :
– l'indemnisation du préjudice économique comme la perte de revenus suite à une incapacité pour le souscripteur d'exercer son activité professionnelle ;
– l'indemnisation du préjudice esthétique ;
– l'indemnisation des frais liés à l'aménagement de l'habitation, du véhicule..., en raison de l'invalidité liée à l'accident.

2. **Les éléments déterminant la tarification sont :**
– le nombre de pièces et de dépendances ;
– la zone géographique ;
– la valeur des biens mobiliers ;
– la valeur des objets précieux éventuels.

3. **Les risques assurés sont :**
– responsabilité civile vis-à-vis des tiers obligatoire ;
– vol, incendie, dégâts des eaux, vandalisme ;
– catastrophes naturelles, risques technologiques ;
– protection et assistance juridiques ;
– dommages aux appareils électriques...

exercice 8 page 193

Le contrat d'assurance ayant été souscrit à partir des 71 ans, l'abattement n'est que de 30 500 € à se partager entre l'ensemble des bénéficiaires, soit 70 000 – 30 500 € = 39 500 €.
Claudine, la fille de Mme Fabre, percevra : 85 000 €/2 = 42 500 €. L'autre moitié du contrat est basculée dans l'actif successoral. Compte tenu de l'abattement de 30 500 € (qui s'applique sur les primes versées, Claudine recevra 42 500 €.

	Bénéficiaire	Claudine
Prime	70 000	35 500
Abattement	30 500	15 250
Abattement successoral		100 000
Impôt à payer		0
Montant à récupérer après abattement des droits		42 500 €

Si son souhait était de partager le montant placé sur son contrat d'assurance-vie à parts égales entre ses deux enfants, la clause bénéficiaire aurait dû être rédigée de la façon suivante : « Bénéficiaires : ma fille Claudine et mon fils Bernard à parts égales, à défaut leurs enfants nés ou à naître ». Les enfants de Bernard auraient pu alors venir en représentation de leur père pré-décédé et se seraient partagé la moitié du contrat.

exercice 9 page 194

Calcul des droits de succession :
Calcul de la part de chaque héritier après abattement personnel : 325 000 – 100 000 = 225 000 €
Application pour chaque part nette du barème de l'impôt :
5/100 × 8 072 + (12 109 – 8 072) × 10/100 + (15 932 – 12 109) × 15/100 + (225 000 – 15 932) × 0,2
= 403,6 + 403,7 + 573,45 + 41 813,6
= 43 194,35 €
Les droits de succession s'élèveront donc pour les deux enfants à 86 388,7 €.

exercice 10 page 194

1. Coupon annuel : 1 000 × 5,20 % = 52 €.

2. Coupon couru : 52 × 165/365 = 23,50 €
Soit en % de valeur nominale : 23,50/1 000 = 2,506 %

3. Coût d'achat de l'obligation à cette date :
(1 000 × 106,82/100) + 23,50 = 1 091,7 €

4. Risques encourus :
– risques de non remboursement ;
– risques de taux ;
– risque de moins-value en cas de revente.

exercice 11 page 194

1. Quelques conseils :
– s'être constitué au préalable une épargne de précaution, car l'horizon de placement ne peut être inférieur à 5 ans ;
– diversifier son portefeuille ;
– définir son appétence aux risques et son objectif de placement : si l'objectif prioritaire est la préservation de son capital, une gestion prudente du portefeuille fondée sur des produits peu risqués (obligations, produits monétaires), faiblement exposés aux marchés sera favorisée. Si, enfin, l'investisseur recherche une performance élevée quitte à accepter une certaine prise de risque, une gestion dynamique sera mise en place fondée sur un portefeuille composé de supports actions ;
– savoir céder une valeur au bon moment : il convient de profiter de la faiblesse des cours lorsque la conjoncture est mauvaise pour acheter, pour les revendre ensuite lorsque la situation s'est améliorée.

2. Intérêts du questionnaire MIF :
– vérifier le niveau de connaissance sur les marchés financiers et l'appétence au risque du client ;
– déterminer le profil du client et adapter le niveau de conseil.

3. Les missions de l'AMF sont :
– la protection de l'épargne investie dans les instruments financiers ;
– l'information des investisseurs ;
– le bon fonctionnement des marchés d'instruments financiers ;
– la sanction des manquements à la réglementation des marchés financiers ;
– l'apport de son concours à la régulation de ces marchés ;
– la délivrance des agréments aux sociétés d'investissement et le lancement de nouveaux produits.

4. L'ouverture d'un compte-titres auprès d'un intermédiaire boursier (banque, entreprise d'investissement, courtier en ligne) est obligatoire pour pouvoir passer des ordres de Bourse.
Un plan d'épargne en action pourra être proposé pour héberger les titres européens et bénéficier de son traitement fiscal particulièrement avantageux.

5. Capitalisation boursière = nombre d'actions en circulation × cours de l'action.
Eurolist compartiment A : l'un des trois compartiments ouverts aux entreprises dont la capitalisation boursière est supérieure à 1 milliard d'euros.
SRD : système de règlement différé, il offre à l'investisseur la possibilité de faire des achats/ventes pendant le mois, et de régler la différence en fin de mois. Il concerne uniquement les valeurs les plus « actives » de la cote, dont la capitalisation dépasse 1 milliard d'euros, et le volume quotidien de transactions excède un million d'euros.

6. À 66 €, il n'y a aucune contrepartie acheteuse. Son ordre ne sera donc pas servi.

7. L'ordre au marché est prioritaire à l'ouverture et en séance. Il ne comporte aucune indication de prix.

8. Préalable à la signature du contrat ou la prestation de service, l'information doit être exacte, claire et non trompeuse, afin de permettre au client d'appréhender raisonnablement la nature des services et des instruments financiers offerts.
Avant de vendre un produit financier, le conseiller financier a une obligation de vérification :
– des connaissances du client grâce à un diagnostic financier ;
– du caractère approprié pour les clients non professionnels ;
– du caractère adéquat pour un conseil en investissement ou de gestion de portefeuille pour compte de tiers (questionnaire MIF).

PRÉSENTATION DE L'ÉPREUVE E41 : Étude de cas

Comment se présente l'épreuve E41 ?

1 Objectifs

Cette épreuve vise à évaluer votre maîtrise des capacités liées au « développement et suivi de l'activité commerciale » en vous situant dans un environnement professionnel. Elle apprécie plus particulièrement votre aptitude à :
- analyser une ou plusieurs situations professionnelles,
- rechercher une ou des solutions aux problèmes posés ou détectés dans le cas pratique bancaire proposé,
- adapter l'offre faite au client en tenant compte de sa situation et des objectifs de l'établissement bancaire dans le respect des contraintes réglementaires et organisationnelles,
- justifier et/ou argumenter les solutions proposées et/ou les actions à réaliser,
- mettre à jour les bases d'informations sur la clientèle.

2 Forme de l'épreuve

Pour tous les candidats, quel que soit leur statut, il s'agit d'une épreuve écrite, d'une durée de 4 heures, coefficient 4. À partir d'un dossier documentaire accompagné d'un questionnement, cette épreuve prend la forme d'un cas pratique se rapportant à une situation bancaire relevant d'activités professionnelles sur le marché des particuliers

EXEMPLES

Ouverture et gestion de comptes, octroi/vente et gestion des moyens de paiement et des services liés aux comptes, vente de produits de placements, de financement, d'assurance, adaptation de l'offre à la situation du client et aux objectifs bancaires, analyse et gestion des risques bancaires, analyse et gestion d'un portefeuille de clients particuliers intégrant l'environnement juridique et fiscal du client, etc.

3 Contenus

L'épreuve « Étude de cas » valide l'acquisition des connaissances et des compétences figurant au référentiel de certification dans l'unité « Développement et suivi de l'activité commerciale » relatives à la gestion courante et au développement d'un portefeuille de particuliers. Les activités caractéristiques d'un chargé de clientèle de particuliers sont de commercialiser la gamme de produits proposés par son établissement, par exemple dans les domaines suivants :
- besoins courants :
  - ouverture, fonctionnement et clôture des comptes,
  - octroi et gestion des moyens de paiement,
  - vente des produits et services liés au compte,
- besoins d'épargne :
  - épargne bancaire,
  - épargne non bancaire (financière, assurance vie...),
- besoins de financement :
  - découvert,
  - crédits de trésorerie,
  - crédits à la consommation,
  - crédits immobiliers,
  - engagements par signature,
- assurances :
  - des personnes,
  - des dommages,
  - gestion des risques liés,

Votre traitement doit intégrer le respect d'un juste équilibre entre les intérêts des clients et de l'établissement, sans déroger aux règles déontologiques.

Ces activités prennent appui sur un cas exposant une ou des situations professionnelles réelles ou simulées caractéristiques de l'activité bancaire lié au développement et au suivi de l'activité commerciale et mobilisant les technologies utiles à la mise à jour des bases d'informations sur la clientèle.

EXEMPLES

Ouverture, suivi ou fermeture d'un compte bancaire	
ACTIVITÉS	**COMPÉTENCES (être capable de ...)**
L'ouverture de compte	Identifier la nature du compte à ouvrir Collecter les renseignements indispensables à l'ouverture de compte : état civil, domicile, capacité civile, capacité bancaire, situation matrimoniale Collecter les informations commerciales relatives à un client et à son environnement (personnel, professionnel, activités connexes, régime matrimonial, enfants...) Appliquer la réglementation liée au droit au compte. Appliquer les formalités réglementaires et administratives propres à l'établissement (règles de fonctionnement, tarification...)
La gestion des comptes de clients	Appliquer la réglementation concernant la fausse monnaie Appliquer la réglementation concernant le blanchiment de l'argent Analyser le fonctionnement d'un compte : – pour identifier les opportunités commerciales, – pour détecter les fraudes. Gérer les conséquences de l'ouverture d'un compte à une personne juridiquement incapable. Recueillir et gérer les mandats (procurations) sur les comptes Renseigner un client sur les pratiques de dates de valeur (calcul d'agios...) Gérer les incidents de fonctionnement (saisie-attribution, saisie conservatoire, avis à tiers-détenteur, décès d'un cotitulaire...)
La clôture du compte	Clore un compte sur l'initiative du client Clore un compte sur l'initiative de l'établissement Clore un compte suite au décès du client
La gestion du risque	Apprécier le risque lié aux relations entre un client et une banque Apprécier la relation entre le risque et la rentabilité d'un client Gérer le risque au quotidien Négocier avec un client la remise en ordre de ses comptes (plan d'apurement, apport de fonds, exercice de garantie...) Suivre la mise en œuvre des engagements pris par un client

La vente conseil de produits d'épargne ou de financement, de services connexes ou de produits d'assurance	
ACTIVITÉS	**COMPÉTENCES (être capable de ...)**
Les différents moyens de paiement	Renseigner un client sur les différents moyens de paiement qui peuvent être associés à son compte et adaptés à sa situation. Appliquer le droit cambiaire Identifier les mentions obligatoires du chèque Appliquer la réglementation concernant les chèques sans provision et l'interdiction bancaire Appliquer la réglementation concernant les oppositions sur chèques, cartes ou autres moyens de paiement Évaluer les risques bancaires et appréhender les conséquences de la délivrance de formules de chèques ou de cartes Conseiller un client dans le choix du type de carte adapté à ses besoins Appréhender les responsabilités du banquier et du client dans les opérations frauduleuses sur carte Renseigner un client sur les circuits de traitement des différents moyens de paiement
La vente de produits et services liés au compte	Renseigner un client et proposer des produits et services liés au compte
La vente de produits d'épargne bancaire et non bancaire	Promouvoir les produits d'épargne Réaliser l'adéquation entre les besoins du client et les caractéristiques des produits Renseigner un client sur les produits et les techniques des marchés financiers
La vente de crédits aux particuliers	Identifier les besoins de crédit en fonction du client ou du prospect Déterminer le ou les crédits adaptés aux besoins du client et à son projet Évaluer les risques de l'opération en fonction de la situation globale du client Déterminer les moyens de couvrir le risque (garanties, assurances...) Proposer au client une ou plusieurs formules de crédit satisfaisant ses besoins en tenant compte de la politique commerciale de la banque Argumenter un refus de financement. Établir une offre préalable de crédit Gérer le crédit jusqu'à son remboursement final Faire face à une demande de renégociation de crédit

La vente de produits d'assurance	Identifier les caractéristiques des produits d'assurance (de personnes et de dommages) proposés par l'établissement Recenser les besoins d'un client en matière de risques à couvrir Réaliser l'adéquation entre les produits et les besoins d'un client pour lui proposer une solution personnalisée Informer un client des différentes options possibles des contrats d'assurance en tenant compte de ses besoins, des produits proposés par l'établissement et par la concurrence Informer un client sur la fiscalité des contrats d'assurance Finaliser la vente des assurances concernant les personnes et les dommages Renseigner un client sur la vie de son contrat d'assurance

La gestion du risque au quotidien	
ACTIVITÉS	COMPÉTENCES (être capable de ...)
Le suivi de l'évolution du marché bancaire des particuliers	Identifier les principales caractéristiques du marché des particuliers
	Caractériser les segments bancaires de la clientèle des particuliers
	Repérer les besoins d'un client
La connaissance du client particulier	Apprécier les sources de revenus d'un particulier et leur pérennité Appliquer la fiscalité des particuliers Estimer le niveau d'imposition d'un particulier Établir un diagnostic fiscal simple d'un client Apporter au client l'information fiscale lors de la commercialisation des différents produits bancaires
Les risques liés aux différents moyens de paiement	Renseigner un client sur les différents moyens de paiement qui peuvent être associés à son compte et adaptés à sa situation Appliquer le droit cambiaire Identifier les mentions obligatoires du chèque Appliquer la réglementation concernant les chèques sans provision et l'interdiction bancaire Appliquer la réglementation concernant les oppositions sur chèques, cartes ou autres moyens de paiement. Évaluer les risques bancaires et appréhender les conséquences de la délivrance de formules de chèques ou de cartes Conseiller un client dans le choix du type de carte adapté à ses besoins Appréhender les responsabilités du banquier et du client dans les opérations frauduleuses sur carte Renseigner un client sur les circuits de traitement des différents moyens de paiement
La gestion des comptes de clients	Appliquer la réglementation concernant la fausse monnaie Appliquer la réglementation concernant le blanchiment de l'argent Analyser le fonctionnement d'un compte : – pour identifier les opportunités commerciales – pour détecter les fraudes Gérer les conséquences de l'ouverture d'un compte à une personne juridiquement incapable Recueillir et gérer les mandats (procurations) sur les comptes Renseigner un client sur les pratiques de dates de valeur (calcul d'agios...) Gérer les incidents de fonctionnement (saisie-attribution, saisie conservatoire, avis à tiers-détenteur, décès d'un cotitulaire...)
La gestion du risque	Apprécier le risque lié aux relations entre un client et une banque Apprécier la relation entre le risque et la rentabilité d'un client Négocier avec un client la remise en ordre de ses comptes (plan d'apurement, apport de fonds, exercice de garantie...) Suivre la mise en œuvre des engagements pris par un client

4 Critères d'évaluation

Au-delà du strict contrôle des connaissances, cette épreuve doit mettre en évidence vos qualités d'analyse et de synthèse, de réalisme et de cohérence des raisonnements, de pertinence des solutions que vous proposez.

Comment s'entraîner à l'épreuve ?

Conseils pour réussir l'épreuve

Sur la forme	Sur le fond
Cette épreuve écrite teste vos qualités rédactionnelles (orthographe, clarté). Vos réponses sont à justifier. Les questions sont très précises, un effort de lecture tout particulier est donc à fournir afin de bien cerner la ou les attentes. Les dossiers ou activités proposés sont généralement indépendants. Vous pouvez donc les traiter dans l'ordre que vous voulez. Tactiquement, vous pouvez d'abord répondre aux questions que vous maîtrisez le mieux pour consacrer le temps restant aux questions qui vous demandent davantage d'efforts de réflexion. Un entraînement en temps réel dans le courant du cursus de formation est indispensable pour être prêt le jour de l'épreuve.	Cette épreuve vous demande de pouvoir répondre à de nombreuses questions, à partir d'une ou plusieurs situations de travail, précises et appartenant à des champs de compétences multiples. Les activités à réaliser demandent une bonne maîtrise des notions liées essentiellement à la partie « Développement de l'activité commerciale ». Cependant, en plus des compétences spécifiques à cette unité, l'épreuve peut également solliciter les connaissances et les compétences dont ne peut s'affranchir un bon professionnel, liées à la partie : « Environnement économique, juridique et organisationnel de l'activité bancaire » ; il ne faut donc pas négliger cette partie de cours spécifique.

PRÉSENTATION DE L'ÉPREUVE E42 : Analyse de situation commerciale

Comment se présente l'épreuve E42 ?

1 Durée, coefficient et objectifs

L'épreuve E42, « Analyse de situation commerciale », est une évaluation orale d'une durée de 30 minutes, affectée d'un coefficient 2.

L'épreuve vise à évaluer vos compétences dans le cadre d'une ou plusieurs situations professionnelles liées à l'activité de « développement et suivi de l'activité commerciale ».

L'épreuve prend appui sur la partie du livret des compétences se rapportant à l'unité 3 Gestion de la relation client.

2 Capacités et aptitudes évaluées

Vous devez démontrer les aptitudes suivantes :
- démontrer votre implication dans les activités professionnelles,
- repérer les éléments du contexte dans lequel vous intervenez (enjeux, objectifs, caractéristiques du ou des produits, cible, moyens utilisés, résultats obtenus,
- mettre en place des solutions adaptées et proposer éventuellement des alternatives,
- faire preuve de qualité d'argumentation et d'analyse,
- appliquer la réglementation en vigueur,
- donner du sens à son action.

3 L'incidence du statut du candidat sur la forme de l'évaluation

Quel que soit leur statut, tous les candidats sont soumis à cette épreuve selon les mêmes modalités.

4 Les modalités de l'épreuve

Vous êtes convoqué à une épreuve unique qui a lieu pendant la session d'examen.

La commission d'interrogation est composée de deux interrogateurs :
- un professeur chargé de l'enseignement de «développement et suivi de l'activité commerciale»,
- un professionnel ou à défaut un autre professeur de « spécialité ».

L'évaluation prend appui sur une situation de communication professionnelle extraite du livret de compétences (fiches 8 à 10). Les activités testées sont les suivantes :
- analyse d'un portefeuille de clients,
- gestion et développement d'un portefeuille de clients,
- gestion des risques clients au quotidien suivi de la relation client.

5 Le déroulement de l'épreuve

Le déroulement se fait en 2 temps :
- Première partie (maximum 10 minutes)

Vous présentez de façon synthétique l'activité professionnelle choisie par les examinateurs dans votre livret de compétences. Vous pouvez illustrer votre propos en vous appuyant sur tout document que vous jugez utile.
- Deuxième partie (maximum 20 minutes)

Les examinateurs vous questionnent sur tout ou partie des points précédemment exposés, vous demandent des précisions, éclaircissements ou approfondissements.

6 Les critères d'évaluation

Vos qualités professionnelles sont évaluées, en particulier :
- La rigueur en matière d'organisation et de méthode
- La réactivité face à une situation professionnelle
- La cohérence de votre argumentation
- La pertinence de votre analyse et de votre réflexion.

Quelle méthode mettre en œuvre pour préparer cette épreuve ?

1 S'organiser pour préparer l'épreuve

1. Avant toute chose, prendre connaissance du cours « développement et suivi de l'activité commerciale » pour comprendre les compétences attendues d'un conseiller de clientèle dans ce domaine.
2. Trouver les situations professionnelles vous ayant permis d'agir au niveau du développement et le suivi de l'activité commerciale d'un établissement bancaire pendant le stage ou l'activité de travail.
3. Bien vérifier que ces situations font partie de celles du livret de compétences.
4. Remplir la fiche descriptive.
5. S'entraîner à parler pendant 5 ou 10 minutes sur l'ensemble de vos fiches : il s'agit de se préparer à la présentation de la fiche qui sera retenue par les examinateurs, non connue à l'avance.

2 Trouver et conserver une situation professionnelle

Lorsqu'on est en stage, on observe ou on vit de nombreuses situations de travail. Il faut être attentif à ces situations et noter le contenu de quelques conversations de travail qui semblent intéressantes.

3 Remplir la fiche descriptive

Il ne faut pas se limiter à la simple description d'une situation mais mener une analyse précise en mobilisant le vocabulaire adapté du cours. Il faut bien connaître l'organisation de l'agence bancaire qui vous accueille en stage. Lorsque l'évaluation a lieu sur une situation en agence, durant le stage, la fiche descriptive peut être remplie avec les conseils et sur la base d'un échange avec votre tuteur. Cette manière de faire vous permettra de procéder à une réelle analyse de la situation et d'employer un vocabulaire professionnel adapté.

Comment utiliser le livret de compétences pour l'épreuve E42 ?

1 La présentation du livret de compétences

Le livret de compétences recense des compétences que vous allez mettre en œuvre dans des situations professionnelles relatives au « développement et suivi de l'activité commerciale ». Il sera mis à la disposition de la commission le jour de l'évaluation. Il comporte 3 fiches portant sur des situations professionnelles. Chaque fiche comporte une partie décrivant votre posture professionnelle dans la situation professionnelle correspondante :
- Fiche n°8 : analyse d'un portefeuille de clients particuliers
- Fiche n°9 : développement d'un portefeuille de clients particuliers
- Fiche n°10 : gestion des risques au quotidien

2 Composition du livret de compétences pour l'épreuve E42 (fiches 8 à 10)

Chacune des fiches est précédée d'une partie identique, descriptive de votre posture professionnelle.

EXEMPLES

<table>
<tr><td>NOM DU CANDIDAT :</td><td colspan="2">ENTRETIEN CRÉDIT</td></tr>
<tr><td>PRÉNOM DU CANDIDAT :</td><td colspan="2">SITUATION PROFESSIONNELLE :
EN AUTONOMIE ☐ EN COLLABORATION ☐</td></tr>
<tr><td colspan="3">DATE DE RÉDACTION :</td></tr>
<tr><td colspan="3">CADRE PROFESSIONNEL DE RÉFÉRENCE (à renseigner même en situation simulée)</td></tr>
<tr><td>Contexte professionnel : lieu, date de l'action...</td><td colspan="2"></td></tr>
<tr><td>Ressources utilisées (technologiques, informationnelle, managériales)</td><td colspan="2"></td></tr>
<tr><td>Acteurs impliqués dans la situation</td><td colspan="2"></td></tr>
<tr><td colspan="3">DESCRIPTION DE LA SITUATION PROFESSIONNELLE</td></tr>
<tr><td colspan="3">Objectif, démarche, résultats obtenus, difficultés rencontrées....</td></tr>
</table>

Fiche n°8 : analyse d'un portefeuille de clients particuliers	1	2	3	4
Analyser les caractéristiques du portefeuille et son évolution				
Déterminer les potentiels clients à exploiter				
Apprécier la rentabilité globale du portefeuille				
Apprécier le risque global du portefeuille				
Rechercher les causes des écarts entre réalisations et objectifs				
Détecter et saisir les opportunités commerciales				
Sélectionner, traiter et hiérarchiser les informations pertinentes				
Proposer des actions en tenant compte de l'analyse du portefeuille et de la politique de l'établissement				

Fiche n°9 : développement d'un portefeuille de clients particuliers	1	2	3	4
Proposer et mettre en place des actions en tenant compte de l'analyse du portefeuille et de la politique de l'établissement				
Développer le portefeuille clients				
Développer le taux d'équipement des clients				
Sélectionner, traiter et hiérarchiser les informations pertinentes en fonction du type d'action				
Mettre en place des mesures permettant d'améliorer la rentabilité globale du portefeuille en assurant la maîtrise du risque				
Rechercher les causes des écarts entre réalisations et objectifs de l'action commerciale				

Fiche n°10 : gestion des risques au quotidien	1	2	3	4
Sélectionner, traiter et hiérarchiser les informations pertinentes pour la gestion des risques au quotidien				
Apprécier le risque lié aux relations entre un client et sa banque (risques commerciaux, financiers, de conformité)				
Proposer des mesures appropriées de prévention et de gestion du risque client				
Transmettre les dossiers aux services spécialisés (respect des procédures de l'établissement et des délégations)				

GÉRER LA RELATION INTERPERSONNELLE AVEC LE JURY

Établir la communication dès son entrée

Toute épreuve orale comporte une dimension «communication interpersonnelle» qui nécessite la maîtrise de deux types d'échange : savoir exposer et savoir s'entretenir avec le jury au cours de l'échange qui suit généralement l'exposé. On peut s'y entraîner, en présentant son travail à des personnes différentes (professeur, formateur, étudiants) dans des conditions proches de celles de l'examen.

1 Se présenter

Tout d'abord, pensez impérativement à éteindre votre portable avant d'entrer dans la salle d'interrogation.

Dès votre entrée, votre attitude et votre tenue vestimentaire influencent la perception immédiate du jury. Saluez-le d'un bonjour courtois. Le jury vous demandera d'émarger une liste de présence et de présenter votre convocation et votre pièce d'identité que vous aurez gardées à portée de main. Le déroulement de l'épreuve vous sera ensuite rappelé. Cette introduction vous permet de respirer pour rester calme et naturel(le).

2 Occuper l'espace

Un repérage rapide de l'emplacement des outils que vous pensez utiliser (tableau, rétroprojecteur ou vidéoprojecteur, micro-ordinateur) permet de surmonter un éventuel stress naissant. La prise de possession de l'espace commence par l'installation, sur la table qui vous est réservée, de votre dossier accompagné des supports de communication parfaitement organisés dans l'ordre d'utilisation prévu. Elle se poursuit par le choix de votre propre emplacement, souvent contraint par la configuration des lieux. Il est conseillé de maintenir une distance adaptée, sans trop s'éloigner du jury.

3 Choisir sa position

À condition de ne pas rester trop statique, la position debout permet d'être mobile et d'occuper davantage l'espace, donc de paraître plus dynamique.

Cependant, si le stress est important, on peut rester assis, bien se caler au fond de sa chaise, pieds à plat et avant-bras appuyés sur la table, en un geste d'ouverture.

Veiller à la qualité de sa communication durant l'exposé

Lorsque vous êtes prêt(e), avec l'assentiment du jury, vous pouvez commencer votre exposé.

1 Regarder le jury

La relation s'établit essentiellement avec le regard. Veillez à regarder tous les membres du jury et pas seulement celui qui vous a accueilli(e) ou vous paraît le plus aimable.

2 Contrôler le débit et le rythme de parole, la qualité de l'expression orale

Parlez naturellement et distinctement. Des pauses permettent de reprendre son souffle, de rythmer le discours et de marquer des transitions. Évitez de réciter un discours appris par cœur.

La qualité de l'expression orale est établie lorsque les phrases sont correctement construites et le vocabulaire technique convenablement mobilisé. Le langage familier est à proscrire.

3 Veiller à son attitude

Les postures inconvenantes sont à proscrire car elles suggèrent de la désinvolture, voire de la provocation. Évitez les gestes et mouvements parasites (se toucher les cheveux, triturer un stylo, se balancer, mâcher du chewing-gum).

4 Surveiller sa posture

La tendance au relâchement de la posture constitue un risque au fur et à mesure que l'épreuve avance, notamment si on est assis. Il se traduit par un affaissement du buste et des épaules.

5 Surveiller le temps

Le temps d'exposé est précisé par la réglementation décrivant le déroulement de l'épreuve. Un contrôle du temps s'impose donc pour éviter d'être interrompu par le jury. Deux à trois coups d'œil discrets à une montre suffisent et sont naturellement acceptés par le jury.

Veiller à la qualité de sa communication durant l'échange avec le jury

1 Écouter les questions et les comprendre

À l'issue de l'exposé, un échange avec le jury commence : il faut écouter les questions pour y répondre. Une attitude d'écoute se traduit par une posture adaptée : tête légèrement inclinée, regard tourné vers celui qui pose la question. Écoutez les questions ou remarques jusqu'au bout et sans couper la parole. N'hésitez pas à demander des précisions ou à reformuler la question pour vous assurer que vous l'avez bien comprise.

Si des précisions vous sont demandées, considérez alors que le jury sollicite votre réflexion. Il vous est alors possible de réfléchir à voix haute à d'autres propositions, à des améliorations possibles, etc.

2 Rester maître de soi

Vous devez démontrer votre professionnalisme. Aussi, toute attitude de séduction, de connivence envers le jury, de fausse humilité ou au contraire d'aplomb et de forfanterie peuvent communiquer une mauvaise impression, contraire aux attitudes d'un vrai professionnel. Les manifestations excessives de vos émotions (joie, étonnement, déception, accablement) sont à maîtriser au profit d'une apparence calme, stable et neutre.

3 Surveiller son expression orale

La discussion avec le jury ne doit pas faire oublier la qualité de l'expression. L'utilisation d'un langage courant voire soutenu et le recours à du vocabulaire technique sont attendus. La richesse tient à la précision. N'hésitez pas à vous reprendre pour corriger une erreur, apporter une précision ou reformuler si vous percevez de l'incompréhension chez vos interlocuteurs.

Optimiser l'utilisation de vos différents supports de communication

1 Présenter le support au bon moment

Vos supports vous permettent de vous raccrocher à des données que vous connaissez bien. Ils renforcent votre argumentation si vous faites preuve de réactivité et si vous les présentez au bon moment, en appui d'une démonstration.

2 Laisser un temps suffisant au jury pour les consulter

Si vous constatez que vos supports captent l'attention du jury, ménagez un temps de pause.

3 Sélectionner les supports plus attractifs

Il faut retenir un nombre limité de supports et éviter une avalanche de documents qui obtiendrait un effet contraire en parasitant votre présentation. Évitez notamment les liasses importantes de documents que le jury n'aura pas le temps de consulter, par exemple un volumineux listing d'ordinateurs. Pour illustrer le contexte professionnel de l'agence bancaire dans laquelle vos travaux prennent appui, sélectionnez les supports de communication les plus attractifs. Un organigramme et des schémas seront appréciés s'ils contribuent à clarifier une organisation complexe. En effet, « un beau schéma vaut mieux que de longs discours ».

4 Prendre congé

Le jury vous remercie pour votre prestation signalant ainsi la fin de l'épreuve. Il convient alors de rassembler ses documents épars et de saluer en retour avant de quitter la salle. Une phrase de conclusion comme « Je vous remercie pour votre écoute » est une marque de courtoisie envers le jury.

ENVIRONNEMENT ÉCONOMIQUE, JURIDIQUE ET ORGANISATIONNEL DE L'ACTIVITÉ BANCAIRE

1 LE CIRCUIT ÉCONOMIQUE

Les agents économiques sont en interaction dans le processus de création et de répartition de la richesse. Ils contribuent à des degrés divers aux opérations de production, de répartition et de dépenses.

1 Des agents économiques interdépendants

Les agents économiques sont regroupés par la comptabilité nationale en six «secteurs institutionnels» selon la similitude de leurs comportements économiques qui se dégage de leur fonction principale, de la nature et de l'origine de leurs ressources.

On distingue cinq secteurs institutionnels résidents :

- **les sociétés non financières (SNF)**, dont la fonction principale est de produire des biens et des services marchands non financiers. Leurs ressources proviennent de leur chiffre d'affaires ;
- **les sociétés financières (SF)** fournissent des services d'intermédiation financière de banque et d'assurance. Leur fonction principale est de fournir des moyens de paiement, de collecter l'épargne disponible, d'octroyer des crédits pour financer l'économie et de garantir l'indemnisation des victimes en cas de réalisation d'un risque ;
- **les administrations publiques (APU)** produisent des services non marchands ou effectuent des opérations de redistribution du revenu et des richesses nationales. Ce sont les administrations publiques centrales ou locales et les organismes de sécurité sociale. Les contributions obligatoires sont leurs principales ressources ;
- **les ménages** regroupent les individus ou groupes d'individus considérés tant dans leur fonction de consommateurs que dans celle, éventuelle, d'entrepreneurs individuels produisant des biens ou des services marchands financiers ou non ;
- **les institutions sans but lucratif au service des ménages (ISBLM)** sont toutes les unités privées dotées de la personnalité juridique qui produisent des biens et services non marchands au profit des ménages. Leurs ressources principales proviennent de contributions volontaires effectuées par les ménages en leur qualité de consommateurs, de versements provenant des administrations publiques et de revenus de la propriété.

Le reste du monde regroupe les agents économiques non-résidents qui entretiennent des relations économiques avec des unités résidentes.

2 Les flux et les opérations économiques

La circulation des richesses entre les agents économiques génère des flux réels (circulation de biens et services) et des flux monétaires. Ces flux se répartissent en trois catégories d'opérations économiques :

- les opérations sur biens et services retracent la création des biens et services (production et importations) et leur utilisation (consommation intermédiaire et finale, formation brute de capital fixe, variation de stocks et exportations) ;

EXEMPLES

Les services payants (CB, forfait de services, frais de tenue de compte, etc.) sont comptabilisés à partir du prix ou de la commission. L'activité d'intermédiation bancaire donne lieu à collecte de fonds (dépôts), à leur transformation (prêts, placements, etc.). Les banques se rémunèrent sur la marge de taux d'intérêt sur les dépôts et sur les prêts qu'elles accordent à leurs clients. Les services d'intermédiation financière indirectement mesurés (SIFIM) sont la part des services rendus par les intermédiaires financiers qui n'est pas facturée à la clientèle.

- les opérations de répartition décrivent le partage des revenus issus de la production de biens et services et de la redistribution (salaires, cotisations sociales, TVA, etc.) ;
- les opérations financières reprennent les variations de créances et des dettes des secteurs. Certaines sont des opérations purement financières (dépôts, émission d'actions, etc.), d'autres sont la contrepartie d'une opération sur biens et services ou d'une opération de répartition qui se traduit par un transfert de moyens de paiement ou par un crédit. Elles montrent comment les secteurs ont financé leurs besoins de financement ou utilisé leur capacité de financement.

3 Le circuit économique

Le circuit économique est une représentation simplifiée des relations entre les agents économiques au plan national et avec le reste du monde. Cette vision de l'économie permet de qualifier et de quantifier les relations entre les agents économiques pour en dégager des indicateurs comme le PIB, le revenu national ou la dépense nationale. La production va générer une répartition des richesses entre les agents qui sera consommée, investie ou épargnée.

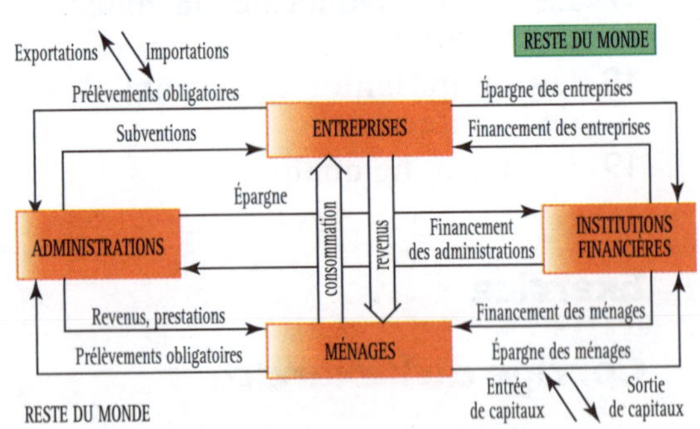

2 LES INSTITUTIONS FINANCIÈRES DANS LE CIRCUIT ÉCONOMIQUE

Dans les années 1980, la déréglementation des marchés financiers en a facilité l'accès. Aujourd'hui, les banques jouent un nouveau rôle dans le financement de l'économie.

1 Les agents économiques à capacité et à besoin de financement

La comptabilité nationale permet de dégager les capacités ou les besoins de financement des secteurs institutionnels. Si leurs ressources sont supérieures à leurs besoins, ils ont des capacités de financement ; inversement, si leurs ressources sont inférieures à leurs besoins, ils ont des besoins de financement.

Les sociétés financières et les ménages pris dans leur globalité ont des capacités de financement. Les entreprises, les administrations publiques et de sécurité sociale ont structurellement des besoins de financement pour leurs investissements et pour l'action publique.

2 Deux formes de financement de l'économie

Le financement de l'économie consiste à apporter des fonds à un agent économique qui ne peut se financer sur ses propres ressources (autofinancement).

1. Le financement direct ou financement de marché

Le financement direct permet aux agents à capacité de financement de fournir leurs ressources directement aux agents a besoin de financement sur les marchés financiers, en achetant des titres primaires (actions, obligations) émis par ces derniers. En 2013, en France, 47 % des financements relèvent de la finance directe, mais 75 % des financements de marché sont destinés aux administrations publiques (APU) et 27 % aux sociétés non financières (grandes entreprises).

2. Le financement indirect ou financement intermédié

Les institutions financières sont les établissements de crédit, les banques centrales, les entreprises d'investissement et les sociétés d'assurance qui produisent des services financiers. Elles participent au financement de l'économie en servant d'intermédiaire entre les agents à capacité ou à besoin de financement. Le taux d'intermédiation financière mesure l'importance de leur rôle face à l'essor de la finance de marché : c'est la part des institutions financières dans l'ensemble des financements reçus par les agents non financiers.

a) L'intermédiation bancaire

Elle consiste à transformer les dépôts reçus en crédits octroyés aux ménages ou aux entreprises, notamment aux PME, pour financer leur investissement ou leur consommation. Les banques transforment l'épargne à court terme collectée, en prêt d'une durée plus longue. Les dépôts des ménages vont financer les crédits des agents à besoin de financement. Ainsi, « les dépôts font les crédits ».

L'intermédiation bancaire consiste aussi à créer de la monnaie lorsque les dépôts ne sont pas suffisants. Seules les banques ont ce pouvoir de création monétaire. « Les crédits font les dépôts », car la création monétaire correspond à une capacité future d'épargne.

La part de l'intermédiation bancaire dans le financement de l'économie recule au fil des ans, car les grandes entreprises et l'État se financent davantage sur les marchés. Le taux d'intermédiation bancaire est le rapport entre les crédits accordés par les établissements de crédit et le total des financements obtenus par les agents non financiers.

EXEMPLE

En 1990, le taux d'intermédiation bancaire était de 75 %. En 2011, il était de 40 %. Ce recul a été qualifié de « désintermédiation bancaire », mais les nouvelles stratégies de diversification financière des banques permettent de relativiser cette notion de désintermédiation.

b) L'intermédiation financière

Elle permet d'orienter l'épargne vers les marchés financiers afin de financer les grandes entreprises et les États. Les banques assurent une fonction de courtage car elles mettent en contact les agents économiques. Elles ont aussi une fonction de transformation financière lorsqu'elles achètent des titres primaires émis par une entreprise ou un État et transforment leur volume (fractionnement de la valeur nominale), leur échéance (modification de la durée) et leur niveau de risque (répartition entre de nombreux clients) pour produire des titres secondaires aux caractéristiques demandées par les clients : préférence pour la liquidité, sécurité et adaptation à la capacité de financement des ménages.

EXEMPLE

La banque achète des actions d'une entreprise A émises à 300 € et crée de nombreux titres secondaires (30 à 10 €) qu'elle revendra à 30 clients. C'est le rôle des FCP ou des SICAV.

Le taux d'intermédiation financière mesure, en plus des crédits distribués, les placements des institutions financières en titres (actions, obligations, titres de créances négociables), que l'on rapporte à la totalité de ces opérations des établissements de crédit, des OPCVM et des sociétés d'assurance.

Le taux d'intermédiation financière était de 53 % en 2013.

c) Une forme d'intermédiation alternative

Les plateformes de financement participatif (*crowdfunding*) sont un mode de financement par Internet pour récolter des fonds (dons, prêts, souscription de titres), financer un projet artistique (film, musique) ou créer une entreprise.

3 LA MONNAIE ET LA CRÉATION MONÉTAIRE

La monnaie est un bien économique particulier utilisé pour faciliter les échanges entre les différents agents économiques. La création de monnaie alimente la masse monétaire et contribue au pouvoir d'achat des agents économiques à un moment donné.

1 L'utilité de la monnaie

1. Le besoin de monnaie

Le besoin de monnaie n'apparaît que dans une économie d'échange, même si les transactions entre individus peuvent se régler également par l'échange d'un bien contre un autre bien.
Dans une économie complexe et décentralisée, la monnaie devient l'instrument unique des échanges entre les agents économiques.

2. Les fonctions de la monnaie

a) La monnaie, unité de compte

La monnaie permet d'évaluer la valeur des marchandises susceptibles d'être échangées. Elle facilite les comparaisons entre des biens et des services différents. La monnaie, unité de compte, permet d'établir le prix de chaque bien et détermine ainsi une échelle générale des prix entre tous les biens.

b) La monnaie, instrument d'échange

La monnaie est un moyen de paiement qui permet d'acheter des biens et des services. Elle constitue un bien intermédiaire, reconnu et accepté par tous, qui, à son tour, permet l'achat d'autres biens.

c) La monnaie, instrument de réserve

La monnaie constitue pour son détenteur une réserve de valeur pour le futur. Cela signifie qu'elle peut être conservée afin de reporter les achats dans le temps. Sa mise en réserve pour des achats ultérieurs repose sur le maintien de son pouvoir d'achat (quantité de biens et de services qu'il est possible de se procurer avec une unité monétaire).

2 Les formes de la monnaie

1. La monnaie manuelle

a) La monnaie fiduciaire

La monnaie fiduciaire est représentée par les billets. À l'origine, les billets étaient des reconnaissances de dette signées par un banquier, qui promettait que leur conversion en or ou en argent serait possible à tout moment. Ils devinrent inconvertibles en août 1914.
Les billets sont aujourd'hui émis par la Banque de France, sous le contrôle de la Banque centrale européenne (BCE), et mis en circulation par les banques commerciales.

b) La monnaie divisionnaire

Les pièces en métal, aussi appelée « monnaie divisionnaire », sont une survivance de l'époque où la monnaie était représentée par des métaux précieux. Elles servent principalement aux achats de faible valeur.
La monnaie métallique est émise par les Banques centrales des pays de la zone euro pour le compte de la Banque centrale européenne. Elle est mise en circulation par les banques commerciales.

2. La monnaie scripturale

a) Son fonctionnement

La monnaie scripturale représente une valeur monétaire inscrite sur un compte. Elle est constituée par les dépôts à vue des particuliers et des entreprises, ouverts auprès des banques, de la Banque postale, des Caisses nationales d'épargne et des comptables du Trésor public.
Elle est transférée d'un compte à un autre par un simple jeu d'écritures. Les instruments qui permettent sa circulation ne doivent pas être confondus avec la monnaie.

b) Les moyens de circulation

Les moyens de circulation utilisés sont le chèque, le virement, la carte bancaire, l'effet de commerce (lettre de change ou billet à ordre), l'avis de prélèvement et le TIP (titre interbancaire de paiement). La monnaie électronique pour les paiements chez les commerçants connaît une utilisation croissante.

3. La dématérialisation de la monnaie

a) L'évolution : du métal à la monnaie scripturale

L'augmentation des échanges et l'importance croissante prise par la monnaie scripturale entraînent une dématérialisation de la monnaie. Tout d'abord, la monnaie fiduciaire s'est substituée à la monnaie divisionnaire. Puis, le développement de la monnaie scripturale s'est traduit par une diminution de l'importance des pièces et des billets dans les échanges économiques.

b) L'évolution : du billet de banque aux instruments immatériels

La dématérialisation de la monnaie s'est accentuée avec l'utilisation généralisée de la carte de paiement à la place des billets de banque et des virements bancaires à la place des chèques. Le développement du porte-monnaie électronique et des virements bancaires devrait encore accentuer ce phénomène dans les années à venir.

3 La création monétaire

1. Le pouvoir de création monétaire

a) Le rôle des banques dans la création monétaire

Les banques participent au processus de création de la monnaie en créant de la monnaie scripturale. Celle-ci est créée sous l'impulsion des particuliers, des entreprises et du Trésor public, qui sollicitent des crédits auprès du secteur bancaire.

b) Le rôle de la Banque centrale européenne (BCE)

La BCE est la Banque centrale des pays de la zone euro. 17 des 28 États membres de l'Union européenne ont adopté l'euro dans toutes les transactions entre leurs agents. Depuis le 1er janvier 1999 et la mise en place de l'euro, les Banques centrales nationales ont abandonné leur pouvoir de création monétaire au profit de la BCE.

Les principales missions de la BCE consistent à :
- définir la politique monétaire de la zone euro ;
- émettre la monnaie fiduciaire ;
- favoriser le financement de l'économie de l'UE.

c) La création monétaire par la BCE

La BCE intervient directement dans la création monétaire par :
- l'émission des billets de banque en euros ;
- les avances au Trésor public quand elle accorde des crédits à l'État ;
- l'achat de devises aux entreprises qui effectuent des transactions dans d'autres monnaies que l'euro.

Elle intervient indirectement en contrôlant l'émission de la monnaie fiduciaire par les banques commerciales. Ces dernières doivent disposer d'un certain volume de monnaie fiduciaire pour satisfaire aux besoins de liquidités de la part de leurs clients. Ce besoin de liquidités permet à la Banque centrale de réguler la création monétaire des banques commerciales.

2. Le mécanisme du crédit bancaire

Le mécanisme de la création monétaire suit quatre étapes :

M. Toulmond souhaite acquérir un bien mais il ne dispose pas de ressources monétaires suffisantes. Il demande à sa banque un crédit de 10 000 €.

↓

La banque décide de lui accorder le crédit demandé. Elle va enregistrer deux opérations symétriques : au passif de son bilan, elle inscrit les 10 000 € que M. Toulmond est autorisé à retirer sur son compte ; à l'actif, elle inscrit la créance qui représente la promesse de remboursement par M. Toulmond de sa dette. Par cette opération de crédit, la banque a créé sa propre monnaie, il n'y a pas eu d'épargne préalable au crédit et elle n'a pas besoin de détenir dans ses caisses la somme correspondante.

↓

Une fois ce crédit accordé à M. Toulmond, il pourra l'utiliser pour régler par chèque son créancier qui, à son tour, pourra déposer à sa banque la somme correspondante. Le crédit accordé initialement provoque donc une multiplication des dépôts et des crédits.

↓

Le remboursement du crédit conduit enfin à une opération symétrique de destruction monétaire car la banque annule sa créance.

3. Les limites de la création monétaire par les banques

La BCE peut imposer des contraintes pour restreindre la création de monnaie par les banques commerciales, notamment par :
- le maintien sur le compte que possède chaque banque commerciale à la Banque centrale d'une réserve obligatoire de monnaie non rémunérée non utilisable par les banques pour accorder des crédits ;
- la diminution des possibilités de refinancement des banques (opération consistant pour une banque commerciale à se procurer de la monnaie de Banque centrale). Des taux d'intérêt élevés freinent la demande de monnaie de Banque centrale par les banques.

4. Le multiplicateur de crédit

Le multiplicateur de crédit, inspiré par Keynes, explique le fonctionnement de la création de monnaie à partir des crédits accordés par les banques.

Pour accorder un crédit en monnaie scripturale, une banque doit disposer d'un montant minimum en monnaie de Banque centrale. L'utilisation de ce crédit va être à l'origine d'un nouveau dépôt qui, lui-même, permet un nouveau crédit. Tant que la banque commerciale conserve une partie du dépôt sous forme de monnaie de Banque centrale, elle peut continuer à accorder des crédits sur cette base. Le procédé du multiplicateur permet aux banques de prêter plus d'argent qu'elles n'en détiennent en réserve.

4 La composition de la masse monétaire

1. La mesure de la masse monétaire

a) La définition

La masse monétaire représente la quantité de monnaie en circulation dans une zone géographique. Elle regroupe l'ensemble des avoirs détenus par les agents économiques, à l'exception des banques et des organismes de crédit.

b) Les agrégats monétaires

Les agrégats monétaires sont utilisés pour comptabiliser la masse monétaire et sont construits selon le principe des poupées russes : chaque agrégat de niveau supérieur contient l'agrégat du niveau inférieur :
- M1 représente la monnaie immédiatement disponible (monnaie fiduciaire + dépôts à vue) ;
- M2 correspond à M1 + les placements sur livrets ;
- M3 englobe M2 + l'ensemble des titres de placement émis par les institutions de crédit ;
- M4 contient M3 + l'ensemble des titres émis par le Trésor public et les entreprises.

Les agrégats monétaires regroupent donc les avoirs en fonction de leur degré de liquidité (facilité d'utilisation dans les échanges), du plus liquide au moins liquide.

2. Les contreparties de la masse monétaire

La création monétaire opérée par les banques, qui suppose des contreparties, a comme origine :
- les créances sur l'étranger sous la forme des devises détenues par les institutions financières. L'acquisition de ces devises crée de la monnaie nationale ;
- le crédit interne, qui désigne l'ensemble des créances détenues par les institutions financières sur l'État et sur l'économie. Les créances sur l'économie, pour le financement des ménages et des entreprises, constituent la principale source de création monétaire.

4 LE MARCHÉ MONÉTAIRE

➔ Les marchés de capitaux assurent le financement de l'économie en organisant une confrontation directe entre la demande et l'offre de capitaux. Le marché monétaire finance les besoins de court et moyen termes, le marché financier, ceux de long terme. Ces marchés sont interdépendants.

1 Les deux compartiments du marché

1. Le marché interbancaire, un marché réservé

a) Le fonctionnement du marché interbancaire

Le marché interbancaire est réservé aux établissements de crédit et aux institutions financières agréées (la Banque de France, le Trésor et la Caisse des dépôts et consignations). Il est indispensable, car il permet aux banques en demande de liquidités de se refinancer, auprès de celles qui ont des excédents : elles empruntent de la «monnaie banque centrale» pour permettre un équilibre quotidien de leur trésorerie. Les banques se refinancent, car elles ont déjà financé l'économie en accordant des crédits. Chaque établissement de crédit dispose d'un compte à la Banque centrale nationale (BCN) ; c'est par l'intermédiaire de ces comptes que s'effectuent les règlements entre banques en monnaie centrale. Leur compte à la BCN ne peut jamais être négatif et elles sont astreintes à constituer des réserves obligatoires.

Un établissement de crédit «sur-liquide» sera prêteur sur le marché interbancaire, car il est excédentaire en monnaie centrale du fait d'entrées en monnaie centrale dans son circuit bancaire supérieures aux «fuites» en dehors de son circuit : c'est le cas si les fonds qu'il collecte auprès des agents non financiers excèdent les financements qu'il leur accorde. Il placera ses excédents en monnaie centrale auprès des banques sous-liquides sur le marché monétaire ou auprès de la BCN moyennant rémunération. Une banque «sous-liquide» sera emprunteur sur le marché interbancaire lorsque les financements accordés aux agents non financiers seront supérieurs aux ressources collectées auprès d'eux. Elle empruntera de la monnaie centrale.

b) Les opérations sur le marché interbancaire

Le marché interbancaire est un marché de gré à gré, entre banques, de façon bilatérale. C'est un marché de très court terme : les échéances peuvent être au jour le jour. Les établissements de crédit sollicitent des prises de pension et répondent à des appels d'offres. Les principales opérations réalisées sont :

- les opérations de prêts en blanc, qui sont des prêts de monnaie centrale accordés à une banque sans contrepartie, c'est-à-dire sans remise d'effet ni créance en garantie ;
- la pension livrée, technique qui se caractérise par un échange de titres (ex. : bons du Trésor) contre de la trésorerie pour une période déterminée. Une banque met en pension des titres qu'elle possède. Les titres sont vendus au comptant contre de la monnaie centrale avec un engagement de rachat à une date et un prix convenus à l'avance.

c) La fixation du taux d'intérêt interbancaire

Le marché interbancaire a pour objectif de fixer le prix des prêts (taux interbancaire) à court terme grâce à la rencontre de l'offre et de la demande de liquidités bancaires. Les taux varient en fonction de l'échéance et se fixent entre les taux plancher et les taux plafond des taux directeurs de la banque centrale dans le cadre de sa politique monétaire. Le taux interbancaire de la zone euro est calculé au jour le jour, à 3 mois et à 1 an. Le taux de référence des échanges quotidiens effectués dans l'ensemble de la zone euro est EONIA (*Euro Overnight Index Average*), il est calculé par la BCE. C'est la moyenne des taux pratiqués au jour le jour des 57 plus grandes banques de la zone euro.

L'Euribor (*Euro Interbank Offered Rate*) est un taux interbancaire des taux prêteurs sur 3, 6, 9 et 12 mois.

2. Le marché des titres de créances négociables (TCN)

Ce marché des capitaux à court et moyen termes du marché monétaire est ouvert à tous les agents non financiers et financiers désirant prêter ou obtenir des liquidités bancaires (entreprises bancaires et d'assurance, caisses de retraite, organismes de placement collectif, entreprises et État).

Sur ce marché, sont émis et négociés des titres de créances négociables (TCN) qui représentent chacun un droit de créance pour une durée allant du très court terme (au jour le jour) au moyen terme (7 ans).

La réforme des titres de créances négociables de 2016 a supprimé les dénominations anciennes des titres et a créé deux catégories de titres pour une plus grande lisibilité et ouverture internationale.

a) Les appellations des titres négociables avant la réforme de 2016

1. Les bons du Trésor émis par l'État

Le Trésor public, banquier de l'État, intervient sur le marché des TCN en tant qu'emprunteur pour financer les dépenses de l'État par l'intermédiaire de l'agence France Trésor qui a la mission de gérer la dette et la trésorerie de l'État. La liquidité du marché et la cotation des titres du Trésor sont assurées par les spécialistes en valeurs du Trésor. La dette publique sur ce marché est financée par différents bons du Trésor d'une durée de 1 mois à 5 ans.

2. Les titres émis par les autres agents économiques

Les certificats de dépôt étaient émis par les établissements de crédits et la Caisse des Dépôts, les billets de trésorerie par les grandes entreprises et les bons à moyen terme négociables par les établissements de crédit et les entreprises.

b) Les nouvelles appellations des titres de créances négociables

Les titres sont regroupés en deux catégories quelque soit l'émetteur. Ils peuvent être libellés en euros ou en devises avec un montant minimum d'émission de 150 000 € ou son équivalent en devises.

- **Titres de créances à court terme pour les titres d'une maturité < à un an.** Les appellations certificat de dépôt et billet de trésorerie se sont éteintes en juin 2017.
- **Titres négociables à moyen terme pour les titres d'une maturité > à un an.** Les titres émis jusqu'en mai 2016 sous l'ancienne appellation « BMTM » continueront d'exister jusqu'à leur maturité. Les titres sont admis en garantie des opérations de refinancement de l'Eurosystème sous certaines conditions.

Sur le marché monétaire, 98 % des titres échangés sont des titres du Trésor ; 80 % des opérations se traitent pour une durée inférieure ou égale à 1 semaine. Les opérations au jour le jour représentent 50 % de l'activité globale.

2 La régulation de la liquidité du marché monétaire

La politique monétaire recouvre l'ensemble des moyens mis en œuvre par la Banque centrale européenne (BCE) pour agir sur l'activité économique par la régulation de sa monnaie. Dans la zone euro, son objectif est la stabilité des prix (moins de 2 % de taux d'inflation), c'est une contrainte juridique issue du traité de Maastricht. La BCE met en œuvre une politique de taux d'intérêt pour agir sur la masse monétaire, ainsi qu'une action sur les réserves obligatoires. Ce sont les banques centrales nationales (BCN) qui appliquent les décisions de la BCE. La BCE contrôle la liquidité bancaire (monnaie centrale) pour agir sur le niveau des taux d'intérêt et le pouvoir de création monétaire des banques par l'intermédiaire de la quantité de monnaie centrale mis à leur disposition.

1. Agir sur les taux d'intérêt *via* le refinancement

Les banques ont la possibilité de se refinancer auprès de la BCE ou de se financer sur le marché monétaire sur lequel la banque centrale est présente. La régulation de la liquidité bancaire par la BCE se fait par les opérations d'*open market* et par les opérations de refinancement comme les facilités permanentes.

a) Les opérations d'*open market*

Elles sont effectuées aux conditions de marché et ont pour but de piloter les taux d'intérêt et de gérer la liquidité bancaire. Elles sont réalisées par le biais d'appels d'offres réguliers ou ponctuels. Les appels d'offres hebdomadaires sont l'instrument essentiel de refinancement et de pilotage des taux d'intérêt à court terme (taux REFI).

EXEMPLE

Mécanisme de l'appel d'offres : la banque centrale met de la monnaie en circulation à un taux d'intérêt, qu'elle a fixé après que les banques ont proposé un taux d'intérêt et une quantité de monnaie qu'elles emprunteraient à ce taux. Les banques qui ont proposé un taux d'intérêt plus bas que le taux de l'appel d'offres ne seront pas servies, les autres recevront la quantité qu'elles voulaient. Le taux des appels d'offres (taux directeur) influence le taux du marché monétaire (taux interbancaire).

b) Les facilités permanentes

Elles permettent de fournir ou de retirer des liquidités, par le biais de dépôt ou de prêts à 24 heures. Le taux des facilités de dépôt est le taux plancher du marché monétaire, le taux des facilités de prêt marginal constitue le taux plafond du marché monétaire au jour le jour. Pour obtenir des facilités permanentes, les banques doivent remettre des titres en contrepartie, qui serviront de garantie.

La BCE définit le coût des refinancements : ce sont les différents taux directeurs (taux REFI), définis en fonction de l'orientation de sa politique monétaire, auxquels les banques doivent payer lorsqu'elles empruntent à la BCE. Leurs niveaux influencent les taux du marché interbancaire.

2. Agir sur le niveau des réserves obligatoires

Les banques sont assujetties à la constitution de réserves obligatoires qui sont des fonds correspondant à une proportion de leurs encours en dépôt liquide que les établissements de crédit doivent déposer auprès de leur BCN pour pouvoir exercer leurs activités, notamment de crédit. C'est un instrument de politique monétaire qui contribue à la protection de la clientèle et à la régulation des taux d'intérêt. Ces réserves sont rémunérées, sauf en cas de taux négatif.

3. Le niveau de la liquidité bancaire et la crise de liquidité

La BCE utilise le marché monétaire pour gérer quotidiennement la liquidité bancaire, afin d'agir sur l'inflation en facilitant ou non la distribution de crédit, d'agir sur la parité de l'euro contre les autres devises et de piloter les taux d'intérêt à court terme. La masse monétaire en circulation doit correspondre à l'économie réelle pour éviter l'inflation, et être suffisante pour éviter la récession. Une crise bancaire de liquidité survient lorsque les banques ne se font plus confiance et ne se prêtent plus entre elles, ce qui entraîne une augmentation des dépôts à la BCE et un assèchement du marché interbancaire. Ce sont alors les BCN qui doivent fournir des liquidités aux banques afin d'éviter les faillites ; c'est leur rôle de prêteur en dernier ressort. Depuis 2007, les banques centrales ont injecté énormément de liquidités dans l'économie. En 2015, en Europe, il y a un excédent de liquidités et des taux directeurs très bas, voire négatifs, notamment pour le taux de dépôts. Cela a des conséquences sur les taux du marché interbancaire, qui peuvent être négatifs. Cela signifie que les banques payent des contreparties pour prêter des fonds. Certaines banques préfèrent perdre un peu d'argent plutôt que de prêter des fonds à des banques jugées moins sûres.

5 LE FINANCEMENT DE L'ÉCONOMIE PAR LES MARCHÉS FINANCIERS

Le marché financier est en fait pluriel tant il offre une grande diversité de placements ou de possibilités de financement. Les marchés financiers se sont développés avec le passage d'une économie d'endettement à une économie de marché financier.

1 Le rôle des marchés financiers

Les marchés financiers mobilisent l'épargne pour permettre le financement de l'économie et mettent en relation les besoins importants en ressources des entreprises et des États, et le potentiel d'épargne de chaque investisseur. Mais, si les besoins de financement sont de long terme, les épargnants ont une préférence pour le court terme. Les marchés financiers résolvent donc ces objectifs contradictoires en fractionnant l'émission (montant des fonds collectés) en un grand nombre de titres. Cela permet aussi aux investisseurs de répartir les risques en diversifiant leur portefeuille.

Marché primaire	Marché secondaire
Émission de titres.	Échange des titres achetés sur le marché primaire.
Permet aux agents à besoin de financement d'emprunter des capitaux à long terme.	Permet aux agents ayant acheté les titres sur le marché primaire de revendre en permanence leurs titres. Il assure ainsi la liquidité des placements.
L'un n'existerait pas sans l'autre : s'ils n'avaient pas la possibilité de les vendre avant le terme, les agents n'achèteraient pas de titres sur le marché primaire. Marchés primaire et secondaire permettent de solutionner les décalages dans la durée souhaitée de placement.	

Sur les marchés au comptant, les transactions sont dénouées immédiatement. Sur les marchés à terme, le prix de la vente est fixé au comptant, mais le prix sera payé à l'échéance fixée et le titre sera livré à cette date-là.

2 L'organisation des marchés financiers

Les transactions sur les marchés financiers sont dématérialisées. Elles sont organisées et gérées par les réseaux informatiques d'entreprises transnationales comme NYSE Euronext, qui est le principal opérateur de la zone euro.

La capitalisation boursière d'une place financière ou d'une entreprise représente le nombre de titres multiplié par leurs cours boursiers. Les variations de cours modifient de façon importante la capitalisation boursière. C'est une source d'information sur la valeur d'une entreprise.

EXEMPLES

En 2016, la capitalisation d'Euronext est de 3095 milliards d'euros.

1. Euronext, le marché réglementé de la Bourse de Paris

La régularité de son fonctionnement (conditions d'admission, organisation, publicité des transactions...) est garantie par des règles de marché établies par NYSE Euronext et contrôlée par l'Autorité des marchés financiers (AMF). Les sociétés sont classées par ordre alphabétique à l'intérieur de trois classes de capitalisation :

- A : capitalisation boursière supérieure à 1 milliard d'euros ;
- B : capitalisation entre 150 millions et 1 milliard d'euros ;
- C : capitalisation inférieure à 150 millions d'euros.

C'est le marché des grandes entreprises du CAC 40. Le CAC 40 (Compagnie des agents de change) est un indice boursier constitué des 40 titres les plus actifs cotés sur Euronext.

2. Euronext Growth, un marché contrôlé mais non réglementé

Dédié aux PME, ce marché offre des conditions d'accès moins strictes, mais les sociétés doivent publier périodiquement leurs comptes et la communication financière est encadrée. Alternex permet le financement de l'innovation. L'investissement sur ce compartiment reste risqué.

3. Euronext Accés, un marché contrôlé mais non réglementé

Toutes les autres valeurs qui ne remplissent pas les conditions pour les marchés précédents peuvent être cotées sur ce marché. Les émetteurs de ce marché doivent se conformer à la directive européenne sur l'abus de marché et sur la transparence transposée dans le règlement de l'AMF. C'est un marché risqué.

3 Les intervenants sur les marchés financiers

1. Les émetteurs

Ce sont les entreprises qui se financent essentiellement par émission d'actions ou de titres participatifs (absence de droit de vote) pour les entreprises publiques. L'État et les collectivités territoriales se financent à long terme par l'émission d'obligations plus que par le crédit bancaire (processus de mobiliérisation).

2. Les investisseurs

Les banques sont les plus gros investisseurs, car elles ont des participations dans de nombreuses entreprises. Les autres acteurs sont les investisseurs institutionnels (compagnies d'assurance, organismes de placement collectif qui gèrent des fonds d'investissement, fonds de pension qui gèrent l'épargne des cotisants pour la retraite), les fonds d'État (fonds souverains), les fonds spéculatifs, les investisseurs particuliers.

4 Les titres émis sur le marché primaire

Lorsqu'un émetteur souhaite accroître ses fonds propres, il émet des actions. S'il choisit de se procurer des capitaux par endettement, il émet des obligations. Il peut aussi souhaiter s'assurer ou spéculer.

1. Le marché des actions

Une action représente une fraction du capital social de la société émettrice. C'est un titre de propriété qui donne droit à une rémunération (dividende) variable car elle dépend des bénéfices réalisés et de l'arbitrage que fait la société entre autofinancement et distribution des bénéfices aux actionnaires. Elle offre le droit de participer aux décisions de l'assemblée générale des actionnaires. Pour éviter qu'une émission d'actions ne diminue les pouvoirs des propriétaires originels, de nouvelles formes d'actions permettent de scinder en deux le titre : le certificat d'investissement (une action sans droit de vote) et le certificat de droit de vote (une action sans droit au bénéfice). Ces éléments sont négociables et peuvent à terme être réunis.
Le cours d'une action dépend de la confiance que les investisseurs prêtent à une entreprise, mais aussi de leur comportement.

2. Le marché obligataire

L'obligation est un titre de créance représentatif d'un prêt à long terme (supérieur à 7 ans) que le souscripteur consent à l'émetteur de l'obligation. La valeur nominale de l'obligation représente le montant du prêt. Le prix d'émission constitue le prix payé par le souscripteur pour l'acquérir. Pour l'émetteur, c'est un titre de dette qu'il devra rembourser. L'obligation donne droit à une rémunération, le coupon, déterminé par le taux d'intérêt à long terme. Les fluctuations de la valeur des obligations sont liées au taux d'intérêt.

EXEMPLE

Si le taux d'intérêt augmente, la valeur des obligations déjà émises diminue, car la rémunération sera moindre que celle des nouvelles.

La tendance est à la création de titres hybrides qui permettent de transformer des obligations en actions.

EXEMPLE

Obligations assimilables du Trésor (OAT).

3. Les marchés dérivés

Ces marchés permettent aux agents économiques de s'assurer contre les risques liés à l'activité économique. S'ils ont un intérêt économique, ils favorisent également le développement de la spéculation.
La titrisation est une technique de gestion du risque qui transforme des actifs non négociables sur les marchés financiers (par exemple, un crédit bancaire) en instruments de placement adossés à ces actifs. La marchéisation des créances permet à celui qui la réalise d'obtenir de la liquidité et de transférer les risques.
Les agences de notation ont pour fonction d'évaluer la solvabilité des émetteurs de titres de dettes, c'est-à-dire leur capacité à payer les intérêts et à rembourser le capital.

5 Crise bancaire, crise financière, crise souveraine

Une crise financière correspond à un effondrement des cours sur les marchés boursiers. Les difficultés de remboursement de sa dette par un État sont qualifiées de crise souveraine. La crise bancaire relève d'un manque de liquidité qui peut conduire à la faillite. Ces crises sont souvent combinées.

1. La crise immobilière américaine

Les *subprimes* sont des crédits hypothécaires qui ont été accordés à des ménages modestes à des taux variables. À la suite d'une augmentation des taux, les ménages n'ont pu honorer leurs échéances et les banques ont saisi leurs maisons. Compte tenu du nombre de personnes touchées, le prix des maisons a chuté et les banques n'ont pu recouvrer leurs créances.

2. La crise américaine et la crise financière

Des banques américaines ont manqué de liquidité et ont rencontré des problèmes de solvabilité : en 2007, la banque Lehman Brothers a fait faillite. La crise financière a amplifié le tout, car la titrisation des crédits a favorisé la redistribution en chaîne des risques.

3. La crise systémique en Europe et dans le monde

La crise de liquidité liée à l'absence de transactions sur les marchés interbancaires, faute de confiance entre les banques, a entraîné un resserrement du crédit et un risque d'insolvabilité de certaines banques, lié à la possession d'actifs toxiques, c'est-à-dire à haut risque de non-remboursement ou dont la valeur de marché s'était effondrée. Le risque de contagion et de panique collective a pu conduire les ménages ou les investisseurs à multiplier les retraits ou les ventes d'urgence de leurs actifs financiers, ce qui a incité les banques à adopter des politiques restrictives de crédit, transférant les difficultés de la sphère financière à l'économie réelle avec un ralentissement de la croissance et une montée du chômage.
Les banques centrales ont baissé leur taux directeur et les États sont intervenus massivement pour recapitaliser les banques (France) ou les nationaliser (Islande), ce qui a contribué au développement des dettes publiques. La crise financière s'est transformée en crise des dettes souveraines (Grèce).

6 LE MARCHÉ DES CHANGES

→ Indispensable au règlement des échanges internationaux de biens et services, le marché des changes est un marché financier muni de tous les instruments permettant de régler des échanges, d'échanger des capitaux et de se couvrir contre les risques de variation des parités.

1 Définitions

1. Le marché des changes

C'est le lieu virtuel où les monnaies s'échangent les unes contre les autres (devises) conformément à la loi de l'offre et de la demande, à un certain taux appelé « taux de change » ou « cours de la monnaie ».

2. Le taux de change

C'est le prix de la monnaie d'un pays exprimé en termes de monnaie d'un autre pays. On dit que le cours de l'euro contre une autre monnaie s'apprécie lorsque la demande d'euros relativement à cette devise augmente. À l'inverse, il baisse si les opérateurs préfèrent acheter l'autre devise et vendre des euros.

Un taux de change peut être exprimé de deux façons :

- la cotation « au certain » : une unité de la monnaie locale est exprimée en unités de la devise étrangère. Dans la zone euro, la cotation est au certain (EUR/USD) ;
- la cotation « à l'incertain » : une unité de la devise étrangère est exprimée en unités de la monnaie locale (USD/EUR).

2 Les fonctions du marché des changes

1. L'échange de monnaies

Les échanges internationaux regroupent les règlements de biens et services et les échanges de capitaux (investissements à l'étranger, placements, emprunts...). De ce fait, les agents économiques se retrouvent en possession de devises sans cours légal sur leur territoire et cherchent à obtenir la contre-valeur en monnaie nationale.

2. La gestion du risque de change

Dès qu'une entreprise, en relation avec des fournisseurs ou des clients étrangers, doit régler ou être payée en devises, elle risque de payer plus ou moins ou de ne pas recevoir la somme prévue dans sa monnaie locale. Elle est exposée au risque de change. Elle peut transférer ce risque sur le marché des changes grâce à des opérations à terme.

EXEMPLE

Une entreprise française achète aujourd'hui pour 100 000 $ de marchandises aux États-Unis (le dollar valant 1 €). Cet achat doit être payé dans 3 mois. Si, dans 3 mois, l'euro est à 1,50 $, elle ne paiera que 66 666 € et gagnera donc 33 334 €. Si, dans 3 mois, l'euro est à 0,50 $, elle aura perdu 100 000 €, par la simple variation du prix de dollar.

L'anticipation à la hausse ou à la baisse d'une devise est aussi un motif de changes des devises.

3 Les caractéristiques du marché des changes

1. Un marché mondial en continu

À la différence des marchés boursiers, il n'existe qu'un seul marché des changes : c'est un marché mondial grâce à un réseau de terminaux interconnectés. Compte tenu du décalage horaire entre les différentes places financières, le marché des changes fonctionne en continu. Ainsi, à n'importe quelle heure, il est toujours possible pour un opérateur d'acheter de l'euro, du dollar ou n'importe quelle autre devise. Le Forex (*Foreign Exchange*) est le plus grand marché du monde avec 5 300 milliards de transactions par jour et un peu plus de deux fois le PIB de la France, dont un tiers d'opérations au comptant et deux tiers d'opérations à terme.

2. Un marché professionnel

Le marché des changes est dominé par les plus grandes banques du monde. La Deutsche Bank est la première banque sur le marché international des devises et dix banques assurent 80 % des transactions.

C'est un marché dominé par quelques devises majeures : dollar américain, euro, livre sterling, franc suisse, dollar canadien, dollar australien et yen japonais. Elles représentent un tiers des transactions, par opposition aux devises mineures (zloty polonais, couronne suédoise...) et même aux devises exotiques (réal brésilien, roupie indienne). Les devises sont cotées par paire (parités). Les parités majeures sont : EURO/USD ; USD/JPY ; GBP/USD ; USD/CHF.

4 Le fonctionnement du marché des changes

1. Les opérateurs

Les offres et les demandes de devises émanent de plusieurs catégories d'agents : importateurs et exportateurs, touristes, spéculateurs, investisseurs directs et États. Le marché des changes bénéficie d'une grande liquidité grâce à la diversité de ses intervenants :

- les banques centrales interviennent en général pour gérer leurs réserves en devises et titres d'État. Elles cherchent parfois à influencer les cours de change en vendant ou en achetant des devises ;
- les banques commerciales et d'investissement réalisent une marge en prenant un petit profit sur le prix auquel elles vendent ou achètent une devise à leurs clients par rapport au prix où elles achètent ou vendent elles-mêmes cette devise sur le marché ;
- les entreprises multinationales interviennent sur le marché dans le but de payer un fournisseur étranger, de rapatrier des profits, de gérer le risque de change et pour effectuer des plus-values sur le marché ;

- les investisseurs institutionnels interviennent le plus souvent pour couvrir des positions sur leurs portefeuilles d'actifs financiers ;
- les investisseurs particuliers utilisent des plateformes de trading facilement accessibles, *via* Internet, pour passer des ordres sur des produits financiers ou des devises grâce à un intermédiaire.

2. Les supports utilisés sur le marché des changes

En dehors des billets de banque et des effets de commerce, les virements interbancaires sont les principaux instruments du marché des changes.

3. Un marché des changes compartimenté

Les opérations pratiquées sur le marché des changes satisfont différentes motivations. Les transactions au comptant se dénouent immédiatement, les achats et ventes à terme donnent lieu à paiement et livraison à une date future, mais à un cours fixé immédiatement. Des instruments existent pour couvrir les risques de variation de taux de change (produits dérivés).

5 Les incidences sur l'activité économique

1. Les effets d'une dépréciation du taux de change

Un déficit de la balance des transactions courantes déprécie le taux de change, car le pays ayant un besoin de financement devra acheter plus de devises qu'il n'aura vendu de monnaie nationale. La balance déficitaire d'un pays favorise la dépréciation de sa monnaie et voit le coût de ses importations augmenter, ce qui freine la production avec des coûts sociaux importants. Il y a des exceptions à ce mécanisme : les États-Unis ont un déficit commercial important et leur taux de change ne s'effondre pas, car c'est finalement davantage la confiance accordée à un pays qui a des effets sur le taux de change.

Par ailleurs, une détérioration de la balance commerciale n'est pas forcément négative, puisqu'elle peut au contraire traduire une accélération de la demande interne, et donc de la croissance.

Aujourd'hui, ces mécanismes sont remis en cause dans la mesure où l'essentiel des changes porte non pas sur le règlement des échanges de biens et services mais sur l'échange de capitaux. De même, une baisse des taux d'intérêt peut soutenir le taux de change dans la mesure où elle peut être annonciatrice d'une relance de l'activité par une baisse du coût du crédit. Dans la zone euro, c'est la balance des paiements de la zone euro qui est prise en compte. Les balances de la zone euro doivent être en concordance. Les taux de change ont un impact sur la performance du commerce extérieur même s'ils n'expliquent pas tout.

2. Les effets d'une appréciation du taux de change

Un taux de change fort diminue le prix des importations et incite les entreprises exportatrices à améliorer à la fois leur compétitivité prix (réduction des coûts de production) et hors prix (qualité des produits). Ainsi, la hausse de l'euro peut décourager la reprise économique et favoriser la hausse du chômage à court terme. Si la balance des transactions courantes a un solde positif, le pays aura une capacité de financement et pourra prêter aux pays déficitaires.

La Chine, qui a une balance des transactions courantes excédentaire, devrait avoir une monnaie qui s'apprécie, ce qui renchérirait ses exportations et diminuerait le prix de ses importations. Or, le yuan chinois (le remini) n'est pas convertible sur le marché, car son cours est fixé par les autorités chinoises. Celles-ci agissent afin que la parité de leur monnaie avec le dollar ne s'apprécie pas. Il y a, en principe, une corrélation entre une balance des paiements excédentaire et l'appréciation du taux de change. La balance commerciale de la Chine est excédentaire et celle des États-Unis est en déficit. La Chine va investir en dollars aux États-Unis, ce qui compensera le déséquilibre américain par une entrée de capitaux aux États-Unis. Ainsi, la parité de la monnaie chinoise avec le dollar devrait voir le yuan s'apprécier.

3. Les effets des fortes variations des taux de change

Les grandes devises mondiales flottent librement sur le marché, avec une exception de taille, le yuan chinois, dont l'Europe et les États-Unis dénoncent la sous-évaluation. Par ailleurs, les États-Unis, dont la monnaie est prédominante sur le marché, n'ont pas de politique pour réduire le déficit de leur balance des paiements qui conduirait à une dépréciation de leur monnaie, puisque les Américains règlent leur déficit dans leur propre monnaie et que les pays qui bénéficient de leurs règlements les placent sur le marché financier américain. Le régime de changes flottants favorise des fluctuations de grande amplitude, qui créent des incertitudes pour l'activité économique et favorisent la spéculation. Les politiques monétaires des pays des monnaies majeures contribuent aussi aux distorsions des taux de change au niveau mondial.

Compte tenu du volume des transactions sur le marché des changes, les autorités monétaires n'ont que peu de moyens pour influencer les taux, sauf à agir de manière concertée suite à des décisions du G20.

Les banques centrales peuvent intervenir sur le marché des changes en vendant ou en achetant leur propre monnaie selon le niveau de leurs réserves de change.

7 L'ORGANISATION DU SYSTÈME BANCAIRE ET FINANCIER

Le commerce de la monnaie a de tout temps suscité des convoitises et généré des abus. Un encadrement de la profession s'est donc très tôt mis en place. Aujourd'hui, l'internationalisation des échanges monétaires commande une régulation au niveau national, mais également supra-étatique.

1 L'organisation nationale des systèmes bancaire et financier

Si certains pays ont adopté un encadrement unique des professions bancaire et financière (BaFin en Allemagne), la France a opté pour deux autorités distinctes placées sous l'égide du ministère des Finances.

1. Le ministère des Finances

Il transpose en droit interne par voie d'arrêtés ou d'ordonnances, les dispositions européennes et internationales relatives aux activités bancaires et financières. Il conserve par ailleurs un pouvoir réglementaire dans la supervision bancaire.

2. L'encadrement de l'activité bancaire en France

a) L'Autorité de contrôle prudentiel et de résolution (ACPR)

L'ordonnance du 21 janvier 2010 a institué une nouvelle autorité qui fusionne en son sein les services de contrôle et d'agrément des sphères bancaire et assurantielle (Commission bancaire, ACAM, CECEI et CEA). L'ACPR n'a pas la personnalité morale. Elle est donc adossée à la Banque de France et est présidée par son gouverneur. Elle examine les risques pris par les entreprises des secteurs de la banque et de l'assurance. Elle assure ainsi la stabilité du système et protège l'épargne des déposants (CMF, art. L. 612-1 et L. 612-2).

Concernant la supervision des banques, elle recueille les demandes d'agrément qu'elle transmet à la BCE. Il revient désormais à cette dernière de se prononcer sur l'autorisation d'exercer. Elle contrôle la situation financière sur pièces (ces entreprises doivent soumettre régulièrement des éléments comptables et financiers à l'Autorité, dans le cadre du contrôle permanent) ou sur place (lors d'un contrôle inopiné). Relèvent toutefois directement de la BCE les banques significatives, c'est-à-dire ayant un actif supérieur à 30 milliards d'euros. Quant aux entreprises d'assurance et de services d'investissement, l'ACPR délivre seule les agréments et procède de la même façon aux contrôles.

Contrairement à l'AMF, l'ACPR ne possède pas de pouvoir réglementaire. Celui-ci est dévolu au ministre chargé de l'Économie. En cas de manquement, elle dispose par l'entremise de sa commission des sanctions, d'une large gamme de mesures qui va de la mise en garde au retrait de l'agrément, en passant par la recommandation, l'injonction ou la nomination d'un administrateur provisoire.

La réforme de séparation et de régulation des activités bancaires du 26 juillet 2013 confère à l'Autorité la gestion et la résolution des crises bancaires. Dès lors, l'ACPR élabore et met en œuvre en lien avec le Conseil de résolution unique (CRU) les mesures de prévention et de résolution des crises bancaires.

b) La Banque de France (BDF)

Avec l'avènement de l'euro, la BDF a transféré un certain nombre de ses compétences à la Banque centrale européenne (BCE), notamment en matière de création et de stabilité monétaire. Elle continue d'assurer à l'échelon national la stabilité financière et la prestation de services spécifiques. À cet effet, elle veille au bon fonctionnement du système bancaire par l'intermédiaire de l'ACPR et du CCLRF. La Banque de France garantit également la sécurité des systèmes de paiement (TARGET 2 et SEPA), du circuit de règlement-livraison des titres et des infrastructures de marché. Enfin, au titre de ses prestations de services spécifiques, elle gère les fichiers FIBEN (fichier bancaire des entreprises), FICP, FCC et FNCI des particuliers ainsi que le secrétariat des commissions de surendettement et l'instruction des demandes du droit au compte.

3. La régulation des services financiers en France : l'AMF

L'Autorité des marchés financiers (AMF) est une autorité administrative indépendante dotée de la personnalité morale et bénéficiant de l'autonomie financière. Elle est chargée de protéger l'épargne placée dans les instruments financiers, de garantir l'information des investisseurs et le bon fonctionnement des marchés d'instruments financiers (CMF, art. L. 621-1).

Elle est par ailleurs chargée d'agréer les sociétés de gestion, les prestataires de services d'investissement (PSI) exerçant le service de gestion de portefeuille pour le compte de tiers ou de conseil en investissement. Elle approuve leur programme d'activité. Elle autorise en outre la création d'organismes de placement collectif (OPCVM). Par l'intermédiaire de son règlement général, l'AMF est dotée du pouvoir réglementaire (qui requiert cependant l'homologation du ministre chargé de l'Économie). Elle régit ainsi l'exercice des services d'investissement, précise les règles de bonne conduite des PSI, dicte les règles d'organisation et de fonctionnement des marchés financiers. Elle surveille et contrôle (au moyen d'enquêtes) la régularité des opérations accomplies sur les instruments financiers offerts au public, l'exactitude des informations diffusées par les entreprises cotées et le respect des obligations professionnelles par les entités ou personnes soumises à son autorité.

À cet égard, elle peut sanctionner par l'intermédiaire de sa commission des sanctions, les infractions qu'elle constate, notamment relatives aux abus de marché.

4. Le Haut Conseil de stabilité financière (HCSF)

Créé par la loi de séparation et de régulation des activités bancaires du 26 juillet 2013, le HCSF veille à la stabilité financière et définit la politique macroprudentielle permettant de limiter les risques bancaires et financiers (ex. : les mesures à prendre afin d'éviter la formation de bulles spéculatives). Il remplace le Corefris créé en 2010.

5. Les institutions consultatives

À côté de ces autorités de supervision, existent certains organismes qui exercent un rôle moins formel.

Il s'agit d'abord du **Comité consultatif du secteur financier (CCSF)**. Il examine les questions relatives aux relations des établissements bancaires, des entreprises d'investissement et des compagnies d'assurance avec leur clientèle et suggère tout avis dans ce domaine.

Le **Comité consultatif de la législation et de la réglementation financières (CCLRF)** donne pour sa part son avis sur tous les projets de textes relatifs aux sphères bancaire, financière et assurantielle.

2 L'encadrement européen de l'activité bancaire

La BCE est la banque centrale de l'Union européenne. Elle a été fondée le 1er janvier 1998 en prévision de la mise en circulation de l'euro. Elle est dotée de la personnalité morale et siège à Francfort en Allemagne.

1. L'indépendance de la BCE

L'école monétariste de Friedman avance comme cause chronique de l'inflation la proximité de la banque centrale avec les caisses de l'État, et plus particulièrement le financement par la première du déficit du second.

Par ailleurs, en tant qu'institution fédérale, la BCE ne peut pas dépendre de la politique monétaire d'un État en particulier. Sa politique doit être commune à l'ensemble des pays membres. Il a donc été décidé que la BCE serait indépendante en ce sens que les gouvernements des États ne peuvent lui imposer aucune décision.

2. Les missions de la BCE

La BCE est chargée de mener la politique monétaire de la zone euro en concours avec les banques centrales nationales des États participants.

À cet effet, elle doit lutter contre l'inflation en veillant à ce que celle-ci ne dépasse pas 2 % (art. 105, al. 1er du traité). Les outils dont elle dispose lui permettent de contrôler la masse monétaire dans la zone euro. Lors de ses réunions mensuelles, elle fixe son taux directeur qui est le taux de refinancement des banques. Il sert pour partie à établir le taux auquel les établissements bancaires prêtent à leurs clients.

Elle veille en outre à la stabilité financière, au bon fonctionnement des systèmes de paiement et à celui des banques. Elle assure le rôle de prêteur en dernier ressort, en prêtant des liquidités aux établissements de crédit lors des crises financières. Elle est à ce titre la banque des banques. Depuis les directives BRRD et DGSD de 2014, elle assure la mise en œuvre de l'Union bancaire au moyen des mécanismes de surveillance (MSU) et de résolution unique (MRU).

Elle garantit les réserves de change. Elle peut acheter ou vendre des devises afin d'influencer le cours de l'euro.

Elle a enfin le monopole de la fabrication des pièces et des billets de banque.

3 Le fonctionnement des institutions monétaires européennes

Les institutions monétaires européennes fonctionnent selon un mécanisme singulier de type fédéral qui permet la mise en œuvre d'une politique monétaire unique tout en autorisant l'expression de chaque banque centrale nationale.

1. Le système européen des banques centrales et l'Eurosystème

Afin de garantir son indépendance, mais aussi de représenter l'ensemble des pays membres, l'institution est articulée autour de deux organes : l'Eurosystème et le SEBC.

L'Eurosystème correspond à la partie de l'institution qui est formée uniquement de la BCE et des seules banques centrales nationales (BCN) des pays ayant opté pour l'euro. Pour sa part, le Système européen des banques centrales (SEBC) englobe la BCE, les BCN des pays adhérant à l'euro, ainsi que les BCN des autres pays membres.

2. La détermination de la politique monétaire européenne

La politique monétaire de l'euro est déterminée par les seuls pays ayant adopté la monnaie unique. Par conséquent, les décisions de politique monétaire sont prises par des organes spécifiques dont les membres représentent les États ayant pour monnaie l'euro.

Le Conseil des gouverneurs est l'entité supérieure de décision de la BCE. Il est composé des membres du directoire et des gouverneurs des BCN ayant adopté l'euro. Il définit la politique monétaire de l'Union, notamment ses taux directeurs lors de ses réunions mensuelles le premier jeudi de chaque mois.

Le Directoire est le second organe de la BCE. Il est formé de 6 personnalités nommées par les gouvernements des États membres de l'Eurosystème après consultation du Parlement européen. Il met en œuvre les décisions prises par le Conseil des gouverneurs.

Enfin, troisième instance, le Conseil général gère les relations avec tous les États membres, notamment ceux n'ayant pas encore choisi l'euro.

3. La mise en œuvre de la politique monétaire européenne

Une fois la politique monétaire déterminée par les instances dirigeantes de l'autorité monétaire européenne (Conseil des gouverneurs et Directoire de la BCE), il revient au SEBC de les mettre en œuvre. Rappelons que le SEBC comprend la BCE ainsi que l'ensemble des

BCN. En conséquence, la répartition des rôles s'effectue sur deux niveaux : le SEBC fait respecter la politique monétaire ainsi que les autres missions qui lui échoient (lutte contre l'inflation, stabilité financière, politique de change...). Pour leur part, les BCN mettent en place au niveau local (des États) les décisions et les missions du SEBC : elles exécutent les opérations de politique monétaire, en fournissant notamment la monnaie de banque centrale aux établissements de crédit. Elles assurent également la gestion des systèmes règlements scripturaux (SEPA et TARGET 2). Elles collectent les données statistiques de leur pays. Elles accomplissent enfin des opérations de réserves de change, pour leur compte propre et en tant qu'agents de la BCE.

4. Le Comité européen du risque systémique

Comme son homologue français le HCSF, il est chargé de surveiller et d'analyser les risques qui pèsent sur la stabilité du système financier européen dans son ensemble (surveillance macroprudentielle). Il émet des alertes rapides en cas de risque systémique aux pays concernés.

4 Les institutions financières internationales

La mondialisation de la finance a très tôt commandé la mise en place d'organisations financières internationales.

1. Le Fonds monétaire international (FMI)

À l'issue de la Seconde Guerre mondiale, les pays en quête de stabilité monétaire décident lors des accords de Bretton Woods de créer une institution, le FMI. Ce dernier vise à garantir la stabilité du système monétaire international, stabilité nécessaire à l'essor du commerce international (avec la création du GATT). La finalité du système va toutefois évoluer au cours des années 1970.

a) Le rôle du FMI à partir de 1976

Le FMI a désormais en charge le soutien des pays en difficulté en accordant des prêts (dits « en dernier ressort », car compte tenu de l'insolvabilité de l'État, plus personne ne souhaite lui accorder de crédit – cas de la Grèce aujourd'hui). Ces financements servent essentiellement à éviter qu'un État ne fasse défaut.

Un pays peut faire faillite lorsque ses rentrées (impôts et taxes) ne sont plus suffisantes pour honorer ses dépenses (salaires des agents de l'État, fonctionnement des administrations...) et rembourser ses créanciers (qui ont acheté de la dette souveraine et dont l'obligation arrive à terme).

De tels développements peuvent se révéler dramatiques : l'État ne peut plus honorer les salaires de ses fonctionnaires (policiers, militaires, enseignants...) ; aucun créancier ne souhaite lui prêter au taux du marché, ce qui induit une explosion de ses coûts d'emprunt et par là même, du service de sa dette (les taux de la Grèce au plus fort de la crise avoisinaient les 30 %, alors que la France continuait à emprunter autour de 3 %) ; les investisseurs décident de quitter le pays et ne procèdent plus à des investissements directs (construction d'usines, notamment) ; l'État est contraint d'augmenter de façon très importante les impôts, d'arrêter ses programmes de financement (construction de routes, d'hôpitaux, d'universités...) et de vendre ses infrastructures. Il s'ensuit une forte récession de l'économie et un accroissement du chômage.

b) Le fonctionnement actuel du FMI

En règle générale, le FMI n'accorde pas de prêts en dernier ressort sans contrepartie : les conditionnalités. En effet, en échange de l'aide reçue (prêts à des taux conformes à ceux des autres pays), les autorités s'engagent à adapter leur politique économique afin de surmonter les difficultés et pouvoir rembourser l'institution dans les meilleurs délais. Ces conditionnalités relèvent souvent d'ajustements macroéconomiques : privatisation des entreprises publiques (pour augmenter la concurrence et lutter contre l'inflation), diminution du nombre de fonctionnaires, gel des salaires (pour abaisser les dépenses), accroissement des rentrées fiscales, réforme du marché du travail...

Les ressources de l'organisation sont toujours apportées par les États au prorata de leur puissance économique respective (principe des quotes-parts). Les États-Unis sont le plus gros contributeur. Le FMI dispose actuellement d'un « trésor de guerre » de 1 000 milliards de dollars.

Le FMI est gouverné par ses 188 pays membres, les règles de vote étant proportionnelles aux contributions fournies. La direction générale de l'institution est assurée de manière habituelle par un Européen. Cinq Français en ont assuré la présidence : Pierre-Paul Schweitzer (1963-1976), Jacques de Larosière (1978-1987), Michel Camdessus (1987-2000), Dominique Strauss-Kahn (2007-2011) et actuellement Christine Lagarde.

2. La Banque mondiale (BM)

La Banque mondiale a également été créée par les accords de Bretton Woods en 1944. Toutefois, ses finalités et son mode de fonctionnement diffèrent de ceux du FMI.

a) La composition de la BM

La Banque mondiale comprend en son sein 5 institutions : la Banque internationale pour la reconstruction et le développement (BIRD), l'Association internationale de développement (AID), la Société financière internationale (IFC), l'Agence multilatérale de garantie des investissements (MIGA) et le Centre international pour le règlement des différends relatifs aux investissements (CIRDI).

b) Les finalités de la BM

L'organisation a été instituée pour aider essentiellement la France et le Japon à se reconstruire au sortir de la guerre. Le premier prêt a du reste été accordé à la France (il demeure aujourd'hui, en monnaie constante, le plus important). Avec le retour de la croissance dans les pays

occidentaux au début des années 1960, les objectifs de la BM ont évolué et se sont orientés vers la réduction de la pauvreté dans les pays en voie de développement et notamment les pays les moins avancés. Elle finance également certaines ONG.
Les aides octroyées ont pour but de favoriser la santé, l'éducation, la famille, l'agriculture, le climat, l'assainissement, l'environnement ou le financement d'opérations de micro-crédit.

c) Le fonctionnement de la BM

Les objectifs de la Banque mondiale sont fixés par période triennale (cycle de 3 ans). Ces aides sont versées sous forme de dons (pour 20 %) et de prêts sans intérêts (pour le solde).
Comme pour le FMI, les fonds sont collectés auprès des États membres par le biais de contributions.

EXEMPLE

La France participe à hauteur de 7,1 % dans le budget de l'organisation.

3. La Banque des règlements internationaux (BRI)

C'est la plus ancienne institution financière internationale (1930). Elle a son siège à Bâle en Suisse. Elle est surnommée « la banque centrale des banques centrales ». Elle est dirigée actuellement par le gouverneur de la Banque de France, Christian Noyer.

a) La composition de la BRI

La BRI administre plusieurs forums ou comités. Le plus célèbre est le Comité de Bâle. Mais figurent également le Comité sur les systèmes de paiement et de règlement (qui élabore des règles de sécurisation des systèmes de paiement et de compensation), le Comité sur le système financier mondial (qui analyse l'implication de l'évolution des marchés financiers sur la stabilité financière), l'Organisation internationale des Bourses de valeurs (qui établit des standards internationaux visant à assurer la transparence des marchés financiers et la protection des investisseurs) et l'Association internationale des contrôleurs d'assurance.

b) Les missions de la BRI

En sa qualité de banque centrale des banques centrales, la BRI coordonne les grandes banques centrales du monde, qui sont les actionnaires et les membres de la BRI (le capital social de la BRI est composé d'actions réparties entre 60 banques centrales). Elle fait aussi office de pivot pour les systèmes de transactions monétaires internationales. Enfin, elle prépare les accords de ses comités, en l'occurrence, ceux du Comité de Bâle.

4. Le Conseil de stabilité financière (CSF)

Mis en place lors du G20 de Londres (2009), il a pour fonctions de déterminer les vulnérabilités du système financier mondial, d'estimer les réglementations à mettre en œuvre pour prévenir les crises, de s'assurer du respect des standards internationaux dans les domaines de la régulation financière et de protéger les investisseurs et les consommateurs. Son secrétariat est hébergé par la BRI.

8 LES CATÉGORIES D'INSTITUTIONS ET LEURS INTERMÉDIAIRES

➔ Pour protéger les épargnants et compte tenu de son rôle dans l'économie, le secteur bancaire est réglementé. La loi bancaire de 1984 soumet à ses dispositions les seuls établissements de crédit. La production juridique est très fertile sur les différents types d'établissements ou intermédiaires bancaires et financiers.

1 La qualification d'établissement de crédit

La notion d'établissement de crédit a évolué dans le cadre de l'harmonisation européenne. Ce sont des personnes morales dont l'activité consiste, pour leur propre compte et à titre de profession habituelle, à recevoir des fonds remboursables du public et à octroyer des crédits. Les établissements de crédit réalisent certaines opérations de banque en fonction de leur agrément : réception de fonds remboursables du public, opérations de crédit, services bancaires de paiement. Ils peuvent aussi effectuer des opérations connexes à leurs activités, c'est-à-dire en lien avec les opérations de banque.

EXEMPLES

Placement, souscription, achat, gestion, garde et vente de valeurs mobilières et de tout produit financier.

Un établissement de crédit peut avoir des activités non bancaires comme le placement de contrats d'assurance.

2 La classification des établissements de crédit

Afin de protéger le public, l'accès à la profession bancaire est soumis à un agrément de l'Autorité de contrôle prudentiel et de résolution (ACPR). Cet agrément est indispensable pour accomplir les opérations de banque. Il donne accès au marché bancaire français et communautaire, et peut être général ou spécialisé. Les établissements de crédit sont agréés en qualité de banque, de banque mutualiste ou coopérative, de caisse de crédit municipal ou d'établissement de crédit spécialisé.
Les banques peuvent effectuer toutes les opérations de banque et sont affiliées à la Fédération bancaire française (FBF).
Les banques mutualistes ou coopératives, les caisses de crédit municipal, les établissements de crédit spécialisés peuvent effectuer toutes les opérations de banque dans le respect des limitations liées aux différents textes juridiques.
D'autres professionnels sont autorisés à effectuer des opérations de banque sans être soumis à la loi bancaire et à l'agrément de l'ACPR.

EXEMPLES

Trésor Public, Banque de France, Caisse des dépôts et consignations.

Le monopole bancaire est l'interdiction à toute personne autre qu'un établissement de crédit d'effectuer des opérations de banque à titre habituel. Il existe cependant des exceptions au monopole bancaire.

3 Les autres établissements

Les **sociétés de financement** sont des établissements financiers qui effectuent des opérations de crédit dans les conditions et limites définies par leur agrément. Elles ne peuvent recevoir de fonds remboursables du public. Elles peuvent fournir des services de paiement, émettre et gérer de la monnaie électronique, fournir des services d'investissement et réaliser des opérations connexes. Elles sont agréées par l'ACPR et, pour certaines d'entre elles, par l'Autorité des marchés financiers (AMF).
Les **prestataires de services d'investissements (PSI)** ont pour fonction de fournir des services d'investissements (traitement des ordres de Bourse, gestion de portefeuilles, conseil, etc.).
Les **prestataires de services de paiement (PSP)** sont les établissements de crédit ainsi que les établissements de paiement et les établissements de monnaie électronique. Les établissements de paiement et les établissements de monnaie électronique sont également agréés par l'ACPR.

4 Les intermédiaires

L'activité d'un intermédiaire en opérations de banque (IOB) consiste à mettre en relation un client avec un établissement de crédit contre rémunération. Le courtier exerce son activité en vertu d'un mandat d'un client qui n'est pas une banque. Le mandataire exerce son activité au nom d'une banque, de plusieurs banques ou d'un courtier. Les mandataires et les courtiers en opérations de banque doivent être immatriculés sur le registre unique des intermédiaires en assurance, banque et finance (ORIAS). Les IOB appartiennent à l'une des quatre catégories suivantes : le courtier exerce son activité en vertu du mandat d'un client, le mandataire exclusif est soumis à une obligation de travailler en exclusivité avec une seule banque, le mandataire non exclusif exerce en vertu de plusieurs mandats délivrés par plusieurs banques, le mandataire d'intermédiaire en opérations de banque exerce en vertu d'un ou de plusieurs mandats des différentes catégories.
Les IOB ont des obligations vis-à-vis de la clientèle, dont l'obligation d'identification lors de l'entrée en relation, l'obligation en termes de rémunération, l'obligation d'information et de respect des règles du démarchage bancaire, les obligations spécifiques supplémentaires pour les opérations de crédit (niveau de connaissance du client en matière de crédit, étude de sa solvabilité, etc.).

9 L'ORGANISATION ET LE FONCTIONNEMENT D'UN ÉTABLISSEMENT BANCAIRE ET FINANCIER

➔ Le conseiller clientèle exerce son métier dans un établissement de crédit du secteur bancaire dont il doit connaître l'organisation. Plus généralement, il doit savoir comment sont structurées les banques pour prendre en compte l'évolution de la relation client. Il sera également en relation avec des collaborateurs ayant différents métiers.

1 Les métiers de la banque

1. Les métiers en contact direct avec la clientèle

Généralement, les conseillers sont spécialisés par segment de clientèle : particuliers, professionnels et autres associations ou collectivités locales, gestion du patrimoine, entreprises (chargé d'affaires). Une fois affecté à une clientèle, le conseiller devient généraliste et doit savoir traiter toutes les demandes de son client. Si la demande est pointue, il peut se tourner vers les spécialistes des fonctions supports au siège ou affectés à un groupe d'agences. Les conseillers et le chargé d'accueil travaillent sous l'autorité du responsable d'agence, responsable du point de vente.

Structure d'une agence bancaire

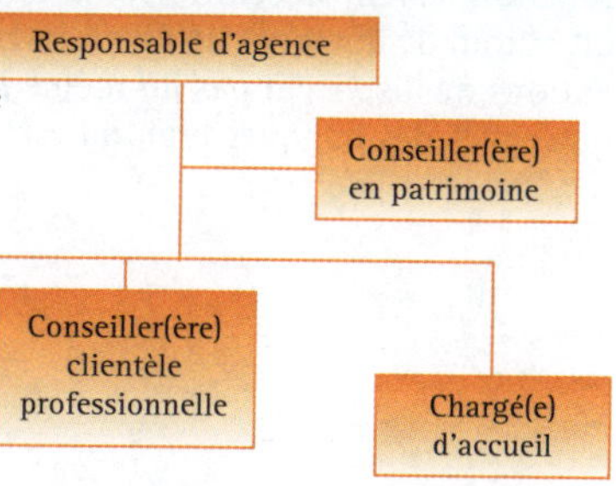

Le directeur de groupe d'agences est responsable de plusieurs agences. Il transmet ses analyses et informations à la direction commerciale et adapte la stratégie au niveau local. Il fixe les objectifs commerciaux, organise les plans d'actions commerciales et assure le suivi de certains clients.

Sur le terrain, la structure commerciale précise les différents niveaux de responsabilité entre le responsable des unités commerciales, les directeurs d'unité commerciale et les directeurs d'agence.

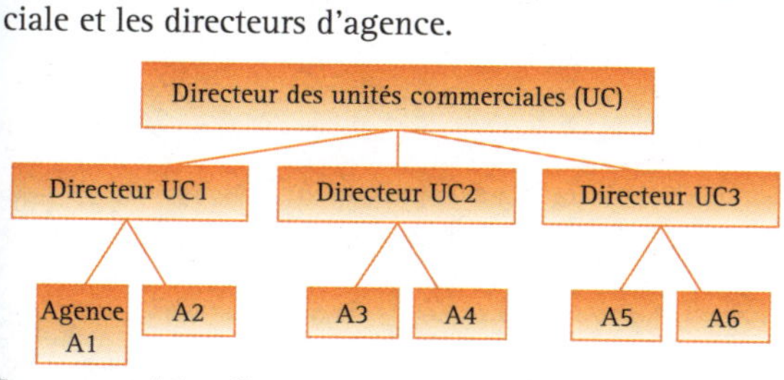

Le responsable et l'animateur d'unité commerciale mettent leur expérience commerciale au service du réseau.

Les démarcheurs et les courtiers, intermédiaires en opérations de banque, sont des éléments externes à la structure de la banque qui contribuent au développement du produit net bancaire de la banque.

2. Les métiers supports

Ces métiers sont exercés au siège, ils sont des appuis aux acteurs de réseau.

Le *téléopérateur* renseigne les clients, effectue des opérations courantes, réalise des transactions financières simples, prospecte de nouveaux clients, travaille en lien avec les agences. Il est sous la responsabilité d'un superviseur et d'un responsable du centre d'appels.

Avec l'évolution des systèmes d'information, le rôle *des informaticiens* s'est accru pour gérer les millions de paiements par jour, les salles des marchés et le site de la banque en ligne.

L'évolution du cadre réglementaire a modifié le rôle *des juristes* qui vérifient la conformité des produits bancaires au droit bancaire et financier avant leur mise en vente et se chargent du recouvrement des créances.

L'inspecteur, le responsable de la conformité et *le déontologue* vérifient le respect de la réglementation édictée par les autorités de tutelle et des codes de bonne conduite de la profession, ils vérifient que les conseillers connaissent les procédures et les appliquent. Leur rôle gagne en importance. L'inspecteur effectue des contrôles au siège et dans les réseaux, sur pièces et sur place. Le responsable de la conformité est au centre de la lutte anti-blanchiment et est responsable de la formation des salariés dans ces domaines, de manière à faire connaître les recommandations du régulateur au sein de la banque.

Le technicien des opérations bancaires finalise les opérations réalisées en agence, par la plateforme téléphonique ou directement par le client au guichet automatique ou par Internet. Il gère les opérations non automatisées car plus complexes (crédits, successions) et contrôle les opérations automatisées (gestion des moyens de paiement) de la clientèle.

Le collaborateur du back-office assure le suivi administratif et comptable des opérations avec la salle des marchés (*front-office*) : il gère les opérations sur titres, procède aux transactions entre acheteurs et vendeurs et à la livraison des titres.

Il existe encore de nombreux autres métiers de la fonction support.

2 La structure organisationnelle de la banque

1. Les différents types de structures

Une structure d'entreprise est une manière d'organiser les personnels par leur fonction et leurs liens hiérarchiques. Elle est représentée par un organigramme.

Une banque qui s'organise sur la base de ses activités bancaires opte pour une structure par marché qui a l'avantage d'assurer une bonne connaissance du comportement de la clientèle.

Les structures sont à ce jour orientées clients et non plus produits, car l'approche globale de la clientèle doit se traduire dans la structure. Il y a une interdépendance entre le choix de la structure et la stratégie. Les structures évoluent vers plus de souplesse, car la satisfaction du client doit être présente dans toutes les fonctions.

2. Les banques à l'organisation décentralisée

Ce sont majoritairement des banques mutualistes ou coopératives.
Leur organisation régionale et décentralisée leur confère une autonomie de décision par rapport à leur organe central.
Elles ont une autonomie en termes de distribution de crédit et de gestion des ressources de financement, mais elles sont contraintes par la politique de gestion des risques imposée par l'organe central.
Elles ont une proximité opérationnelle et relationnelle avec leur marché plus forte que les banques dites « nationales » car centralisées.

EXEMPLES

Le Crédit Mutuel est organisé en caisses locales (société coopérative dont le capital est détenu par les sociétaires-clients), regroupées en 18 fédérations régionales et caisses régionales, auxquelles s'ajoute la fédération du Crédit Mutuel agricole et rural (CMAR) à vocation nationale sur le marché de l'agriculture. Les fédérations adhèrent à la confédération nationale (forme juridique d'une association) qui est l'organe central au sens du Code monétaire et financier, et à la caisse centrale, organisme financier national qui gère la liquidité des groupes régionaux et organise la solidarité financière du Crédit Mutuel.

Les centres de décision sont maintenus en régions.
Les caisses locales au niveau le plus proche assurent les fonctions d'une agence bancaire. Les autres niveaux se chargent des tâches que les caisses locales ne peuvent pas assumer. Elles ont une fonction support.
Ces caisses locales sont intégrées dans des réseaux régionaux d'envergure nationale.

EXEMPLES

Banques Populaires, Caisse d'Épargne, Crédit Agricole, Crédit du Nord, Crédit Industriel et Commercial, Crédit Mutuel.

3. Les banques à l'organisation centralisée

Les banques à structure centralisée ont un siège social qui centralise les décisions.
Ce sont de grandes banques ou des banques étrangères.

EXEMPLES

BNP, Crédit Coopératif, Banque Postale, LCL, Société Générale.

Même si les banques nationales peuvent avoir un fonctionnement décentralisé de leur politique de crédit autour de quelques délégations régionales, ces délégations ne disposent pas du même pouvoir de décision que celles des banques régionales.

10 LES MUTATIONS DU MARCHÉ BANCAIRE ET FINANCIER

➔ Les assouplissements réglementaires des années 1980 liés à la libéralisation financière ont permis le développement des marchés de capitaux. La crise bancaire de 2007-2008 et la crise de la dette souveraine de 2010 ont favorisé le renforcement des réglementations.

EXEMPLES

Le PNB réalisé à l'international par BNP Paribas était de 50 % en 2011, contre 23 % en 1999.

Le Crédit Agricole et la Société Générale ont cédé leur filiale grecque en 2012 pour réduire leur exposition au risque.

1 L'imbrication du marché bancaire et financier

1. Intermédiation de bilan et intermédiation de marché

L'intermédiation bancaire traditionnelle opère une transformation des dépôts en crédit ou des crédits en dépôt. Les crédits et les dépôts dominaient respectivement l'actif et le passif du bilan. Aujourd'hui, les activités financières des banques bouleversent leur bilan par l'augmentation de titres financiers à l'actif, et leurs émissions de titres (certificats de dépôts et obligations) au passif. La part relative des crédits et des dépôts baisse au bilan, car les titres financiers ont remplacé les dépôts au passif et les crédits à l'actif. Les banques sont devenues les actrices incontournables des marchés financiers, au niveau des émissions de titres et des placements effectués ainsi que pour les innovations financières. La financiarisation des bilans bancaires entraîne un développement du risque financier. Cela a nécessité la création de normes internationales et de règles financières de solvabilité (Bâle II, puis Bâle III).

2. Les conséquences sur la composition du produit net bancaire (PNB)

Le PNB est la marge brute réalisée sur les activités de la banque ; c'est la différence entre les produits et les charges bancaires, gains ou pertes sur les instruments financiers et sur les autres activités (assurance...). L'évolution de l'intermédiation bancaire au profit de l'intermédiation financière a poussé les banques à trouver d'autres sources de gains que celles basées sur la distribution de crédits, en développant une tarification des services pour générer des commissions récurrentes, moins dépendantes des aléas de l'activité économique que l'octroi de crédits. Ainsi, la part de la marge d'intermédiation bancaire (différence entre produits bancaires et charges bancaires) a baissé dans le PNB au profit de celle des commissions. Toutefois, elle reste supérieure à celle des commissions ; le financement demeure donc le premier métier bancaire.

3. L'internationalisation des secteurs bancaire et financier

L'internationalisation s'est accélérée du fait de la libéralisation des marchés financiers, de l'ouverture des frontières et des innovations financières. Les banques s'internationalisent pour contrer l'arrivée de nouveaux concurrents, pour conquérir de nouveaux clients.
L'internationalisation touche tous les métiers de la banque, elle est source de profit et de prise de risque.

2 Les caractéristiques de l'offre bancaire

La crise de 2007 a poussé à la constitution de banques de grande taille, multi-activités et internationalisées.

1. L'intensification de la concurrence

De nouveaux acteurs ont pénétré le marché, notamment celui du crédit à la consommation, qui, pour des raisons économiques, ont créé leur propre banque (ex. : Carrefour Banque, PSA Finance...).
Les établissements de crédit spécialisés se sont multipliés et, de manière marginale, le financement participatif se développe. La bancassurance et l'assurbanque progressent, les assureurs souhaitant se diversifier sur les métiers de la banque et les banquiers sur les métiers de la bancassurance (ex. : Allianz Banque, Axa Banque...).
De nouveaux opérateurs s'implantent sur le marché, comme les prestataires de services de paiement et les entreprises de monnaie électronique.
En France, 4 % des clients changent de banque chaque année et 3 clients sur 4 sont multibancarisés. La densité des agences bancaires (1 pour 1 297 habitants) est supérieure à celles des pharmacies (1 pour 2 900 habitants). La concurrence s'intensifie sur le territoire du fait des conséquences de la libéralisation des marchés et de l'arrivée de nouveaux entrants comme les acteurs non bancaires (ex. : prestataires de services de paiement), qui ont bénéficié des mutations technologiques et réglementaires.
La pression sur le marché bancaire est donc très forte.

2. La concentration du secteur bancaire

Le réseau bancaire français est composé de 6 grandes banques : le Crédit Agricole, la BPCE, la Société Générale, BNP Paribas, le Crédit Mutuel et la Banque Postale. Ces banques réalisent 85 % du chiffre d'affaires du secteur bancaire français. Le phénomène de concentration (diminution du nombre de banques) remonte au début du XXe siècle ; il s'est accéléré dans les années 1980.

3. La diversification des activités

Sur le marché du crédit à la consommation, ce sont les banques qui sont les premiers distributeurs de crédits, le Crédit Agricole en tête avec 29 % de part de marché (Nombre de crédits vendus par la banque / Nombre total de crédits vendus sur le marché × 100). Les banques françaises sont le premier distributeur national de produits d'assurance. Elles diversifient leur activité avec les services à la personne et l'immobilier (transaction et administration de biens).

ENVIRONNEMENT ÉCONOMIQUE, JURIDIQUE ET ORGANISATIONNEL DE L'ACTIVITÉ BANCAIRE

10 LES MUTATIONS DU MARCHÉ BANCAIRE ET FINANCIER (Suite)

EXEMPLES

Le Crédit Agricole (Square Habitat) ; la BPCE (Nexity et Foncia) ; le Crédit Mutuel avec les forfaits mobiles.

3 L'évolution du comportement des consommateurs

1. Une relation client en pleine mutation

a) Un marché saturé et une clientèle multibancarisée

99 % des Français ont un compte bancaire : c'est le taux de bancarisation (Nombre de personnes ayant accès aux services bancaires / Population active × 100) le plus fort d'Europe du fait du droit au compte. 90 % des Français de plus de 16 ans ont une carte de paiement et la bancarisation est de plus en plus précoce : 87 % des 11-19 ans ont un compte. Le marché potentiel d'une banque est limité aux clients des autres banques. C'est un marché saturé en dépit d'une croissance démographique faible.
Le phénomène de multibancarisation se développe (un individu est client de plusieurs établissements bancaires). Si 70 % des clients n'ont pas changé de banque, 40 % des Français ont un compte dans au moins deux banques et 33 % dans plus de deux banques. Les clients sont majoritairement fidèles à leur banque historique et dans le même temps, vont en découvrir d'autres. La multibancarisation s'accompagne d'un nomadisme bancaire.
Le taux d'attrition des banques qui mesure la déperdition de la clientèle (Nombre de clients perdus en cours d'année / Nombre de clients en début de période × 100) reste faible. Mais il augmente depuis 10 ans, passant de 4 % à 11 %. La volatilité de la clientèle augmente car 35 % des nouveaux clients ont moins de 25 ans mais au même âge, un tiers a déjà été perdu.
Ces phénomènes impactent les stratégies des banques, qui doivent trouver un équilibre entre une stratégie de conquête onéreuse sur un marché saturé (les gains en clientèle sont marginaux) et une stratégie de rétention de la clientèle. Il est difficile d'augmenter sa part de marché dans un marché saturé. En revanche, s'occuper activement de sa clientèle pour la fidéliser permet de conforter son marché acquis.

b) Une implantation des agences dense mais en régression

Le maillage du territoire français par les banques est l'un des plus dense d'Europe (38 000 agences bancaires). Mais la fréquentation des agences est en baisse : le nombre de clients fréquentant leur agence plusieurs fois par mois est passé de 62 % en 2007 à 17 % en 2013. On dénombre de ce fait une diminution du nombre d'agences.

2. L'adaptation des réseaux aux nouvelles demandes de leur clientèle

Les banques adaptent leurs gammes de produits et services, notamment ceux qui sont accessibles à distance. Des applications sont disponibles sur des supports variés (Internet, smartphone, tablette) et permettent d'informer la clientèle à tout moment et de lui faire des propositions commerciales. Ces nouveaux outils sont perçus comme sécurisés et leur utilisation se développe.
Les réseaux d'agences sont devenus un élément du dispositif multicanal de vente élaboré par les banques et non plus leur point de vente unique.
La crise de confiance des clients qui demandent plus de transparence et une qualité de conseil plus élevé, l'émergence de la banque en ligne, l'augmentation de la concurrence et la forte évolution réglementaire impactent le métier de chargé de clientèle.

4 Des bouleversements réglementaires

L'activité bancaire est une activité économique très réglementée sur le plan national et européen. Suite à la crise de 2007, l'augmentation des obligations en fonds propres a été substantielle dans le cadre de Bâle III, qui préconise de nouvelles normes en matière de solvabilité et de liquidité, intégrées au droit européen.

1. La loi du 26 juillet 2013

La loi du 26 juillet 2013 dite « loi de séparation et de régulation des activités bancaires » a en partie réformé le système bancaire français. Elle vise à la séparation des métiers ainsi qu'à la prévention et à la résolution des crises en vue de mieux protéger les consommateurs, les emprunteurs et les assurés.
Cette loi comporte des éléments sur :
- les activités des marchés (séparation des activités utiles au financement de l'économie des activités spéculatives en filialisant des activités bancaires spéculatives, répression des abus de marché) ;
- la banque de détail (plafonnement des commissions perçues pour traiter les irrégularités de fonctionnement d'un compte bancaire, inclusion bancaire, prévention du surendettement) pour protéger les consommateurs ;
- la lutte contre les paradis fiscaux et le blanchiment d'argent ;
- la surveillance accrue du secteur bancaire (surveillance macroprudentielle et renforcement des pouvoirs de l'ACPR).

2. L'Union bancaire européenne

Le 4 novembre 2014, l'Union bancaire européenne est née avec la mise en place du mécanisme de surveillance unique (MSU) que la BCE a en charge pour assurer la stabilité du secteur bancaire.
L'Union bancaire repose sur la supervision unique de la BCE des plus grandes banques européennes (128 banques en 2015) et sur la résolution des crises bancaires basée sur le principe de « *bail-in* », selon lequel les acteurs privés et internes renfloueront les banques en difficulté, grâce notamment au fonds de résolution et à la garantie des dépôts à partir de 2016. Un conseil de résolution unique sera créé pour la gestion des liquidités et, dès maintenant, un fonds de résolution commun est abondé par les banques.

11 LES DOMAINES D'ACTIVITÉ DE LA BANQUE

En France, le modèle de « la banque universelle » prévaut ; il permet de regrouper les différents métiers des banques. La banque universelle permet de s'adresser à une clientèle diversifiée : particuliers, professionnels, PME, multinationales, etc. Ce modèle a bien résisté à la crise de 2008, mais sa structure « universelle » engendre des risques bancaires qui peuvent contaminer la banque de détail.

1 La banque de détail

Elle s'adresse aux particuliers, professionnels libéraux et petites entreprises (commerçants, artisans).

Ses principales activités sont la collecte de dépôts, la distribution de crédits et la gestion des moyens de paiement. Des services et produits d'une autre nature (assurance, téléphonie, services à la personne, immobilier...) sont de plus en plus souvent proposés. Son principal métier est l'intermédiation bancaire.

La banque de détail s'appuie sur des réseaux d'agences bancaires, complétées par les services de banque à distance : banque en ligne (centre de relation clients) et banque par Internet. Elle représente 70 % des effectifs des banques et peut s'implanter à l'international.

EXEMPLES

Targobank Allemagne (banque de détail du Crédit Mutuel en Allemagne), banque de détail BNP Belgique.

2 La banque de financement et d'investissement (BFI)

1. La clientèle et les activités principales

La BFI s'adresse à une clientèle de grandes entreprises, d'investisseurs institutionnels (caisses de retraite, mutuelles...), de gestionnaires de fonds et d'États, qu'elle accompagne dans leurs financements et leurs investissements. Ses activités principales sont le conseil, l'intermédiation financière, le financement d'entreprise de haut de bilan (introduction en Bourse, fusion-acquisition) et les activités de marché comme l'émission de titres ou de produits financiers (ingénierie financière) ainsi que la gestion des valeurs mobilières.

EXEMPLES

BNP Paribas BFI, Société Générale Corporate and Investment Banking (SGCIB).

2. La filialisation des activités pour compte propre

Les BFI investissent sur les marchés pour leurs clients (pour compte de tiers) et pour leur propre compte. Or, l'activité pour compte propre est une activité spéculative qui peut avoir des conséquences néfastes sur la banque de détail. La loi bancaire de 2013 prévoit la séparation des opérations spéculatives des banques et de leurs activités utiles à l'économie. Les banques devraient cantonner cette activité pour compte propre dans une filiale distincte, mais le champ d'application du texte ne concerne qu'une part extrêmement faible de cette activité bancaire.

EXEMPLES

La filialisation de l'activité pour compte propre de la BNP représente 1 % de son activité bancaire.

3 La gestion d'actifs financiers

La gestion d'actifs financiers (*Asset Management*) consiste à gérer des capitaux ou des fonds confiés par des clients particuliers ou institutionnels en les investissant dans des OPCVM (organismes de placements collectifs en valeurs mobilières : SICAV ou fonds commun de placement), des actions, des obligations, des billets de trésorerie, de l'immobilier ou des produits dérivés. Les grandes banques ont toutes des filiales de gestion d'actifs.

EXEMPLES

La Banque Postale Asset Management, Crédit Agricole Asset Management.

4 La banque privée

C'est une banque spécialisée dans la gestion de patrimoine de clients fortunés auxquels des produits spécifiques sont proposés : déclaration fiscale, accès à des fonds d'investissement, conseils patrimoniaux, organisation de la succession, etc. Selon les banques, le minimum d'actifs liquides nécessaires pour bénéficier des services de la banque privée va de 250 000 à 1 000 000 €.

5 Les services de financement

Les banques ont des structures ou filiales liées aux activités de financement des entreprises et des ménages : crédit à la consommation, crédit immobilier, crédit-bail, affacturage, location longue durée de véhicule, investissement immobilier d'entreprise ou résidentiel, etc.

6 La bancassurance

Traditionnellement, les banques ont toujours proposé à leurs clients des produits d'assurance liés à l'activité bancaire (ex. : assurances pour les crédits). À la suite du mouvement de libéralisation des marchés, elles ont diversifié leur activité vers le métier de l'assurance et distribuent aujourd'hui des produits d'assurance dommage multirisques habitation, d'assurance auto et des produits de prévoyance contre les aléas de la vie ou de prévoyance santé.

En réaction, les assureurs se sont aussi lancés dans l'assurbanque.

12 LE BILAN, LE HORS BILAN ET LE COMPTE DE RÉSULTAT

Comme toute entreprise, les établissements de crédit sont astreints à des obligations comptables. Cependant, étant donné leur activité d'intermédiation, leurs éléments comptables bancaires diffèrent des normes fixées pour les autres entreprises.

1 Le bilan bancaire

Le juriste trouve rarement sa place dans l'analyse comptable. L'étude du bilan démontre pourtant le contraire.

1. Définition

Toute personne physique ou morale possède un patrimoine, qui comprend l'ensemble des droits et obligations rattachés à cette personne. On trouve ainsi au rang des droits, l'ensemble des biens possédés (immobiliers, mobiliers), mais aussi des avoirs (ex. : en banque). Les obligations comprennent les dettes (qui ont permis d'acheter ces biens), mais aussi toutes les sommes dues (remboursement des sommes payées au titre d'un dommage...). L'image de ce patrimoine à un moment donné correspond au **bilan.** En poussant le raisonnement, on s'aperçoit que, pour l'essentiel, les sommes dues au titre des obligations sont utilisées pour acquérir les biens détenus. On parle alors de «ressources». On les retrouve au passif du bilan. *A contrario*, le capital ou les placements investis ont été financés par ces ressources. Ce sont des «emplois». Ils se situent à l'actif du bilan.

Obligations ⇒ Ressources ⇒ Passif
Droits ⇒ Emplois ⇒ Actif

2. Le bilan comptable

L'article L. 123-12 du Code de commerce astreint toute personne ayant la qualité de commerçant à établir une fois l'an un bilan (outre le compte de résultat et l'annexe). Cette règle s'impose à toute personne ayant une activité indépendante et exerçant à titre professionnel. Ce document obligatoire doit respecter un certain formalisme. Pour le **passif**, les postes sont classés de haut en bas, du moins exigible au plus exigible, à savoir :

- les *capitaux propres* (capital social, réserves, résultat net de l'exercice non distribué). Cette position s'explique par le fait que ces fonds appartiennent aux associés. C'est donc une dette de l'entreprise à leur égard. Elle se situe en haut du bilan, car c'est la moins exigible, les actionnaires ne pouvant réclamer leur dû que lors de la dissolution de la société. Ils sont au demeurant payés en dernier (ce sont des créanciers hypo-chirographaires). Ces fonds sont les principales sources stables de l'entreprise ;
- les *emprunts bancaires* (dettes à plus d'un an) ;
- les *dettes fournisseurs* (dettes à moins d'un an) ;
- les *concours bancaires* courants (découverts).

Pour l'**actif**, les éléments sont ordonnés de haut en bas, du moins liquide au plus liquide, à savoir :

- *l'actif immobilisé*. Il s'agit des biens qui ont vocation à rester durablement dans l'entreprise (un immeuble, une machine-outil, un véhicule de fonction...). Ces biens figurent au bilan pour leur coût d'acquisition et la constatation de leur dépréciation vient minorer périodiquement leur valeur (valeur nette comptable, VNC) ;
- *l'actif circulant* comprend les stocks (produits finis, marchandises), les créances clients (chiffre d'affaires non encaissé) et la trésorerie (banque, caisse...).

ACTIF		PASSIF	
Actif immobilisé	**Immobilisations incorporelles :** fonds de commerce, brevets...	Capital social	Capitaux permanents
	Immobilisations corporelles : constructions, matériels techniques, de transport...	Réserves	
		Résultat net	
	Immobilisations financières : participations, filiales	Emprunts bancaires	Dettes > 1 an
Actif circulant	Stock de marchandises ou de produits finis	Dettes fournisseurs	Dettes < 1 an
	Créances clients		
	Trésorerie	Découvert de trésorerie	

3. Le bilan des établissements de crédit

La comptabilité bancaire est soumise à une réglementation propre. Conceptuellement, les bilans des banques reprennent le principe actif-passif. Mais l'organisation des éléments obéit à un ordonnancement contraire à celui des entreprises : les comptes de l'actif sont classés par ordre de liquidité croissante, et les comptes du passif par ordre de liquidité décroissante.

ACTIF		PASSIF	
Opérations	Prêts interbancaires et opérations de trésorerie	Emprunts interbancaires Banques centrales	Opérations
	Opérations avec la clientèle	Dépôts de la clientèle	
	Opérations sur titres	Certificats de dépôts et obligations	
Actif immobilisé	Actif ou valeurs immobilisés	Fonds propres	Capitaux permanents

Concrètement, le **passif** est composé des ressources qui vont permettre à la banque de prêter à sa clientèle ou de financer ses investissements :

- *les emprunts interbancaires et banques centrales* : les banques peuvent manquer temporairement de liquidités. Elles se refinancent soit en empruntant directement auprès de la banque centrale, soit auprès de leurs consœurs. En période de crise grave, les banques n se font plus confiance et ne se prêtent plus. S'ensuit une crise de liquidités qui oblige les banquiers centraux à intervenir en prêtant en dernier ressort aux établissements en difficulté ;

- *les dépôts de la clientèle* : ces ressources sont très prisées des banques. Lorsque les clients déposent des fonds sur leurs comptes, ces sommes peuvent être utilisées pour être prêtées (activité de transformation). La maturité de ces ressources dépend de la catégorie des dépôts : à brève échéance pour les dépôts à vue, plus longue pour ceux à terme ;
- *les certificats de dépôts et obligations* : les institutions bancaires peuvent émettre ces titres sur le marché afin de se procurer des fonds. La maturité est normalement plus longue que celle de la classe précédente ;
- *les fonds propres* : ils correspondent aux capitaux permanents de l'entreprise (capital social, réserves, résultat net non distribué). Du fait de leur stabilité, ils sont au centre de la réglementation prudentielle.

Du fait de leur rôle d'intermédiation et de leur activité de transformation, les banques emploient ces ressources afin d'assurer la rentabilité de leur activité. Ces emplois s'inscrivent à l'**actif** :

- *les prêts interbancaires et les opérations de trésorerie* : à l'inverse du passif, les excédents de liquidités sont prêtés aux autres établissements pour des durées très courtes (journée, semaine, voire au maximum 3 mois) ;
- *les opérations avec la clientèle* : ce sont les crédits accordés à la sphère réelle : entreprises, particuliers, collectivités locales. On saisit ici le risque de transformation : les banques prêtent à plus ou moins long terme de l'argent qu'on leur a confié pour une durée plus courte. Si tout le monde décide de retirer ces fonds en même temps, elles ne peuvent exiger le remboursement des prêts par anticipation. Elles deviennent alors illiquides et risquent la faillite ;
- *les opérations sur titres* : pour faire travailler les fonds qu'elles ont à disposition, les banques procèdent à des placements sur les marchés financiers. Depuis la réforme de 2013, ces activités sont réglementées pour les banques recevant des dépôts ;
- *les valeurs immobilisées* : comme pour les entreprises classiques, l'actif immobilisé comprend l'ensemble des biens ayant vocation à rester durablement dans l'entreprise et servant au processus de production.

2 Le hors bilan

Sont inscrites au bilan les opérations qui ont une influence directe sur le patrimoine d'une entreprise ou d'une banque. Cependant, le bilan ne peut enregistrer que des opérations susceptibles d'évaluation monétaire et certaine. Les établissements peuvent en effet souscrire (au passif) ou recevoir (à l'actif) des engagements ou des garanties qui s'ils n'affectent pas initialement le document comptable, peuvent avoir à court ou moyen terme une incidence (favorable ou défavorable) sur celui-ci. L'ensemble de ces éléments concerne le hors bilan. Ces opérations résultent forcément d'une obligation contractuelle. Y figurent notamment :

- *les engagements de financement* : c'est une autorisation de financement qui est confirmé (mais non encore débloqué) et qui implique que l'entité est potentiellement engagée à hauteur de la promesse (ex. : autorisation de découvert) ;
- *les engagements de garantie* : connus également en tant qu'« engagement par signature », ils correspondent pour l'essentiel aux cautions et avals donnés et reçus (ex. : garantie à la première demande) ;
- *les cessions de prêts* : l'établissement de crédit qui accorde un prêt peut décider de ne pas garder cette créance dans son bilan. Elle le cède alors à un tiers (si cette cession s'opère sous forme de titres, on parle de titrisation). Le concours sera inscrit au hors bilan, si la banque qui l'a octroyé demeure dans l'obligation d'assumer le risque de crédit ;
- *les opérations sur produits dérivés*, notamment les instruments de gestion des risques de taux et de change.

3 Le compte de résultat bancaire

Le compte de résultat est un document comptable qui reprend l'ensemble des produits et des charges d'une entreprise pour une période donnée (l'exercice comptable). Il révèle la performance de l'entreprise en procédant à la différence entre les produits et les charges (bénéfice ou perte).

COMPTE DE RÉSULTAT	Année N
+ Intérêts créditeurs – Intérêts débiteurs + Revenus d'obligations	
Marge d'intermédiation	
+ Commissions perçues – Commissions versées +/– Pertes ou gains sur opérations de portefeuille + Autres produits d'exploitation bancaire – Autres produits d'exploitation bancaire	
Produit net bancaire	
– Charges générales d'exploitation – Dotations aux amortissements	
Résultat brut d'exploitation	
– Coût du risque	
Résultat d'exploitation	
– Gains ou pertes sur actifs immobilisés	
Résultat courant avant impôt	
+ Résultats exceptionnels +/– Gains ou pertes sur actifs immobilisés – Impôt sur les bénéfices +/– Dotations ou reprises de FRBG et prov. réglementées	
Résultat net	

13 LES CONTRAINTES DE GESTION : RISQUES ET RATIOS PRUDENTIELS

Les établissements de crédit occupent un rôle central au sein de nos économies. Des contraintes de gestion leur sont donc imposées afin de garantir la protection de l'épargne et, plus largement, la stabilité du secteur bancaire.

1 L'activité bancaire, un système intermédié

La place des banques dans le circuit économique s'oppose à celle des marchés financiers. Dans un système intermédié, les établissements de crédit exercent une fonction dite d'intermédiaire : ils collectent l'épargne pour la prêter aux agents en besoin de financement.

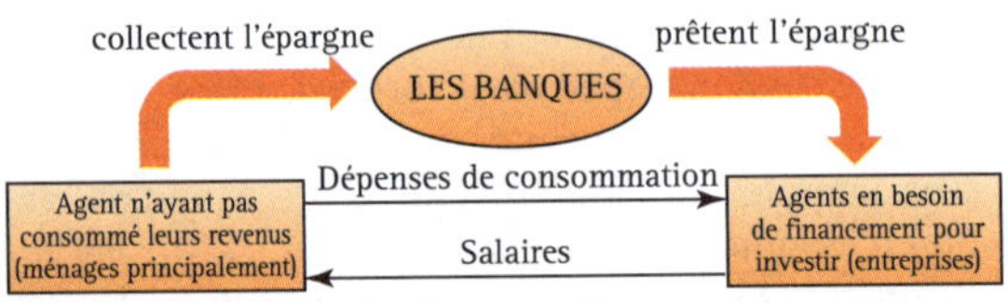

Dans un système de finance directe, les entreprises émettent directement des titres sur les marchés financiers pour qu'ils puissent être achetés par les agents qui cherchent à placer leur épargne.

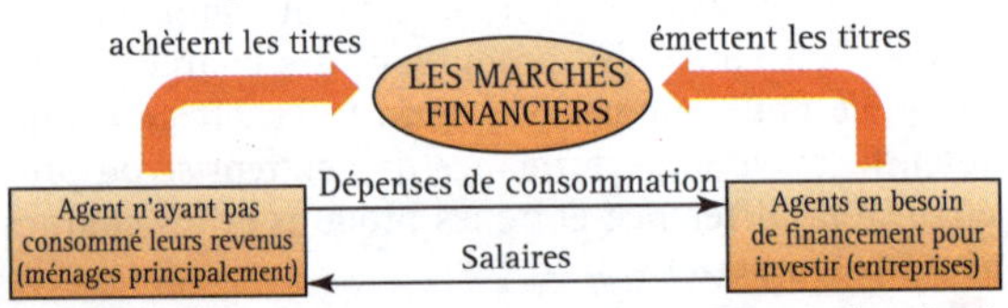

Afin d'assurer à chacun une gestion efficace des fonds déposés, les banques administrent également les moyens de paiement. Ces trois fonctions (collecte des dépôts, prêts et gestion des moyens de paiement) représentent le cœur de métier des institutions bancaires (CMF, art. L. 311-1). On comprend dès lors les répercussions que peut engendrer la faillite des établissements de crédit sur la croissance économique : la disparition des banques provoque la perte des fonds confiés par les épargnants et empêche les entreprises ou les ménages d'emprunter les sommes nécessaires au financement de leurs projets.

2 Les risques liés à l'activité bancaire

L'activité bancaire génère des risques spécifiques dénommés « risques bancaires ». Ils sont de plusieurs natures.

1. Le risque de transformation

Les banques recueillent les dépôts de leurs clients qu'elles doivent pouvoir rembourser à tout moment. Elles prêtent ces fonds à des clients à une échéance déterminée. Cet argent est donc immobilisé. Les établissements de crédit s'exposent par conséquent à une ruée des déposants qui souhaiteraient retirer leur épargne simultanément.

2. Le risque de liquidité

Pendant du risque de transformation, c'est le fait pour les institutions bancaires de ne pas disposer de suffisamment de fonds à un moment donné pour pouvoir faire face à leurs échéances.

3. Le risque de contrepartie

Encore appelé « risque de crédit » ou « risque de signature », il se définit comme le préjudice enregistré du fait du non-remboursement d'un crédit.

4. Le risque de marché

Les banques spéculent sur les marchés financiers pour le compte de leurs clients ou leur propre compte. Elles encourent donc des dépréciations importantes en cas de baisse brutale des cours.

5. Les risques opérationnels

Ce sont les revers enregistrés à la suite d'une erreur, d'une fraude, d'une spéculation hasardeuse d'un opérateur ou d'une défaillance informatique.

6. Les grands risques

En concentrant une part trop importante de leur encours sur un même client, les banques s'exposent à des pertes élevées si celui-ci vient à faire défaut.

7. Le risque de solvabilité

À la différence du risque de liquidité qui est par nature temporaire, le risque de solvabilité s'avère fatal pour l'établissement de crédit. Il se caractérise par l'incapacité à rembourser ses engagements en cas de liquidation totale de ses actifs.

3 Les ratios prudentiels

Principal instigateur de normes prudentielles, le Comité de Bâle précise les coefficients que les institutions bancaires doivent respecter.

1. Le ratio de solvabilité

Comptablement, les fonds propres correspondent aux capitaux propres détenus par les actionnaires. Si les bénéfices non distribués s'ajoutent aux fonds propres, réciproquement, les pertes s'imputent sur ceux-ci. Leur solidité garantit donc la stabilité des banques.

Les fonds propres bancaires doivent toujours être tels que :

$$\frac{\text{Fonds propres réglementaires}}{\text{Risque de crédit + Risque de marché + Risque opérationnel}} \geqslant 8\,\%$$

2. Les autres ratios

D'autres quotients s'imposent aux établissements de crédit. Il s'agit en premier lieu du coefficient de ressources permanentes, qui commande aux banques de conserver certains types de ressources pour couvrir notamment les crédits à long terme. *A contrario*, le ratio de liquidité exige qu'elles disposent de fonds disponibles suffisants pour faire face à un afflux de retraits sur une période de 30 jours. Enfin, le ratio de contrôle des grands risques contraint les établissements bancaires à diviser les risques entre tous leurs clients et à ne pas concentrer leur exposition sur un petit groupe de contrepartie.

14 LES SPÉCIFICITÉS DU MARKETING BANCAIRE

L'activité bancaire déroge peu aux autres domaines du secteur tertiaire : c'est une activité de services. En tant que telle, la gestion de clientèle diffère de celle des entreprises produisant des biens tangibles. On parle de marketing des services et plus particulièrement de marketing bancaire.

1 Le marketing des services

Traditionnellement, le marketing concerne les entreprises fabriquant des biens tangibles. Cependant, les spécificités des services conduisent à constater un certain nombre de différences.

1. La servuction

Par opposition au produit, le service est une activité intangible : il ne résulte pas de la possession d'un objet physique. Les domaines des secteurs hospitalier, informatique, de l'assurance et de la banque relèvent des activités de services.
Le marketing des services a trait à la conception, puis à la commercialisation de services. Par analogie avec le terme «production» (produits), la fabrication de services se nomme «servuction» (services).

2. Les spécificités du marketing des services

Le marketing des services présente quatre singularités :
- l'intangibilité : un service étant impalpable et invisible, le risque perçu par le client est donc important ;
- l'inséparabilité : le service ne peut être réalisé qu'en présence du client ;
- la variabilité : l'exécution d'un service est accomplie en temps réel;
- la périssabilité : un service ne peut pas être stocké.

3. *Front-office, middle-office, back-office*

2 Le marketing bancaire

Le marketing est l'ensemble des actions visant à adapter l'offre d'une entreprise aux besoins des clients. Plus singulièrement, l'activité bancaire est une activité de services. En outre, la particularité de la monnaie, fondement du métier de banquier, en fait une profession à part.

1. L'image de la monnaie

La monnaie est un bien. Aujourd'hui, c'est aussi un service du fait de sa dématérialisation. Compte tenu de ce qu'elle représente pour chacun d'entre nous, sa nature a des implications importantes sur le marketing bancaire. L'intangibilité d'un service accroît le sentiment de risque. La monnaie exacerbe ce sentiment de défiance, à travers notamment :
- le risque de perte d'argent : la notion de risque est donc très forte ;
- le risque social : la perte d'argent peut avoir une incidence sur le rang social du client ;
- le risque de rendement, si le service proposé n'a pas la rentabilité promise.

2. Les caractéristiques du marketing bancaire

Le marketing bancaire possède les mêmes spécificités que celui des services : intangibilité, inséparabilité, variabilité et périssabilité. Les attributs de la monnaie induisent toutefois des propriétés complémentaires :
- l'intangibilité : la monnaie est traditionnellement considérée comme un bien. C'est vrai pour ce qui concerne la monnaie fiduciaire. Mais l'importance de la monnaie scripturale en fait aujourd'hui un service. Toutefois, afin de rendre plus concret un service bancaire (livret A, par exemple), on emploie souvent le qualificatif de «produit» pour désigner une offre bancaire ;
- l'inséparabilité et la variabilité : elles ne sont que peu affectées par la monnaie. Le personnel du *front-office* doit néanmoins posséder une certaine expertise au regard de la technicité des services bancaires, d'autant que le degré de culture bancaire des clients est majoritairement faible. De surcroît, la relation avec le client s'avère fortement individualisée ;
- la périssabilité : contrairement aux autres services, la monnaie peut être stockée (sur un compte en banque ou dans des coffres), mais la faillite d'une banque entraîne la disparition de ce stock. Cela tient au fait que la monnaie des banques commerciales est une monnaie créée par elles.

À ces quatre éléments, s'ajoutent :
- une absence d'identité spécifique : les établissements de crédit proposent les mêmes offres. Cela est lié à l'impossibilité de pouvoir faire breveter les innovations. Leur positionnement est donc souvent proche dans l'esprit des consommateurs ;
- l'arbitrage croissance/risque : la commercialisation de produits financiers se traduit par un risque, il faut trouver un compromis entre expansion et prudence.

3. Le marketing mix bancaire

Traditionnellement, on oppose le marketing stratégique au marketing opérationnel. Le premier concentre les techniques mises en œuvre pour étudier le marché bancaire avant le lancement d'une offre, pour contrer celle d'un concurrent ou, plus globalement, pour définir les objectifs que l'entreprise souhaite se donner (développer une banque en ligne, atteindre une rentabilité ou un produit net bancaire supérieurs...). La méthode consiste à identifier les cibles potentielles et à les explorer par l'intermédiaire d'une analyse de marché : études quantitatives (sondages et panels) et qualitatives (entretiens individualisés, réunions de groupe), puis de l'offre (concurrence) et de l'environnement. Cette approche permet d'isoler les clients ou prospects, de décrypter leurs attentes et leurs comportements afin d'adapter sa stratégie commerciale.

Pour sa part, le marketing opérationnel traduit la stratégie choisie en actions à court ou moyen terme. Celles-ci se déclinent en quatre points clés appelés « marketing mix ». Ces quatre éléments complémentaires sont le produit, le prix, la distribution et la communication.

a) La politique de produit

Le commerce de l'argent et les risques qui y sont rattachés imposent une réglementation étatique et professionnelle. En découlent une forte implication des pouvoirs publics dans la mise en place, l'évolution et la disparition des produits bancaires, ainsi qu'une technicité marquée prenant le pas sur l'aspect commercial. C'est ainsi que les caractéristiques du livret A ne laissent que peu de marge de manœuvre aux établissements qui le distribuent. La rémunération ou les avantages fiscaux éclipsent à ce titre la nature commerciale de l'offre.

Il n'en demeure pas moins qu'afin de renouveler leur gamme ou d'attirer de nouveaux clients, les institutions bancaires doivent constamment créer de nouveaux services. Ceux-ci répondent à des besoins en constante évolution axés sur des motivations telles que la sécurité ou la rentabilité. Cela peut concerner les moyens de paiement, le besoin en conseil, celui de posséder une épargne de précaution ou d'obtenir un financement défiscalisé. La technologie conditionne aussi l'évolution des produits bancaires : Internet autorise la gestion à distance des comptes, la téléphonie mobile, le paiement sans contact... Enfin, l'évolution des marchés financiers, notamment obligataires, a favorisé l'apparition de supports innovants, comme l'assurance-vie.

Les offres bancaires sont peu sujettes à l'obsolescence. Leur entretien ne nécessite un « réhabillage » qu'espacé dans le temps. Les produits d'épargne défiscalisés ou à forte rentabilité seront toujours nécessaires. Seules leurs modalités vont évoluer avec le temps.

Enfin, face à un taux de bancarisation proche de 100 % et une concurrence accrue, les banques se diversifient. Elles ajoutent ainsi à leur métier de base des services tels que l'assurance, la transaction et gestion immobilière ou la téléphonie mobile...

b) Le prix des services bancaires

La fixation du prix est une composante essentielle du marketing mix. Plusieurs méthodes permettent de le déterminer : par les coûts (la finalité étant le profit, le prix de vente doit être supérieur au coût de revient), la concurrence (un tarif plus cher et sans avantage comparatif finira par éloigner la clientèle) et la demande (à travers le calcul du prix psychologique ou d'études d'acceptabilité des prix).

La détermination du barème des offres bancaires déroge pour partie à ces procédés : un nombre conséquent de prix (taux) sont établis par le gouvernement, les autorités monétaires ou la profession bancaire (livrets, prêts conventionnés...). De surcroît, de nombreuses règles relatives à la tarification bancaire plafonnent ou limitent les sommes perçues par les banques (dépassement de découvert, rejet de chèque...). Pour la part résiduelle des montants qui ne sont pas imposés, la banque arrête ses tarifs en cherchant à maximiser ses marges sous la contrainte de ceux des autres établissements.

c) Les circuits de distribution

Historiquement, la distribution des banques de détail s'effectue en agence. La nécessité d'un face à face entre le client et le conseiller a longtemps prévalu et s'impose encore. Le maillage du territoire et donc la dispersion géographique des unités commerciales en ont fait une activité de réseau. Le choix de l'implantation et du nombre d'agences est établi essentiellement en considération du rapport points de vente/population (distribution qualifiée d'extensive).

L'évolution du métier et l'amélioration de la sécurité ont façonné la conception des unités commerciales : d'une structure cloisonnée et séparée du client, on passe aujourd'hui à des *open spaces* conviviaux et automatisés (présence de murs de banque : DAB, GAB...).

Désormais, la distribution en agences n'apparaît plus comme l'unique mode de commercialisation. L'avènement d'Internet et de la téléphonie mobile a engagé le phénomène de dématérialisation. Se sont ainsi développés les établissements *pure players*. Les banques traditionnelles ont aussi su exploiter ces nouvelles technologies. Mais plus que d'une distribution multicanal, on parle aujourd'hui de distribution cross-canal : les clients ne contractent pas sur Internet, ils y recherchent les informations utiles qu'ils exploiteront une fois en agence. La raison tient au fait que le besoin de proximité et de contact demeure le principal argument de vente.

d) La communication bancaire

Comme toute entreprise, les établissements de crédit communiquent en externe, mais aussi en interne. L'image apparaît comme l'élément essentiel de leur communication : elle véhicule leurs valeurs, leur culture d'entreprise, leur notoriété, leur dimension sociale. Les banques s'appuient sur cette composante pour se différencier. Les moyens de communication utilisés adoptent les techniques classiques de communication commerciale : publicité médias, sponsoring, mécénat, PLV, marketing direct.

15 LES ATTENTES DES CONSOMMATEURS ET LES ÉVOLUTIONS DE LEUR COMPORTEMENT

La conception traditionnelle du marketing place le besoin au centre de ses préoccupations. Selon ce précepte, le produit est une réponse à un besoin. Le marketing bancaire ne déroge pas à cette règle : le service (produit bancaire) est la réponse aux besoins et attentes du client.

1 L'incidence du risque dans le comportement

L'hyper-concurrence qui sévit sur le marché bancaire et la similitude entre les produits bancaires ont amené les établissements de crédit à s'intéresser aux attentes de leurs consommateurs afin de rechercher leurs motivations et de leur proposer les « bons produits ».
Le comportement du consommateur bancaire diffère de celui des clients de produits classiques. Cette caractéristique impacte sa fidélité à la banque.

1. L'influence du risque perçu

Plusieurs éléments augmentent le risque perçu lors du processus d'achat des produits bancaires.

a) L'intangibilité des services

La nature intangible des services tend à accroître le risque perçu.

EXEMPLE

Lorsque l'on se rend dans une surface de vente afin d'acheter un bien classique, préalablement à la décision, on peut prendre le bien en main, l'inspecter, le soupeser, procéder à toutes sortes d'examens pour forger sa conviction. Pour un service, qui plus est pour un service bancaire, cette analyse n'est pas possible. Le client doit donc se référer à d'autres éléments pour limiter le risque perçu.

b) Les caractéristiques de la monnaie

La nature de la monnaie (un billet de 500 € n'a intrinsèquement pas cette valeur, contrairement aux pièces d'or et d'argent) et plus précisément son caractère scriptural génèrent une appréhension légitime. En outre, les Français conservent une « défiance culturelle » à l'égard de la monnaie. Les dictons populaires ne le démentent pas : « l'argent ne fait pas le bonheur », « l'argent est bon serviteur et mauvais maître ».

c) Les risques bancaires

En plus des risques liés à l'achat d'un bien classique, l'activité bancaire en engendre d'autres : risque financier (perte monétaire), risque de performance (rendement inférieur à celui espéré), risque social (perte de statut social du fait de la disparition de ses actifs financiers).

2. Les conséquences du risque perçu sur le comportement

Ce type de risques conduit le consommateur à adopter un comportement particulier.

a) Lors du processus d'achat

Le client procède à un achat réfléchi : il met en œuvre un ensemble de démarches parfois complexes, de l'évaluation à la décision d'achat.

Confronté à un manque de connaissances, l'acheteur s'en remet au chargé de clientèle. Le rôle, la compétence et l'intégrité de ce dernier sont donc essentiels.

b) Au niveau de la fidélisation

Changer de fournisseur (et donc de banque) accroît le sentiment de risque. Partir pour un autre établissement induit des coûts et beaucoup d'incertitudes (temps de recherche, d'apprentissage des nouvelles procédures ; perte des avantages liés à la fidélité, des habitudes, du lien créé avec le personnel). Certains clients y renoncent et demeurent en place. On parle alors de fidélité passive.

2 Les attentes des consommateurs

Les attentes diffèrent selon la catégorie de clients.

1. Les influences sociales

Certains chercheurs (le Pr Zollinger notamment) classent l'appétence des services financiers selon les influences sociales.

a) Les classes sociales

Les classes les plus aisées sont plus enclines à recourir au crédit. Les catégories les plus modestes empruntent pour des besoins de consommation courante alors que les classes aisées privilégient les crédits pour des besoins professionnels ou immobiliers.
En ce qui concerne l'épargne, les plus modestes privilégient l'épargne de précaution (disponible) alors que les plus aisés avantagent celle d'investissement.

b) La famille

Tout comme les groupes sociaux, la famille exerce une influence sur le comportement bancaire des consommateurs. L'influence parentale est forte lorsque l'enfant est jeune et proche du domicile familial.

2. L'âge

Selon l'analyse TIPIT, les attentes varient selon l'âge. Ainsi, les 15-24 ans favorisent les placements ou les prêts pour une dépense prévue dans l'année ; les 25-34 ans entendent préparer ou concrétiser l'achat d'un logement ; les 35-49 ans optent pour la prévoyance à l'égard de leur famille ou le financement des études de leurs enfants ; enfin, les 50-64 ans souhaitent consacrer leur épargne à leur retraite. L'observatoire de la Caisse d'Épargne précise dans son étude que le crédit est employé par les moins de 65 ans et qu'avec l'âge, l'épargne financière (assurance-vie) est préférée à l'immobilier.

3. Le sexe

Certaines études démontrent que les attentes bancaires sont sexuées : pour les femmes, les priorités concernent la gestion des contraintes du quotidien et le fait de pouvoir faire face aux aléas, alors que les hommes privilégient les placements à long terme et les rendements financiers.

16 L'OFFRE DE PRODUITS ET DE SERVICES BANCAIRES

➔ Le marché de l'industrie bancaire est très concurrentiel, avec une clientèle à conquérir et à fidéliser. L'adaptation des produits aux besoins des clients reste un facteur clé d'une relation basée sur la confiance.

1 L'étendue de la gamme bancaire

Les banques offrent des gammes de produits variées (moyens de paiements, crédit, placements, assurances, etc.) et innovent sur les services bancaires (consultation à distance du compte, système d'alerte sur le solde, etc.). Ces gammes sont destinées à satisfaire les différents besoins repérés des clientèles cibles : particuliers, entreprises, professionnels.

EXEMPLES

Emprunter, gérer un compte, transmettre un patrimoine, épargner.

Une gamme est constituée d'un groupe de produits remplissant la même fonction. Elle est plus ou moins large (nombre de catégories de produits) et plus ou moins profonde (nombre de variétés de produits dans une catégorie).

EXEMPLES

Largeur de la gamme d'une clientèle de particuliers composée de cinq catégories de produits : gestion des comptes, épargne, prêts, assurance, gestion du patrimoine, jeunes.

Longueur de la ligne de produit «Gérer ses comptes» : formule de compte, compte de services, cartes bancaires et transfert d'argent. On comptera toutes les variétés de produits et services offerts dans cette ligne.

La structure de la gamme est propre à chaque banque en fonction de la segmentation de sa clientèle. Elle obéit à une logique de conception. Certains produits de la gamme sont réglementés (livret A, LDD).

2 La tarification bancaire

Pris globalement, les tarifs bancaires sont moins élevés en France que dans les autres pays européens. Il existe cependant un écart entre la réalité de la tarification et sa perception par le consommateur. Des spécificités françaises existent : la gratuité des chèques et des retraits DAB, la faiblesse des taux sur les crédits immobiliers (considérés comme des produits d'appel). En contrepartie, les tarifs de la banque au quotidien (moyens de paiement, gestion du compte, gestion des incidents) sont remarquables, en particulier les cotisations de carte bancaire et les forfaits de services. Les banques appliquent une tarification générale pour tous les clients sur certains services.

EXEMPLES

Incidents de paiement, services forfaitisés.

Par ailleurs, les tarifs des produits peuvent varier en fonction de la segmentation de la clientèle. Certains prix sont fixés par les autorités monétaires : taux de rémunération du livret A, du PEL, etc. Les taux d'intérêt sur les crédits dépendent aussi de la politique monétaire.

Au regard de la relation client, l'aspect tarification a un impact sur le plan concurrentiel car on observe une forte disparité tarifaire entre les banques, y compris sur des produits de la même famille (par exemple, les cartes bancaires).

La réglementation sur les tarifs a été renforcée au fil des ans avec notamment la loi bancaire de 2013 pour une meilleure protection du consommateur avec la prise en compte de la clientèle fragile.

EXEMPLES

Nécessaire mise à disposition des tarifs pour plus de transparence, plafonnement des frais applicables aux incidents de paiements, récapitulatif annuel des frais bancaires.

La gestion de la relation client (GRC) contribue à améliorer la pertinence de la politique de facturation. Une étude marketing d'acceptabilité des prix par segments de clientèle peut se révéler fort utile.

3 Diversification et différenciation de l'offre

1. La stratégie de diversification de l'offre

Les banques optent pour des stratégies de diversification des produits bancaires et des produits non bancaires. Elles sont présentes sur plusieurs métiers.

2. La stratégie de différenciation de l'offre

Une stratégie de différenciation consiste à concevoir des produits aux caractéristiques perçues par le consommateur comme différentes des produits concurrents. Compte tenu de la spécificité des produits bancaires qui ne peuvent être protégés juridiquement, la différenciation reste éphémère car le risque d'être rapidement imité est certain. Les banques apportent des éléments de différenciation en fonction des profils des clients (produits et services haut de gamme ou bas de gamme, produits pour les jeunes...).

EXEMPLE

La tendance est à la distribution de forfaits des services bancaires «package» (un regroupement de services multiples), vendus à un prix forfaitaire correspondant à un même besoin. La LCL communique sur «la fin des packages bancaires» : le client peut prendre seulement les produits dont il a besoin. Cela peut être perçu comme un élément de différenciation, bien que dans toutes les banques le forfait de service ne soit pas obligatoire.

Enfin, l'innovation des produits bancaires est aussi associée aux progrès technologiques liés à Internet, à la téléphonie mobile.

EXEMPLES

Réception de SMS, paiement sans contact, etc.

17 LES CARACTÉRISTIQUES DE LA ZONE DE CHALANDISE

➔ L'agence bancaire interagit avec son environnement. Quel que soit le contexte dans lequel elle se trouve, elle doit s'adapter afin de proposer une offre conforme aux caractéristiques locales.

1 La zone de chalandise

Pour étudier l'environnement du point de vente, on procède à une analyse externe pour répertorier ses contraintes et opportunités. Il faut pour cela définir la zone de chalandise qui correspond au secteur géographique d'où provient l'essentiel des clients, prospects ou réels. On parle de «zone d'attraction commerciale».

1. Déterminer la zone de chalandise

Différentes techniques permettent de la calculer.

a) Les études d'accessibilité

- Les courbes isomètres se calculent en reliant les points situés à une distance identique de l'agence. Elles ne prennent pas en compte les difficultés ni les facilités d'accès des moyens de transport.
- Les courbes isochrones se déterminent en joignant les points situés à des temps de trajet similaires de la banque (en règle générale, en voiture). Ce procédé explique pourquoi les établissements bancaires s'installent en périphérie des villes, le long d'axes routiers à forte fréquentation.

b) Les études de provenance de la clientèle

Elles se font au moyen d'enquêtes, notamment par l'analyse des codes postaux des clients de l'agence. C'est la méthode la plus fiable, bien qu'elle ne prenne pas en compte les prospects.

c) Les différentes zones

Afin de parfaire les mesures, on recourt à l'utilisation de courbes emboîtées : primaire, secondaire et tertiaire selon qu'elles sont isomètres (5, 10, 30 km), isochrones (5, 15 ou 30 min), ou qu'elles définissent la provenance (50% des clients, 20%, 15%). La zone primaire correspond au territoire sur lequel le point de vente pratique le pouvoir d'attraction le plus important.

2. Les intérêts de la zone de chalandise

L'évaluation de la zone de chalandise d'une agence permet d'analyser le produit net bancaire potentiel selon plusieurs critères : population présente, niveau de revenu, taux de chômage et concurrence. Elle est effectuée avant l'implantation, afin de préciser l'opportunité d'une installation au regard du potentiel du secteur et de fixer l'emplacement idéal, mais également après, afin d'optimiser les démarches commerciales (prospection, campagnes de promotion, adaptation des stratégies aux caractéristiques locales...).

Enfin, en croisant les zones contiguës, l'identification de phénomènes de cannibalisation entre agences est facilitée : on peut mettre au jour l'attrition de clients de la banque au profit d'établissements du même groupe du fait de leur proximité immédiate.

Une fois le périmètre défini, les caractéristiques de la zone permettent de préciser le contexte dans lequel va évoluer l'agence. Plusieurs recherches doivent être accomplies, notamment l'examen des données socio-économiques, infrastructurelles, concurrentielles, réglementaires et culturelles.

2 L'étude socio-économique

L'occupation par la population du territoire national n'est pas uniforme. Les données doivent être recherchées auprès des collectivités locales, des revues spécialisées ou des sites institutionnels (Insee, BDF). La répartition des richesses, des ressources, est inégalement répartie sur le territoire.

1. L'analyse démographique

a) La densité de la population

Le nombre de résidents est un facteur déterminant de l'environnement du point de vente : plus le nombre de personnes est important, plus la valeur du PNB est susceptible d'être élevée. Pour autant, cette vérité souffre des exceptions, notamment pour les critères économiques.

Autre élément d'importance, le taux de variation de la population (diminution, stabilité ou accroissement), qui affecte le renouvellement et le volume du portefeuille.

Par ailleurs, certaines banques décident de s'implanter dans des zones hors habitations. C'est le cas de succursales qui s'établissent au sein de zone d'activités. Elles cherchent à capter les salariés non pas sur leur lieu de résidence, mais sur celui de leur travail.

b) Lâge, le sexe et la composition familiale

Une étude de la répartition de la population selon le sexe est peu significative, car la structure sera presque toujours la même : 50% d'hommes et 50% de femmes.

La composition familiale s'avère plus instructive. Bien que l'on ne puisse pas transposer ce principe à tout le monde, les célibataires et les familles monoparentales disposent de moins de revenus que les couples.

Enfin, la considération de l'âge (moins de 15 ans ; 15-24 ans ; 25-34 ans ; 35-54 ans ; 55-64 ans ; plus de 65 ans) est révélatrice : les analyses TIPIT ou du cycle de vie du client démontrent que la consommation des ménages en matière bancaire diffère selon les périodes de la vie. Les plus de 50 ans seront intéressants compte tenu de leurs avoirs (forte épargne, souscription de contrats d'assurance-vie...) mais d'intérêt faible en matière de renouvellement de portefeuille. *A contrario*, un pourcentage prépondérant de moins de 35 ans, voire de moins de 18 ans, orientera la politique commerciale du point de vente vers l'octroi de prêts et d'assurances, la vente de conventions de compte, tout en laissant espérer un renouvellement favorable du portefeuille.

c) Le niveau d'études

Certaines sources permettent de connaître le niveau d'éducation de la population d'un secteur. S'il est disponible, cet élément peut être pertinent. En effet, les études démontrent que plus une catégorie de personnes possède des diplômes élevés, plus les salaires sont conséquents.

2. L'examen des données économiques

Le cœur de métier de la banque demeure l'intermédiation : la collecte de fonds afin de prêter aux agents en besoin de financement. L'étude des indicateurs de richesse apparaît par conséquent comme un des éléments les plus significatifs pour déterminer les causes de la prospérité ou des difficultés d'une agence.

a) Les professions et catégories socioprofessionnelles

Conçue par l'Insee, cette classification permet l'étude de l'environnement des entreprises, en regroupant les ménages selon des critères socioprofessionnels communs. Les PCS se divisent en 8 catégories : agriculteurs exploitants ; artisans, commerçants et chefs d'entreprise ; cadres et professions intellectuelles supérieures ; professions intermédiaires (cadres moyens) ; employés et personnel de service ; ouvriers qualifiés ; manœuvres et ouvriers spécialisés ; autres personnes sans activité professionnelle. Le sigle CSP+ désigne les catégories supérieures, bénéficiant de revenus élevés.

b) Les revenus des ménages

Le niveau de revenus des ménages s'avère un des indicateurs les plus significatifs. On prend en compte le revenu net déclaré total et le revenu net déclaré moyen. Il importe de les comparer avec ceux des autres secteurs de la ville ou de la communauté d'agglomération. Les disparités sont souvent importantes. La présence de revenus très faibles engage rarement les groupes bancaires à s'installer dans ces quartiers. Au contraire, un niveau élevé est souvent caractérisé par une présence concurrentielle élevée.

c) Le taux de chômage

Tout comme l'étude des revenus, la proportion de personnes sans emploi est révélatrice du degré de richesse. On peut retenir le taux d'activité ou son pendant, le taux de chômage. Quel que soit l'indicateur utilisé, il convient de le comparer avec le quotient retenu pour l'agglomération, et plus largement, à l'échelle nationale.

d) Le patrimoine et la fiscalité

La part de propriétaires, le type d'habitation (pavillonnaire ou collectif), la concentration de résidences secondaires, le nombre moyen de pièces et l'équipement des logements, l'importance des assujettis et le niveau de l'impôt sur la fortune immobilière (IFI) sont également des variables attestant la prospérité de la zone de chalandise.

Enfin, il convient de noter le pourcentage des ménages imposables et le montant de l'impôt sur le revenu (IRPP) acquitté par les foyers fiscaux.

3 Les autres facteurs

1. Le tissu économique et les infrastructures

a) Le tissu économique

Le taux d'activité est en corrélation avec le dynamisme économique de la zone. La présence d'industries, de secteurs agricoles, de pôles tertiaires, de secteurs touristiques, de stations balnéaires ou de montagne constitue autant de facteurs favorables pour l'agence. À l'inverse, la fermeture d'une usine, la désertification rurale, la fin d'une activité économique (automobile, aciérie, textile...), plus simplement l'absence d'entreprises, impactent négativement le fonds de commerce.

b) L'importance des infrastructures

Les dessertes des transports en commun (bus, métro, tramway) tout comme la proximité d'un parking gratuit sont autant de points positifs. La présence de centres hospitaliers, de lycées, de centres commerciaux ou de rues commerçantes stimulera le flux de l'établissement. La typologie de la clientèle en sera d'ailleurs affectée (ex. : étudiants pour une banque proche d'une université).

2. L'analyse de la concurrence

L'étude de l'offre est fondamentale. Si le calcul du PNB potentiel de la zone de chalandise détermine celui de l'agence, il ne faut pas oublier qu'il se divise par le nombre d'établissements sur le secteur. Un inventaire des concurrents directs et indirects s'impose.

3. Le contexte réglementaire

La réglementation impacte la production (servuction) bancaire. En effet, la majorité des produits défiscalisés proposés par le point de vente sont réglementés. Une évolution de la fiscalité ou du taux de rémunération des livrets fait fluctuer en conséquence le niveau de collecte.

4. L'impact socioculturel

Si l'impact socioculturel présente peu de répercussions défavorables sur le fonds de commerce, il peut au contraire constituer une opportunité pour certaines agences qui se spécialisent.

EXEMPLE

En présence d'une forte communauté portugaise, certains établissements ont su s'adapter pour proposer à cette clientèle des offres pertinentes (personnel bilingue, accords avec les banques portugaises...).

4 Le diagnostic externe

L'analyse menée permet d'établir un diagnostic externe de l'agence pour identifier :

- les opportunités : tous les points positifs susceptibles de conférer au point de vente un avantage sur la concurrence ou d'augmenter son PNB ;
- les contraintes : les menaces qui affectent l'établissement. À défaut de pouvoir les transformer en opportunités, le manageur doit prendre toutes les mesures pour les minimiser.

18 LES COMPOSANTES DE LA RENTABILITÉ DE L'ENTITÉ

Crise économique, tarification réglementée, nombreuses sont les causes qui tendent à affecter la rentabilité des agences. De nouvelles orientations sont recherchées afin de maintenir les profits des banques.

1 La chaîne de valeur

Selon M. Porter, la chaîne de valeur correspond à l'étude de la performance d'une entreprise, comment elle crée de la valeur. Pour ce faire, il recommande d'analyser étape par étape l'enchaînement des activités qui ajoutent ou font perdre de la valeur à l'organisation, à ses partenaires et à ses clients. Les secteurs bancaire et financier n'échappent pas à cette démarche.

1. La chaîne de valeur dans la banque de détail

a) Le *front-office*

Le *front-office* (service de clientèle) vise l'ensemble des services commerciaux en contact direct avec la clientèle. Il centralise et traite tous les besoins de la banque et de ses clients. Généralement, ses conseillers sont spécialisés par segment de clientèle : particuliers, professionnels, associations ou collectivités locales, gestion de patrimoine. Ils exercent leur métier en agence et peuvent se déplacer chez leurs clients (chargés pro et patrimoniaux). Ils peuvent être épaulés par le personnel de la plateforme téléphonique.

Le responsable d'agence pourvoit à l'organisation et au développement de l'agence. Il représente l'unité commerciale et le groupe à l'égard des clients. Il veille à la rentabilité de son fonds de commerce et assure la couverture et le suivi des risques. Il élabore l'offre commerciale du point de vente conformément à la stratégie de l'enseigne. Il anime son équipe en fixant les objectifs commerciaux et en répartissant les tâches.

L'équipe commerciale constitue la clé de voûte de l'établissement. Hormis la vente de produits bancaires, elle participe à l'accomplissement commercial de l'agence et du groupe. L'équipe doit ainsi développer l'activité du point de vente, construire la relation client, conseiller le client, être au cœur de la stratégie de fidélisation et promouvoir l'image de la banque.

b) Le *middle-office*

Les contraintes de rentabilité ont amené les enseignes à décharger le personnel du *front-office* des tâches chronophages. Dès lors, le *middle-office* assure la validation et l'enrichissement des opérations. Il assure la liaison entre la clientèle et les autres services (notamment le *back-office*), vérifie l'accomplissement des formalités, la validité des dossiers et effectue les relances clients si besoin. De surcroît, l'évolution de la gestion des risques a imposé que l'exécutant (l'équipe commerciale) n'ait pas à apprécier personnellement la qualité de ses engagements. Le *middle-office* contrôle le respect des procédures internes et apprécie les risques de contrepartie et opérationnels.

c) Le *back-office*

L'automatisation des traitements, le suivi ex-post des dossiers, la complexité croissante des opérations et de l'organisation du réseau exigent que du personnel soit affecté à ces fonctions, dans les directions locales ou régionales. Son rôle consiste à traiter les anomalies (opposition, rejet de paiement...), calculer les agios et les frais, contrôler les systèmes d'automatisation des traitements (images-chèque), numériser, indexer et archiver les documents, instruire les demandes de prêts immobiliers dépassant le seuil de délégation, gérer les successions, se consacrer au recouvrement et aux contentieux, assurer les opérations avec l'étranger, diffuser les procédures et la documentation auprès des utilisateurs des *front*, *middle* et *back-office* et répondre aux tâches complexes.

2. La chaîne de valeur dans la banque de marché

La banque de marché présente une chaîne de valeur différente de celle de la banque de détail. Elle intervient principalement dans l'achat et la vente de titres.

a) Le *front-office*

C'est la salle des marchés, le lieu le plus prestigieux et le plus convoité. Les opérateurs y passent les ordres et les prises de position.

b) Le *middle-office*

Compte tenu des sommes conséquentes mises en jeu, les salariés vérifient la validité des opérations, en estiment les risques et informent les *traders* sur leurs gains et leurs pertes journaliers.

c) Le *back-office*

Le personnel procède au traitement administratif des négociations : il enregistre les opérations, en informe le client, lui distribue les titres concernés et procède au dénouement (paiement) des transactions.

2 La composition du PNB

Historiquement, l'industrie bancaire est une activité d'intermédiation. Toutefois, même si elle demeure le cœur de métier des banques, elle ne génère plus autant de revenus que par le passé.

1. La marge nette d'intérêt

Les établissements bancaires recueillent les dépôts de leurs clients. Ces sommes sont en règle générale placées sur des comptes épargne qui produisent des intérêts. Par conséquent, ces intérêts versés correspondent à des sorties pour la banque. De même, les banques empruntent de l'argent sur le marché monétaire auprès de consœurs ou de la banque centrale et payent à ce titre des intérêts. Les établissements de crédit ne laissent pas « dormir » les fonds de leurs clients. Ils les prêtent soit aux clients (découverts, crédits personnels, immobiliers, renouvelables...), soit à d'autres institutions financières sur le marché monétaire. Ces crédits engendrent des revenus sous forme d'intérêts reçus.

La marge nette d'intérêt, dénommée « marge nette d'intermédiation », représente le solde net entre les intérêts versés et les intérêts perçus.

18 LES COMPOSANTES DE LA RENTABILITÉ DE L'ENTITÉ (Suite)

2. Le recul de la marge d'intermédiation

À la fin des années 1990, la France représentait un cas à part dans la zone euro. Sa marge d'intermédiation était deux fois supérieure à la moyenne réalisée dans les autres pays ayant adopté la monnaie unique.

Toutefois, les revenus tirés directement de cette activité résultent du volume de prêts accordé, des taux consentis et des primes de risque (défaut de remboursement). La chute des taux à partir des années 2000, puis du nombre de prêts avec la crise bancaire et l'augmentation des impayés (à partir de 2008), a grandement diminué cette source de profit.

3. Les commissions nettes

Le tassement de la marge nette d'intérêt a contraint les établissements bancaires à rechercher d'autres types de ressources.

Les banques commercialisent des services et des produits (CB, assurances...). Mais ceux-ci ne génèrent pas d'intérêts. En contrepartie, les institutions bancaires perçoivent une marge appelée « commission ».

Les commissions sont perçues sur une multitude de prestations : retraits de clients de la concurrence auprès du réseau de DAB (commissions d'interbancarité), commercialisation des CB, des forfaits de services, commissions d'intervention, frais de dossier de crédit, commission de commercialisation versée par un assureur pour la vente d'un produit d'assurance par l'agence...

Les banques versent à leur tour des commissions : retraits auprès de DAB de banques concurrentes, rémunération des courtiers lors de la mise en place d'un prêt immobilier...

Le montant des commissions nettes correspond à la différence entre les commissions perçues et les commissions versées.

4. Les autres variables du PNB

Deux autres composantes s'ajoutent au calcul du PNB.

a) Les plus-values nettes

Il s'agit de la différence entre les plus-values et les moins-values dégagées par les activités de marché pour le compte propre de la banque.

b) Les dividendes reçus

Ce sont les dividendes perçus auprès des filiales ou des participations dans d'autres entreprises.

3 L'évaluation de la rentabilité

1. Le calcul du PNB

Le PNB se détermine en ajoutant :

Marge d'intermédiation nette + Commissions nettes + Plus-values nettes + Dividendes reçus

2. Le compte de résultat bancaire

Le compte de résultat est un document comptable synthétique qui reprend l'ensemble des produits et des charges d'une entreprise sur une période donnée (exercice comptable) afin de déterminer le résultat net.

Compte de résultat bancaire	
	Produit net bancaire (PNB)
–	Charges d'exploitation
–	Dotations aux amortissements
=	**Résultat brut d'exploitation**
–	Coût du risque
=	Résultat d'exploitation
+	Résultat exceptionnel
–	Impôt sur les bénéfices
=	Résultat net

3. Les indicateurs de rentabilité de l'agence

a) Marge d'intermédiation

Intérêts perçus – Intérêts versés

b) Coefficient d'exploitation

Charges d'exploitation (Frais de personnel + Amortissement + Services externes)/PNB

c) Indice de rentabilité

Commissions/Marge d'intermédiation

4 Le rôle des rapports périodiques

Dans une organisation hiérarchique, le dirigeant et les manageurs intermédiaires doivent pouvoir suivre et apprécier les données chiffrées obtenues en amont. La communication de ces informations aux échelons supérieurs se dénomme le « reporting ».

Le reporting consiste donc à éclairer la hiérarchie sur la situation et les résultats du point de vente.

1. L'importance du reporting

Un responsable d'entreprise ne peut pas développer de stratégies (accroître sa part de marché, augmenter le PNB...) s'il ne dispose pas d'informations pertinentes. La remontée tout au long de la chaîne de décision des éléments du terrain devient impérative. Les manageurs doivent posséder en permanence une vision exacte de l'avancement des opérations et des résultats obtenus dans les agences.

2. La place du reporting

Le reporting autorise la remontée d'informations vers le sommet de la hiérarchie. Il doit donc faciliter à chaque niveau, l'agrégation des données transmises, leur contrôle, la mise en œuvre de mesures correctives et leur relais à la direction. Au sein d'une agence, chaque collaborateur en charge d'objectifs commerciaux communique périodiquement ses résultats à son directeur d'agence. Après les avoir analysés et avoir procédé aux corrections nécessaires, ce dernier les adresse à son tour à son supérieur. Cette opération se répète jusqu'au siège. Cette diffusion s'accomplit grâce au système d'information marketing (SIM), notamment par des tableaux de bord.

19 LA DÉMARCHE QUALITÉ

D'après l'AFNOR, la qualité de service désigne la capacité d'un service à répondre par ses caractéristiques aux différents besoins de ses utilisateurs ou consommateurs. La démarche qualité est donc la mise en œuvre de tous les moyens dont dispose l'entreprise bancaire pour fournir une prestation répondant aux besoins et attentes, exprimés ou non, de la clientèle.

1 La notion de qualité

La qualité est une notion subjective résultant d'une comparaison établie par le client entre la qualité qu'il attend d'un service et celle qu'il perçoit lorsque celui-ci est délivré. L'objectif de la gestion de la qualité est de réduire cet écart perçu afin d'attirer de nouveaux clients et surtout de fidéliser les anciens.

Les critères essentiels sont : la satisfaction, la rapidité, l'efficacité, l'attention, la courtoisie. La Banque Palatine parle de « l'art d'être banquier » pour promettre un haut niveau de service.

La qualité est également une nécessité pour l'entreprise bancaire au sens du respect de la conformité. Elle se doit de veiller au strict respect des lois, réglementations et bonnes pratiques professionnelles. Les collaborateurs doivent respecter des règles de bonne conduite, agir de manière loyale et professionnelle et veiller aux intérêts des clients. Il s'agit non seulement de déontologie (secret bancaire, par exemple), mais également du respect des règles prudentielles telles que le fait de détenir, dans son dossier, des données essentielles concernant la situation du client.

Enfin, pour l'agence bancaire, la qualité sera évaluée par le nombre de concrétisations après rendez-vous.

2 Les enjeux de la qualité

1. Le lien satisfaction-profits

Un client satisfait est un client fidèle. À l'inverse, un client insatisfait rompra la relation (augmentation du taux d'attrition). Or, il est moins coûteux de faire revenir un client heureux que d'en conquérir un nouveau. Si un client éprouve un niveau de satisfaction significatif, il sera prêt à accepter un supplément de prix raisonnable pour conserver les bénéfices de la marque. Par ailleurs, la pratique d'un prix trop bas peut être mal perçue par le client qui s'interroge alors sur la qualité du produit ou du service. Le client satisfait en informera son entourage (bouche-à-oreille).

La baisse des réclamations produit un double effet :
- elle diminue les coûts de l'entreprise et augmente donc ses profits ;
- elle augmente la fidélité et le nombre de nouvelles ventes effectué avec ce client.

2. Les effets de la non-qualité

La non-qualité génère des coûts.

Ses **impacts directs** produisent un effet à très court terme sur le PNB de la banque, comme la perte d'une transaction ou les avantages à accorder aux clients en compensation des effets subis du fait d'une anomalie. Ses impacts indirects ont un effet à plus long terme, comme la dégradation de l'image de marque.

Dans les entreprises de services, ces coûts peuvent représenter 25 à 35 % du CA.

3 La mise en œuvre de la démarche

C'est un processus volontaire et participatif d'amélioration permanente du service produit. Il concerne tout le personnel, du directeur au personnel d'entretien des locaux.

1. Les conditions de réussite

La mise en œuvre de la démarche qualité doit obtenir l'adhésion de tous. Elle s'appuie sur la motivation des collaborateurs aussi bien du *front-office* que du *back-office*.

2. Les étapes de la mise en œuvre

La mise en place d'un projet de mise à niveau qualité s'organise en plusieurs étapes :
- fixer un point de référence de la qualité de service chez le client ;
- observer et calculer les impacts de la non-qualité (préjudice qualitatif, quantitatif...) ;
- déterminer les causes de la non-qualité et identifier des actions correctives ;
- élaborer un plan d'action pour chaque action ;
- mesurer la rentabilité du projet.

3. La mesure de la qualité

a) Les points de contrôle

Ils portent sur de nombreuses composantes :
- conditions matérielles : aspect des installations, de l'équipement, du personnel, sécurité des sites Internet, du réseau de DAB/GAB, de l'agence ;
- personnel : compétence, connaissance, courtoisie, fiabilité, crédibilité, compréhension du client, écoute ;
- continuité de l'activité : les établissements bancaires s'engagent à poursuivre leurs prestations même en cas de sinistre grave par la mise en place de dispositifs spécifiques.

De plus en plus d'établissements ont opté pour la certification de services, qui les incite à prendre officiellement des engagements concrets afin d'obtenir une ou plusieurs certifications AFNOR.

EXEMPLE

La Banque Populaire Loire et Lyonnais a pris des engagements de services concrets (rappel sous 24 heures, rendez-vous dans les 5 jours).

b) Les moyens

Après avoir fixé des indicateurs de satisfaction, les établissements recueillent des informations auprès des clients par divers canaux : enquêtes ou appels, visites mystères, observation du taux de réclamations.

20 LA PRATIQUE DE LA RESPONSABILITÉ SOCIALE ET ENVIRONNEMENTALE

Les institutions bancaires sont encore au centre de nombreuses critiques depuis la crise dont elles sont estimées largement responsables. Elles ont vu leur image et leur réputation discréditées auprès des clients. Leur engagement dans le domaine de la responsabilité sociale et environnementale (RSE) en est d'autant plus importantes pour rétablir la confiance.

1 Le concept de RSE pour les organisations

1. Les origines du concept

Dès la seconde moitié du XIXe siècle, différents auteurs ont pensé que la responsabilité de l'entreprise allait au-delà du champ économique et social et qu'elle se devait de respecter une certaine éthique. Celle-ci sous-entend le respect de principes moraux. Elle trouve son complément, en particulier dans le domaine bancaire, dans la déontologie, qui consiste à respecter des règles professionnelles visant à protéger notamment les clients et leurs intérêts.

Archie B. Caroll, professeur de management au Terry College of Business, a développé cette notion et a proposé d'organiser en forme de pyramide les responsabilités sociales des entreprises, en quatre catégories : responsabilités économiques, légales, éthiques et philanthropiques (bien que cette dernière ne soit pas considérée comme obligatoire).

La démarche RSE consiste à prendre en compte l'impact de l'activité de l'entreprise sur son environnement humain et naturel et s'associe à la notion de développement durable.

2. La mise en œuvre de la RSE au sein de l'organisation

Dans les entreprises ayant atteint une certaine taille, la RSE a pris une telle importance qu'elle est gérée et contrôlée par un service particulier proche de la direction des ressources humaines et de la conformité groupe. Cette dernière, qui a pour mission la surveillance du respect des dispositions légales et des normes de la profession, croise la RSE sur un certain nombre de questions telles que le respect de l'éthique et la lutte contre le blanchiment. Le service formation est également sollicité afin de préparer l'ensemble du personnel à cette démarche.

Enfin, forts de cette volonté de pratiques éthiques, les établissements de crédit vont jusqu'à soumettre l'intéressement de leurs salariés et la rémunération variable de leurs dirigeants au respect des critères de développement durable.

2 Les enjeux pour la banque

1. Enjeu légal

On est passé d'un projet d'entreprise facultatif à de véritables codes éthiques plus impératifs. La loi sur les nouvelles régulations économiques de 2001 a mis à la charge des entreprises cotées à Paris sur le marché réglementé la publication d'informations sur les conséquences sociales et l'impact environnemental de leurs activités.

2. Enjeu sur l'image et la réputation de la banque

À l'heure où leur image est écornée, une mauvaise réputation représente pour les établissements de crédit un vrai risque. Aussi, l'harmonie sociale, la qualité des relations avec leurs partenaires et le respect de leur environnement ont une valeur économique car ils sont propres à témoigner d'une bonne gestion.

3. Enjeu auprès des marchés financiers

Les établissements de crédit font l'objet d'une évaluation par des agences spécialisées (Vigeo en France), qui leur accordent une note en fonction d'une bonne pratique de la RSE. Cette note est particulièrement observée par les marchés, qui considèrent qu'elle déterminera à long terme l'évolution du cours d'une société.

Les agences de notation apprécient particulièrement l'adhésion de l'entreprise à des accords nationaux ou internationaux tel que le Pacte mondial des Nations unies, et sa participation à des projets ou des organismes divers comme EDH-Entreprises pour les droits de l'homme.

Toute la démarche RSE fait donc désormais partie intégrante de la stratégie de l'entreprise.

3 L'exercice de la RSE en lien avec les partenaires de la banque

Les partenaires de l'entreprise sont l'ensemble des acteurs de sa vie économique (salariés, clients, fournisseurs, actionnaires), de ceux qui observent l'entreprise (syndicats, ONG), et de ceux qu'elle influence plus ou moins directement (société civile, collectivité locale), autres que les actionnaires. Les partenaires contribuent à la création de valeur, en sont les bénéficiaires potentiels et en assument les risques.

1. Avec les partenaires internes

a) Les actionnaires

L'établissement bancaire leur garantit une information complète, rigoureuse et pédagogique. Certaines banques sont allées jusqu'à créer des clubs d'actionnaires pour mieux dialoguer avec eux.

La RSE s'exprime globalement dans l'organisation et la répartition des pouvoirs entre les différentes instances, de façon à assurer transparence et équilibre des pouvoirs entre les organes de direction, les propriétaires de l'entreprise et leurs élus à l'assemblée générale, et les administrateurs.

b) Les salariés

La RSE se manifeste à de multiples niveaux : égalité professionnelle hommes/femmes, qualité du dialogue

social, formation et intégration des seniors, communication interne, horaires variables, santé… mais aussi au travers d'une politique de diversité du personnel (origine, âge, sexe, handicap).
Les établissements bancaires ont beaucoup développé cet aspect en travaillant sur la qualité de vie au travail et le bien-être général de leurs salariés.

2. Avec les partenaires extérieurs

a) Les fournisseurs

Ils sont sélectionnés suivant qu'ils proposent ou non des produits respectant des normes de développement durable ou socialement acceptables. Parfois, les banques vont jusqu'à exiger leur certification.
Certains établissements ont signé des chartes telles que la Charte des relations fournisseurs responsables.

b) Les clients

La démarche RSE est ici prépondérante et en lien avec la qualité. L'établissement entend aller peut-être au-delà de ce que la loi lui impose auprès de ses clients. Il s'agit d'une nouvelle approche du client de manière très personnalisée.
La démarche commerciale sera conduite en fonction du client afin de lui vendre des produits et services «en toute clarté» et cela même en dehors des produits financiers.
Les produits seront adaptés au segment de clientèle, en particulier pour les clients que la banque veut «protéger», c'est-à-dire les jeunes, les seniors, les personnes handicapées…

EXEMPLE

À la Caisse d'épargne, la plateforme ACCEO permet aux personnes sourdes ou malentendantes d'être mises en relation avec un conseiller de façon autonome. Entièrement gratuit, ce dispositif offre un double mode de communication : la transcription instantanée de la parole avec sous-titrage en temps réel ou la visio-interprétation en langue des signes française. Pour les personnes malvoyantes, la CEAPC met à leur disposition des e-relevés en braille.

Le crédit sera accordé de façon «responsable» afin de lutter contre le surendettement, mais aussi de faciliter l'accès au crédit du plus grand nombre… Bien sûr, ces dispositions ne sont pas sans rappeler les obligations que la loi impose en matière de protection du consommateur, mais il s'agit ici d'être encore plus volontaire.

Il s'agira également de financer des équipements domestiques liés aux économies d'énergie.
Les banques de financement et d'investissement (BFI), quant à elles, se doivent de financer des projets présentant certains critères environnementaux stricts (éoliennes…) et le secteur Asset Management proposera des placements éthiques, c'est-à-dire tenant compte de critères environnementaux, sociaux…

EXEMPLE

Lancement «d'obligations vertes» par la BNP en partenariat avec la Banque mondiale.

4 L'exercice de la RSE en lien avec l'environnement

1. L'environnement sociétal

L'entreprise peut mettre en œuvre des interventions dans plusieurs domaines : caritatifs, humains ou culturels.

EXEMPLES

Participation à des opérations comme les plans Banlieue, soutien d'établissements scolaires ou d'étudiants, diffusion du microcrédit, encouragement des salariés à s'engager personnellement dans le bénévolat. Sur le plan culturel : aide aux musées, aux orchestres…

Le Village by CA est une pépinière qui dispose de locaux et de services afin d'aider les *start-up* à fort potentiel dans leur développement à l'international. Portés par les Caisses régionales de Crédit Agricole et en partenariat avec les acteurs locaux, les Villages contribuent au dynamisme de leur région.

2. L'environnement naturel

Il s'agit pour les établissements bancaires de participer aux mesures en faveur de l'économie d'énergie (eau, déchets, papier…) et de sauvegarde de l'environnement, notamment en lien avec les déplacements (utilisation de la visioconférence) ou avec l'entretien des immeubles leur appartenant.
Cela concerne aussi une offre bancaire à caractère environnemental tel que le crédit pour financer des véhicules électriques ou des partenariats.

EXEMPLE

Depuis décembre 2015, Boursorama sponsorise les trajets des clients du site de covoiturage Blablacar qui lui ont confié leurs avoirs.

21 LA FORMATION ET L'EXÉCUTION DES CONTRATS

L'ordonnance du 10 février 2016 réforme le droit des contrats pour une mise en application au 1er octobre 2016. Un cadre juridique commun fixe les conditions de formation de contrats.

1 Définition du contrat

Le contrat est un accord de volontés entre deux ou plusieurs personnes, destiné à créer, modifier, transmettre ou éteindre des obligations (art. 1101 du Code civil). La manifestation de ces volontés est destinée à produire des effets de droit par la création, la modification, la transmission ou l'extinction d'obligations.

Le contrat est ainsi une source d'obligations entre personnes physiques ou morales en vertu desquelles l'une des deux (le débiteur) doit faire quelque chose pour l'autre (le créancier). Le Code civil distingue trois sortes d'obligations : le débiteur s'engage à transférer un droit réel au créancier (obligation de donner) ; le débiteur s'engage à accomplir une prestation (obligation de faire) ; le débiteur s'engage à s'abstenir d'une action déterminée (obligation de ne pas faire).

2 Les trois conditions de formation des contrats

1. La capacité à contracter

La capacité juridique est l'aptitude d'une personne à acquérir et à exercer un droit. Toute personne a la capacité juridique, sauf les mineurs non émancipés et les majeurs incapables qui ne peuvent exercer leurs droits.

a) Les clients mineurs

Le mineur est un individu qui n'a pas 18 ans révolus :
- le mineur non émancipé est frappé d'une incapacité générale d'exercice de ses droits ;
- le mineur émancipé a la même capacité que le majeur.

L'administrateur légal (père et/ou mère) ou le tuteur représente le mineur dans tous les actes civils sauf pour les actes de la vie courante où le mineur peut agir seul (par exemple, le retrait de faibles montants). Si l'autorité parentale est exercée conjointement par le père et la mère, chacun des parents est réputé, à l'égard des tiers, avoir reçu de l'autre le pouvoir de faire seul certains actes pour lesquels un tuteur n'aurait besoin d'aucune autorisation (par exemple, ouvrir un compte bancaire, émettre des chèques sur compte courant, le dépôt et le retrait de fonds).

Les parents accomplissent ensemble ou avec l'autorisation du juge aux affaires familiales, s'il n'y a qu'un seul parent possédant l'autorité parentale, les actes qu'un tuteur ne pourrait faire qu'avec une autorisation (retrait de capitaux, vente de valeurs mobilières...). Même d'un commun accord, les parents ne peuvent réaliser certains actes (par exemple, contracter un emprunt au nom du mineur).

La jouissance légale est le droit pour les père et mère de percevoir et s'approprier les revenus de l'enfant mineur jusqu'à l'âge de 16 ans. Elle porte sur tous les biens du mineur, sauf les biens que l'enfant acquiert par son travail ou qui lui ont été donnés ou légués.

Un acte accompli par un incapable est frappé de nullité. Soit l'acte est anéanti rétroactivement par le juge (il est censé n'avoir jamais existé), soit le juge confirme l'acte. La prescription de l'action en nullité est de cinq ans. Le délai court du jour de la majorité ou de l'émancipation.

b) Le majeur incapable

Un majeur peut être déclaré incapable par le juge en raison d'altérations de son état corporel ou mental dues à la maladie, à une infirmité, à l'âge. Selon la gravité du cas, le juge des tutelles peut avoir recours à l'un des trois régimes de protection prévus par la loi :
- la sauvegarde de justice est un régime minimal et temporaire de protection : le majeur a besoin d'être protégé dans les actes de la vie civile ou d'être représenté pour l'accomplissement de certains actes déterminés. Il conserve l'exercice de ses droits mais ses actes peuvent être modifiés par les tribunaux, qui peuvent réduire ses engagements s'ils sont jugés excessifs ou déclarer la nullité de l'acte en cas de lésion ;
- le majeur en curatelle est un régime d'assistance pour une personne qui, sans être hors d'état d'agir elle-même, a besoin d'être assistée ou contrôlée d'une manière continue dans les actes importants de la vie civile. Le majeur incapable exerce lui-même ses droits, mais ne peut accomplir les plus importants (vente, donation...) qu'avec l'assistance de son curateur. Le majeur sous curatelle ne peut faire seul les actes de disposition (délivrance d'une carte de crédit, souscription d'un contrat d'assurance-vie, etc.). Le juge peut énumérer les actes que le majeur en curatelle peut faire seul (capacité étendue) et inversement ajouter des actes dont l'assistance du curateur est nécessaire (capacité restreinte). Il peut ordonner une curatelle renforcée : le curateur perçoit les revenus de la personne en curatelle sur un compte ouvert au nom de cette dernière, assure lui-même le règlement des dépenses et dépose l'excédent sur un compte laissé à la disposition de l'intéressé. Si le majeur protégé accomplit seul un acte pour lequel il aurait dû être assisté, l'acte ne peut être annulé que si la personne protégée a subi un préjudice ;
- le majeur en tutelle est le régime de protection utilisé quand l'état corporel et mental du majeur est gravement altéré. Le majeur en tutelle a une incapacité continue et permanente à compter du jugement ouvrant la tutelle. Un tuteur exerce les droits du majeur incapable à sa place, c'est un régime de représentation. Si le majeur protégé accomplit un acte pour lequel il aurait dû être représenté, l'acte est frappé de nullité sans recherche d'un préjudice. Pour les actes antérieurs de deux ans au jugement d'ouverture, les obligations du majeur protégé peuvent être réduites ou l'acte peut être annulé.

Les actes d'administration (ouverture d'un premier compte ou livret, demande de délivrance d'une carte bancaire de retrait...) peuvent être réalisés par le tuteur seul, et les actes de disposition (ouverture d'un nouveau compte, clôture d'un compte, demande de délivrance d'une carte de crédit, etc.) avec l'autorisation du juge. Les actes de disposition sont interdits à tous les majeurs incapables.

c) Le cas des conjoints

Concernant les conjoints, la capacité à contracter de l'un peut ne pas être sans effet sur l'autre.

Dans ses relations avec des époux, la banque est tenue au secret professionnel vis-à-vis de chacun d'eux. Un conjoint, quel que soit son régime matrimonial, n'engage que ses biens propre, sauf pour les dettes du ménage qui, bien que constituées par un seul conjoint, peuvent contraindre le second à les régler en vertu du principe de solidarité des dettes ménagères ou liées à l'éducation des enfants. En situation de co-emprunteurs, les époux engagent leurs biens propres et les biens communs.

d) Les représentants des personnes morales

Les personnes morales (sociétés, associations, etc.) ont des représentants légaux : président, gérant, président du directoire, directeur général, directeur général délégué. Ils ont le pouvoir de représenter la personne morale à l'égard des tiers (par exemple, la banque). Ils sont désignés, selon le cas, par les assemblées d'associés, d'actionnaires ou d'adhérents et dans certaines sociétés par une décision collective des associés. Leur mandat est limité dans le temps et en termes d'engagement de la société sur certains montants. Tout changement concernant ces représentants (cessation de fonctions, nomination...) doit faire l'objet d'une publication dans un journal d'annonces légales afin d'informer les tiers. Le procès-verbal de l'assemblée générale contient des informations nécessaires aux pouvoirs des représentants sociaux.

2. Le consentement et ses vices

Le consentement est un accord de volonté qui résulte de la rencontre d'une offre et d'une acceptation, qui peut faire suite à une phase de négociation qui est encadrée par le droit. La phase de négociation est la période de pourparlers antérieure à l'offre de contracter. Elle doit être libre (rupture possible des discussions) et soumise au principe de bonne foi (art. 1104). L'obligation précontractuelle d'information est le devoir d'information du banquier, qui doit fournir à son client toutes les informations essentielles sur les éléments de son engagement afin de favoriser un consentement en toute connaissance de cause. Le contrat doit être exempt de vice du consentement, cause de nullité du contrat. Il existe trois vices du consentement.

a) L'erreur

Elle est une fausse représentation de la réalité par l'une des parties. L'erreur doit être déterminante (sans erreur, le contrat n'aurait pas été conclu), d'une certaine gravité et porter sur une qualité substantielle (essentielle) de la chose ou de la personne.

b) La violence

Elle est une pression morale ou physique exercée sur la volonté d'une personne ou ses proches pour la conduire à contracter. Cette menace doit avoir été déterminante.

c) Le dol

Il est une manœuvre de l'une des parties pour tromper l'autre (manœuvre dolosive). Il doit avoir un caractère intentionnel et déterminant pour la conclusion de contrat. La jurisprudence admet que le silence intentionnel d'une partie peut être dolosif.

3. Un contenu licite et certain

Le contenu doit être licite, c'est-à-dire qu'il doit respecter la loi. Il doit être certain si l'obligation a pour objet une prestation présente ou future. Celle-ci doit être possible et déterminée ou déterminable.

4. Nullité du contrat

Le contrat conclu en violation des règles de formation ne peut avoir d'effet juridique ; la nullité du contrat sera prononcée par le juge et le contrat sera anéanti de manière rétroactive. Le contrat est censé ne jamais avoir existé, les obligations sont éteintes.

La nullité relative protège l'intérêt privé et sanctionne l'incapacité des parties et l'existence d'un vice du consentement. Seule la personne que la loi a voulu protéger peut intenter l'action en nullité. Le délai de prescription est de 5 ans. Il est possible de confirmer l'acte *a posteriori*.

La nullité absolue protège l'intérêt général et sanctionne le caractère illicite ou l'absence d'objet ou de cause. Toute personne peut intenter l'action et le juge peut soulever la nullité d'office. Le délai de prescription de l'action est de 30 ans. Il n'est pas possible de confirmer l'acte.

3 La preuve des obligations

Celui qui réclame l'exécution d'une obligation doit la prouver, et celui qui s'en prétend libéré doit le justifier. Plusieurs moyens de preuves son possibles (écrit, témoignage...).

22 LES CONTRATS LIÉS À LA PRATIQUE BANCAIRE

Les contrats utilisés dans le domaine bancaire ont tous pour base juridique le Code civil, mais d'autres textes (Code monétaire et financier, Code des assurances ou Code de la consommation) font de certains contrats des « contrats spéciaux ». Les contrats souscrits dans une banque présentent ainsi de nombreuses particularités.

1 Le contrat de mandat

1. La notion de mandat

Un mandat désigne les situations par lesquelles une personne reçoit mission de représenter autrui et d'agir pour son compte et selon ses instructions.

EXEMPLES

Une procuration, les mandats sociaux du droit des sociétés, le tuteur d'un majeur incapable.

2. Définition du contrat de mandat

Le contrat de mandat est un contrat par lequel une partie (le mandant) donne l'ordre (le pouvoir d'agir) à une autre personne (le mandataire) d'accomplir des actes juridiques pour son compte et en son nom. Le mandataire exerce sa mission en toute indépendance.

3. Caractéristiques du contrat de mandat

L'engagement du mandataire porte sur une obligation de faire un acte juridique (conclusion d'un contrat ou d'un acte unilatéral comme faire ou recevoir un paiement...). Il concerne exclusivement le cas où c'est par contrat qu'une personne reçoit mission d'agir pour le compte d'une autre et non par une disposition légale (représentation des mineurs par leurs parents) ou décision du juge (nomination du tuteur). L'acte sera effectué pour le compte du mandant, c'est-à-dire à son bénéfice mais aussi à ses risques. Certaines situations sont donc exclues.

EXEMPLES

Un courtier qui se contente de rapprocher les parties sans conclure l'acte qu'elles passeront elles-mêmes.

Le contrat de mandat est généralement *intuitu personae*, en principe gratuit, sauf convention contraire. Le mandat est présumé onéreux dès que le mandant choisit pour mandataire un professionnel (notaire, banquier...). C'est un contrat consensuel et formel car il doit être écrit. C'est toujours un contrat synallagmatique.

4. Les obligations des parties

a) Les obligations du mandant

Le mandant est tenu d'exécuter tous les engagements contractés en son nom par le mandataire dans la limite des pouvoirs qu'il lui avait donnés. Il est tenu de rembourser au mandataire les avances et frais et de lui payer la rémunération convenue, sauf si l'échec est la cause du mandataire.

b) Les obligations du mandataire

- Le mandataire à obligation d'exécuter sa mission en respectant les ordres reçus : le mandataire accomplit le mandat sans rien faire au-delà de ce qui est porté dans le contrat. Le mandat rédigé en termes généraux n'autorise que les actes d'administration (pas de vente ni d'hypothèque des biens du mandant). Un mandat spécial signifie qu'il est confié pour une mission déterminée.
- Le mandataire doit rendre des comptes de sa gestion, il est responsable de ses fautes de gestion. Il est tenu d'informer le mandant de l'exécution de sa mission, doit restituer tout ce que le mandant lui avait remis pour l'exécution de sa mission et doit transmettre à son mandant tout ce qu'il a reçu du tiers contractant (ex. : fonds provenant d'un encaissement).
- Le devoir de conseil : le mandataire, qui dispose de compétences obligatoires pour un professionnel, doit mettre son expérience à la disposition de son client pour l'informer, le conseiller, le mettre en garde. Le devoir de conseil est d'ordre public, le mandataire ne peut s'en décharger par une clause de non-responsabilité.

La responsabilité contractuelle est engagée lorsque le mandataire manque à ses obligations. C'est une responsabilité pour faute. Le mandataire rémunéré qui commet une faute sera jugé plus sévèrement que si le mandat est gratuit.

5. Applications bancaires du mandat

Le banquier peut agir comme mandataire de son client sans qu'il y ait contrat. Ainsi, juridiquement, ils ne sont ni mandant ni mandataire.

EXEMPLES

Le tireur d'une lettre de change donne « mandat pour encaisser ».

Le tireur d'un chèque donne « mandat de payer ».

Le banquier est en relation avec des mandataires de clients.

EXEMPLES

Procuration donnée par un client à un tiers pour la gestion de son compte ; représentants des incapables mineurs et majeurs ; représentant d'une personne morale.

Le banquier agit comme mandataire de son client en vertu d'un contrat.

EXEMPLES

Convention de compte-titres.

Convention de mandat de gestion par lequel le mandant se décharge de la gestion de son portefeuille de titres en accordant à un gestionnaire de patrimoine le pouvoir de le gérer à sa place.

6. La cessation du contrat de mandat

Le mandat se termine par la révocation du mandataire, qui peut se faire à tout moment. Sur le compte ouvert auprès d'un banquier, toutes les opérations effectuées par le mandataire sont valables jusqu'à la notification de la révocation au banquier à moins que le banquier n'ait connaissance d'une autre cause de cessation du mandat. Par ailleurs, le mandat cesse par la renonciation du mandataire, par l'exécution complète de la mission prévue, par l'arrivée du terme fixé au contrat, par la fin de l'activité du mandant, son décès ou son incapacité ou celle du mandataire.

2 Le contrat de dépôt

1. Définition, caractéristiques et formation

Le dépôt est défini par l'article 1915 du Code civil : «Le dépôt en général est un acte par lequel on reçoit la chose d'autrui, à charge de la garder et de la restituer en nature.»
L'objet du contrat de dépôt est la garde de la chose et il ne peut porter que sur un bien meuble corporel. Le déposant exprime son consentement en remettant la chose et le dépositaire ne fait que la garder, il ne peut ni l'utiliser, ni en disposer (sauf contrat de dépôt bancaire). Le dépôt ne peut être effectué que par le propriétaire de la chose ou par un mandataire. Le contrat de dépôt est en principe un contrat gratuit; si le dépositaire est un professionnel, c'est un contrat onéreux. C'est un contrat réel (il se forme avec la remise de la chose), synallagmatique et à exécution instantanée.

2. Les obligations des parties

a) Les obligations du déposant

La chose est remise matériellement au gardien. Le déposant reste propriétaire. Le déposant remboursera le dépositaire pour les dépenses qu'il a supportées pour la conservation de la chose et du service de garde si le contrat est onéreux.

b) Les obligations du dépositaire

Le dépositaire a une obligation de garde : il ne peut ni user de la chose – différence fondamentale avec le contrat de prêt –, ni en disposer.
Il doit conserver la chose et l'entretenir si sa conservation en dépend, la mettre à l'abri et a droit à une indemnisation pour cela. Il peut en percevoir les fruits mais devra les restituer (portée d'un animal, dividendes d'actions).
Le dépositaire engage sa responsabilité par une obligation de moyens. Ce n'est pas au déposant d'établir la faute du dépositaire, mais à ce dernier de s'exonérer. Le dépositaire peut limiter sa responsabilité par des clauses spéciales dans le contrat.
Le dépositaire a une obligation de restituer la chose. En principe, la restitution se fait au déposant lui-même sans avoir à lui demander un titre de propriété. La restitution peut être faite à son représentant légal (héritiers, mandataires). Si le dépôt a été fait par plusieurs personnes, en principe, le dépositaire engage sa responsabilité en restituant la chose à une seule personne, mais il doit restituer la chose en cas de solidarité active. C'est la chose déposée qui doit être restituée : le dépositaire ne peut proposer l'équivalent, ni le déposant le lui réclamer.
Le contrat de dépôt est révocable à tout moment unilatéralement par le déposant. En principe, le dépositaire est tenu de restituer à première demande, sauf s'il exerce son droit de rétention ou dans l'intérêt d'un tiers (saisie).

3. Spécificités du contrat spécial de dépôt bancaire

Le régime juridique du dépôt de fonds en banque est défini par l'article 312-2 du Code monétaire et financier : «Sont considérés comme fonds reçus du public les fonds qu'une personne recueille d'un tiers, notamment sous forme de dépôts, avec le droit d'en disposer pour son propre compte, mais à charge pour elle de les restituer.»
Le contrat de dépôt bancaire présente les particularités suivantes :
- le banquier est autorisé à utiliser les fonds remis (car il devient propriétaire des fonds reçus) et le déposant acquiert un droit de créance sur les fonds. Propriétaire des fonds, le banquier pourra les utiliser et en disposer, mais il ne les conserve pas. La liberté de disposer des fonds reçus en dépôt est caractéristique de l'activité bancaire. Les banques financent au moyen des dépôts de la clientèle une part des crédits qu'elles distribuent ;
- le dépôt n'est pas toujours à vue, un délai peut être fixé pour sa restitution ;
- l'argent est une chose fongible ; donc la restitution s'effectue par équivalent.

La restitution de la créance s'opère par la remise des fonds, soit au déposant lui-même (sauf pour les comptes bancaires joints du fait de la solidarité active qui permet aux titulaires du compte de récupérer les fonds qu'ils n'ont pas déposés), soit à son représentant, soit à un tiers désigné (ex. : bénéficiaire d'un chèque, d'un virement).
Pour obtenir la restitution des fonds déposés, il faut être capable. Le majeur sous tutelle et le mineur doivent être représentés ; le majeur sous curatelle peut recevoir les revenus mais pas les capitaux ; le majeur sous sauvegarde de justice peut recevoir seul un paiement.
Les fonds déposés au nom d'un mineur sous administration légale sont restitués au représentant légal.
Lors du décès du déposant, la créance de restitution passe aux héritiers.
Si un compte de dépôt ne fait l'objet d'aucune opération ou réclamation pendant dix ans, le banquier est autorisé à clôturer le compte. Les fonds sont déposés à la Caisse des dépôts et consignations, qui les conserve pour le compte du titulaire pendant trente ans.
Les dépôts bancaires sont garantis pour un montant de 100 000 euros maximum par déposant et par banque par le Fonds de garantie des dépôts. Les dépôts à vue, comptes sur livret, comptes épargne logement ainsi que les comptes-titres sont garantis.

3 Le contrat de vente

1. Définition, caractéristiques et formation

La vente est une convention par laquelle une personne (le vendeur) s'oblige à livrer une chose à une autre personne (l'acheteur), qui en paie le prix. Le contrat de vente a pour objet le transfert d'une chose, contre le versement d'un prix. En l'absence de prix, ce serait une donation ou

un apport en société ; en l'absence de transfert de propriété, ce pourrait être un bail ou un prêt ; si le contrat ne portait que sur l'usage de la chose, ce serait un mandat, un dépôt ou un gage.
Le contrat est formé dès qu'il y a eu accord de volontés sur la chose et le prix. C'est un contrat consensuel qui va être translatif de propriété, soit par acte authentique, soit sous seing privé.
La vente peut porter sur des meubles, immeubles, corps certain ou chose de genre, biens corporels ou droits incorporels. La chose doit exister, ce qui n'est pas le cas d'une prestation de service (ex. : celui qui vend un conseil n'est pas un vendeur, il est rémunéré pour une prestation). Une chose future peut être vendue (ex. : vente sur plan d'un appartement). Les choses invendables sont les choses d'autrui, la personne humaine, les drogues, la contrefaçon... La chose vendue doit être déterminée ou déterminable, c'est-à-dire qu'elle soit identifiée (corps certain) ou identifiable (chose de genre).
Le prix doit être déterminé, réel et sérieux.
La liberté de vendre ou d'acheter est limitée dans certains cas : le démarchage, la vente à distance, la vente à domicile.
La vente est un contrat à titre onéreux, commutatif ou aléatoire, consensuel et synallagmatique.

2. Les obligations des parties

a) Les obligations du vendeur

Le vendeur a une obligation d'information et, plus généralement, une obligation de conseil, de mise en garde et de sécurité lors de la conclusion du contrat avec un acheteur non averti.
L'obligation de livrer la chose (obligation de délivrance) est le transfert de la jouissance et de la possession de la chose à l'acheteur. Le vendeur est tenu de délivrer la chose dans l'état dans lequel elle se trouvait au moment du contrat. Le lieu de la livraison est généralement précisé dans le contrat. Le vendeur n'est pas tenu de livrer la chose si l'acheteur ne lui paye pas le prix (exception d'inexécution), sauf s'il lui a accordé un délai de paiement.
L'obligation de garantir la chose est la garantie donnée par le vendeur que le bien vendu est exempt de vices le rendant impropre à l'usage auquel il est destiné. Le vice doit être caché, c'est-à-dire inconnu de l'acheteur au moment de la vente : c'est la garantie des vices cachés.
Le vendeur doit garantir une possession paisible de la chose à l'acheteur : c'est la garantie contre l'éviction.

b) Les obligations de l'acheteur

L'acheteur a une obligation de retirement, c'est-à-dire de prendre possession du bien.
L'acquéreur doit payer le prix convenu au jour et au lieu prévus par le contrat de vente. L'acheteur peut suspendre le paiement du prix si sa possession est troublée par une action hypothécaire ou une revendication. Le vendeur peut demander la résolution de la vente si l'acheteur ne paie pas le prix convenu, ou retenir la chose (droit de rétention) jusqu'au paiement comptant.

4 Le contrat de location

1. Définition, caractéristiques et formation

Selon l'article 1709 du Code civil, « le louage des choses est un contrat par lequel l'une des parties s'oblige à faire jouir l'autre d'une chose pendant un certain temps, et moyennant un certain prix que celle-ci s'oblige à lui payer ». Une personne confère à une autre l'usage d'une chose moyennant le versement d'un loyer. On distingue généralement la location de biens meubles, entre un loueur et un locataire, et le contrat de bail relatif aux immeubles entre un bailleur et un preneur.
Le loueur doit avoir la capacité d'accomplir les actes d'administration.
Le loueur peut être le propriétaire de la chose, l'usufruitier ou un mandataire. Un époux peut donner à bail un bien commun (sauf s'il s'agit d'un bail commercial ou rural), un co-indivisaire ne peut donner seul à bail une chose indivise (sauf exceptions).
Pour être locataire, il suffit d'avoir la capacité d'accomplir des actes d'administration. Les époux sont automatiquement colocataires même si un seul a signé le contrat.
La location est un contrat à titre onéreux, le prix est un élément essentiel et il est payable à terme échu ou à échoir. Il est révisable si une clause du contrat le prévoit. Le bail est un contrat à exécution successive dont la durée est généralement prévue ; en l'absence de durée précisée, le contrat est à durée indéterminée. Le contrat de location est un contrat à titre onéreux, consensuel, synallagmatique et le plus souvent écrit. Si le contrat est verbal, il peut être prouvé par tous moyens s'il y a eu commencement d'exécution.

2. Les obligations des parties

a) Les obligations du loueur

Le loueur doit mettre la chose louée à disposition du preneur et en bon état. Les parties ont intérêt à dresser un constat de l'état du bien remis ; à défaut, le locataire est présumé l'avoir reçu en bon état.
Le loueur doit entretenir la chose en état de servir pour l'usage pour lequel elle est louée, mais il n'est pas tenu des petites réparations.
Le loueur doit garantir le locataire contre les vices cachés. Il indemnisera le locataire des pertes résultant des vices et des défauts du bien loué. Il incombe au locataire de faire la preuve du vice caché.
Le loueur doit également garantir le locataire contre l'éviction.

b) Les obligations du locataire

Le locataire doit payer le loyer convenu au terme prévu. Il doit généralement verser un dépôt de garantie à titre d'indemnité préventive, en cas d'une éventuelle non-restitution du bien ou à titre de garantie du paiement des loyers. Cette somme est normalement restituée au locataire en fin de contrat, s'il y a eu bonne exécution du contrat. Le locataire doit utiliser la chose louée en « bon père de famille » (individu moyen agissant avec vigilance moyenne) et user de la chose conformément à sa destination.

À l'échéance du contrat, le locataire doit restituer la chose au loueur dans l'état initial. Les éventuelles dégradations sont à la charge du locataire.

La restitution se fait au moment et au lieu convenus entre les parties. Le locataire encourt les sanctions pour abus de confiance s'il ne restitue pas les biens loués.

5 La location de coffre-fort, un contrat de garde

1. Les spécificités du contrat

La location de coffre-fort est un contrat par lequel une banque, moyennant une rétribution, met à la disposition de son client un coffre-fort ou un compartiment afin que ce dernier y place des objets ou des valeurs pour les conserver en sécurité.

Le contrat de location d'un coffre-fort est analysé par la Cour de cassation comme un contrat de garde car, bien que la banque mette à disposition une chose (contrat de location), le banquier a une obligation principale de surveillance, qui n'est qu'accessoire dans la location. Le client n'a pas la jouissance directe (contrat de location) puisque l'accès du coffre nécessite l'intervention du banquier.

La location peut être soit à titre personnel, soit location jointe entre plusieurs personnes.

Le contrat de location de coffre-fort est un contrat *intuitu personae*. Le contrat peut être rompu unilatéralement. Le décès du titulaire entraîne la fin de la convention.

2. Droits et obligations des parties

a) Obligations du locataire de coffre-fort

Le locataire ne doit pas y déposer d'objet exclu du contrat ni dépasser la valeur maximale fixée dans le contrat et doit régler le loyer prévu au contrat aux échéances prévues.

À l'expiration du contrat, le client ou ses ayants cause doivent vider le coffre et restituer la clé. S'ils ne le font pas, le banquier peut procéder en présence d'un huissier à l'effraction du coffre. Il devra conserver les valeurs dans un pli scellé à la disposition de son client.

b) Obligations du banquier

Le banquier a une obligation de surveillance : d'une part, il doit contrôler l'identité et les pouvoirs de toute personne accédant au coffre. C'est une obligation de moyens et le banquier ne peut engager sa responsabilité que si une faute peut lui être imputée. Tout manquement à la surveillance du banquier constitue une faute lourde. D'autre part, le banquier doit assurer la sécurité du coffre et de son contenu contre les vols et les détériorations. C'est une obligation de résultat, il ne peut donc s'exonérer de sa responsabilité qu'en démontrant que le préjudice est dû à un cas de force majeure ou au fait de la victime (rarissime), mais le client doit apporter la preuve du contenu du coffre avant le vol. Une clause limitative de responsabilité portant sur la sécurité du coffre sera déclarée nulle. Le banquier ne doit pas dévoiler l'existence d'une location de coffre, sauf aux ayants droit.

6 Le contrat d'assurance

1. Définitions, caractéristiques et formation

C'est un contrat par lequel une partie (le souscripteur) se fait promettre pour son compte ou celui d'un tiers (tiers bénéficiaire) par une autre partie (assureur) une prestation généralement pécuniaire en cas de réalisation d'un risque (sinistre), moyennant le paiement d'une prime.

Il existe différents risques susceptibles d'être couverts : dommages aux personnes (accident, décès, maladie...), dommage aux biens (multirisques habitation, automobile...), insolvabilité du débiteur (assurance crédit...). Certains dommages sont exclus de l'assurance (activités dangereuses, amendes pénales, dommage provenant d'une faute intentionnelle ou dolosive de l'assuré).

L'assurance-vie est un produit d'épargne qui relève de la gestion patrimoniale. C'est un contrat par lequel l'assureur s'engage envers le souscripteur, moyennant le paiement d'une prime, à verser aux bénéficiaires désignés une somme déterminée, l'exécution de son obligation dépendant de la durée de vie de l'assuré.

Le contrat d'assurance est formé dès l'accord des parties sur l'objet de la garantie et sur le prix, même à défaut de paiement de la première prime.

Le contrat d'assurance est un contrat consensuel, formel, synallagmatique, aléatoire (car la prestation dépend d'un évènement aléatoire), à titre onéreux, à exécution successive, d'adhésion (clauses imposées par l'assureur), nommé.

Un contrat d'assurance doit être écrit et comporte des mentions obligatoires (les noms et domiciles des parties, les choses ou les personnes assurées, la nature des dommages garantis : vol, incendie, dégâts des eaux..., la date d'effet du contrat et la durée de la garantie, le montant de la garantie, la prime ou cotisation en cas de mutuelle, les clauses de nullité, de déchéance et d'exclusion de garantie) en caractères très apparents.

2. Obligations des parties

a) Obligations de l'assureur

Il est nécessaire d'avoir une habilitation pour vendre des produits d'assurance. L'assureur s'engage à indemniser l'assuré si le dommage se réalise.

b) Obligations de l'assuré

L'assuré a l'obligation de déclarer toutes les circonstances connues de lui et de nature à faire apprécier par l'assureur les risques qu'il prend en charge. Le défaut ou l'inexactitude de la déclaration entraîne la nullité du contrat. L'assureur peut décider de faire application de la règle de réduction proportionnelle de l'indemnité en cas de fausse déclaration ou de déclaration inexacte de la part de l'assuré ou maintenir du contrat avec surprime selon la gravité de la mauvaise foi de l'assuré.

L'assuré doit payer une prime d'assurance.

23 LE MARIAGE ET LES RÉGIMES MATRIMONIAUX

➔ Le droit organise la vie en couple en laissant le choix entre plusieurs cadres juridiques : le mariage, le Pacs ou le concubinage. La banque souhaite connaître le statut juridique du couple car il a des effets sur le patrimoine de chacun des époux et sur les biens du ménage, mais aussi sur les biens susceptibles de servir de garantie en cas de dettes.

1 La formation du mariage

Le mariage est un acte juridique donnant naissance à l'état d'époux.

Le mariage est contracté (accord de volontés) par deux personnes de sexe différent ou de même sexe, dans les formes prévues par la loi (solennité, rituel juridique).

1. Les conditions de fond

L'âge minimal est de 18 ans, sauf motif grave (grossesse) ; la dispense d'âge est accordée par le procureur de la République.

L'échange des consentements est nécessaire.

Les époux doivent avoir la capacité matrimoniale (capacité à contracter mariage).

EXEMPLES

Le majeur incapable doit avoir l'autorisation du conseil de famille s'il est en tutelle, ou du curateur s'il est en curatelle. Le mineur, émancipé ou non, doit avoir l'autorisation de ses parents.

2. Les conditions de forme

Sont requis : la remise de pièces administratives, la publication du projet de mariage à la mairie du lieu du mariage.

3. La nature du lien conjugal

L'accord des volontés crée le lien conjugal : le mariage établit entre les époux des rapports personnels (devoir de communauté de vie) et des rapports pécuniaires (devoir de secours, contribution aux charges du mariage, pouvoirs des époux).

2 Le régime matrimonial de base ou primaire

Le régime matrimonial désigne l'ensemble des règles applicables aux rapports patrimoniaux d'un ménage. Choisir un régime matrimonial, c'est définir les règles qui régiront le patrimoine des époux.

Tous les régimes matrimoniaux sont soumis à des règles communes, qui concernent les dépenses courantes, les dettes et le logement : c'est le régime matrimonial de base (ou primaire), sur lequel se juxtaposera (ou non) un des régimes matrimoniaux, au choix des époux.

Le régime matrimonial de base est gouverné par deux séries de principes : les principes de mise en commun dans le cadre du ménage, et ceux qui relèvent de l'individu en dehors du ménage.

1. Principes de mise en commun dans le cadre du ménage

L'institution du mariage repose sur l'idée de solidarité entre époux.

a) La contribution des époux aux charges du mariage

Chaque époux participe aux charges du mariage à proportion de ses facultés respectives. Chacun a le devoir de participer à l'entretien du ménage et à l'éducation des enfants selon ses ressources.

b) La solidarité pour les dettes du ménage

Le Code civil édicte un principe de solidarité et stipule l'égalité des époux pour gérer le patrimoine commun et engager la communauté. Chacun a le pouvoir de passer seul les contrats ayant pour objet l'entretien du ménage ou l'éducation des enfants.

Toute dette contractée par l'un des époux oblige l'autre solidairement.

EXEMPLES

Loyer et charges, dépenses de santé, dépenses alimentaires.

Si la dette contractée par l'un des deux conjoints ne concerne pas l'entretien du ménage ou l'éducation des enfants, le principe de solidarité ne s'applique pas :

EXEMPLE

L'acquisition d'une résidence secondaire par l'un des deux époux n'engage pas son conjoint.

Il existe toutefois deux restrictions au principe de solidarité :

- en cas de dépense « manifestement excessive » ;

EXEMPLE

Un époux achète une voiture de sport.

- en cas de contrat nécessitant le consentement des deux époux : cas des achats « à tempérament » (crédit consenti par le vendeur et non par une banque) ; cas des emprunts, sauf de montant modeste, selon les ressources des époux, et s'ils sont nécessaires aux besoins de la vie courante.

EXEMPLE

Emprunt contracté pour financer une chirurgie plastique.

c) La cogestion du logement familial

Le couple dispose ensemble du logement familial et de ses meubles, même s'ils n'appartiennent qu'à l'un d'eux. L'époux qui n'a pas donné son consentement à la réalisation d'un acte juridique concernant un bien (vente) peut en demander l'annulation.

2. Les principes relevant de l'individu en dehors du ménage

Chaque époux est libre d'exercer la profession de son choix, de percevoir des revenus et d'en disposer, après s'être acquitté des charges du ménage.

Chacun dispose seul de ses biens personnels, sauf ceux liés au logement familial.
Chacun d'eux peut ouvrir un compte en son nom dans une banque et il existe une présomption de libre disposition : chaque époux a le pouvoir de disposer des fonds qu'il détient. Le banquier ne doit restituer les fonds déposés qu'à l'époux au nom duquel le dépôt a été fait. À l'égard des tiers de bonne foi, l'époux est réputé avoir le pouvoir de disposer seul des meubles, même si le bien appartient à son époux. Cette disposition s'applique également aux sommes d'argent, et le droit de disposer des meubles n'est pas applicable à ceux du logement.

3 Les différents régimes matrimoniaux

1. Les principes

Les régimes matrimoniaux répartissent les biens qui seront dans la communauté et ceux qui restent en propre à chacun des époux.
Les biens propres sont acquis avant le mariage, ou bien après le mariage par succession, donation ou legs.
Chaque époux gère lui-même ses biens et en dispose librement, à défaut de contrat de mariage.
Les critères de choix d'un régime matrimonial sont : la volonté de partager, l'enrichissement du couple, l'indépendance dans la gestion des biens, le souci de se protéger des créanciers de l'autre époux ou le souci de protéger le conjoint.

2. Deux régimes communautaires

Les époux qui souhaitent mettre en commun tout ou partie de leur patrimoine opteront pour un régime communautaire :
- le couple peut choisir le régime légal de la communauté réduite aux acquêts. Ce régime, le plus répandu, est adapté aux futurs époux qui n'ont pas encore de biens ;
- le couple peut aussi établir un contrat de mariage par acte notarié ; le contrat de mariage prend effet dès la célébration du mariage et dure jusqu'au divorce, ou au décès, ou au changement de régime matrimonial. Les conjoints ont alors le choix entre plusieurs régimes : la séparation de biens, la participation aux acquêts, ou la communauté universelle. Le régime de la communauté universelle est adapté aux personnes âgées sans enfants : le survivant obtiendra la communauté sans avoir à payer de droits de succession.

Les régimes communautaires sont déconseillés si l'un des conjoints exerce une activité commerciale, libérale ou artisanale, car ils imposent aux époux de supporter en commun les dettes.

La communauté réduite aux acquêts : le régime légal	La communauté universelle
Trois masses de biens : – biens propres d'un des époux ; – biens propres du conjoint ; – biens communs : biens acquis pendant le mariage, ensemble ou séparément. Chaque époux peut les administrer seul, mais le consentement des deux est nécessaire pour en disposer. Ces biens ne peuvent servir de garantie qu'avec l'accord express du conjoint.	**Une masse de biens :** tous les biens acquis ou reçus par succession ou donation, avant et pendant le mariage sont communs. Les époux sont coresponsables de toutes les dettes contractées avant et pendant le mariage. Sont exclus de la communauté les biens liés à la personne (ex. : vêtements, réparation d'un dommage corporel) ou un bien désigné comme bien propre dans une donation.

3. Un régime matrimonial séparatiste et un régime hybride

Les régimes matrimoniaux séparatistes permettent aux époux de séparer leur patrimoine :

a) Le régime de la séparation des biens

Il est adapté si l'un des époux est commerçant, artisan ou libéral (car il exerce une profession entraînant un risque financier), ou si l'un des conjoints possède des biens propres ;

b) Le régime de la participation aux acquêts

Il présente l'intérêt pour chacun des époux de protéger son patrimoine tout en profitant de l'accroissement du patrimoine de l'autre. L'inconvénient est la difficulté d'évaluation des patrimoines respectifs à la date du mariage, puis à celle de la dissolution. Si l'un des conjoints est économe et l'autre dépensier, le régime favorise le conjoint dépensier. Les pouvoirs respectifs de chaque époux sont moins étendus que dans le régime de la séparation de biens. L'accord du conjoint est requis avant toute donation.

La séparation de biens (régime séparatiste)	La participation aux acquêts (régime hybride)
– Deux masses de biens : biens propres de chaque époux. – Chacun gère librement ses biens personnels (sauf logement familial). – Les biens achetés en indivision appartiennent aux deux époux en proportion de ce que chacun a apporté. – Chacun reste responsable des dettes qu'il a contractées.	– Deux masses de biens : biens propres de chaque époux. – Régime séparatiste pendant le mariage, puis communautaire à la rupture du mariage. – Calcul de l'enrichissement de chaque époux durant le mariage (hors succession) : l'époux qui s'est le plus enrichi doit verser à l'autre la moitié de la différence (créance de participation).

24 LE PACS ET LE CONCUBINAGE

➔ En dehors de l'institution du mariage, la vie en couple peut s'organiser en Pacs ou en concubinage. Le Pacs est un contrat ; il se distingue du concubinage, qui est une situation de fait.

1 Le Pacte civil de solidarité (Pacs)

Créé par la loi du 15 novembre 1999, le Pacs est une forme juridique du couple.

1. La formation et la rupture du Pacs

Le Pacs est un contrat qui fixe les modalités de la vie commune de deux personnes de même sexe ou de sexe opposé. Sont concernées les personnes majeures et les mineurs émancipés.

Le Pacs est interdit :
- si l'une des personnes est mineure non émancipée, déjà mariée ou déjà liée par un autre Pacs ;
- entre ascendants, descendants, alliés et collatéraux.

L'autorisation du juge aux affaires familiales est nécessaire pour les majeurs sous tutelle ainsi que, en cas de curatelle, la présence du curateur pour la signature.

Pour faire enregistrer un Pacs, les partenaires doivent présenter une déclaration conjointe au greffe du tribunal d'instance du lieu de leur résidence commune. Le contenu du Pacs peut être modifié ou rompu, auprès du tribunal d'instance.

2. Les droits et obligations des partenaires

a) Les effets pécuniaires : le régime des biens

La loi prévoit que les partenaires s'apportent une aide mutuelle et matérielle dont les modalités sont déterminées dans la convention.

Depuis la loi du 23 juin 2006, le principe applicable aux biens du couple pacsé est celui du régime de la séparation de biens. Chacun des partenaires conserve donc l'administration, la jouissance et la libre disposition de ses biens personnels, chacun restant tenu des dettes personnelles nées avant ou pendant le Pacs. Les biens sur lesquels aucun partenaire ne justifie d'une propriété exclusive sont réputés leur appartenir indivisément, à chacun pour moitié. Certains biens demeurent la propriété exclusive de chaque partenaire.

EXEMPLES

Les deniers perçus non employés à l'acquisition d'un bien ; les biens à caractère personnel ; les biens acquis au moyen de deniers reçus par donation ou succession.

Les partenaires peuvent aussi préciser dans le contrat s'ils soumettent au régime de l'indivision les biens qu'ils acquièrent ensemble ou séparément.

b) Les effets à l'égard des tiers

Le Pacs produit des effets à l'égard des tiers :
- bail d'habitation : en matière de logement, le partenaire du Pacs non locataire en titre bénéficie du droit au logement sur le domicile commun en cas d'abandon ou de décès du conjoint locataire ;
- droit fiscal : les partenaires bénéficient d'une imposition commune ainsi que de l'abattement et du tarif spécial prévus pour les droits de mutation à titre gratuit (testament, donation). En revanche, la loi n'a pas institué de vocation successorale du partenaire survivant ;
- droit social : le partenaire bénéficie de la qualité d'ayant droit de l'assuré pour les prestations d'assurance maladie et maternité s'il est à sa charge effective, totale et permanente ;
- dettes de la vie courante : les partenaires sont tenus solidairement à l'égard des tiers des dettes contractées par l'un d'eux pour les besoins de la vie courante.

2 Le concubinage

1. Formation du concubinage

La loi du 15 novembre 1999 définit le concubinage comme une union de fait, caractérisée par une vie commune présentant un caractère de stabilité et de continuité entre deux personnes de sexe différent ou de même sexe, qui vivent en couple (Code civil, art. 515-8).

La loi ne précise aucune durée pour apprécier la stabilité et la continuité. Il n'y a pas de formalité juridique à accomplir, c'est un état de fait.

2. Droits et obligations du concubin

En l'absence de statut légal du concubinage, les concubins, considérés comme deux célibataires, ne bénéficient pas de droits particuliers définis par la loi. Certains organismes sociaux reconnaissent cependant l'union libre.

a) Dans le cadre de la vie commune

Il n'y a pas d'obligation en matière de contribution aux charges de la vie commune, à l'exception de l'entretien et de l'éducation des enfants. Chacun est responsable de ses propres dettes, sauf en cas de compte joint ou d'emprunt conjoint.

Sans protection du logement familial, le concubin propriétaire peut contraindre l'autre à quitter le logement. Mais, en cas de décès ou d'abandon du domicile par le locataire, le contrat de location continue au profit du concubin qui vivait avec lui depuis au moins un an à la date d'abandon du domicile. Mais c'est celui qui a signé le bail qui est responsable du paiement du loyer. Cependant, la jurisprudence accorde à ces couples une protection spécifique dans différents domaines.

EXEMPLES

La rupture d'un concubinage prolongé peut donner lieu au versement de dommages-et-intérêts ; il y a possibilité d'invoquer un préjudice moral lors du décès causé par un tiers de l'un des deux concubins.

b) Dans le cadre de l'exploitation commune d'un fonds de commerce

Les concubins commerçants qui participent ensemble à l'exploitation d'un fonds de commerce sont tenus solidairement des dettes, même si un seul des deux est propriétaire du fonds.

25 LE RÉGIME DES SUCCESSIONS

Le régime des successions définit le droit des personnes à recueillir le patrimoine d'un défunt. Notre droit concilie la protection de la famille et la liberté, donc la volonté du défunt.

1 La dévolution légale

Quand une personne décède sans avoir précisé à qui ses biens devaient revenir, c'est la loi qui l'indique ; on parle de dévolution légale ou succession *ab intestat*.

Si une personne souhaite modifier la dévolution légale, elle peut de son vivant consentir des libéralités (testament, donation) qui viendront changer les destinataires de son héritage. La détermination des héritiers repose sur des notions fondamentales.

1. L'ordre des héritiers

Il regroupe une catégorie de parents. Dans le droit successoral, il y a quatre ordres d'héritiers avec une hiérarchie. En principe, chaque ordre exclut le suivant :

- 1er ordre : descendants (enfants, petits-enfants...) ;
- 2e ordre : il est composé à la fois des ascendants privilégiés (père et mère) et des collatéraux privilégiés (frères et sœurs et leurs descendants) ;
- 3e ordre : ascendants ordinaires (grands-parents...) ;
- 4e ordre : collatéraux ordinaires (oncles, tantes, cousins...).

Le conjoint survivant n'est pas un parent mais un allié du défunt. Sa situation est complexe : tantôt il appartient au premier rang, tantôt il est au deuxième ordre et est exclu plus ou moins par les enfants.

Si le défunt ne laisse ni parent jusqu'au sixième degré ni conjoint survivant, la succession est recueillie par l'État.

2. Le degré à l'intérieur de chaque ordre

Il s'agit dans chaque ordre de la proximité de parenté avec le défunt. Chaque degré correspond à une génération. En ligne directe (ascendants/descendants), le degré se calcule en comptant le nombre de générations séparant le défunt de la personne appelée à sa succession (entre un père et un fils, il y a un degré). En ligne collatérale, il faut compter le nombre de personnes en remontant à l'ascendant commun (un frère et une sœur sont séparés par deux degrés, un oncle et son neveu sont séparés par trois degrés...).

3. La ligne

La ligne est directe lorsqu'il s'agit de la descendance ou de l'ascendance. Deux lignes reliées par un ancêtre commun sont collatérales. Cette notion est encore utilisée pour distinguer les parents unis au défunt par le père de ceux qui se rattachent au défunt par la mère.

4. La fente

Elle consiste à diviser la succession en deux parts égales, dévolues l'une à la famille paternelle et l'autre à la famille maternelle. La fente ne s'applique ni aux descendants ni aux collatéraux privilégiés.

5. La représentation

L'article 752 du Code civil indique que : « La représentation est une fiction juridique qui a pour effet d'appeler à la succession les représentants aux droits du représenté. » Dans l'hypothèse où le fils est décédé avant le père, au décès du père ce sont les enfants du fils qui viendront à la succession aux droits de leur père. La représentation ne joue qu'en ligne descendante et en ligne collatérale privilégiée. Sous le bénéfice de ces notions de base, on peut déterminer les droits des héritiers légaux, qui ne sont pas les mêmes selon qu'il existe ou non un conjoint survivant.

2 Les droits successoraux des parents en l'absence de conjoint survivant

Il y a égalité entre filiations légitime et naturelle.

1. Les descendants

Ils excluent tous les autres héritiers. Le descendant du degré le plus proche exclut à son tour tous les autres descendants (le fils du défunt exclut ses propres enfants). Si le défunt laisse au degré le plus proche plusieurs descendants, la succession est partagée entre eux par parts égales. On applique la représentation.

2. Les ascendants et collatéraux privilégiés

Concours des ascendants et collatéraux privilégiés : les pères et mère reçoivent chacun un quart de la succession, les collatéraux privilégiés se partagent le solde, soit la moitié de la succession si les père et mère sont vivants et les trois quarts si l'un des parents est décédé.

Absence de concours entre ascendants et collatéraux privilégiés : le défunt laisse des ascendants privilégiés mais pas de descendants privilégiés. On applique la fente : les père et mère reçoivent chacun la moitié de la succession. En cas de prédécès de l'un d'eux, sa part est dévolue à sa ligne. À défaut d'ascendants ordinaires dans l'autre ligne, l'ascendant privilégié en vie reçoit toute la succession.

Le défunt laisse des collatéraux privilégiés, mais pas d'ascendants privilégiés : les frères, sœurs et leurs descendants excluent toujours les parents des 3e et 4e ordres.

3. Les ascendants et collatéraux ordinaires

La fente joue lorsque la succession est dévolue à des ascendants. Elle se divise par moitié entre ceux de la branche paternelle et ceux de la branche maternelle. Les ascendants au même degré succèdent par tête. S'il n'existe d'ascendants ordinaires que dans une seule ligne, ils recueillent toute la succession.

Après application de la fente, les collatéraux ordinaires sont appelés à la succession jusqu'au 6e degré. À défaut de collatéral dans une ligne, les collatéraux de l'autre recueilleront toute la succession.

3 Les droits du conjoint survivant

Les droits du conjoint survivant sont subordonnés à l'existence du mariage jusqu'au jour du décès.

La loi du 3 décembre 2001 a accru les droits du conjoint survivant et instauré un droit au maintien de ses conditions d'existence.

1. En présence de descendants

Si tous les enfants sont issus de l'union du défunt et du conjoint survivant : le conjoint successible a le choix entre l'usufruit de la totalité des biens existants ou la pleine propriété du quart des biens.
S'il existe des enfants nés d'une autre union du défunt : le conjoint survivant ne peut pas opter pour l'usufruit, il recueille le quart en pleine propriété.

2. En présence d'ascendants privilégiés

Si, à défaut d'enfants ou de descendants, le défunt laisse ses pères et mère, le conjoint survivant recueille la moitié de la succession. Le père aura un quart et la mère un quart. Si l'un des deux est prédécédé, la part du quart qui lui serait revenue est dévolue au conjoint survivant.

3. Autres cas

Le conjoint survivant recueille toute la succession, à l'exception des biens que le défunt avait reçus de ses père et mère par succession ou donation et qui se retrouvent en nature dans sa succession. Ils reviennent pour moitié en toute propriété aux frères et sœurs du défunt ou à leurs descendants. Le conjoint peut également être contraint de verser une pension alimentaire aux ascendants ordinaires dans le besoin.

4. Contribution au maintien des conditions d'existence du conjoint survivant

En cas de veuvage, le droit tend à assurer un maintien de ses conditions d'existence au survivant. Ces dispositions créées par la loi du 3 décembre 2001 concernent le logement et la pension.

- Droit temporaire au logement : le conjoint peut disposer gratuitement du logement qu'il occupe à titre de résidence principale, ainsi que des meubles qui le garnissent, pendant un an. Si le logement est loué, la succession devra obligatoirement rembourser au conjoint survivant les loyers payés.
- Droit viager au logement : le conjoint peut disposer gratuitement du logement qu'il occupe à titre de résidence principale, ainsi que des meubles qui le garnissent, à titre viager. Ses droits successoraux sont diminués de la valeur de ce droit viager. Le défunt peut l'en priver à la seule condition de le faire par un testament authentique.
- Attribution préférentielle en propriété de la résidence principale en cas de partage avec les autres héritiers.
- Droit à pension : la succession de l'époux prédécédé doit une pension au conjoint survivant qui est dans le besoin. Celui-ci doit en faire la demande dans l'année du décès. Le montant de la pension est calculé en fonction de l'importance de l'actif successoral et non d'après les ressources des héritiers.

4 La dévolution volontaire

A côté de la dévolution légale, notre droit offre à chacun la possibilité d'organiser la transmission de ses biens. Cette liberté n'est que partielle en présence d'héritiers réservataires. En effet, le Code civil prévoit que certains héritiers ne peuvent être exclus de la succession et qu'une partie du patrimoine (la réserve) doit leur être réservée, le reste (quotité disponible) peut être librement transmis par le défunt.
Les héritiers réservataires sont les descendants et le conjoint à titre subsidiaire.
La réserve des descendants est de la moitié si le défunt laisse un enfant, deux tiers pour deux enfants (un tiers par enfant), trois quarts pour trois enfants ou plus.
La réserve du conjoint survivant est d'un quart des biens sous deux conditions : il ne doit pas être engagé dans une procédure de divorce et il faut qu'il n'y ait ni descendant ni ascendant privilégié.
La dévolution volontaire peut résulter de dispositions qui s'appliqueront après le décès du disposant. Ces dispositions sont librement révocables jusqu'au décès.

1. Les dispositions pour cause de mort

a) Les testaments

- Le testament « olographe » : entièrement écrit à la main par un testateur (auteur du testament) unique, daté et signé. Il est conservé par le testateur ou remis à un tiers pour sa conservation.
- Le testament « authentique » : dicté devant deux témoins à un notaire qui le rédige et en assure la conservation.
- Le testament « mystique » : hybride des deux précédents. Il est remis au notaire, clos et cacheté par le testateur devant deux témoins.

b) La donation au dernier vivant

Il s'agit d'une libéralité faite par un époux à son conjoint. Celle-ci prend effet au décès du donateur, sous réserve de la survivance du conjoint et du lien matrimonial.
Elle peut porter sur tous les biens présents ou à venir, ou sur une partie des biens. La situation diffère selon que l'époux donateur laisse ou non des descendants.
En présence de descendants, la donation au dernier vivant peut porter soit sur un quart en pleine propriété et trois quarts en usufruit, soit sur la totalité en usufruit. En l'absence de descendant elle peut porter sur la totalité des biens du donateur. L'option de l'époux donataire est exercée par lui lors du décès du donateur.
D'autres dispositions trouvent à s'appliquer du vivant du disposant. Elles sont irrévocables, sauf non-respect des conditions de la donation, d'ingratitude extrême ou de survenance d'enfants au donateur.

2. Les donations entre vifs

Une donation est le fait de donner de son vivant et sans contrepartie financière un ou des biens à une autre personne. Sauf quand elle porte sur certains biens meubles (mobilier, sommes d'argent...), elle doit être faite par acte authentique devant notaire.

a) La donation entre époux

Un époux peut donner de son vivant un bien à son conjoint. Cette donation peut résulter du contrat de mariage.

b) La donation simple

Elle est utilisée pour transmettre un bien à un enfant unique, à l'un d'eux en cas de pluralité pour répondre à un besoin particulier (études, achat d'un logement...), à un parent éloigné, et même à un ami.

Une donation simple faite à un héritier réservataire ne constitue pas, sauf clause contraire, un avantage définitif, mais une avance sur sa part dans la succession du donateur. On parle donc de donation en avancement de part successorale.

Pour déroger à cette règle et avantager cet héritier, le donateur peut stipuler que la donation est faite hors part successorale. La donation au profit d'une personne autre que les héritiers réservataires est, elle, obligatoirement hors part successorale. Elle peut être réduite au décès en présence d'héritiers réservataires.

c) La donation graduelle

Le donateur impose au premier bénéficiaire de conserver les biens objets de la donation et de les transmettre à son décès (celui du premier gratifié) à un deuxième bénéficiaire. C'est donc une transmission « en deux temps ». Le premier gratifié ne peut ni donner, ni léguer, ni vendre le bien donné, il doit en assurer la conservation au bénéfice du deuxième gratifié.

d) La donation résiduelle

Cette donation ressemble à la précédente. La principale différence résulte dans la liberté laissée au premier gratifié de faire ce qu'il veut du bien donné. Sa seule obligation est de transmettre ce qu'il en restera à son décès au second gratifié.

e) La donation-partage

La donation-partage permet aux parents de donner à leurs héritiers présomptifs, c'est-à-dire ceux dont il y a lieu de supposer par avance qu'ils recueilleront la succession des biens dont on est propriétaire au moment de la donation (biens présents). Depuis la loi du 23 juin 2006, il est possible d'associer trois générations : les parents, les enfants et les petits-enfants (tous ou certains d'entre eux). On parle alors de donation-partage transgénérationnelle. Il est possible aussi d'inclure des enfants nés de différentes unions dans le cadre de familles recomposées.

La donation-partage permet de préparer sa succession avec ses héritiers présumés, d'éviter ainsi les conflits qui peuvent apparaître au moment du décès des parents, et de faire des économies par rapport au coût d'une succession normale.

3. La réduction des libéralités excessives

Lorsque leur total excède la quotité disponible, les donations et legs ne sont pas nuls : ils doivent être diminués, jusqu'à concurrence de la quotité disponible, sauf renoncement de la part des héritiers réservataires.

5 Acquisition de la succession

1. La liberté d'acquisition

En droit français, les droits et obligations du défunt sont transmis à ses héritiers par le seul fait du décès. Cependant, chacun des héritiers est libre, en ce qui le concerne, dans un délai de quatre mois à compter du décès, d'accepter ou refuser la succession.

a) L'acceptation pure et simple

Elle peut être tacite ou expresse, volontaire ou imposée (notamment par les créanciers de l'héritier ou par ses cohéritiers en cas de recel).

b) La renonciation

Elle résulte d'une déclaration expresse au tribunal de grande instance du lieu d'ouverture de la succession (domicile du défunt). Tant que la succession n'est pas encore acceptée par d'autres héritiers ou par l'État, le renonçant peut revenir sur sa renonciation. Le renonçant est censé n'avoir jamais été héritier. Sa part revient en priorité à ses représentants et, s'il n'en a pas, sa part revient aux cohéritiers. Même renonçant, il doit assumer à proportion de ses ressources sa part concernant les frais funéraires et d'obsèques.

c) L'acceptation à concurrence de l'actif net

Elle permet à l'héritier de préserver son patrimoine personnel en cantonnant aux biens de la succession les poursuites des créanciers successoraux. Cette option résulte également d'une inscription au TGI. La déclaration faite doit faire établir par un commissaire-priseur, huissier ou notaire un inventaire estimatif des éléments d'actif et de passif de la succession. Cet inventaire doit être déposé dans les deux mois de la déclaration d'acceptation au TGI du lieu d'ouverture de la succession. Passé ce délai, l'héritier bénéficiaire est réputé accepter purement et simplement.

Dans les trois cas, l'option rétroagit au jour du décès.

2. Les techniques d'acquisition

Les héritiers sont immédiatement investis, chacun pour sa part, des droits du défunt sur la succession dans sa totalité. Jusqu'au partage qui localisera leurs droits respectifs, les cohéritiers sont chacun à concurrence de sa quote-part en état d'indivision.

3. L'administration de la succession

Dans tous les cas où il y a pluralité d'héritiers et dans un souci d'efficacité, les héritiers peuvent recourir au mandat de gestion (mandat conventionnel conclu entre eux d'un commun accord, mandat à effet posthume imposé par le défunt ou mandat judiciaire en cas de difficulté). Enfin, l'héritier qui veut accomplir des actes conservatoires peut le faire sans prendre parti sur l'option qu'il désire et ne sera pas considéré comme acceptant purement et simplement.

26 LA RESPONSABILITÉ DU CHARGÉ DE CLIENTÈLE

➔ Être responsable, c'est assumer les conséquences de ses actes envers une personne et/ou envers la société. La responsabilité civile est l'obligation de remplir un engagement ou de réparer un dommage causé à autrui. La responsabilité pénale est l'obligation de supporter la peine pour l'infraction commise.

1 Éléments généraux de la responsabilité civile

1. Nature et fondements de la responsabilité civile

La responsabilité contractuelle a pour origine le dommage causé par l'inexécution ou la mauvaise exécution d'une obligation. Elle trouve sa source dans un acte juridique. La responsabilité délictuelle et quasi-délictuelle a pour origine un fait juridique qui a causé un dommage à autrui (fait dommageable). Les fondements de la responsabilité civile ont évolué de la faute vers la prise en compte de la notion de risque :

- la faute, source traditionnelle de responsabilité : une personne doit réparer le dommage que sa faute a causé. Être fautif, c'est avoir eu un comportement anormal, soit dans le cadre d'une obligation contractuelle, soit en lien avec un fait dommageable. La faute peut aussi relever de la négligence ou de l'imprudence ;
- le risque, source récente de responsabilité : en dehors de toute faute, une personne qui fait supporter un risque (utilisation de machines-outils, circulation de véhicule) à un tiers doit réparer le dommage subi par la victime (salarié, piéton) si le risque s'est réalisé. Le souci d'indemniser la victime prévaut sur la recherche de faute en reconnaissant le risque comme fondement de la responsabilité : celui qui tire avantage d'une activité doit en supporter les conséquences.

EXEMPLES

Responsabilité (même sans faute) du professionnel ayant mis sur le marché un produit défectueux ; responsabilité de l'employeur en cas d'accident de travail d'un salarié.

2. Conditions de mise en œuvre de la responsabilité civile

Pour engager la responsabilité civile, trois éléments doivent être réunis : un fait générateur (faute contractuelle ou fait dommageable), un dommage matériel, moral ou corporel, et un lien de causalité. Sont exigés le préjudice et le lien de causalité par lequel le dommage est une conséquence immédiate et directe du fait générateur.

2 Les régimes de la responsabilité civile

1. La responsabilité contractuelle

a) Le régime légal

Le fondement de la responsabilité contractuelle est la force obligatoire des contrats. Le manquement du débiteur de l'obligation doit être prouvé. Pour l'obligation de moyens, c'est au créancier de prouver que tous les moyens n'ont pas été mis en œuvre. Pour l'obligation de résultat, la présomption de faute contractuelle pèse sur le débiteur. Pour s'en dégager, il devra prouver qu'il n'a pas commis de faute ; le créancier doit seulement prouver que le résultat n'est pas atteint.

Trois causes exonèrent de la responsabilité contractuelle :

- un événement irrésistible, imprévisible et extérieur (force majeure) : ces trois conditions doivent être réunies pour rendre impossible l'exécution de l'obligation ;
- le fait du créancier : le créancier empêche le débiteur d'exécuter son obligation ;
- le fait du tiers : une personne extérieure au contrat crée un obstacle. Le fait du tiers est exonératoire aux mêmes conditions que la force majeure imprévisible et irrésistible (ex. : une agression). Ce tiers ne peut pas être un préposé (employé) ni un auxiliaire du débiteur (sous-traitant, mandataire), car le débiteur est responsable des actes des personnes qu'il fait intervenir sous son autorité dans l'exécution du contrat (responsabilité contractuelle du fait d'autrui).

b) Les clauses organisant l'inexécution du contrat

Le contrat peut contenir des clauses relatives à la responsabilité, à condition de respecter l'ordre public.

EXEMPLE

Règles de protection des consommateurs.

Les clauses limitatives de responsabilité visent à limiter les obligations du débiteur ou à fixer un plafond de responsabilité.

EXEMPLE

Une clause stipulant l'interdiction de déposer dans un coffre-fort des valeurs dépassant une certaine somme. En cas de dommage causé au client, celui-ci ne pourra être indemnisé que dans la limite du plafond.

Les clauses pénales fixent à l'avance le montant des dommages et intérêts qui seront dus en cas d'inexécution.

2. La responsabilité civile contractuelle du banquier

Pour engager la responsabilité contractuelle de sa banque, le client doit prouver la faute du banquier dans l'exécution du contrat.

EXEMPLE

Si le banquier est tenu à un devoir de conseil (obligation de moyens), le client devra établir que le préjudice est dû à la négligence du banquier. S'il est tenu à une obligation de résultat, par exemple loueur de coffre-fort en tant que dépositaire de fonds, le client devra prouver que le résultat n'a pas été atteint.

Le banquier peut être responsable vis-à-vis des tiers, notamment en cas d'absence de précaution dans la gestion des comptes ou en cas d'octroi abusif de crédit.

3. La responsabilité délictuelle ou quasi-délictuelle

a) Le fait générateur de la responsabilité délictuelle

Ce n'est pas une faute contractuelle, mais une faute civile qualifiée de délit (intentionnel) ou de quasi-délit (non intentionnel). En effet, selon l'article 1382 du Code civil: «Tout fait quelconque de l'homme, qui cause à autrui un dommage, oblige celui par la faute duquel il est arrivé, à le réparer.» L'article 1383 précise : «Chacun est responsable du dommage qu'il a causé non seulement par son fait, mais encore par sa négligence ou par son imprudence.»

b) La responsabilité du fait personnel pour faute

Le comportement anormal d'une personne peut entraîner un dommage à la victime du fait du non-respect d'une règle de droit.

EXEMPLE

Un mandataire qui vend un bien dans le but de le faire acheter pour son propre compte.

Dans les autres cas, c'est le juge qui qualifie le comportement de fautif ou non. La preuve peut être établie par tous moyens, et la charge en incombe au demandeur. La victime doit prouver la faute ainsi que le lien avec le préjudice subi.

c) La responsabilité du fait d'autrui et du fait des choses

«On est responsable non seulement du dommage que l'on cause par son propre fait, mais encore de celui qui est causé par le fait des personnes dont on doit répondre, ou des choses que l'on a sous sa garde.» (Art. 1384 C. civ.)

La responsabilité du fait d'autrui est engagée lorsque l'auteur du dommage n'est pas personnellement responsable : c'est son garant qui le sera.

EXEMPLES

Les parents sont responsables du fait dommageable de leur enfant. Ils ne peuvent s'en exonérer qu'en cas de force majeure ou faute de la victime.

Si une personne (employeur, mandant) demande à une autre personne placée sous son autorité (salarié, mandataire) d'exécuter un contrat à sa place, elle sera responsable en cas d'inexécution ou de mauvaise exécution.

La responsabilité du fait des choses est engagée lorsque le dommage est causé par une chose (véhicule, machine, animal...) dont on a la garde. Le gardien est la personne qui a l'usage, le contrôle et la direction de la chose. Le propriétaire est présumé gardien de la chose, mais il peut prouver le contraire. Le gardien de la chose sera responsable du dommage causé par la chose, sans qu'il soit nécessaire d'apporter la preuve d'une faute de sa part. Une présomption de faute pèse en effet sur le gardien, qui devra prouver l'absence de faute. Seules la force majeure et la faute de la victime peuvent l'exonérer.

d) La responsabilité du banquier

La responsabilité délictuelle de la banque peut être engagée, car la banque est responsable de ses préposés. Elle doit réparer les dommages causés par ces derniers.

EXEMPLE

Détournement de fonds.

La responsabilité quasi-délictuelle de la banque est souvent due à la négligence ou à l'incompétence d'un agent.

EXEMPLE

Soutien abusif à une entreprise en difficulté risquant de causer un préjudice aux créanciers de l'entreprise, que la banque pourrait être tenue d'indemniser.

e) La mise en œuvre de la responsabilité délictuelle

L'action en responsabilité délictuelle peut être exercée par la victime, ses héritiers, ses créanciers ou son assureur. Lorsque la faute civile est également une faute pénale, la victime peut agir soit devant le tribunal civil, soit devant le tribunal pénal, en se portant partie civile. Le juge déterminera le montant des dommages et intérêts en fonction du préjudice subi. Le délai de prescription est de 10 ans.

3 La responsabilité pénale

1. La mise en œuvre de la responsabilité pénale

Elle est mise en œuvre lorsqu'une infraction pénale (contravention, délit, crime) est commise et nécessite la réunion de trois éléments :

- un élément légal : une infraction prévue par un texte;
- un élément matériel : la réalisation de l'infraction;
- un élément moral : la volonté de nuire ou non.

Deux grands types d'actions pénales s'exercent généralement simultanément :

- l'action publique, intentée par le ministère public, a pour but de sanctionner un comportement qui ne respecte pas la réglementation. Le délai de prescription est d'un an pour les contraventions, de trois ans pour les délits, et de dix ans pour les crimes;
- l'action civile, intentée par la victime, a pour but la réparation d'un préjudice, soit devant une juridiction civile, soit au pénal avec constitution de partie civile. Le juge pénal fixe le montant des dommages et intérêts et sanctionne l'auteur du dommage (amende, emprisonnement, interdiction d'exercer, etc.).

2. La responsabilité pénale du banquier

Le Code monétaire et financier comporte un certain nombre de dispositions pénales. Certaines infractions concernent l'exercice de la profession bancaire, d'autres font référence aux opérations bancaires. Les textes prévoient des sanctions.

EXEMPLES

Le banquier qui omet de signaler un incident de paiement relatif à un chèque à la Banque de France est passible d'une amende de 12 000 €.

Un employé violant le secret bancaire peut être puni d'une amende de 75 € à 2 250 € et d'un emprisonnement de 1 à 6 mois.

27 LE RISQUE OPÉRATIONNEL : LE TRAITEMENT DE LA CLIENTÈLE FRAGILE

Les agissements aventureux d'un *trader*, le mauvais enregistrement d'une opération, le défaut de conseil sont autant de risques qui peuvent engager la responsabilité de la banque. Ils sont regroupés dans la catégorie des risques opérationnels. Les consommateurs en difficulté bénéficient par ailleurs d'un traitement et d'une protection spécifiques.

1 Le risque opérationnel

1. Définition

Le risque opérationnel pour les banques et les prestataires de services et d'investissement est défini comme le risque de pertes directes ou indirectes dues à une inadéquation ou une défaillance des processus internes de l'établissement (contrôle interne insuffisant ou non sécurisé, défaillance dans la conception des supports – contrats –, non-respect du Code du travail, sanitaires ou de sécurité), de son personnel (erreur, incompétence, fraude) ou des systèmes internes ou externes (panne informatique, attentat, incendie, inondation...). Le champ du risque opérationnel couvre nombre de domaines et son appréhension reste difficile.

2. Gestion du risque opérationnel

Au niveau des agences bancaires, outre le risque de pertes, l'appréhension relève aussi du respect de la clientèle et de la continuité du service. En effet, contrairement aux lourdes pertes que peuvent connaître les sièges lors de fraudes ou d'erreurs massives (et qu'a pu connaître la Société Générale en 2008, à savoir 5 milliards d'euros), une mauvaise transcription d'une opération bancaire, si elle peut occasionner une perte à la banque, provoquera également un mécontentement du client, voire son départ. Il est utile de noter que la banque de détail contribue à hauteur de 60 % des événements avérés, mais à 30 % seulement des pertes. Beaucoup d'erreurs ou de fautes donc au sein des unités commerciales (UC), mais de faibles montants.

La sensibilisation du personnel opérationnel à ce type de risque est devenue une priorité des institutions bancaires. De par la loi d'une part, le traitement du risque opérationnel est en effet abordé par la réglementation (Comité de Bâle, directives CRD, Régl. CRBF 97-02). Des exigences en fonds propres sont imposées à ce titre dans le cadre du ratio de solvabilité. De par la volonté des établissements bancaires par ailleurs, la mise en œuvre des processus de conformité et de contrôle interne permet de limiter les prises de risques excessives et les défaillances des acteurs.

3. Exemples de risques opérationnels

Les établissements de crédit et plus particulièrement les agences bancaires sont confrontés quotidiennement au risque opérationnel. Cela peut concerner une mauvaise exécution d'opération (on peut retenir le cas du *middle office* d'une banque de marché qui n'enregistre pas correctement le prix de vente d'une transaction ou du chargé de clientèle qui enregistre mal le montant d'un virement), une fraude (un salarié d'une agence qui souscrit des emprunts aux noms de clients à leur insu), une erreur d'enregistrement des données, une erreur d'accès au compte, etc.

2 Le risque juridique

1. Définition

Le risque juridique est une déclinaison du risque opérationnel. Il n'apparaît pas comme un risque autonome mais comme le résultat d'une défaillance des processus internes de l'établissement. Le CRBF le définit comme le « risque de tout litige avec une contrepartie, résultant de toute imprécision, lacune ou insuffisance susceptible d'être imputable à l'entreprise au titre de ses opérations » (Régl. CRBF 97-02). Cette acception a le défaut de proposer un spectre très large, voir trop large, et de lui faire couvrir des pans entiers du risque opérationnel. En effet, toute faute d'un personnel ou de l'établissement causant un préjudice à un client ou un tiers est susceptible d'engendrer un litige avec la banque. Il est donc préférable de retenir une notion plus étroite, celle où « le risque juridique résulte de la conjonction d'une norme et d'un événement, l'un et/ou l'autre frappés d'incertitude, générant des conséquences [pour la banque]. » Nous détaillerons successivement les deux notions.

2. Le risque juridique appréhendé comme pratique susceptible de générer un contentieux lié aux contrats et aux pratiques commerciales de vente

Tout établissement bancaire est amené à contracter pour conclure des opérations avec ses clients et est tenu de respecter un certain nombre de dispositions se rapportant au Code civil, au Code monétaire et financier, au Code de la consommation ou au Code pénal.

Relèvent ainsi du risque juridique :

- le défaut d'information précontractuelle : l'article L. 111-1 du Code de la consommation commande au professionnel d'éclairer le consentement de son contractant en délivrant une information objective sur la prestation effectuée et institue pour tout professionnel une obligation générale précontractuelle d'information du consommateur. Le banquier n'échappe pas à cette règle : tout contrat signé sur le lieu de vente doit contenir les caractéristiques essentielles du produit ou du service, son prix (TAEG, tableau d'amortissement), la date ou le délai de livraison, les informations relatives à l'identité de l'établissement bancaire ainsi que les renseignements relatifs à l'existence et aux modalités de mise en œuvre des garanties. En cas de vente à distance, le délai de rétractation doit en plus être stipulé ;
- le défaut de conseil : le banquier n'est pas tenu à une obligation de conseil en tant que telle. Son obligation relève du devoir de mise en garde. Compte tenu

de l'exigence de non-immixtion qui lui est imposée, la jurisprudence considère en effet qu'il doit uniquement attirer l'attention de son client sur un point du contrat qui pourrait lui être préjudiciable sans avoir à refuser d'accomplir l'opération. Toutefois, cette obligation ne vaut que pour les clients non avertis (profanes), à savoir les personnes dont le degré de connaissance dans l'opération projetée est insuffisant. Pour les autres, les avertis, la banque n'est pas tenue du devoir de mise en garde ;
- une utilisation frauduleuse d'informations confidentielles sur la clientèle : un employé de l'établissement qui ne respecte pas le secret bancaire peut s'exposer personnellement à des poursuites pénales au même titre que sa banque ;
- le blanchiment d'argent : une agence qui ne procède pas aux déclarations de soupçon à Tracfin commet le délit de blanchiment ou de complicité de blanchiment.

3. L'incertitude juridique

Cette approche concerne moins l'agence et relève principalement du siège. Lors de la conclusion de convention atypique ou lors de la création de nouveaux produits ou services, l'établissement peut être confronté à l'existence de clauses présentant un vide juridique ou dont il existe un doute quant à son interprétation (obscurité de la loi, jurisprudences divergentes ou fluctuantes, textes contradictoires...). Il revient au service juridique de quantifier le risque et de le limiter soit en renonçant au contrat, soit en prévoyant des dispositions qui restreignent l'exposition de la banque.

3 Le traitement de la clientèle fragile

L'expression « clientèle fragile » peut regrouper deux catégories de personnes : ceux qui doivent être protégés du fait de leur propre faiblesse (mineurs et majeurs protégés) et ceux qui sont en état de précarité à cause de leurs difficultés financières.

Tout individu possède la personnalité juridique, c'est-à-dire l'aptitude à acquérir et à exercer un droit. Ces personnes sont considérées comme juridiquement « capables ». Cependant, certaines d'entre elles sont frappées d'incapacité. Il existe deux types d'incapacité :
- l'**incapacité de jouissance**, qui est l'inaptitude à jouir d'un droit, donc à être titulaire du droit considéré. Elle porte sur certains droits seulement (par exemple, il faut avoir 18 ans pour se marier) ;
- l'**incapacité d'exercice**, qui est l'inaptitude à exercer un droit dont on est titulaire (un mineur propriétaire d'un terrain – capacité de jouissance – ne peut pas vendre ce terrain lui-même).

1. Les remèdes à l'incapacité d'exercice

- La représentation : le droit est exercé au nom et pour le compte de l'incapable par un représentant. L'incapable n'agit pas sur la scène juridique (c'est le cas du régime de la tutelle).
- L'assistance : l'incapable agit lui-même juridiquement avec l'assistance d'un tiers. Son incapacité n'est que partielle, une personne le conseillera (c'est le cas du régime de la curatelle).

2. La distinction des actes juridiques

Nature de l'acte selon le degré de gravité	Effet sur le patrimoine	Exemples
Actes conservatoires	Empêcher un bien de sortir du patrimoine, acte nécessaire et urgent	Renouvellement d'une garantie sur une créance du mineur, d'une police d'assurance
Actes d'administration	Exploiter, gérer, mettre en valeur	Ouvrir un compte bancaire ; prélèvement sur le capital pour paiement des dettes de l'incapable ; emploi et réemploi des sommes d'argent ; perception des intérêts du capital placé ; location d'un coffre-fort ; conclusion ou renouvellement d'un contrat d'assurance ; acte de gestion d'un portefeuille y compris cession de titres s'ils sont remplacés ; résiliation d'un contrat de gestion de valeurs mobilières
Actes de disposition	Modifier sa composition, engager l'avenir	Conclusion d'un contrat de gestion de valeurs mobilières ; vente d'instruments financiers sans réemploi ; demande d'avance sur un contrat d'assurance ; souscription ou rachat d'un contrat d'assurance-vie ; modification de la clause bénéficiaire d'un contrat d'assurance-vie ; nantissement d'instruments financiers ; emprunt de sommes d'argent

Un incapable peut faire seul un acte conservatoire. Un incapable partiel, le majeur sous curatelle, peut faire seul un acte d'administration. L'acte de disposition est interdit aux incapables.

3. Les mineurs non émancipés

Le mineur est un individu qui n'a pas 18 ans révolus et qui est frappé d'une incapacité générale d'exercice (sauf s'il est émancipé).

Ne pouvant pas exercer directement leurs droits, les mineurs sont représentés par le détenteur de l'autorité parentale. En principe, ce sont les père et mère qui exercent en commun l'autorité parentale. Il y a une présomption d'accord à l'égard des tiers, chacun des parents est réputé agir avec l'accord de l'autre quand il fait seul un acte usuel de l'autorité parentale. Ces derniers bénéficient d'un droit d'administration légale sur les biens de leur enfant mineur.

27 LE RISQUE OPÉRATIONNEL : LE TRAITEMENT DE LA CLIENTÈLE FRAGILE (Suite)

Les deux parents ont l'autorité parentale	Un seul parent à l'autorité parentale	Aucun parent n'a l'autorité parentale
Administration légale pure et simple	Administration sous contrôle judiciaire	Tutelle
Acte conservatoire : ⇒ l'un ou l'autre parent est autorisé à l'effectuer	**Acte conservatoire :** ⇒ le parent est autorisé à l'effectuer	**Acte conservatoire :** ⇒ le tuteur est autorisé à l'effectuer seul (il doit en rendre compte une fois l'an)
Acte d'administration : ⇒ l'un ou l'autre parent est autorisé à l'effectuer	**Acte d'administration :** ⇒ le parent est autorisé à l'effectuer	**Acte d'administration :** ⇒ le tuteur est autorisé à l'effectuer seul (il doit en rendre compte une fois l'an)
Acte de disposition : ⇒ accord des deux parents. Pour les actes les plus graves, autorisation du juge des tutelles	**Acte de disposition :** ⇒ autorisation du juge des tutelles	**Acte de disposition :** ⇒ autorisation du juge des tutelles

Le ou les détenteurs de l'autorité parentale disposent aussi de la jouissance légale sur les biens de leur enfant ; ils peuvent garder les revenus produits par les biens ou les placements de leur progéniture (excepté pour le cas des revenus issus du travail des mineurs).

4. Les majeurs protégés

Chaque majeur dispose de sa pleine capacité juridique. Cependant, certains peuvent être déclarés incapables par le juge en raison d'altérations de leur état corporel ou mental dues à la maladie, à une infirmité ou à l'âge. Cette altération doit être médicalement établie. Selon la gravité du cas, le juge des tutelles peut avoir recours à l'un des trois régimes de protection prévus par la loi.

Régimes	Actes que peut accomplir seul le majeur protégé	Actes où il doit être secondé
Sauvegarde de justice	Conserve l'exercice de ses droits	Les actes excessifs ou lésionnaires peuvent être modifiés ou rescindés.
Curatelle	Peut faire seul les actes conservatoires ou d'administration	Un curateur est désigné pour assister le majeur pour tous les actes de disposition.
Tutelle	Ne peut accomplir aucun acte d'administration. Il doit être représenté par son tuteur.	Ne peut accomplir aucun acte de disposition. Il doit être représenté par son tuteur.

5. La clientèle en difficulté

La prise en compte de ce segment de consommateurs permet aux établissements de les détecter plus rapidement, de se prémunir contre leur risque d'insolvabilité et de les protéger en leur proposant des solutions adaptées à leur situation.

• **Définition**

La fragilité du client est appréciée (décret du 1er juillet 2014) selon :
- la présence d'irrégularités de fonctionnement du compte ou d'incidents de paiement répétés sur trois mois consécutifs ;
- le montant des ressources portées au crédit du compte ;
- l'inscription pendant trois mois consécutifs aux fichiers de la BdF ;
- l'acceptation de dossier de surendettement.

• **Le droit au compte**

La loi du 24 janvier 1984 a instauré la possibilité pour toute personne domiciliée en France de saisir la Banque de France pour qu'elle lui désigne une institution bancaire lorsqu'il a fait l'objet d'un refus. L'établissement qui a rejeté la demande doit lui délivrer une attestation de refus d'ouverture de compte. Quant à celui qui est désigné, il doit procéder à l'ouverture sous trois jours.

• **Détection précoce des difficultés**

Les banques doivent désormais se munir de dispositifs de détection précoce des difficultés de leurs clients et leur proposer très rapidement des mesures adaptées.

• **L'inclusion bancaire**

Elle vise à lutter contre l'exclusion bancaire et permet aux personnes inscrites aux fichiers FCC, FICP de la Banque de France ou sous le coup d'une procédure de surendettement de disposer d'offres bancaires spécifiques et d'une gamme de paiements alternatifs (GPA) dont l'abonnement mensuel ne doit pas dépasser 3 € par mois. L'offre comprend :
- l'ouverture, la tenue et la fermeture d'un compte ;
- une carte de paiement à autorisation systématique ;
- le dépôt et le retrait d'espèces dans l'agence teneuse du compte ;
- 4 virements SEPA par mois et prélèvements illimités ;
- 2 chèques de banque par mois ;
- un système d'alerte sur le solde du compte ;
- un changement d'adresse une fois par an.

• **Le plafonnement des coûts d'intervention**

Les frais bancaires prélevés sont limités à :
- 8 € par opération et 80 € par mois pour l'ensemble des clients ;
- 4 € par opération et 20 € par mois pour les clients les plus fragiles.

• **L'information préalable**

L'agence doit informer le client du montant des coûts d'intervention avant leur prélèvement. Ces frais sont inscrits sur le relevé de compte et débités 14 jours après la date d'arrêté de compte.

Ils ne peuvent excéder :
- 30 € pour un chèque rejeté inférieur ou égal à 50 € ;
- 50 € pour un chèque rejeté d'un montant supérieur à 50 €.

28 LES SOURCES D'INFORMATION ÉCONOMIQUE ET SOCIALE

➔ Le développement de la concurrence ainsi que la mondialisation de l'économie et son instabilité ont mis en évidence la nécessité de détenir des informations sur le contexte économique et social dans lequel l'établissement bancaire exerce son activité.

1 L'utilisation des informations

Une information utile aux professionnels du domaine bancaire et financier est un renseignement qui améliore :

- leur niveau de connaissance sur un sujet concernant leur métier ;
- plus largement, leur compréhension du cadre notamment économique, juridique et social dans lequel ils exercent leurs activités.

Ces informations sont utiles à deux niveaux : celui de la direction de l'établissement et celui du chargé de clientèle.

Dans les deux cas, elles permettent une analyse de la situation actuelle de l'économie (conjoncture), une actualisation des connaissances juridiques mais également de la situation à plus long terme (structurelle). Il est important d'avoir recours à des sources fiables afin d'obtenir des informations pertinentes.

1. Au niveau d'un établissement de crédit ou d'un groupe financier

Chaque année, les économistes des différents groupes bancaires proposent à leur direction des analyses de la situation économique dans leur pays d'origine mais également dans le monde, du fait de la mondialisation de l'économie.

En analysant la situation mondiale des grands pays ou des grandes régions (BRICS, OCDE...), leurs opportunités ou leurs faiblesses dans certains domaines (énergie, systèmes éducatifs, infrastructures publiques suffisantes ou non pour soutenir l'industrie...), les économistes constatent puis anticipent certains phénomènes économiques.

EXEMPLE

Une situation économique des pays émergents affaiblie ne tire plus le commerce mondial vers le haut et permet d'anticiper une baisse des prix de l'énergie liée à la baisse de leur demande. On peut alors penser que cette tendance à la baisse sera profitable à l'ensemble des pays de l'OCDE et notamment à l'Europe qui pourra renouer avec un peu plus de croissance.

L'analyse des données économiques sert de base à la mise en œuvre d'une démarche stratégique. En effet, dans un contexte économique et social déterminé, l'établissement est amené à adopter des postures différentes tant au niveau de ses propres engagements, dans ses allocations d'actifs sur les marchés financiers (produits, régions du monde), qu'au niveau de ses choix auprès de sa clientèle. Ces informations lui permettent, en outre, d'appréhender le niveau de risque dans lequel il évolue, d'établir des prévisions et d'anticiper les évolutions.

2. Au niveau du conseiller clientèle

C'est à partir de la stratégie décidée par la direction générale de son établissement de crédit qu'il dispose de marges de manœuvre pour opérer ses choix. Mais à son niveau, il se doit également d'assurer une veille informationnelle et de recherche des informations sur la situation locale de l'économie, de l'emploi, du niveau de revenu qui l'aideront dans la prise de décisions à l'égard de la demande de son client.

Quant aux informations plus générales sur l'économie, elles lui permettent de fournir à son client des conseils adaptés et de répondre à ses questions en prenant appui sur des mesures récentes, d'actualité.

EXEMPLE

La mise en place de mesures économiques par l'État en faveur de certaines catégories de clients : les personnes fragiles, la création de nouvelles bourses étudiants...

3. Au niveau des entreprises et des ménages

En fonction de leurs projections sur l'avenir, les entreprises et les ménages vont adopter un certain comportement. En situation de confiance, ils ont tendance à investir, s'endetter, consommer ; inversement, en situation de défiance, ils se révèlent plus frileux dans leur choix d'investissement et plus enclins à épargner (épargne de précaution).

Les choix des différents acteurs vont interagir, car les entreprises sont dépendantes de la demande de leurs clients. De ce fait, l'activité bancaire sera également directement impactée.

EXEMPLES

Réduction des demandes de crédit pour financement d'acquisition immobilière, hausse des souscriptions d'assurance-vie.

2 Les sources d'information officielles institutionnelles

Les sources gouvernementales nationales comme les organismes nationaux et internationaux facilitent l'accès à des informations actualisées grâce à leur site Internet.

1. Au niveau national

On peut citer les services statistiques du ministère de l'Économie, des Finances et de l'Industrie.

Les différents ministères informent, publient des rapports dans leur domaine de compétence : ministère du Travail, de l'Emploi et de la Formation, ministère de l'Éducation nationale, ministère des Affaires sociales, de la Santé et des Droits des femmes, ministère du Développement durable, ministère de l'Agriculture, de l'Agroalimentaire et de la Forêt.

La Banque de France présente des statistiques financières et monétaires concernant la France et la zone euro.

28 LES SOURCES D'INFORMATION ÉCONOMIQUE ET SOCIALE (Suite)

2. Au niveau international

La Banque centrale européenne collecte des données statistiques auprès des banques centrales nationales et les analyse.
Le Fonds monétaire international publie mensuellement la revue *Statistiques financières internationales.*
La Banque mondiale fournit des données concernant le développement humain et son évolution.

3 Les sources d'information provenant des organismes ou organisations publics

1. Au niveau national

L'Insee collecte, produit, analyse et diffuse des informations sur l'économie française.
Le CREDOC (Centre de recherche pour l'étude et l'observation des conditions de vie) analyse et anticipe le comportement des individus en tant que consommateurs, acteurs de la vie sociale et de l'entreprise.
Le CEREQ (Centre d'études et de recherches sur les qualifications) réalise des études sur le marché du travail, les métiers, les qualifications et la formation professionnelle.

2. Au niveau international

L'OCDE présente un bilan de la situation économique de ses pays membres dans des domaines spécifiques tels que l'emploi ou l'éducation ;
L'ONU (Organisation des Nations unies) ;
L'OIT (Organisation internationale du travail) ;
L'OMC (Organisation mondiale du commerce).

4 Les publications presse, papier ou en ligne

D'une façon générale, le conseiller clientèle doit être en état de veille informationnelle permanente pour disposer d'une bonne culture générale et connaître l'actualité dans les domaines économique, juridique et social. Cette culture lui permettra de dialoguer avec sa hiérarchie, ses collègues de travail et ses clients, mais aussi de progresser dans sa carrière.

1. La presse quotidienne nationale

Elle comprend des quotidiens nationaux d'information,

EXEMPLES

Le Figaro, Le Monde, Libération, La Croix.

mais aussi des quotidiens financiers, véritables sources d'informations concernant l'activité bancaire.

EXEMPLES

Les Échos, La Tribune, International Herald Tribune.

2. La presse quotidienne régionale

C'est une presse de proximité et de services à laquelle le conseiller clientèle doit s'intéresser pour repérer les acteurs politiques et économiques de la vie locale. Elle couvre l'actualité d'une région, d'une ville ou d'un département et bénéficie d'une position dominante, parfois même d'un monopole, sur un certain nombre de territoires.

EXEMPLES

Ouest France, Le Parisien, Sud-Ouest, La Voix du Nord, Le Dauphiné Libéré.

3. La presse quotidienne urbaine gratuite

Lire la presse populaire lue par les clients n'est pas non plus inutile.
Il y a des titres nationaux,

EXEMPLES

Métro, 20 minutes, Direct Matin, Direct Soir.

et une multitude de titres régionaux.

EXEMPLES

Marseille Plus, Lille Plus...

4. La presse magazine

Un magazine est une publication périodique dont la fréquence de parution varie selon les titres (hebdomadaire, mensuel, trimestriel...). Le conseiller clientèle dispose d'une information généraliste qui lui permet d'avoir un point de vue sur l'actualité mondiale et nationale sous des angles sociétaux, économiques. Des rubriques « culture » apportent un complément d'informations sur les événements artistiques.

EXEMPLES

Magazines hebdomadaires d'actualité comme *Le Point Le Nouvel Observateur, Le Nouvel Économiste.*

5. La presse professionnelle ou technique

En France, il existe plus d'un millier de titres de presse professionnelle destinés à un public essentiellement constitué de professionnels. Ce lectorat est souvent abonné, à titre individuel ou par l'intermédiaire de son entreprise. Ces titres ont ainsi une connotation de sérieux, ils font « autorité » dans leur domaine. Les abonnements en ligne rendent l'information disponible à tout moment.

EXEMPLE

La revue *Banque* édite des dossiers spéciaux, mis en ligne comme « Le développement du Luxembourg comme centre financier international ».

Des hebdomadaires se spécialisent dans la gestion de patrimoine.

EXEMPLE

Investir, Le Journal des Finances, Moneyweek, La Vie financière, Le Revenu Bourse, L'Agefi Hebdo (hebdomadaire financier), *L'Agefi Actifs* (hebdomadaire destiné aux professionnels de la gestion d'actifs).

29 LES PRINCIPAUX INDICATEURS ÉCONOMIQUES UTILES AUX PROFESSIONNELS DE LA BANQUE

L'activité bancaire est profondément liée à l'activité économique des États et en particulier à celle du pays d'origine, à un double titre : d'une part, elle soutient l'activité économique en la finançant; d'autre part, elle en est tributaire, car en cas de difficultés graves, elle ne peut pas s'en affranchir et subit de plein fouet les conséquences que toute crise a sur ses clients particuliers et professionnels.

1 L'utilité des principaux taux utilisés dans l'activité bancaire

Les principaux indicateurs (taux de croissance, taux d'inflation, taux d'intérêt et taux d'épargne) permettent aux professionnels de la banque d'analyser et d'évaluer l'évolution de la situation économique pour en tirer des conséquences.

Ils peuvent ainsi anticiper leur gestion des risques liés à leur activité (récession, chômage...), ainsi que les opportunités, en fonction de ce que le contexte économique sera ou non favorable aux investissements de leurs clients et donc à l'octroi de crédits.

Ils permettent une analyse de deux types de situations :

- la situation économique conjoncturelle ou situation économique à court terme, qui se mesure principalement par des indicateurs quantitatifs tels que le taux de croissance du PIB, l'évolution de l'indice des prix, le nombre de demandeurs d'emploi... ;
- la situation économique structurelle, qui reflète l'organisation et le fonctionnement habituel de l'économie d'un pays.

2 Les principaux taux

Un taux est un rapport quantitatif exprimé en pourcentage entre deux valeurs ayant la même unité de mesure (euros, dollars...).

1. Le taux de croissance

Cet indicateur économique exprimé en pourcentage permet de mesurer l'évolution de l'économie d'un pays d'une année sur l'autre sur deux périodes.

Parmi les instruments de mesure, un agrégat est particulièrement retenu, celui du produit intérieur brut (PIB). Celui-ci mesure l'ensemble des richesses créées par la nation pendant une année. Il est égal à la somme des valeurs ajoutées dégagées par les différentes unités productives, la valeur ajoutée étant la différence entre la valeur de la production et le montant des biens et services utilisés dans le processus de fabrication.

Il se calcule de la manière suivante :

$$\frac{\text{PIB année N} - \text{PIB année N-1}}{\text{PIB année N-1}} \times 100$$

Ce taux est particulièrement important, car il permet d'appréhender une économie nationale dans son ensemble et de mesurer l'état dans lequel elle se trouve. Par ailleurs, il permet de comparer le développement entre les pays et indique la puissance économique d'un État.

EXEMPLES

État de croissance, récession, stagnation...

2. Le taux d'inflation

Cet indicateur économique exprimé en pourcentage traduit l'évolution sur 12 mois de l'indice des prix à la consommation.

L'inflation désigne l'augmentation générale et durable des prix des biens et services de consommation. Elle entraîne la diminution du pouvoir d'achat d'une monnaie.

Pour la mesurer, l'Insee relève chaque mois sur l'ensemble du territoire les prix d'un éventail très large de produits et services représentatifs de la consommation des ménages français.

EXEMPLES

Baguette de pain, ordinateurs, places de cinéma, coupe chez le coiffeur, loyers d'habitation.

L'indice des prix à la consommation est notamment utilisé pour revaloriser les pensions alimentaires, les rentes viagères, les retraites, les loyers d'habitation, pour indexer le Smic.

Dans le cadre des activités bancaires, il a un impact sur le taux du livret A.

3. Le taux d'épargne

L'épargne est la partie du revenu d'un ménage qui n'est pas consommée.

Le taux d'épargne est le rapport entre l'épargne des ménages et le revenu disponible brut (non ajusté) (Insee).

On distingue deux types d'épargne :

- l'épargne financière, qui correspond aux placements financiers et à l'épargne bancaire. Au sein de l'épargne financière, on distingue l'épargne placée (épargne confiée au système financier : les livrets d'épargne, l'épargne logement, les valeurs mobilières, l'assurance-vie et l'épargne retraite) et l'épargne thésaurisée (épargne liquide retirée du circuit économique) ;
- l'épargne non financière, qui correspond aux investissements.

L'épargne dépend du revenu, du taux d'intérêt qui la rémunère et de l'inflation. En effet, l'inflation encourage l'emprunt, car elle minore la charge que représente le taux d'intérêt, détourne de l'épargne et incite à la consommation.

4. Les taux d'intérêt

Pour Keynes, le taux d'intérêt est la récompense pour la renonciation à la liquidité. En effet, il représente la rémunération versée par le débiteur à son créancier et se calcule en pourcentage du capital emprunté.

Le taux d'intérêt varie en général en fonction de l'inflation, du risque encouru par le prêteur et de la qualité de l'emprunteur. Le taux d'intérêt peut être fixe ou variable.

La Banque centrale européenne (BCE) agit sur les taux d'intérêt au travers du taux directeur, c'est-à-dire du taux auquel elle prête de l'argent aux banques :

- en proposant un taux faible aux établissements de crédit, la BCE les incite à prêter davantage aux agents économiques à un taux avantageux. Cette politique de taux bas a pour objectif de soutenir la consommation ;
- en augmentant son taux directeur, elle provoque à l'inverse une baisse des crédits, propre à limiter l'inflation par la réduction de la quantité de monnaie disponible dans l'économie.

3 Les impacts de ces indicateurs sur l'activité bancaire

1. Pour les ménages

La manière dont les ménages envisagent l'avenir les incite à adopter un comportement en fonction de leur niveau de confiance.

À partir de leurs anticipations (évolution des prix, de l'emploi, des impôts), les ménages adaptent leur comportement de consommation et d'épargne.

Ils peuvent :

- soit opter pour le maintien de leur niveau de vie en puisant dans leur épargne, au risque à terme d'être en surendettement ;
- soit au contraire, choisir de renoncer à consommer afin de favoriser leur épargne pour assurer leur avenir.

Ils arbitreront notamment leurs choix d'épargne en fonction de la liquidité de celle-ci et des risques potentiels.

2. Pour les entreprises

Le taux de croissance mesurant la santé d'une économie nationale, celui-ci a un impact sur la perception que les entreprises ont de l'avenir et les incite ou non à investir et donc potentiellement à emprunter.

L'instabilité de la monnaie conduit les entreprises à reporter leurs investissements car elles doutent de l'avenir.

D'une façon générale, les épargnants ayant effectué des placements à taux fixe (non indexés sur l'inflation) et les emprunteurs ayant souscrit des prêts à taux variable sont pénalisés.

De même, lorsque la BCE augmente son taux directeur, le loyer de l'argent augmente. Mécaniquement, les emprunts proposés aux entreprises et aux particuliers deviennent plus chers. De ce fait, les agents économiques sont moins enclins à emprunter.

Ainsi, la demande baisse, ce qui peut générer à terme une baisse des prix (et donc de l'inflation), pouvant au-delà freiner la croissance économique.

3. Pour les établissements de crédit

L'activité bancaire est directement impactée par le comportement des ménages, qu'ils soient demandeurs de crédit ou épargnants.

Lorsque l'inflation se stabilise à un niveau faible, il est possible, en principe, de maintenir des taux d'intérêt bas. Le principal objectif de la BCE et des banques centrales de la zone euro est de maintenir la stabilité des prix et un taux d'inflation sous la barre des 2 %.

Actuellement, en Europe, le loyer de l'argent est historiquement bas. Pour autant, l'activité économique n'est pas nécessairement plus dynamique, car même si les taux sont faibles, les difficultés économiques des entreprises et la fragilité des ménages ne leur permettent pas toujours de recourir à l'emprunt. En effet, le risque qu'ils représentent est jugé trop important par les banques.

Concernant l'épargne, les choix des ménages conditionnent pour une bonne part l'activité bancaire, car l'épargne est une ressource pour les banques pour proposer des crédits (les dépôts font les crédits) et parce que cette épargne permet aux établissements de crédit de remplir les conditions prudentielles imposées par Bâle 3.

De leur côté, les établissements de crédit ne proposeront pas une rémunération très attractive de l'épargne puisque les taux sont bas et qu'ainsi la rémunération de l'argent est faible.

C'est la raison pour laquelle, à l'heure actuelle, les taux des livrets réglementés tels que LDD et livret A sont particulièrement bas. Corrélativement, l'épargne des Français se déplacera sur d'autres produits ou valeurs jugés plus rémunérateurs.

La fidélisation naît de la confiance que la banque a su installer en garantissant au client la fiabilité du service rendu. Le client tient alors à conserver sa relation avec le prestataire parce qu'il pense que ce dernier possède les qualités techniques nécessaires (compétences) et qu'il va les mettre en œuvre à son profit (honnêteté).

30 L'INFLATION

➔ **L'inflation a des impacts positifs et négatifs sur tous les aspects de l'économie nationale. Elle est mesurée tous les mois et est suivie de près par les pouvoirs publics.**

1 La notion d'inflation

1. Définition

L'inflation est la perte du pouvoir d'achat de la monnaie qui se traduit par une augmentation générale et durable des prix.
Elle se distingue de la notion de «coût de la vie» qui prend en compte la variation des quantités en relation avec l'évolution des prix.

2. Mesure

L'inflation se mesure à partir de l'observation d'un «panier» de produits qui représentent la consommation des ménages dans différents domaines. Chaque produit est pondéré selon la part de consommation qu'il représente.
En France, pour évaluer le taux d'inflation, on utilise l'indice des prix à la consommation (IPC). Celui-ci mesure les variations du prix du panier et donc du coût de la vie pour les consommateurs.
Notons que le prix du logement n'est pas pris en compte alors qu'il représente aujourd'hui un poste de dépense très important pour les ménages.

2 Les déterminants de l'inflation

L'inflation peut avoir diverses origines et résulter de la combinaison de plusieurs phénomènes.

1. La masse monétaire

L'augmentation de la masse monétaire en circulation génère une augmentation généralisée des prix. En effet, lorsque les agents économiques ont davantage de monnaie en leur possession, ils consomment davantage (augmentation de la demande), ce qui, à terme, génère une hausse des prix puisque le prix va se fixer à la rencontre de l'offre et de la demande.
Dans ce cas de figure, ce sont donc la Banque centrale européenne (BCE), émettrice de monnaie fiduciaire, ou les banques de second rang, par le biais du crédit, qui sont à l'origine du désordre.

2. L'offre et la demande de biens et de services

Si la demande excède l'offre (car la production n'est pas suffisante pour y répondre), cela conduit à l'augmentation des prix.
L'inflation peut également résulter d'une offre plus chère suite à une augmentation des prix. Cette hausse peut se produire :
- lorsque le coût de production augmente du fait de l'utilisation de biens importés dont le prix augmente (matières premières, par exemple) ;
- lorsqu'une composante essentielle du coût de production augmente (salaires, énergie).

3. La concurrence imparfaite

L'inflation peut résulter d'une concurrence imparfaite lorsque les prix sont fixés par l'État dans certains secteurs ou lorsque les dirigeants choisissent volontairement de fixer un prix élevé pour leur produit.

4. La psychologie des agents économiques

Lorsqu'ils anticipent une hausse des prix, les agents économiques anticipent leurs achats. Face à l'augmentation de la demande des consommateurs, les vendeurs augmentent très rapidement leurs prix.

3 Les incidences de l'inflation sur les taux

1. Sur les taux d'intérêt

Pour mesurer l'incidence des taux d'intérêt sur les agents économiques, il faut prendre en considération le taux d'intérêt réel. Celui-ci est calculé ainsi :
Taux d'intérêt réel = Taux nominal – Taux d'inflation
Ainsi, plus l'inflation est élevée, moins le poids du crédit sera ressenti. De ce fait, quand les taux réels sont élevés, le crédit est plus cher et cela encourage l'épargne. Inversement, lorsque le taux réel est plus bas, cela encourage l'emprunt.
De la même manière, lorsqu'il y a déflation, c'est-à-dire une baisse générale des prix, le taux réel est élevé et cela décourage l'emprunt (investissement).
Dans le cadre de sa politique monétaire, la BCE ne peut jouer que sur le taux nominal pour soutenir la consommation.

2. Sur le taux d'épargne et d'endettement

Quand l'inflation est élevée, cela dévalorise l'épargne qui est moins rémunérée que le taux d'inflation. Face à cette situation, les ménages peuvent opter pour deux choix diamétralement opposés :
- augmenter leur épargne pour préserver la valeur de leur «réserve» (effet revenu) ;
- considérant que l'inflation diminue la valeur de leur épargne, choisir l'endettement, c'est-à-dire la consommation.

3. Sur le taux de change

C'est le différentiel d'inflation entre deux pays qui aura une incidence sur le taux de change.

EXEMPLE

Si la zone euro connaît une inflation supérieure à celle des États-Unis, la BCE augmente son taux directeur pour la combattre et faire diminuer la demande. Dès lors, une meilleure rémunération de l'épargne devient plus attractive pour les capitaux étrangers. Il y aura donc une augmentation de la demande d'euros, et par conséquent une appréciation du taux de change de l'euro.

31 LES SYSTÈMES PRODUCTIFS

Le système productif connaît des mutations dont les conséquences s'expriment sur le plan économique et social et, au-delà, sur la consommation, la formation, les services collectifs... Il impacte les entreprises comme les salariés, les lieux de production et la concentration ou la diffusion de richesses.

1 L'analyse en secteurs d'activité

Un système productif est l'ensemble des liens entre les facteurs et les acteurs qui participent à la production de richesses, à leur distribution et à la consommation, à l'échelle mondiale, nationale, régionale ou locale.
On analyse traditionnellement le système productif à partir des principaux secteurs économiques.

1. Le secteur primaire

Il correspond à la collecte et à l'exploitation directe des ressources naturelles telles que les matériaux ou l'énergie ; on y trouve l'agriculture, la pêche, les exploitations forestières ou minières. Il ne représente qu'une faible part du PIB des pays développés.

2. Le secteur secondaire

Il concerne les industries de transformation des matières premières. À l'instar du secteur primaire, il représente aujourd'hui une part beaucoup plus modeste que par le passé, même s'il peut être considéré comme stratégique dans le cadre d'une économie équilibrée.

3. Le secteur tertiaire

Il regroupe les industries de services : banque, assurance, formation, sécurité, santé... Dans les pays développés, c'est le secteur le plus important en nombre d'actifs occupés.

4. Le secteur public productif

a) Définition

Le secteur public productif comprend les administrations publiques, les collectivités locales et les entreprises dont l'État possède au moins 51 % du capital. Ce secteur emploie en France 3,5 % de l'effectif salarié. Les trois entreprises les plus importantes sont La Poste, EDF et la SNCF, qui représentent 70 % des emplois publics.
Cette production par l'État permet de soutenir un secteur en difficulté, de contrôler une activité économique essentielle ou de se substituer à l'initiative privée.

b) Nationalisation et privatisation

Si dans les années 1980, on a assisté à diverses nationalisations, le mouvement s'est inversé après 2002 et des privatisations (transfert de la propriété à des sociétés privées) ont été réalisées chez France Telecom, GDF et les sociétés d'autoroutes. L'État est ainsi revenu davantage à des fonctions régaliennes traditionnelles.

2 Effets de la mondialisation

C'est prioritairement dans le secteur secondaire que la mondialisation a eu de lourdes conséquences.

1. L'arrivée des pays émergents

Longtemps, les pays développés de la Triade (États-Unis, Japon, Union européenne) ont eu le monopole de l'avance technologique et de la spécialisation manufacturière. Mais de nouveaux concurrents sont apparus tels que le Brésil, la Russie, l'Inde et la Chine (BRIC).

2. La concentration des activités à l'échelle mondiale

Les capitaux internationaux ont créé des filiales à l'étranger, réalisé des fusions-acquisitions ou noué des accords avec les firmes étrangères, dans les régions offrant des avantages technologiques et en capital humain (main-d'œuvre moins chère).

3. La fragmentation des processus de production

La sous-traitance internationale, l'*outsourcing* (externalisation de certaines tâches non productives comme le marketing pour se recentrer sur son métier) et les avancées technologiques ont conduit les pays à ne plus être spécialisés dans certains produits mais dans des morceaux de production ou des opérations d'assemblage.

EXEMPLE

L'iPhone est conçu aux États-Unis avec des composants fabriqués dans différents pays et assemblé en Chine.

4. L'Europe et la France dans la globalisation

L'industrie française a perdu plus de 1,4 million d'emplois en 25 ans. La France n'est pas le seul pays à souffrir de cette désindustrialisation : l'Espagne et l'Italie sont fortement touchées par la crise économique de 2009. Dans l'ensemble de l'Europe, le secteur passe de 27 à 23 % des actifs.

3 Les effets économiques et sociaux

1. Les modifications dans l'organisation de la production

Le progrès technique a entraîné des modifications dans la production et dans l'organisation des entreprises. Les emplois ont donc changé de nature.

a) La sous-traitance

L'automatisation de plus en plus poussée, la diversification des produits et la différenciation en fin de production (par les accessoires) ont permis le développement de la sous-traitance et ainsi, le report sur les fournisseurs des coûts liés aux variations de la demande (ex. : le secteur automobile).

b) Les délocalisations

Les productions employant une main-d'œuvre peu qualifiée ont été délocalisées vers les pays à bas salaires présentant en outre des avantages fiscaux, notamment.

c) La nature des emplois

Les emplois d'ingénieurs et cadres techniques se sont largement développés.

2. Les mutations sectorielles

a) Un secteur primaire stable

Si l'agriculture ne représente que 3 % des emplois, on peut penser que l'avenir lui redonnera un nouveau souffle grâce aux besoins alimentaires d'une population mondiale croissante et au développement des cultures pour les biocarburants.

b) Un secteur secondaire en déclin

Il ne représente plus que 22 % des emplois, alors qu'il est source de divers types de métiers allant de la recherche à des métiers de qualification variable (agents de maîtrise, ouvriers).

Ce secteur a un rôle fondamental dans l'économie, car il est un moteur pour les autres secteurs qui le fournissent en consommations intermédiaires (produits utilisés dans le processus de production), il est à l'origine de l'essentiel de l'effort de recherche mené par les entreprises et il joue un rôle prédominant dans les échanges extérieurs (il représente les trois quarts des exportations). Il offre au pays non seulement plus d'autonomie en termes de productions, mais aussi plus de croissance.

Nos économies sont ainsi « malades » du manque d'emplois dans ce secteur, qui ne saurait être compensé ni par les secteurs d'innovation et de marques ni par les activités « sédentaires » tournées exclusivement vers notre économie nationale (du type services, bâtiment...).

c) Un secteur tertiaire en constante évolution

Il représente aujourd'hui 74,5 % des emplois.

Sans doute, son évolution peut s'expliquer par une nouvelle définition de l'activité industrielle, mais il est de plus en plus difficile d'établir une réelle frontière entre industries et services.

Les entreprises industrielles combinent de plus en plus des produits et des services provenant de différents secteurs.

En effet, en externalisant certaines tâches (finances, recherche, systèmes d'information), l'industrie crée des emplois de services au sein d'autres entreprises alors qu'il s'agissait auparavant d'emplois relevant de son secteur puisqu'ils étaient incorporés à son activité.

En revanche, d'autres activités qui n'appartenaient pas au secteur industriel s'y incorporent aujourd'hui, car elles obéissent à une logique industrielle. Désormais, ces activités reposent sur la standardisation, l'innovation et l'investissement qui sont les trois grands traits de l'industrie. C'est le cas notamment pour les logiciels, l'hôtellerie, le cinéma mais aussi la banque et l'assurance.

3. La taille des entreprises

a) De la concentration

Les entreprises de plus de 2 500 salariés représentent plus des trois quarts des exportations et les grandes entreprises (de plus de 5 000 salariés) en réalisent une large part. Ce phénomène s'explique par le fait que l'industrie nécessite d'importants capitaux et que la concentration permet de mieux affronter la concurrence. Pour autant, elles ne dynamisent plus l'économie comme avant, car :

- elles sont souvent spécialisées dans des métiers tournés vers la France (sédentaires) comme le verre ou les activités de services telles que la banque ou la grande distribution. Leur développement à l'international ne génère donc pas d'emplois en France ;
- beaucoup d'entre elles ont choisi de produire à l'étranger pour des raisons de coûts ;
- elles subissent de toute façon une rude concurrence étrangère qui les empêche d'investir davantage dans l'innovation.

b) Un manque de PME-PMI

Comme les grands groupes, les PME-PMI souffrent de la pression qu'elles subissent sur les prix (en raison de leur place de sous-traitants et de la concurrence étrangère) qui ne leur laisse pas suffisamment de marge pour investir dans l'innovation.

Elles emploient néanmoins autant de salariés que les grands groupes et réalisent 22 % des exportations.

Leur nombre devrait croître, car leur taille leur permet de se développer à l'export tout en ayant la flexibilité indispensable.

4. Les effets sociaux

a) Un chômage galopant

Les délocalisations comme la crise ont généré le fort taux de chômage que nous connaissons actuellement.

b) Des territoires inégaux

En France, certaines régions ont été plus touchées que d'autres par les délocalisations et la crise, car elles avaient une activité essentiellement industrielle.

4 Vers la « postmondialisation » ?

1. La relocalisation

Divers facteurs conduisent les entreprises à relocaliser leurs activités en France : la hausse du coût des transports et de la reconstitution du produit réalisé à divers endroits de la planète, les évolutions du marché et la nouvelle fabrication de petites séries de produits sur de courtes périodes, les problèmes de qualité... En revanche, ce sont les services supports tels que les centres d'appels ou de saisie informatique qui sont désormais délocalisés.

2. Une nouvelle approche de la concurrence asiatique

La France devrait négocier avec ses partenaires asiatiques afin que leurs entreprises investissent et produisent sur notre territoire pour avoir accès à notre marché.

3. La place de l'État

L'État se doit d'accompagner les changements nécessaires à notre économie : concentrer l'aide publique sur la recherche (pour améliorer la compétitivité hors prix), les entreprises de taille intermédiaire exportatrices et la formation.

32 LE MARCHÉ DE L'EMPLOI EN FRANCE

Malgré la crise financière suivie de la crise de la dette de l'État, le marché de l'emploi en France a plutôt bien résisté dans un premier temps. Mais aujourd'hui, le chômage connaît une hausse fulgurante et de nouvelles dégradations sont prévisibles.

1 L'emploi en France

Depuis le début des années 1960, le marché de l'emploi a connu des mutations, passant d'une main-d'œuvre majoritairement masculine, plutôt ouvrière et peu qualifiée occupant, dans de grandes entreprises industrielles, des emplois à durée indéterminée et à temps plein, à des situations d'emploi beaucoup plus variées.

1. Nombre et sexe des travailleurs

Nous sommes passés de 19 millions de personnes (2/3 étant des hommes) occupant un emploi en 1962 à 29,2 millions en 2015. La féminisation de l'emploi est due à de multiples facteurs : l'élévation du niveau de formation de la population, la forte demande des entreprises dans certains secteurs, la nécessité d'un double salaire, la recherche d'une reconnaissance sociale.

2. Les typologies d'emplois

Aujourd'hui, les ouvriers représentent moins de 1 emploi sur 4, tandis que les professions salariées non ouvrières n'ont cessé de progresser. Les employés représentent 28,4 % (contre 18,3 % en 1962), les professions intermédiaires 24,8 % (contre 11,1 % en 1962) et les cadres 15,8 % (contre 4,7 % en 1962) des emplois.
La part des ouvriers a fortement diminué en raison du recul de l'industrie et de leur manque de qualification. On peut avancer plusieurs justifications à l'évolution des emplois : l'émergence des nouvelles technologies de l'information et de la communication, le développement des fonctions commerciales mais aussi de l'éducation, de la santé, de la recherche...

3. La structure du marché de l'emploi

L'élévation du niveau général de formation a permis d'améliorer la qualification des emplois, mais elle a induit un certain nombre de changements dans la structure du marché de l'emploi :
- la part des jeunes a fortement diminué : les moins de 30 ans ne représentent que 1/5e des emplois ;
- les plus âgés ayant été poussés à quitter le marché avant l'âge de la retraite, la vie active s'est concentrée sur les âges intermédiaires ;
- les 3/4 des emplois se concentrent sur le secteur tertiaire ; l'industrie et le bâtiment ne représentant plus que 22 % des emplois et l'agriculture moins de 3 %.

4. L'emploi dans le secteur bancaire

Selon les chiffres de la Fédération bancaire française, en 2013, 390 banques occupaient 371 000 salariés, 6 recrutements sur 10 l'étaient en contrat à durée indéterminée ; 24 000 recrutements étaient réalisés dont 64 % de jeunes de moins de 30 ans, 57,2 % de femmes, 49 % de diplômés à Bac+2 ou 3 et 40 % à Bac+4 ou 5 ; 10 000 jeunes étaient recrutés en alternance et 70 % des emplois concernaient la banque de détail.

5. Des statuts variés

Le taux de salariat est aujourd'hui de près de 90 %, bien que l'on enregistre une recrudescence de l'emploi indépendant en lien, sans doute, avec un besoin d'adaptation face à la crise qui a détruit de nombreux emplois (surtout dans les services marchands et le bâtiment).
Mais le salariat recouvre des réalités très différentes puisque dans le même temps, on trouve en lieu et place des classiques contrats à temps complet et à durée indéterminée, une multiplication des contrats à durée déterminée, temps partiel, intérim, stages...
Ce dualisme du marché du travail est propre à démultiplier les inégalités en termes de stabilité d'emploi, de revenu... et en particulier face au chômage.

2 Le chômage en France

Le chômage atteint en France au dernier trimestre 2014 le chiffre record de presque 10,5 % de la population active, constituée des personnes en âge de travailler (à partir de 15 ans au sens du BIT) disponibles sur le marché du travail et exerçant une activité rémunérée ou recherchant un emploi.

1. Les origines du chômage

De nombreux économistes se sont penchés sur la recherche d'explications à donner au chômage et globalement, il existe quatre courants.

a) Le chômage au sens des auteurs classiques

Selon les auteurs libéraux, le chômage serait dû à une rentabilité insuffisante des équipements en raison du coût élevé du facteur travail (salaire) qui dissuade les entreprises d'accroître leurs capacités physiques de production, car elles considèrent que la rémunération du facteur capital est alors insuffisante.

b) Le chômage selon la théorie keynésienne

C'est une insuffisance de la demande globale qui conduit les entreprises à ne pas produire davantage, faute de débouchés. Ainsi, elles licencient ou, en tout cas, n'embauchent pas.

c) Le chômage selon la théorie marxiste

Selon Marx, le chômage est incontournable dans un système capitaliste qui subit régulièrement des crises.
Le prolétariat est alors partagé entre les actifs (en situation de « sur-emploi ») et les chômeurs (en « sous-emploi ») qui constituent ainsi une « armée industrielle de réserve », permettant aux capitalistes de faire baisser les salaires.

d) Le chômage lié aux structures économiques et sociales

Dans ce cas, le chômage serait lié à l'état des structures économiques et sociales du pays. Selon Friedman :

- il y aurait un **chômage « naturel »**, contre lequel aucune politique économique ne pourrait durablement agir ;
- le chômage résulterait d'un **calcul économique volontaire** correspondant au temps de trouver ou de choisir un autre emploi ;
- le **chômage d'adaptation** résulterait d'une inadéquation entre les emplois disponibles et les emplois souhaités en termes de qualification, nature du poste ou quantité d'emplois proposés.

2. Les différents types de chômeurs

- Personne sans emploi, tenue d'accomplir des actes positifs de recherche d'emploi, à la recherche d'un emploi quel que soit le type de contrat (CDI, CDD, à temps plein, à temps partiel, temporaire ou saisonnier).
- Personne ayant exercé une activité réduite de 78 heures maximum par mois, tenue d'accomplir des actes positifs de recherche d'emploi.
- Personne ayant exercé une activité réduite de plus de 78 heures par mois, tenue d'accomplir des actes positifs de recherche d'emploi.
- Personne sans emploi, qui n'est pas immédiatement disponible, non tenue d'accomplir des actes positifs de recherche d'emploi (demandeur d'emploi en formation, en maladie, etc.).

3. Des inégalités face au chômage

Le chômage ne touche pas de façon identique tous les individus ni toutes les zones géographiques et l'on peut observer des inégalités :
- en termes de public concerné, on retrouve des inégalités de plusieurs ordres : en fonction du niveau d'études (seuls 5,6 % des Français diplômés d'un niveau égal ou supérieur à Bac+2 sont au chômage contre 13,5 % des actifs n'ayant pas atteint le niveau Bac), des filières de formation, de l'âge (seuls 42,5 % des seniors, c'est-à-dire âgés de 55 à 64 ans, sont actifs) ;
- en termes géographiques, globalement ce sont les zones où se concentrent les sièges sociaux et les activités de recherche-développement qui ont le moins souffert ; les régions rurales ayant un bassin de l'emploi réduit et peu d'entreprises de taille nationale correspondent à la moyenne nationale ; les régions touristiques ont mieux absorbé le choc de la crise ; les régions industrielles ou ayant des activités de logistique ont vu le niveau de chômage augmenter.

4. Les politiques de lutte contre le chômage

Pour les auteurs classiques, le chômage ne peut être que volontaire. Ainsi, il suffirait d'abaisser voire de supprimer les dispositifs d'aide financière aux chômeurs pour les inciter à retrouver un emploi.
Pour les keynésiens, le chômage résultant d'une insuffisance de la demande effective, il doit être traité par des politiques de relance de la consommation et de l'investissement de l'entreprise.
Pour les tenants du chômage structurel, c'est-à-dire engendré par le fonctionnement trop rigide du marché et une inadéquation qualitative entre les emplois et les chômeurs, il faut rendre les contrats de travail plus flexibles (modalités de licenciement, durée du travail...) et requalifier la main-d'œuvre en fonction des besoins de l'entreprise.
Les différents gouvernements s'en inspirent plus ou moins, suivant leur sensibilité politique dans une société forte de ses acquis sociaux. Ils ont parfois supprimé ou allégé les cotisations sociales, réduit le temps de travail, agi sur l'indemnisation du chômage partiel, soutenu certains types de contrats destinés à faciliter le recrutement de personnes rencontrant des difficultés en offrant des avantages aux entreprises qui les recrutent...

5. Les perspectives du chômage

Dans la logique d'une économie capitaliste, c'est la croissance qui est le principal moteur de la lutte contre le chômage et une croissance inférieure à 1,5 point ne permettrait pas une reprise de l'emploi.
Mais d'autres éléments sont à prendre en compte.
Selon le cabinet McKinsey Global Institute, la dégradation du marché de l'emploi pourrait s'accentuer dans les années à venir. Ainsi, la France devrait doubler sa capacité de création d'emplois à l'horizon 2020 si elle veut atteindre le taux d'activité (rapport entre le nombre des actifs et la population totale en âge de travailler) des autres pays européens et abaisser son taux de chômage à 5,5 %.
En outre, si les conditions du marché du travail restaient inchangées, il manquerait à la France 2,2 millions d'emplois très qualifiés non pourvus faute de compétences et 2,3 millions d'actifs peu qualifiés ne trouveraient pas d'emploi.
Il faudrait donc non seulement améliorer tant la formation initiale que continue mais également dynamiser les secteurs pourvoyeurs d'emplois peu qualifiés tels que la distribution, les services à la personne...
Ces éléments seraient de nature à encourager le développement et la création d'entreprises en France, car celles-ci rechercheront les compétences là où elles se trouvent, pérenniseraient notre système de protection sociale mis à mal par la crise, et seraient une condition du retour à l'équilibre des finances publiques

3 La gestion du client sans emploi

C'est en termes de risque que cette gestion est primordiale. Le contexte de l'économie locale sera peut-être aussi un élément à prendre en compte en considérant les facilités ou les difficultés à retrouver un emploi en fonction du bassin de l'emploi et du profil du client.
Un client endetté pourra être soutenu un certain temps. S'il n'a pas de crédit, une autorisation de découvert ne sera pas nécessairement accordée faute de revenus pérennes. Dans tous les cas, on prendra en compte sa situation personnelle.

33 LES PRINCIPAUX REVENUS ET LE PATRIMOINE DES MÉNAGES

➔ La répartition primaire des revenus partage la richesse créée par l'activité de production entre le facteur travail et le facteur capital. L'adjectif « primaire » indique qu'il s'agit de revenus provenant de l'activité ou de la propriété.

1 La répartition de la valeur ajoutée

1. La répartition dans l'entreprise

a) Le schéma de la répartition de la valeur ajoutée

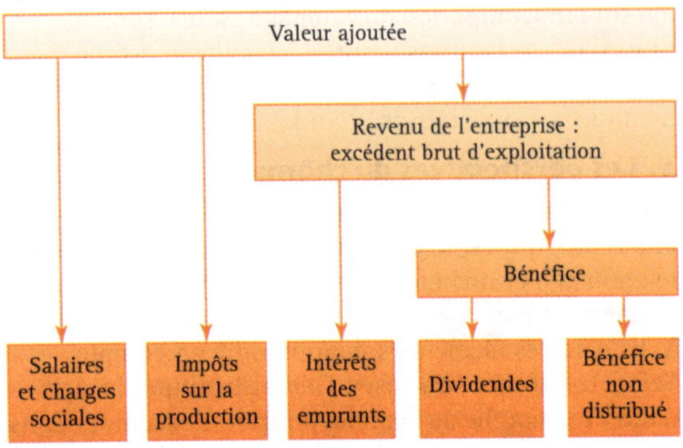

b) Les salaires et les prélèvements obligatoires

La rémunération des agents qui participent à la production donne lieu à une répartition de la valeur ajoutée entre :
- les salariés qui reçoivent un salaire en contrepartie de leur travail ;
- l'État qui perçoit des impôts et des taxes ;
- les organismes sociaux qui perçoivent des cotisations sociales.

c) La répartition de l'excédent brut d'exploitation

La valeur ajoutée sert en priorité à distribuer des revenus aux salariés. Mais une fois ceux-ci payés, il doit rester une somme utilisée pour rémunérer les apporteurs de capitaux. Cette somme, appelée en économie « excédent brut d'exploitation » (EBE), se détermine de la manière suivante :

EBE = Valeur ajoutée – Rémunération des salariés

L'EBE se répartit entre :
- les propriétaires de l'entreprise, qui reçoivent un dividende pour chaque action détenue ;
- les prêteurs de capitaux, qui perçoivent des intérêts sur les prêts accordés à l'entreprise ;
- l'entreprise elle-même, qui conserve la partie non distribuée du bénéfice pour l'autofinancement de ses activités.

2. La répartition au niveau national

Le revenu national net est la somme des revenus primaires perçus par les ménages. Il est constitué de trois éléments :
- la rémunération du travail salarié ;
- les revenus de la propriété, qui correspondent à la rémunération de l'épargne (dividendes, intérêts, loyers, etc.) ;
- les revenus des entrepreneurs individuels, qui correspondent à la fois à la rémunération de leur travail et à celle du capital investi dans leur entreprise.

2 La formation des revenus primaires

1. La formation du salaire

a) La notion de salaire

Le salaire est la rémunération, en argent ou en nature, du facteur travail. Les salariés représentent 86 % de la population active. Il existe un salaire minimum, le SMIC, automatiquement revalorisé tous les 1er juillet de chaque année. On distingue différentes approches du salaire :
- le salaire de base, défini par le contrat de travail en fonction ou non d'une convention collective ;
- le salaire brut, correspondant au salaire de base augmenté des primes et avant les prélèvements des cotisations sociales ;
- le salaire net réellement perçu par le salarié après prélèvement des cotisations sociales.

b) La confrontation de l'offre et de la demande de travail

Pour les économistes classiques, le niveau des salaires est déterminé, d'un côté, par la quantité de travail offerte par les salariés et, de l'autre, par la quantité demandée par les entreprises. Le salaire baisse lorsque l'offre est supérieure à la demande et augmente dans la situation inverse.

c) L'intervention des partenaires sociaux

Dans la réalité, l'existence d'un rapport de force sur le marché du travail et l'action des partenaires sociaux (État, syndicats de salariés et d'employeurs) font que les salaires sont le plus souvent orientés à la hausse. La grille de salaires applicable dans l'entreprise est définie par une convention collective de la branche d'activité à laquelle l'entreprise appartient.

2. La formation du profit

a) La définition du profit

Le profit correspond à l'excédent brut d'exploitation. C'est ce qui reste de la valeur ajoutée après la rémunération de tous les facteurs de production (salaires, fournisseurs de l'entreprise, impôts, etc.).

b) L'origine du profit

L'origine du profit varie selon les théories économiques :
- les libéraux définissent le profit comme la juste rémunération du risque pris par l'entrepreneur ;
- les marxistes attribuent la création du profit à l'exploitation des travailleurs ;
- J. Schumpeter estime que l'innovation et le progrès technique constituent le fondement du profit.

c) Le rôle du profit pour l'entreprise

Le profit permet de constituer une réserve de liquidités afin d'investir sans financer la croissance de l'entreprise par l'emprunt. On dit que l'entreprise s'autofinance. L'importance du profit témoigne par ailleurs de l'efficacité dans la gestion de l'entreprise.

3. L'évolution des salaires et des profits

Depuis une vingtaine d'années, les salaires ont tendance à stagner et les profits à très fortement augmenter.
Le partage de la valeur ajoutée se modifie donc en faveur de la part des profits et au détriment des salaires.

3 Les inégalités de la répartition primaire

1. Les inégalités de la répartition des revenus

a) Les inégalités de salaires entre hommes et femmes

En France, à travail égal, une femme gagne moins qu'un homme.
L'écart moyen entre hommes et femmes s'élevait à 27 % en 2011. Plus on s'élève dans la hiérarchie des salaires, plus l'inégalité entre hommes et femmes est forte.

b) Les inégalités selon l'âge

Les 50-54 ans touchent un revenu salarial 3,4 fois plus élevé que celui des moins de 25 ans.
L'ancienneté favorise les seniors.
Les jeunes sont les premiers à subir la pression du manque d'emploi sur le niveau des salaires.

c) Les inégalités selon les catégories sociales

L'écart entre catégories sociales est important.
Les cadres supérieurs perçoivent deux fois plus que la moyenne des salariés et 2,6 fois plus que les ouvriers.

d) La situation géographique

La localisation géographique fait que, à travail équivalent, un salarié gagne plus à Paris qu'en province.

e) Les facteurs liés à l'entreprise

L'appartenance à une grande entreprise favorise un niveau de salaire plus élevé pour une même qualification.
Le salaire dans les plus petites entreprises est inférieur de 30 % à celui des plus grandes.
L'existence de gains de productivité importants dans certains secteurs entraîne des salaires plus élevés.
L'importance de la syndicalisation dans certaines branches d'activité permet de mieux négocier les hausses de salaire.

2. Les inégalités de patrimoine

a) La notion de patrimoine

Le patrimoine d'un agent économique est constitué par l'ensemble de ses actifs, déduction faite de ses dettes. L'acquisition de ce patrimoine résulte de la part des revenus non consacrée à la consommation.
On distingue le patrimoine :
- domestique, qui ne procure pas de revenus, tel que le logement ;
- professionnel, dans le cas des entrepreneurs individuels ;
- de rapport, qui provient des placements de l'épargne.

Une partie du patrimoine procure des revenus (patrimoine professionnel et de rapport) aux ménages ou des plus-values (patrimoine domestique) qui vont accroître encore les inégalités dans la répartition primaire.

b) La composition du patrimoine

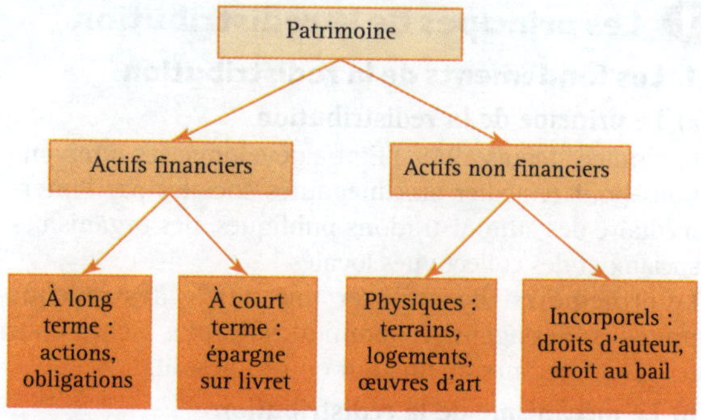

c) L'évolution de la composition du patrimoine

Au cours des dix dernières années, la hausse continue des prix de l'immobilier a accru globalement la valeur du patrimoine des ménages. Les biens immobiliers représentaient la moitié du patrimoine à la fin des années 1990. Ils en constituent aujourd'hui les deux tiers.
Les propriétaires de logements ont été avantagés sur cette période par rapport à ceux qui détenaient un patrimoine financier.
En ce qui concerne le patrimoine financier, les produits d'assurance vie ont vu leur part augmenter par rapport à l'épargne collectée sur les livrets.

d) L'évolution du patrimoine selon l'âge

Le montant du patrimoine des ménages augmente jusqu'à 70 ans, avant de redescendre. Le patrimoine moyen des moins de 30 ans est de 32 700 euros (2010). Il double entre la trentaine et la quarantaine et est dix fois plus élevé chez les 60-69 ans. L'acquisition d'un logement représente la première étape de la constitution du patrimoine. Avec l'âge, les composantes du patrimoine se diversifient vers des placements plus risqués.

e) La place du patrimoine dans les inégalités

Les inégalités de répartition du patrimoine sont beaucoup plus fortes que celles des revenus. Les 10 % des ménages français les plus riches (minimum de 550 000 euros de patrimoine) détiennent 50 % du patrimoine national. Les 10 % de ménages les plus modestes détiennent au maximum 2 700 euros chacun, soit 205 fois moins.
Cela s'explique de plusieurs façons :
- d'une part, les héritages sont en général plus élevés dans les familles à hauts revenus ;
- d'autre part, des revenus plus élevés génèrent une plus forte capacité d'épargne et d'endettement, et donc, année après année, une plus forte accumulation en termes de patrimoine.

Cette tendance à perpétuer les inégalités sociales de génération en génération est un facteur de reproduction sociale.

34 LA REDISTRIBUTION DES REVENUS

L'un des rôles de l'État-providence consiste à redistribuer le revenu disponible pour corriger les inégalités sociales issues de la répartition primaire.

1 Les principes de la redistribution

1. Les fondements de la redistribution

a) Le principe de la redistribution

En France, depuis 1945, l'État a développé ses interventions pour remédier aux inégalités sociales par l'intermédiaire des administrations publiques, des organismes sociaux et des collectivités locales.

Le principe est de prélever une partie des revenus primaires des agents économiques les plus riches pour les transférer aux agents qui en ont besoin.

b) Le mécanisme de la redistribution

La redistribution est un mécanisme en deux étapes :
- des prélèvements sur les revenus primaires des ménages (impôts et cotisations sociales) ;
- leur reversement sous forme d'allocations ou de prestations en fonction de la situation sociale des ménages (revenus de transfert).

2. Les objectifs de la redistribution

a) L'objectif de solidarité

Toutes les sociétés développées cherchent à assurer une meilleure sécurité à leurs membres en les protégeant contre les risques de la vie (maladie, chômage, accident du travail) et en leur garantissant la prise en charge de situations sociales particulières (naissance, retraite, décès).

b) L'objectif de cohésion sociale

Il repose sur l'idée que la prospérité économique doit permettre à tout individu de bénéficier d'un revenu minimum.

2 Le fonctionnement de la redistribution

1. Le financement de la redistribution

a) Les prélèvements obligatoires

Le financement de la redistribution nécessite des prélèvements sur les revenus des agents économiques. Le taux des prélèvements obligatoires par rapport au PIB est en constante augmentation depuis 1970. Il représente environ 44 % du PIB.

b) Les prélèvements fiscaux

Ils sont mis en place par l'État sous la forme :
- d'impôts directs sur les revenus des ménages et des entreprises (impôts sur les sociétés) et sur le patrimoine (impôt sur la fortune immobilière) ;
- d'impôts indirects sur la dépense (TVA et taxe intérieure sur les produits pétroliers ou TIPP).

c) Les prélèvements sociaux

Les prélèvements sociaux, sous forme de cotisations sociales qui comportent une part patronale et une part salariale, financent la protection sociale. Ces cotisations sont prélevées par des organismes sociaux (Unedic pour le chômage et URSSAF pour la Sécurité sociale). Elles sont complétées par la CSG (contribution sociale généralisée) et la CRDS (contribution pour le remboursement de la dette sociale) prélevés sur les revenus.

2. Les revenus de transfert

a) Les transferts économiques

Ils sont destinés à améliorer la situation financière des bénéficiaires. Les services publics de l'État fournissent des prestations gratuites ou quasi gratuites (enseignement, police, etc.) pour tous.

b) Les transferts sociaux

Les transferts sociaux visent à réduire la charge financière que représente la protection contre divers risques sociaux des individus ou des familles.

Certains de ces transferts (pensions de retraite, d'invalidité, de veuvage, d'accidents du travail, allocations de chômage, indemnités de maladie) sont versés en contrepartie de cotisations préalables. D'autres (Revenu de solidarité active, allocations familiales, allocations de chômage, allocations de logement) sont liés à une situation particulière : présence d'enfants ou niveau de revenu.

3. Le revenu disponible

Le revenu disponible est le revenu dont dispose réellement un ménage pour consommer et épargner. Il est égal à :

Revenu disponible des ménages = Revenus primaires
– Prélèvements fiscaux et sociaux
+ Revenus de transfert

3 L'efficacité de la redistribution

1. Les limites de la redistribution

Le fonctionnement de la redistribution ne parvient pas à résorber l'exclusion des ménages les plus pauvres. 10 % des ménages ont des revenus inférieurs au seuil de pauvreté. Les sociétés développées ont de plus en plus un fonctionnement à deux vitesses. D'un côté, les bénéficiaires de la croissance profitent de l'économie de marché. De l'autre, les exclus de la croissance voient leurs conditions de vie et de travail se dégrader.

2. Les acquis de la redistribution

La redistribution des revenus est un facteur de paix sociale, notamment au sein de l'entreprise. Elle favorise la croissance de la consommation globale.

La protection de la population en matière de santé publique contribue par ailleurs à augmenter l'espérance de vie et à faire baisser la mortalité infantile.

3. La remise en cause de la redistribution

Pour les libéraux, la redistribution augmente le coût du travail et a des conséquences sur la production nationale, notamment en termes de délocalisation des entreprises. Un taux d'impôt trop élevé décourage les initiatives et la volonté de travailler plus et encourage l'évasion fiscale. Un taux élevé de prélèvements obligatoires constitue, quant à lui, un frein à la compétitivité des entreprises.

35 L'UTILISATION DU REVENU : LA CONSOMMATION ET L'ÉPARGNE

Les ménages utilisent leur revenu disponible dans des dépenses de consommation et pour épargner.

1 Les différentes formes de consommation

1. La définition de la consommation

La consommation est l'acte d'utiliser un bien ou un service soit pour satisfaire des besoins, soit pour produire un autre bien. C'est une opération économique de destruction par l'usage de biens et de services.

2. Les différentes formes de la consommation

a) La consommation marchande et non marchande

La consommation est marchande lorsqu'elle porte sur des biens échangés sur un marché à un prix couvrant au moins leur coût de production. Certains services ne sont pas marchands soit parce qu'ils sont gratuits, soit parce que leur prix est inférieur à leur coût de revient.

b) La consommation individuelle et collective

La consommation est individuelle lorsque le bien ou le service est consommé par une personne ou un petit groupe qui décide du moment et de la quantité à consommer. Elle devient collective lorsqu'elle concerne les services non marchands fournis par les administrations publiques (justice, enseignement et santé publique).

c) La consommation finale et intermédiaire

La consommation finale correspond aux achats de biens ou de services par les ménages. Elle comprend l'autoconsommation (ex. : production des jardins de particuliers). La consommation intermédiaire porte sur des biens et des services utilisés dans la production d'un autre bien.

2 Les déterminants du comportement du consommateur

1. Les déterminants économiques de la consommation

a) La recherche de la satisfaction maximale

La théorie néoclassique privilégie l'étude du comportement individuel du consommateur. Celui-ci recherche la satisfaction maximale compte tenu de la limite imposée par ses revenus, à savoir de sa contrainte budgétaire. Son comportement est rationnel et il recherche la plus forte utilité dans ses choix de consommation.

b) Le rôle des prix

Plus le prix d'un bien est élevé, moins le consommateur achète. Par contre, si le prix d'un bien diminue, sa demande a tendance à s'accroître. Il existe donc une relation inverse entre l'évolution du prix et l'évolution de la demande d'un bien : ce rapport est l'élasticité prix de la demande, qui est négative.

c) Le rôle du revenu

L'augmentation du revenu rend possible l'augmentation de la consommation. Mais il donne souvent lieu à la constitution d'une épargne. Plus le revenu est élevé, plus, en principe, la consommation augmente. En revanche, pour les produits alimentaires de base, la consommation se réduit avec l'augmentation du revenu.

2. Les facteurs sociologiques de la consommation

a) L'appartenance à un milieu social

L'appartenance à un milieu social conditionne un comportement de consommation spécifique qui dépend des habitudes acquises par l'éducation. Les habitudes de vie transmises dans le milieu d'origine ont tendance à se reproduire d'une génération à l'autre.
Le milieu professionnel influence également la consommation. Il développe des comportements ostentatoires.

b) Les effets d'imitation et de distinction

La consommation conduit parfois au besoin de copier celle de la classe sociale qui se situe à un niveau plus élevé que la classe d'appartenance. Ce besoin de mimétisme entraîne un processus de rattrapage des modes de consommation des classes sociales les plus aisées. Celles-ci cherchent à leur tour à se tourner vers de nouvelles formes de consommation qui les distinguent.

3 Les déterminants du comportement de l'épargnant

1. La définition

L'épargne constitue la part du revenu des ménages non consacrée à la satisfaction d'un besoin immédiat mais qui est mise en réserve en vue d'une dépense future.

2. Les formes de l'épargne

a) L'épargne financière et non financière

L'épargne financière se présente sous une forme liquide. Elle est constituée de billets et de placements financiers (actions, obligations). L'épargne non financière est investie dans l'immobilier et dans les biens de production pour les entrepreneurs individuels.

b) L'épargne volontaire et involontaire

L'épargne est *a priori* un acte volontaire mais, dans certains cas, elle est imposée (impôts, cotisations retraite et cotisations sociales).

3. Les motifs de l'épargne

Les raisons d'épargner sont variées :
- épargne de précaution pour se prémunir d'un risque potentiel (perte de revenu, changement professionnel ou personnel) ;
- épargne de placement pour obtenir des revenus complémentaires ;
- épargne de liquidités pour constituer une réserve en vue d'un achat ;
- épargne patrimoniale pour constituer un patrimoine à transmettre à ses descendants ;
- épargne de spéculation pour réaliser une plus-value entre un achat et une vente.

36 LE RÔLE DES POLITIQUES ÉCONOMIQUES DANS LE CONTEXTE EUROPÉEN

La politique économique désigne un ensemble d'interventions définies, planifiées et mises en œuvre par les pouvoirs publics (État et banque centrale en particulier) pour atteindre, grâce à l'utilisation d'instruments divers, des objectifs visant à l'amélioration de la situation économique.

1 Les politiques économiques dans le contexte de l'Union européenne

1. Les instruments et les objectifs de la politique économique

En fonction de l'approche politique de l'économie choisie par un État, celui-ci adopte des principes plus ou moins interventionnistes.

Cette politique pourra avoir pour objectif de :

- corriger des déséquilibres macro-économiques à court terme, on parle alors de **politique conjoncturelle** ;
- viser sur le long terme pour modifier les institutions et faire évoluer les comportements des agents économiques. Il s'agit alors d'une **politique structurelle**.

a) Les objectifs retenus

Ce sont essentiellement :

La croissance
C'est-à-dire une augmentation des richesses créées au niveau national afin de garantir le bien-être de la population et le plein-emploi. Elle est mesurée par l'évolution du produit intérieur brut (PIB).
Le plein-emploi
C'est-à-dire des mesures pour lutter contre le chômage et favoriser la création d'emplois.
La stabilité des prix
L'évolution de l'indice des prix permet de mesurer l'inflation. L'appréciation de cet indice incite l'État à agir afin de garantir le pouvoir d'achat des agents économiques et donc soutenir la croissance.
L'équilibre des échanges extérieurs
Il se mesure par le solde de la balance commerciale (différence entre les importations et les exportations), qui traduit la plus ou moins grande vigueur de l'économie dans ses capacités de production.

b) Les instruments

Plusieurs politiques doivent être menées conjointement : une politique budgétaire, une politique de l'emploi, une politique monétaire et une politique de change.

2. La politique économique dans le cadre de l'Union européenne

L'Union économique et monétaire a été lancée par le traité de Maastricht en 1992. Elle repose sur deux bases : la création d'une monnaie unique, l'euro, et la coordination des politiques économiques et budgétaires des États membres.

Dans ce contexte, les politiques monétaire et de change ont échappé à la souveraineté des États et sont conduites pour l'Union par la Banque centrale européenne (BCE). Il ne reste aux pays membres que les choix d'une politique budgétaire et d'une politique de l'emploi. Cependant, celles-ci sont contraintes par les exigences posées au travers du Pacte de stabilité et de croissance.

3. Le Pacte de stabilité et de croissance

Au terme de la construction de l'Union européenne, l'Europe a été intégrée sur le plan financier par l'adoption de la monnaie unique : l'euro.

Pour faire face à l'évolution du monde et des économies, les pays de la zone euro ont mis en place des politiques et des stratégies afin de garantir la stabilité et la croissance.

Cette démarche a abouti en 1997 à l'élaboration du Pacte de stabilité et de croissance.

Cette convention se compose d'un « volet préventif » qui veille à ce que les États contrôlent le bon fonctionnement de leur économie, et d'un « volet correctif » afin d'aider les États ayant des difficultés financières.

Au terme de cet accord, deux taux fixent les limites du déficit et de la dette publique.

Les États signataires ne doivent pas avoir un déficit public supérieur à 3 % et ne doivent pas être endettés au-delà de 60 % de leur PIB. Dans le cadre du volet préventif, les États présentent leurs objectifs budgétaires à l'Union européenne qui exprime un avis.

2 La politique budgétaire des États

1. Mécanisme

Elle consiste à influencer la conjoncture économique au moyen des orientations données dans l'utilisation du budget de l'État (politique volontariste).

Cette pratique a vu le jour après la crise des années 1930, car alors, les États ont abandonné leurs strictes activités régaliennes pour appliquer les théories de John Maynard Keynes qui soutenait que la relance économique pourrait avoir lieu grâce à l'augmentation des dépenses publiques.

En effet, les recettes et les dépenses publiques permettent de soutenir temporairement le circuit économique en compensant l'insuffisance de la demande.

Il s'agit de faire jouer le « multiplicateur keynésien » : l'augmentation des dépenses publiques génère des revenus supplémentaires pour certains agents économiques. La partie de ces revenus qui sera consommée alimentera la demande intérieure adressée aux entreprises.

Ainsi, celles-ci augmenteront leurs investissements, embaucheront du personnel et verseront des salaires qui alimenteront à leur tour la demande. Il y aurait donc bien un effet multiplicateur.

Les États peuvent aussi intervenir en réduisant les charges sociales des entreprises et en redistribuant des revenus aux ménages.

2. Les politiques de relance menées par la France

a) Les effets escomptés

La France a longtemps utilisé la politique budgétaire pour relancer l'économie. La dernière, clairement affichée entre 2009 et 2010, avait donné lieu à :

- des investissements publics : développement des réseaux des grandes entreprises publiques (ferroviaire, énergétique, postale), investissements directs dans des secteurs stratégiques (défense, environnement...), construction de logements sociaux ;
- des exonérations de charges pour les entreprises de moins de 10 salariés embauchant en 2009 ;
- un soutien de l'industrie automobile : prime à la casse... ;
- pour les ménages : le versement d'une prime exceptionnelle pour les bénéficiaires du RSA, une amélioration de l'indemnisation chômage...

b) Les effets pervers

L'augmentation des dépenses publiques peut avoir un effet d'éviction à l'égard des investisseurs privés car, pour financer ces dépenses, l'État emprunte sur les marchés de capitaux, générant ainsi un accroissement de la demande et une hausse des taux d'intérêt. Ce mécanisme est susceptible d'écarter d'autres investisseurs.

La hausse de la demande peut ne pas profiter tout de suite aux entreprises nationales mais plutôt aux entreprises étrangères du fait de la mondialisation des échanges.

Les délais de mise en place de cette politique peuvent la rendre trop tardive.

Surtout, l'augmentation de ces dépenses vient alourdir la dette publique des États et pèse sur leur avenir.

3. Politique budgétaire et situation de crise

Il est de plus en plus difficile pour les États européens de pratiquer une politique budgétaire de relance.

a) L'Europe exige plus de rigueur

Depuis la crise financière de 2008, l'économie mondiale est confrontée à de nouvelles difficultés et l'Union européenne a dû intervenir pour soutenir ses partenaires en difficulté (la Grèce, notamment).

En contrepartie, depuis 2012, une plus grande rigueur budgétaire a été rendue obligatoire par le Traité sur la stabilité, la coordination et la gouvernance, imposant un retour à l'équilibre budgétaire et la mise en œuvre de politiques restrictives.

Actuellement, la France n'a pas pu tenir ses engagements en raison d'une croissance atone et d'une baisse des recettes publiques. Un délai lui a été accordé en échange de la promesse de réformes structurelles, en particulier concernant le marché du travail.

b) Marchés financiers et choix politiques

Dans le contexte actuel de crise des dettes souveraines (situation où un État n'est plus en mesure d'assumer le remboursement de ses emprunts) dans les États membres de l'Union européenne, certains États, comme la Grèce, sont contraints d'emprunter à des taux très élevés faute de crédibilité à l'égard des marchés.

En conséquence, ces États ont dû revenir à des politiques de restriction budgétaire et d'austérité.

Certains économistes considèrent que cette démarche est contre-productive et ne conduit qu'à une perte supplémentaire de croissance et à une diminution des recettes fiscales, ce qui accroît encore le déficit.

3 La politique de l'emploi

Comme la politique budgétaire, elle relève des États. Elle a pour objectif de rapprocher l'offre et la demande d'emplois pour générer davantage d'offres d'emplois et d'assurer l'adéquation entre ces offres et les qualifications des travailleurs.

Elle peut donc donner lieu à des mesures à différents niveaux :

- en amont : des mesures concernant la formation, l'enseignement... ;
- en aval : un soutien à certains types de contrats en faveur de certains publics (les jeunes, par exemple), une diminution de charges sociales...

Le pacte de responsabilité et de solidarité propose pour les entreprises des mesures qui permettent une baisse du coût du travail, la baisse des impôts, la simplification des obligations pesant sur elles.

La loi pour la croissance, l'activité et l'égalité des chances économiques (loi Macron) prévoit la possibilité de travailler 12 dimanches par an et la simplification du droit du licenciement économique.

Par ailleurs, la loi « Travail » du 9 août 2016 vise à offrir aux entreprises la possibilité de convenir avec leurs salariés de mesures à prendre pour plus de flexibilité dans leur gestion, en fonction de leur marché, et donc leur permettre d'être plus compétitives et, à terme, de favoriser l'emploi.

Cela semble bien répondre à la demande de l'Europe, qui attendait du gouvernement français un assouplissement du droit du travail pour plus de flexibilité.

4 La politique monétaire

Depuis 1999, tous les pays de la zone euro ont abandonné leur souveraineté monétaire et la conduite de la politique monétaire comme de la politique de change. Ces dernières relèvent désormais de la BCE. Celle-ci est suppléée par les banques centrales nationales (BCN), qui mettent en œuvre localement les décisions prises. La BCE a pour mission essentielle d'assurer la stabilité des prix.

1. Définition

On désigne par politique monétaire l'ensemble des

moyens mis en œuvre par un État ou une autorité monétaire pour agir sur l'activité économique par la régulation de sa monnaie. Les objectifs sont la croissance et la stabilité de la monnaie.

La BCE peut agir par l'intermédiaire des réserves obligatoires, de ses interventions sur le marché interbancaire et par les facilités permanentes qu'elle accordera ou non aux banques.

2. Politique monétaire et crédit

a) Les moyens

Les réserves obligatoires
Selon que le taux de ces réserves est plus ou moins élevé, les banques pourront accorder plus ou moins de crédits.
Les facilités permanentes
En rémunérant les dépôts et en prêtant de l'argent aux banques sur une durée de 24 heures, la Banque centrale va influencer le volume des liquidités. Ainsi, un taux de rémunération des dépôts bancaires négatif dissuadera les banques de placer leur argent et les incitera à accorder plus de crédits avec leurs liquidités.
Les opérations d'*open market*
Une hausse ou une baisse du taux de refinancement influencera les taux pratiqués par les banques pour l'octroi de crédits et la rémunération de l'épargne. Ainsi, indirectement, elle impactera les choix des agents économiques en termes de consommation, d'investissement ou d'épargne.

Certains ont aussi évoqué la possibilité pour la BCE d'utiliser le principe de la «monnaie hélicoptère», qui consisterait à créditer les comptes de tous les citoyens de la zone euro (distribution directe d'argent aux ménages par les banques centrales) afin de doper la consommation et favoriser ainsi l'inflation qui est actuellement trop faible.

b) Les objectifs

Actuellement, la BCE pratique une politique expansive afin de stimuler la demande. Pour ce faire, elle propose de manière illimitée des liquidités à court terme aux banques afin d'encourager une offre de crédit à bas coût et de relancer la demande de prêts.

On estime qu'environ un quart de la croissance actuelle est due à cette politique.

En effet, face à la crainte de la déflation (baisse du niveau général des prix) qui exprime une tendance à la récession, elle veut relancer la consommation.

Elle poursuit également l'objectif d'atteindre le niveau de 2 % d'inflation qui fait partie de ses missions, contre 0,5 % actuellement.

En ce qui concerne le financement des dettes souveraines, la BCE ne peut intervenir que sur le marché secondaire, c'est-à-dire sur les obligations déjà souscrites qui circulent sur les marchés financiers.

Elle achèterait 20 % de titres en circulation et les BCN 80 % sous la forme d'obligations de leur propre État. Les intérêts versés par les États à leur BCN leur seraient reversés puisque celles-ci n'ont pas le droit de conserver les intérêts.

c) Les effets

Ce faisant, la BCE a rassuré les marchés financiers, et les indices des Bourses européennes ont grimpé.

Mais la demande de crédit des entreprises reste faible, car celles-ci veulent surtout se désendetter et n'investissent pas sur un marché qu'elles anticipent à la baisse. Quant aux ménages, leur pouvoir d'achat ayant chuté, ils éprouvent des difficultés à emprunter, car les facteurs de risque de crédit restent très forts en raison de la situation économique.

EXEMPLES

Risque de perte d'emploi, allongement de l'âge de départ à la retraite.

Pour autant, cette politique pourrait s'avérer dangereuse à terme car, à trop soutenir la demande, elle pourrait générer de l'inflation au-delà des 2 % attendus.

3. Impact sur le taux de change

a) Une dépréciation de l'euro...

Cette politique très accommodante est de nature à faire mécaniquement baisser le cours de change de l'euro.

En effet, le volume de monnaie en circulation conduit mécaniquement à en diminuer la valeur.

En outre, la taxation des réserves excédentaires (actuellement au taux négatif de – 0,10 %) conduit les banques à aller déposer leurs réserves en devises étrangères. Ces devises voient alors leur valeur s'apprécier, puisque cela augmente leur demande, et corrélativement, l'euro restera bas.

Les avantages de cette baisse de l'euro sont surtout attendus au niveau des exportations, car l'offre des entreprises nationales devient ainsi plus compétitive, l'achat de produits en euros coûtant moins cher qu'auparavant. Ainsi, un rééquilibrage de la balance du commerce extérieur des pays européens vis-à-vis des pays hors zone peut s'amorcer.

b) ... de courte durée ?

Cependant, la BCE n'a pas les moyens d'assurer cette baisse sur la durée, car le niveau de l'euro ne dépend pas seulement des taux d'intérêt et de la politique monétaire : il est également conditionné par les excédents des balances commerciales des autres pays européens.

Enfin, en déclarant qu'elle allait acheter beaucoup d'actifs, la BCE pourrait encourager les étrangers à acheter de l'euro pour bénéficier de cette garantie, ce qui augmenterait la demande de notre monnaie et conduirait à sa nouvelle hausse.

37 LA RÉGLEMENTATION EN MATIÈRE DE LUTTE ANTI-BLANCHIMENT

➔ Les banques sont exposées au risque de blanchiment des capitaux et de financement du terrorisme. Depuis septembre 2009, par la transposition de la 3e directive européenne anti-blanchiment, les professionnels sont assujettis à de nouvelles dispositions, notamment à une obligation de vigilance auprès de leur clientèle.

1 Le blanchiment des capitaux

1. Un délit condamné pénalement

L'article 324-1 du Code pénal définit le blanchiment comme «le fait de faciliter, par tout moyen, la justification mensongère de l'origine des biens ou des revenus de l'auteur d'un crime ou d'un délit ayant procuré à celui-ci un profit direct ou indirect. Constitue également un blanchiment le fait d'apporter un concours à une opération de placement, de dissimulation ou de conversion du produit direct ou indirect d'un crime ou d'un délit. Le blanchiment est puni de 5 ans d'emprisonnement et de 375 000 € d'amende.»

2. Le processus de blanchiment de capitaux

Il consiste à retraiter ces produits d'origine criminelle pour en masquer l'origine illégale dans des activités mafieuses (vente d'armes, prostitution, trafic de drogue, corruption, extorsion de fonds, etc.) pour les réinvestir dans des activités légales. Il suit trois étapes :
- placement et introduction de revenus illégaux dans le système financier ;
- empilement par une série de conversions ou de déplacements des fonds pour les éloigner de leur source ;
- intégration et réinvestissement des fonds dans des activités économiques légales.

3. Le Groupe d'action financière (GAFI)

Le GAFI a été créé lors du sommet du G7 à Paris en 1989 afin de mettre au point une action coordonnée à l'échelle internationale. L'une des premières tâches du GAFI a consisté à élaborer des recommandations pour aider les gouvernements nationaux à appliquer des plans efficaces de lutte contre le blanchiment.

2 L'obligation de vigilance

1. Lors de l'ouverture d'un compte

a) L'identification du client

Les banques vérifient l'identité du client (ou l'identité et les pouvoirs des personnes agissant pour lui), son domicile, toute information pertinente pour mieux connaître le client et comprendre ses intentions.

b) Les mesures de vigilance complémentaires

Elles s'appliquent lorsque l'identité ne peut pas être vérifiée en présence de la personne. Dans tous les cas, cette vérification doit avoir lieu à l'ouverture d'un compte, au plus tard avant la réalisation de la première opération. Le client exposé à des risques particuliers en raison de ses fonctions ainsi que les opérations portant sur des bons et titres anonymes font l'objet de mesures de vigilance supplémentaires permettant de confirmer l'identité de la personne avec laquelle la banque est en relation.

2. Lors d'une opération

a) L'actualisation des informations de la clientèle

La banque est ensuite tenue de s'assurer que les opérations réalisées par le client sont cohérentes avec la connaissance qu'elle a de ce client et de son environnement, et cela pendant toute la durée de la relation d'affaires. La réglementation oblige les banques à avoir une connaissance actualisée de tous leurs clients, y compris des revenus et du patrimoine, et à suivre leurs opérations. Le non-respect de ces obligations les expose à une responsabilité disciplinaire, voire pénale.

b) La vigilance envers le client occasionnel

Elle est renforcée pour les clients réalisant une opération ponctuelle. Les banques sont tenues de les identifier ainsi que le bénéficiaire effectif de l'opération, et de vérifier les éléments d'identification :
- pour toute opération excédant 15000 € (8000 € pour les changeurs manuels) ;
- quel que soit le montant, lorsque le client ou son représentant légal n'est pas physiquement présent.

3 La déclaration de soupçon

1. La cellule de renseignement financier

Tracfin (Traitement du renseignement et action contre les circuits financiers clandestins) reçoit et traite les déclarations de soupçon. En cas de présomption suffisante, le dossier est transmis au procureur de la République. Cette cellule est rattachée au ministre chargé de l'Économie et au ministre chargé du Budget.

2. Les opérations déclarables

Les banques doivent déclarer à la cellule Tracfin toute opération ou tentative d'opération :
- de blanchiment de capitaux ou de financement du terrorisme ou provenant d'une infraction punie d'une peine de plus d'un an d'emprisonnement (ex. : fraude fiscale) ;
- de nature complexe ou d'un montant élevé, ou ne paraissant pas avoir de justification économique ;
- pour laquelle l'identité du donneur d'ordre ou du bénéficiaire réel n'a pu être établie.

Depuis le 1er octobre 2013, les établissements de crédit doivent transmettre à Tracfin des informations liées aux opérations de transmission de fonds effectués à partir d'un versement d'espèces ou au moyen de monnaie électronique dépassant 1 000 € par opération et 2 000 € cumulés par client sur un mois calendaire.

38 LA LUTTE CONTRE L'ABUS DE MARCHÉ

La réglementation des marchés financiers obéit principalement au souci de protéger la clientèle, d'assurer la sécurité des institutions et des produits financiers afin d'éviter les crises financières. Il s'agit également de contrôler les abus de marché permettant parfois le financement du terrorisme.

1 La notion d'abus de marché

Le cours des titres échangés sur un marché financier dépend de la confiance que les investisseurs prêtent à la régularité de son fonctionnement. Il y a abus de marché lorsque des investisseurs ont été lésés, directement ou indirectement, par d'autres qui ont utilisé des informations confidentielles ou propagé des informations fausses ou trompeuses pour fausser le mécanisme de fixation des cours des instruments financiers.

La lutte contre l'abus de marché consiste à contrôler les comportements portant atteinte au principe selon lequel tous les investisseurs doivent être placés sur un pied d'égalité en ayant le même niveau d'information.

2 Les sources réglementaires

Plusieurs directives européennes sont à l'origine de cette réglementation, qui s'est enrichie au fil des années.

EXEMPLE

Après la directive abus de marché du 28 janvier 2003, et au vu des changements législatifs, de l'évolution du marché et des évolutions techniques intervenues depuis son entrée en vigueur, d'autres textes ont été voté depuis, qui ont élargi le champ d'application de ces dispositions. Le règlement européen sur les abus de marché (MAR), entré en application le 3 juillet 2016, élargit la définition de l'abus de marché et instaure de nouvelles règles.

Les objectifs sont :
- d'imposer une collaboration et un échange d'informations entre les administrations nationales afin d'avoir une application égalitaire de ces règles dans l'ensemble de l'Union européenne ;
- de relever le niveau d'intégrité du marché ;
- d'harmoniser en Europe les règles et les normes applicables et imposer une collaboration entre les administrations nationales ;
- d'améliorer la transparence et l'égalité de traitement entre les acteurs.

3 Le champ d'application

D'autres textes votés depuis ont élargi le champ d'application de ces dispositions.

1. Qui ?

Toute personne physique ou morale, donc entre autres les établissements de crédit et les prestataires de services d'investissement ainsi que les gestionnaires d'un marché règlementé ou d'un système multilatéral de négociation.

2. Quoi ?

Tous les instruments financiers négociés sur les marchés réglementés (comme Euronext) ou non réglementés (comme Alternext) ainsi que les marchés primaires et toutes les opérations concernant ces instruments.

S'y ajoutent la négociation d'instruments financiers sur tous les systèmes multilatéraux de négociation et les systèmes organisés de négociation.

Sont exclues les opérations sur actions propres effectuées dans le cadre de programme de rachat d'actions et les mesures de stabilisation de marché consécutives à une opération de marché primaire.

4 Les actes visés

Plusieurs types d'actes peuvent contribuer à un abus de marché.

1. Le délit d'initié

Un initié est une personne qui, du fait de ses fonctions de direction au sein d'une entreprise cotée en Bourse ou de l'exercice d'une autre fonction (par exemple politique), dispose d'une information qui n'a pas été rendue publique.

EXEMPLE

Les dirigeants de l'entreprise, le PDG, les membres du directoire ou du conseil de surveillance mais aussi les avocats d'affaires impliqués dans la négociation d'un contrat, le directeur de cabinet d'un ministre.

L'initié doit s'abstenir d'utiliser l'information privilégiée qu'il détient pour acheter ou vendre, pour son propre compte ou pour le compte d'autrui, soit directement soit indirectement, les instruments financiers ou les produits de base liés à cette information. Sinon, on parle de délit d'initié.

2. L'information privilégiée

Selon l'AMF, « une information privilégiée est une information précise qui n'a pas été rendue publique, qui concerne, directement ou indirectement, un ou plusieurs émetteurs d'instruments financiers, ou un ou plusieurs instruments financiers, et qui, si elle était rendue publique, serait susceptible d'avoir une influence sensible sur le cours des instruments financiers concernés ou le cours d'instruments financiers qui leur sont liés. »

EXEMPLES

Connaissance des résultats d'une société (bilan catastrophique), connaissance d'opérations de fusion-acquisition ou de restructuration, connaissance de contrats susceptibles de valoriser le résultat d'une entreprise et de ce fait provoquer l'envolée du montant du cours de ses actions...

3. L'interdiction de communiquer des informations privilégiées

Toute personne détentrice d'une information privilégiée doit la tenir absolument confidentielle. Il lui est notamment interdit :
- de la transmettre à une autre personne en dehors du cadre normal de son travail, de sa profession ou de ses fonctions ;

- de recommander à une autre personne d'acquérir ou de céder, ou de faire acquérir ou céder par une autre personne, sur la base d'une information privilégiée, les instruments financiers ou les produits de base auxquels se rapporte cette information.

4. La diffusion d'une fausse information

Toute personne doit s'abstenir de communiquer ou de diffuser sciemment des informations susceptibles de donner des indications inexactes, imprécises ou trompeuses sur des instruments financiers ou sur des produits de base.

EXEMPLE

La diffusion d'information fausse ou trompeuse peut s'effectuer après une prise de position sur un instrument financier, permettant des gains spéculatifs : acheter des actions et diffuser des informations fausses favorables au titre dans la presse spécialisée afin de provoquer des achats importants, puis vendre les actions lorsque la vague des achats aura entraîné le cours à la hausse, par exemple.

Le mécanisme s'applique également en sens inverse : répandre une information défavorable au titre afin de provoquer des ventes de la part d'investisseurs pour racheter les titres une fois que ces ventes auront fait baisser le cours en Bourse.

5. La manipulation de cours

Toute personne doit s'abstenir de procéder ou de tenter de procéder à des manipulations de cours.
Est considérée comme une manipulation de cours le fait d'effectuer des opérations ou d'émettre des ordres ayant pour but d'induire autrui en erreur afin d'empêcher le fonctionnement normal d'un marché financier.

EXEMPLE

Le détenteur d'actions qui, ayant connaissance de prévisions de résultats catastrophiques qui risquent de faire chuter leurs cours, vend de façon anticipée tous ses titres pour limiter ses propres pertes.

5 L'obligation de déclaration des opérations suspectes à l'AMF

1. Le principe

L'établissement de crédit ou le prestataire de services d'investissement qui soupçonne une opération illicite doit déclarer sans délai, sur décision prise par le responsable des déclarations et sur justification, ses soupçons à l'Autorité des marchés financiers.
Comme pour les soupçons de blanchiment, les déclarants sont tenus à la confidentialité et ne peuvent être poursuivis pour avoir effectué cette démarche.
Le règlement MAR prévoit aussi une protection pour les lanceurs d'alerte, afin de les encourager à faire part, sans crainte notamment pour leur emploi, de leurs découvertes, réalisées au cours de l'exercice de leur fonction.

2. La responsabilité de la surveillance

Après avoir établi les différents types d'opérations qui pourraient être suspectes, l'établissement doit mettre en place un dispositif de surveillance comportant :
- un service dédié à cette fonction ;
- la mise en place d'une procédure de détection ;
- la nomination d'un responsable chargé de décider la pertinence ou non d'une déclaration après analyse des informations.

Naturellement, ce dispositif suppose la sensibilisation et la formation régulière des collaborateurs.

3. Les sanctions du non-respect de l'obligation

Les auteurs de ces actes illicites encourent des sanctions administratives mais aussi des sanctions pénales. En effet, lorsque l'AMF constate des infractions, elle transmet ses informations aux autorités judiciaires.
La loi du 8 juin 2016 organise la répartition des pouvoirs de sanction des autorités administratives et pénales et renforce les peines encourues en cas de condamnation pénale.

a) Une procédure de concertation obligatoire

Aucune des deux procédures n'est abandonnée. Sur chaque affaire, l'AMF et le Parquet doivent se concerter et ne peuvent notifier de griefs sans en référer à l'autre autorité. En cas de désaccord, chacun pourra saisir le procureur général près la cour d'appel de Paris, qui arbitrera avec une décision qui ne pourra faire l'objet d'aucun recours.

b) Les sanctions administratives

L'AMF peut prononcer plusieurs sanctions (article L. 621-15 du Code monétaire et financier) : avertissement, blâme, interdiction d'exercice, aussi bien pour l'entreprise que pour les salariés, ainsi que des sanctions pécuniaires pouvant aller jusqu'à 100 millions d'euros. La loi Sapin II devrait encore renforcer l'arsenal des sanctions mises à la disposition de l'AMF, comme la possibilité de prononcer une amende égale à 15 % du chiffre d'affaires annuel de la personne morale. Dans le cas de petites affaires, l'AMF peut passer un accord avec la personne incriminée.

c) Les sanctions pénales

Le nouvel article L. 465-1 du Code pénal prévoit, pour les personnes physiques incriminées, une condamnation pouvant aller jusqu'à 100 millions d'euros, voire le décuple du montant de l'avantage retiré du délit, et une peine de prison de 5 ans.
La loi crée également une circonstance aggravante de commission en bande organisée et, dans ce cas, la peine est portée à 10 ans. Quant à la personne morale, elle encourt toujours une peine égale au quintuple de celle prononcée à l'encontre des personnes physiques.
En 2014, la Commission des sanctions de l'AMF a prononcé un montant record de 32,86 millions de pénalités, soit une hausse de 6,6 %. Selon elle, l'amende est suffisante, surtout quand elle dépasse le million d'euros.

39 LE CONTRÔLE INTERNE ET LE RESPECT DE LA CONFORMITÉ

L'activité bancaire est par essence une industrie où le risque est omniprésent, tant pour l'établissement que pour l'économie réelle. En conséquence, se sont développées des normes réglementaires et déontologiques qui s'appliquent à tous les échelons de la hiérarchie et plus particulièrement aux chargés de clientèle.

1 La conformité

1. Définition

La conformité est définie comme «l'ensemble des actions visant à rendre les mesures comme les comportements des dirigeants et personnels au sein d'organismes publics ou privés comme vis-à-vis de tiers, conformes à la norme externe et/ou interne applicable au lieu où ils opèrent». La norme peut être comprise comme faisant référence aux lois, règlements et directives, mais également aux dispositions émanant d'ordres professionnels, à la déontologie ou aux engagements pris par l'entreprise elle-même. D'origine anglo-saxonne, le terme fréquemment utilisé est «*compliance*».

2. La *compliance*

Son application résulte du règlement CRBF 97-02 (ainsi que du document consultatif du 27 octobre 2003 du Comité de Bâle), qui impose à tout établissement bancaire et financier d'être doté d'une fonction de conformité. Aujourd'hui, d'autres prescriptions sont venues renforcer le dispositif : MiFID, UCITS IV, Bâle III, instructions de l'ACPR, règlement général de l'AMF, Code monétaire et financier ou Code de la consommation.

3. Les domaines de la *compliance*

La conformité porte sur un ensemble de points :
- le contrôle des risques opérationnels, de liquidité, de solvabilité, de marché, de contrepartie ou de sanction judiciaire, administrative ou disciplinaire ;
- le respect des embargos ;
- le respect de la clientèle ;
- la prévention des délits d'initié, des abus de marché ;
- la lutte contre le blanchiment d'argent ;
- le contrôle des prestations externalisées ;
- le risque d'image ou d'atteinte à la réputation...

4. La mise en œuvre de la *compliance*

a) Le recensement

Chaque établissement doit lister l'ensemble des risques potentiels auxquels il est exposé à travers un référentiel. L'exercice n'est pas aisé compte tenu de l'amplitude du champ réglementaire, de son évolution (d'où l'importance de la veille réglementaire), chaque activité ou chaque service à la clientèle devant appliquer son lot de normes (blanchiment, abus de marché, respect de la clientèle...). Une fois le recensement accompli, la banque arrête des procédures métiers selon une approche par processus (ex. : ouverture d'un compte) ou par thèmes (ex. : les obligations en matière de réclamation). Ainsi, le chargé de clientèle est tenu de se conformer à des dispositions particulières lorsqu'il ouvre un compte, différentes de celles qui s'imposent à l'ouverture d'une ligne de crédit ou lors de l'octroi de moyens de paiement.

b) L'évaluation

Toute nomenclature des risques suppose une évaluation de leur impact s'ils survenaient. Ce classement permet de différencier les risques majeurs de ceux qui le sont moins, puis de déterminer les procédures à respecter.

c) La mise en œuvre au sein de la banque

Au niveau du siège, un responsable de la conformité (indépendant des fonctions opérationnelles, commerciales et juridiques) est nommé pour assurer la cohérence et le respect des mesures mises en place. Il dirige le service spécialement dédié à cette mission.
La direction générale de la banque, quant à elle, définit l'exigence des mesures de *compliance* et de contrôle interne. Pour sa part, le conseil d'administration examine, deux fois par an, les rapports établis par les services de l'établissement bancaire.

2 Le contrôle interne

La maîtrise de la *compliance* relève du contrôle interne. En effet, les établissements de crédit doivent examiner eux-mêmes leurs activités et affecter spécialement des personnes à cet exercice.
Le contrôle interne est formé du contrôle permanent et du contrôle périodique, exclusifs l'un de l'autre mais complémentaires.

1. Le contrôle permanent

Le contrôle permanent a pour mission d'effectuer quotidiennement les vérifications nécessaires au bon déroulement des activités de l'établissement. Il s'opère sur deux niveaux.
En premier lieu, le contrôle se fait à la base par les opérationnels (le personnel de l'agence) ou le *back-office* de l'unité commerciale en fonction du seuil de délégation (le montant des encours que l'agence peut octroyer sans en référer à l'échelon supérieur). Cette vérification est qualifiée d'autocontrôle.
La direction régionale procède ensuite à une vérification de second degré fondée sur le reporting. Elle a pour fonction de juger, de manière régulière, que les contrôles de premier niveau existent et qu'ils sont correctement réalisés.

2. Le contrôle périodique

C'est le contrôle de troisième niveau. Qualifié d'inspection ou d'audit, il est réalisé par des inspecteurs qui vérifient, au niveau du siège, dans le réseau et dans les filiales, l'application de l'ensemble des règles édictées sur trois ou quatre exercices. Il doit être exécuté par des personnes différentes de celles qui sont chargées du contrôle permanent (CRBF 97.02, art. 6b).

40 LES PROCÉDURES EUROPÉENNES DE CONTRÔLE ET DE RÉSOLUTION

➔ Le contrôle des activités bancaires et financières ne se limite pas aux seules autorités françaises. Il est également exercé au niveau européen. L'Union européenne a par ailleurs renouvelé en 2014 les dispositifs de surveillance et de recapitalisation de certains de ses établissements de crédit.

1 Le processus Lamfalussy

Cette démarche mise en œuvre par l'UE vise à réglementer les secteurs bancaire, financier et assurantiel. Le processus prévoit une architecture à quatre niveaux.

1. L'élaboration de la législation

Conformément au mécanisme européen d'adoption des normes législatives, les textes sont adoptés en codécision entre le Conseil, la Commission et le Parlement.

2. L'exécution de la législation

Les comités de niveau 2 élaborent en collaboration avec les autorités de contrôle des États membres les modalités techniques de mise en œuvre de la réglementation. Ils sont au nombre de trois : le Comité bancaire européen (CBA), le Comité européen des valeurs mobilières (CEVM) et le Comité européen des assurances et des pensions professionnelles (CEAPP).

3. L'application des mesures

Les autorités nationales coordonnent leurs travaux de transposition des mesures communautaires dans les réglementations nationales.

4. La transposition en droit interne

Ce dernier échelon vérifie l'adoption des règles par les États membres et sanctionne les infractions.

2 Le système européen de surveillance

Suite à la crise financière de 2008, le rapport de Larosière a recommandé la création d'un dispositif prudentiel. Celui-ci a été modifié avec la mise en place en 2014 de l'Union bancaire.

1. La supervision micro-prudentielle : les AES

Les autorités européennes de surveillance contrôlent chaque acteur intervenant dans son champ de compétence.

a) L'autorité bancaire européenne (ABE)

Suite au Brexit, son siège devrait être transféré de Londres à Paris en 2019. Son rôle consiste à garantir un niveau de réglementation effectif et homogène dans l'ensemble du secteur bancaire européen.
L'autorité a pour mission d'élaborer un référentiel unique de règles prudentielles à destination des établissements bancaires européens.

b) Autorité européenne des marchés financiers

L'AEMF assure la stabilité et l'efficacité des marchés financiers européens. Elle participe à la création de normes et standards de régulation et de suivi des institutions financières. Elle apprécie le niveau de risque présent sur les places financières et garantit la protection des investisseurs.

c) Autorité européenne des assurances et des pensions professionnelles

L'AEAPP établit les normes et standards de régulation et de suivi des entreprises d'assurance. Elle surveille et étudie le marché et les tendances dans son domaine de compétence, et contrôle les groupes d'assurance transfrontaliers (implantés sur plusieurs États).

d) Le Comité mixte des autorités européennes de surveillance

Sa vocation est de permettre la coordination entre les différentes autorités. En effet, nombre de grandes institutions interviennent en même temps dans les domaines bancaire, financier et assurantiel. Cet état de fait commande dès lors une surveillance transsectorielle.

2. La surveillance macro-prudentielle

Les autorités de régulation ont pour fonction de contrôler chaque établissement pris isolément. La fonction du Comité européen du risque systémique (CERS) est d'agréger l'ensemble des informations afin d'analyser le risque dans son ensemble et de prévoir la survenance d'une crise systémique. Pour ce faire, il émet des alertes rapides aux autorités concernées s'il constate un danger et recommande les mesures correctives.

3. L'Union bancaire

Depuis la crise de 2008 et surtout la crise européenne de la dette de 2011, la Commission européenne a adopté deux directives dites BRRD et DGSD qui réforment profondément la régulation bancaire. Ces nouvelles dispositions instituent trois piliers qui constituent la nouvelle architecture de la supervision et de la résolution des banques de la zone euro.

a) Le mécanisme de surveillance unique (MSU)

C'est dorénavant le système de supervision bancaire européen des pays ayant adopté l'euro. Il assure le contrôle direct des 126 plus gros établissements européens. Les autres institutions bancaires restent soumises à la surveillance des instances nationales sous l'égide de la BCE. Le MSU est en charge, depuis 2014, de l'agrément des banques. Il détermine enfin l'augmentation des fonds propres si un risque financier survenait.

b) Le mécanisme de résolution unique (MRU)

Formé du Fonds de résolution unique (FRU) qui devrait permettre de fournir les liquidités nécessaires en cas de faillite bancaire, le MRU est également composé d'un Conseil de résolution unique (CRU) dont l'objectif est de garantir une résolution ordonnée des faillites bancaires. Il est en priorité fait appel aux actionnaires puis aux créanciers juniors et séniors (*bail-in*) pour financer le rétablissement des banques défaillantes.

c) Le système européen de garantie des dépôts (SEGD)

Il constitue le troisième pilier de l'Union bancaire. Pas encore définitivement adopté, il devrait permettre de garantir tous les dépôts inférieurs à 100 000 euros des établissements de crédit relevant de la zone euro.

exercice

exercice

Vous êtes nouvellement nommé(e) dans une agence de la Banque X située en centre-ville d'une grande agglomération. Vous appartenez à un réseau très innovant et toujours soucieux de suivre les évolutions des attentes de ses clients. Votre banque axe sa stratégie autour du développement des avoirs clients et a lancé diverses opérations commerciales dans cet objectif. Une campagne nationale a été menée afin d'attirer l'attention des clients et prospects. Votre directeur d'agence a particulièrement sensibilisé votre équipe sur ce thème. Vous recevez aujourd'hui M. Henry, un client de longue date. Vous avez pris rendez-vous avec lui au sujet d'un chèque de 35 000 € qu'il a déposé récemment sur son compte. Au cours de l'entretien, vous recueillez un certain nombre d'informations complémentaires à celles figurant sur votre fichier.

ENTRAÎNEZ-VOUS

M. Henry vient de se marier sous le régime légal et vous indique que la somme versée sur son compte correspond à un héritage. Il s'interroge quant à savoir s'il peut disposer de cet argent librement.

1. À partir de vos connaissances et de l'annexe, répondez à sa question.

Votre client hésite entre plusieurs types de placements : un livret A qu'il abonderait à son maximum et un plan d'épargne en actions. Cependant, étant peu informé des mécanismes économiques, il s'inquiète de l'inflation et des risques encourus sur les marchés financiers sur lesquels vous lui proposez d'investir.

2. Expliquez à M. Henry l'impact que l'inflation pourrait avoir sur ses placements, afin de l'aider à faire son choix.

3. Expliquez-lui également les risques qu'il court en plaçant sur les marchés financiers.

Ayant toujours du mal à se décider, M. Henry sollicite votre avis pour décider sur quel produit il doit opérer son placement. Vous savez qu'une telle demande est à traiter avec précaution.

4. En appliquant la méthodologie du cas pratique (problème juridique, règles de droit et solution), réfléchissez aux précautions juridiques que le conseiller clientèle doit prendre, face à cette demande.

À l'issue de cet entretien, M. Henry vous fait part de son désir de pouvoir réaliser rapidement ses opérations sans avoir à se déplacer.

5. Présentez-lui les différents canaux de communication qu'il peut utiliser et leurs avantages.

6. Que pensez-vous de la place de l'agence bancaire dans un contexte de recherche de différenciation et de diversification par la banque ?

CORRIGÉ p. 28

Annexe

Article 1403 du Code civil

Chaque époux conserve la pleine propriété de ses biens propres. La communauté n'a droit qu'aux fruits perçus et non consommés. Mais récompense pourra lui être due, à la dissolution de la communauté, pour les fruits que l'époux a négligé de percevoir ou a consommés frauduleusement, sans qu'aucune recherche, toutefois, soit recevable au-delà des cinq dernières années.

Article 1405 du Code civil

Restent propres les biens dont les époux avaient la propriété ou la possession au jour de la célébration du mariage, ou qu'ils acquièrent, pendant le mariage, par succession, donation ou legs.

La libéralité peut stipuler que les biens qui en font l'objet appartiendront à la communauté. Les biens tombent en communauté, sauf stipulation contraire, quand la libéralité est faite aux deux époux conjointement.

exercice page 284

1. M. Henry est marié sous le régime légal, c'est-à-dire celui de la communauté réduite aux acquêts. Cependant, quel que soit le régime choisi, hormis celui de la communauté universelle, les biens acquis au cours du mariage sont des biens propres. En conséquence, il est libre d'en disposer comme il l'entend.

2. Le rendement d'un placement est affecté par différents indices économiques qui sont souvent interdépendants. L'inflation doit être prise en compte dans l'évaluation du rendement d'un placement.
Un placement sur un livret rémunéré à 3 % avec un taux d'inflation de 2 % ne rapporte en fait que 1 % par an. Il en va de même quel que soit le type de placement.
Ainsi, le livret A actuellement fixé à 1 % avec une inflation à 0,5 % en 2014 rapporte 0,5 % par an.

3. Sur les marchés financiers, s'échangent des actions et des obligations. Les actions sont une fraction du capital social de la société émettrice. Elles donnent droit à leur propriétaire à une partie du résultat de l'entreprise sous la forme de dividendes. La distribution de ce dividende est subordonnée à des résultats positifs de l'entreprise. Par ailleurs, l'action peut également générer une plus-value à l'occasion de sa revente, mais le cours d'une action dépend de la confiance que les investisseurs prêtent à une entreprise et du contexte économique dans lequel celle-ci évolue. Ainsi, détenir des actions peut être relativement risqué.
Les obligations sont un titre de créance représentatif d'un prêt à long terme que le souscripteur consent à l'émetteur de l'obligation. Ce titre donne à son détenteur un droit au remboursement de la somme prêtée, majoré d'un taux d'intérêt. Son paiement ne dépend donc pas exclusivement des résultats de l'entreprise. Ainsi, on considère que les obligations comportent moins de risques que les actions.

4. Cas pratique
Problème juridique : Quelles sont les obligations du banquier à l'occasion du choix d'un placement par son client ?

Règles de droit : Le banquier doit une obligation d'information et de conseil à ses clients.
Dans le cas particulier d'un placement, il doit informer le client des risques encourus pour chacun des produits proposés. Il doit également s'informer sur l'expérience que celui-ci peut avoir de ce type de placement et vérifier son appétence au risque avant toute proposition.
Il ne doit cependant pas s'immiscer dans le choix de son client ni l'inciter à souscrire tel ou tel produit précis.
Le banquier engage sa responsabilité contractuelle, en particulier lorsqu'il s'agit d'un client profane, c'est-à-dire inexpérimenté en la matière.
Solution : Le conseiller clientèle ne doit pas décider à la place de son client en opérant un choix pour lui et doit se contenter de lui présenter les différentes solutions.

5. Le client peut utiliser différents canaux de communication :
– pour ses opérations courantes : il peut soit venir en agence, soit réaliser ses opérations par Internet sur le site de la banque, y compris signer un contrat ; il peut souscrire à un produit par un simple tweet sur les réseaux sociaux ;
– pour contacter son conseiller : il peut l'appeler, lui adresser un courriel, appeler la plateforme téléphonique.
Avantages : le client peut effectuer ses opérations à tout moment de la journée par ses propres soins, sans délai ni frais supplémentaires ; il peut obtenir une information personnalisée redite ; il peut souscrire à un produit en ligne et effectuer des simulations.

6. Face à une diminution du produit net bancaire liée à une baisse de la marge d'intermédiation, les banques ont cherché à se diversifier. Elles ont donc modifié leur stratégie en termes de produits, de clients, de technologies ou de zones géographiques. Elles se sont parfois éloignées de la définition des activités connexes telles qu'elles sont définies par le Code monétaire et financier et se sont dirigées vers une grande variété de produits et services.
De même, face à la difficulté de vendre des produits majoritairement identiques à ceux des concurrents, les banques ont cherché des sources de différenciation. Celles-ci s'expriment dans l'innovation, les nouveaux modes de distribution...
La banque à distance a offert de nouvelles possibilités par la disponibilité, la simplicité d'accès ou la rapidité des transactions.
Cependant, l'agence continue à occuper une place prépondérante par la qualité de la relation, des méthodes de vente ou d'accueil particulières. Les nouveaux concepts d'agence sont donc plus que jamais tournés vers un service client personnalisé, convivial et performant.

PRÉSENTATION DE L'ÉPREUVE E5 : ENVIRONNEMENT ÉCONOMIQUE, JURIDIQUE ET ORGANISATIONNEL DE L'ACTIVITÉ BANCAIRE

Comment se présente l'épreuve ?

1 Durée, coefficient

L'épreuve E5 – Environnement économique, juridique et organisationnel est affectée d'un coefficient 4.

Pour les candidats de la formation professionnelle continue des établissements publics habilités, elle peut se présenter sous la forme de quatre évaluations en CCF.

Pour tous les autres candidats, c'est une épreuve ponctuelle écrite d'une durée de 4 heures.

2 Objectifs

Le sujet de l'épreuve se situe dans le cadre d'une ou de plusieurs situations professionnelles caractéristiques de l'activité d'un conseiller de clientèle.

EXEMPLE

En introduction, le sujet vous place dans un contexte : « Vous êtes nouvellement nommé dans une agence de la Banque X située en centre-ville d'une grande agglomération. Vous appartenez à un réseau très innovant et toujours soucieux de suivre les évolutions des attentes de ses clients. »

Le traitement des questions posées doit :
- être cohérent avec le contexte général de l'évolution de la profession bancaire ;
- intégrer les données spécifiques de l'organisation présentée en début de sujet ;
- attester de votre comportement éthique et déontologique dans l'exercice des différentes activités proposées.

L'épreuve évalue vos compétences suivantes :
- savoir prendre en compte les événements, indicateurs et mécanismes économiques pour informer et conseiller un client ;
- savoir informer un client sur le cadre juridique et réglementaire et ses évolutions susceptibles d'avoir un impact sur sa situation bancaire ;

EXEMPLES

Expliquez à M. Henry l'impact que l'inflation pourrait avoir sur ses placements, afin de l'aider à faire son choix.

Expliquez également les risques qu'il court en plaçant un revenu exceptionnel de 60 000 euros sur les marchés financiers.

- pratiquer une veille informationnelle sur l'actualité juridique, économique et organisationnelle, notamment pour tout ce qui peut avoir des conséquences sur votre activité de conseiller.

3 Contenu

L'épreuve sert à valider l'acquisition des savoirs et des compétences du programme E5. Elle nécessite la mobilisation des savoirs présentés dans les 40 fiches de connaissances de la section (p. 212 à 283). Vous disposerez d'un dossier documentaire relatif à une ou plusieurs situations professionnelles accompagné de questions.

Au moins une question peut donner lieu à un développement sous forme rédigée.

Comment s'entraîner à l'épreuve ?

Un entraînement en temps réel, soit 4 heures de travail, est un exercice extrêmement formateur qui consiste à prendre connaissance du sujet dans son ensemble. Pour ne pas perdre de temps, il faut éviter de rédiger complètement le brouillon et noter seulement votre plan ou les idées principales. À la fin du temps imparti, rapprochez votre production de la correction pour évaluer votre travail et vous faire une idée plus précise des exigences de l'épreuve.
L'exercice (page 284) vous donne une idée d'un sujet type. Dans un premier temps, essayez de le réaliser sans prendre connaissance du corrigé.

Comment réussir l'épreuve ?

1 Démontrer la pertinence de vos analyses

Pour le correcteur, les analyses sont pertinentes s'il constate que vous avez compris ce qui vous était demandé et si vos réponses sont correctes.
Ne vous précipitez jamais pour répondre ! Surtout, n'inscrivez pas des réponses ne correspondant pas à la question. Préalablement à la lecture des documents, vous devez consacrer un temps conséquent à la lecture très attentive des questions posées. Cette compréhension est indispensable pour faire preuve de précision dans les réponses tout en évitant le hors-sujet.

2 Faire preuve de rigueur dans la démarche de lecture du sujet

Dans cette première partie, il s'agit :
- de comprendre l'enchaînement des questions posées. Les questions sont organisées en une suite logique qui guide progressivement votre raisonnement. Elles s'appuient sur un ensemble documentaire ;
- d'analyser les mots-clés des questions posées et éventuellement la consigne que la question peut comporter. Les mots-clés de la consigne, notamment le verbe directeur, sont déterminants car ils induisent un type de réponse précis ;

EXEMPLES

Analyse de la consigne	
Verbe directeur	**Ce qui vous est demandé**
Analyser	Il s'agit d'examiner une situation en la décomposant.
Caractériser	Il s'agit de faire apparaître les éléments, les qualificatifs importants, les composantes.
Expliquer	On vous demande d'expliciter, détailler.
Identifier	On vous demande de trouver, mettre en évidence (un phénomène, des manifestations, des causes, des conséquences).
Justifiez	On vous invite à aller plus loin en donnant les raisons d'un choix.

- d'analyser méthodiquement les documents contenant des informations économiques, juridiques et organisationnels. Chaque document nécessite une lecture préalable méthodique : repérage de la source, statut de l'auteur (théoricien, journaliste, organisme institutionnel), contexte de sa publication (ouvrage de référence, articles de loi), date, titre, principales idées qu'il exprime.

Cette analyse permet de repérer les données essentielles qui seront à retraiter pour éviter impérativement la recopie et la paraphrase. Produire des informations retraitées consiste à sélectionner dans les documents uniquement les données utiles et à les retravailler. Elles doivent être mises en relation avec le travail demandé en vue d'éclaircir/apporter une réponse à la question posée.

Pour les textes, le type de discours précise les intentions de l'auteur (expliquer, argumenter, défendre un point de vue). Les documents fournis revêtent plusieurs formes. Ils s'exploitent donc différemment ;

Forme	Démarche d'étude
Texte extrait d'un ouvrage théorique	Il rend compte d'une théorie et fournit un modèle explicatif de faits, causes, conséquences en recourant à un lexique technique, spécialisé. L'appel à une théorie permet de conforter un propos en lui donnant une caution scientifique, de prendre de la distance.
Article de presse	C'est souvent un texte argumentatif qui développe le point de vue et les arguments d'un auteur/journaliste pour convaincre le lecteur. Il peut exposer le point de vue d'auteurs qui s'opposent ou au contraire renforcer le propos de son auteur. Les mots et expressions clés d'un article économique permettent de décrire un mécanisme économique, de situer des enjeux, d'appréhender des contraintes, des limites...
Schéma	L'analyse de ce type de représentation simplifiée demande une analyse globale pour repérer ce qu'il suggère, par exemple une organisation, des liens entre différents éléments, un enchaînement d'événements.
Graphique	Il traduit de façon schématique des données chiffrées. Sa présentation permet de percevoir visuellement des tendances, des répartitions.
Tableau statistique	Des calculs à partir de données chiffrées comme regroupements, moyennes, taux d'évolution permettent de dégager des évolutions, des tendances, de faire des comparaisons.

- de produire une réponse correspondant à la question posée (sinon, c'est un hors-sujet) ;
- de rédiger proprement, sans fautes, en reprenant le numéro des questions sur la copie (ne les recopiez pas, cela fait perdre du temps).

Comment réussir la réponse donnant lieu à un développement rédigé ?

1 Comprendre le libellé de la question

Pour démontrer sa compréhension de la question posée par le libellé du sujet, il faut définir les mots et expressions, trouver une accroche en replaçant la question dans la situation bancaire du client qu'il faut informer ou conseiller. Évoquer l'actualité de la question démontrera vos compétences en matière de veille informationnelle économique et/ou juridique.

2 Mobiliser des connaissances précises en vue de construire le développement rédigé

Le sujet du développement structuré doit évoquer pour vous le thème d'un ou plusieurs points du programme E5. Dans les fiches de synthèse de ce manuel, les notions essentielles à retenir vous sont données. Ce sont celles qu'il faut mobiliser pour nourrir votre développement rédigé.

3 Rédiger la réponse

Le correcteur dispose d'un barème qui attribue des points à chacun des éléments incontournables, il ne faut donc en négliger aucun, sinon vous perdez les points correspondants.

Étapes de réalisation	Commentaires
Rédiger le développement	Il est organisé sous forme de plan apparent, souvent suggéré par la question. Exemple : plan alternatif qui oppose aspects négatifs/aspects positifs, avantages/inconvénients, causes/conséquences. Au brouillon sont notées les grandes parties du plan et les idées qu'elles contiennent. Des transitions sont à prévoir entre les différentes parties.
Rédiger la conclusion	Bref résumé, la conclusion peut proposer une ouverture sous forme de question.
Relire la production	La relecture du développement structuré permet d'apprécier : – la clarté de l'expression, de la formulation des idées ; – la correction de la langue ; – la précision du vocabulaire propre à l'économie générale, au droit bancaire et à l'organisation des entreprises du secteur bancaire ; – la maîtrise de l'orthographe.

Le soin apporté à la présentation valorisera votre copie. Un développement rédigé sans rature, une mise en page claire et aérée facilitent la lecture du correcteur.
Mettez en évidence les parties du développement, soulignez-les, laissez une ligne entre chacune des parties.

CULTURE GÉNÉRALE ET EXPRESSION

1 LA MAÎTRISE DES THÈMES AU PROGRAMME

➜ On ne peut réussir si l'on n'approfondit pas les thèmes au programme : c'est sur l'un d'eux que porteront les épreuves d'examen.

1 L'exploration du thème

1. L'approfondissement de la problématique générale

La problématique générale de chaque thème au programme est précisée par le texte officiel. Elle délimite le champ de la réflexion, il convient donc de l'étudier soigneusement.

Cette problématique générale suggère des questions nouvelles, auxquelles il n'est pas possible de répondre par un simple oui ou non, tant des arguments contradictoires se présentent à la réflexion. Le texte officiel pose ces questions, donne des pistes de réflexion et invite à explorer les réponses possibles.

EXEMPLE

Thème *Faire voir*. Quoi ? Comment ? Pour quoi ?
Problématique générale : La question du spectacle et du spectaculaire s'impose à qui réfléchit sur notre société contemporaine.
Questions partielles : Qui fait voir ? Comment ? Quoi ? Pour quoi ? De nombreux thèmes de réflexion se présentent à l'esprit pour répondre à ces questions. Ils portent sur la place de l'image dans notre société, sur son objet, son rôle, son pouvoir, ses avantages, les risques qu'elle comporte, etc.

L'exploration de ces questions doit être conduite tout au long de l'année pour préparer l'examen puisque c'est sur un de ces aspects que portera la synthèse.

2. La recherche des aspects du thème et de leurs problématiques

Après avoir décomposé le thème en différents aspects, on formule à leur propos de nouvelles problématiques dont on dresse la liste. On note pour chacune de ces problématiques les références des documents et leurs idées clés de manière à pouvoir mémoriser les thèses en présence. Ce travail permet de compléter la vision globale du thème et prépare à affronter la problématique proposée à l'examen.

EXEMPLE

Thème *Faire voir*. Aspect : Qui fait voir ?
Une des réponses possibles est la publicité. Elle donne à voir de multiples images. De nouvelles questions se posent à propos de ces dernières : que veut faire voir la publicité ? Quelles valeurs impose l'image publicitaire ? Peut-on vivre dans une société sans publicité ? Son rôle économique la rend-elle incontournable ? etc.

3. Les recherches personnelles

Les recherches personnelles accompagnent et complètent le cours. Les exposés, les débats, la lecture de documents divers, les émissions de télévision ou les films sont l'occasion d'acquérir des connaissances nouvelles.

Il s'agit à chaque fois de faire le lien entre le document étudié et la problématique d'ensemble ou une problématique partielle, de manière à constituer une véritable banque de données susceptibles d'être utilisées le jour de l'examen.

EXEMPLE

Ainsi à propos du thème *Faire voir*, un exposé à partir de certains mots clés du thème (proposés par le texte officiel) peut amener à se documenter sur les *reality show*, le photo-journalisme, l'image publicitaire, l'information, la starisation, etc.

Chacune de ces recherches donne lieu à une fiche où sont consignés les idées, les thèses en présence et les exemples intéressants.

2 La mise au net des connaissances

1. Les grandes idées du thème

Elles sont étudiées en cours mais leur approfondissement donne lieu à des recherches personnelles. C'est pourquoi la lecture d'œuvres significatives enrichit le corpus d'idées car les chercheurs, dans leurs essais, avancent des hypothèses, des analyses qui clarifient le sujet.

Ainsi, à propos du thème de la télévision, il sera profitable d'avoir lu, par exemple, l'essai de Pierre Bourdieu intitulé *Sur la télévision*, ou celui de Jean-Louis Missika *La Fin de la télévision*.

Enfin, il est impératif de consulter les ouvrages parascolaires consacrés chaque année aux deux thèmes du programme.

Chaque œuvre fait l'objet d'une notice répertoriant les thèses de son auteur et montrant son apport à la problématique.

2. La vue d'ensemble du thème

Pour s'assurer une bonne maîtrise du thème, rien ne vaut une fiche synoptique. Elle donne une vue globale du thème en le décomposant en ses différents aspects. À chaque grande idée est associée une source. Ce peut être un document exploité en cours, un exemple qui a fait débat, des documents collectés sur Internet pour réaliser des exposés ou bien encore un dossier de synthèse, etc.

• *Une astuce à l'examen*

Avant de commencer l'épreuve d'écriture, cherchez le lien entre le sujet, le thème du dossier de synthèse et le thème du programme.
Ce travail facilite la recherche de vos idées et de vos arguments. En effet il donne accès à la banque de données personnelles que vous vous êtes constituée en étudiant ce thème.

3 La recherche de points de vue personnels

1. Les oppositions et les polémiques

Chaque thème provoque des discussions et de grandes oppositions se retrouvent à propos de ces sujets de société.

Par exemple, dans les dossiers de synthèse, des opinions divergentes s'affrontent souvent. Il faut savoir les identifier, cerner les thèses contradictoires en présence et les mémoriser. Les clivages peuvent concerner la religion (athées contre croyants), l'économie (liberté totale du marché contre régulation par l'État), la vision de l'avenir de la planète (productivistes contre écologistes), etc. Connaître ces grands enjeux du monde contemporain prépare à l'épreuve d'écriture personnelle : dans l'argumentation à rédiger, il faudra probablement en débattre et se situer par rapport à eux.

2. La prise de position personnelle

Les thèmes au programme concernent le monde contemporain. C'est pourquoi ils peuvent être abordés du point de vue du citoyen. Il n'est pas nécessaire d'être très érudit ou spécialiste pour en débattre. Il suffit de réfléchir aux implications sociétales, éthiques, politiques, humaines des thèmes pour se forger son propre point de vue à partir de ses propres valeurs et de sa vision du monde.

3. À quel propos chercher un point de vue personnel ?

L'étude du thème offre de multiples occasions de chercher un point de vue personnel.

a) Les faits. Les constats sont-ils partagés ? Est-on d'accord sur l'analyse des phénomènes, de leurs causes, de leurs conséquences ? Quels remèdes et solutions sont préconisés ? Ceux qui sont proposés sont-ils acceptables ?

b) Les thèses en présence. En réfléchissant aux thèses développées par les auteurs, en étudiant les oppositions et les polémiques, on se demandera avec quelle thèse on s'accorde, laquelle est refusée, quel enrichissement peut être apporté.

EXEMPLE

Synthèse de documents portant sur les thérapies génétiques
Sujet d'écriture : Sommes-nous, comme le pense François de Closet, « en danger de progrès » ?

Thèses en opposition dans les documents

- Une pratique dangereuse : dangers psychologiques, risques de discrimination ; intervention sur le vivant.
- Une pratique prometteuse : prévention des maladies ; naissance d'une nouvelle discipline, la bio-médecine.

Ces deux attitudes face au progrès devront être confrontées et utilisées dans le traitement du sujet d'écriture.

Recherche d'un point de vue personnel

Pour échapper aux contradictions du progrès, soit on le refuse, soit on fait abstraction du risque, soit on cherche dans le progrès lui-même les moyens de les résoudre.
Chacun choisit sa position personnelle en fonction de ses valeurs et de ses choix de vie.

4. L'expérience personnelle

Corrobore-t-elle les différents points de vue exprimés ? Par exemple, un candidat dont un proche serait affecté par une maladie génétique sera sensible au problème posé par la thérapie génétique. Son jugement sera influencé par la stigmatisation dont aurait pu être victime ce malade, ou à l'inverse par l'espoir de sa guérison grâce à la bio-médecine. Mais attention, cette expérience personnelle ne doit surtout pas nuire à une réflexion plus globale, équilibrée, prenant en compte l'ensemble du problème. Ainsi cela ne doit pas empêcher d'envisager les moyens de juguler les risques pour la liberté liés à la manipulation du génome. Les recherches en thérapie génétique pourraient alors se poursuivre. À cet effet, ce candidat développerait la thèse paradoxale selon laquelle plus de science reste encore le meilleur moyen de contrer les risques inhérents à la recherche.

4 La révision avant l'épreuve

1. Les textes étudiés

Avant l'épreuve, il est nécessaire de relire l'ensemble des textes étudiés en cours, ainsi que les documents des dossiers de synthèse. De même, il faut relire les corrigés des devoirs de synthèse et d'écriture personnelle. Ces relectures ravivent la curiosité intellectuelle et entretiennent les connaissances dans lesquelles on puisera des idées le jour de l'examen.

2. Les notes personnelles

Le dossier consacré au thème doit être entretenu régulièrement en archivant les documents nouveaux rencontrés au fil des lectures ou au fil de l'actualité. Les notes personnelles sont consignées sur la fiche synoptique et sur les fiches consacrées aux auteurs, aux documents étudiés en cours, aux documents compulsés pour préparer des exposés ou participer à des débats. Il faut consulter périodiquement ce dossier pour mémoriser les grandes idées du thème. Classer et relire fréquemment ses notes permet de réactiver ses connaissances.

Auto-évaluation

Les vérifications à faire le jour de l'examen pour m'appuyer sur le thème au programme

1. Ai-je cerné l'aspect du thème étudié en cours auquel se réfère le sujet d'écriture ?
2. Ai-je recherché les souvenirs qu'éveille en moi cette question ?
3. Ai-je identifié un auteur auquel me référer pour y répondre ?
4. Ai-je recherché quelle est mon expérience personnelle sur cette question ?
5. Ai-je repéré des documents étudiés en cours sur lesquels m'appuyer ?

2 L'ÉTUDE DES TEXTES DE LA SYNTHÈSE

➔ Il faut savoir extraire des textes les données de la synthèse car la qualité du travail en dépend. Chaque type de texte appelle sa propre méthode.

1 La lecture du dossier

1. Le libellé du sujet

Le libellé du sujet précise le thème et parfois la problématique. Au cas où celle-ci ne serait pas proposée, il faut rechercher dès la première lecture l'angle particulier sous lequel le thème du dossier est abordé. Quand on a une vue d'ensemble de ce dossier, le travail d'analyse des documents peut commencer.

2. La découverte des documents

a) Les références des documents. Il faut les analyser car elles précisent la nature et le statut de chaque pièce du dossier. Les titres, les auteurs, l'origine, la date de publication, toutes ces références sont utiles pour comprendre les documents, les situer les uns par rapport aux autres lors de leur confrontation. En outre, elles seront exploitées lors de la rédaction de la synthèse.

b) La lecture du dossier. L'inventaire de ses données met en jeu l'ensemble des compétences en lecture du candidat. En effet, la réussite d'une synthèse passe par l'identification des idées clés des textes. Il est donc impératif de lire attentivement les documents.

3. Les types de textes

Le dossier à synthétiser comprend deux ou trois documents textuels. Ils sont de deux types.

a) Les textes analytiques : ils contiennent des idées, sous la forme d'explications (ce sont alors des textes explicatifs) ou sous la forme de thèses, d'arguments (ce sont des textes argumentatifs). Les extraits d'essais, d'articles de presse, de documents administratifs, d'argumentaires publicitaires sont des textes analytiques.

b) Les textes illustratifs : ils sont concrets, construits à partir d'un récit, d'une anecdote, d'un témoignage, de personnages, d'exemples, de faits, de chiffres. Ce sont des textes de théâtre, de roman, de poésie, de reportage, d'autobiographie.

2 Les textes analytiques

1. Le texte explicatif

a) Les caractéristiques du texte. Il a pour objectif d'exposer et de faire comprendre un fait ou un phénomène en le décomposant pour le décrire et en l'analysant.

b) L'étude du texte explicatif. Il faut repérer les explications des phénomènes qu'il étudie, c'est-à-dire distinguer leurs acteurs, leurs composantes, leurs causes et leurs conséquences. Ces éléments se suivent en s'ajoutant les uns aux autres. Ils sont parfois reliés par des termes comme *de surcroît, de plus, en outre*. Ils peuvent être aussi hiérarchisés et introduits alors par des mots comme *tout d'abord, non seulement, mais ensuite, en premier lieu*, etc.

2. Le texte argumentatif

a) Les caractéristiques du texte. Il cherche à convaincre du bien-fondé d'une position, d'une thèse en l'argumentant. Attention, en plus de leurs idées, certains auteurs présentent des thèses qu'ils discutent ou qu'ils combattent. Il faut veiller à ne pas les leur attribuer, ce contresens fausserait la synthèse !

b) L'étude du texte argumentatif. Il faut dégager la thèse de l'auteur, en distinguant ses arguments et les exemples qu'il utilise. Certains indices servent de repères : les termes valorisants, dévalorisants, les marques de jugement. Ils révèlent le point de vue défendu et le degré d'implication du locuteur. On doit aussi analyser les relations logiques entre les idées : les oppositions, le rapport cause/conséquence, les concessions, la condition, etc. Tout ce travail d'analyse du texte doit être conduit avec méthode : de lui dépendent la précision et la richesse de la synthèse. Enfin, il ne faut pas négliger d'observer la structure d'un texte d'idées : les étapes successives de l'argumentation peuvent suggérer une possibilité de plan pour la synthèse.

3. Le tri des données des textes explicatifs et argumentatifs

Dans un texte, tout ne concerne pas la problématique de la synthèse. On ne cherchera et ne conservera que les données utiles à la réalisation de cette dernière, en les reformulant avec le maximum de précision, c'est-à-dire sans les déformer.

EXEMPLE

Texte argumentatif

« Il est extrêmement fallacieux de considérer les humains en période d'enfance comme un monde à part. Les enfermer ensemble dans un supposé cercle magique est stérilisant. Le rôle de l'adulte est de susciter et d'aider l'enfant à s'insérer dans la société dont il est un élément vivant nécessaire, durant le temps qu'il est encore dans sa famille. Pour soutenir son développement, il faut le considérer dans son advenir et faire confiance à l'adulte qu'il vise à devenir. Le drame est que, à partir du moment où on cesse de le regarder comme un petit poète, comme un enfant qui rêve, qui a son monde à part, on fait intervenir le modèle imposé. "Tu es un pré-adulte, mais par rapport à ce que moi-même je suis comme adulte." Alors qu'il est un pré-adulte, c'est vrai, mais d'un style qui n'existe pas encore, qui est à inventer, qu'il doit trouver lui-même. »

Françoise Dolto, *La Cause des enfants*, 1977, Éd. Robert Laffont.

Données à conserver : l'éducation doit voir dans l'enfant un futur adulte qui doit se construire par lui-même et non se mouler dans un modèle imposé.

Une astuce à l'examen

Partez du principe que les idées des textes analytiques constituent la substance de la synthèse. Les autres textes, parce qu'ils sont concrets, mettent en lumière ces idées en les confirmant ou en les contredisant.

3 Les textes illustratifs

1. Le texte narratif

a) Les caractéristiques du texte. Il est extrait d'un roman ou d'une autobiographie. C'est un récit, comportant souvent des dialogues et des éléments de description. Il a été choisi parce que les situations, les décors et les personnages illustrent, attestent, contredisent, nuancent, complètent des idées clés des textes explicatifs ou argumentatifs. Les textes illustratifs et les textes analytiques sont complémentaires.

b) L'étude du texte narratif. Elle permet au candidat de montrer ses capacités d'analyse. En effet on doit analyser les personnages, les éléments de l'intrigue ou du décor pour découvrir les idées dont ils sont porteurs. Ces éléments concrets sont, en réalité, chargés d'un sens qu'on doit découvrir en les interprétant.

c) La sélection des données. Il faut conserver l'interprétation des éléments qui illustrent les idées des textes argumentatifs, et uniquement celles-là.

EXEMPLE

Synthèse sur le thème de la grande ville. Sa problématique porte sur le mode de vie des citadins.

«Tu ne le croirais pas peut-être ; depuis un mois que je suis ici [à Paris], je n'y ai encore vu marcher personne. Il n'y a point de gens au monde qui tirent mieux parti de leur machine que les Français : ils courent ; ils volent : les voitures les plus lentes d'Asie, le pas réglé de nos chameaux, les feraient tomber en syncope. Pour moi, qui ne suis point fait à ce train, et qui vais souvent à pied sans changer d'allure, j'enrage quelquefois comme un chrétien : car encore passe qu'on m'éclabousse depuis les pieds jusqu'à la tête ; mais je ne puis pardonner les coups de coude, que je reçois régulièrement et périodiquement : un homme, qui vient après moi et qui me passe, me fait faire un demi-tour ; et un autre, qui me croise de l'autre côté, me remet soudain où le premier m'avait pris : et je ne fait pas cent pas, que je suis plus brisé.»

Montesquieu, *Lettres persanes*, lettre 24, 1721.

Données à conserver : «ils courent ; ils volent» = la surexcitation du citadin quand il se déplace. «J'enrage ; m'éclabousse ; les coups ; brisé» = les conséquences physiques et psychologiques négatives des conditions de déplacement.

2. Le texte poétique

a) Les caractéristiques du texte. C'est un poème, en vers ou parfois en prose qui exploite les possibilités sonores, rythmiques, visuelles du langage. Il recourt souvent aux images et aux connotations des mots.

b) L'étude du texte poétique. Elle se conduit en deux étapes. Dans la première il s'agit de rechercher les aspects du thème abordés par le poème : de quoi est-il question, de quoi parle-t-il ? La deuxième étape est plus complexe. Il s'agit de rechercher l'influence de la forme poétique sur le contenu, de trouver le sens porté par cette forme. On étudiera donc les images, la longueur et la place des mots, leur effet sonore et rythmique, la typographie, la structure du texte et on les interprétera.

c) Les données à conserver. Comme pour les autres types de texte, on ne conservera que celles qui sont utiles à la synthèse. Attention, on n'attend pas un commentaire de texte, il ne faut sélectionner que les interprétations en lien avec la synthèse.

3. Le texte de théâtre

a) L'étude du texte. On analyse la situation, l'intrigue, les personnages. Il faut être attentif à ce que révèle le dialogue sur les relations entre les personnages. Les indications de jeu et de décor peuvent avoir de l'importance, on les étudie aussi.

b) Les données à conserver. Là encore, on ne conservera que celles qui sont utiles à la synthèse. Elles illustrent de façon très concrète les thèses et les arguments des textes d'idées.

EXEMPLE

La synthèse porte sur les rapports entre les maîtres et les domestiques.

La comédie s'ouvre sur une scène entre Follavoine, un fabricant de porcelaine, et sa bonne, Rose.

«FOLLAVOINE. – Les Hébrides ?... Vous ne savez pas où c'est ? [...]

ROSE. – Ah ! non !... non !... *(Comme pour se justifier.)* C'est pas moi qui range ici !... c'est madame.

FOLLAVOINE. – Quoi ! quoi, «qui range» ! les Hébrides !... des îles ! bougre d'ignare !... de la terre entourée d'eau vous ne savez pas ce que c'est ? [...]

Elle ne sait rien cette fille ! rien ! qu'est-ce qu'on lui a appris à l'école ? [...] «C'est pas elle qui a rangé les Hébrides» ! Je te crois, parbleu ! *(Se replongeant dans son dictionnaire.)* «Z'Hébrides... Z'Hébrides...» *(Au public.)* C'est extraordinaire ! je trouve zèbre, zébré, zébrure, zébu !... Mais de Zhébrides, pas plus que dans mon œil ! Si ça y était, ce serait entre zèbre et zébrure. On ne trouve rien dans ce dictionnaire !»

Georges Feydeau, *On purge Bébé*, 1910, Acte I, scène I.

Données à conserver : la scène place le maître et sa domestique à égalité, ils sont tous deux aussi ignorants ! Pourtant le dialogue illustre la différence de statut social, en montrant le sentiment de supériorité du maître et le droit qu'il s'accorde de brusquer son employée. Non seulement le maître est risible, mais il est odieux.

Auto-évaluation

Les vérifications à faire le jour de l'examen avant d'entamer l'étape suivante

- Ai-je bien analysé les références des documents ?
- Ai-je bien dégagé les principales données des textes argumentatifs ?
- Ai-je suffisamment analysé les textes illustratifs ?
- Ai-je vu la complémentarité des différents types de textes ?

3 L'ÉTUDE DES IMAGES, DES TABLEAUX DE CHIFFRES ET DES GRAPHIQUES

Il faut étudier avec soin les images, les chiffres et les graphiques. Ces documents apportent des données qui illustrent, confortent ou réfutent les idées en présence.

1 L'étude des images

1. Les caractéristiques des images

Une synthèse comporte en général une image, de nature variable : une reproduction de tableau, une photographie, un dessin de presse, une bande dessinée, une publicité...

2. L'étude des images

Elle se conduit en deux temps.

Dans un premier temps, on perçoit la signification globale de l'image et il faut rechercher le lien entre le thème de la synthèse et le document iconographique.

Dans un deuxième temps on décompose l'image pour rechercher les éléments porteurs de sens : la composition, les couleurs, les personnages et les objets, les textes qui figurent dans une légende ou une bulle. En les interprétant on dégage leur signification.

EXEMPLE

Dessin de Plantu.

Étude de l'image : la différence de taille des personnages du dessin illustre le déséquilibre entre les pays riches occidentaux et les pays pauvres. L'acheteur situé à gauche est vêtu richement. Il symbolise l'Occident. Il domine de toute sa masse le vendeur, pauvrement vêtu, très maigre et qui a peu à vendre, avec des moyens dérisoires. Il représente le Tiers Monde. Ce rapport de force influe sur la compréhension que le lecteur peut avoir des paroles. Au lieu de leur donner comme signification « votre prix sera le mien », formule convenue qui signifie que l'acheteur se plie aux conditions du vendeur, il comprend que c'est ce dernier qui doit accepter celles qui sont imposées par le plus fort : « mon prix sera le vôtre » est une formule impérieuse, et somme toute, impérialiste.

La violence est soulignée par le point d'exclamation et par le recul apeuré du vendeur.

3. Le tri des données

Il en est des images comme pour les textes : tout n'est pas à garder. On ne retiendra que ce qui rentre dans le cadre de la problématique. Ce travail est facilité par la connaissance du contenu des textes, qui ont déjà été analysés : on sait ce qu'il faut retenir de l'image.

Ainsi, pour une synthèse portant sur les inégalités dans le monde, il faudrait conserver du dessin de Plantu le caractère choquant de l'inégalité, le déséquilibre des forces, la violence du dominant à l'égard du dominé. Ces données caractérisent l'impérialisme.

Pour une synthèse portant sur la négociation, il faudrait conserver la contradiction entre le projet contractuel de négociation et le déséquilibre des parties en présence, la notion de rapport de force, l'inscription de ce rapport dans un contexte (ici le contexte géo-économique mondial), le poids des représentations et des préjugés à l'égard de l'autre.

Une astuce à l'examen

Pour étudier une image, cherchez les connotations du décor, des couleurs, des formes, du graphisme. Ces éléments sont chargés de symboles et leur association concourt à sa signification globale.

2 L'étude des tableaux de chiffres

1. Leurs caractéristiques

Les chiffres qu'ils présentent sont des informations qui concernent un aspect du thème de la synthèse. Ils sont classés de manière à faire apparaître des ressemblances, des différences, des oppositions, des évolutions, des corrélations.

2. L'étude d'un tableau

L'exploitation d'un tableau consiste à tirer parti des chiffres qui le composent. Le travail doit suivre trois étapes.

a) Le repérage de la structure du tableau. Il s'agit de repérer le nombre de rangées et de colonnes, les titres, les unités utilisées, les dates.

b) Les lectures horizontales et verticales. Elles recherchent des évolutions et des comparaisons. On procède à une lecture horizontale afin de confronter sur une même ligne les différentes colonnes : ainsi on peut déceler une évolution. La lecture verticale permet de comparer les chiffres à l'intérieur d'une même colonne.

c) La recherche des faits saillants. C'est à ce stade du travail qu'il faut tirer parti des chiffres et interpréter le tableau. La lecture fine des rangées et des colonnes met en évidence des écarts remarquables, des évolutions marquantes, des contrastes spectaculaires (ou bien l'inverse...).

EXEMPLE

Nombre de fumeurs réguliers en %						
	2005					
	18-24 ans	25-34 ans	35-44 ans	45-54 ans	55-64 ans	65-75 ans
Hommes	38	40	35	31	20	10
Femmes	33	30	31	22	10	6

Source : Insee, *La France en faits et en chiffres*. Baromètre santé 2005, INPES, exploitation OFDT.

- La lecture horizontale montre l'évolution de la consommation de tabac : la proportion de fumeurs diminue fortement avec l'âge.
- La lecture verticale compare le comportement des hommes et des femmes : celles-ci fument moins souvent et arrêtent plus vite que les hommes.
- Les faits saillants : près d'un homme sur deux, près d'une femme sur trois fument à 30 ans. Le pic de la consommation se situe entre 24 et 34 ans. On observe une importante chute de la consommation à partir de 50 ans, chez les deux sexes.

d) Le tri des données. Pour une synthèse portant sur les addictions on retiendra que la proportion de fumeurs diminue fortement avec l'âge, et que le pic de la consommation se situe entre 24 et 34 ans.

Pour une synthèse portant sur la parité homme / femme, il faudrait retenir la variation des écarts en fonction de l'âge : l'écart se rétrécit entre les 18 / 24 ans mais augmente entre les 24 / 34 ans, diminue sensiblement entre les 35 / 44 ans, pour augmenter ensuite jusqu'à 65 ans. À partir de 65 ans il redevient faible. On peut expliquer ces variations par l'influence de la maternité sur les femmes.

3 L'étude des graphiques

1. Leurs caractéristiques

Les graphiques organisent visuellement les éléments d'information pour montrer leurs relations et établir des comparaisons. C'est pourquoi ils peuvent illustrer des idées des textes de la synthèse. Ils montrent s'il y a eu des changements et à quel moment ils se sont produits, ce qui permet de voir clairement les tendances.

2. Les graphiques en courbes

Les courbes sont un moyen très simple de représenter une évolution. En outre, l'association de plusieurs courbes permet d'établir une corrélation ou une comparaison entre deux aspects d'un même phénomène.

L'étude procède du général vers le particulier. Une courbe va représenter une tendance globale (hausse, baisse, stagnation) mais aussi un phénomène particulier, par exemple une brusque hausse, un décrochage.

3. Les graphiques en barre

Les graphiques à barres verticales et horizontales comparent simultanément divers éléments d'information. La longueur de chaque barre indique la quantité représentée.

4. Les diagrammes circulaires

Dans les diagrammes circulaires l'angle de chaque secteur est proportionnel à un pourcentage. Ils permettent de présenter l'information à des fins de comparaison en montrant les relations entre le tout et les parties.

EXEMPLE

Modes d'accès à la télévision

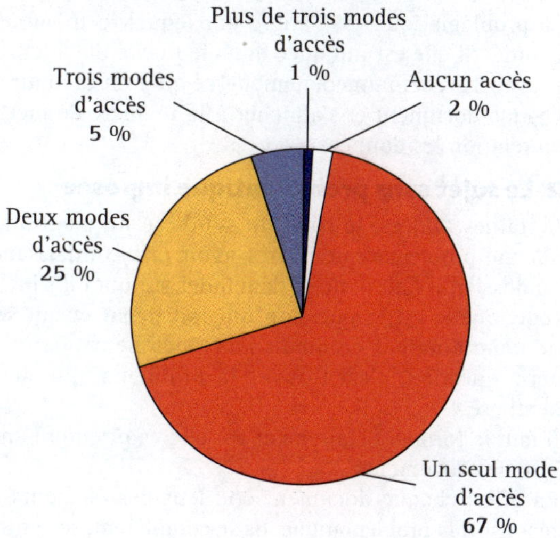

Champ : ensemble de la population

Source : CREDOC, enquête « Conditions de vie et aspirations des Français », juin 2006.

Données à retenir

- Pour une synthèse sur le poids de la télévision dans la vie des Français : près d'un tiers des Français s'équipe de trois ou quatre canaux d'accès à la télévision.
- Pour une synthèse portant sur la pénétration des nouvelles technologies : on constate une appropriation de plus en plus grande de ces technologies : si une grande majorité des téléspectateurs (67 %) n'a qu'un seul canal d'accès à la télévision, 31 % d'entre eux utilisent maintenant un téléviseur, un ordinateur et un téléphone portable.

Auto-évaluation

Les vérifications à faire le jour de l'examen

- Ai-je repéré les éléments connotés de l'image et analysé leur sens ?
- Ai-je perçu le lien entre les idées des textes et les données chiffrées ?
- Ai-je montré les évolutions, les tendances, les faits saillants ?
- Ai-je exploité la capacité de comparaison des diagrammes ?

4 LA CONFRONTATION DES DOCUMENTS

Un tableau synoptique met en en évidence les relations entre les documents. En classant leurs données, on construit progressivement les fondations de la synthèse.

1 La clarification de la problématique

1. Le sujet à problématique imposée

La problématique est l'angle par lequel le thème est abordé. Si elle est indiquée dans le libellé du sujet, on peut rechercher immédiatement ce qu'il faut retenir de chaque document et s'attacher à la manière de mettre en relation les données relevées.

2. Le sujet sans problématique imposée

Certaines années, le sujet de synthèse ne mentionne aucune problématique. Après avoir pris connaissance du dossier, il faut donc se demander sur quoi il s'interroge, quelle est la question qui fait débat et qui sert de dénominateur commun aux documents. Trouver cette question, c'est trouver la problématique de la synthèse.

Il faut la formuler clairement car elle va orienter l'analyse des documents.

En effet, chaque document contient des éléments de réponse à la problématique. Ils se complètent, se contredisent, débattent entre eux et leur confrontation constituera la substance de la synthèse.

S'il n'y a pas qu'une seule problématique possible – cela dépend des dossiers –, on choisira la plus large, la plus riche et, bien évidemment, celle qui englobe le plus grand nombre de données des documents.

2 La préparation du tableau synoptique

1. L'objectif du tableau

Il permet de mettre en œuvre le processus de synthèse. Cette dernière se construit par étapes successives.

- Dans une première étape, les données de chaque document sont analysées, relevées, notées et mises en relation. C'est une étape capitale qui exige de la rigueur et de la précision.
- Dans une deuxième étape, on se sert de la vue panoramique de l'ensemble des données pour les confronter et les regrouper par pistes de réflexion. Ce regroupement dégagera les bases de la synthèse.
- Dans une troisième étape, on profite de la vue de l'ensemble des pistes de réflexion pour travailler sur des hypothèses de plan.

2. L'organisation du tableau

Sur une grande feuille A3 ou deux A4 assemblées, on trace une colonne par document et après la dernière on en ajoute une autre intitulée «Pistes de réflexion».

En haut de chaque colonne, on note la référence du document.

EXEMPLE

Synthèse portant sur les horoscopes.
Elle s'intéresse aux raisons de leur succès.

Doc. 1 *Les horoscopes* C. Chantreau	Doc. 2 *Du rêve à vendre* V. Léandre	Doc. 3 Scorpion 13 au 20/01/2008	Pistes de réflexion

Une astuce à l'examen

Pour clarifier ce que vous devez chercher dans les documents, rédigez la phrase suivante : ce dossier traite de ... (c'est le thème) et il s'interroge sur ... (c'est la problématique). Vérifiez que la problématique que vous proposez intègre bien tous les documents.

3 L'analyse des documents

1. L'étude d'un premier document

a) Le choix du document

On a tout intérêt à choisir le document le plus riche, celui qui semble aborder les aspects les plus variés du thème. En effet, il pourra servir de pivot lors de sa confrontation avec les autres, qui le complèteront, l'illustreront, le nuanceront ou le contrediront.

b) Le relevé des données

Dans la colonne correspondant à ce document, on note les idées qui concernent la problématique.

La pertinence de la sélection est fondamentale pour réussir une bonne synthèse : il ne faudrait pas négliger une idée importante ou noter un détail sans intérêt !

La manière de noter les idées importe elle aussi : le propos doit être reformulé le plus fidèlement possible : le correcteur ne pardonnerait pas une déformation des idées du dossier. Bien entendu, la plus grande concision est recommandée pour pouvoir faire tenir dans le tableau l'idée relevée.

EXEMPLE

Doc. 1 *Les horoscopes* C. Chantreau	Doc. 2 *Du rêve à vendre* V. Léandre
Gros succès des horoscopes	
Public : davantage féminin	
Apportent une aide, de l'espoir	

2. La confrontation avec un deuxième document

a) Le choix du nouveau document

Lequel choisir ? Il est préférable de choisir un document d'analyse, qui enrichisse, complète le premier. Choisir un document purement illustratif, comme un tableau de chiffres, une image ou un diagramme serait prématuré car il retarderait le moment où commence à se dégager une vision assez large de la question.

b) L'organisation de la confrontation

L'efficacité du tableau vient de ce que, dans la nouvelle colonne, on place ces données nouvelles en face de celles qui leur correspondent. Qu'elles soient semblables, qu'elles les critiquent ou qu'elles les contredisent ne change pas le fait qu'elles font partie du même domaine de réflexion : il faut donc les aligner l'une en face de l'autre. Au bout de la rangée ainsi créée, on note la piste de réflexion qui leur correspond. Toute la difficulté est de bien titrer ces pistes de réflexion : leur intitulé doit être suffisamment synthétique pour rendre compte du contenu de la rangée.

Ainsi se construit peu à peu le contenu de la synthèse.

EXEMPLE

Doc. 1 *Les horoscopes* C. Chantreau	Doc. 2 *Du rêve à vendre* V. Léandre
Gros succès des horoscopes	Un gros marché
Public : davantage féminin	Toutes les catégories du public
Apportent une aide, de l'espoir	Des conseils pour vivre le quotidien

Doc. 3 Scorpion 13 au 20/01/2008	Pistes de réflexion
	Une industrie
	Le profil des consommateurs
	Le rôle des horoscopes

3. L'étude des autres documents

a) Les documents littéraires

Ils peuvent être maintenant exploités. Les extraits d'œuvres de fiction (roman, théâtre, poésie), les témoignages apportent à la problématique leur propre éclairage. Ils complètent, corroborent, infirment parfois certains aspects des textes analytiques.

b) Les images, les diagrammes et les chiffres

Les chiffres et les diagrammes sont importants car ils ont valeur de preuve et donnent de la réalité aux phénomènes. Il faut donc les utiliser largement dans la synthèse. Les images montrent, au sens propre, certains aspects du thème traité. Il faut les interpréter pour dégager leur apport à la problématique et noter cet apport.

EXEMPLE

Doc. 1 *Les horoscopes* C. Chantreau	Doc. 2 *Du rêve à vendre* V. Léandre
Gros succès des horoscopes	Un gros marché
Public : davantage féminin	Toutes les catégories du public
Apportent une aide, de l'espoir	Des conseils pour vivre le quotidien

Doc. 3 Scorpion 13 au 20/01/2008	Pistes de réflexion
	Une industrie
	Le profil des consommateurs
Amour : 8/10, Argent : 9/10, Santé : 8/10	Le rôledes horoscopes

4. Le travail d'ajustement et de vérification

Il ne faut pas hésiter à revenir en arrière, à réexaminer ses choix au fur et à mesure que le tableau se remplit. C'est pourquoi il est préférable de travailler avec un crayon et une gomme pour modifier plus facilement les cases.

a) Les ajustements

Ils concernent d'abord les données omises, mais dont on se rend compte qu'elles méritent d'être retenues parce qu'elles apparaissent dans un nouveau document. Ils concernent aussi le nombre de pistes de réflexion. Lorsque de nombreuses pistes semblent se dégager, il ne faut pas hésiter à les regrouper dans des ensembles : un nombre trop important de pistes émietterait la réflexion et compliquerait la recherche d'un plan.

b) Les vérifications

Elles concernent l'intitulé des pistes de réflexion. Il ne faut pas hésiter à en changer jusqu'à ce qu'on trouve la formulation la plus fidèle et la plus synthétique.

Auto-évaluation

Les vérifications à faire le jour de l'examen pour évaluer la pertinence de mon tableau de confrontation

- Ai-je bien clarifié la problématique de la synthèse ?
- Ai-je bien relevé toutes les données qui la concernent ?
- Ai-je utilisé tous les documents ?
- Ai-je bien formulé mes pistes de réflexion ?
- Mes pistes de réflexion s'inscrivent-elles dans la problématique ?

5 LA MISE AU POINT DU PLAN DE LA SYNTHÈSE

Un tableau est un outil puissant. En regroupant les pistes de réflexion, on découvre quelles sont les grandes lignes de la synthèse et on parvient au plan recherché.

1 La recherche du plan de la synthèse

1. L'observation des pistes de réflexion

L'alignement sur une même ligne horizontale des données qui abordent le même sujet aboutit à la formation d'une piste de réflexion.

Mais certaines pistes concernent un même domaine, vu sous des aspects différents. Après avoir observé le tableau, il faut chercher quels regroupements on peut opérer entre ces pistes pour le simplifier et augmenter ainsi d'un cran le niveau de synthèse.

EXEMPLE

Synthèse sur l'illettrisme

Doc. 1	Doc. 2	Pistes de réflexion
Infériorité, honte	Complexes	Souffrances psychiques
Problèmes administratifs	Problèmes pour se déplacer	Difficultés matérielles
Désocialisation	Difficultés économiques	Difficultés sociales

Les souffrances psychiques, les difficultés matérielles, les difficultés sociales appartiennent à un même domaine. Ces pistes peuvent être regroupées.

2. Le regroupement des pistes en rubriques

Il faut alors se demander quels titres on pourrait donner à ces regroupements, autrement dit sous quelles rubriques ces pistes pourraient être classées.

EXEMPLE

Pistes de réflexion	Rubrique
Souffrances psychiques	
Difficultés matérielles	Les conséquences de l'illettrisme
Difficultés sociales	

De façon logique, ces pistes apparaissent comme des conséquences de l'illetrisme. On intitulera donc ainsi cette rubrique.

Il faut s'efforcer d'obtenir un nombre raisonnable de rubriques. Il peut être nécessaire parfois de regrouper plusieurs rubriques en une seule, de manière à en diminuer le nombre.

En créer deux ou trois – quatre est un maximum – doit permettre de prendre en compte l'intégralité du tableau. Attention, aucune donnée ne doit être laissée de côté si l'on veut que la synthèse soit complète.

3. L'organisation des rubriques en un plan de synthèse

L'organisation logique des rubriques fournit le plan de la synthèse. Chaque rubrique devient alors une partie du plan. Mais pour obtenir un plan valable, la succession des parties doit obéir aux règles de la logique et leur progression doit être assurée par des transitions.

EXEMPLE

Pistes de réflexion	Rubriques	Plan de la synthèse
Illettrés : Qui ? Combien ?	Description du phénomène	1. Le problème de l'illettrisme
Souffrances psychiques Difficultés matérielles Difficultés sociales	Les conséquences de l'illettrisme = difficultés rencontrées par les illettrés	2. Les causes de l'illettrisme
Échec scolaire Primo-arrivants Problèmes psychologiques et comportementaux	Les causes de l'illettrisme	3. Les conséquences : les difficultés rencontrées par les illettrés

Ce plan est logique : la synthèse commence par présenter l'illettrisme, puis elle en analyse les causes et ensuite les conséquences.

En s'appuyant sur des repères logiques on trouve plus facilement le plan de la synthèse. Ainsi, dans cet exemple, on voit que si l'on trouve la première rubrique « description du phénomène de l'illettrisme », il y a une grande probabilité que le tableau induise les rubriques « causes » ou « conséquences » de ce phénomène.

En effet, elles sont liées logiquement entre elles.

Une astuce à l'examen

Osez des plans originaux.

Ils mettront en valeur vos qualités s'ils sont logiques et prennent en charge l'ensemble des données du tableau.

Ainsi un plan plus dynamique, inspiré des techniques d'écriture journalistiques, inverserait l'ordre des parties 2 et 3 : après avoir décrit l'illettrisme et ses victimes, la synthèse expliquerait les difficultés auxquelles celles-ci se heurtent puis analyserait l'origine du problème.

2 L'organisation des parties de la synthèse

1. L'ordre des pistes de réflexion

De même que les rubriques deviennent les parties du plan, les pistes de réflexion deviennent des sous-parties

à l'intérieur de chaque partie. Le classement de ces sous-parties doit être logique et progressif.
La logique apporte de la clarté : ainsi il semble logique d'expliquer de quoi il est question avant d'expliquer *qui* est concerné par le phénomène, sinon le lecteur ne comprendra pas. Quant à la progression des sous-parties, elle permet d'approfondir la réflexion : aller du plus simple au plus complexe est plus satisfaisant pour l'esprit, c'est plus enrichissant.

2. L'organisation des données de chaque piste de réflexion

À l'intérieur de chaque sous-partie, il faut exploiter toutes les données du tableau de confrontation. Mais ces informations doivent être utilisées en fonction de leur valeur démonstrative et il faut donc établir une hiérarchie entre elles. C'est pourquoi le candidat ne devra pas suivre l'ordre d'apparition des données dans la rangée mais il va devoir les classer.
Le premier critère de ce classement est la logique, bien évidemment. Le deuxième est le souci de progression de la réflexion. Le troisième est la chronologie des documents, s'ils ont été rédigés à des époques différentes.

EXEMPLE

Synthèse sur l'illettrisme, troisième partie

Plan d'ensemble de la troisième partie : les conséquences de l'illettrisme
1. Une souffrance personnelle 2. Des difficultés matérielles 3. Des difficultés sociales

La troisième partie comprend trois sous-parties. La troisième intitulée, «Des difficultés sociales», résulte de l'observation du tableau de confrontation suivant :

Doc. 1	Doc. 2	Pistes de réflexion
Désocialisation	Difficultés économiques	Difficultés sociales

La sous-partie 3 prend en compte les données du tableau de confrontation. Mais en les inversant, dans un souci de logique et d'approfondissement.
En effet, il est plus logique de commencer par évoquer les difficultés économiques des illettrés, puis le risque de désocialisation qu'elles engendrent.

Plan de la sous-partie 3 :
Des difficultés sociales :
- des difficultés économiques;
- à terme, un risque de désocialisation.

3 Les critères d'un bon plan

1. La confrontation des données

Les idées doivent absolument résulter d'un travail de confrontation des documents. Le traitement successif des documents est interdit, ils doivent être mis en vis-à-vis et comparés, de manière à faire apparaître leur similitude, leur complémentarité, leurs oppositions et ainsi faire naître des pistes de réflexion puis les rubriques qui en rendront compte.

2. L'équilibre des parties

Pour réaliser un plan correct, il faut équilibrer les parties, c'est-à-dire leur donner à peu près la même importance. Pour y parvenir il faut leur donner un contenu de même densité. De même, on essaiera d'équilibrer les sous-parties.

3. La conformité à la problématique

Un bon plan correspond à la problématique choisie en rendant compte de tous les aspects du problème. Il est progressif : les idées s'enchaînent logiquement. Enfin, il est structuré : il comporte des transitions et des liens logiques, mettant en évidence sa structure.

Auto-évaluation

Les vérifications à faire le jour de l'examen pour évaluer la manière dont j'ai construit mon plan
- Ai-je pris en compte l'intégralité des données du tableau?
- Ai-je intitulé les rubriques de manière à englober toutes les pistes concernées?
- Ai-je classé logiquement les parties et les sous-parties qui les composent?
- Ai-je bâti un plan équilibré?

6 LES DIFFÉRENTS PLANS DE LA SYNTHÈSE

➔ Chaque synthèse génère son propre plan. Mais connaître quelques plans-types peut aider à organiser les rubriques et finalement orienter vers un plan.

1 Le plan analytique

1. La démarche du candidat

Si le candidat est conduit à créer des rubriques concernant des causes ou des conséquences, voire une rubrique décrivant un aspect d'un phénomène ou d'une situation, il faut qu'il vérifie si le plan analytique peut s'appliquer à la synthèse.

2. L'organisation du plan analytique

Ce plan s'applique à la description d'un phénomène ou permet d'établir le constat d'une situation. Sa première partie explique les composantes de ce phénomène, et indique qui est concerné. La deuxième partie est consacrée à l'analyse des causes et /ou des conséquences de cette situation. Elles peuvent être très diverses, et classées par catégories. Parfois la documentation génère une troisième partie consacrée à la recherche de solutions, lorsque des conséquences sont négatives.

EXEMPLE

Synthèse sur les fans des séries « cultes »

Pistes de réflexion	Rubriques
Âge moyen : 30 ans	Acteurs du fait
Hommes plus nombreux	Acteurs du fait
Bac et souvent +	Acteurs du fait, classes moyennes
Savoir exhaustif, collection	Composantes du phénomène
Consécration culturelle d'un genre populaire	Cause : besoin de légitimation culturelle
Besoin de partager sa « folie »	Causes : besoin de socialisation, besoin de se rassurer
Réunions, conventions, sites Internet, forums, revues	Composantes du phénomène : les manifestations du culte

L'observation du tableau révèle des rubriques telles que les acteurs et les composantes du fait, les causes du phénomène. Le plan analytique s'impose. On l'obtient en regroupant et en classant les rubriques.

Plan de la synthèse

1. Le phénomène des fans
- Les manifestations du culte : sites, conventions, forums, etc.
- Les fans : + d'hommes, classes moyennes, 30 ans.
- Le savoir, les collections exhaustives.

2. L'explication du phénomène
- Le besoin de socialisation : retrouver ses semblables.
- Le besoin de se rassurer.
- Le besoin de légitimation culturelle de productions de la culture de masse.

2 Le plan thématique

1. La démarche du candidat

La synthèse présente une situation, un processus, un problème, un phénomène. Si, après l'observation des pistes de réflexion, les rubriques obtenues portent sur les aspects les plus remarquables de cette situation, de ce processus, le candidat doit vérifier si le plan thématique peut s'appliquer à la synthèse.

2. L'organisation du plan thématique

Ces aspects peuvent être de plusieurs sortes, mais le plan obéit toujours au même principe d'organisation.

a) L'étude du problème à partir des disciplines scientifiques

Le problème est envisagé du point de vue de la médecine, de la biologie, de la psychologie, de la sociologie, de l'histoire, de l'économie, la politique, l'environnement, etc.

b) L'étude du problème à partir d'autres catégories

Les angles d'approche d'un phénomène peuvent être très variés. Par exemple on peut étudier les différents degrés (du plus au moins), les différentes échelles (les niveaux local, national, planétaire, par exemple), les différentes temporalités (le passé, le présent, l'avenir, l'immédiat, le lointain, etc.), les différentes valeurs (le positif, le négatif) ou tout simplement les différentes composantes d'un objet d'étude.

Ainsi une synthèse portant sur les formes contemporaines de la solidarité pourrait étudier ses aspects institutionnels (la Sécurité sociale, le régime des retraites, les assurances, etc.), le versant humanitaire (les ONG), la pratique privée (le don, l'entraide familiale, etc.).

EXEMPLE

Plan d'une synthèse sur les enjeux de l'eau au XXIe siècle

1. Enjeux politiques
- pénurie de l'eau
- disparité des ressources
- nombreux conflits régionaux

2. Enjeux économiques
- les besoins de l'agriculture
- les besoins industriels
- l'eau et le développement

3. Enjeux environnementaux
- la dégradation de la qualité de l'eau
- les aléas climatiques

Une astuce à l'examen

Demandez-vous si la rubrique que vous avez formulée n'en appelle pas une autre, qui ferait aboutir à un plan-type. Par exemple, une cause peut faire penser à une conséquence et donc à un plan analytique causes / conséquences ; une rubrique aspects économiques peut faire penser à un plan thématique : aspects économiques, sociaux, humains, etc.

3 Les plans alternatifs et dialectiques

1. Le plan alternatif

a) La démarche du candidat. Les pistes de réflexion aboutissent à la formulation de rubriques signifiant de nettes différences de points de vue.

Ce cas de figure se rencontre quand un sujet fait débat, suscite des polémiques. Il faut alors se demander si la synthèse ne peut pas être organisée sur un système d'oppositions, en prenant garde à bien confronter les documents.

b) L'organisation du plan alternatif. Ce plan voit s'opposer des couples antithétiques : les ressemblances et les différences, le «pour» et le «contre», les aspects positifs et négatifs, la tradition et la modernité, les avantages et les inconvénients, le progrès et la régression, le bien et le mal, etc.

EXEMPLE

Dans une synthèse portant sur les comportements à risques, les auteurs peuvent s'opposer à propos de la politique de prévention.

- Pour les uns, les campagnes de prévention contre l'alcool, le tabac, la vitesse, le sucre, le sel, les graisses, etc. sont excessives, déprimantes, voire liberticides. En outre, pour ces auteurs toute forme de prohibition risque de déresponsabiliser les gens.
- Pour les autres, ces campagnes ont un rôle éducatif, elles protègent des addictions et sauvent des vies. Selon eux, elles responsabilisent les citoyens en mettant chacun en face des risques qu'il prend avec sa santé et en lui faisant prendre conscience de l'effort financier qu'il demande à la collectivité pour le guérir quand son addiction le rend malade.

2. Le plan dialectique

Il peut se rencontrer parfois. Mais il faut être sûr de disposer des données capables de nourrir une troisième partie.

Dans ce cas l'observation des rubriques montre une opposition entre deux thèses mais aussi qu'une troisième voie est possible. Elle réconcilie les opposants ou permet de dépasser leur opposition en posant autrement la question, en décalant l'angle de réflexion initial.

EXEMPLE

Dans une synthèse s'interrogeant sur la nécessité de la croissance, une première partie exposerait ses avantages, la deuxième exposerait ses inconvénients, la troisième proposerait un autre modèle : la décroissance soutenable.

4 Le plan combiné et le plan original

1. La combinaison plan analytique/plan thématique

La structure de ce plan est analytique : il expose les faits, leurs causes, leurs conséquences, éventuellement les solutions. Mais à l'intérieur de chaque partie, il classe les causes et les conséquences par catégorie, par thème. Par exemple il analyse les conséquences sociales, économiques, humaines, etc.

2. La combinaison plan thématique/plan alternatif

La structure de ce plan est thématique. Mais à l'intérieur de chaque partie, les idées sont classées selon leur aspect antithétique : avantages – inconvénients, «pour» – «contre», etc.

EXEMPLE

On pourrait organiser une synthèse portant sur la marginalité de deux manières.

Plan 1 :

1. La marginalité et la personnalité du sujet
- aspects positifs : créativité, enrichissement de la personnalité
- aspects négatifs : solitude, fragilisation culturelle et psychologique

2. La marginalité et les relations avec la société
- aspects positifs : pratiques sociales innovantes, créatrices
- aspects négatifs : isolement, rejet, exclusion

Plan 2

1. Les aspects positifs de la marginalité
- l'enrichissement de la personnalité
- la créativité

2. Les aspects négatifs de la marginalité
- la fragilisation culturelle et psychologique
- l'exclusion sociale

3. Le plan original

Si aucun des plans-types ne semble convenir, il faut chercher alors un plan original, qui ne coule pas les données de la synthèse dans un moule préétabli.

Il faut oser suivre les évidences imposées par le tableau de confrontation.

Auto-évaluation

Les vérifications à faire le jour de l'examen pour évaluer la pertinence de mon plan

- Ai-je vérifié que, une rubrique en appelant une autre, je n'aboutissais pas à un plan-type ?
- Ai-je pensé à tous les plans-types possibles ?
- Ai-je pensé à utiliser les ressources du plan combiné ?
- Ai-je utilisé tous les documents et toutes les données ?
- Ai-je essayé de bâtir un plan original ?

7 LA RÉDACTION DE LA SYNTHÈSE

➔ Pour réussir la rédaction de la synthèse, il faut reformuler les données du dossier tout en rédigeant avec adresse les références aux documents. Sans oublier la qualité de l'expression, bien entendu.

1 La rédaction de l'introduction et de la conclusion

1. Le rôle de l'introduction

Comme toute introduction, elle annonce le sujet et amorce la curiosité du lecteur. Elle doit être courte et aller à l'essentiel sans fioriture : le candidat n'a que trois heures pour rédiger sa synthèse.

2. La composition de l'introduction

Elle commence par définir le thème traité, puis indique la problématique retenue. Elle présente ensuite le dossier et annonce enfin le plan de manière claire et concise.
Pour l'alléger et gagner du temps le candidat peut choisir de reporter la présentation des documents à leur première apparition dans le développement. Il devra alors indiquer le genre du document, son auteur et la date de parution : « Selon François Derval, qui s'exprime dans un article du journal *Le Figaro* du 19 mai 2008, la démocratie participative... ». Mais il reste possible de présenter l'ensemble des documents dès l'introduction.

EXEMPLE

Ce dossier traite des lectures des jeunes et s'interroge plus précisément sur la place de la lecture / plaisir dans ce qu'ils lisent. Tous les documents constatent l'importance de la lecture / plaisir chez les adolescents. Mais ils dénoncent aussi les effets pervers de la lecture contrainte et proposent des pistes pour réconcilier les jeunes avec le livre.

3. La rédaction de la conclusion

La conclusion doit être courte et ne pas dépasser cinq lignes. Son rôle est d'indiquer au lecteur qu'il est parvenu au terme de l'argumentation. C'est pourquoi elle est introduite par un terme d'articulation comme : *en définitive, pour résumer, en conclusion, finalement, en somme,* etc. Elle reformule sous une forme synthétique les grands axes de la synthèse. Le candidat ne doit formuler aucun jugement personnel, il doit rester neutre.

EXEMPLE

Finalement ce dossier montre que les adolescents lisent volontiers quand on ne les contraint pas. En effet, ils détestent les livres qu'on leur impose à la maison ou à l'école. Si l'objectif est de les faire lire, c'est contre-productif. C'est pourquoi il faut passer par des méthodes plus subtiles pour leur faire aimer la lecture.

2 La rédaction du développement

1. L'objectivité

Elle est impérative dans la synthèse de documents. D'une part il s'agit de rapporter les idées ou les faits relevés dans les documents sans les déformer, sans les tronquer. C'est donc être fidèle. D'autre part, il ne faut introduire aucun jugement personnel dans la formulation de ses phrases. Les adverbes appréciatifs, les verbes introducteurs, les connotations exprimant son propre jugement, aucune de ces marques d'implication du candidat ne doit apparaître dans la rédaction. Il faut rester neutre.

2. La reformulation

Le candidat doit réécrire les idées dont il se sert pour faire sa synthèse : la reformulation est une exigence absolue de l'exercice de synthèse au BTS. Chaque donnée des documents doit donc être reformulée avec les mots et les structures de phrase du candidat. Seuls les mots clés des documents peuvent être réutilisés.
Toutefois une formule courte et frappante, particulièrement signifiante, peut être reprise sous la forme d'une citation, donc entre guillemets, mais une synthèse reposant sur un montage de citations est interdite et donc lourdement sanctionnée.

EXEMPLE

Reformulation des idées dans une synthèse traitant du dopage
« Dès les origines, dès les premiers Tours de France, les coureurs prenaient au départ de l'alcool, puis des amphétamines, puis des anabolisants, puis l'EPO, le dopage sanguin. Il y a une progression dans le dopage qui tient aussi au fait que c'est un sport très difficile, tout simplement. Quand on enchaîne trois semaines de course par tous les temps, c'est très dur. Et il y a donc une tendance à favoriser la prise de produits. Comme c'est très ancré dans la culture, il est difficile, voire impossible, de s'en défaire. »
Stéphane Mandard, envoyé spécial du *Monde* sur le Tour de France, mercredi 20 juillet 2005.
Reformulation : le dopage fait partie de la culture du sport cycliste, car c'est un sport très exigeant. On y a eu recours dès l'origine du Tour de France. Ce sera donc très difficile de l'abandonner.

3. La concision

Elle fait partie des exigences de l'épreuve, c'est pourquoi elle est souvent rappelée par le libellé du sujet.
Il faut donc aller à l'essentiel, chercher les reformulations synthétiques, se garder de toute paraphrase inutile et d'une accumulation d'exemples si un seul suffit pour comprendre.

Une astuce à l'examen

Faites un plan très précis. S'il est détaillé, vous pourrez rédiger la synthèse directement sur la copie d'examen, ce qui vous fera gagner un temps précieux. En revanche, pour soigner l'introduction et la conclusion, rédigez-les au brouillon.

3 Les références aux documents

1. La manière de citer les documents

Là encore il faut varier la façon de nommer des documents. On ne peut se contenter d'une abréviation entre parenthèses (doc. 1 ; doc. 2, etc.). Ce procédé est valable pour un brouillon ou un tableau de confrontation, mais ne satisfait pas à l'obligation de rédaction. On citera donc le document en jouant sur sa nature : dans cet article, dans cet extrait, dans son essai, sur cette affiche, dans ce dessin, dans ce récit, ce poème, etc.

2. Les façons de se référer aux auteurs

Dans une synthèse, il est obligatoire de citer les auteurs des documents que l'on confronte. Il faut les nommer, mais en évitant les répétitions lassantes. On peut remplacer le nom de l'auteur par divers substituts qui concernent :

- son rapport à l'écriture : X peut être cité comme journaliste, romancier, poète, essayiste, dramaturge, dessinateur, etc. ;
- son statut professionnel : X peut être présenté comme sociologue, philosophe, statisticien, observateur, juriste, linguiste, chercheur, etc. ;
- ses positions dans le débat : X peut être cité comme le partisan, le défenseur, le promoteur, l'adepte, l'adversaire, de telle ou telle idée.

3. La caractérisation des points de vue

S'il y a confrontation des documents, il y a nécessairement confrontation de points de vue. Il peut être pratique de les caractériser, mais il faut le faire en utilisant avec prudence des synonymes.

a) La certitude : on peut parler d'*affirmation*, d'*assertion*, de *constatation*, de *certitude*, de *proposition*, d'*évidence*.

b) La justification : on peut parler de *confirmation*, de *preuve*, de *démonstration*, de *justification*.

c) l'accord : on peut parler d'*approbation*, de *convergence*, de *soutien*, de *confirmation*.

d) l'opposition : on peut parler de *divergence*, de *contestation*, d'*allégation*, de *désaccord*, de *division*, de *conflit*, de *débat*.

e) Le doute : on peut parler de *question*, d'*interrogation*, de *scepticisme*, d'*incertitude*, de *méfiance*, de *soupçon*.

4. L'introduction des références

Elles sont introduites par des verbes ou des tournures différentes.

a) Pour amener une affirmation : *Selon X, d'après X, X pense, X croit, X s'exclame, pour X, si l'on en croit X, X fait part de, X évoque.*

b) Pour amener une confirmation : *X insiste sur, X souligne que, X confirme que, X rappelle que, X est d'accord avec, X partage cette idée.*

c) Pour amener une réflexion : *X explique, X montre, X analyse, X fait apparaître, X démontre, X découvre que, X met en évidence.*

d) Pour amener une information implicite : *X laisse entendre que, X sous-entend que, X suggère que.*

e) Pour amener un complément : *X prolonge, X complète, X ajoute, X précise.*

f) Pour amener un souhait, un conseil : *X souhaite, X préconise, X propose, X conseille.*

g) Pour amener une question : *X se demande si, X s'interroge sur, X se questionne sur, ... demande X.*

h) Pour amener une contestation : *X refuse, X s'indigne, X revendique, X conteste, X s'insurge contre, X déplore que, X doute, X regrette que.*

EXEMPLE

Extrait d'une synthèse portant sur le bénévolat en France
Cependant on observe une évolution des comportements des adhérents. Jean Béranger et Claude Menu notent que les associations de défense des intérêts collectifs ou de soutien aux grandes causes humanitaires sont en recul. Jean Béranger explique ce phénomène par la montée de l'individualisme et le recentrage des choix sur les associations œuvrant pour les loisirs, le sport ou la culture. Il montre que le bénévolat y est plus facile dans la mesure où les adhérents ont l'impression de travailler pour eux. Comme l'écrit Yvette Leroi dans *Le Monde industrialisé*, « association rime de moins en moins avec militantisme ». Cette tendance est confirmée par les statistiques du Credoc.

4 La présentation de la synthèse

1. La mise en page de la synthèse

L'organisation de la synthèse doit être visible. Deux lignes séparent l'introduction du développement, puis ce dernier de la conclusion. Une ligne sépare chaque partie et, à l'intérieur de chacune, les paragraphes commencent par un retrait. Pour plus de lisibilité, il vaut mieux commencer un paragraphe par l'idée clé qu'il développe ensuite.

2. Le soin de l'écriture et de l'expression

Il faut éliminer les phrases trop longues, le vocabulaire trop familier. Bien entendu il est impératif de relire sa copie pour corriger les fautes d'orthographe.
Il est préférable de souligner le titre des ouvrages pour leur donner du relief.

Auto-évaluation

Les vérifications à faire le jour de l'examen pour évaluer la qualité de ma rédaction

- Ai-je été objectif, suis-je resté neutre ?
- Ai-je reformulé les données des documents ?
- Ai-je cité les auteurs, et les genres auxquels appartiennent les documents ?
- Ai-je introduit les références par des tournures appropriées ?

8 L'ANALYSE DU SUJET D'ÉCRITURE PERSONNELLE

L'étude de la question posée au candidat fournit déjà de précieuses indications. Elle permet de préparer une réponse pertinente et personnelle.

1 La relation avec le programme

1. Un sujet en rapport avec l'un des deux thèmes annuels

Le thème du sujet d'écriture aborde obligatoirement l'un des deux thèmes étudiés pendant l'année du BTS. Sa problématique n'est donc pas inconnue, il se peut même qu'elle ait été étudiée lors d'une lecture ou d'un débat.

EXEMPLE

Thème de l'année : Risque et progrès
Thème de la synthèse : La science en débat
Exposé préparé par le candidat : Présentation d'un ouvrage de la collection «Pour ou contre ?» réunissant sur le même sujet les avis de deux experts aux points de vue différents (Yves Chupeau – Jacques Testart), intitulé *OGM, quels risques ?* Éd. Prométhée, 2007.
Sujet d'écriture : Selon vous, faut-il s'inquiéter des pouvoirs de la science ?
En analysant ce sujet on comprend alors l'intérêt du travail qui accompagne la préparation en vue de l'examen. En effet, conduire tout au long de l'année une réflexion sur des problématiques liées à chaque thème permet de faire face au sujet d'écriture. En outre il faut le plus souvent possible chercher à définir son propre point de vue. On se construit ainsi une pensée personnelle.

2. Un sujet d'écriture en rapport avec la synthèse

Le sujet d'écriture poursuit le thème sur lequel portait la synthèse. Il explore un aspect sur lequel un débat peut s'engager et à propos duquel on demande au candidat de s'impliquer. Alors que la synthèse imposait une attitude neutre et objective, l'écriture personnelle est un exposé argumenté en réponse à une question. La synthèse et l'écriture personnelle sont donc étroitement liées. Mais avant tout travail, il convient de bien repérer ce lien.

EXEMPLE

Thème de la synthèse : la santé, une exigence nouvelle
Sujet d'écriture : Selon vous, la santé est-elle un droit ou un devoir ?
Le thème de la synthèse porte sur la place prise par la santé dans notre société.
Le sujet d'écriture propose de débattre d'un aspect du thème de la synthèse : la part de responsabilité qui revient à l'individu et à la société.

2 La formulation du sujet

1. La question posée

Le sujet peut demander explicitement au candidat d'expliquer, de discuter ou de commenter une citation extraite d'un document de la synthèse. Dans ce cas, il s'agit d'un passage pouvant donner lieu à un débat.

EXEMPLE

Commentez cette affirmation de Maryline Baumard : «La marque doit doter le produit d'une valeur symbolique non mesurable qui l'emporte sur sa valeur utilitaire et d'échange.»

Le sujet peut aussi solliciter directement le point de vue du candidat sur une question en relation avec le thème : «Pensez-vous que…» Il s'agit alors de s'interroger sur les termes de ce débat et d'en cerner les enjeux. Ensuite seulement on engage une réflexion personnelle, pour construire sa propre argumentation.

EXEMPLE

Sujet : Pensez-vous que les messages de santé publique (prévention de l'alcoolisme, du tabagisme, de l'obésité, etc.) altèrent notre liberté ?

2. Les mots clés

Tout sujet comporte un certain nombre de termes qui fournissent de précieuses indications sur le thème abordé. La signification des mots clés est à explorer pour éviter tout contresens, à l'origine de nombreux hors-sujets. On peut déjà noter quelques exemples concrets qui viennent à l'esprit. Les relations entre les mots clés sont aussi à analyser, surtout si elles sont sous-entendues.

EXEMPLE

Sujet : Dans le voyage touristique, pensez-vous que le désir de rester entre soi a aujourd'hui remplacé le plaisir des rencontres et le souci de comprendre les autres ?
Mots clés : «le désir de rester entre soi» : rester avec ses semblables. «Le plaisir des rencontres» : dans la relation, le plaisir d'échanger et de partager. «Le souci de comprendre les autres» : être curieux de connaître les modes de pensée et de vie d'autres cultures.
L'étude de ces mots clés permet de bien comprendre qu'il s'agit de s'interroger sur certains comportements contradictoires du touriste actuel.

3. La reformulation du sujet

En reformulant le sujet avec un vocabulaire différent de celui de l'énoncé, on vérifie sa bonne compréhension. Dans certains cas, il est possible de visualiser le problème posé sous la forme d'un schéma.

EXEMPLE

Sujet : «Du passé faisons table rase !» Partagez-vous cette idée ?
Reformulation : Faut-il supprimer tout ce qui nous vient de notre histoire pour repartir à zéro, sur des bases nouvelles et meilleures ?

Passé = Le mal → Abolition → Création nouvelle société
Le mal ↓ Vrai ?
Abolition ↓ Avec quelle violence ?
Création nouvelle société ↓ Meilleur ?

Comment concilier (r)évolution et respect du passé ?

3 La problématique du sujet

1. Le thème du débat

Tout sujet invite le candidat à se confronter à un problème qui fait débat et sur lequel on veut qu'il argumente. Ce débat, parfois déjà présent dans certains textes de la synthèse, doit être enrichi et même élargi. Le texte à rédiger doit montrer la qualité de la réflexion du candidat. Il convient donc de l'alimenter et de l'enrichir en questionnant le thème qui fait débat dans le sujet.

2. Le questionnement du thème

Même quand la problématique est clairement proposée, le questionnement du thème du sujet est une étape indispensable. La définition du texte à écrire repose sur une série d'interrogations préalables qui, pas à pas, cernent l'argumentation à développer : « Qui est concerné, d'autres options sont-elles possibles, quelles en sont les conséquences... ? » Chaque question peut être aisément formulée à partir d'un mot clé.

EXEMPLE

Sujet : Pensez-vous que, « contrairement à une idée reçue, les valeurs de la jeunesse ne diffèrent pas tellement de celles adoptées par le reste de la société » ?
Mot clé : valeurs. Questionnement préalable : Y a-t-il des valeurs communes aux différentes générations ? La jeunesse a-t-elle des valeurs qui lui sont propres ?
Le débat peut se formuler ainsi : entre les générations, y a-t-il un socle commun de valeurs ? Quelles valeurs seraient propres aux jeunes ?

Une astuce à l'examen

Dans une situation de blocage devant un sujet, pas de panique ! Il faut procéder par étapes en revenant sur les mots clés. D'abord cernez la question en cherchant un maximum de synonymes (vous délimitez le thème). Puis recherchez pour chaque terme son contraire (vous enrichissez le débat). Ensuite examinez la liste de mots clés pour envisager le sujet sous des angles différents et en avoir une vue plus large.

4 La recherche d'un point de vue

1. Le candidat a un point de vue sur le sujet

Grâce à sa culture personnelle le candidat peut être en mesure de formuler d'emblée un point de vue sur le sujet. Mais il faut vérifier d'abord qu'il ne fausse pas la problématique. Il formule donc clairement sa thèse et vérifie qu'elle s'inscrit bien dans le cadre du sujet. Il peut alors commencer à chercher des arguments pour la justifier.

EXEMPLE

Thème au programme : L'avenir
Sujet d'écriture personnelle : Quelles réflexions vous inspire ce mot attribué au roi Louis XV : « Après moi, le déluge ! » ?
Il faut commencer par bien comprendre la problématique du sujet : l'avenir est-il de notre responsabilité ? Celui qui se sent comptable de l'avenir (par exemple du point de vue écologique), formulera spontanément le point de vue suivant : ces paroles relèvent d'une attitude égoïste et irresponsable !

2. Le candidat n'a pas, *a priori*, de point de vue sur le sujet

Il arrive qu'un candidat soit pris au dépourvu par le sujet. Ce dernier n'évoque rien, ne suscite aucun écho chez lui. Or il est tenu d'adopter un point de vue en réponse à la question que pose le sujet. C'est, par exemple ce qui peut arriver si la préparation du thème au programme a été insuffisante. Pour se forger un point de vue plusieurs recours sont alors possibles.

a) Le recours à l'implication personnelle

Les sujets d'écriture personnelle concernent des grands problèmes du monde contemporain. C'est pourquoi le candidat peut facilement imaginer en quoi il pourrait être concerné par le problème et quelles réactions il aurait alors. Par exemple, il imagine les conséquences de ce problème sur sa propre vie. Des conséquences regrettables impliquent qu'il va adopter un point de vue critique, des conséquences positives vont le faire pencher pour une opinion favorable.

b) L'appui du dossier de la synthèse

Le dossier contient des idées en lien avec la problématique du sujet d'écriture personnelle. Pour se construire un point de vue personnel, il faut se demander quelles sont celles dont on se sent le plus proche, ou celles qu'on rejette.
Plusieurs étapes sont nécessaires. La première est consacrée à la collecte des idées rentrant dans la problématique du sujet. Dans la deuxième, il faut se demander vers quel point de vue elles orientent le lecteur et se déterminer par rapport à ce point de vue : accord, désaccord partiel ou total. Quelle que soit la position adoptée, il faut approfondir la réflexion pour trouver les arguments capables de la justifier.

Auto-évaluation

Les vérifications à faire le jour de l'examen avant d'entamer l'étape suivante
- Ai-je bien analysé les mots clés du sujet ?
- Ai-je compris la question posée par le sujet ?
- Ai-je vérifié que la problématique choisie est bien celle du sujet ?
- Ai-je réussi à formuler un point de vue personnel ?

9 LA RECHERCHE DES ARGUMENTS

➔ La connaissance du thème et le dossier de synthèse fournissent des idées. Mais il faut compléter cette recherche par d'autres méthodes si l'on veut disposer d'idées et d'arguments efficaces.

1 La place de l'argumentation dans l'écriture personnelle

1. L'obligation d'argumenter

Pour se conformer aux exigences de l'épreuve le candidat doit rédiger sa réponse en la justifiant par des arguments. Il s'agit de convaincre et, dans l'idéal, de séduire son lecteur par la qualité de son argumentation et de son expression. Il est préférable d'avancer plusieurs arguments pour être sûr de convaincre. Mais deux ou trois arguments pertinents suffisent : souvent il ne reste pas assez de temps pour en développer davantage. Attention : il ne faut pas se contenter de nommer les arguments, il faut les développer en une dizaine de lignes, et les justifier par un exemple, au moins.

2. Une argumentation personnelle

Le candidat doit étayer sa réflexion sur les documents de la synthèse, il peut aussi s'appuyer sur les études conduites en cours (textes, films, images, etc.). Mais on attend surtout de lui qu'il enrichisse ces données par des apports personnels. En outre les exemples qu'il choisit doivent être suffisamment connus pour être efficaces.

2 La collecte des premiers arguments

1. Les arguments spontanés

Ils naissent dès l'étude du sujet car leur collecte génère spontanément des idées. En effet, lors de l'analyse de la problématique du sujet le candidat recherche les interrogations que ce dernier soulève. La succession de ces interrogations permet d'envisager sous des angles différents le problème posé, ce qui suggère des idées nouvelles. Dès cette phase du travail, tout ce qui se présente à l'esprit et peut fournir des arguments est soigneusement relevé.

2. Les arguments liés à la connaissance du thème

Il s'agit de mobiliser les connaissances engrangées pas à pas lors de l'étude du thème au programme. Il suffit de retrouver dans ses souvenirs tout ce qui peut servir d'argument ou d'exemple. Pour les mobiliser il faut inscrire chaque mot clé du sujet dans une colonne et noter en face du mot les situations, les exemples, les idées qui reviennent à son propos. Après avoir clarifié ce souvenir, on note l'argument qui peut en résulter.

3. Les idées provenant du corpus de la synthèse

a) L'utilisation du tableau synoptique

Les cellules du tableau contiennent des données du dossier qui peuvent entrer dans le cadre de la problématique du sujet. Il faut consulter ce tableau et relever les idées pertinentes. Les pistes de réflexion de la dernière colonne doivent elles aussi être consultées. Elles peuvent fournir des arguments de qualité du fait de leur niveau d'abstraction et de synthèse.

b) La relecture des documents

La relecture des documents de la synthèse permet de retrouver d'éventuels arguments qui répondent à la problématique du sujet d'écriture. Ils sont notés en veillant à ne pas sortir du cadre du sujet. Il faut aussi essayer d'approfondir les idées recueillies. Chaque idée peut être explorée, détaillée, enrichie par un exemple. Elle peut aussi être contredite, générant ainsi de nouvelles pistes de réflexion.

EXEMPLE

Synthèse de documents portant sur la prolifération de l'information
Sujet d'écriture personnelle : Pensez-vous que les médias accordent trop d'importance à certains événements ?

Document 1
« La multiplication extraordinaire de l'information est telle qu'elle devient à son tour indéchiffrable et semble ne plus faire autorité. C'est certainement le plus étonnant de la situation actuelle des médias. Ce n'est pas qu'une affaire de maîtrise du trop-plein. Les institutions ont appris à communiquer, tous les responsables communiquent à qui mieux mieux. Comment s'y retrouver dans cet afflux ? À qui se fier ? Tout finit par se valoir, le bidonné complet et le très sérieux. »
Marcel Gauchet, « Les habits neufs du complot mondial », *L'Histoire* n° 270, novembre 2002.

Document 2
« Les exemples, toujours plus abondants à l'image du tsunami en Asie, de la grippe aviaire ou des scandales d'Outreau et de Clearstream, démontrent qu'il est urgent de repenser notre rapport à l'information. Le choc des images et la contribution naturelle pour les individus à fabriquer de l'information, aussi brute que brutale, rendent la perception et l'analyse de l'information de plus en plus complexe. La diffusion de l'actualité n'est plus le monopole des médias conventionnels. Elle est désormais à la portée de tous, ce qui contribue fortement à l'emballement de la "machine médiatique" et peut favoriser la dérive d'une information devenue insaisissable. »
Site de l'UCPF : Grenoble, 27e congrès de l'UCPF *L'emballement médiatique*, du 7 au 10 décembre 2006.

Les idées suivantes, surlignées dans le texte, peuvent être exploitées pour traiter le sujet : on assiste à la multiplication extraordinaire de l'information (doc. 1) ; les médias conventionnels sont concurrencés par les médias numériques (doc. 2) ; toutes les informations sont placées sur le même plan (doc. 1) ; l'information ne fait plus autorité (doc. 1) ; certains événements qui font scandale provoquent une abondance d'images et d'information (doc. 2) ; on assiste à un emballement des médias (doc. 2) ; l'information n'est plus contrôlable, elle dérive (doc. 2).

Une astuce à l'examen

Cherchez s'il existe un lien entre le sujet et votre expérience personnelle. Demandez-vous en quoi la question qui est posée vous concerne : en réfléchissant sur votre expérience personnelle, vous trouverez des idées.

3 La production de nouvelles idées

1. L'association d'idées

Pour trouver des idées nouvelles, il est intéressant de partir des mots clés et de noter tout ce qui vient spontanément à l'esprit. Chaque mot clé est placé en haut d'une colonne dans laquelle il faut noter les associations de mots qui surgissent. Une association en fait naître une autre, une idée appelle un exemple qui fait surgir à son tour une nouvelle idée, et ainsi de suite. Il faut noter tout ce qui se présente, sans effectuer de censure. Des idées pertinentes et inattendues finissent par émerger.

La recherche des termes opposés favorise l'émergence de nouvelles idées. On peut ainsi disposer un mot clé du problème dans un champ de forces opposées terme à terme.

2. L'étude d'un exemple

Une approche concrète du sujet à traiter permet de trouver des idées. Un exemple correspondant à la problématique est choisi dans l'actualité ou dans une œuvre littéraire ou cinématographique. Après l'avoir décomposé en ses différents éléments, il faut se demander à quels aspects du problème posé il renvoie.

3. La grille des questions

En posant à propos des mots clés les questions suivantes : Qui? Quoi? Quand? Où? Comment?, des idées nouvelles peuvent être trouvées. Il ne faut pas se contenter de répondre à ces questions, il faut enrichir les réponses en posant de nouvelles questions et en trouvant des exemples. Après avoir éliminé ce qui sort de la problématique du sujet, on met en forme les idées trouvées.

EXEMPLE

Sujet : «Les frontières entre scientifiques et citoyens deviennent plus perméables. On ne peut plus prétendre être citoyen sans réfléchir au sens des concepts et des savoirs que l'on mobilise pour fonder son action.» Partagez-vous cette idée?

Quels scientifiques? Les chercheurs qui proposent des applications ayant des conséquences sur la nature et l'homme.

Quels citoyens? Les utilisateurs des techniques nouvelles.

Quelles actions? Les transports (émissions de CO_2); la communication (Internet, téléchargement légal ou illégal); la production (utilisation de produits dangereux), etc.

Quels concepts? Les concepts éthiques par exemple.

Quels savoirs? Les effets de nos actes sur la nature, sur la santé, sur l'économie, etc.

En répondant à toutes ces questions le candidat trouvera des arguments et des exemples sur lesquels s'appuyer s'il veut soutenir le point de vue exprimé par le sujet.

4. Le renversement du point de vue

Cette méthode est productive car elle force à prendre le problème autrement, en changeant de perspective. En s'efforçant de prendre le contre-pied de la thèse présentée par le sujet, le candidat est obligé de chercher des arguments auxquels il ne pense pas de prime abord.

EXEMPLE

Sujet : Pensez-vous que le sport-spectacle soit un loisir? Point de vue couramment admis : le sport-spectacle est un loisir. Renversement de ce point de vue : ce n'est pas un loisir.

1. Parce que c'est une passion qui crée une dépendance, à l'exemple des supporters qui ne vivent que pour leur club.
2. Parce qu'on peut rejeter le spectacle qu'il offre : les affaires d'argent, le dévoiement de l'esprit sportif dégoûtent. Etc.

5. La décomposition par aspects

La recherche des différents aspects d'un problème est très productive elle aussi. Ces aspects sont nombreux : culturels, économiques, humains, éthiques, sociaux, sociologiques, etc. Si cette décomposition est suivie de la recherche d'une justification ou une contestation et enfin d'un exemple pour chaque aspect, d'autres pistes de réflexion, d'autres arguments émergent encore.

EXEMPLE

Sujet : Pensez-vous que «si nous ne sommes pas égaux, nous pouvons le devenir?»

L'égalité peut être envisagée sous ses différents aspects : égalité physique, sociale, économique, culturelle, par exemple. Peut-on progresser vers l'égalité, est-ce possible? Comment? Pourquoi? Quels obstacles s'opposent à l'égalité? Devenir égaux est-ce forcément souhaitable?

Auto-évaluation

Les vérifications à faire le jour de l'examen pour évaluer la recherche de mes arguments
- Ai-je exploité toutes les données de la synthèse?
- Ai-je utilisé toutes les méthodes de recherche?
- Ai-je illustré mes arguments par des exemples?

10 LE PLAN DE L'ARGUMENTATION

Il est indispensable de rédiger un plan qui organise les arguments. C'est à cette occasion que s'élabore la meilleure stratégie pour convaincre.

1 L'organisation de l'argumentation

1. L'organisation

Le plan doit correspondre au sujet et au point de vue qu'on veut défendre. Il est évident que ce plan n'est pas le même selon que le candidat soutient le point de vue exprimé par le sujet ou qu'il le critique ou encore qu'il en reformule un autre. Il est clair aussi que l'argumentation doit être cohérente : tous les arguments doivent aller dans le même sens. En somme une argumentation doit être organisée selon le plan qui semble le plus efficace pour convaincre.

2. La progression

Une argumentation est plus convaincante si elle progresse. Elle débute par l'annonce du point de vue personnel, se poursuit par le développement des arguments qui le justifient et se conclut par le rappel du point de vue consolidé. Tout au long du développement, la progression est assurée par l'enchaînement des arguments, liés les uns aux autres par des relations que matérialisent des termes d'articulation.

2 La construction et la rédaction du plan

1. La construction

La construction du plan débute par le tri des idées collectées au préalable. Elles sont classées, en distinguant les idées principales des idées secondaires qui les développent. Les exemples, qui auront un rôle d'illustration et de confirmation, sont identifiés.

Il faut organiser ensuite l'argumentation. C'est à ce stade que se fait le choix du plan. Quel que soit le plan, il classe les idées en parties. Une partie est formée d'une idée principale et des idées secondaires qui la développent. Un ou plusieurs exemples les illustrent. Un plan comporte au moins deux parties, parfois trois, en fonction du sujet et du temps dont on dispose.

2. La rédaction du plan

La rédaction du plan permet d'avoir une vue d'ensemble de l'écriture personnelle, ce qui facilite le travail en guidant la rédaction. Pour le réaliser, les parties sont disposées selon l'ordre logique et progressif choisi. Elles sont titrées par une courte phrase synthétique. Les termes d'articulation qui lient les idées entre elles, ainsi que les exemples, sont placés au bon endroit.

EXEMPLE

Sujet : Pensez-vous que cela soit un avantage de travailler à l'endroit où l'on vit ?

Introduction : Je pense que c'est un avantage de travailler à l'endroit où l'on vit.

Partie 1: Parce qu'on en retire des avantages personnels.
- Pour soi : moins de fatigue, plus de liberté d'organisation, plus d'efficacité = plus de satisfactions professionnelles (exemple : possibilités offertes par l'informatique)
- Pour sa famille : plus de présence auprès du conjoint et des enfants = meilleur équilibre de tous.

Partie 2 : Parce que la société en retire des avantages.
- C'est un moyen de lutte contre la désertification de certaines parties du territoire (exemple de certains départements ruraux).
- C'est un moyen de pallier les problèmes posés par les déplacements : = moins de risques, moins de dépenses, moins de pollution (exemple des déplacements massifs en région parisienne).

Conclusion : Il est donc clair que c'est un avantage de travailler à l'endroit où l'on vit. Mais il ne faudrait pas oublier que les voyages forment la jeunesse !

On peut faire trois remarques :
- Ce plan correspond à la problématique.
- Il progresse selon un ordre logique : il est plus naturel d'envisager d'abord le point de vue de la personne avant celui de la société. Le même principe guide l'organisation des idées secondaires à l'intérieur des parties : l'ordre des arguments – moins de risques, moins de dépenses, moins de pollution – va de la personne à la société.
- Enfin, ces arguments justifient le point de vue annoncé au départ.

Une astuce à l'examen

Soyez concis : une argumentation courte et bien liée est plus intelligible, plus séduisante qu'un long délayage.

Soyez rigoureux : classez les arguments du plus simple au plus complexe.

3 Le plan qui défend et justifie un point de vue

1. L'attitude du candidat face au sujet

Le sujet présente une thèse au candidat. La consigne lui demande s'il partage cette opinion. Les formules sont du type *que pensez-vous de, partagez-vous cette idée...* Après avoir analysé le sujet, on cerne la problématique, puis on cherche des idées et des exemples. Si, après avoir conduit cette démarche, on se sent en accord avec la thèse proposée par le sujet, le travail consiste alors à expliquer les raisons de son adhésion. Il faut tenter de faire partager son point de vue au lecteur. Pour convaincre on doit organiser avec pertinence les arguments qui justifient ce point de vue.

2. L'organisation du plan

L'introduction présente la thèse que le candidat approuve, qui est devenue le point de vue qu'il va soutenir. Le développement explique pourquoi elle lui semble juste. Il comprend au minimum deux parties qui approfondissent cette thèse en l'enrichissant. Les arguments sont personnels : il ne faut pas se contenter de reprendre les idées de la synthèse. Enfin la conclusion réaffirme le point de vue qui a été défendu et approfondi.

EXEMPLE

Sujet : « Avant de songer à changer le monde, il faut d'abord éviter qu'il ne disparaisse. C'est pourquoi l'écologie est devenue l'exigence prioritaire de notre époque. » Partagez-vous cet avis ?
Introduction : Oui, je pense que la protection de la nature est devenue une exigence prioritaire.
Partie 1 : Il est certain que la croissance démographique et industrielle épuise la nature.
- Épuisement des matières premières, des ressources naturelles.
- Pollution et changement climatique menacent la vie.

Partie 2 : C'est pourquoi une prise de conscience et un changement d'attitude sont vitaux pour la survie de l'humanité.
- Il faut sensibiliser les populations.
- Les dirigeants politiques doivent piloter le changement.

Conclusion : Cette exigence est, en effet, prioritaire. Elle doit être au cœur de tout engagement politique.

4 Le plan pour s'opposer à un point de vue

1. L'attitude du candidat face au sujet

Le sujet propose un point de vue avec lequel le candidat se sent en désaccord. Mais il ne peut pas se contenter d'affirmer que le point de vue de l'auteur est faux, il doit expliquer les raisons de son opposition. Le candidat doit donc s'assurer d'abord qu'il ne fait pas de contresens et qu'il interprète bien le sujet. Cette vérification étant faite, il analyse la cause de son désaccord et met au net les reproches qu'il adresse à cette thèse. Ses recherches s'appuient sur le dossier de synthèse et sur ses connaissances. Enfin, en approfondissant sa réflexion, il se demande si le problème ne peut pas être posé autrement.

2. L'organisation du plan

L'introduction présente le point de vue proposé par le sujet et annonce l'opposition du candidat à cette thèse. Le développement comprend trois parties. La première présente rapidement la thèse refusée et ses principaux arguments. La deuxième réfute ces arguments en lui opposant des contre-arguments. La troisième propose le point de vue du candidat justifié par des arguments illustrés d'exemples.

EXEMPLE

Sujet : « La famille, la première cellule sociale, vit une crise sévère. » Partagez-vous ce point de vue ?
Introduction : La famille serait en crise ? C'est une thèse contestable.
Partie 1 : Selon les partisans de cette thèse, la famille serait en crise.
- Les divorces sont nombreux.
- Les PACS et l'union libre se substitueraient au mariage.
- Le relâchement des valeurs affaiblirait la famille.

Partie 2 : Pourtant, jamais l'image de la famille n'a été aussi forte.
- Les enfants n'ont jamais été si proches de leurs parents (ils cohabitent, ils s'entraident, ils se voient souvent).
- La famille est très présente dans la publicité.

Partie 3 : En réalité, la famille se porte bien.
- La famille nucléaire traditionnelle n'est plus la norme.
- En s'élargissant, en se recomposant, elle vit plus intensément encore.

Conclusion : La forme de la famille change, le besoin d'une famille reste.

5 Le plan pour nuancer et corriger un point de vue

1. L'attitude du candidat face au sujet

Le candidat est globalement d'accord avec le point de vue présenté par le sujet. Mais certains aspects le gênent. Il cherche alors les raisons de son désaccord et prépare ses explications. Il réfléchit à la meilleure manière de formuler un point de vue plus juste et aux arguments qui le justifient.

2. L'organisation du plan

Pour commencer, le candidat présente la thèse proposée en expliquant les aspects qui lui semblent justes. Ensuite il explique pourquoi certains aspects sont discutables. Enfin il rectifie la thèse de départ en justifiant les corrections qu'il propose.

EXEMPLE

Sujet : « Les écrans remplacent les livres. La lecture se porte mal. » Partagez-vous cette idée ?
Introduction : Certains estiment que la lecture se porte mal depuis l'apparition des nouvelles technologies de communication.
Partie 1 : En effet, le livre a perdu son statut de média privilégié, concurrencé par l'image et Internet.
Partie 2 : Mais cela ne signifie pas que la lecture se porte mal : les magazines, les pages d'Internet sont lus en masse.
Partie 3 : En fait on n'a jamais lu autant mais on lit autrement.
Conclusion : Il faut se battre pour maintenir la place du livre dans la lecture.

Auto-évaluation

Les vérifications à faire le jour de l'examen pour vérifier la pertinence de mon plan
- Ai-je fait au brouillon un plan clair et précis ?
- Ai-je choisi un plan permettant de justifier le point de vue annoncé ?
- Ai-je classé mes arguments selon un ordre progressif et logique ?
- Ai-je utilisé des termes d'articulation pour mettre en évidence la progression de mon argumentation ?

11 L'INTRODUCTION, LA CONCLUSION ET LES PARAGRAPHES

Il faut soigner l'introduction et la conclusion car ce sont des passages clés de l'écriture personnelle. Mais la composition des paragraphes participe aussi à l'effort de lisibilité et de persuasion.

1 La rédaction de l'introduction et de la conclusion

1. L'introduction

C'est l'introduction qui permet de présenter le sujet au lecteur et le rend curieux de ce qu'il va lire. Brève, elle comprend deux étapes.

La première présente, en une ou deux phrases, la question posée. Si le libellé comprend une courte citation, elle peut être reprise telle quelle dans la présentation.

La deuxième étape annonce le point de vue qui sera développé dans l'écriture personnelle.

L'annonce du plan, certes souhaitable, n'est cependant pas obligatoire, car il faut être bref. L'essentiel est que l'organisation de l'argumentation apparaisse clairement à la lecture du développement. Mais si cette annonce est faite, le lecteur dispose de repères qui lui facilitent la tâche.

EXEMPLE

Sujet : « Ce n'est pas l'événement qui appelle les images, ce sont les images qui font l'événement. » Partagez-vous ce point de vue ?

Introduction : L'avalanche d'images qui accompagne certains événements conduit à s'interroger : et si c'étaient ces images, et le vacarme médiatique qu'elles suscitent, qui créaient l'événement, plutôt que le fait lui-même ? N'est-ce pas ce qu'on observe sur Internet et à la télévision ? [Partie 1] Dès lors quel préjudice subit l'information et par là même la démocratie ? [Partie 2]

2. La conclusion

Elle est courte. Son rôle est d'indiquer au lecteur qu'il est parvenu au terme de l'argumentation. C'est pourquoi elle est introduite par un terme d'articulation comme : *en définitive, pour résumer, en conclusion, finalement, en somme*, etc.

Elle reformule sous une forme synthétique le point de vue qui a été argumenté par le candidat. La conclusion peut se terminer par une formule frappante (on appelle ce procédé une « chute ») qui donne une impression d'achèvement. Mais cette chute est facultative et son absence n'est donc pas sanctionnée.

EXEMPLE

Conclusion du sujet précédent : « Ce n'est pas l'événement qui appelle les images, ce sont les images qui font l'événement. » Finalement, ce qui se produit en silence, sans photographe ni caméra, n'existe pas. C'est pourquoi désormais toute action politique, civique, syndicale doit intégrer la dimension du spectaculaire pour espérer se faire entendre. Plus que jamais, communiquer c'est agir.

2 La composition du paragraphe

1. La définition du paragraphe

Le paragraphe est l'unité de base de l'écriture personnelle. Il est constitué d'un ensemble de phrases unies autour d'une idée clé, argumentée ou commentée et illustrée par des faits concrets. Il comporte une dizaine de lignes. Quand on passe d'une idée à une autre, on doit changer de paragraphe. Le retour à la ligne marque la fin du paragraphe, un retrait marque son début.

2. L'organisation du paragraphe

a) Il peut débuter par l'idée directrice. C'est la forme la plus usuelle. Elle facilite la lecture en allant directement au propos. Cette idée est ensuite expliquée et justifiée par des arguments et des exemples.

EXEMPLE

La science n'est ni morale ni immorale. Elle est la science, c'est-à-dire qu'elle se pose des problèmes de compréhension, de faisabilité mais ignore les problèmes de valeur. La fission de l'atome est un objet de recherche, un objet scientifique, et ses conséquences sur l'homme ne sont plus du ressort de la science, mais d'une autre discipline : la morale par exemple.

b) Il peut se terminer par l'idée clé. Deux cas se présentent : soit les arguments sont énoncés en premier et l'idée qu'on en déduit est formulée au terme du raisonnement : soit un exemple est analysé et ensuite généralisé pour en tirer une idée clé par extrapolation.

Une astuce à l'examen

Si votre paragraphe risque d'être trop long, subdivisez-le en alinéas. Un alinéa est un segment de texte qui est distingué par un retrait du début de la première phrase.

Par exemple isolez par un alinéa l'idée clé énoncée au début ou à la fin du paragraphe. Elle se repérera mieux.

3 Les termes d'articulation

1. La fonction des termes d'articulation

Ils servent à relier et à hiérarchiser de manière logique les idées. Ils sont employés au sein d'une même phrase, d'une phrase à l'autre, d'un paragraphe à l'autre. Ils sont essentiels pour assurer la fluidité de l'expression et servent d'indices d'organisation de l'argumentation.

2. L'annonce d'une énumération

Lorsqu'une série d'arguments se présente, il est nécessaire de souligner leur succession par des indices. C'est ce que permettent les termes d'articulation suivants.

a) Pour ouvrir la série : *d'abord ; en premier lieu ; premièrement ; pour commencer.*

b) Pour poursuivre la série : *ensuite ; de plus ; en outre ; ensuite ; d'autre part ; par ailleurs.*
c) Pour clore la série : *enfin ; en dernier lieu ; pour finir.*

3. L'introduction d'un exemple

L'exemple sert à concrétiser une idée abstraite, à étayer un argument par des faits connus du lecteur. Son importance est fondamentale pour convaincre le lecteur puisqu'il permet de comprendre l'idée qui vient d'être développée. Il doit donc être habilement mis en valeur. Plusieurs possibilités se présentent, qu'il faut alterner.
a) L'exemple est intégré dans une phrase. On utilise des termes comme *par exemple ; tel est le cas ; notamment ; surtout ; comme.*

EXEMPLE

Le piratage concerne des activités artistiques comme le cinéma ou la chanson, notamment la chanson française. Le téléchargement des films sur Internet, surtout ceux qui suscitent l'impatience du public du fait d'une campagne de promotion excitante, crée un manque à gagner considérable. C'est toute l'économie du secteur culturel qui est menacée.

b) L'exemple suit l'idée. Il débute une autre phrase introduite par : *Ainsi ; C'est ainsi que ; On le remarque dans ; On peut le vérifier dans ; L'exemple de X l'atteste, en témoigne, l'illustre...*

EXEMPLE

La star sportive fait vendre. L'exemple de Zinédine Zidane ou de David Beckam l'atteste...

c) L'exemple est développé d'abord. L'idée qu'il induit le suit dans une autre phrase débutant par : *On peut en conclure ; Cet exemple montre ; La leçon que nous pouvons tirer de cet exemple ; Qu'en conclure ?*, etc.

EXEMPLE

Les glaces des pôles fondent, programmant la disparition de certaines espèces et la montée des eaux. On peut en conclure que la lutte contre l'effet de serre est urgente. Certes, mais la Chine et l'Inde s'équipent en véhicules chaque jour plus nombreux. Qu'en conclure ? Qu'il faut passer par la réduction du nombre des moteurs à explosion ? Mais les populations de ces pays n'ont-elles pas droit au même progrès que les nôtres ?...

4. L'introduction d'une opposition

Il est fréquent que, dans l'écriture personnelle, il faille réfuter une thèse ou signifier une opposition plus ou moins nuancée. Dans ce cas les termes d'articulation varient en fonction du degré d'opposition.
a) La contradiction est nette : *contrairement à ; au contraire ; en revanche ; par contre.*
b) Pour émettre des réserves : *cependant ; néanmoins ; toutefois.*
c) Pour rectifier : *en réalité ; en fait ; en vérité.*

5. Relier une cause ou une conséquence

Cette articulation sert à justifier une idée clé et joue alors tout son rôle argumentatif. Elle assure en outre la progression du raisonnement. L'expression de la cause ou de la conséquence a donc une réelle force démonstrative.
a) Pour introduire une cause : *car ; parce que ; puisque ; sous prétexte que ; par peur de ; faute de ; grâce à.*
b) Pour introduire une conséquence : *donc ; de sorte que ; de façon que ; tellement que ; ainsi ; par conséquent ; alors ; au point de ; dès lors ; voilà pourquoi ; c'est pourquoi, de là.*

EXEMPLE

La personne âgée vit surtout dans le passé. Le présent ne l'intéresse pas puisqu'elle n'a pas de rôle social à y jouer. Alorselle se replonge dans sa vie d'autrefois, une vie pleine, une vie chargée de responsabilité. De là découle l'amertume que l'on observe souvent chez les vieillards, les hommes surtout, qui vivent mal d'être relégués sur le bord de la route...

6. Faire une concession

Reconnaître une part de vérité à une thèse avec laquelle on est en désaccord permet d'être plus convaincant quand on la critique ensuite. Une concession se conduit en deux temps auxquels correspondent des termes d'articulation différents :
a) On admet d'abord une part de vérité : *certes ; il est vrai que ; j'admets que ; sans doute ; bien sûr.*
b) On réaffirme son désaccord global : *Il n'en demeure pas moins vrai que ; mais ; cependant ; pourtant.*

EXEMPLE

On disserte sur la société de consommation. Certes le niveau de vie général a augmenté, les besoins primaires d'un plus grand nombre sont satisfaits : se loger, se nourrir, se chauffer, s'habiller, se déplacer. Pourtant que signifie cette expression « la société de consommation » pour ceux qui sont en marge de cette société ? Beaucoup encore manquent du nécessaire et voudraient consommer davantage. Pire, leur nombre s'accroît tandis que certains consomment davantage encore.

Auto-évaluation

Les questions à se poser le jour de l'examen pour valider l'introduction, la conclusion et la composition de mes paragraphes
- Ai-je annoncé mon point de vue dès l'introduction ?
- Ai-je reformulé dans ma conclusion la thèse que j'ai développée ?
- Ai-je composé mes paragraphes de telle sorte que leur idée clé soit facilement repérable ?
- Ai-je introduit adroitement les exemples ?
- Ai-je utilisé des termes d'articulation pour faire progresser mon argumentation ?

12 LA RÉDACTION ET LE STYLE DE L'ARGUMENTATION

Si l'écriture personnelle est maladroitement rédigée, elle a peu de chances de convaincre. La qualité de l'expression est un critère de réussite essentiel.

1 Le choix des mots

1. L'exactitude du vocabulaire

Il ne peut y avoir d'argumentation convaincante sans un vocabulaire juste et précis. Ainsi prendre *conjecture* pour *conjoncture*, *sujétion* pour *suggestion*, *inanité* pour *inanition* discréditera la démonstration et agacera le lecteur. Attention aux approximations : une phrase comme « la parution de ce texte solutionne un problème car il est enfin basé sur le droit » est incorrecte. Pour supprimer l'à-peu-près, il aurait fallu écrire « la publication de ce texte résout un problème car il se fonde enfin sur le droit ». Il faut se méfier des mots que l'on connaît mal, en particulier du vocabulaire technique. Or chaque thème d'étude possède le sien : il faut l'utiliser à bon escient, sans jargonner par pédanterie.

2. La diversité du vocabulaire

Les répétitions engendrent la lassitude du lecteur. Elles sont ressenties comme des faiblesses et des lourdeurs. Pour les éviter il convient d'utiliser des synonymes, des pronoms de substitution, des mots englobants.

EXEMPLE

« Le documentaire est souvent financé par la télévision. Il est ainsi lié à la demande des chaînes et donc au format qu'elles imposent : 52 minutes, des partis pris de dramatisation, de rythme. Ce formatage peut limiter la créativité, pourtant ce genre cherche à explorer des formes modernes d'écriture grâce aux nouvelles caméras. »
Les pronoms « il », « elles » évitent les répétitions : « formatage », « genre » sont des termes englobants qui évitent la réutilisation du mot « documentaire ».

3. La force expressive des mots

a) Les mots pleins. Il y a des mots plus chargés de sens et plus expressifs que d'autres et ce sont ces mots qu'il faut choisir pour convaincre. Ainsi les verbes *faire*, *dire*, *mettre*, *avoir* doivent être remplacés par d'autres plus précis et plus suggestifs.

EXEMPLE

Remplacement de *faire*
Faire peur : effrayer ; Faire cesser : interrompre ; Faire courir : répandre ; Faire savoir : informer ; Faire une liste : dresser ; Faire un trajet : parcourir ; Faire des dégâts : causer ; Faire des reproches : reprocher.
Remplacement de *avoir*
Avoir peur : craindre ; Avoir des responsabilités : exercer ; Avoir une autorisation : obtenir ; Avoir une bonne réputation : jouir d'une bonne réputation ; Avoir des conséquences : entraîner.
Remplacement de *dire*
Considérer, admettre, rappeler, montrer, affirmer, souligner, juger, reconnaître, suggérer, proposer, s'étonner, nier, contester que..., s'opposer à.

b) Les mots connotés. Les mots ont un effet d'autant plus persuasif qu'ils ne sont pas neutres. Leurs connotations leur donnent un relief et une vigueur qui influent sur l'argumentation. Il faut choisir en fonction de la thèse défendue ou mise en doute.

EXEMPLE

Désormais on nous dissuade de voyager hors d'Europe. La planète serait un guêpier, sinon un coupe-gorge. Terrorisme, attentats, délinquance, tous ces fléaux du monde moderne guetteraient l'aventurier, le découvreur, qui passe pour une tête brûlée, un irresponsable.

Une astuce à l'examen

Utilisez toutes les ressources de la ponctuation. Marquez votre rejet ou votre méfiance à l'égard d'un énoncé en le plaçant entre guillemets. Sous-entendez grâce aux points de suspensions. Utilisez les deux points pour signifier une cause ou une conséquence. Votre rédaction y gagnera plus de force expressive et de dynamisme.

2 Le choix des phrases

1. La longueur de la phrase

Un texte argumentatif est pénible à lire quand toutes les phrases sont longues : pour comprendre la fin de la phrase il faut se souvenir du début, ce qui finit par fatiguer l'attention. C'est pourquoi il est judicieux d'alterner la longueur des phrases. Une phrase courte, après une autre plus longue, prend un relief particulier, donne du rythme. En outre, l'alternance de phrases simples, juxtaposées, coordonnées, complexes dynamise le texte, empêche toute monotonie.

EXEMPLE

Grâce à leur savoir, à leurs compétences scientifiques, les experts doivent rendre un avis, une préconisation motivée à propos de risques éventuels. [22 mots] Faute de compétences, les décideurs sont obligés de s'en remettre à leurs avis. [14 mots] Sur la plupart des sujets techniques, ce sont donc eux qui détiennent le pouvoir réel. [15 mots] Et ce pouvoir est important. [5 mots] Un tel pouvoir n'est évidemment pas exempt de risques de dérapage. [12 mots]

2. La structure de la phrase

Rien n'est plus lassant que des phrases construites sur le même schéma : sujet, verbe, complément. Pour rompre la monotonie du paragraphe, on peut user de procédés divers.

a) La variation du groupe sujet. Il est souhaitable de faire alterner sa forme, sa longueur et sa place dans la phrase. Cette dernière peut commencer par un sujet nominal, un pronom, un verbe à l'infinitif, une proposition conjonctive sujet.

EXEMPLE

La publicité s'adapte à l'évolution des techniques de communication. S'afficher sur des écrans ne lui suffit plus. Désormais elle se sert des réseaux et des blogs pour diffuser l'image des marques. Les conversations électroniques entre usagers passionnés servent de vecteur au discours sur la marque. Que les clients vivent pour leurs produits, se regroupent pour partager leur passion, est l'ultime victoire d'une marque. D'autant plus que cela ne lui coûte plus rien, ou presque, en frais de publicité.

b) Le changement de place du complément circonstanciel. Ce complément peut tour à tour s'intercaler entre le sujet et le verbe, se situer après lui ou débuter la phrase. Ce changement introduit de la variété et de la souplesse dans la structure de la phrase.

EXEMPLE

On assiste à une révolution de la distribution avec la généralisation de la toile. Depuis quelques années l'e-commerce a changé la donne : sur les 100 sites d'information les plus consultés d'Internet, l'année dernière 12 étaient des blogs animés par des particuliers. Maintenant avec Internet la communication est moins imposée que demandée. Les internautes vont de leur propre initiative sur les sites des marques chercher l'information.

c) L'alternance phrase simple / phrase complexe. La lecture du paragraphe sera plus agréable si les phrases simples et complexes alternent. La pensée y gagne en rythme et en relief. De même il est possible de varier la construction de la phrase complexe : l'une commence par la subordonnée, l'autre par la principale. Enfin il ne faut pas négliger l'efficacité d'une bonne formule, frappante par ses sonorités ou sa construction : en résumant de façon synthétique un argument, elle lui donne encore plus de force.

3 L'enrichissement du style

1. L'ordre des mots

La séduction de l'expression rend l'argumentation plus convaincante. C'est pourquoi il ne faut pas négliger certains procédés de style qui ont un effet de persuasion. Ainsi une idée peut être mise en valeur par la place d'un mot clé dans la phrase. Par exemple : «rares sont ceux qui y parviennent» est plus fort que «ceux qui y parviennent sont rares», qui est banal.

EXEMPLE

Choquantes, ces images frappent le téléspectateur. Il s'en souvient au moment de mettre son bulletin dans l'urne, inconsciemment sans doute. Manipulation des électeurs ou hasard de l'actualité ?

2. Les images

Les images permettent d'exprimer avec plus de force les idées que l'on veut transmettre : elles les illustrent en leur donnant plus de vigueur.

a) La comparaison. Une comparaison bien choisie permet de donner plus de profondeur à l'idée exprimée, sans qu'il soit nécessaire de la développer plus longuement. Ainsi dans une phrase comme « dans certaines familles on ne peut plus éteindre la télévision : comme une divinité protectrice, elle rassure », la comparaison suggère que la fonction de l'appareil dépasse de beaucoup sa vocation première.

b) La métaphore. Il faut utiliser des métaphores dans son argumentation, si l'on souhaite donner plus de force à ses arguments. Le procédé consiste à désigner une chose, une idée, une personne par une autre qui présente des analogies, des ressemblances avec elle. Bien choisie, une métaphore peut avoir une grande force.

EXEMPLE

On trouve tout dans le grand bazar de l'humanitaire, du plus sérieux au plus trouble, du plus professionnel au plus bricolé. Un exemple : pour un étudiant, c'est un excellent passeport pour la vie active, une ligne qui impressionne sur son CV. Après quelques semaines en Afrique passées à dépouiller des rapports au profit d'une ONG, à l'abri d'un bureau climatisé, le voilà estampillé aventurier, un coriace auquel l'entreprise pourra confier les missions les plus difficiles.

4 La présentation

1. La mise en page

La structure de l'argumentation doit être révélée par la mise en page. L'introduction et la conclusion sont séparées du développement par deux lignes. À l'intérieur du développement, les parties sont séparées par une ligne, et les paragraphes sont marqués par un retrait. Aller à la ligne aère le texte et le plan de l'argumentation acquiert une lisibilité meilleure.

2. L'écriture et l'orthographe

Un candidat doit avoir le souci constant d'être lu et compris par le correcteur. Dans cette perspective, le soin apporté à l'écriture est déterminant. Il faut aussi souligner que la maîtrise de l'orthographe est évaluée à l'examen. Il faut donc réserver le temps nécessaire à la relecture.

Auto-évaluation

Les vérifications à faire le jour de l'examen pour évaluer la qualité de la rédaction de mon écriture personnelle

- Ai-je évité les répétions ?
- Ai-je cherché à employer des mots pleins, des mots riches, des mots appropriés à mon idée ?
- Ai-je fait varier la longueur de mes phrases ?
- Ai-je fait varier la structure de mes phrases ?
- Ai-je utilisé des images frappantes ?
- Ai-je relu pour corriger mes fautes d'orthographe ?

13 L'ÉCRITURE ET L'IMPLICATION PERSONNELLE

La nature même de l'exercice d'écriture personnelle exige l'engagement du candidat dans la rédaction de son argumentation. Elle n'en sera que plus convaincante.

1 L'énonciation et le choix des personnes

1. La première personne

a) Le «je». Dans la mesure où l'avis personnel du candidat est sollicité, l'usage de la première personne est autorisé pour répondre à la question posée. Il faut faire attention toutefois aux tournures redondantes, du type «personnellement, moi, je pense que». Un simple «je» suffit amplement.

EXEMPLE

Sujet : Quelle est la place de la musique dans votre vie ?
Extrait d'un paragraphe : «La musique occupe une grande place dans ma vie. Mais cela ne signifie pas que je vive avec un casque sur les oreilles. Cela ferait de moi un consommateur dépendant, incapable de se passer d'un accompagnement sonore...»

b) Le « nous ». Il est possible aussi d'utiliser la première personne du pluriel, «nous». Elle marque la présence du candidat de manière plus discrète, tout en incluant le lecteur.

2. La deuxième personne

Par convention, un candidat ne doit pas interpeller le correcteur. Il est vrai qu'on voit de plus en plus dans les médias des personnes interviewées s'adresser à un interlocuteur fictif pour exprimer plus facilement leur pensée. Elles passent alors du «je» au «tu». Ce procédé est à proscrire dans l'exercice d'écriture personnelle.

3. La troisième personne

a) Son emploi. Il est autorisé dans un exercice d'écriture personnelle dans la mesure où les idées développées restent originales et pertinentes. La troisième personne permet de donner une valeur plus universelle au propos exposé par le candidat.

EXEMPLE

Sujet : Pensez-vous que dans notre pays la lutte pour l'égalité entre l'homme et la femme soit un combat appartenant au passé ?
Extrait d'un paragraphe : «Malgré une réussite scolaire meilleure que celle des garçons, les filles continuent de s'orienter vers des métiers dévalorisés. Les progrès remarquables de leurs performances à l'école ne se sont pas accompagnés d'une amélioration proportionnelle de leur statut professionnel.»

b) Les tournures impersonnelles. Certaines permettent d'exprimer une opinion. Des formules comme : *il est dommage que, il est exact que, il est certain que, il est heureux que, c'est une évidence*, etc., indiquent la position du locuteur tout en introduisant une idée.

EXEMPLE

Sujet : «La jeunesse d'Europe ne connaît pas, ne veut pas connaître les frontières des nations.» Partagez-vous cette opinion ?
Extrait d'un paragraphe : «Il est clair que les jeunes Européens d'aujourd'hui sont comme les personnages du film *L'Auberge espagnole*. Ils s'installent chez les uns, chez les autres, et sont comme chez eux. C'est une évidence : l'Europe est leur territoire commun depuis qu'ils voyagent sans passeport, et parlent une langue commune, l'anglais.»

c) Le pronom « on ». Il peut aussi être utilisé. Ses emplois sont variés. Par exemple, dans une phrase comme : «on a remarqué depuis quelque temps une baisse inquiétante de la fréquentation des bibliothèques», le pronom «on» sert à inclure le locuteur et le lecteur dans le même énoncé.
Dans une phrase comme «on prétend que la télévision nuit à la culture», le pronom «on» désigne ceux qui adressent ce reproche à la télévision, point de vue que le locuteur ne partage pas.

2 L'expression de l'approbation

1. Le verbe introducteur

L'approbation d'une idée rapportée se manifeste de plusieurs manières, selon son degré d'adhésion.
Si on ne tient pas à souligner la justesse du point de vue qu'on rapporte, on l'introduit par un verbe neutre : *X... déclare que, remarque que, observe que, estime que, pense que, écrit que*, etc.
Si cette approbation est plus marquée, on écrit plutôt : *X... montre que, explique que, prouve que, démontre que, met en évidence que*, etc. Ces verbes introduisent l'idée rapportée tout en montrant qu'on l'approuve.
Des locutions comme *évidemment, à juste titre, excellemment, justement, avec raison*, etc., peuvent accompagner les verbes introducteurs et expriment des nuances diverses d'approbation.

EXEMPLE

Sujet : Êtes-vous d'accord avec l'adage populaire qui dit : «un bon rire vaut un steak» ?
Extrait d'un paragraphe : «La sagesse populaire exalte avec raison les vertus du rire. Il joue un rôle essentiel dans notre équilibre et c'est pourquoi on l'utilise dans les psychothérapies. Après une bonne séance de rire, on se sent bien, on est relaxé, comme après un bon repas. C'est à juste titre qu'on appelle le rire le médicament de l'esprit.»

2 Les connotations valorisantes

Pour convaincre il faut présenter ses idées sous leur meilleur jour. On choisira donc un vocabulaire positif pour rédiger ses arguments. Ainsi il faut privilégier les termes chargés de valeurs constructives. Ils appartiennent à des réseaux lexicaux comme le progrès, l'amélioration, l'espoir, l'exploit, la liberté, la lucidité, la science, etc.

> **Une astuce à l'examen**
>
> Pour porter un jugement positif, utilisez un lexique valorisant : des adjectifs (*juste, pertinent, intéressant, excellent, remarquable*), des compléments (*avec brio, avec justesse, avec courage...*).
> Pour porter un jugement négatif, utilisez un lexique dévalorisant : des adjectifs (*injuste, regrettable, ridicule, scandaleux, absurde...*), des mots comme *erreur, stupidité, scandale, absurdité...*

3 L'expression du désaccord

1. Le verbe introducteur

Lorsqu'on n'approuve pas une idée, on utilise des verbes introducteurs qui la dévalorisent. Ainsi en écrivant « X... s'imagine que, croit que, se figure que, prétend que, se leurre en pensant que, ose dire que, se permet de, ne craint pas de, etc. », le propos en question est disqualifié.
Le choix du verbe permet aussi de faire sentir le degré d'opposition du candidat : ainsi « X... ose dire que » est beaucoup plus fort que « X... prétend que ».

2. L'emploi de connotations négatives

Une même réalité peut être nommée par des mots aux connotations très différentes : un restaurant peut devenir une cantine, voire une gargote selon le point de vue du client ! Les termes connotés négativement ont donc un rôle argumentatif puisqu'ils déprécient l'idée rapportée. En la formulant à l'aide de termes dévalorisants le candidat signifie au lecteur qu'elle est sans fondement, en même temps qu'il marque son désaccord. Ainsi le vocabulaire de l'illusion, de la crédulité, de la subjectivité ôte toute crédibilité à l'idée présentée : « X... croit voir... s'imagine que... » De même, en qualifiant de « préjugé » ou de « croyance » une opinion qu'on ne partage pas, on la disqualifie

3. Les autres moyens de marquer le désaccord

a) Les locutions adverbiales. Des mots et expressions comme *prétendument, indûment, injustement, à tort, faussement, soi-disant*, etc., peuvent être utilisés pour qualifier une idée que l'on juge erronée. En exprimant avec force un jugement négatif, ils impliquent nettement le locuteur.

b) Les guillemets. Ils soulignent qu'on rapporte des propos sans les faire siens, ils marquent donc une réserve, une distance.

4 L'expression du doute

1. Le verbe introducteur

Exprimer des doutes peut faire partie de la stratégie d'argumentation du candidat. Cela déconsidère les arguments qui sont discutés et montre au lecteur que les idées exprimées ne sont pas assumées. En utilisant certains verbes le locuteur suggère que les idées rapportées sont très discutables : *il apparaît que, il semble que, il se peut que, on dit que...*

2. Le conditionnel

Il indique qu'on ne prend pas à son compte l'expression employée, soit qu'on émette des doutes à son égard, soit qu'on la récuse ironiquement. Il en est de même des guillemets qui marquent la distance critique.

5 L'expression des nuances

1. L'atténuation et la nuance

Il est parfois prudent de critiquer avec mesure, pour éviter de paraître sans concession ou trop sûr de soi. Pour être pondéré et donc plus crédible, il vaut mieux écrire qu'une idée peut se discuter, semble discutable, peut se nuancer, etc., plutôt que « cette idée est fausse ». Sans changer fondamentalement sa position, on atténue ainsi la vigueur de son propos.
En outre, en évitant les jugements trop tranchés, on montre son souci d'un point de vue équilibré, qui tienne compte des aspects contradictoires du sujet. En somme, on montre le sérieux de sa réflexion.

2. Les moyens d'expression utilisés

a) Les verbes introducteurs. Certains marquent la prudence et la pondération du candidat : *il semblerait que, ne pourrait-on pas penser que, on peut se demander si, on pourrait admettre*, etc. Ils prouvent aussi sa modestie : il ne faut jamais oublier que trop de certitude ou d'aplomb peut irriter le lecteur.

b) Certaines locutions. Utiliser des locutions telles que *en un certain sens, d'une certaine façon, dans une certaine mesure, avec prudence*, etc., permet d'amorcer avec douceur la critique d'un point de vue.

> **EXEMPLE**
>
> Sujet : « Les choix personnels ont pris le pas sur les automatismes de comportements, sur les normes. » Partagez-vous cette opinion ?
> Extrait d'un paragraphe : « Par exemple, on peut se demander si on vote par automatisme, en suivant une tradition familiale ou par une fidélité de principe à un parti politique. Ce vote serait-il désormais motivé par une réflexion personnelle ? Il semble que le citoyen moderne soit plus nomade que ses devanciers, et qu'il vote au gré de ses humeurs ou des circonstances. »

> **Auto-évaluation**
>
> **Les vérifications à faire le jour de l'examen**
> - Ai-je utilisé le même système de personne dans toute l'écriture personnelle ?
> - Les verbes qui introduisent les idées suggèrent-ils bien mon accord, mon désaccord, mon doute ou ma pondération ?
> - Mon point de vue est-il facilement repérable grâce à des connotations valorisantes ou dévalorisantes ?
> - Mon niveau d'implication est-il approprié au sujet ?

14 LA SOUTENANCE ORALE DU RAPPORT DE STAGE

Il faut préparer sa soutenance comme une épreuve à part entière. Lire son rapport de stage conduirait droit à l'échec, il faut concevoir un véritable exposé.

1 Les objectifs du candidat

1. La présentation du stage

La soutenance comprend obligatoirement deux parties. Dans la première, le candidat réalise un exposé dont la durée est variable selon les BTS (de 10 à 20 minutes), qui comprend obligatoirement une introduction, un développement, une conclusion. Dans la seconde, le candidat répond aux questions du jury pendant 10 à 15 minutes, selon les BTS.

2. La valorisation de ses connaissances et de ses compétences

a) Les connaissances théoriques. Cette soutenance doit être l'occasion de montrer sa capacité à utiliser les connaissances acquises pendant la formation. Comme le stage fournit l'occasion de confronter les principes théoriques enseignés aux réalités du terrain, il faut donc en souligner les applications, mais aussi montrer les écarts éventuels. Attention, la critique doit être prudente, un stage ne permet pas nécessairement d'observer en profondeur.

b) Les compétences professionnelles. La soutenance doit montrer comment le candidat a pu exploiter les outils méthodologiques qu'on lui a enseignés. L'adaptation des méthodes enseignées à la réalité des situations professionnelles doit être valorisée pendant la soutenance : elle apporte la preuve que ce stage lui a permis de renforcer sa compétence professionnelle.

3. La démonstration de ses compétences en expression orale

Les compétences en communication orale du candidat sont évaluées lors de la soutenance. Elle entre pour partie dans la note obtenue, c'est donc un enjeu réel qui justifie une préparation et des répétitions avant l'examen.

2 La préparation de l'exposé

1. La relecture du rapport de stage

On doit rechercher les situations-problèmes qui ont soulevé des questions et nécessité la recherche de solutions probantes : c'est ce qu'attend le jury.

Mais plutôt que de faire un résumé de tout ce qu'il y a dans ce rapport, il est préférable de sélectionner un point particulier qui sera développé plus longuement. Il faut choisir une activité plus à même de prouver ses compétences et d'intéresser un public de spécialistes.

2. La préparation du plan de l'exposé

a) L'introduction. Elle est brève et contient les informations strictement indispensables : d'abord l'organisme ou l'entreprise, puis le service et le tuteur qui ont accueilli le stagiaire. Elle présente les missions spécifiques qui lui ont été confiées, puis annonce le plan, ce sur quoi va porter l'essentiel de cet exposé.

b) Le corps de l'exposé. Il illustre les compétences du stagiaire en développant une mission particulière, qui porte sur un point technique plus difficile.

Le candidat justifie son choix en exposant le problème qu'il fallait résoudre, la solution adoptée et ses résultats. Les idées sont étayées par des faits et des chiffres. Des plans et des photographies les illustrent.

c) Le bilan. L'exposé se termine par une rapide analyse des apports du stage. Il faut faire l'inventaire des connaissances nouvelles, des savoir-faire nouveaux, des aspects humains découverts lors de cette expérience.

3. La préparation des notes et des visuels

a) Les notes de l'exposé. En aucun cas il ne faut lire son rapport de stage, c'est pourquoi des notes spécifiques doivent servir de support à l'exposé. Il est préférable de les rédiger sur des fiches facilement manipulables. On écrit avec des gros caractères, pour pouvoir les lire debout quand elles sont posées sur la table.

Le plus pratique pour s'y retrouver facilement est d'adopter un code couleur pour les titres des parties et des sous-parties qui servent de fil conducteur.

b) La préparation des visuels. Pour illustrer et faire comprendre son propos, il faut préparer des visuels. Ce seront ceux du rapport, et / ou d'autres conçus spécialement pour cette occasion. Ils rendent la soutenance plus vivante et plus crédible.

Les visuels retenus seront d'autant plus intéressants et efficaces qu'ils seront illustrés par des mots clés, un schéma simple. Il faut préparer leur commentaire et les classer dans leur ordre de passage pour les trouver facilement.

4. L'entraînement

Il est prudent de répéter sa soutenance. Cette répétition permet de dominer le contenu de son exposé. En le mémorisant le candidat peut plus facilement s'abstraire de ses notes et être plus naturel donc plus convaincant. En outre, cela l'exerce à manipuler debout ses fiches de notes. Le jour de l'épreuve il sera plus à l'aise.

De plus, cet entraînement permet de mesurer la durée de la soutenance.

Une astuce à l'examen

Demandez à des proches de vous servir de jury. Vous testerez sur eux l'intérêt de votre exposé. Demandez-leur d'évaluer votre prestation orale : votre voix est-elle audible, votre gestuelle est-elle efficace, regardez-vous l'auditoire ? Demandez-leur aussi de vous poser des questions difficiles pour vous entraîner à y répondre.

3 La réalisation de l'exposé

1. La verbalisation

a) L'improvisation. Il ne faut pas lire ses notes, mais s'en servir comme guide. La parole doit être naturelle et fluide. Si on connaît bien son sujet, on y parvient après quelques minutes : on se concentre de moins en moins sur ses notes, on s'habitue à interagir avec les auditeurs et l'exposé devient vivant et plus intéressant. C'est ce vers quoi il faut tendre.

b) La langue orale. Elle doit être simple et correcte. Il faut éliminer les mots inutiles qui ponctuent le discours («heu», «ben», «quoi», «j'veux dire»)! Les mots trop techniques doivent être expliqués à l'intention des non-spécialistes du jury.

2. La communication non verbale

a) L'attitude et les gestes. Il faut utiliser une gestuelle d'accompagnement : elle souligne les idées clés, elle montre les documents. Attention aux gestes qui trahissent le stress ou l'embarras. Il faut les contrôler : pas de stylo torturé nerveusement, de réajustement incessant des cheveux, des lunettes ou des vêtements...

b) La voix. Elle doit être claire et distincte, ferme et assurée. Il faut se dire que la voix doit porter jusqu'où porte le regard. Une voix trop faible fatigue l'auditoire, une voix trop forte agace, il faut donc s'entraîner pour trouver le bon niveau. Le débit ne doit être ni trop lent car il ennuierait, ni trop rapide car il saoulerait les auditeurs.

c) Le regard. En parlant, on regarde les auditeurs, ce qui permet de garder le contact avec eux. Il faut éviter de ne regarder qu'un membre du jury, son professeur ou son tuteur, par exemple. Attention à ne pas tourner systématiquement le dos quand on commente des documents. Il faut au contraire s'efforcer de maintenir un contact visuel avec le jury.

3. La gestion de l'exposé

a) La gestion du plan. Il est capital pour le jury de bien suivre la progression de l'exposé. C'est pourquoi il est préférable de noter son plan sur un coin du tableau ou sur une grande feuille de papier. Pour aider l'auditoire à suivre son déroulement il convient de souligner sa progression par des introductions-transitions : «Après vous avoir exposé le problème à résoudre, j'en viens à la solution que j'ai proposée» ; «voici donc le bilan que je peux faire de mon stage. Je suis prêt maintenant à répondre à vos questions». Ces repères assurent la bonne fluidité du discours et facilitent l'écoute.

b) La gestion du temps. Il faut respecter le minutage mis au point pendant la préparation. Parfois il est nécessaire d'ajuster le rythme de l'exposé : en consultant sa montre, on voit s'il faut l'accélérer ou le ralentir.

4 Les réponses aux questions

1. Les types de question

a) La demande de précision. Ces questions ont pour objectif d'amener le candidat à préciser un protocole, une manipulation, un chiffre, etc.

b) La vérification. Un membre du jury peut vouloir s'assurer qu'une notion est bien comprise, qu'une méthode est dominée. Il s'agit de vérifier les connaissances ou les savoir-faire.

Si on ne connaît pas la réponse, il vaut mieux l'avouer plutôt que d'essayer de leurrer le jury, qui, de toute façon, ne sera pas dupe.

c) La rectification d'une erreur. La question peut être indirecte et posée de manière à conduire le candidat à se rendre compte de l'inexactitude. Il faut alors garder son sang-froid, reconnaître son erreur et s'efforcer de terminer sur des aspects positifs.

2. L'art et la manière de répondre

a) L'écoute. Il faut savoir écouter et comprendre la question. Il est donc normal de marquer un temps de réflexion avant de répondre et ne pas craindre de demander des éclaircissements.

b) La manière de répondre. Elle conforte l'image du candidat à la fin de la soutenance. Il faut rester calme et courtois. Surtout pas d'arrogance ou d'agressivité, et pas de dévalorisation non plus. L'attitude mentale doit être positive puisqu'on cherche à montrer ses potentialités C'est pourquoi la réponse doit être structurée : les idées et arguments sont classés logiquement et reliés par un fil conducteur. Les repères logiques sont clairs et la réponse est concise.

> *Auto-évaluation*
>
> **Les vérifications à faire le jour de l'examen pour valider la préparation de la soutenance de mon rapport de stage**
> - Ai-je choisi d'exposer un aspect intéressant et valorisant de mon stage?
> - Ai-je préparé des notes claires et performantes ?
> - Ai-je fabriqué des visuels parlants?
> - Ai-je minuté ma soutenance pour respecter le temps imparti?
> - Ai-je amélioré ma prestation orale en m'entraînant plusieurs fois?

exercice 1

Il est de clairs matins, de roses se coiffant,
Où l'âme a des gaîtés d'eaux vives dans les roches,
Où le cœur est un ciel de Pâques plein de cloches,
Où la chair est sans tache et l'esprit sans reproches.
Il est de clairs matins, de roses se coiffant :
Ces matins-là, je vais, joyeux comme un enfant.

Albert Samin, *Au jardin de l'Infante*, Éd. Mercure de France.

Ce poème fait partie d'une synthèse sur le sentiment de bonheur. Quelles informations faudrait-il garder ?

CORRIGÉS p. 322

exercice 2

On dira qu'au vrai il n'y a pas de hasard, et que ce mot ne fait que constater notre ignorance de l'enchaînement des causes. Mais l'enchaînement des causes étant indéchiffrable pour notre esprit, nous appelons hasard tous les événements dont il nous serait impossible, malgré la plus grande attention, de discerner la venue. Nous comptons sur le hasard. Il n'est aucune existence, même chez les plus dénués d'imagination, qui ne lui fasse une place dans ses prévisions obscures. Ne compter que sur le hasard est fou ; ne pas compter avec le hasard est plus fou encore.

Rémy de Gourmont, « 357. L'Inattendu (15 avril 1906) », *Épilogues. Réflexions sur la vie. Volume complémentaire 1905-1912*. Mercure de France.

Ce document fait partie d'une synthèse qui s'interroge sur le hasard. Quelles informations faudrait-il retenir ?

CORRIGÉS p. 322

exercice 3

Piste 1 : Le rôle identitaire de la consommation.
Piste 2 : Consommation de la valeur affective des objets.
Piste 3 : L'impératif de la consommation.
Liste des données : 1. La consommation compense un déficit identitaire. 2. Consommer peu disqualifie. 3. Les marques vendent la valeur ajoutée affective. 4. Multiplication des objets et des messages de jouissance, de désir. 5. Les marques sont des signes extérieurs de richesse. 6. Payer plus cher à cause de la marque n'a pas de sens. 7. L'incitation à la consommation conduit à l'endettement. 8. On existe à travers la marque.

Cette synthèse porte sur la consommation. Attribuez à chaque piste de réflexion les données qui la concernent.

CORRIGÉS p. 322

exercice 4

Rubriques : Aspects positifs de la TV. Aspects négatifs de la TV. Paresse et TV. Culture et TV. Socialité et TV.
Pistes de réflexion :

1. Les programmes encouragent la passivité intellectuelle.
2. On trouve des émissions passionnantes qui donnent envie d'en apprendre plus.
3. La TV fait perdre beaucoup de temps avec des distractions faciles.
4. Il y a de nombreuses émissions de qualité.
5. Les grands lecteurs sont aussi des téléspectateurs assidus.
6. La TV fait parler, communier ensemble et amène les gens à se réunir pour une grande émission.
7. Mépriser la TV est une forme de snobisme.
8. La TV restreint les sorties, le contact avec les autres.
9. LA TV empêche de pratiquer des activités de loisirs.
10. Les grands consommateurs de TV ne lisent pas.

Cette synthèse traite de l'intérêt de la télévision. À l'aide des rubriques et des pistes de réflexion, proposez un plan.

CORRIGÉS p. 32

exercice 5

La ville est le cadre de vie, par excellence, de l'homme moderne. Mais celui-ci y trouve-t-il le bonheur ? Ce dossier pose cette question. Les documents montrent que le progrès a pu favoriser l'épanouissement des citadins. Mais ils soulignent aussi qu'à cause de sa démesure la ville peut devenir un enfer.

Analysez l'introduction ci-dessus pour en retrouver les éléments qui la composent.

CORRIGÉS p. 3

exercice 6

Le tourisme de masse est devenu une réalité. On parle aujourd'hui d'industrie du voyage. Cette évolution conduit à s'interroger sur les diverses manières de voyager. Dans son article, Anne Bréjac oppose les vrais et les faux voyageurs. Dans son essai, Yves Monpert propose ses propres choix ; tandis que deux publicités nous invitent à voyager autrement.
Comment voyage-ton aujourd'hui ?

Analysez l'introduction ci-dessus et repérez ses maladresses.

CORRIGÉS p. 3

exercice 7

La synthèse porte sur le langage de certains jeunes des quartiers populaires et s'interroge sur leur capacité de communication.

Partie 1 : Les vertus de ce langage
- Une marque d'appartenance et d'identité
- Une richesse expressive étonnante
- Une inventivité extraordinaire

Partie 2 : Les reproches adressés à ce langage
- Son inadaptation à la langue de l'école
- Son inadaptation au monde du travail

Partie 3 : L'idéal : ne pas rester enfermé dans un seul registre de langue.

En vous aidant du plan proposé, rédigez une introduction et une conclusion.

CORRIGÉS p. 322

exercice 8

1. Le sport est un moyen exceptionnel de développer ses aptitudes physiques, une façon d'apprécier toutes les possibilités de son corps, ... X. [affirme, déclare, prononce, suggère]
2. Z .... aussi dans le sport l'effort physique, l'exercice qui rend agile et robuste. [apprécie, regrette]
3. Autre avantage du sport, l'adhésion des règles, la discipline librement consentie, ... X. [estime, pense, avance, renchérit]
4. Enfin le sport offre l'occasion d'un beau spectacle dans un décor spacieux auquel on ne peut rester indifférent, ... ces deux auteurs. [s'accordent à dire, s'opposent, affirment]
5. Toutes ces raisons .... l'admiration de X pour l'athlète qui garde sa beauté et sa volonté humaine tout en ayant une sorte de perfection animale. [expliquent, suggèrent, analysent]
6. Mais cette vision n'est-elle pas idyllique ? Tous les sports n'offrent pas ces avantages et Y............ en particulier au football américain dans lequel il ne voit que violence et sauvagerie, l'homme ramené au rang de la bête, le groupe au niveau de la meute. [dénonce, s'oppose, préconise, s'en prend]
7. Violence, expression de la haine, sont aussi les termes choisis par W pour .... de façon plus générale la pratique des sportifs. [refuser, condamner, expliquer]
8 Le stade est un lieu où se manifeste la violence, la rivalité, où tout est subordonné à la volonté de gagner. .... [regrette-t-il, constate-t-il, se demande-t-il]
9. Cette position est inconcevable pour X et Z. Pour eux, la valeur morale du sport est incontestable : la liberté s'y exerce dans le sens de la difficulté......... Z. [estime, pense, souligne, revendique, déplore]
10. Ce à quoi on aspire,........ X, c'est une victoire contre soi-même, la victoire sur l'autre n'est que le signe de la victoire sur soi-même ! [explique, s'exclame, ajoute, précise]

Choisissez le verbe entre parenthèses le plus approprié pour introduire la référence de ces phrases.

CORRIGÉS p. 322

exercice 9

Données de la documentation	Pistes de réflexion
1. Thèmes privilégiés de la chanson de variétés : l'amour, le bonheur, l'absence, l'amitié, les relations homme/femme	Thèmes sur-représentés, effets des aspirations, des problèmes
2. Le rap dénonce les conditions de vie difficiles, la précarité, la violence, les discriminations	La dénonciation = une priorité
3. La chanson est aussi un produit de grande consommation, formaté pour plaire au plus grand nombre, objet d'un marketing	Une industrie
4. La chanson « art et essai » reste confidentielle	Genre sous-représenté
5. Absence de certains thèmes : le monde du travail : l'usine, le bureau, l'hôpital	Thèmes sous-représentés

Les documents de cette synthèse se demandent si la chanson est un reflet fidèle de la société.

Complétez le plan suivant à l'aide des pistes et des données du tableau.

Partie 1 : la chanson est un miroir déformant.

Partie 2 : l'explication du phénomène.

CORRIGÉS p. 322

exercice 10

Sujet : « La lecture du journal est une sorte de dialogue avec le monde. Elle brise l'isolement de l'individu ». Partagez-vous ce point de vue ?

1. **Analysez les mots clés du sujet.**

2. **Reformulez le sujet.**

CORRIGÉS p. 322

exercice 11

Sujet : « Je ne suis pas d'accord avec ce que vous dites mais je me battrai jusqu'au bout pour que vous puissiez le dire ». Que pensez-vous de cette déclaration de Voltaire ?

Problématique 1 : Faut-il garantir à chacun la liberté de pensée et d'expression, quelle que soit son opinion ?

Problématique 2 : A-t-on le droit de tout dire ?

Problématique 3 : Faut-il se battre pour que chacun ait la liberté d'expression ?

Laquelle de ces trois problématiques vous paraît la meilleure ? Expliquez pourquoi.

CORRIGÉS p. 323

exercice 12

Sujet : « Examinez l'ordre social et vous verrez qu'il est tout entier armé contre une femme qui veut s'élever à la hauteur de la réputation des hommes », déclarait Mme de Staël en 1801. Cette remarque reste-t-elle encore valable dans notre société ?

En utilisant la méthode de votre choix, cherchez quatre idées pour traiter le sujet ci-dessus.

CORRIGÉS p. 323

exercice 13

Sujet : « C'est dans les livres qu'on apprend la vie, pas dans la vie. » Partagez-vous l'opinion de l'écrivain Pierre-Jean Rémy ?

1. **Cherchez deux arguments qui justifient la thèse soutenue dans ce sujet.**

2. **En renversant cette thèse, cherchez deux arguments contraires.**

CORRIGÉS p. 323

exercice 14

Sujet : Pensez-vous comme certains scientifiques que « rien ne doit arrêter la science, tout ce qui peut être fait doit être fait » ?

Arguments :

1. La religion a longtemps censuré la science et elle a dû conquérir sa liberté.
2. La science ne se contente plus d'élucider les phénomènes humains, elle est capable de les infléchir.
3. L'homme peut s'exterminer lui-même.
4. La morale, l'éthique, la démocratie ont leur mot à dire.
5. La recherche a apporté d'immenses progrès à l'homme.
6. La passion d'explorer est une pulsion fondamentale.
7. L'évolution de la nature cesse d'être naturelle, elle devient artificielle.

1. **Choisissez un point de vue pour traiter le sujet.**

2. **Choisissez dans la liste les arguments qui peuvent servir pour le soutenir.**

CORRIGÉS p. 32

exercice 15

Sujet : « À quoi bon voyager ! Il y a de la nature, de la vie et de l'histoire partout. » (Jules Renard, *Journal*, 24 août 1906). Partagez-vous ce point de vue ?

Arguments :

1. Le voyage transforme le voyageur en lui faisant vivre des sensations nouvelles, des rencontres intéressantes.
2. Le voyage permet de relativiser son sort, de se rendre compte de ses privilèges.
3. Le voyage nous fait fuir une réalité qui nous attend à notre retour.
4. Le voyage permet de retrouver avec bonheur ses racines.
5. Le voyage rend disponible pour faire des rencontres.
6. Le tourisme favorise le développement local.
7. On s'enrichit des différences. Mais elles sont aussi à notre porte.
8. La nature, la vie, l'histoire sont différentes ailleurs.

1. **Choisissez trois arguments pour réfuter le point de vue exprimé par Jules Renard.**

2. **Classez-les en les reliant par des termes d'articulation.**

CORRIGÉS p. 3

exercice 16

Sujet : Quelle vision de l'avenir donne la science-fiction ?
Plan
1. Les sociétés imaginaires de la science-fiction ignorent le droit.
2. Ce sont des sociétés hiérarchisées et inégalitaires.
3. Ce sont des sociétés autoritaires.

Conclusion : La science-fiction prévoit donc un avenir peu flatteur pour la planète : ce n'est pas le respect de la loi qui règlera le fonctionnement des sociétés. Bien au contraire, elle nous prédit la spoliation du pouvoir par une minorité, toujours plus riche. Elle laisse entrevoir un surcroît de violence, contenu par des systèmes totalitaires. À moins que tout finisse plus rapidement, dans une ultime explosion...

Retrouvez dans cette conclusion le plan de cette écriture personnelle.

CORRIGÉS p. 323

exercice 17

On est plus intelligent à plusieurs. Ainsi de multiples innovations partent des usagers d'Internet et se diffusent sur le réseau en organisant la coopération entre usagers [...]. Ces innovations « remontent » vers les centres de recherche des grandes sociétés qui les intègrent à leurs produits en imposant de nouveaux standards [...]. Certains logiciels libres [...] illustrent les performances de ces innovations ascendantes...

Trouvez des exemples pour illustrer les idées de ce texte et insérez-les en utilisant des termes introducteurs.

CORRIGÉS p. 323

exercice 18

Le caractère imprévisible de la science oblige maintenant à une grande rigueur morale, et ce n'est pas simple car l'argument de la concurrence pousse les chercheurs à poursuivre leurs travaux, malgré leur aspect problématique. Ils peuvent être tentés de nier leur responsabilité propre en renvoyant la question éthique à l'extérieur des laboratoires, ils font leur travail et ils peuvent penser que c'est à la société de se débrouiller avec leurs découvertes. Pourtant la direction imprévisible prise par la science oblige à poser fermement la question de la responsabilité morale des scientifiques.

Améliorez la rédaction de ce paragraphe en supprimant des répétitions et en modifiant la longueur et la construction de certaines phrases.

CORRIGÉS p. 323

exercice 19

Ce paragraphe porte sur la place de la justice dans notre société.

Il est certain que l'effacement des repères et les difficultés sociales de toute sorte brouillent le rapport à la loi de bon nombre d'individus puisque les délits augmentent de façon significative. C'est pourquoi le rappel à la loi semble envahir l'espace social et individuel ; mais, en même temps, l'exigence de transparence et de moralisation de la vie politique et économique conduit la justice à exercer un contrôle qui ne peut que renforcer la démocratie. D'ailleurs le juge est devenu un personnage incontournable de la vie publique et l'action de la justice un sujet de réflexion pour les citoyens. Et c'est tant mieux. Avec la création des tribunaux internationaux statuant sur les crimes contre l'humanité des despotes, c'est-à-dire au nom des droits de l'homme, le champ d'intervention du droit s'élargit à la planète entière, tout en s'étendant dans le temps avec l'imprescriptibilité de ces crimes. Comment ne pas voir là un progrès de la justice et du droit ?

1. Relevez les articulations logiques qui marquent la progression de l'argumentation.

2. Repérez les marques d'implication personnelle : choix des locutions, des connotations, choix des verbes, des tournures.

CORRIGÉS p. 323

exercice 20

Sujet : Pensez-vous que l'autorité se résume au pouvoir ?
Introduction : L'autorité est souvent assimilée à un pouvoir devant lequel on s'incline par crainte ou par respect. Avoir du pouvoir suffit-il ? Pour moi il n'y a pas d'autorité sans compétences. Autrement dit, peut-il y avoir une autorité sans légitimité ?

Retrouvez les étapes de cette introduction.

CORRIGÉS p. 323

exercice 1 page 318

Informations à garder :
- Le sentiment du bonheur affecte la personne toute entière : l'âme, le cœur, la chair.
- Affecte la perception de l'environnement : les sons, l'air, la nature.
- Les composantes du sentiment : la joie, l'insouciance (celle de l'enfant), la vision optimiste et positive du monde.

exercice 2 page 318

Informations à retenir :
- Le hasard n'existe pas.
- En réalité nous appelons hasard ce que nous ne réussissons pas à prévoir.
- Ce serait déraisonnable de ne pas intégrer le hasard dans nos vies.

exercice 3 page 318

Piste 1 : Le rôle identitaire de la consommation : données 1 ; 2 ; 5 ; 8.
Piste 2 : Consommation de la valeur affective des objets : 3 ; 6.
Piste 3 : L'impératif de la consommation : données 4 ; 2 ; 7.

exercice 4 page 318

Plan 1
Partie 1 : Aspects positifs de la TV.
- Culture et TV : Pistes 4 ; 5 ; 7 ; 2.
- Socialité et TV : Piste 6.

Partie 2 : Aspects négatifs de la TV.
- Culture et TV : pistes 10 ; 3.
- Socialité et TV : piste 8.
- Paresse et TV : pistes 1 ; 9.

Plan 2
Partie 1 : Culture et TV.
+ : 4 ; 5 ; 7 ; 2.
- : 10 ; 3.

Partie 2 : Paresse et TV.
+ : 2.
- : 1 ; 9.

Partie 3 : Socialité et TV.
+ : 6.
- : 8...

exercice 5 page 318

La ville est le cadre de vie, par excellence, de l'homme moderne. Mais celui-ci y trouve-t-il le bonheur ? Ce dossier pose cette question. [Présentation du thème (la ville) et de sa problématique (ville et bonheur)] Les documents montrent que le progrès a pu favoriser l'épanouissement des citadins. [Partie 1] Mais ils soulignent aussi qu'à cause de sa démesure la ville peut devenir un enfer. [Partie 2].

exercice 6 page 318

1. La présentation des documents est incomplète : elle ne permet pas de retrouver les sources de la synthèse.
2. Le plan n'est pas annoncé.

exercice 7 page 319

Introduction :
Ce dossier s'interroge sur la capacité à communiquer des jeunes de certains quartiers populaires. Certains documents le montrent : leur langage possède d'indéniables vertus. Mais il est évident aussi que cette manière de s'exprimer peut comporter de véritables dangers.

Conclusion :
On le voit, le langage des banlieues fait évoluer la langue, et peut scintiller de mille figures de styles audacieuses. Mais il comporte aussi un grave danger de ghettoïsation de la langue, qui peut rendre plus difficile l'intégration au monde du travail.

exercice 8 page 319

1 : affirme ; 2 : apprécie ; 3 : renchérit ; 4 : s'accordent à dire ; 5 : expliquent ; 6 : s'en prend ; 7 : condamner ; 8 : regrette-t-il ; 9 : souligne ; 10 : précise.

exercice 9 page 319

Plan complet
Partie 1 : La chanson est un miroir déformant.
- Des thèmes sont surreprésentés. Dans la chanson de variétés : les aspirations à l'amour, au bonheur, à l'amitié, des thèmes comme les relations homme / femme. Dans le rap, la priorité est donnée à certains thèmes sociaux et politiques.
- Des thèmes sont sous-représentés. La chanson « art et essai » reste confidentielle. Le monde du travail est absent.

Partie 2 : L'explication du phénomène.
- C'est une industrie qui obéit aux lois du marketing.
- Elle reflète du rêve, des aspirations, déformant par nature la réalité.

exercice 10 page 320

1. Mots clés :
- Le monde : ce qui est extérieur à l'individu, la société, les autres.
- Dialogue : échange et communication
- Isolement de l'individu : repli sur soi.

2. Reformulation : Est-il vrai que la lecture de la presse oblige le lecteur à sortir de son repli sur soi en lui permettant d'échanger avec la société ?

exercice 11 page 320

La problématique 1 est acceptable car elle est la plus large. La 2 est erronée, la 3 est incomplète.

exercice 12 page 320

Idées proposées : 1. La parité est loin d'être acquise sur le plan politique. 2. Les carrières professionnelles des femmes sont, en moyenne, inférieures à celles des hommes. 3. Leur salaire est inférieur. 4. L'image de la femme est souvent confinée dans des stéréotypes : la mère, la ménagère, la femme objet.

exercice 13 page 320

1. On apprend la vie dans les livres parce qu'ils nous guident, nous éclairent, nous instruisent. (1) Parce qu'ils nous enrichissent puisqu'ils nous font vivre par procuration des situations inédites, étrangères à notre expérience. (2)

2. On apprend la vie dans la vie et pas dans les livres : parce qu'être dans le réel oblige à se confronter à la vie, ce qui est plus formateur qu'être dans la fiction. (1)
Parce que les livres peuvent créer des illusions en étant trop loin de la vérité. (2)

exercice 14 page 320

1. Point de vue choisi : il faut pouvoir contrôler la science, tout ce qui peut être fait ne doit pas nécessairement l'être.

2. Arguments : 2, 3 ; 4.

exercice 15 page 320

[On peut objecter à Jules Renard que] la nature, la vie, l'histoire sont différentes ailleurs (8). [En outre] le voyage transforme le voyageur en lui faisant vivre des sensations nouvelles, des rencontres intéressantes (1). [D'ailleurs] le voyage permet de relativiser son sort, de se rendre compte de ses privilèges. [Enfin] le voyage permet de retrouver avec bonheur ses racines (4).

exercice 16 page 321

La science-fiction prévoit .... sociétés. (partie 1) Bien au contraire ..... riche. (Partie 2) Elle laisse ..... totalitaires (partie 3) À moins que tout finisse plus rapidement, dans une ultime explosion... (Chute)

exercice 17 page 321

...en organisant la coopération entre usagers [C'est ainsi que des étudiants bricoleurs ont mis au point les systèmes p2p qui ont lancé l'usage du haut débit sur Internet].... en imposant de nouveaux standards [comme en témoigne l'exemple du wi-fi].
Certains logiciels libres, tels Open Office, ou Firefox...] illustrent les performances de ces innovations ascendantes.

exercice 18 page 321

Le caractère imprévisible de la science oblige maintenant à une grande rigueur morale. Ce n'est pas simple : l'argument de la concurrence pousse les chercheurs à poursuivre leurs travaux, malgré leur aspect problématique. Ils peuvent être tentés de nier leur responsabilité propre en renvoyant la question éthique à l'extérieur des laboratoires : ils font leur travail, c'est à la société de se débrouiller avec leurs découvertes ! Pourtant la direction prise par la science oblige à poser fermement la question de la responsabilité morale des scientifiques.

exercice 19 page 321

1. Termes d'articulation : C'est pourquoi ; mais en même temps ; D'ailleurs ; Et ; Comment.

2. Marques d'implication : Il est certain ; semble ; qui ne peut que ; incontournable ; C'est tant mieux ; Comment ne pas voir là un progrès ?
On peut observer le jeu des connotations qui montrent l'affrontement des valeurs. Des mots comme « effacement, difficultés ; brouillent ; délits ; crimes ; despotes » ont des connotations négatives. Au contraire des mots tels que « transparence ; moralisation ; justice ; droits de l'homme ; progrès ; droit » sont positifs.

exercice 20 page 321

Étape 1 : présentation du sujet : phrases 1 et 2.
Étape 2 : présentation du point de vue qui sera soutenu : phrases 3 et 4.

PRÉSENTATION DE L'ÉPREUVE E1 : Culture générale et expression

Comment se présente l'épreuve E1 ?

1 Coefficient et objectifs

L'épreuve E1, culture générale et expression, est affectée d'un coefficient 3.
L'objectif visé est d'apprécier votre aptitude à communiquer avec efficacité dans la vie courante et professionnelle. Elle vérifie si vous maitrisez les capacités suivantes :

- communiquer par écrit ou oralement ;
- s'informer, se documenter ;
- appréhender un message ;
- apprécier un message ou une situation.

2 L'incidence du statut du candidat sur la forme de l'évaluation

La forme de l'évaluation est différente en fonction du statut de votre candidature (choisie au moment de l'inscription à l'examen).

- **La forme de l'évaluation ponctuelle (durée 4 heures)**

Elle vous concerne si vous êtes un étudiant scolarisé dans un établissement public ou privé sous contrat ou hors contrat, apprenti en CFA ou en section d'apprentissage habilités, si vous êtes inscrit en enseignement à distance, si vous justifiez de 3 ans d'expérience professionnelle, si vous êtes en formation professionnelle continue dans un établissement non habilité.

- **La forme de l'évaluation en cours de formation (CCF)**

Elle vous concerne si vous êtes candidat issu de la formation professionnelle continue dans un établissement habilité.

3 Formes de l'évaluation

- **L'évaluation en forme ponctuelle**

Le sujet propose 3 à 4 documents différents : textes littéraires ou non littéraires, document iconographique (par exemple photographie, reproduction de tableau, dessin, publicité), tableau statistique, etc...), daté et situé dans leur contexte. Ces documents se rapportent à une problématique en référence à l'un des deux thèmes inscrits au programme de deuxième année de BTS. Le travail demandé comporte deux parties :

Première partie (notée sur 40)
Vous devez réaliser une synthèse objective en confrontant les documents fournis. Cette synthèse doit être fidèle à la signification des documents. La mise en relation des informations contenues dans les documents doit être compréhensible, exacte et précise. La qualité de cette synthèse repose sur le classement et l'enchaînement des éléments, l'équilibre des parties, l'efficacité du message rédigé.

Deuxième partie (notée sur 20)
Vous devez répondre de façon argumentée à une question relative aux documents proposés.
Le correcteur dispose d'un barème qui attribue des points à chacune de ces parties, il ne faut donc en négliger aucune, sinon vous perdez les points correspondants.

- **L'évaluation en cours de formation (CCF)**

Les formateurs vous proposeront au cours de votre cursus de formation trois situations d'évaluation notées chacune sur 20 points.

Les deux premières situations d'une durée indicative de deux heures évaluent les capacités liées à la production d'écrits (synthèse de deux à trois documents pour l'une, réponse argumentée à une question pour l'autre).
La troisième situation évalue la capacité à communiquer oralement. La situation proposée pourra porter sur la soutenance du rapport de stage.

Comment s'entraîner à l'épreuve ?

Un entraînement en temps réel, soit 4 heures de travail, est un exercice extrêmement formateur qui consiste à :
- prendre connaissance du sujet dans son ensemble,
- prévoir environ deux heures de travail pour chacune des deux parties du sujet. Celles-ci étant dépendantes, il est préférable de les traiter dans l'ordre : d'abord lecture et compréhension des documents pour réaliser la synthèse qui fera émerger la problématique reliant les documents puis réponse argumentée à la question de la deuxième partie,
- pour ne pas perdre de temps, éviter de rédiger complètement le brouillon, noter seulement plan ou idées principales,
- à la fin du temps imparti, rapprocher votre production de la correction pour évaluer votre travail et se faire une idée plus précise des exigences de l'épreuve.

Comment réussir la première partie de l'épreuve à caractère méthodologique ?

1 Faire preuve de rigueur dans l'analyse des documents avant la rédaction de la synthèse

Dans cette première partie, méthodologique, il s'agit d'analyser méthodiquement chacun des documents proposés par le sujet pour repérer la problématique qui les relie.
Chaque document nécessite donc une lecture préalable: repérage de la source, statut de l'auteur (théoricien, journaliste, organisme institutionnel comme INSEE), le contexte de sa publication (ouvrage de référence, presse spécialisée, magazine), la date, le titre, les principales idées qu'il exprime.
Cette analyse permet de repérer les données essentielles
Pour les textes, le type de discours précise les intentions de l'auteur (expliquer, argumenter, défendre un point de vue).
Les documents fournis revêtent plusieurs formes. Ils s'exploitent différemment.

Type de document	Contenu	L'exploitation
Texte extrait d'un ouvrage théorique	Il rend compte d'une théorie et fournit un modèle explicatif de faits, causes, conséquences en recourant à un lexique technique, spécialisé.	L'appel à une théorie permet de conforter un propos en lui donnant une caution scientifique, de prendre de la distance.
Article de presse	C'est souvent un texte argumentatif qui développe le point de vue et les arguments d'un auteur/journaliste pour convaincre le lecteur. Il peut exposer le point de vue d'auteurs qui s'opposent ou au contraire qui renforce le propos de son auteur.	Les mots et expressions clés d'un article économique permettent de décrire un mécanisme économique, de situer des enjeux, d'appréhender des contraintes, des limites...
Graphique	Il traduit de façon schématique des données chiffrées. Plusieurs formes sont possibles : histogramme, graphique circulaire de répartition, courbe.	Sa présentation permet de percevoir visuellement des tendances, des répartitions.
Tableau statistiques	Des calculs à partir de données chiffrées comme regroupements, moyennes, taux d'évolution,	Ils permettent de dégager des évolutions, des tendances, de faire des comparaisons.
Dessin, photo, bd	On garde en tête la question posée pour retenir le(s) détail(s) (personnage, situation)	Ils apportent une information complémentaire susceptible d'enrichir la réponse.

2 Respecter les normes propres à la rédaction de la synthèse

• **Un plan** : Une synthèse rédigée rend compte de façon ordonné du contenu des documents.

• **Un style d'écriture** : C'est un écrit personnel concis. Cela signifie que les données des documents sont à retraiter pour éviter impérativement la recopie et la paraphrase. Produire des informations retraitées consiste à sélectionner dans les documents uniquement les données utiles et à les retravailler. La reformulation est attendue. Les informations devront être mises en relation avec le travail demandé dans la deuxième partie en vue d'éclaircir/apporter une réponse à une question posée.

• **La confrontation de plusieurs documents** : Tous les documents sont exploités c'est-à-dire que toutes les idées qu'ils contiennent sont utilisées. Est exclu le recours à l'analyse ou commentaires d'un seul document. Cette confrontation permet de trouver plusieurs arguments.

• **L'objectivité de votre écrit** : Il convient de rédiger de façon neutre, en puisant les idées dans les documents, sans recours à des ressources autres que les documents fournis.

Comment réussir la deuxième partie de l'épreuve ?

1 Comprendre la question

Pour démontrer sa compréhension de la question posée par le libellé du sujet, il faut définir les mots et expressions, trouver une accroche montrant l'intérêt du sujet, souvent son actualité, présenter les arguments en relation avec la problématique.

2 Rédiger la réponse argumentée à la question posée

Comme indiqué dans le libellé, votre production écrite repose sur la confrontation des documents et également des études menées dans l'année en cours de « culture générale et expression ». Attention, vos arguments qui répondent à la question posée ne sont pas une énonciation d'idées dans le désordre.

Étapes de réalisation	Commentaires
Rédiger un bref paragraphe d'introduction	Il précise : – l'explicitation des notions contenues dans le libellé de la question – le problématique de la question (enjeux, intérêt qu'elle présente)
Rédiger les arguments	La présentation des arguments est souvent organisée sous forme de plan apparent, souvent suggéré par la question. **Exemple** : *plan alternatif qui oppose aspects négatifs/aspects positifs, avantages/inconvénients, causes/conséquences* Les idées contenues dans chaque argument sont notées au brouillon. Des transitions sont à prévoir entre les différentes parties
Rédiger la conclusion	Bref résumé, elle peut proposer une ouverture sous forme de question
Relire la production	La relecture du développement structuré permet d'apprécier : – la clarté de l'expression, de la formulation des idées – la correction de la langue – la précision du vocabulaire propre à l'économie générale et à l'organisation des entreprises – la maitrise de l'orthographe

Le soin apporté à la présentation valorisera votre copie. Une présentation structurée sans rature, une mise en page claire, aérée, facilitent la lecture du correcteur.
Laisser deux lignes entre introduction et présentation des arguments, et avant la conclusion.

ANGLAIS

Cadre européen commun de référence pour les langues, niveau B2

1 COMPRENDRE UN DOCUMENT

➔ Vous devez être capable de comprendre rapidement un article : pour cela, développez des stratégies de lecture rapide à utiliser systématiquement.

1 Identifier le document

- Regardez d'abord les éléments susceptibles de vous aider : sources du document, date de publication, type de publication, ainsi que les illustrations s'il y en a, ou graphique.
- Repérez le nombre de paragraphes. Un article bien écrit respecte la règle « une idée par paragraphe, un paragraphe par idée ».
- Ne vous concentrez pas sur les mots que vous ignorez : identifiez avant tout les mots-clés de chaque paragraphe, qui peuvent être dans le titre.

Structures à connaître : *This article is about / concerns / deals with / raises the issue of...*

2 Analyser le document

Un article de presse est construit de la manière suivante :

a) le titre/*headline* (et un éventuel **sous-titre/*subhead***)

b) le premier paragraphe qui peut avoir deux fonctions différentes :

- l'introduction du sujet ; dans ce cas, il comporte l'essentiel des informations dans ce qu'on appelle une *topic sentence* (*topic* : sujet abordé) ; cette phrase résume ce qui va être développé ou commenté dans le reste de l'article ;
- un exemple qui illustre le sujet abordé dans l'article.

c) le reste de l'article qui apporte des précisions et complète l'information.

3 Questionner le document

Il faut lire en posant des questions pour que le document révèle les informations qu'il contient.

- **De quoi** parle-t-il ?
- **Quand** et **où** cela s'est-il passé ? **Depuis** quand ? **Jusqu'à** quand ?
- **Qui** est concerné ?
- **Pourquoi** et **comment** cette situation / ce problème s'est développé(e) / a évolué ?

Repérez les phrases de l'article qui répondent aux questions en *Wh-* : *Who? What? Where? When? Why?* avec un surligneur de couleur différente pour chacune de ces questions.

EXEMPLE

The impact of bank accounts on global poverty

Worldwide, 62% of adults now have an account at a formal financial institution, such as a bank or a mobile money account. Since 2011, the number of adults struggling to get by without an account has fallen by 20%, to 2 billion. One fifth of bank accounts in the developing world have gone unused for a year.

The poverty-reduction potential of account ownership flourishes when people use their account to save money or send and receive payments. Your account can't pull you out of poverty – unless you put it to work.

For women, owning an account is doubly important. It means privacy and control over their money and how it is spent. Giving women their own account increases household spending on food, education, and other necessities – which also means less money squandered by irresponsible family members. To pay school fees, women, often must travel to the school and take time off from work, thereby losing wages. Digital payments from an account eliminate these costs. But in developing nations, more than 500 million adults *with an account* pay school fees in cash.

Using an account to save can also help people weather an emergency such as a job loss or health crisis. In China, more than 40% of adults and in Indonesia, 70%, save at a bank or another financial institution. But fewer than 20% of adults in other developing regions save at a bank or financial institutions – instead, storing their money in their home for the future or for emergencies or as assets that can be lost or stolen.

As financial inclusion takes centre stage in the poverty reduction agenda, international development agencies should focus not only on expanding account ownership, but on improving account use as well.

1. On peut répondre à Who? *(People in the developing world).*
2. On peut répondre à What? *(The use of bank accounts).*
3. On peut répondre à Where? *(The developing world).*
4. Premier paragraphe : *topic sentence.*
5. On peut répondre en partie à *Why?*
6. Source : publication, date.

4 Analyse du contenu

	Idée	Mots clés
1	Exposition du problème	- More people have bank accounts - But often they don't use them - In the developing world, a fifth of bank accounts are unused.
2	Les comptes bancaires pour réduire la pauvreté	- The transfer of payments can reduce poverty - Savings can be put in bank accounts - But an account only helps if used
3	L'importance d'un compte pour les femmes	- Women use the account responsibly – less money wasted - School fees can be paid through an account - But millions of people with accounts pay fees in cash
4	L'épargne dans un compte	- Saving money in an account helps in an emergency - But very often, people keep savings at home - Assets kept at home are less safe
5	Mesures pour réduire la pauvreté	- Expand account ownership

5 Amorce de restitution

This article, which comes from the Guardian of May 2015, presents the problem of lack of use of bank accounts in the developing world. Though more people now have accounts, they are not used to their full potential to reduce poverty, for example by transferring payments, or to keep savings. Women are especially concerned, as they could use the account responsibly, so less money would be wasted. They could also avoid travelling to school to pay fees. Yet many still pay fees in cash.

2 PRÉSENTER UN DOCUMENT À L'ORAL

Généralement, un oral se déroule en deux temps : d'abord, la présentation d'un document préparé, puis un entretien avec l'examinateur.

1 Pendant la préparation

1. Prenez des repères

Vous pouvez numéroter les paragraphes d'un article, noter du lexique à ne pas oublier, surligner d'une ou plusieurs couleurs les mots-clés (nom de l'entreprise, stratégie, pays, etc.).

2. Préparez les moments-clés

Rédigez un passage de votre introduction ou de votre conclusion, qui sont des moments importants.
Réfléchissez avec soin aux articulations (transitions, annonce du plan, etc.).

2 L'introduction

1. Identifiez le document

a) Origine : *This article was published in..., This document dated / comes from...*
Le nom de l'auteur n'a pas d'intérêt, sauf s'il est impliqué (chef d'entreprise, DRH, etc.) ou célèbre (personnalité politique, économique, acteur, etc.).
b) Date : le contexte donne du sens, par exemple s'il s'agit d'une date spéciale. Pour indiquer le mois, utilisez la préposition ***in*** : *This article was published* ***in May 2008.***
Pour le jour, utilisez ***on*** : *This article was published on* ***22 May 2008.***
Attention : on dit à haute voix *on the twenty-second of May* même si on voit *May 22* (ou *22 May*) à l'écrit.

2. Exprimez l'idée générale

The article deals with / reports on / studies...
This article tackles a controversial / topical issue, that of...

3 Le plan

Proposez un plan logique après l'introduction : les raisons avant les conséquences, le passé avant l'avenir, etc.
In the first part / Firstly / To begin with...
In the second part / Then...
Utilisez des mots de liaison. N'hésitez pas à marquer une légère pause entre les parties.

4 Le développement

Reformulez avec des synonymes. Par exemple, pour parler d'une entreprise, vous pouvez varier : *firm, company, business, start-up, store, outlet, venture* ; pour une augmentation : *grow, increase, rise, soar, skyrocket...*

5 La conclusion et l'ouverture

Concluez : *In a word / To conclude...*
Rappelez les idées clés de votre exposé, puis lancez des pistes afin d'ouvrir le débat dans le sens que vous estimez opportun.

6 Savoir communiquer

- Attention à l'intonation : montante lors d'une énumération, descendante en fin de phrase, montante pour les questions en oui/non, etc.
- Levez les yeux : vos notes sont un tremplin pour l'expression, pas un texte que vous lisez.
- Si on vous demande de lire un passage, votre lecture doit montrer que vous comprenez ce que vous lisez. Respectez les accents de mot et de phrase.
- Si vous citez le document, précisez où se trouve la citation.
- Si vous ne comprenez pas une question du jury, demandez-lui poliment de répéter : *I'm afraid I didn't understand, could you repeat, please?*
- Montrez-vous souriant(e), naturel(le), et terminez en prenant poliment congé.

EXEMPLE

Closing the wage gap

The gender pay gap isn't dying out anytime soon. On average, working women earn about 22 percent less than men. The gender pay gap impacts women across all socioeconomic and racial groups throughout a majority of professional fields. It affects women of color at even greater rates, with Latina women earning just 56 percent of every dollar a white man makes, and black women earning 64 percent. To top it off, the wage gap only grows larger as women age, with women earning 90 percent of what men make until 35, after which they are paid 75-80 percent of what men are paid.
Luckily there are concrete things that can be done to close the wage. One way is to encourage women to develop negotiation skills. Research shows 57 percent of men negotiate their salaries compared to 7 percent of women. When women *do* negotiate salaries, they tend to ask for less money. Negotiation skills are especially tricky for women because some behaviors, like self-promotion, that work for men might backfire for women. Knowing what your skills are worth, making clear what you bring to the table, and maintaining a positive attitude are some negotiation tactics that have been shown to be effective for women.

Adapted from Alanna Vagianos, *The Huffington Post*, 14th April, 2015
http://www.huffingtonpost.com/

3 RÉSUMER UN ARTICLE

➔ Un résumé peut être demandé à partir d'articles écrits en anglais (résumé à rédiger en anglais ou en français) ou en français (résumé à rédiger en anglais). Attention à ne pas vous tromper de langue !

1 Définition du résumé

C'est la réduction objective d'un document, en général au tiers de sa longueur.

1. Restez neutre

Ne prenez aucun recul. Limitez les exemples à ceux qui sont indispensables à la compréhension.

2. Respectez l'ordre

Suivez l'ordre des paragraphes. N'ajoutez ni introduction ni conclusion. Ne citez pas les sources du document, mais soyez vigilant : la date peut donner du sens à l'article.

2 Le contenu de l'article

1. Numérotez les paragraphes

Cette numérotation vous aidera à respecter l'ordre en vue de votre résumé.

2. Identifiez le thème de l'article

Lisez l'article une fois pour trouver son thème général.

3. Travaillez sur le titre (le sous-titre et le premier paragraphe)

a) Repérez les mots clés du titre. Si vous ne le comprenez pas, passez au sous-titre, s'il y en a un, ou au début de l'article (*topic sentence*).

b) Posez-vous les questions en *Wh*-.

4. Recherchez les idées principales

Établissez une liste paragraphe par paragraphe. Pensez que vous êtes limité dans le nombre de mots : il faudra éliminer tout ce qui n'est pas essentiel.

3 La recherche de lexique

1. Vous devez résumer en anglais (à partir d'un article en anglais ou en français)

Cherchez des synonymes ou des équivalents pour les mots et expressions clés de l'article, afin de ne pas paraphraser l'article (ne pas le répéter à l'identique) quand vous rédigerez.

2. Vous devez résumer en français (à partir d'un article en anglais)

Concentrez-vous sur les mots à utiliser, le vocabulaire spécifique que vous devez connaître. Attention au nombre de mots demandés : ne traduisez pas l'article mot à mot ! Vous devez trouver des équivalents plus brefs.

4 La rédaction

- N'oubliez pas les mots de liaison qui doivent articuler ce que vous écrivez.
- Pensez à indiquer le nombre de mots utilisés en fin de travail.

5 La relecture

1. Soyez fidèle à l'article

a) Demandez-vous si votre résumé est fidèle à l'article proposé : si quelqu'un le lit, aura-t-il une idée exacte du contenu de l'article ?

b) Vérifiez que vous avez évité la paraphrase et que vous n'avez pas recopié de phrases de l'article.

2. Utilisez une langue de qualité

a) Si vous deviez rédiger en anglais, consacrez une relecture aux erreurs fréquentes : formes verbales (prétérit, *present perfect*, *s* à la 3e personne du singulier du présent simple, etc.), comparatifs et superlatifs, etc.

b) Si vous deviez rédiger en français, vérifiez l'orthographe, ainsi que les temps et les accords des verbes.

EXEMPLE

Need help budgeting ? Now there's a jam jar account.

A new bank account-style facility that is open to all – even those with a bad credit history or who have been made bankrupt – is set to launch next week. The Change Account is designed to simplify people's finances and help them budget, but the fees are likely to be a turn-off for many.

Popping cash into jam jars to help with budgeting dates back generations, and is something the Change Account is attempting to replicate, says the man behind it, Steve Round, who aims to go live with it on Monday.

Strictly speaking, it's not a bank account – it's described as a "transactional account" with a dedicated account number and sort code, and comes with a prepaid debit MasterCard.

The idea is that customers are able to ringfence their cash into two wallets – for rent and utility bills, say – and know that the money left behind is there for general expenditure. Round sees it as a way for people to stop inadvertent spending. There are no penalty charges for missed or late payments, but there are usage fees: £4.25 a month for the account, £1 for withdrawals from cash machines and 50p for a direct debit paid out of the account.

Students are on his target list, along with anyone looking for help on budgeting. "The key is being inclusive. We want it to appeal to a range of people who want transparency about pricing and help with budgeting," he adds. By the end of next year, Round is aiming to have 100,000 customers for the business, of which he owns 5%.

Michael Royce at the Money Advice Service says it is a good idea to shop around for the best account. "This type of account is sometimes called a jam jar account. They can be useful in helping you to budget, allowing you to put money into different 'pots' or 'jars'.

"You can decide how much money goes into each pot by working out how much you need to set aside for bills, and how much is left over for saving or spending. You should consider whether the benefits associated with having this budgeting account are outweighed by the costs to you in transaction charges."

Adapté de http://www.theguardian.com/

Les idées principales sont en tramé dans le texte. Elles servent de base pour le résumé.

4 RENDRE COMPTE D'UN ARTICLE

Comme pour le résumé, un compte rendu peut être demandé à partir d'articles écrits en anglais (résumé à rédiger en anglais ou en français) ou en français (résumé à rédiger en anglais).

1 Définition du compte rendu

Un compte rendu est la restitution construite d'un document, en général au tiers. Contrairement au résumé, il doit être structuré en parties organisées.

On attend également les sources du document dans l'introduction et un rapide commentaire personnel dans la conclusion.

2 Le contenu de l'article

(Voir fiche 3)

- Quand vous avez identifié l'idée principale de l'article, formulez-la par écrit, dans la langue demandée pour le compte rendu.
- Après avoir repéré des informations paragraphe par paragraphe, regroupez-les en fonction d'un plan logique en vous basant sur les idées essentielles (réponses aux questions en *Wh-*). Pensez à la logique : traitez d'abord les causes puis les conséquences ; le passé puis l'avenir et les projets ; les perspectives puis leurs limites.

3 La rédaction

Si vous devez rédiger un compte rendu en anglais, cherchez des synonymes pour les mots et expressions clés de l'article, afin de ne pas paraphraser l'article.

Attention au nombre de mots demandés : vous devez trouver des équivalents plus brefs sans oublier les mots de liaison qui articulent les idées. Pensez à indiquer le nombre de mots utilisés en fin de travail.

4 La relecture

(Voir fiche 3)

EXEMPLE

Aid for Africa: Women's Microfinance Initiative.

The Women's Microfinance Initiative (WMI) is a charity organisation that empowers poor, rural African women to improve their lives through small-business loans. It works through community-based partners, providing business and bookkeeping training. It sets up support groups to accompany the women's projects, thus ensuring success.

The WMI helps African women build assets so that they can stabilize their income, raise their standard of living, and reorient themselves and their families. Our small loans bring big changes to impoverished women, who use the money to begin or expand small businesses. Borrowers use their loan money to grow and sell their produce, open small shops and beauty salons, and grow coffee.

Namono Lakeri, a widow and mother of five in Uganda, is one of our success stories. Namono received a WMI loan for about US$125 to expand her second-hand clothing business. With the extra income her business now generates, she is able to send all of her children to schol. Namono even has enough money left over to enjoy little luxuries, like milk for tea, which were beyond her reach before.

Focusing its current efforts in rural Uganda and Kenya, the WMI loan program is run entirely by local village women. As an end-goal, it seeks to transition experienced borrowers into independent banking in their country's formal economy.

The WMI relies largely on donations. A small amount of money can help women in Uganda and Kenya start businesses and build better lives for their children. Just $100 funds a loan to launch a woman-owned business that can support an entire household. The generosity of the public is vital in giving women the opportunity to lift themselves and their families out of poverty.

Adapté de http://www.aidforafrica.org/member-charities/womens-microfinance-initiative/

5 Proposition de plan à partir des idées principales (en tramé dans l'article)

1. Facts

- The Women's Microfinance Initiative charity helps poor women in Africa to start a business.

2. Reasons

A small loan can mean a big improvement in women's lives.

Women are able to launch their own small business.

The women, along with the rest of their family, are able to escape poverty.

3. Consequences

Thanks to the initiative, Namono Lakeri sent all her children to school.

Women are empowered because they are the ones who run the program.

Because it is a charity, the WMI needs donations from the public in order to keep helping poor African women in this way.

5 TRADUIRE

➔ Votre traduction doit montrer votre compréhension du texte anglais ainsi que votre maîtrise du français.

1 Préparation

- Lire le document en entier pour situer le passage à traduire dans un contexte et éviter de gros contresens.
- Veiller au ton (informatif, polémique, etc.) et au niveau de langue (familier, formel, etc.)
- Repérer le passage à traduire.
- Identifier mots de liaison, formes verbales et ponctuation.

2 Résoudre les problèmes

1. Les mots inconnus

Le contexte permet souvent d'en approcher le sens. Analysez la fonction du mot (verbe, nom, etc. ?). Repérez à qui/quoi les pronoms (*it*, *he*, etc.) font référence.

2. Les mots composés

Traduisez en commençant par le dernier mot puis remontez vers la gauche.

> *the greatest house price* ***boom*** *(of all time)* : la plus grande **augmentation** de prix de l'immobilier (de tous les temps)

3. Le dictionnaire

N'en abusez pas (vous perdriez un temps précieux). Quand vous l'ouvrez, vérifiez tous les sens du mot sans vous arrêter au premier.

3 Connaître les procédés de traduction

1. La traduction mot à mot

C'est la plus simple et la plus fidèle au texte de départ. Utilisez-la chaque fois que vous le pouvez.

> *Two things will determine how long east Europeans stay.* Deux choses vont déterminer combien de temps les Européens de l'Est vont rester.

2. L'emprunt

a) Certains mots sont entrés dans la langue française : senior, week-end... (parfois orthographiés différemment : *weekend* s'écrit sans trait d'union en anglais).

b) N'abusez pas des emprunts à l'anglais.

> *boom* : augmentation

c) Vérifiez la signification des abréviations : il peut exister un équivalent en français.

> *EBRD (European Bank for Reconstruction and Development)* : BERD (Banque...)

3. La transposition

On change la catégorie grammaticale du mot que l'on traduit. Ainsi, un adjectif ou un verbe peuvent devenir un nom, etc.

> *The economy of Poland is growing at about 6.5% this year* : La Pologne a une croissance économique d'environ 6 % cette année.

Le nom *economy* est traduit par un adjectif ; le verbe *grow* est traduit par un nom.

4. L'étoffement

Il faut développer la traduction pour traduire toutes les informations : c'est souvent le cas des prépositions.

> *the political row* ***over*** *the levels of immigration* ***into*** *Britain, particularly* ***from*** *Eastern Europe* : les querelles politiques au sujet des immigrants qui pénètrent en Grande-Bretagne, notamment en provenance de l'Europe de l'Est.

5. L'équivalence

On l'utilise pour des expressions idiomatiques ou les proverbes. Par exemple, on ne peut pas toujours traduire *home* par « maison ».

> *the jobs available here and the jobs available back* ***home*** : les emplois disponibles ici et les emplois disponibles **chez eux**.

4 La rédaction

À ne pas faire :
- Expliquer ce que vous traduisez.
- Proposer plusieurs traductions (vous devez choisir).
- Laisser des blancs.

Relisez-vous : vérifiez que votre traduction a un sens, et la qualité de votre français (orthographe, grammaire).

EXEMPLE

Imagine: a shortage of Polish plumbers

Just as the political row over the levels of immigration into Britain, particularly from Eastern Europe, reaches new highs, economic indications are starting to suggest the panic may be overdone.

It just might be that in 10 years' time people will be grumbling that they can't get a Polish plumber any more and are having to pay an unreliable British workman a lot more to do the same job.

That might sound daft, given government figures showing more than a million immigrants have arrived in the past decade. Two things will determine how long east Europeans stay: the jobs available here and the jobs available back home.

Britain, as we know, has just been through the greatest house price boom of all time. This has created lots of jobs on the big construction sites and house renovation.

But the commercial property bubble has already burst. This could soon mean a fall in the number of jobs in areas where many eastern European workers have gone in recent years. But just as important is what's happening in the economies of Eastern Europe.

Late last week the European Bank for Reconstruction and Development (EBRD) released its annual "Transition Report". The region, the report predicted, will enjoy record economic growth this year of 7% and only slightly less in 2008. The economy of Poland, easily the biggest country by population in Eastern Europe with 38 million people, is growing at about 6.5% this year, more than double the pace of the UK.

Adapted from *The Guardian*, November 12, 2007

Les points de traduction développés dans la page sont en tramé dans le texte.

ANGLAIS

6 RÉPONDRE À DES QUESTIONS

Vous pouvez avoir à rédiger des réponses à des questions. Le support de départ peut être en français ou en anglais, mais les questions (et les réponses que vous devez apporter) sont toujours en anglais.
Le nombre de mots à utiliser est indiqué, généralement avec une marge de +/- 10 %.

1 La nature des questions

- Certaines questions portent sur le(s) document(s) étudié(s) : relisez-le(s) après vous être imprégné des questions et surlignez ce qui vous semble pertinent en utilisant une couleur pour chaque question.
- D'autres sont plus générales : puisez dans votre expérience et vos connaissances (cours et lexique spécialisé).

2 La qualité des réponses

1. Un plan simple

Il vous permet de mettre différents arguments en avant : les divers aspects d'une stratégie, les raisons d'un problème, les solutions, etc.

2. Le lexique

Pour les questions qui portent sur le(s) document(s) étudié(s) :
- s'ils sont en anglais : recherchez des synonymes pour éviter la paraphrase ;
- s'ils sont en français : traduisez les mots et expressions clés.

3. La richesse de l'expression

Commencez par des phrases simples puis ajoutez un adjectif, un adverbe, une subordonnée, etc.

3 La relecture

- Pour les questions sur le(s) document(s) étudié(s), vérifiez que vous n'avez pas utilisé de passages qui seraient hors sujet ou paraphrasés.
- Prêtez attention aux erreurs fréquentes : formes verbales, quantificateurs, comparaisons, etc.
- Indiquez le nombre de mots utilisés.

EXEMPLE

Tips on how to deal with your debts.

If you were asked why people get into debt, you might come up with over-spending, or not budgeting properly. But they aren't the main reason. In a recent survey, 25 % of people in debt said their problems were caused by unemployment or redundancy. Only 10 % say they are in debt because they've not managed their finances properly. We asked a counsellor, Jonathan Chesterman, to give some free advice to people at a shopping centre in Reading.

The Graduate. Alex Taylor left university last year with a law degree, but he still can't find a job, and now he's feeling the pinch. He says: "On top of the 18 grand's worth of student debt, I've also accumulated quite a lot of overdraft debt. My bank is pushing me to pay it back, despite the fact that I'm on Jobseeker's Allowance. And the Jobseeker's I'm on at the moment is not enough to pay back an overdraft. So I'm just wondering what I can do. Anything I can do to alleviate the problem would be great."
Mr Chesterman's first tip is to open another bank account, so any income isn't paid into the same account as his overdraft. He adds: "Then I'd keep your current bank informed of your situation, and offer them a small token payment, maybe £1 or £2 a month. You can show you're serious about paying your debt back, but you can't actually pay it back at the moment."
The part-time worker. Tom Hill, 20, is doing the job he loves. Or more accurately, he's doing four or five jobs he loves. He's a football coach, but can't find one full-time role that pays enough. He is scraping by financially, but knows he could do better. He admits: "When I go out in town, I spend too much on drinks and things like that. I spend on games and the like, and then look at my bank balance and it's all bad. So too many luxuries, that's probably it."
Mr Chesterman says the best bet for anyone who finds their money running away with them is to keep a spending diary. "The first thing to do is get all his expenditure down, what he spends every month, every week - making sure it's all listed - and then review it to see if there are things that can be cut back, any savings that can be made. When it comes to luxuries, you will then know how much you've got, and you don't risk spending more than you need to. At least you then know actually that if you want to go out, you've got the money to do it."

4 Exemples de questions

1. What does Mr. Chesterman's job consist in (illustrate your answer)? (50 words +/- 10%)

Mr. Chesterman advises people in debt how to manage their finances. He listens to them, analyses their situation and proposes a solution. For example, he advises Alex Taylor, who is unemployed, to keep income and overdraft in separate accounts, and Tom Hill to keep a close track of his spending. (50 words)

2. Why has personal debt become such a problem? (80 words +/- 10%)

Over the last few decades, the amount of personal debt has risen dramatically, as banks lent money more and more easily, often to people without the means to pay it back. Consumers are often tempted to buy products they cannot really afford, but when a setback arises, such as losing their job, they find it difficult to repay their debts. To do so, they may borrow still more money, at higher interest rates, and so get caught in a vicious circle. (81 words)

Adapté de http://www.bbc.com/

7 LES GRAPHIQUES, DIAGRAMMES OU TABLEAUX

Vous pouvez avoir à commenter un graphique, inclus à un article ou non. Suivez un plan qui va de la description à l'interprétation. Utiliser le lexique adapté est indispensable.

1 Décrire

Identifiez le document : définissez sa source, son objet, la date et le contexte géographique ou social.
> *This chart covers the period from... to...*
it measures...
it traces the growth of...

Words

pie chart: camembert
line-chart, flow chart: courbe
graph/chart: graphique
bar chart: histogramme
organisation chart: organigramme
per capita: par personne
percentage: pourcentage
statistics: statistiques
table: tableau

2 Donner du sens

Les chiffres ou pourcentages donnés aboutissent à des constatations sur une tendance (*trend, tendency*) et des évolutions.

Words

rise, increase, go up, climb: augmenter
reach a peak, peak, climax: atteindre un sommet
skyrocket: monter en flèche
soar, jump: s'envoler
to pick up: se redresser
to top: dépasser
an increase, a rise, a climb, a jump, a boom, a growth: une augmentation

fall, decrease, go down: diminuer
drop: chuter
decline: décliner
plummet, plunge: dégringoler
nosedive, collapse: s'effondrer
reach a trough/a bottom low: atteindre un creux
a decrease, a decline, a fall, a drop: une diminution

stagnate, remain stable: stagner
level out/off: atteindre un palier, se stabiliser
fluctuate: varier, fluctuer
be level with: être au même niveau que

1. Attention aux prépositions avec ces verbes

augmenter/diminuer de : *rise/fall by*
augmenter/diminuer de ... à ... : *rise/fall from ... to ...*
augmenter/diminuer jusqu'à : *rise/fall to*
se monter à : *stand at*
une augmentation/chute de : *rise/fall of*
fluctuer entre ... et ... : *fluctuate between ... and ...*

2. Nuancez les tendances avec des adjectifs ou des adverbes (en ajoutant *-ly* à l'adjectif)

brutal : *sharp*
en flèche : *steep*
important : *considerable, substantial*
léger : *slight, marginal*
petit à petit : *gradual*
régulier : *regular, steady (steadily)*
soudain : *sudden*
spectaculaire : *dramatic*

beaucoup : *a lot, a great deal*
environ : *approximately, roughly*

3. Utilisez des chiffres (voir Utilitaires, p. 379), des comparatifs et des superlatifs

the highest/lowest figures
more/less... than...
were higher in... than in...

4. Vous pouvez être amené à classer

rank first, come last, an all-time high/low, etc.
Les verbes utilisés sont en général au prétérit (passé daté et révolu), sauf si on décrit une tendance qui se poursuit au moment où l'on parle (dans ce cas là, on utilise le *present perfect*).
Attention aux prépositions
sales rose by...
sales rose to...
(cf. ci-dessus)

3 Interpréter

Mettez les données en perspective : les courbes et statistiques décrivent un phénomène mais n'en donnent pas l'analyse. C'est à vous de les interpréter et de nuancer.
It seems to indicate...
Judging from...
It would/could mean that...
Pour établir le lien entre les données et votre interprétation, utilisez des mots de liaison exprimant cause et conséquence ainsi que des formes passives.
> *The trend can be explained/accounted for/by...*

8 COMPANIES

They can be called companies, firms or corporations, ventures or businesses.

1 The different types of companies

Multinational firms as well as small-and-medium-sized firms (SMFs) can belong to any category. The most common are:
- Public Limited Companies (PLC), quoted on the Stock Exchange
- Private Limited Companies (Ltd), not quoted

Two other types (less common):
- partnerships (run by more than one person)
- and Single Proprietorships (owned by one person).

2 Organization

Firms are organized in departments: Management, Finance and accounting, Human Resources, Marketing and Sales, Production, Customer Service, Research and Development, Information Technology, Purchasing. They appear in an organization chart.

In France, companies may have a workers' council. It implements perks and social and cultural benefits for the company's employees and their families.

3 Success

- Offering a good product or service: see "marketing mix", p. 371, **Marketing**.
- Managing efficiently: managers should be creative, innovative, know the sector. Communication skills are also required to obtain good work from staff.
- Caring about employees: wages, perks, benefits, vocational training and career opportunities.
- Communicating with customers: satisfaction, quality standards.

4 Corporate citizens

Today, companies care about their image and want to appear as corporate citizens. They have to show responsible attitudes towards the environment, working conditions, sustainable development, etc. They invest in pollution reduction programmes, energy saving measures, recycling projects, involvement in NGOs/charities, cultural and sports programs.

Companies are watched as far as community relations, employee relations, diversity and customer relations are concerned.

5 Company problems

1. Internal problems

- Poor management
- Financial problems: high overheads
- Distrust from shareholders
- Social unrest (strikes)
- Faulty products damage a company's image in the long term.
- An ill-adapted marketing strategy. As far as foreign markets are concerned, a company should pay attention to cultural differences (colour codes, brand/product names, etc.).

2. External problems

Competition and saturated markets force companies to remain competitive in today's global economy context. See p. 378, **Globalisation**. For example, American car manufacturers – General Motors Corporation, Ford Motor Company and DaimlerChrysler – have to compete with Toyota which has become the world's number one. Deregulation (opening a whole sector to competition, for instance air travel) can also create problems. See p. 376, **Transport**.

6 Strategies

- Restructuring means cutting down on the workforce: companies can encourage early retirement, stop hiring, or make some employees redundant.
- Relocating or outsourcing production in cheap labour cost countries. See p. 368, **Work**, and p. 378, **Globalisation**.
- Update

Companies can retrain their staff, to increase the Research and Development (R&D) department, and update their equipment.
- Launch new products
- Adopt new forms of business

Merging, developing a franchising system, tapping new markets can help companies develop in new directions.

The words of companies

accounting: comptabilité
benefit: avantage
bottom line: résultat financier
company: entreprise
competition: concurrence
corporate: d'entreprise
factory: usine
global: international, mondial
headquarters: siège social
industry: industrie, secteur
invest: investir
manager: directeur
manufacture: fabriquer
operate: gérer, exploiter
partnership: partenariat
profit: bénéfice
profitability: rentabilité
skill: compétence, savoir-faire
stock exchange: bourse
strike (on): grève (en)

9 WORK

Since the 1980s, unemployment rates have varied but jobs are not as stable as before.

1 A brief history of work since WWII

1. Before

Employment and Welfare State policies over the Thirty Glorious Years (after 1945) improved workers' conditions with the help of trade unions. It was the job-for-life era: people did not change jobs. Benefits were guaranteed from "the cradle to the grave": paid holidays, sick/ maternity leave, retirement/unemployment benefits, free health care, subsidized day-care/school lunches/ housing and transports, retraining schemes.

2. Now

Profitability and cost are the key elements. Firms relocate in cheap-labour force countries (Asian sweatshops) or easy work regulations (Britain, Ireland). Call centres and customer services use outsourcing – employing people in foreign countries.

Mergers threaten jobs as they usually mean restructuring and streamlining. Shareholders expect profitable returns on investment.

2 The decline of trade unions

- There aren't as many workers as before: fewer manufacturing jobs, automation and relocation in cheap-labour force countries.
- Teleworking and temping make it harder for employees to organize.

3 What governments can do

- Allow companies to hire on fixed term contracts.
- Cut the amount of necessary red tape to create firms.
- Invest in training and longer studies: unskilled jobs are now automated or relocated abroad.
- Pass laws reducing the work week.
- Ban overtime and make it harder for companies to make employees redundant.
- Reduce benefits to cut costs.
- Increase benefits to boost consumption.

4 Temping and flexibility

- **Flexibility:** applying the just-in-time principle to employees who are hired when needed, and not otherwise.
- **Temping:** companies hire temporary workers for any period of time, under very short notice. The number of temps has increased dramatically.

But this is incompatible with corporate culture: surveys show companies using too many temps were more liable to become less profitable.

5 Teleworking and telecommuting

Thanks to new technology, more employees, called telecommuters or teleworkers, can work from their homes.

- **Pros:** saving time and money (transport, day care for young parents, etc.).
- **Cons:** isolation; difficulty in making a difference between private and working life; risk of longer hours; no team work.

6 Hot desking/virtual offices

Companies rent office space but their employees do not have a permanent office. Temporary work stations are equipped with computers and phone lines; the employees' files are ready to be used when they come.

- **Pro:** cut costs (expensive real estate in large cities).
- **Con:** loss of staff's comfort.

The words of work

apply (for): poser sa candidature
automation: automatisation
career: carrière
colleague: collègue
day off: jour de congé
dole (on the): être au chômage
employee: employé
employer: employeur
employment/job: emploi
extra hours: heures supplémentaires
fixed-term contract: contrat à durée déterminée
freelance: travailleur indépendant
full time: temps complet
hire: embaucher
income: revenu
jobless person: chômeur
joblessness: chômage
lay off/make someone redundant: licencier
nine-to-five job: emploi de bureau
odd job: petit boulot
part time: temps partiel
redundancy: licenciement économique
restructuring: restructuration
retirement: retraite (condition)
salary: salaire
self-employed: à son compte
skill: compétence, savoir-faire
team work: travail d'équipe
temping: intérim, emploi précaire
trainee: stagiaire
unemployment rate: taux de chômage
union: syndicat
workforce: main d'œuvre
workplace: lieu de travail
work placement: stage en entreprise

10 CONSUMERS

➔ Mass consumption started in the US after WWII and in Europe in the 1960s.

1 The rise of consumerism

Since the 1960s, the average household's purchasing power has increased a lot. Women work more. New needs/products have appeared.

- People who bought one car now often buy two.
- Everyone owns household equipment (white goods/ kitchen appliances and brown goods (TV, hi-fi, etc.).
- Disposable products such as diapers, razors, pens, etc. cater to the needs of affluent, time-pressed consumers.
- Frozen and pre-cooked foods have become essential thanks to microwave ovens.

However, consumer organizations are trying to protect consumers and groups are in favour of "No Buying Day" – when consumers are encouraged not to buy anything.

2 Careful consumers

Consuming habits have changed over the past decade for various reasons.

- Less money: slumps, globalization, job flexibility and the end of the "job for life" (see page 368, **Work**).
- More information: consumers want the best quality-price ratio. They are more aware of issues such as sustainable development and fair trade.
- Consumer over-indebtedness: plastic money, numerous ATMs (automatic teller machines/cash dispensers), and loans targeting low-income households push people to spend too much.
- New technologies: people shop from home at all hours and compare prices. See p. 370, **Distribution**.

3 Targeting the grey market

- More seniors (increase in life expectancy).
- More affluent (retirement benefits).

Insurance, health, travel, leisure and sports companies now target seniors. Manufacturers try to offer easy-to-use equipment. Stores reinforce home deliveries and after sales services.

4 Targeting children and teenagers

They account for a huge market both as consumers (pocket money, gifts) and purchase influencers (cars, computers, homes).

Products:

- Snacks, sweets, soft drinks, junk food. Premixed drinks (sweet-tasting soda and alcohol) are sold in ready-to-drink packs. They are considered partly responsible for the dramatic increase in teenage binge drinking.
- CDs, DVDs, video games, clothes, mobile phones, MP3 readers, etc.

Companies offer the often under-equipped state schools equipment, or ready-made educational programs, if the children watch ads several minutes every day. Kellogg's (cereal) was among the first to penetrate schools.

5 Targeting single people

Single people include divorcees, single parents, widowers and bachelors.

A profitable market: they often work full time and enjoy more free time than married couples. They are the number one consumers of convenience and take-away food, outings (cinema, theatre, etc.) and travelling.

The words of consumers

affluent: riche, aisé
consume: consommer
consumer: consommateur
consumer advocacy: défense des consommateurs
consumer organization: organisation de consommateurs
consumer product: produit/bien de consommation
consumer protection: protection des consommateurs
consuming habit: habitude de consommation
consumption: consommation
controversial: sujet à controverse
convenience food: plats tout préparés
cost: coût
credit/debit card: carte de crédit
customer: client
diet: régime
fair trade: commerce équitable
frozen foods: surgelés
hard discounter: magasin discount
health: santé
high street: rue commerçante
household: foyer
indebted: endetté
insurance: assurance
kitchen appliances: appareils ménagers
leisure: loisir
microwave oven: four à micro-ondes
mass consumption: consommation de masse
middle-income: à revenu moyen
price: prix
purchase: achat, acheter
purchasing power: pouvoir d'achat
quality standard: norme de qualité
ready-made: tout prêt
sample: échantillon
shopping centre: centre commercial
slimming product: produit minceur
slump: crise économique
spend: dépenser
sustainable development: développement durable
take-away food: nourriture à emporter
target: cibler
terms of payment: conditions de paiement
well off: riche, à l'aise financièrement

11 MARKETING

1 Market research

Companies use market research:
- to identify producers, distributors, leaders and competitors.
- to understand demand/customers' habits.

They use desk study (statistics, etc.) or field study (direct contact, face-to-face or phone interviews).

2 Market segments

Groups of consumers who share the same needs and desires can be identified according to age-group, gender, income, etc.

3 The five Ps of the marketing mix

1. Product

- Fast-moving consumer goods (FMCGs): food, drinks, detergents, toiletries, etc. They do not remain long in shops.
- Durable goods/products: electrical/brown goods (TVs, computers), and white goods (refrigerators, dishwashers); clothes, CDs, phones, etc.
- Disposables are thrown away after use: nappies, paper tissues, pens, razors, cameras, etc.
- Services: insurance, financial products, travel, etc.

A product has a life, called its life cycle, with five stages: Introduction – Growth – Maturity – Saturation – Decline.

2. Price

Price must cover manufacturing costs and include a profit margin. It fluctuates with competition and demand, and works as an incentive for consumers.

Pricing strategies:
- Penetration pricing: entering the market with a low price to cover a larger market.
- Skimming pricing: entering the market with a high price (new product, no competitors).
- Critical point: offering a product for £9.99 instead of £10.
- Premium pricing: high price to add status to the product.
- Discounting: offering a lower price if customers buy in bulk or pay cash.

Seasonal sales take place in winter and in summer. Price cuts help companies get rid of stocks.

3. Place (see page 370, **Distribution**)

4. Promotion (see page 372, **Advertising**)

5. Packaging

Packaging contains a product. It indicates the ingredients on food products, and carries information (safety warnings, quality labels, instructions for use, etc.).
Packaging serves as a promotion tool and can boost sales. Companies targeting children make great packaging effort with most food products (snacks, sweets, cookies, drinks, etc.).
Yet, packaging also generates garbage and most packaging is recyclable today.
Packaging has a price, the price of packaging being taken into account in the retail price.

4 Marketing techniques

1. Customer loyalty

Companies must build customer loyalty as it is cheaper to keep old customers than to find new ones.
Today's customers are more money-conscious. They are less faithful to one brand or store. Loyalty cards allow customers to collect points and get free gifts, discounts, free air miles or vouchers. Customers appreciate loyalty schemes which also help companies build important data on consuming habits.

2. Customizing

Products and services are adapted to individual needs.

3. Direct marketing

Customers can be approached directly through direct personalized mail (or e-mails), phone-calls or reply coupons in leaflets or magazines.

4. Point of sale (POS) promotion

To encourage impulse buying, goods are displayed at eye-level or at strategic places (check-outs, or end displays) where customers are easily tempted.
Point of sale promotion informs customers through billboards or video screens. Music can be broadcast to create a pleasant atmosphere and encourage customers to spend more time in the store. Recently, some stores have also added perfume.

The words of marketing

carry out market research: faire une étude de marché
competitor: concurrent
customer file: fichier client
discount price: prix réduit
disposable products/disposables: produits jetables
durable goods: bien de consommation durables
fast-moving consumer goods (FMCGs): bien de consommation à rotation rapide
field study: étude sur le terrain
impulse buying: achat sur impulsion
launching: lancement
loyalty card: carte de fidélité
market leader: leader du/sur le marché
market segment: segment de marché
market share: part de marché
niche: créneau
odd pricing: prix psychologique
packaging: conditionnement, emballage
point of sale (POS): lieu de vente
sales: soldes, ventes
study (V): étudier
supply and demand: l'offre et la demande

12 ADVERTISING

Advertising helps companies promote their products or brands.

1 The goals of an advertising campaign

- Informing consumers/convincing them to buy.
- Creating brand awareness and improving the companies' image.

2 Traditional advertising media

- Radio, TV and newspapers
- Posters and billboards (streets, buses, etc.)
- Advertising leaflets (sent or handed outside cinemas, etc.)
- Coupons and vouchers (food products, etc.)
- Endorsement by sportspeople and stars

Pros

- Massive audience
- Encouraging competition (which should reduce prices)
- Subsidizing TV channels, radio stations and newspapers
- Jobs

Cons

- High cost, especially peak TV/radio hours/prime time
- Difficulty of estimating the response rate
- Saturation: people see hundreds of advertisements.

3 New media

- Funny places, such as eggs, or sickness bags in airplanes
- Internet advertising with advertising banners on websites (making the free access of millions of internet users possible). See page 373, **New Technologies**. Some websites also use pop-up ads.
- Junk mail or spams, which have generated a lot of anti-spam software.
- Mobile phones: providers encourage their clients to send short text messages or to dial a special number in order to win gifts sponsored by companies. See page 373, **New Technologies**.

4 Indirect advertising

- **Packaging**

It should be user-friendly (sealable bags, etc.) and attractive, especially for products targeting children, for instance cereal. See page 371, **Marketing**.

- **Sponsoring**

It makes the companies' logos visible at sports events (the Super Bowl, the Olympics or the World Football Cup).

- **Targeting purchase influencers**

Ads target children who then act as purchase influencers with their parents or other adults. See page 369, **Consumers**.

- **Product placement**

Showing a branded product in a movie, TV show or video games reinforces brand awareness.

5 The rules of visual advertising

- An advertisement must be eye-catching.
- The bodycopy mustn't be too long, and it must be easy to read.
- The logo and the slogan must be visible.
- The catchphrase must be short, and preferably funny or teasing.

Some advertisers use more sophisticated, and sometimes controversial, communication techniques.

6 Regulations in advertising

- **Laws**

Various laws regulate advertising. In France advertising for tobacco has been banned since 1991 (Loi Evin). Ads for alcohol are banned on TV and the radio; they must obey strict rules on billboards and in the press, such as including a warning against the dangers of alcohol.

- **Advertising watchdogs**

The BVA in France, the ASA (Advertising Standards Authority) in Britain, The Federal Trade Commission Act (FTCA) in the US can decide whether an ad is ethically correct. Sexist/racist ads, or ads which are offensive towards religions or cultures, are often withdrawn.

Consumer pressure groups try to ban advertising targeting children in various countries (in Sweden and Greece, they are banned).

7 Awareness campaigns

Their goal is not to sell but to raise people's awareness on various issues:

- hunger, AIDS, war victims, poverty, refugees and natural disasters;
- drunk driving, smoking, unsafe sex, etc.

These campaigns often resort to shock tactics to attract the public's attention.

The words of advertising

ad/advert/advertisement: pub/publicité
advertise: faire (de) la publicité
advertising campaign: campagne de publicité
advertising space: espace publicitaire
advertising: la publicité
appeal to: faire appel à, séduire / *attract:* attirer
audience: public
billboard: panneau d'affichage
brand: marque / *catchphrase:* accroche
commercial: spot publicitaire (radio ou télévision)
design: (V) concevoir ; conception
eye-catching: qui attire l'œil, accrocheur
fad: engouement, mode
leaflet: prospectus, dépliant
prime time: heures de grande écoute
promote: promouvoir / *sponsor:* sponsoriser
slogan: slogan

13 NEW TECHNOLOGIES

Technology, especially the Internet, has transformed our everyday lives over the past two decades.

1 Everyday life

Our lives have been transformed with new technologies; for instance microwave ovens, PCs, e-mail, online shopping, remote controls, CCTV cameras...
Mobile phones have taken hold of people's lifestyles and are getting more and more sophisticated devices.

2 The boom of the internet

The idea of the Internet/the World Wide Web ("www") became well-known in the 1990s.

1999 80m Americans/200m connected people worldwide; 5m websites.
2001 One in 6 people in North America and Europe use the Internet.
2005 Over 80% of US companies sell online; 850m web pages.
2006 26.9m French people have Internet access.
2007 20% of the world population use the Internet (250% increase between 2000 and 2007).

3 Faster and easier to access

Internet access was limited by slow connections through phone lines. Broadband connections (ADSL) have allowed a much faster access and heavier files with images, music, games and videos. Fibre-optic wires allow even faster connections.
Wi-Fi provides wireless access to the Internet. Users can travel and remain connected and access points have been developed in cars and on trains.

4 Viruses, worms, Trojan horses and spam

Problems plague the Internet: worms (self-replicating computer programmes) and Trojan horses damage whole networks, and spam saturates email boxes.
Despite security programmes and anti-spam detectors, it is very difficult, if not impossible, to ensure 100% web safety.
"Phishing" (cracking credit card numbers) has become a serious issue.

5 Auction sites

The most famous online marketplace, eBay, has grown at a 31% rate each year since 2004. Millions of items are listed, bought and sold daily on auction through the Internet.
Anyone can sell anything as long as it is not illegal. Payment is considered safe thanks to PayPal, specialized in secure online payment worldwide.

6 Blogging, the expansion of a new fad

The word "blog" is a contraction of "Web log". Blogs use software such as WordPress or LiveJournal and can be hosted by dedicated blog hosting services.
Fifty million blogs worldwide were registered in July 2006, a figure which has been multiplied by one hundred in 3 years. Among them 20% were French. Politicians, parties and CEOs are increasingly using blogs as a free tool to be in direct contact with voters or consumers.

7 Online role playing games

Online video games with sophisticated software compete with video game consoles which are not designed to operate online yet.
People play, invest, work, have fun, learn, etc., with MORPGs (multiplayer online role playing games) such as *Second Life* (SL) or *World of Warcraft* (WOW).
Companies are also using the games as demo platforms to test their products or services virtually before releasing them on the real market, which is cheaper than advertising campaigns. NGOS (Non Governmental Organizations) do the same to raise funds.

8 Online music

In 2006, Google, the Internet search engine giant, bought YouTube for $1.65 billion. In the music industry Apple's iPod and musical firms such as EMI – which found a way to make money from digital music – changed the way people buy music. Nowadays, most companies (mobile providers, Tesco, Starbucks, etc.) offer online music services.

The words of new technologies

account: compte
broadband: ADSL
browse: surfer
click: cliquer
computer-aided: assisté par ordinateur
copy and paste: copier-coller
digital: numérique
download: (N) téléchargement ; (V) télécharger
email box: (boîte de) messagerie
file: fichier
hack: pirater
instant message: SMS
mobile/cell phone: téléphone portable
network: réseau
online: en ligne
password: mot de passe
search engine: moteur de recherche
service provider: fournisseur d'accès
software: logiciel
website: site internet
World Wide Web ("www"): toile

14 THE ENVIRONMENT AND SUSTAINABLE DEVELOPMENT

➔ The environment has become a crucial issue in today's world, as human activity is generating pollution and has devastating effects, such as its impact on climate change.

1 Threatening figures

India's greenhouse-gas emissions could rise by 70% in 2025. The country's energy consumption rose by 208% from 1980 to 2001 although half the population still lacked access to electricity.
The increase in China's emissions from 2000 to 2030 will equal the increase from the whole industrialized world.

2 Global warming

Global warming is the increase in the average temperature of the air and oceans over the past 50 years. As polar ice is melting, sea levels rise, creating floods and droughts, hurricanes, heat waves and other "natural" disasters.
The Kyoto Protocol was ratified in 2005 by 144 nations. It sets mandatory targets for signatory nations; however, the world's two largest polluters, the USA and China, refused to sign the protocol. Al Gore raised the alarm about global warming in a 2006 documentary entitled *An Inconvenient Truth* and 218 mayors in 39 states launched the US Mayor's Climate Protection Agreement to meet Kyoto's original target (cutting greenhousegas emissions to 7% below the 1990 levels).

3 Water: a scarce resource

A major issue today is the looming shortage of water.
- Seventy per cent of all water supplies go to irrigation and cattle raising.
- Whole regions lack the minimum amount of water set by the United Nations (UN) (50 litres a day per person for drinking, cooking and sanitation).
- In developing countries, growing numbers of people have no access to clean water. It is often dirty and causes diseases.
- In industrialized countries millions of cubic metres of water are wasted on sanitation, private swimming pools, gardening and washing cars.

4 More consequences of human activity

- Deforestation
- Radioactivity (nuclear waste)
- Overpopulation: the earth population has grown from 1.65bn to 6.06bn people between 1900 and 2000 (UN figures).
- Urban sprawl: people crowd in cities where they live in appalling conditions.
- Intensive farming (overuse of pesticides and fertilizers, damaged soil and the risks of GMOs)
- Industrialization: massive air and sea pollution
- Extinct or endangered plant and animal species

5 Sustainable solutions

1. Water

- Drought-resistant plants
- Desalinisation and new technologies to clean water
- Drip or micro irrigation

2. The ozone layer

In 1978 scientists realized that there was a widening hole in the ozone layer above the poles, caused by the chlorofluorocarbons (CFCs) used in sprays and in refrigerating liquids in fridges and freezers. Drastic measures were taken, banning all forms of CFCs. The measures were efficient: in 2003 scientists observed that ozone depletion had stopped growing and was even declining.

3. Laws

In France, a 2006 law compels household appliances manufacturers to recycle old models whenever they sell a new one. A proportional eco-tax is included in the price of the product.

4. Changing attitudes

Wind farms have been built and France hopes to catch up with its northern neighbours in terms of wind energy.
In Britain, food and garden waste is recycled to make compost. Pesticides, chemicals and the burning of waste which produces a huge amount of CO_2 are avoided.

6 Sustainable business

1. Corporate ethics

Many companies now communicate about sustainable development, especially in the car and oil industries (the most involved in CO_2 emissions).

2. Micro-credit

Micro-credit was launched in developing countries to encourage the poor to support themselves. Very small entrepreneurs obtain very small loans. Thus they can buy their own tools and equipment, cutting out the middlemen and transforming their lives through self-employment.

The words of the environment

biodiversity: biodiversité
chemicals: produits chimiques
drought: sécheresse
dump: (N) décharge ; (V) jeter
energy policy: politique énergétique
global warming: réchauffement de la planète
greenhouse effect: effet de serre
nuclear waste: déchets nucléaires
ozone layer: couche d'ozone
renewable: renouvelable
save: économiser / *shortage:* pénurie
solar panel/ power: panneau/énergie solaire
species: espèce
sustainable development: développement durable
waste: (V) gâcher ; (N) déchets

15 GLOBALISATION

➔ Globalisation refers to the growing economic interdependence of countries worldwide. It increased with the boom of technology.

1 Definitions

- Globalisation concerns industry, finance, information and culture.
- The globalisation of trade, or free trade, means reducing transport costs and capital controls, and reducing/eliminating tariffs.
- Free trade areas (FTAs) are areas where there are no tariffs or barriers on trade, for example the North American Free Trade Agreement (NAFTA) between Canada, the USA and Mexico.
- Quotas may limit the quantity of goods allowed into a country over a given period of time.

2 Multinationals or MNCs (Multi National Corporations)

A multinational is a company managing production in at least two countries. Some of the most famous MNCs are BP, Shell, HSBC, HP, Microsoft, Procter & Gamble, IBM, Wal-Mart, Walt Disney, Monsanto, etc.: 50 have a budget exceeding that of many countries.

Countries attract multinationals with incentives (tax breaks, lax environmental and labour standards).

MNCs have to control counterfeiting, which has expanded despite efforts to crack down on it.

3 A controversial issue

Supporters of globalisation believe that it increases the living standards in developing countries while making developed ones even more prosperous. Detractors consider it is a war machine imposing corporate imperialism and cultural assimilation, destroying the environment and stealing resources from developing countries. The World Trade Organization and the World Social Fund represent each side.

- The World Trade Organization (WTO)

The Geneva-based WTO establishes the rules for global trading and resolves disputes between its 149 member states (before 1995, it was the GATT – General Agreement on Tariffs and Trade). Its main aim is to erase or lower trade barriers. It works with the International Monetary Fund and with the World Bank.

The IMF checks the global financing system and gives financial aid when needed. The World Bank provides finance and advice to develop.

The WTO operates on consensus between the member states. This is more democratic but a very long process.

- The World Social Forum (WSF)

The World Social Forum, which first met in 2001 in Porto Alegre in Brazil, is the anti-globalisation counterpart of the WTO. It meets in January at the same time as the WTO, but not in the same place. The WSF thinks that globalisation is not inevitable and launched the slogan "Another World is Possible".

4 Disputes and controversies

- The USA markets and exports GM (genetically modified) crops. Many European countries believe that they could be unsafe and refuse US exports of GM soy beans and corn.
- The AoA (Agreement on Agriculture) allows Europe and the USA to spend $380 billion a year on agricultural subsidies to protect small farmers. However, most subsidies go to a minority of big farmers who flood the global market with cheap agricultural products.

5 Fair trade: a sustainable alternative?

Fair trade sales have increased by 20% every year since 2000. In 2005, they amounted to 660 million. Its guidelines are simple.

- Small producers from developing countries must be paid a fair price for their products.
- Companies must not resort to child labour and unfair practices.
- Consumers pay more for products which follow superior quality standards (hand-picked coffee beans, fertilizer-free rice, etc.).
- Better environmental practices and responsible methods of production are encouraged.

The words of globalisation

agreement: accord
ban: interdiction
controversy: polémique
counterfeiting: contrefaçon
crackdown (on): mesures de répression (contre)
customs: douane
dispute: conflit
exchange: échange
export (N): exportation / ***export (V):*** exporter
free circulation: libre circulation
free trade area (FTA): zone de libre-échange
Genetically Modified Organism (GMO): organisme génétiquement modifié (OGM)
global: mondial
import (N): importation / ***import (V):*** importer
interdependence: interdépendance
living standards: niveau de vie
market share: part de marché
negotiation: négociation
poverty: pauvreté
relocation: délocalisation
standard: norme
tariff: droits de douane, barrière douanière
trade: échanges (commerciaux)
unfair: inéquitable
worldwide: dans le monde entier

16 RÉDIGER UN CV (POUR UNE DEMANDE DE STAGE)

CURRICULUM VITAE

Karine CHAN
19, rue Bottero
06000 Nice
Tel : (00 33) (0)7 93 12 54 89
Mobile phone: (00 33) (0)7 23 58 96 47
email: kchan@club-internet.fr
Date of birth: 25 June 19....
Age: 19
Sex: female
Nationality: French
Marital status: single

> Il est fréquent de préciser si on est une femme ou un homme (*female/male*) mais ce n'est plus obligatoire (lutte contre la discrimination à l'embauche).

Education

> Donnez les informations dans l'ordre rétrochronologique, de la date la plus récente à la plus ancienne.

200_ to now: Attending the first year of a two-year post-A-level course in (*name of the speciality*) at (*name and address of the school*). My BTS exam is scheduled for June 200_.
200_ 200_: Graduated from secondary school in June 200_ with the French Baccalaureate specialised in Accountancy. (A-Level equivalent)

Work experience

> Vos expériences professionnelles, même limitées, montrent que le monde du travail ne vous est pas totalement étranger.

August 200_: Summer job as a shop assistant in ZARA (Nice) – customer advice at the point of sale and cashier
July 200_: Summer job at a call centre (200 phone calls a day)
Other jobs: Baby sitting, school children tutoring

Languages

> Mentionnez vos compétences en matière de langue(s) vivante(s), très importantes aujourd'hui.

French
English: working knowledge, written and oral
Chinese: mother tongue

Computer literacy
Good working knowledge of computers
Regular use of Word, Excel and Power Point

Interests and hobbies

> Vos intérêts aident l'employeur à mieux cerner votre personnalité.

- Volunteer work for the Restaurants du Cœur in Nice (3 nights a week from November to March)
- Going to the cinema, concerts and theatre
- Travelling

Additional information
- Clean driving licence
- First aid certificate

References
Upon request

> *References* vous permet de fournir les coordonnées de personnes susceptibles de vous recommander.

Lexique utile

a) Votre diplôme

• Le baccalauréat : *A-levels* (GB), *High School Graduation* (US).

• Les filières : *maths/physics/biology* (S) ; *Arts/literature/languages* (L) ; *Economics, History, Languages* (ES) ; *accountancy, marketing, management* (STG).

b) Votre section

• Les BTS n'existent pas au Royaume-Uni ni aux États-Unis. Dire *a two-year post-A-level course*.

• Les différents BTS tertiaires : Assistant de Direction : *Personal Assistant (PA)* – Assurance : *Insurance* – Commerce International : *International Trade* – Comptabilité gestion des entreprises : *Accountancy and Management* – Communication des Entreprises : *Communication and Advertising* – Management des Unités Commerciales : *Marketing and Management* – Négociation Relations Client : *Sales and Marketing* – Assistant PME PMI : *Small and Medium Size Firms* – Profession immobilière : *Real Estate* – Tourisme : *Tourism.*

c) Le stage

stage : *work placement, internship, training period*
stagiaire : *trainee, intern (US)*
formation en alternance : *sandwich course*

17 RÉDIGER LA LETTRE D'ACCOMPAGNEMENT

L'objectif de cette lettre, qui accompagne votre CV, est d'obtenir un stage dans une entreprise anglophone. (Attention, si vous écrivez aux États-Unis, CV se dit résumé). Elle doit être correctement rédigée et mise en page : relisez-vous attentivement.

La méthode

- Présentez votre lettre comme dans le modèle : votre adresse, la date, l'adresse de l'entreprise, puis le corps de la lettre.
- Entrez directement dans le vif du sujet. Il faut expliquer vos besoins qui sont motivés par :
  - les études que vous poursuivez (le stage doit correspondre au référentiel de votre BTS),
  - la durée du stage (selon votre section),
  - le caractère obligatoire de ce stage,
  - son caractère non rémunéré (*unpaid*), ce qui peut faciliter la décision positive de l'entreprise.
- Donnez les dates de votre stage, dites comment vous avez connu l'entreprise et pourquoi la ville où elle est située vous plaît particulièrement.
- Vous pouvez faire brièvement allusion à vos qualités personnelles de motivation, autonomie, facilité d'adaptation, etc., à l'aide d'adjectifs (*autonomous*, *dynamic*, etc.).
- La formule finale, convenue, vous permet de remercier par avance l'entreprise de prendre le temps de se pencher sur votre demande.
- Signez à la main, puis ajoutez votre nom complet sous votre signature.

Karine Chan
19, rue Bottero
06000 Nice
France

Human Resources Manager
Kraft Foods
54 Charlton Street
Manchester
M3 7DB
Grande Bretagne

4 January 200-

Dear Mrs Baxter,

I am currently doing a two-year post-A-level course in Sales and Management in Nice, France. A 13-week unpaid work placement is a compulsory part of the course and I would be most grateful if you would consider my application for a placement in your company.

As part of the fi nal exam, I have to give a detailed oral report on the tasks and activities I carry out during the work placement. I also have to provide a well-documented written report, of which you would receive a copy.

Your firm has been highly recommended to me by a former student who had the opportunity to do his work placement with you. Also, Manchester has the reputation of being a dynamic business centre, and I would consider it a great opportunity to work there.

I'm sure I would learn a lot from this experience. What's more my strong motivation and ability to learn quickly mean Icould easily adapt to your company.

Due to the demands of my course, the placement would have to take place from March 5th to June 4th.

Please find enclosed a copy of my CV. Thank you for considering my application and I look forward to hearing from you.

Yours sincerely,

Karine Chan

Karine Chan

18 ÉCRIRE UNE LETTRE COMMERCIALE

➔ Il existe plusieurs types de lettres : commande, relance, réclamation, etc.

1 Présentation

Autrefois, les règles de mise en page et la ponctuation étaient très strictes. Aujourd'hui, avec l'informatique, on a tendance à utiliser un type simplifié : ne sont indiqués que les signes de ponctuation indispensables (*open punctuation*).

La lettre peut être justifiée à droite et à gauche avec des retraits à chaque paragraphe, mais on se contente souvent de la justifier à gauche, comme dans l'exemple ci-dessous.

Référence et objet
Vous pouvez avoir à indiquer une référence à un courrier précédent. Elle vient tout en haut de la lettre, au-dessus de la date. L'objet d'une lettre indique en un mot ou deux son contenu, et permet au destinataire de connaître le contenu d'un coup d'œil. Ici, l'objet serait par exemple *Glossgold samples*. Cet objet est indiqué le plus souvent après la salutation de début de lettre.

Glosshair Cosmetics
3 Stacey Avenue
London, N18 3PS

NOM DE L'ENTREPRISE QUI ENVOIE LE COURRIER

16 August 2007 DATE

Ms Pamela Hornton DESTINATAIRE
Sales manager
Hitone Hairdressers
151 Fulwood Road
Nether Green
Sheffield S10 3QA

Dear Ms Hornton SALUTATION

Following our phone conversation yesterday, I'm happy to send you a few samples of our new shampoo.
Glossgold has just been launched on the market and we are confident it will meet the success it deserves. It has been created by our team of in-house researchers who have all attended medical school and it therefore offers all the necessary guarantees to meet your customers' expectations. Not only does it make hair soft and shiny, but it also makes it stronger and more pollution-resistant. We feel this should make for a strong sales argument. Moreover, ten different original fragrances are available, which makes it attractive to men, women and young people alike.
Please find enclosed with the samples our list of prices and terms of sales. Bulk orders are always sent with samples to hand out to your faithful customers.
We do hope that you will find Glossgold meets your expectations and that we will have the opportunity of working together.
Should you require more information, do not hesitate to contact me.

Looking forward to doing business with you,

Yours sincerely,

Adrian Laird

Adrian Laird NOM
Marketing manager FONCTION DANS L'ENTREPRISE

Enc.: 30 samples, list of prices and terms of sales

Les salutations de début et de fin se correspondent.
- Si vous connaissez le nom du destinataire
Début : *Dear Mr/Mrs/Ms X...*
Fin : *Yours sincerely, Best regards*
- Si vous ne le connaissez pas
Début : *Dear Sir/Madam...*
Fin : *Yours faithfully*

La signature
Une lettre comporte une signature manuscrite, suivi du nom typographié et de la fonction du signataire dans l'entreprise.

Pièces jointes
On fait figurer en bas d'une lettre la liste des pièces jointes au courrier, précédée de la mention *Enc.* ou *Encs.* (= *enclosed*).

18 ÉCRIRE UNE LETTRE COMMERCIALE (Suite)

2 Expressions utiles

1. Looking forward to meeting you next week.
2. I would appreciate an answer at your earliest convenience.
3. I look forward to hearing from you.
4. In reply to your inquiry, please fi nd enclosed...
5. Please accept our apologies for the delay.
6. With reference to your letter, I regret that Imust...
7. I am pleased to confirm that your order...
8. I hope we will work together in the very near future.
9. Thanking you in advance for your understanding in this matter...
10. Further to your request, we wish to draw it to your attention that...
11. Thanking you in advance for your kind cooperation, ...
12. Could you let me have our answer as soon as possible?

3 Les messages électroniques

- **Le destinataire** figure sur la ligne *To.*
- On peut envoyer des **copies visibles** avec la ligne *Cc* (*Carbon copy*), ou des copies dont certains destinataires resteront invisibles avec la ligne *Bcc* (*Blind carbon copy*).
- **L'objet** (ligne *Subject*) doit être indiqué avec précision et clarté (ce qui permet au destinataire de savoir pourquoi on lui écrit, puis de retrouver les courriers facilement).
- **Les formules de politesse** sont abrégées (mais présentes !). On conclut souvent par *Best regards*, ou simplement *Regards.*
- Comme dans les SMS, **les abréviations** peuvent être utilisées dans les courriels.

19 PARLER DE SON EXPÉRIENCE PROFESSIONNELLE

Vous devez être en mesure de rendre compte de vos stages (ou autres expériences) en milieu professionnel. Pour cela vous devrez suivre un ordre logique et utiliser un vocabulaire adéquat.

Ce que vous devez exposer

En introduction : à quelles périodes de vos études vous avez effectué ces stages, leur durée.

1. **L'entreprise** dans laquelle vous avez travaillé. Ajoutez bien sûr des informations sur son activité, sa taille, son emplacement. Expliquez comment vous avez trouvé ce stage.
2. **Les tâches** qui vous ont été confiées. Décrivez ce que vous deviez faire, et ce que vous avez accompli, ainsi que les problèmes éventuels auxquels vous avez été confrontés et les satisfactions que vous en avez retirées.

En conclusion : évaluez cette expérience sur le terrain en relation avec votre formation.

EXEMPLE

During my two-year course, I followed a 14-week work placement in a mobile phone company called Vodaphone. I found this placement by myself, by sending an application letter and a CV. Among all the applications I sent to 20 companies, Vodaphone was the fi rst to give me a positive answer/reply. The company's headquarters are located in the suburbs of Lyons and I had a half hour commute to and from work. The working hours were the usual 9 to 5 ones.
I shared an office with the sales manager who was my supervisor. He/she showed me how to use and update a customer file, how to write invoices, bills of order, etc. I was able to create my own phoning guidebook under his/her supervision. I learned how to answer customers' complaints and I attended some of his/her customers' appointments.
After the first week, I was able to work on my own: I took initiatives and prospected new clients; I was in charge of customers' follow-ups, I wrote letters, sent e-mails and did some phoning. I was able to carry out all these tasks thanks to the computer skills I had acquired during my course.
My supervisor manages a team of four sales reps; I realised how important it was to have good interpersonal skills in order to motivate a team. At the end, I was able to instruct a new trainee; it allowed me to put into practice the skills I had learned.
I believe this work placement was a success as it allowed me fi rst to realise I had chosen the right studies, and secondly to better understand how the working world operated. I now feel ready to be part of it.

20 L'ENTRETIEN D'EMBAUCHE

1 Quelques principes

Les offres d'emplois auxquelles vous pouvez être amenés à postuler concernent des secteurs et des métiers précis : commercial, chef des ventes, ou acquéreur de franchise.

Vous devez montrer la qualité de votre anglais : la meilleure façon de le faire dans ce contexte n'est pas de répéter textuellement ce qu'il y a dans l'annonce (on recherche toujours des personnes dynamiques, compétentes, ayant l'esprit d'initiative).

Vous devez faire la preuve que vous êtes le candidat idéal pour le poste proposé grâce à une expérience professionnelle fictive que vous décrirez.

L'entretien d'embauche est différent des autres sujets dans la mesure où vous allez être amené à questionner l'employeur/examinateur sur :

- **l'entreprise** : cible (*target*), notoriété (*fame*), taille (*size*), positionnement (*place on the market*), etc ;
- **ce que cette entreprise vous offre** en échange de vos compétences : salaire de base (*basic salary*), prime (*bonus*), avantages en nature (*perks*), avantages sociaux (*benefits*), formation (*training*) ;
- **ses exigences** : horaires (*working hours*), lieu (*place*), objectifs de vente (*sales targets*), etc.

2 Méthode

Ashfield Care, the number one medical care company, is looking for a part time sales representative for the UK.

Excellent salary, a company car, social benefits

Because Ashfield care has been expanding quickly, our company needs a part time sales rep to manage a new team nationwide.

Requirements

- A-level is the minimum qualification required;
- Previous medical sales experience will be considered a bonus;
- Highly motivated person with outstanding interpersonal skills: excellent communicator showing confidence, enthusiasm and ability to influence others;
- OTE + bonus + perks+ benefits;
- Excellent salary and a genuine career opportunity;
- A career compatible with your lifestyle: 5 mornings per week;
- Responsibility for the sale of a whole range of products.

Don't miss a fantastic career opportunity!

Send your CV with cover letter to Ashfield Care, 15a Outram Street, Sutton in Ashfield, Nottinghamshire NG17 4BA

Vous devez analyser l'annonce proposée pour répondre aux questions élémentaires sur l'entreprise, ce qu'elle souhaite et ce qu'elle offre.

L'emploi proposé : un emploi à temps partiel pour un visiteur médical (*part time medical sales representative*) qui devra couvrir la totalité du territoire national (*nationwide*) avec une équipe nouvelle (*new team*).

Dans le corrigé proposé, vous travaillez déjà dans une entreprise où vous avez a fait vos preuves mais vous désirez changer de secteur, avoir d'autres possibilités de carrière, et travailler à temps partiel.

a) L'entreprise

Relevez toutes les indications concernant le secteur, le positionnement de l'entreprise, sa cible, etc.

- **Son nom** : Ashfield Care, bien positionné au Royaume-Uni (*the UK's premier contract sales organisation*).
- **Son développement** : se développe + vite que la concurrence (*developing faster*).
- **Sa cible** : les médecins généralistes (*GP*) et les infirmières libérales.

b) Ce que l'entreprise attend des candidats

- **Diplômes universitaires** : le bac suffit (*A level qualifications*).
- **Expérience professionnelle** : une expérience de la vente dans le médical ou le para médical est préférable (*previous medical sales experience*).
- **Qualités** : confiance (*confidence*), communication (*excellent communicator*), enthousiasme (*enthusiasm*), capacité à influencer les autres (*the ability to influence others*).

c) Ce que l'entreprise offre

- Une activité en accord avec votre mode de vie (*lifestyle*).
- Une opportunité de carrière fantastique (*a fantastic opportunity*).
- Cinq demi-journées de travail par semaine (*working five mornings per week*).
- La responsabilité des ventes de nouveau produit (*responsible for the sale of ... products*).
- Un très bon salaire, une voiture de fonction, des avantages sociaux.

EXEMPLE DE DÉROULEMENT

Attention ! Le dialogue qui suit est un exemple possible. Ne vous focalisez pas sur cet exemple, au risque de vous figer et de tomber dans une récitation par cœur : il doit vous servir à réfléchir et à vous entraîner sur d'autres annonces. Les mots appartenant au lexique spécialisé sont en gras.

You: Good morning/afternoon, sir/madam. I am X and I am interested in your **job offer.** / Pleased to meet you.
Examiner: Good morning, pleased to meet you. Please sit down.
You: Thank you. How shall I start?
Examiner: Can you tell me about yourself?
You: Well, first I have a **degree in sales and management**, and I have been working as a **sales rep** for Glaxo[1] for 2 years now.
Examiner: Why are you interested in our offer, then? Aren't you satisfied at Glaxo? It is a very famous pharmaceutical firm!
You: Yes, I know, but I feel that at Glaxo my **career** is blocked. There are too many employees, too many sales reps and showing your qualities is very difficult. I understand your company is smaller but in **full expansion**, and I'm interested in participating in your success. Moreover, I wish to **work part time** because I have children to raise / I have other activities, mainly sportive. I coach a football team in my neighbourhood, and with a **full time job** it's almost impossible.
Examiner: Ok, but what tells me that you are **the right person for the job**?
You: I can give you all the **sales figures** I've **reached** for the past 2 years which show that I've been quite **successful.**
Examiner: All right. Do you know about our **target customers**?
You: Of course! My **customer file** is made up of GPs, nurses and hospital wards[2]. I have more than one hundred **customers** right now.
Examiner: So, I imagine you must be quite a **good communicator**?
You: My manager says I have got **excellent interpersonal skills.**
Examiner: Would you like to ask us some questions about the job, the firm or anything you may find important?
You: What will my **job consist of**? Will I be **part of a team** or work by myself in a **limited sector**?
Examiner: Both options are possible. First you'll be part of a team to get familiar with our **knowhow.**
You: All right...Well, I saw in your job offer that you proposed an attractive salary. If you don't mind, I would like to know **what kind of salary I can expect.**
Examiner: You'll get 12,000 **pounds** a year as a **basic salary,** plus a **percentage** on each sale.
Our **bonus scheme** is very attractive: it can double your salary, and it is easy to enter if you are an experienced sales rep as you seem to be.
You: What **perks** do you offer?
Examiner: You'll have a **company car**, a laptop computer and a mobile phone.
You: As for the **benefits**, what do they consist of?
Examiner: You get **health insurance, paid holidays** and a **retirement scheme.**
You: That sounds fine. Do you think I've got a chance of **joining** your company? / Do you think I've got a chance of becoming part of your team?
Examiner: Well, I can't give you a final answer now as we have two more applicants to see. If you're **hired**, how long will it take before you can start with us?
You: One month, at most, time for me to **give my notice** to Glaxo.
Examiner: All right, then, we'll send you an answer **within** the next 3 or 4 days.
You: Thank you very much, good-bye.
Examiner: Good-bye.

1. Glaxo est une grosse entreprise pharmaceutique ; si aucun nom ne vous vient à l'esprit, inventez-en un.
2. *hospital ward* : service hospitalier.

Dans le même esprit, 90 % des candidats sont amenés à parler de leur stage en entreprise.

I've done three five-week work placements.
J'ai effectué 3 stages de 5 semaines.
One of my work placements was carried out in a computer firm.
Un de mes stages a été effectué dans une entreprise d'informatique.
I learned how to put into practise the theoretical knowledge I got at school.
J'ai appris comment mettre en pratique le savoir théorique appris à l'école.
I was able to establish a customer file, to visit/meet customers.
J'ai pu établir un fichier client, faire des visites clients, rencontrer les clients.
I did a lot of phoning / door-to-door canvassing.
J'ai fait beaucoup de phoning, de prospection porte à porte.
I enjoyed the contact with customers even if it wasn't always easy.
J'ai apprécié le contact avec les clients, même si parfois ce n'était pas facile.
I was in charge of customer follow up.
J'étais chargé du suivi client.
I had a really good supervisor.
J'ai eu un excellent formateur / responsable de stage.
I enjoyed the atmosphere in the company.
J'ai apprécié l'atmosphère de l'entreprise.
The employees were very helpful.
Les employés/salariés étaient très serviables, prêts à m'aider.

21 APPRENDRE DES EXPRESSIONS UTILES

1 Pour s'exprimer à l'oral

Expressing your opinion

My view is that... To my mind...
As far as I'm concerned...
Personally, ... In my opinion, ...
If you ask me, I'd rather say that...
I have a hunch that...

Expressing agreement (partial or complete)

Couldn't agree more!
Absolutely, by all means, indeed!
That's right!/Right you are! I agree with you!
I'm not sure about... Up to a certain point/extent...
I suppose you're right but...

Expressing disagreement

I suppose that's true, but I still think that...
I don't share this point of view.
I highly/strongly disagree on that point.

Expressing certainty

I know for a fact that...
You can't deny that...
In actual fact... It goes without saying that...
I'm sure/certain/positive that...
It's obvious/clear that...
Undoubtedly, ... There is no doubt that...
What is quite certain is that...

Expressing concession

In spite of + *N* No matter how...,
However + *adj*... Unless...

Expressing contrast

But... Unlike..., we...
On the one hand, ... On the other hand, ...
We must weigh up the pros and the cons.
Compared to/with...
Actually, ...

Expressing disapproval

I don't agree with...
I don't think much of...
I think it's wrong of them to...

Expressing mixed feelings

I quite like... I suppose... is all right, but...
This may be true up to a certain point, but...

Summing up your ideas

To conclude, ... It may be concluded that...
All in all, ...
To put it in a nutshell, ... Last but not least, ...

In case... you hesitate

Use *gap fillers*: You know – I mean – Well – Um – Let me think – The word fails me
I'm not a hundred percent certain, but...
From what I know, I can say that...

In case... you haven't understood

I'm sorry, I don't understand.
I'm afraid there has been a misunderstanding.
Could you repeat/speak more slowly, please?

2 Pour s'exprimer à l'écrit

Expressing agreement

I could not agree more with...
I totally approve of... I'm all in favour of
(*partial agreement*) To a certain extent...

Expressing certainty

There is no doubt that...
I would have said (that)/I would say (that)...
Doubtless/Undoubtedly, ... I am convinced that...

Expressing condition

Provided/providing that... As long as...
On (the) condition that...

Expressing mixed feelings

I have mixed feelings about...
I am not quite sure about...
I don't really approve of...

Expressing strong disapproval

I totally disapprove of...
I don't really approve of...
I wouldn't (exactly) say (that)...
I can't see why... I resent (+ V-*ING*)
It is unfortunate that...

Expressing cause

Due to... Owing to...
On account of... Because of...
Thanks to... Considering/Given that...

Expressing opinion

I think/believe... I find it + *adj.*
I can't help + V-*ING*
What I find most striking/interesting is the fact/that...
I'm (not) interested in/ I'm (not) concerned about...
It makes me think of/It reminds me of...
Personally/in my opinion/to my mind, ...
As far as I am concerned, ... My point is...
What comes to my mind is...
I agree/disagree with... I would say that...

Expressing concession

Despite the fact that... However + *adj.* this may be...
Adj. as it may seem,
Even though.../Though.../Although...
Admittedly, ... Whatever we/they/people may say, ...

Expressing contrast

On the one hand..., on the other hand...
While... Whereas...
By comparison with... Contrary/conversely to...

exercices

exercice 1

Wal-Mart gives online shoppers Thanksgiving deals

Wal-Mart Stores on Monday unveiled Thanksgiving* holiday sales plans that focus heavily on its website to publicize its discount prices.

The world's largest retailer has said it would post online-only deals on the website on Thanksgiving, which can be purchased the same day.

On Monday, it revealed some of those deals. For example, it will offer a Zune 30 gigabyte MP3 video player for $98.87, which it says is about 25% off, and a Garmin Nuvi 650 Portable global positioning system for $298.87, a savings of more than 30%.

Wal-Mart also said Monday that it will post special "secret" deals on its website on Thanksgiving Day that can then be purchased in stores on Friday, which kicks off the holiday shopping season. Those "secret" deals are not published in its advertising circulars.

The online push comes as Wal-Mart works to incorporate its website more closely with its stores, and boost lagging sales in the United States. *Why?*

This year, it rolled out a "Site-to-Store" program, which allows customers to order products on the website and have them shipped to a local Wal-Mart store for free. When the merchandise is picked up, Wal-Mart said customers wind up spending more money in the store.

In an interview earlier this month, Walmart.com CEO Raul Vazquez said that while overall U.S. online holiday sales this year are expected to rise about 20%, the site's sales should jump 40% to 60%.

Adapted from *USA Today*, 20 November, 2007

* Thanksgiving: *a one-day holiday celebrated on the fourth Thursday of November.*

1. **Lisez l'article et présentez-le (introduction, contenu, conclusion, ouverture).**

2. **En vous aidant des § 4 et 5, traduisez les trois phrases suivantes.**

a. **Wal-Mart veut que son site soit davantage relié avec ses magasins.**

b. **Les clients peuvent commander des produits en ligne et les faire livrer gratuitement dans un magasin.**

c. **On pense que la vente en ligne va augmenter d'environ 20 % cette année.**

CORRIGÉS p. 351

exercice 2

China takes action on toy safety

China has made "considerable progress" in improving the safety of the toys it exports, a European Commission report has found.

Millions of Chinese-made toys were recalled this year, amid concerns about lead levels and loose magnets. Chinese authorities fully investigated 184 cases of dangerous products over the last three months, compared with 84 cases in two previous reports. In 43% of cases, "corrective measures" were taken, in some cases stopping the export of the unsafe products.

Many toys have been recalled because of dangerous magnets, which are increasingly strong and detach more easily from toys than in the past. New warnings are needed on toys, said the Commission, which will draft "appropriate warnings about the dangers of magnets in toys". The Commission also promised to agree to a "safety pact" – between manufacturers, retailers and importers – in 2008 to rebuild consumer confidence.

The toy recall earlier this year rattled confidence in the "Made in China" brand. Roughly 80% of the toys sold in Europe come from China and analysts feared that China's economy has grown so rapidly over the past two decades that addressing safety would take a long time. But while progress still needs to be made, the news may help to reassure European consumers and importers that China takes product safety seriously.

Adapted from *BBC News*, 22 November 2007

1. **Résumez cet article en 90 mots environ.**

2. **Traduisez cet article.**

CORRIGÉS p. 3

exercice 3

Relisez l'article page 396 et traduisez les paragraphes 2 et 3.

CORRIGÉS p. 3

exercice 4

Relisez l'article page 397 et répondez à la question suivante : ***What would you say are the major risks for Internet shoppers?*** **(120 words +/– 10%)**

CORRIGÉS p. 3

corrigés

exercice 1 page 350

1. This article was published in *USA Today* in November 2007. It reports a new strategy by Wal-Mart, the world's largest retailer. The company has decided to offer special discounts on its site on Thanksgiving Day. On Thanksgiving Day, all American shops are closed but customers will be offered attractive deals on various products online.

1. The new strategy: examples, no advertising, secret deals
2. Related strategy: "Site-to-Store", products ordered online and delivered free in stores where customers spend more money
3. Expected results: increased online and store sales

The strategy should both boost sales and make consumers more aware of the retailer's site. Companies now have to be inventive and offer their customers more attractive deals as competition is getting harder.

2. a. Wal-Mart wants its site to be incorporated with its stores more closely.
b. Customers can order products online and have them shipped to a store for free.
c. Online sales are expected to rise about 20% this year.

exercice 2 page 350

1. La Chine a amélioré la sécurité des jouets exportés suite au rappel de millions de jouets contenant du plomb ou des aimants qui se détachaient : 184 cas ont fait l'objet d'une enquête, et plus de 40 % ont été soumis à des « mesures correctives ». La Commission européenne va rédiger des avertissements à publier sur les jouets et acceptera un pacte de confiance entre fabricants, distributeurs et importateurs en 2008. Des progrès sont encore nécessaires, mais ces nouvelles montrent que les autorités chinoises veulent s'attaquer au problème.

2. Selon un rapport de la Commission européenne, la Chine a fait des « progrès considérables » dans l'amélioration de la sécurité des jouets qu'elle exporte.
Des millions de jouets fabriqués en Chine ont été rappelés cette année, à la suite d'inquiétudes sur les quantités de plomb et des aimants qui se détachaient. Les autorités chinoises ont mené des enquêtes approfondies sur 184 cas de produits dangereux au cours des trois derniers mois, en comparaison de 84 cas dans deux rapports antérieurs. Dans 43 % des cas, des « mesures correctives » ont été prises, allant parfois jusqu'à l'arrêt de l'exportation des produits présentant un risque.
Beaucoup de jouets ont été rappelés en raison d'aimants dangereux, qui sont de plus en plus forts/puissants et se détachent des jouets plus facilement qu'auparavant. De nouvelles mises en gardes sont nécessaires sur les jouets, déclare la Commission, qui va rédiger des « mises en garde appropriées sur les dangers des aimants dans les jouets ». La Commission a également promis de donner son accord à un pacte de sécurité – entre fabricants, distributeurs et importateurs – en 2008 afin de redonner confiance aux consommateurs.
Cette année, le rappel des jouets a ébranlé la confiance dans le label « fabriqué en Chine ». Environ 80 % des jouets vendus en Europe proviennent de Chine et les analystes redoutaient que la croissance de l'économie chinoise, si rapide au cours des vingt dernières années, ne fasse passer les problèmes de sécurité au second plan. Mais, si des progrès restent nécessaires, ces informations sont de nature à rassurer les consommateurs et les importateurs européens : la Chine accorde de l'importance à la sécurité des produits.

exercice 3 page 350

Il se pourrait que dans dix ans les gens râlent qu'on ne trouve plus de plombier polonais et qu'il faut payer un ouvrier britannique beaucoup plus cher pour faire le même travail.
Cela pourrait sembler loufoque, compte tenu des chiffres officiels qui montrent que plus d'un million d'immigrants sont arrivés au cours de la dernière décennie. Deux choses vont déterminer combien de temps les Européens de l'Est vont rester : les emplois disponibles ici et les emplois disponibles chez eux.

exercice 4 page 350

The major risk of Internet shopping is the ease with which one can purchase anything. First of all, there are no opening times on the Web: shopping is open 24 hours a day throughout the year. Then there's the comfort of home shopping: no waste of time, no traffic hassle, no overcrowded shops at the end of a hard day's work.
Another serious issue is consumer debt. Already high with plastic money, it may get even higher with virtual shopping as a mouse click makes it easy to fall for products. Shopping can be made even costlier when one wants to return an item: packages are usually shipped very quickly, not allowing for second thoughts, and one may have to pay for extra shipping costs.
The Internet may also be risky for careless shoppers who post credit card information without being cautious enough. (*143 words*)

PRÉSENTATION DE L'ÉPREUVE E2 :

1 Coefficient et objectifs

L'épreuve E2 est une épreuve écrite et orale, coefficient 2.
Elle évalue vos aptitudes à :
- la compréhension d'un écrit, exploitation des textes/ou documents de nature diverse dans la langue étrangère choisie au moment de votre inscription ;
- la compréhension de la langue vivante étrangère à l'oral, enregistrement présenté à l'écoute collective par exemple ;
- l'expression écrite intelligible ;
- l'expression orale dans le cadre d'un dialogue dans une perspective professionnelle.

2 L'incidence du statut du candidat sur la forme de l'évaluation

La forme de l'évaluation est différente en fonction du statut de votre candidature (choisie au moment de l'inscription à l'examen).

1. La forme de l'évaluation ponctuelle (durée 2 heures 20)
Elle vous concerne si vous êtes un étudiant scolarisé dans un établissement public ou privé sous contrat ou hors contrat, apprenti en CFA ou en section d'apprentissage habilités, si vous êtes inscrit en enseignement à distance, si vous justifiez de 3 ans d'expérience professionnelle, si vous êtes en formation professionnelle continue dans un établissement non habilité.

2. La forme de l'évaluation en cours de formation (CCF)
Elle vous concerne si vous êtes candidat issu de la formation professionnelle continue dans un établissement habilité.

3 Modalités d'évaluation

1. Forme de l'évaluation ponctuelle

Partie écrite : durée 2 heures, coefficient 1

L'épreuve comportera plusieurs exercices.
Exemples :
Traduction, interprétation, résumé, compte-rendu, présentation en français de tout ou partie de l'information contenue dans les textes et/ou documents en langue étrangère.
Il s'agit de répondre de façon simple et brève dans la langue vivante à des questions ayant trait au domaine professionnel. Ces réponses peuvent prendre la forme de résumés, compte-rendu présentations de l'information contenu dans un texte et/ou dans des documents professionnels.

Partie orale : durée 20 minutes précédée de 20 minutes de préparation, coefficient 1

L'entretien prend appui sur des documents professionnels et permet d'apprécier votre aptitude à :
- dialoguer dans une perspective professionnelle ;
- exploiter des ressources professionnelles dans la langue vivante étrangère retenue ;
- analyser une situation compte tenu du contexte linguistique et socioculturel du pays considéré.

2. Forme de l'évaluation en CCF
Vous serez soumis durant vote cursus de formation à quatre situations d'évaluation, de poids identique, correspondant aux quatre capacités : compréhension écrite, compréhension orale, expression écrite et expression orale.

MIXTE Papier issu de sources responsables FSC® C022030
N° de projet : 10267308 - JPM - Dépôt légal : septembre 2020
Imprimé en Espagne par Gráficas Estella